국역 한재집 國譯 寒齋集

일러두기

1. 『이평사집』과 『한재집』의 원문을 대조 교감한 뒤 그에 따라 직역을 원칙으로 번역, 주해하였다.
2. 시문의 제목이 판본에 따라 다른 경우, 『이평사집』을 따르는 것을 원칙으로 하였다.
3. 편차는 체제가 갖추어진 『한재집』을 기본으로 하였다. 부록에서는 기존에 실린 것 가운데 중요도가 떨어지거나 내용상으로 중복되는 것(「戊午士禍源由」, 「戊午黨籍」, 「柳子光傳」 등)은 산삭(刪削)하고, 새로 발굴된 자료를 추가함으로써 사실상 새롭게 편차하였다.
4. 편집의 체계는 『이평사집』을 따르는 것을 원칙으로 하면서 『한재집』을 참고하였다.
5. 국역은 전문성을 중시하여 주석을 상세하게 붙였다. 아울러 전공자가 아닌 일반인들도 어렵지 않게 읽을 수 있도록 노력하였다.
6. 「다부」와 「허실생백부」 같이 중요한 문자는 번역문뿐만 아니라 원문에도 주석을 달아 강독(講讀)하는데 편의를 도모하였다.
7. 제2부에 「한재 이목론」이란 논고를 덧붙여 『국역한재집』을 읽는 분에게 길잡이 구실을 하고자 하였다.
8. 권말에 한재에 대한 연구 성과를 모아 부록으로 실었다.

국역 한재집
國譯 寒齋集

초판 1쇄 2012년 3월 25일 | 출판등록 · 제300-2008-40호
지은이 · 이목 | 편역 · 최영성 | 펴낸이 · 김기창 | 펴낸곳 · 도서출판 문사철
표지디자인 · 정신영 | 본문디자인 · 최은경
주소 · 서울 종로구 명륜동 2가 93번지 두리빌딩 206호 | 전화 · 02-741-7719
팩스 · 0303-0300-7719 | 홈페이지 · www.lihiphi.com | 이메일 · lihiphi@lihiphi.com
ISBN · 978-89-93958-45-4

* 값은 뒤표지에 있습니다.

국역 한재집 國譯 寒齋集

이목 李穆 저
최영성 崔英成 편역

도서출판문사철

서序

사람은 누구나 오래 살기를 바란다. 유한한 삶이지만 자손을 통해서라도 영원히 살기를 희구한다. 도가 높은 이들은 도통을 통해, 학문을 성취한 사람들은 학통을 통해 영생불사(永生不死)한다. 이들의 삶은 보통 사람들과 다른 바가 있다. 그러기에 세월이 아무리 흘러도 그들의 삶과 정신은 후대인의 본이 되어 영원토록 썩지 않는 것이다.

28세의 생애를 거룩하게 마친 한재 선생의 삶은 맹자가 말한 '이신순도(以身殉道)' 바로 그것이었다. 일찍이 맹자는 "천하에 도가 있으면 진리가 사람을 위해 그 기능을 발휘하지만, 천하에 도가 없으면 도를 위해 내 몸을 바친다"[天下有道, 以道殉身, 天下無道, 以身殉道]고 하였다. 어두운 세상에서 인간답게 사는 것을 몸으로 보여준 선생은 순도자(殉道者)이시다. 찰나 속에서 영원과 대화했기에 오늘의 우리에게도 스승으로 남아 있다. 미래의 후대에게도 그럴 것이라 믿어 의심치 않는다.

내가 한재 선생과 대화한 것은 불혹의 나이를 넘어서였다. 무슨 인연의 끈이 있었는지 모르지만 선생의 삶과 사상을 조명할 기회가 나에게 주어졌다. 하늘이 유수(有數)한 인재를 낳고도 그 뜻을 제대로 펼치지 못하게 한 것은 무슨 이유일까? 천도(天道)라는 것이 과연 있는 것일까? 선생의 글을 읽으면서 늘 이런 물음을 재울 길 없었다. 그로부터 십수 년, 이제 나는 선생이 남긴 글을 우리말로 옮기는 일을 맡게 되었다. '독서상우(讀書尙友)'란 말이 있지만, 책을 통해 선생과 대화하는 것은 나에게 행운이었다.

문집을 보면서 한재 선생의 면모를 그려 보았다. 남긴 분량이 많지 않지만 선생의 이모저모를 살피는 데 부족함이 없었다. 선생은 태어나면서부터 기질이 남달랐던 것 같다. 한 마디로 직선적 성격에다 열혈적 기질의 소유자였음이 분명하다. 늘 에너지가 넘쳐흘렀고 의기가 충만했다. 여기에다 천재적 자질까지 타고 났다. 어려서부터 숙성(熟成)하여 이상세계에 대한 동경과 일세를 경륜하겠다는 의지가 대단하였다. 당시 동문들은 선생을 문장으로 추허(推許)하였지만, 사실 문장은 그의 여사(餘事)에 불과하다.

이런 선생에게 질병은 그림자처럼 따라 다녔다. 선생의 시 가운데 '화병(和病)'이란 말이 나온다. 분노를 참지 못할 때 생기는 병이다. 선생의 울화병은 이상과 현실 사이의 괴리가 가장 큰 원인이었던 것 같다. 사회적 불의와 모순을 보지 못하는 선생이었으므로 화병이 잦았을 것이다. 선생은 울화를 풀기 위해 한때 술에 의지하기도 하였다. 도우(道友)·김천령(金千齡)에게 준 시에서는, 십대에 이미 세속 일에 실의(失意)하여 술에 절어 지내다가 목숨이 위태로울 지경에까지 간 적도 있었노라고 술회한 바 있다.

그러나 술은 마음속의 불을 끌 수 없었다. 술은 덕손명촉(德損命促)하는 광약(狂藥)이었다. 이에 선생은 '차'를 심성 수양의 반려로 삼아 오공육덕(五功六德)을 논하기에 이르렀다. 「다부」는 그저 차를 찬양한 글은 아니다. 차 예찬의 글로 「다부」처럼 철학적 깊이를 갖춘 것은 차의 역사가 깊은 중국에서도 찾아보기 어렵다. 선생은 결론에서 '오심지차(吾心之茶)'를 말하였다. 기다(嗜茶)에서 최고의 단계를 '내 마음의 차'로 승화시켰다. 이는 심성 수양의 궁극적 경지를 시사한 것이라 해도 좋을 것이다. '내 마음의 차'는 바로 지인(至人)의 무현금(無絃琴) 가락과 같은 차원이다. 그처럼 정신적 색채가 짙은 것은 상시분속(傷時憤俗)의 감정을 억제하기 위해 초월의 경지를 유력(遊歷)하고자 했기 때문이다.

'내 마음의 차'는 선생이 수련한 결과를 한 마디로 응축시킨 것이면서, 아울러 학계나 차계에 던진 강렬한 메시지다. 내 마음 밖에 따로 차가 없다는 데서 왕양명의 '심외무물(心外無物)'을 연상하게 한다. 선생이 말하는 차는 심학(心學)에 그 뿌리를 두고 있다. 또 차를 마시면서도 그 본질은 모르고 겉치레에만 힘쓰는 차계에 성찰을 요구하는 죽비일 수 있다. 선생은 이 메시지를 통해 '만물이 다 나의 스승이다[萬物皆吾師]'는 이치를 깨달을 것을 강하게 요구하였다. 이 뿐만이 아니다. "정신이 기운[氣]을 움직여 묘경(妙境)에 들어가면, 즐거움은 꾀하지 않아도 저절로 이르게 된다. 이 역시 내 마음의 차이니 어찌 꼭 저것(차)에서만 구하리오"[神動氣而入妙, 樂不圖而自至. 是亦吾心之茶, 又何必求乎彼也]라고 하여, 내 마음을 주체[我]로, 차를 객체[彼]로 보았다. 군자는 사물을 부릴지언정[役物] 부림을 당하지 않는다[不役於物]는 의미를 담은 것이지만, '주체'의 문제를 부각시켰다는 점에서 뒷날 '우리 차(東茶)'라는 의식이 싹트고 자라는 데 선구가 되었다고 본다.

한재 선생은 '부(賦)'의 명수다. 이 '부'는 과거 시험 준비를 위해 수련에 수련을 거듭한 것이지만, 그것으로 끝난 것이 아니었다. 선생은 『문선(文選)』에 실린 유명한 '부' 작품을 숙독하면서 문장 수련은 물론 자신의 정신 수양에도 적극 활용하였다. 가장 즐겨 읽었던 글로는 반고(班固)의 「유통부(幽通賦)」와 장형(張衡)의 「사현부(思玄賦)」였다. 선생은 이 글들을 통해 현허(玄虛)의 세계에 노닐었다. 동경하던 '현'의 세계는 모든 사사물물(事事物物)이 조금도 막힘없는 '통'의 세계였다. 이 세계는 입세간(入世間)의 경지에서는 맛볼 수 없다. 노장(老莊)의 초월적 정신세계는 선생의 막힌 가슴을 뚫어주고 울화를 가시게 하는 청량제나 치유제 구실을 하였을 것이다.

한재 선생은 '동방의 한퇴지(韓退之)'로 불리는 점필재 김종직의 고족제자(高足弟子)이다. 스승의 도학과 문장을 고스란히 전해 받았다. 선생이 소싯적에 시속(時俗)에 마음 아파하면서 이를 술로 달래기도 하였고, 또 노장의 정신세계에 몰입하여 자신을 위안하기도 하였지만, 끝내는 유가의 정신으로 돌아와 안심입명(安心立命)하는 자세를 취하였다. 선생은 자신이 동국 도학의 적전(嫡傳)임을 잊지 않았다. 선생의 학문은 심학(心學)이라 할 수 있다. 이것은 선생이 정신적, 이념적 측면에 치중했던 것과 무관하지 않다. 『주역』을 매우 좋아하면서도 문자 이전의 복희역(伏羲易)에 심취했던 것은 '내 마음의 차'라는 인식과 같은 차원에서 이해할 수 있을 듯하다.

한재 선생은 심학의 관점에서 유학사상을 이해하고자 하였다. 철학사상의 초점이 심학에 있다. '심'에 대한 깊은 관심은 선생의 학문과 사상의 기초이다. 마음을 텅 비워 순백(純白)의 상태로 만드는 허실생백(虛室生白)의 경지를 강조하고, 흐트러진 마음을 거두어들이는 '수렴공부(收斂工夫)'를 중시하였다. 노장의 현허지도(玄虛之道)와 구별 지으려 한 것에 주목해야 될 줄 안다. 선생은 심의 본질인 '허령불매(虛靈不昧)'를 말하면서도 동시에 심의 수양 방법으로서의 '양기(養氣)'를 말하였다. 의리 실천의 원천이 호연지기(浩然之氣)임을 시사한 것이다. 선생의 절의정신이 수양론적으로는 양기집의(養氣集義)에서, 역사적으로는 춘추의리(春秋義理)에서 연원함을 알게 한다.

선생의 학문과 사상은 절의에 가려진 측면이 많다. 요새 와서는 '차'에 가려져 선생의 학문 본령이 무엇인지 잘 알지 못하는 사람이 많다. 선생을 차인(茶人)으로 받들더라도 선생이 어떤 생각을 가지고 어떻게 살았는지에 대한 충분한 공부가 필요하다고 본다. 이 머리글에서 선생의 학문 사상의 대강과 학문 역정을 요약해 본 것은 이런 이유에서이다. 나는 글을 통해 선생과 해후(邂逅)한 것을 소중한 인연으로 생각한다. 나의 성격이나 기질이 선생과 비슷한 일면이 있는 것도 우연은 아닌 성 싶다. 다만 나는 아직 차맛을 잘 모른다. 차를 주제로 선생과 다시 대화하게 될 날을 고대한다.

끝으로 젊은 나이에 비명에 가신 한재 선생의 현창을 위해 열성을 다하는 후손 여러분께 진심으로 경의를 표한다. 선조의 유지를 받들어 바르게 살아가시는 그 분들의 모습에서 진한 감동을 받았음을 밝힌다.

김포가 배출한 한재 선생을 기리기 위해 문집 간행을 지원해주신 김포시 당국에도 감사의 염을 표하지 않을 수 없다. 출판을 맡아준 도서출판 문사철의 김기창 사장님께는 따로 술자리를 마련해야겠다.

이 책이 간행됨에 있어 선사(先師) 도원(道原) 류승국(柳承國) 선생이 간절히 생각난다. 선생은 한재이목선생기념사업회를 발족시키고 한재 선생을 현창하는 일에 앞장섰다. 2011년 2월, 향년 89세로 세상을 떠나신 스승의 명복을 빌어마지 않는다.

2012년 봄
부여 백마강변 우거(寓居)에서
후학 최영성 쓰다

목차

서序 5

제1부 국역 한재집

『한재집』해제 21
『한재집』중간 서문 l 寒齋集重刊序 50
서(序) 55

부賦

1. 홍문관부 – 서(序)를 아우르다 l 弘文館賦 幷序 60
2. 여융부 l 女戎賦 80
3. 입춘부 – 서(序)를 아우르다 l 立春賦 幷序 86
4. 허실생백부 – 서(序)를 아우르다 l 虛室生白賦 幷序 92
5. 다부(茶賦) – 서(序)를 아우르다 l 茶賦 幷序 105
6. 영주사부 l 永州蛇賦 127
7. 요가연부 l 姚家鳶賦 132
8. 떠나는 사람에게 주다. 차례로 이별하며 부를 짓다
   贈行次別知賦 136
9. 삼도부(三都賦) – 서(序)를 아우르다 l 三都賦 幷序 139

오언절구

1. 조여숙과 청일암에서 글을 읽고 판창(板窓)에 쓰다
   與趙與叔讀書于淸日庵 題板牕 150
2. 을묘년(1495) 과거에 급제한 뒤 옥당(玉堂)의 여러 선생들이 '청운기초려(靑雲起草廬)'라는 글귀에 차운(次韻)하도록 명하기에 빠르게 짓다 l 乙卯登科後 玉堂諸先生 命次靑雲起草廬韻 走筆 151

칠언절구

1. 봄날 회포를 써서 불린자(不磷子) 완익(完翼)의 책상머리에
   오언절구 연두체(連頭體)를 바치다
   春日書懷 呈不磷子完翼之案頭 五絶連頭體   152
2. 압구정에서 『주역』을 읽다 | 讀易狎鷗亭   155
3. 눈이 갠 뒤 함흥 낙민정에 오르다 | 雪霽登咸興樂民亭   156
4. 권안대(權安代) 석지(石池) 가에서 계운(季雲)과 밤에 술 마시며
   회포를 풀다 | 權安代石池上 與季雲夜飲書懷   157
5. 딱따구리 | 啄木   158
6. 영덕현령으로 부임하는 권향지(權嚮之)를 전송하다
   送權嚮之赴任盈德縣令   159
7. 봄날 술을 권하며 | 春日勸人酒   160
8. 향렴 두 수 | 香奩 二首   161
9. 김인로가 과거에 장원급제함을 축하하다 | 賀金仁老魁科   162

오언율시

1. 왜 봄인가 | 春所以 二首   163
2. 가을밤의 느낌 | 秋夜有感   165
3. 가을날 새벽 달빛 아래 중정(中庭)에서 혼자 술 마시며
   회포를 적다 | 秋曙有月 中庭獨酌有懷   166
4. 산에 들어가다 | 入山   167
5. 새벽에 청강(淸江)의 여울을 건너다 | 曉涉淸江灘   168
6. 사제(舍弟) 미지(微之)가 개성으로 독서하러 떠나는데
   전송을 하다 | 送舍弟微之之松京讀書   169
7. 문도(文度) 형의 '희우(喜雨)' 시에 차운하다.
   네 수를 주필(走筆)하다 | 次文度兄喜雨韻 四首走筆   170
8. 을묘년에 공주교수(公州教授) 이운비(李云飛)를 향교로 방문하다
   乙卯歲 訪公州教授李公云飛于鄉校   173

칠언율시

1. 대마도로 사신을 떠나는 김시정 률(硉)을 전송하다
   送金寺正硉奉使對馬島 二首   174
2. 차운오수 | 次韻五首   177
3. 안상공 침이 조천(朝天)하러 가는 것을 전송하다
   送安琛相公朝天   182
4. 자진에게 주다 | 贈子眞   184

5. 성균관 사성 이문흥과 작별하며 주다 | 贈別李司成文興　　185
　　6. 양재역 | 良才驛　　187

칠언고풍七言古風
　　1. 용문산 부담암을 유람하다 | 遊龍門釜潭巖歌　　188
　　2. 오십운에 창수(唱酬)하여 인로(仁老)에게 바치다
　　　 酬五十韻 呈仁老　　194
　　3. 최 대사헌이 강릉으로 돌아가는데 전송하다 – 서(序)를 아우르다
　　　 送崔大司憲歸江陵 幷序　　200
　　4. 지난날을 생각하며 자진에게 다시 주다 | 憶昨再贈子眞　　207
　　5. 홍언국(洪彦國)이 정승을 따라 선릉(先陵)을 배알하러
　　　 함창(咸昌)에 가는 것을 전송하다
　　　 贈別洪彦國隨相公, 謁先陵咸昌 一首　　210

사辭
　　칠보정(七寶亭)에서 연꽃을 감상하며 지은 글 | 七寶亭賞蓮辭　　213

서書
　　김계운에게 주다 | 與金季雲　　217

계啓
　　여러 생도들이 죄가 없음을 진정한 계 | 陳諸生無罪啓　　220

책策
　　1. 천도책 | 天道策　　229
　　2. 치란흥망책 | 治亂興亡策　　245
　　3. 인재득실책 | 人才得失策　　260

기記
　　당명황이 월궁에 노닐었던 일을 적은 글 속편 | 續唐明皇遊月宮記　　278

해解
　　코끼리가 밭갈고 새가 김맸다는 것을 해설함 | 象耕鳥耘解　　290

송頌
봉황이 조양에서 우는 것을 기림 | 鳳鳴朝陽頌　　　　　298

제문祭文
윤정승 호(尹政丞壕)를 제사하는 글 | 祭尹政丞壕文　　　302

발문跋文
1. 원집발 | 原集跋　　　　　　　　　　　　　　304
2. 중간발 | 重刊跋　　　　　　　　　　　　　　307
3. 역해발 | 譯解跋　　　　　　　　　　　　　　309

습유拾遺
『심학장구집주대전』초 | 心學章句集註大全抄　　311

대고待敎
1. 왕자의 제택이 사치스럽고 큼을 진정함 | 陳王子第宅侈大啓　　314
2. 절명가 | 絶命歌　　　　　　　　　　　　　　319

사우투증士友投贈
1. 청량사에서 차운(次韻)하여 이목에게 답하다
　　五月十一日在淸凉寺次韻答李穆　　　　　320
2. 이진사 목에게 주다 | 贈李進士穆　　　　　322
3. 이중옹과 헤어지며 주다 | 贈別李仲敬　　　323
[부(附)] 화음(華陰)에 떨어져 살며 아이들에게 적어주다
　　華陰索居 書懷示兒輩(其二十一)　　　　　325

제여손헌시弟與孫獻詩
1. 사형께서 기화를 거듭 만나 개장(改葬)하게 된 것을 애도하다
　　挽舍兄重遭奇禍改窆　　　　　　　　　　327
2. 증조의 제사를 모시고 느낀 바 있어 짓다 | 祭曾祖忌辰有感而作　328
3. 삼가 백촌공의 시에 차운하다 | 謹次柏村公韻　　329
4. 삼가 한재 선조의 '탁목(啄木)' 시에 차운하다
　　謹次寒齋先祖啄木詩　　　　　　　　　　330

묘문墓文
  1. 묘표 | 墓表   332
  2. 보유 | 補遺   339
  3. 묘지 | 墓誌   342

시장諡狀 및 종향소從享疏
  1. 시장 | 諡狀   349
  2. 문묘에 종사할 것을 청하는 소 | 請從享文廟疏   360
  3. 비망기 | 備忘記   374

부록附錄
  1. 감구유부: 이중옹을 전송하다 | 感舊遊賦 送李仲雍   376
  2. 감구유부 후서 | 感舊遊賦後序   390
  3. 무오사화는 윤필상이 주장한 것이다 | 戊午之禍尹弼商之主張   395
  4. 이목·김천령의 문학적 명성이 서로 같다 | 李穆金千齡文聲相垺   398
  5. 『해동명신록』이목전 | 李穆傳   400

연보年譜   402

한재연구논저총람寒齋研究論著總覽   408

제2부 한재 이목론

고고呱呱의 성聲을 울리다   418

류분과 김종직의 문하에 나아가다   423

영·호남 사림이 만나다   428

사마시司馬試에 급제한 뒤 혼인을 하다   434

태학생의 리더가 되다   446

김수손의 수행원으로 중국에 다녀오다 461
수륙재를 비판하다가 공주에 귀양가다 467
장원급제하고 사가독서賜暇讀書의 은전을 받다 474
무오사화의 희생양이 되다 481
신원伸寃 되고 직언直言의 화신으로 추앙받다 495
심학心學의 원류를 찾다 504
「다부」를 지어 다부茶父로 받들어지다 520

찾아보기 539

教旨

贈嘉善大夫吏曹參判兼弘
文館提學藝文館提學同知
春秋館成均館事李穆贈資
憲大夫吏曹判書兼知經筵
義禁府事弘文館大提學藝
文館大提學知春秋館成均
館事世子左賓客五衛都摠
府都摠管者

康熙五十六年八月十六日

學問名節為士林之所推重而不幸遭釁於戊午奸
兇構捏之際甲波大戚禍及泉壤係丁酉例正二品贈職

判下
事上言

教旨

贈資憲大夫吏曹判書
兼知經筵義禁府事弘
文館大提學藝文館大
提學知春秋館成均館
事世子左賓客五衛都
摠府都摠管行進勇校
尉永安南道兵馬評事
李穆贈諡貞簡公者

康熙六十一年七月三十日

추증追贈 교지敎旨

계곡 장유가 찬한 묘지墓誌

제 1 부
국역 한재집

『한재집』해제

1. 이끄는 말

한재 이목의 문집은 사자(嗣子) 세장(世璋)이 유문(遺文)을 수습하고 정서(淨書)하여 권질(卷帙)을 이룬 것이 그 효시다. 무오사화 때 세장은 태어난 지 겨우 13개월이었다. 참화 당시 한재의 시문 다수가 불에 던져지고, 이어 갑자사화를 거치면서 그 나머지마저 인멸되는 이중고를 겪었는데, 이런 사태 속에서 세장은 부친의 유고를 건사할 만한 처지가 못되었다. 그러나 부친에 대한 사모의 정이 절절했던 그는 참화 당시 인멸을 면한 것과 학자·문인들 사이에 전해지는 약간 편의 글을 모아 마침내 성책(成冊)하기에 이르렀다.

그 뒤 한재의 손자 철(鐵)이 선조 18년(1585) 전라도 무송현감(茂松縣監)으로 재직 중에 출판하여 문중에 보급하였다. 한재가 세상을 떠난 뒤 87년만의 일이다. 그러나 곧이어 임진왜란이 일어나 간본(刊本)을 각판(刻板)과 함께 잃어버렸다고 한다.[1] 현재 이 초간본은 전하지 않는다.

---

1 이구징, 「이평사집발(李評事集跋)」참조.

이어 인조 9년(1631) 증손 구징(久澄)이 초간본에다 약간 편을 보태어 2권 1책의 『이평사집(李評事集)』을 펴냈다. 이것은 재간본이면서 현재까지 전하는 가장 오래된 판본이다. 이후 3백년이 다 되어 1914년에 중간이 이루어졌다. 『이평사집』에 빠진 글들을 수록하고 부록을 크게 증보하였다. 이로써 한재의 문집은 기본 체재가 갖추어졌다. 이름을 '한재집'으로 바꾼 것도 종래의 유고(遺稿) 수준에서 벗어났음을 드러내려는 것이 아닐까 한다.

이후 1981년, 한재 종중에서는 시대의 흐름에 따라 한문으로 된 문집을 국역하여 출판하였다. 한재의 후손 이병선(李炳璇)이 편집한 『한재문집』 사본을 대본으로 하였고, 수원대학교 류석영(柳錫永) 교수가 번역하였다. 본집과 부록 등을 차례로 역주한 뒤 1914년판 『한재집』 원문을 영인(影印) 수록하였다. 이 책은 단순한 번역본이 아니다. 표면적으로는 『한재집』을 번역 출간한 것 같지만, 내용을 자세히 보면 제4차 중간이라 할 수 있다. 『한재집』과 편차가 다를 뿐만 아니라, 몇 편의 글이 더 수집되었다. 1권 분량의 『연보』와 「세계(世系)」를 실은 것은 이 책을 중간본으로 꼽는 가장 큰 이유이다.

아래에서는 『이평사집』·『한재집』·『한재문집』 순으로 그 편차 및 내용 등을 살펴본 뒤, 사실상 제5차 중간이라 할 수 있는 『국역 한재집』(2012)의 특징을 서술하기로 한다.

2. 이구징 편, 『이평사집』(1631)

이철이 간행한 초간본 한재 문집은 임진왜란 때 목판과 함께 불에 타버렸다. 문집이 장차 없어질 위기에 처하자, 증손 구징이 일본(一本)을 구하여 간간이 부주(附註)를 넣고 잘못된 것을 바로잡은 뒤, 「묘표(墓表)」와 「보유(補遺)」를 보태 1책의 필사본을 만들었다. 이구징의 「발문」에서 "간본을 각판과 함께 잃어버렸다"(兼與板刻而俱失)고 한 것과 "일본(一本)을 구득하여"(求得一本) 운운한 것을 보면, 초간본 일부(一部)를 얻어 이를 기초로 필사하였던 것 같다. '일본'이란 본디 다른 책, 또는 다른 판본(초본)을 말하지만, 『이평사집』의 간주(間註)에서 "전간본(前刊本)을 따라" 운운한 대목으로 미루어, 이철이 간행한 초간본을 대본으로 했음을 알 수 있다.

그 뒤 이구징이 인조 7년(1629)에 경상도 청송부사(靑松府使)[2]에 임명되었다. 그는 재직 중에 각수(刻手)를 모집하여 한재 문집을 판각, 2권 1책으로 펴냈다. 발문이 인조 9년(1631) 3월에 작성된 것을 보면, 약 2년 정도의 시간이 걸렸음을 알 수 있다.

책의 이름은 '이평사집'이다. 초간본의 이름을 그대로 따른 것인지, 아니면 개제(改題)한 것인지는 알 수 없다. 이것을 중간본이라고 일컫는데, 현재 서울대학교 규장각 등에 소장되어 있다. 새로 시 1편을 발굴하여 신고,[3] 부록에 「묘표음기」를 추가하였다. 원문에 대한 교감주(校勘

---

2   이구징이 청송부사에 임명된 것은 1629년 7월이었다. 『인조실록』, 7년(1629) 7월 6일 (己丑)조 참조.

註) 및 설명이 필요한 부분에 넣은 '간주' 역시 추가되었을 것으로 짐작된다.[4]

본집에는 「홍문관부」 등 부(賦) 9편, 「칠보정상련사(七寶亭賞蓮辭)」 1편, 오언절구 2편, 칠언절구 9편, 오언률 8편, 칠언률 4편, 칠언고풍 7편, 「천도책(天道策)」 등 책(策) 3편, 「속당명황유월궁기(續唐明皇遊月宮記)」 1편, 「조경상운해(鳥耕象耘解)」 1편, 「제윤정승호문(祭尹政丞壕文)」 1편, 「봉명조양송(鳳鳴朝陽頌)」 1편 등 모두 47편의 작품이 실렸다.

'부'는 짓기 어려운 글 가운데 하나로 꼽힌다. 주자(朱子) 같은 사람도 평생토록 지은 부가 3편에 불과하다. 28년의 짧은 기간에 9편의 부를 남긴 사실만으로도 한재의 문학적 역량을 짐작하게 한다. 「홍문관부」는 일찍이 태학생으로 있을 때 성균관 과시(課試)의 답안으로 제출한 것이다. 명문으로 인정받아 『속동문선(續東文選)』에 실리기도 하였다. 병서(幷序)에서는 '부'로 유명한 양웅(揚雄)·사마상여(司馬相如)의 글이 '황란(荒亂)'을 일삼아 임금을 현혹하는 데 급급했으며, 이백·두보 또한 당시의 세교(世敎)에 도움이 되는 글을 남기지 않았음을 비판하면서, 부의 목적이 '풍간(諷諫)'에 있음을 강조하였다. 이어 홍문관이 생기게 된 역사적 연원을 논술하였으며, '홍문(弘文)'이란 두 글자에 부합하도록 우문정치(右文政治)가 이루어져야 함을 역설하였다.

「여융부」는 『춘추좌씨전』에 나오는 여희(驪姬)라는 여인의 고사를

---

3 「증별홍언국 수상공 알선릉함창(贈別洪彦國隨相公謁先陵咸昌)」 시 1수는 초간본에 실리지 않은 것이다. 함창 홍씨 집안에서 추득(追得)한 것이라 한다.
4 『이평사집』 본집에는 저자의 자주(自註) 2개와 편자가 붙인 교감주 4개, 기타 주석 19개 등 모두 25개의 주가 있다.

빌어 임금을 경계한 것이다. 군사력이 강한 적(敵)만 무서운 것이 아니라, 임금의 총명(聰明)을 흐리게 하는 총희(寵姬)야말로 '여융(女戎)'이라면서, 임금은 여색을 멀리해야 된다고 하였다. 말미에 한재 자신이 사신(史臣)의 입장에서, 임금이 음악과 여색을 가까이 하지 않아야(不邇聲色) 된다는 것과 관련, 사론(史論)을 붙인 것이 이채롭다.

「입춘부」는 한재 20세 때의 작품이다. 입춘을 맞아 천도운행(天道運行)의 묘(妙)를 논한 뒤, 임금이 천도를 따라 치세(治世)를 이룰 것을 바라며 성덕(盛德)을 노래하였다.

「허실생백부」는 『장자』 「인간세(人間世)」 편에 나오는 '허실생백'이란 말을 빌어 '내 마음의 하늘'(吾中之天)을 체득할 것을 강조했다. 또 심성수양의 중요성을 논하면서 "경(敬)으로써 그것을 지키고, 성(誠)으로써 주체를 삼으라"고도 하였다. 이 글에서 반고(班固)의 「유통부(幽通賦)」에 나오는 '정통령이감물혜(精通靈而感物兮), 신동기이입묘(神動氣而入妙)'란 말이 중요하게 인용된 것을 주목할 필요가 있다. 한재는 장형(張衡)의 「사현부(思玄賦)」와 반고의 「유통부」를 퍽 즐겨 읽었던 것 같다. 그는 현실 세계의 장벽에 부딪쳤을 때 '현(玄)'의 세계를 통해 정신적 탈출구를 찾곤 하였다. '현'의 세계는 모든 것이 잘 '통(通)'하는 세계이다. 정신 수양의 경지를 최고조로 끌어올려 자신만의 '유현(幽玄)'한 세계로 들어가고자 한 데서 「사현부」와 「유통부」가 한재에게 끼친 영향을 짐작하게 한다. 이 부는 한재의 철학적 역량을 엿볼 수 있는 빼어난 글로, 「다부」와 함께 쌍벽을 이룬다.

「다부」는 현재 전하는 우리나라 최고(最古)의 차 노래글이다. '내 마음의 차(吾心之茶)가 그 핵심으로, 수양론의 연장선에서 음다(飮茶)를 이해하여야 함을 시사하였다. 이에 관해서는 제2부 '한재 이목론'에서 논하였으므로 그에 미룬다.

「영주사부」는 유종원(柳宗元)의 「포사자설(捕蛇者說)」을 읽고 그를 소재로 가렴주구(苛斂誅求)를 일삼는 포악한 정치를 풍자하였다. 말미에서 "어떻게 하면 사람 속에 있는 뱀[人中之蛇]을 잡을 수 있을까"라고 반문하면서, "이 뱀을 가지고 세상을 치료할 좋은 약을 만들어, 우주를 깨끗이 씻어내고 수역(壽域: 태평성세)을 열었으면 좋겠다"는 희망을 피력하였다.

「요가연부」는 한재가 공주로 귀양 갔을 때 지은 것으로 추정된다. 봄날 옛 주인 집에 찾아와 살다가 화재를 만나 주인과 함께 죽은 중국 요씨가(姚氏家)의 제비를 소재로 삼아, 충심(忠心)을 머금고 신의를 실천하면서 자기를 알아주는 사람을 위해 죽은 제비를 칭송하였다. 말미에서 「초사(楚辭)」를 인용, "나의 영혼은 하루 밤에도 아홉 번이나 (임 계신 곳) 다녀온다. 옛 은인 그리워함을 어찌 말로 다하랴"고 하여, 나라에 대한 충성심, 선왕(성종)에 대한 그리움을 절절하게 토로하였다.

「증행차별지부(贈行次別知賦)」는 대마도에 사신으로 떠나는 조신(曺伸)에게 준 것이다. 성종의 승하가 언급되는 것으로 보아 연산군 즉위 이후에 지어진 듯하다.

「삼도부」는 한재가 19세 때 진사시(進士試)의 복시(覆試)에서 답안으로 제출한 것이다. 서경·송도·한양 세 도읍지에 대해 읊은 것으로, 서경담수(西京談叟)·송도변생(松都辯生)·한도주인(漢都主人)이라는 세 가공 인물을 등장시켜 각자 자기가 맡은 도성에 대해 예찬하는 형식으로 전개하였다. 도읍지에 대한 논술보다도 각 왕조의 교화와 풍속이 어떠했는지에 초점을 맞추었는데, 최자(崔滋)의 「삼도부」를 본받아 먼저 기자(箕子)의 덕을 기술하고, 다음으로 이전의 역대 왕조가 방탕한 생활로 망하였음을 언급하며, 마지막으로 한양조(漢陽朝: 조선)의 나라를 경영하는 성덕(盛德)을 기술하였다. 한재의 동문 권오복은 이 삼도부에 대해 "부파삼도만구전(賦罷三都萬口傳)"이라 높이 평가한 바 있다.

시는 오언절구·칠언절구·오언율·칠언율·칠언고풍 등 시체별로 분류하여 편차하였다. 한재는 김천령(金千齡)에게 보낸 「수오십운정인로(酬五十韻呈仁老)」 시에서 "나에게 시광(詩狂) 있다"고 밝혔다. '시광'은 시를 광적으로 좋아하는 것이다. 그렇다면 한재가 세상을 떠나기 전까지 많은 시고(詩稿)를 남겼을 터이나, 오늘에 전하는 것은 겨우 30수 정도에 불과하다. 이 또한 수작(秀作)만 모여진 것도 아니다. 한재는 격정적(激情的)·열정적 성격의 소유자답게 나라와 백성을 근심하고 현실에 분개하는 시를 많이 지었다. 남겨진 시편들을 보면 순수 서정시나 서경시는 거의 보이지 않는다. 현실에 대한 우환의식(憂患意識)을 담은 것이 대다수다. 그러나 이런 현실 참여시는 자칫 화를 부르기 십상이다. 동지 임희재(任熙載)가 귀양 간 한재에게 보낸 편지에서 "부디 시를 짓지 말고, 또 사람을 방문하지도 마시오. 지금 세상에 성명(性命) 보전하기가 어렵소이다"[5]라고 한 것도 그런 이유에서였다. 임희재는 공초(供招)

---

5   『연산군일기』, 4년(1498) 7월 14일(무신)조.

에서 "이목은 본시 망령된 사람으로, 평시에 엉뚱한 말[狂言]을 많이 합니다. 또 취중 실수[酒失]가 있습니다. 신은 이목이 근심과 울분[憂憤]으로 함부로 시를 지을까 염려하여 그와 같이 말한 것일 뿐입니다"[6] 고 하였다. 여기서 '광언(狂言)'이나 '주실(酒失)' 같은 말은 국청(鞠廳)에서의 진술이므로 그대로 다 믿기는 어렵다 하더라도 "우분(憂憤)에 겨워 시를 지었다"는 말은 사실일 것으로 믿는다. 당시의 사회 현실을 고발한 대표적인 시로 「탁목(啄木)」・「양재역(良才驛)」 등을 들 수 있다.

30수의 시 가운데 귀양지인 공주에서 지은 것이 상당수에 달하고, 이문흥・김일손・권오복・김천령・조광림(趙廣臨)・최숙생(崔淑生)・홍언국(洪彦國) 등 사우(師友)들에게 준 증여시가 많다. 교유의 정이 돈독했음을 엿볼 수 있다. 한재의 교우 관계 및 학문적・정치적 활동 배경 등을 고찰하는 데 중요한 자료가 된다. 특히 앞서 소개한 「수오십운 정인로」는 한재가 자신의 회포와 다짐을 오십운이라는 장편에 담은 것이다. 막역한 사이였던 김천령과의 교우 관계는 물론, 한재가 어떤 배경 아래서 어떤 목적을 가지고 어떤 사람들과 학문을 하였는지를 보여주는 매우 중요한 자료이다. 「억작재증자진(憶昨再贈子眞)」 역시 지난날 태학에서의 활동상을 담고 있어 주목할 필요가 있다. 불린자(不磷子) 완익(完翼)에게 보낸 연두체(連頭體) 시는 한재의 학문이 『주역』을 기반으로 하였음과, 역(易) 가운데서도 마음으로 하는 심역(心易)을 중시한 점, 심역의 현기(玄機)에 도달하는 것을 이상적인 것으로 여겼음을 엿볼 수

---

6 위와 같음.

있다. 한재의 학문과 사상 연구에서 자료 부족의 한계를 일정 부분 극복할 수 있으리라고 본다.

칠언고풍에 실린 「유용문부담암가(遊龍門釜潭巖歌)」는 한재의 높은 기상을 엿볼 수 있다. 특별히 자주(自註)를 단 것이 이채롭다. 이에 따르면 이전에 지은 작품이 힘이 약하여 만분의 일도 묘사하지 못하였으므로 다시 찾아가 통음(痛飮)하면서 주필(走筆)하였다 한다. 이 시는 한재가 등과(登科) 이전에 용문산에서 수학하였음을 알려주는 방증 자료이기도 하다.

「칠보정 상련사」는 한재가 영안남도 병마평사로 부임한 뒤 함흥 칠보정에서 동문 이주(李胄)와 만나 연꽃을 보며 창화(唱和)한 것이다.7 당시 이주는 함경도 도사(都事)로 있다가 내직으로 들어가려던 참이었다.

「천도책」·「치란흥망책」·「인재득실책」은 모두 과시에서 답안으로 제출되었던 것들이다. 「천도책」에서는 천문 및 천인상감(天人相感)의 이치를 논하였다. 이어 사람의 관점에서 하늘을 보아야 함을 강조하면서 '내 마음에 있는 하늘'(吾中之天)을 밝혀 덕을 닦는 것이 치자(治者)의 도리라고 하였다. 「치란흥망책」에서는 "흥망치란(興亡治亂)의 기틀은 하늘의 운수에 있지 않고 인사(人事)의 득실(得失)에 관련된다"고 하면서 성인이 다시 태어난다 하더라도 이 말을 믿어 의심치 않는다고 하였다. 또 말미에서 "제가 무슨 행운으로 성상께서 제 글을 친히 보실는지 모르겠다"고 하여, 과시 답안임에도 자신의 헌의(獻議)가 임금에게

---

7 후일 이주의 『망헌유고(忘軒遺稿)』를 엮을 때 이 「칠보정 상련사」를 『한재집』에서 옮겨 실었다.

받아들여지기를 기대하였다. 「인재득실책」은 증광문과 전시(殿試)에서 장원으로 급제할 때의 답안이다. 이 대책(對策)에서는 선비를 양성해야 선비를 취할 수 있고, 뛰어난 선비를 취해야 좋은 정치를 이룩할 수 있음을 논하고, 인재 등용 방법으로는 역대 중국과 우리나라에서 실시한 제도가 각기 장단점이 있지만 그래도 과거 제도를 통해 등용하는 것이 폐단이 적다고 하였다. 인재 양성은 임금의 궁행심득(躬行心得)에 달려 있다고 여러 번 강조한 것이 눈에 띈다. 말미에서는 과시의 답안에 일정한 형식이 있음에도 즉위한 지 얼마 되지 않은 임금에게 말씀을 다 여쭙고자 한다면서, 자신의 글이 실제에 응용되기를 바라는 소회를 밝혔다.

「속 당명황 유월궁기(續唐明皇遊月宮記)」는 도교 관계 문헌에 자주 등장하는 당명황의 고사를 소재로 하면서도, 당명황이 종국에는 선계(仙界)에 대한 동경에서 벗어나 인간세계의 현실 문제로 돌아왔음을 강조하는 내용이다. 도선가(道仙家)의 풍모가 있었던 이백(李白)을 유가(儒家) 정신에 투철한 사람으로 변모시켜 당명황의 중신(重臣)으로 삼으려 한 것은 한재가 이 글을 지은 목적이 무엇인가를 짐작하게 한다.

「상경조운해(象耕鳥耘解)」는 당나라 때 시인 육구몽(陸龜蒙)의 「상경조운변(象耕鳥耘辨)」을 읽고 이를 부연 설명한 것이다. 순임금이 역산(歷山)의 들에서 밭을 갈 때 코끼리가 밭을 갈아주고 새가 김을 매 주었다는 데 대해 많은 사람들이 믿지 않지만, 성인의 지극한 덕이 하늘과 사물을 감동시킨 일을 부정할 수만은 없다고 하였다. 순임금의 이변(異變)을 통해 순임금의 마음을 터득하는 것이 중요하다고 하였다.

「봉명조양송(鳳鳴朝陽頌)」은 한재가 정조사 김수손을 따라 명나라에 들어갔을 때 지은 것으로 추정된다. 내용 가운데 '왕소헌덕(王所獻德)'이니 '천자만수(天子萬壽)'니 하는 말들이 있는 것으로 미루어 이 송(頌)은 조선 국왕이 명나라 천자의 만수무강을 비는 것을 예찬한 내용인 듯하다. 한재가 정사 김수손의 부탁을 받아 지은 것일 수도 있다.

「제윤정승호문(祭尹政丞壕文)」은 성종의 장인이자 중종의 외조부인 윤호(1424~1496)가 세상을 떠났을 때 지어올린 것이다. 제문의 내용이 지나칠 만큼 간략한 것으로 보아 일부만 전하는 것으로 짐작된다.

부록에는 「감구유부후서(感舊遊賦後序)」(김일손), 「증이진사목(贈李進士穆)」(권오복), 「만사형중조기화개폄(挽舍兄重遭奇禍改窆)」(李种), 「유자광전(柳子光傳)」(南袞), 「무오사화사적(戊午士禍事蹟)」, 「무오당적(戊午黨籍)」, 「평사이공묘표음기(評事李公墓表陰記)」(김상헌), 「보유(補遺)」(이구징) 등 모두 8편의 자료를 실었다. 초간본에 실리지 않았던 「묘표음기」와 「보유」가 추가된 것으로 보인다. 「감구유부 후서」는 한재에 앞서 사행(使行)으로 명나라에 다녀온 김일손이 성종 24년(1493) 10월, 하정사의 수행원으로 연경(燕京) 길에 오른 한재를 전별(餞別)하면서 지어준 부(賦)의 후서이다. 문화 선진국인 명나라를 관광(觀光)한 뒤 많은 견문을 쌓고 돌아올 것을 당부하면서, 지난날 자신의 경험담을 소개하였다. 초간본에서는 부와 후서를 같이 실었지만, 『이평사집』에서는 부는 삭제하고 후서만 남겨두었다. 한재의 실적(實蹟)을 살피는데 '부'는 별로 도움이 안 되고, 오히려 후서가 더 절실하기 때문이라고 한다. 권오복의 증시(贈詩)는 『한재집』과 같은 해 출판된 『수헌집(睡軒集)』(1585)에서 옮겨 실은 것이요, 사제 이충의「만시(挽詩)」는 집안에 전해오던 것으로 추측된다. 「유자광전」·「무오사화사적」·「무오당적」은 『수헌집』에 실린 것을 전재한 것이다. 무오사화의 전말과 피화인(被禍人)들을 연구하는 데 필요한 자료라고 판단, 초간본 부록에서와 마찬가지로 권말에 실었다 한다.[8] 『수헌집』과 『한재집』의 초간본 출판 연대가 같은 해인 점을 주목할 필요가 있다. 두 선유의 후손들이 문집을 출판하는 과정에서 일정하게 교류가 있었을 가능성을 배제하기 어렵기 때문이다.

「묘표음기」는 인조 3년(1625)에 완성된 것이다. 당대 유학의 종장(宗匠)으로 추앙을 받던 김상헌이 한재의 묘표를 찬술함으로써 한재의 위상은 전에 비해 훨씬 높아졌다. 김상헌은 평소 한재의 직절(直節)을 높이 평가하였다고 한다. 게다가 그의 집안은 한재 집안과 세교(世交)가 있었고, 가깝게는 인척이 되기도 한다.[9] 이런 관계로 김상헌이 묘표를 찬술하였을 것으로 짐작된다.

「보유」는 빠진 것을 보충한다는 말이다. 찬자는 정확히 알 수 없지만, 『이평사집』을 펴낸 이구징으로 추정된다. 김상헌의「묘표음기」에서 언급되지 않거나 빠진 사실을 간략히 적은 것이다. 한재가 『춘추좌씨전』 읽기를 좋아했고, 범중엄의 덕업을 사모했다는 점, 무오사화 당

---

8 『이평사집』 부록, 8b,「유자광전」"此以下, 權公五福睡軒集所錄, 而彼此事跡相符, 故依前附錄, 書諸卷末."
9 김상헌은 한재의 묘표뿐만 아니라 한재의 손자 이철의 묘표음기를 짓기도 하였다. 『청음집』 권36,「승지이공철 묘표음기(承旨李公鐵墓表陰記)」에 의하면, 김상헌의 외조부 임당(林塘) 정유길(鄭惟吉)이 한재의 아들 이세장과 은대(銀臺)의 동료였고, 김상헌의 부친은 이철과 교유하였다. 또 김상헌 형의 아들 광환(光煥)이 이철의 삼녀와 혼인, 인척 관계를 맺었다.

시 한재가 참화를 입은 것은 전적으로 윤필상과의 사감(私憾)에서 비롯되었다는 점, 중종반정 이후 당로대신(當路大臣)들의 반대로 증직(贈職)이 이루어지지 않음으로써 오랫동안 원억(冤抑)이 풀리지 않았다는 점 등을 서술한 것이다. 「보유」에 언급된 내용은 인조 9년(1631)에 장유가 찬술한 「묘지명」에 반영되었다. 이 묘지명은 『이평사집』이 출판된 이후에 나왔기 때문에 부록에 실리지 못하였다. 다만, 이 「묘지명」에서 이세장의 5남 2녀를 소개하면서 특별히 "부사 구징은 곧 승지(李鐵)의 아들이다"고 한 것을 보면, 구징의 주선으로 당대의 명문장가 장유의 손에 의해 「묘지명」이 이루어졌음을 알 수 있다.

『이평사집』은 한국고전번역원에서 간행한 '한국문집총간' 제18권에 편입되어 있다.

3. 이존원 편, 『한재집』(1914)

1631년 『이평사집』이 간행된 뒤 3백년이 다 되도록 한재의 문집은 다시 간행되지 못하였다. 이에 전본(傳本)이 귀하여 소장자가 드물게 되자 중간을 도모하였고, 공주 출신 후손들이 문집 중간에 앞장서서 마침내 1914년 4권 2책의 목활자본[10]으로 간행하기에 이르렀다. 이것을 편의상 삼간본(三刊本)이라 한다. 삼간본은 재간본인 『이평사집』과 두 가지 점에

---

10 현재 성균관대학교 중앙도서관, 성암고서박물관, 연세대학교 중앙도서관에 소장되어 있다. 국립중앙도서관과 한국학중앙연구원에는 원집 2권 1책만 소장되어 있다.

서 두드러진 차이가 있다. 먼저 책이름을 '한재집'이라 고친 점이요, 다음으로는 한재와 관련된 공사문자(公私文字)를 다수 수습하여 부록편에 실음으로써 『이평사집』 부록에 비해 5분의 2가 늘었다는 점이다. 「시장(諡狀)」이라든지 「청종향문묘소(請從享文廟疏)」 같은 귀중한 문자가 수습된 것은 이 책의 가치를 높이는 것이라 할 수 있다. 다만 새로 발굴되거나 수습된 자료의 전거를 밝히지 않음으로써 신뢰도에 의문의 여지를 남긴 것은 아쉬운 일이다.[11]

　송병화(宋炳華)의 「한재집 중간서」를 보면 "공의 후손 존원(存原)[12]이 공사(公私)의 문헌과 구본(舊本)에 빠진 것들을 수습하여 다시 편집하여 중간하려고 도모하다가 ……" 운운한 대목이 있다. 또 『한재집』 권1, 모두(冒頭)에서 "후손 응호(膺浩)[13] 중간"이라 하고, 『한재집』 부록속(附錄續) 모두에서 "후손 존원 편집"이라 명기(名記)하고 있어, 삼간본 중간의 책임자와 편집자를 알게 한다. '응호 중간'이라 한 것으로 보아, 응호가 문집 발간의 총책임을 맡았던 것 같고, 자료 수집 및 편집은 사실상 존원이 담당하였던 것으로 짐작된다. 같은 항렬의 존수(存洙)[14]는 발문을 써서 간행 경위를 밝혔다. 응호·존원·존수는 모두 한재의 13대손이며 공주 출신이다.

11　대부분 전거를 밝히지 않은 가운데, 『기아(箕雅)』에서 발굴하여 실었다는 시 2수는 전거를 명기하였기 때문에, 그 시들이 한재와 동명이인의 시임을 밝혀낼 수 있었다.
12　한재의 후손(1852~1933). 자는 도여(道汝), 호는 성암(性菴). 공주 출신. 『전주이씨 시중공파 황강공 세보』 권1, 726쪽 참조.
13　한재의 후손(1840~1920). 자는 원례(元禮), 호는 죽하(竹下). 공주 출신. 위의 『세보』, 권1, 1024쪽 참조.
14　한재의 후손(1841~1918). 자는 응칠(應七), 호는 치당(痴堂). 공주 출신. 문집 1권이 있다. 위의 『세보』 권1, 995쪽 참조.

본집의 체재와 구성은 『이평사집』과 거의 같다. 남용익(南龍翼: 1628~1692)의 『기아(箕雅)』에서 「영화안(詠畫雁)」·「유백마강(遊白馬江)」 시 2편을 발굴하여 실었고, 종래 두 구절만 전하던 「증별이사성문흥(贈別李司成文興)」 시를 경상도 용궁(龍宮)에 사는 이문흥의 후손 집에서 추득(追得)하여 병서(幷序)와 함께 온전하게 실었다. 그런데 「영화안」·「유백마강」 시는 조선 인조 때 사람 이목(李穆: 1589~?)의 시를 잘못 옮겨 실은 것이다.[15] 「영화안」은 원제가 '영화중수안(詠畫中睡鴈)'으로 되어 있다. 번거롭지만 독자들의 의문 해소를 위해 두 시를 차례로 소개하면 다음과 같다.

수양(隨陽)[16] 한 마리 평평한 모래톱에 내려

갈대꽃 오래 보면서 특별한 가을 즐기네.

비단 새장, 기름진 먹이는 쳐다보지도 않고

상림(上林)[17]에 편지 전할 일 꿈속에서도 생각하네.[18]

---

15 『기아(箕雅)』 권4, '칠언절구' 및 권10, '칠언율시' 편 참조. 『기아』 목록에 소개된 이목의 이력을 보면 다음과 같다. "字仲深, 號北溪. 德水人. 仁祖朝登丙寅科, 罷榜, 更不赴擧. 官止縣令."

16 기러기의 별칭. 항상 태양을 쫓아 따르는 새라는 의미. 두보(杜甫)의 「동제공등자은사탑(同諸公登慈恩寺塔)」 시에 "그대는 태양 따르는 기러기를 보라. 저마다 곡식을 먹을 꾀 있도다"(君看隨陽雁, 各有稻粱謀)고 하였다.

17 왕실의 원림(園林)을 말함. 본디 중국 장안(長安)의 서쪽에 있었던 궁원(宮苑)으로, 진나라 시황제가 건설하고 한나라 무제가 증축하였다. 그 안에 36원(苑), 12궁(宮), 25관(觀)을 두고 진기한 동물과 여러 가지 화초를 길렀다고 한다.

18 중국 전한 무제(武帝) 때 소무(蘇武)가 흉노(匈奴)에 사신으로 갔다가 19년 동안 억류되었다. 소제(昭帝)가 흉노와 화친을 맺고 소무를 돌려보내라고 요청했으나 흉노는 소무가 벌써 죽었다고 속였다. 한나라 사신이 다시 흉노에게 가서 속여서 말하기를, "우리 황제께서 상림원에서 흰 기러기를 쏘아 잡았는데 기러기 발목에 묶여온 소무의 편지에 '소무의 무리가 어느 늪 속에 있다'고 하여, 지금 그를 데려가려고 온 것이다" 하자, 흉노는 그 말을 듣고 깜짝 놀라면서 한사(漢使)에게 사과하고 소무를 돌려보냈다고 한다. 『한서(漢書)』 권54, 「소건전부(蘇建傳附)」 참조.

隨陽一點落平洲　長對蘆花別有秋

羅網稻粱皆不顧　上林傳札夢中謀

우연히 제현을 따라 저 산등성이에 올라

객중에서 담소하며 한 바탕 이야기 마당 만났네.

강물에는 백마가 천년 한을 남겼고

술에 뜬 국화 꽃잎엔 구일의 향기 풍기네.

문득 새 정자에서 옛 일 아님을 깨달으니

남은 성곽에서 해 지는 걸 견딜 수 있으랴.

술기운에 하늘 끝 기러기 되고 싶었지만

가을바람 침노하여 비행할 수 없구나.

偶逐諸賢陟彼崗　客中談笑一逢場

江流白馬千年恨　酒泛黃花九日香

忽覺新亭非往事　可堪殘郭又斜陽

乘醻欲望天邊雁　苦被秋風不作行

　선조가 남긴 글을 하나라도 더 수집하려는 후손의 심정이야 헤아리지 못할 바 아니지만, 간단한 기초 조사마저 거치지 않은 것이 안타깝다. 1981년판 『한재문집』에도 잘못이 고스란히 이어졌으니 실수치고는 작지 않다. 이후 제6차 문집 중간이 이루어진다면 감계(鑑戒)로 삼아야 할 것이다.

한재가 형장에서 지어 불렀다는 「절명가」를 처음으로 실었다. 절명가의 내용이 비로소 드러난 것이다. 이 절명가는 '반언(反諺)'이라는 주기(註記)가 있어, 본디 우리말로 전해오던 것을 한문으로 번역했음을 알게 한다. 그런데 『이평사집』에도 실리지 않았던 것이 한재 졸후(卒後) 4백여 년 만에 갑자기 출현한 것이 의심스럽지만, 내용상으로도 절명가와는 전혀 어울리지 않는다. 안작(贋作)의 가능성이 높다.[19]

이 책은 부록에서 그 가치가 드러난다. 한재와 관련된 자료들을 최대한 수집하려 했던 후손의 고심이 묻어난다. 『이평사집』에 실린 것 이외에 새로 수집된 것을 보면, 먼저 후손들의 헌시(獻詩) 3편이 추가되었다. 장유가 찬한 「묘지명」, 강현(姜鋧)이 찬한 「시장(諡狀)」, 윤정수(尹正洙) 등이 조정에 올린 「청종향문묘소(請從享文廟疏)」 등도 수집되어 실렸다. 이들 문자는 한재 연구에 실로 귀중한 자료라 하겠다. 그밖에 수습된 것들을 소개하면 다음과 같다.

- 「戊午獄事」
- 「涪溪記聞」
- 「海東名臣錄」(金堉撰, 抄略)
- 「被禍諸賢復官爵事蹟」
- 「贈諡事蹟」
- 「四賢祠刱建事蹟」

---

19 이에 관해서는 부편에 실린 필자의 논고에서 자세히 논하였다.

- 「公州孔巖忠賢書院事蹟碑銘幷序」(崔奎瑞撰)
- 「忠賢書院刱建時祝文」
- 「書院毀撤後設壇告由文」(李克善撰)
- 「書院竪石壇享告由文」 및 동 「祝文」
- 「全州黃崗祠追配時祝文」

이 『한재집』이 간행됨으로써 한재의 문집은 기본 체재를 어느 정도 갖추게 되었다. 오늘날 연구자들에게 많이 이용되고 있는 까닭은, 구해보기 쉽다는 장점도 있지만, 무엇보다 자료가 가장 많이 수집되었다는 데 있다. 그러나 이 『한재집』은 오자와 탈자를 바로잡는데 철저를 기하지 않았다는 점에서 아쉬움을 남겼다.[20] 한재가 남긴 글은 기본적으로 『이평사집』에 실린 것을 대본으로 삼는 것이 당연하다. 오자나 탈자, 연자(衍字)라고 판단되는 경우에도 원문은 그대로 두고 주(註)를 통해 바로잡는 것이 원칙이라고 본다. 그러나 『한재집』 편집자는 『이평사집』에 실린 원문을 임의로 고치거나 교정상의 실수를 다수 범하였다. 임의로 고친 사례는 대개 문맥이 불통(不通)인 경우, 또 명백한 오자라고 판단한 경우로 짐작되지만, 보는 사람에 따라 불통이 아니라고 생각된다면 독단이 아닐 수 없다. 여기에다 교정상의 실수도 적다고 하기는 어렵다. 여기서 낱낱이 사례를 들 수는 없다. 역자의 교감기(校勘記)를 통해 독자가 직접 확인해보는 것도 좋을 성 싶다.

---

20 부록에 옮겨 실은 김시양의 『부계기문』 초(抄) 같은 것은 짧은 문장임에도 십 수차례의 오·탈자가 나왔다.

이 『한재집』은 서체(書體)가 좋지 않은데다가 판각 상태마저 부실하다. 선본(善本)이라 하기는 어렵다. 이미 280여 년 전에 나온 『이평사집』의 판각 기술에 비해 조악(粗惡)하다. 경술국치 이후의 어려운 형편을 감안하더라도 정도가 심한 편이라 할 수 있다. 또 판각 과정에서 1행에 들어갈 원문의 글자 수를 제대로 헤아리지 못하여, 원문을 할주(割註)처럼 두 줄로 새긴 경우라든지, 권차(卷次)를 일목요연하게 하지 못한 점,[21] 이자체(異字體)의 사용이 적지 않고 때로 속자(俗字)까지 사용하여 열람에 불편을 준 점 등도 약점으로 지적할 만한 것들이다.

4. 이병선 편, 『한재문집』(1981)

1981년 한재종중관리위원회에서 펴냈다. 1914년 이존원·이응호 등에 의해 『한재집』이 간행된 뒤 수집된 유문(遺文) 및 후손 이병선이 편집한 「연보」와 「세계(世系)」 등을 실었다. 『한재집』과 일부 편차를 달리한 데다 국역본(國譯本)이라는 점이 특징이다. 범례가 없고 편집, 간행 배경을 자세하게 밝힌 기록도 없다. 다만 권두와 권미에 붙은 간행사, 발문 등을 통해 저간의 사정을 짐작할 수는 있다.

1974년 한재 후손들은 한재의 사우(祠宇)를 중건하였다. 1950년 한국전쟁 직후 김포에 있는 한재의 묘소와 사당 일원이 군사지역으로 편

---

[21] 본집의 권차를 보면 '권1', '권2'로 되어있는 것이 판심(版心)에는 '권상', '권하'로 되어 있다. 부록의 '권1' 다음에는 '권2'라야 할텐데 '부록속(附錄續)'으로 되어 있다.

입되어 관리가 소홀해짐으로써 퇴락하였기 때문이다. 한재 후손들은 이해(1974) 정간공 한재종중관리위원회를 발족시키고, 여러 가지 기념사업을 모색하였다. 그 가운데 하나가 한재 문집을 중간하는 일이었다. 이병선이 엮은 『연보』를 보면 "1975년에 문집이 중간되었다"[22]고 하였다. 그러나 이것은 1975년에 간행될 것을 기정사실화하여 기록한 것이요 실제 간행된 것은 아니었다. 문집 중간은 계속 늦어져 1981년 8월에 가서야 완성을 보기에 이르렀다.

한재 후손들은 1914년 『한재집』이 중간된 이후에도 빠진 글을 수집하기 위해 발섭(跋涉)의 노력을 아끼지 않았다. 『한재문집』은 무엇보다도 1914년 당시에 열람할 수 없었던 조선왕조실록을 수색(搜索)하여 한재 관련 자료 상당수를 모았다는 점, 그리고 28년에 불과한 한재의 짧은 생애를 연도별로 자세히 살필 수 있는 『연보』를 엮어 실었다는 점이 주목된다.

『한재문집』의 편찬을 주도적으로 이끈 사람이 후손 이병선(1899~1977)이다. 이병선은 한학에 밝았으며 대쪽 같은 성격의 소유자였다. 그는 일제시기 의열단(義烈團)에 가입하여 활동하였으며, 저술로『성리관규(性理管窺)』2권,『주덕(做德)』9권,『해동삼강실록(海東三綱實錄)』1권 등을 남겼다.

이병선은 자신이 엮은 『연보』의 1960년 조에서 "후손병선(後孫炳璇), 편차성편(編次成編)"이라고 분명히 밝혔다.[23] 또 의재(毅齋) 성구용(成九

---

[22] 『한재문집』(1981), 232쪽 "乙卯重刊文集."

鏞: 1905~1976)이 찬한 「한재집서」에서도 이병선이 문집 중간의 주도적 인물이었음을 분명히 하면서, 『연보』의 편자(編者)임을 간접적으로 밝혔다.

그 출처본말(出處本末) 같은 것은 아직까지도 그 자세한 내력을 알 수 없었다. 후손 병선이 늘 이것을 걱정한 나머지, 공사문자(公私文字)를 널리 고열(考閱)하여 그 빠진 부분을 보충하였고, 여러 책들에 산견(散見) 되는 언행(言行)을 연대별로 엮어 선생의 시종(始終)을 회통(會通)하였다. 이에 문집이 대략 갖추어졌다.

여기서 '시종을 회통하였다'는 말은 곧 『연보』를 완성하였다는 말과 다름없다. 『연보』의 편자가 성구용이라는 말이 있는 것은, 아마도 『연보』를 교정하는 과정에 성구용이 참여했기 때문에 생겨난 일이 아닌가 한다.[24]

이병선은 자신이 편집한 『한재집』 필사본을 가지고 성구용에게 교정(校正)과 함께 서문을 부탁하였고, 1964년 성구용의 「한재집서」가 나오기에 이르렀다. 이렇게 볼 때 1914년 『한재집』 간행 이후로 새로운 중

---

23 『한재문집』(1981), 232쪽 "庚子, 年譜始成(後孫炳璇, 編次成編)."
24 『연보』의 편자가 성구용이라는 말은, 성구용이 찬한 「유적비명」에서 "내가 이미 『연보』를 찬차(纂次)하였다"(『한재문집』, 246쪽)고 한 데서 와전된 것으로 보인다. 한재 후손 병원(炳元)이 『한재문집』 발문에서 "증년(曾年)에 성우 구용(成友九鏞) 씨가 연보를 편성하고 ······"(309쪽) 운운한 것도 전문(傳聞)의 착오에서 나온 것이라 하겠다. '찬차'란 편집 자료를 모아 순서를 매긴다는 뜻이다. 이를 확대 해석하여 『연보』의 편자라 하기는 어렵다. 성구용은 「유적비명」에서 한재가 참화를 입은 날을 1498년 7월 27일 무오(戊午)로 기록하였다. 그러나 『연보』에는 7월 26일 정사(丁巳)로 되어 있다. 성구용이 『연보』의 편자라면 유적비와 기록을 달리 했을 리 없다고 본다.

간이 착실하게 준비되었음을 짐작하게 한다. 1981년 출판된 국역본『한재문집』은 간행 역사로 보면 사간본(四刊本)인 셈이다. 1631년『이평사집』이 간행된 이후 350년만의 성사(盛事)이다. 다만, 종래 '한재집'이라 명명한 지 70년도 안 되어 다시 '한재문집'으로 이름을 달리한 것은 유감이라 하겠다.『한재문집』의 편자는 이병선이다. 그가 편집한 사본을 대본으로 국역한 것이기 때문에 공과(功過)는 이병선에게 돌아가는 것이 당연하다. 그는 이 문집의 간행을 보지 못하고 세상을 떠났다.

『한재문집』의 특징을 보면, 한재가 남긴 글 가운데 빠진 것으로「진왕자제택치대소(陳王子第宅侈大疏)」와「진제생무죄계(陳諸生無罪啓)」가 추가되었고, 사우투증(士友投贈)으로 성광(醒狂) 이심원(李深源)이 한재에게 준 시 1편이 추가되었다.「진왕자제택치대소」(1492)와「진제생무죄계」(1492)는『성종실록』을 열람한 뒤 얻은 수확으로 보인다. 그런데「진왕자제택치대소」는 소두(疏頭)가 성균관 생원 배윤순(裵潤珣)으로 되어 있을 뿐만 아니라, 한재가 찬술했다는 명백한 증거를 찾기 어렵다.「진제생무죄계」는 내용으로 보아 한재가 지은 것이 확실한 듯하지만『성종실록』에 실려 있지 않아 출처를 알기 어렵다. 이심원의 시는『성광유고』에서 확인할 수 있으며, 한재의 생애 연구에 도움이 된다. 이 시를 통해 한재가 등과(登科) 하기 전에 지평(砥平)의 용문산에서 독서하였음이 재차 확인되었고, 이에 따라 한재가 용문산의 부담암(釜潭巖)을 보고 읊은 시의 창작 배경이 드러나게 되었다.

한편 종래 오언절구, 칠언절구, 오언률, 칠언률, 칠언고풍 등으로 분류된 시작(詩作)의 분류를 달리하였다. 칠언고풍으로 분류하였던「유용문부담암가(遊龍門釜潭巖歌)」,「송최대사헌귀강릉(送崔大司憲歸江陵)」, 사(辭)로 독립시켰던「칠보정 상련사」, 칠언고풍 뒤에 붙였던「절명가」를 가사(歌詞)로 분류하여 실었다. 그 밖의 시는 분류하지 않고 실었다. 그런데, 외형상으로 일정한 형식과 법칙을 갖춘 절구·율시·배율이 아닌, 그 이외의 것을 모두 '가사'로 묶은 것은 이론의 여지가 있다.

1914년판 『한재집』에서 2권이었던 부록의 내용을 더 늘리고 편차를 달리하였다. 「세계」와 『연보』를 한 권으로 하고, 나머지를 한 권으로 엮었다. 종래 부록에 실었던「무오사화원유(戊午史禍源由)」,「무오당적(戊午黨籍)」,「무오옥사(戊午獄事)」,「피화제현복관작사적(被禍諸賢復官爵事蹟)」,「증시사적(贈諡事蹟)」,「사현사창건사적(四賢祠剏建事蹟)」등은 『연보』에 수렴하였기 때문에 산거(刪去)하였다.[25]「집현전학사 동료록(集賢殿學士同僚錄)」,「과방록(科榜錄)」,「사우록(師友錄)」등을 실은 것도 눈에 띤다. 이들은 자료집으로서의 성격이 짙고, 열람에 편의를 제공하는 장점이 있다. 그러나 용잡(冗雜)하다는 느낌이 없지는 않다.

『연보』는 『한재문집』의 중간 이유 가운데 가장 큰 것으로 짐작된다. 종래 전혀 참고할 수 없었던 조선왕조실록을 열람하여 중요한 자료를 다수 취하고, 또 공사간에 전하는 여러 문자들을 최대한 수집했다는 데 『연보』의 장점이 있다. 또 한재종중의 전문(傳聞) 자료들을 활자화한 것도 의미가 있다. 이 『연보』가 한재의 생애 연구에 기여하게 되었음을 생각할 때 그 공을 평가하지 않을 수 없다.

---

25 『한재문집』(1981), 232쪽 "乙卯重刊文集: 舊本附錄之於年譜者, 刪去改正, 編次而刊行."

그러나 이 『연보』는 공도 크지만 그에 못지않게 과(過)가 있다. 먼저 체재의 문제이다. 연보는 어느 한 개인의 삶의 역정을 연대순으로 기록하는 것이다. 따라서 사실과 다르거나 어긋난 기록은 가장 큰 금물이다. 이를 막기 위해 연조(年條)에 따라 사실을 기록하고 거기에 관련 자료를 충실하게 덧붙인 것은 평가할 만하다. 다만 관계 자료를 덧붙이면서 대부분 전문을 모두 소개하다시피 하였고, 또 직접 관련이 없는 것들도 인용함으로써 지리한만(支離汗漫)한 결과를 초래하였다. 또 이 때문에 생애를 일목요연하게 볼 수 없다는 비판을 피하기 어렵게 되었다. 게다가 자료 제시에는 반드시 전거(典據)가 뒷받침 되어야 그 가치를 제대로 인정받을 수 있다. 그럼에도 전거 제시에 소홀하여 연구자의 의문을 말끔하게 해소시키지는 못하였다. 이 역시 한계로 꼽을 만하다.

사실 기록에서의 잘못도 여러 건이다. 큰 것만 골라 소개하기로 한다. 『성종실록』에 따르면, 한재가 금승법(禁僧法)에 반대하는 대비전(大妃殿)과 윤필상 등을 극력 비판한 것은 성종 23년(1492) 12월의 일이다. 그런데 『연보』에서는 이를 성종 21년(1490) 11월, '한재 20세' 조에 실었다. 그 증거로 제시한 자료들은 모두 『성종실록』에서 뽑은 것들이다. 앞뒤가 맞지 않는다. 당시 한재는 격한 내용의 상소 때문에 의금부에 하옥되었다가 대소 신료와 태학생들의 신구(伸救) 상소로 10일 만에 풀려났다. 그럼에도 『연보』에서는 그 일 때문에 공주로 귀양 갔다가 이듬해 1월에 풀려난 것으로 기술하였다.

한편, 한재는 성종 25년(1494) 12월, 승하한 성종을 위해 수륙재(水陸齋)를 지내는 것을 극력 비판하고 대비전에 영합한 영의정 윤필상 등을 탄핵했다가 마침내 공주로 귀양을 갔다. 이것은 『성종실록』에 분명히 실려 있는 사실이다. 그럼에도 『연보』에서는 아예 기록하지 않았다.

한재가 정조사 김수손의 수행원으로 명나라 북경에 들어간 시기는 23세 때인 성종 24년(1493) 10월이다. 『연보』에서는 이보다 1년 늦은 성종 25년(1494) 10월의 일로 기록하였다. 또 연산군 1년(1495)에 한재가 장원 급제한 과시(科試)의 이름은 증광시(增廣試)이다. 그럼에도 '별시(別試)'로 기록한 것은 어디에 근거한 것일까. 한재가 형장에서 참형을 당한 날짜는 7월 26일이 아니고 7월 27일이다.[26] 또 『이평사집』의 편자인 이구징이 김상헌의 「묘표음기」 뒤에 붙인 「보유」를 독립시켜 '제가기술(諸家記述)'에 넣었다. 이 「보유」는 「묘표음기」 뒤에 붙어야 의미가 있다. 또, 한재의 증손인 구징은 '제가'에 포함시키기 어렵다. 이와 같은 크고 작은 잘못은 한재 연구에서 오류에 오류가 이어지는 결과를 초래하였다. 필자가 한재의 생애를 집중 연구한 '한재 이목론'을 제2부에 실은 것도 이 때문이다.

『한재집』을 우리말로 번역하여 현대인이 쉽게 볼 수 있도록 한 것은 가장 큰 공이라 할 수 있다. 다소의 실수가 있다 하더라도 초역(初譯)의 공은 인정하지 않을 수 없다. 그러나 낱낱이 지적할 수 없을 정도로 오역의 사례가 많아 국역본에 의지하는 연구자들에게도 부담을 준다. 원문 교감(校勘), 구두(句讀)에 소홀한 점이라든지, 오자와 탈자가 많은

---

26 한재의 후손들에게 선조의 기일은 매우 중요하고 민감한 문제일 것이다. 편자 이병선과 친교가 있었고 『한재문집』의 교정을 맡았던 성구용은 「유적비명」에서 "7월 27일 무오"라고 하였다. 이제라도 피화일(被禍日)에 대한 논란에 종지부가 찍히기를 기대한다.

것도 지적될 수 있는 사안이다.

5. 최영성 편, 『국역 한재집』(2012)

1981년 국역본 『한재문집』이 출간된 뒤, 1986년 12월 13일 한국차문화연구회(회장 이형석(李炯石)) 주최로 '제1회 차문화 학술발표회'가 열렸다. 이 발표회에서 심백강(沈伯綱)의 「한재 이목의 생애와 사상」, 석용운(釋龍雲)의 「이목의 '다부' 해설」이 발표되었다. 이 두 편의 발표는 한재 연구의 시발점이 되었다. 그로부터 25년이 흘렀다. 한재 연구는 해가 갈수록 폭과 깊이를 더하고 있다. 『한재집』의 충실한 번역이 가장 큰 문제로 떠올랐다. 물론 1981년판 번역본이 있기는 하다. 그렇지만 당시는 현재에 비해 여러 측면에서 여건이 좋지 않았고, 또 역자 홀로 번역하다보니, 불완전하거나 잘못된 곳이 적지 않게 나온 것이 사실이다. 한재 종인(宗人)들은 이를 안타깝게 여겨 문집 중간을 지속적으로 도모하였고, 마침내 2010년에 한재선생기념사업회와 함께 새로운 국역본 출간을 결정, 본격적으로 추진하게 되었던 것이다.

이 『국역 한재집』은 일차적으로 번역과 주석에 역점을 두었다. 중간의 목적이 충실한 역주에 있기 때문이다. 다음으로는 한재 관련 자료를 최대한 수집하여 싣는 것을 원칙으로 하면서, 종래 수록된 것 가운데 한재 연구에 직접 관련이 없는 것은 삭제하였다. 1980년대 이래 무오사화 및 사림파(士林派) 학자에 대한 연구 성과가 다수 집적되었고,

이어 1990년대에 와서는 한국고전번역원에서 펴낸 문집총간(文集叢刊)을 비롯하여, 열람에 불편을 겪었던 수많은 자료들이 공개됨으로써, 종래 참고용으로 실었던 자료를 다시 실어야 할 필요성이 적어졌기 때문이다. 근자에 국학에 관련된 각종 자료의 번역이 활성화되었고, 각종 검색 프로그램까지 활발하게 이용되고 있음에 비추어, 『한재집』에 부록으로 실어 간접 열람하도록 하는 것보다 원전 자료를 해당 문집 등에서 직접 열람토록 하는 것이 바람직하다고 본다.

문집을 중간할 때마다 이름을 바꾸어 후학들의 혼란을 초래하는 것은 바람직하지 않다고 생각한다. 이에 '이평사집'·'한재집'·'한재문집' 등으로 제목을 바꾸었던 선례를 깨고 '한재집'으로 되돌렸다. 한재가 남긴 글을 가장 많이 수집하였고, 또 부록을 충실하게 꾸며 문집의 체재를 비로소 갖춘 '한재집'이 문집 명칭을 대표해야 한다는 생각에서이다. 편차는 『이평사집』과 그 체재를 비교적 충실하게 따른 『한재집』을 본으로 하였다. 이병선이 편집한 『연보』는 문제가 있어 싣지 않았고, 대신 현대 감각에 맞도록 간결하면서도 신빙성 높은 연보를 작성하여 권말에 실었다.

한재가 김일손에게 보낸 서한 1편은 『연산군일기』에 나온다. 이 서한은 사화(史禍) 당시 한재의 죄상을 밝히는 데 이용되었지만 한재의 글임에는 분명하다. 이 뿐만 아니라 한재의 역사관, 역사 편찬에 임하는 자세, 『성종실록』 편찬 과정을 살피는 데 중요한 자료이다. 이에 '서(書)'로 분류하여 본집에 실었다.

남용익의 『기아』에서 발굴하여 1914년 『한재집』에 실었던 「영화안」·「유백마강」 시는 한재와 동명이인(同名異人)의 것을 잘못 전재한 것이 명백하므로 삭제하였다. 『한재집』·『한재문집』에서 한재의 글로 인정하여 실었던 「진왕자제택치대소(陳王子第宅侈大疏)」와 「절명가」는 '대고(待攷)'로 분류하여 후일 구안지사(具眼之士)의 판단을 기다리기로 하였다. 앞의 '소'는 『성종실록』, 21년(1490) 윤 9월 1일(庚辰) 조에 나온다. 본시 성균관 생원 배윤순(裵潤珣) 등이 올린 소문(疏文)으로 일정한 제목은 없었다. 1981년 『한재문집』을 편찬하는 과정에서 이 상소문을 처음으로 문집에 편입(編入)시킨 뒤 내용을 고려하여 임의로 붙인 것이다. 그런데 이 글은 한재가 찬술하였다는 명백한 근거를 찾기 어렵다. 당시 성균관 유생들의 항소(抗疏) 활동을 주도한 사람이 한재였을 것이라는 추측에서 이 글을 『한재문집』에 편입시킨 것 같지만, 후인들에게 혼란을 끼칠 염려가 없지 않다. 본집에 싣지 않고 '대고'로 분류, 후일을 기대한 것은 이런 까닭에서이다. 「절명가」는 『한재집』에 처음 실렸는데 위작일 가능성이 높다. 다만 집안에 전해오는 전승(傳承)을 일거에 깎아버릴 수 없어 역시 '대고'로 분류하여 후고(後考)를 기다린다.

2011년 필자가 발굴한 『심학장구집주대전(心學章句集註大全)』은 조선 성종 때 재야학자 일송(一松) 홍치(洪治: 1441~1513)가 지은 저술이다. 한국유학사에서 심학 관련 초기 저술로 평가된다. 이 책에 한재가 『논어』·『맹자』 등 경서류를 해설한 내용이 나온다. 비록 3조에 불과하지만, 한재의 학문과 사상 연구에 소중한 자료라고 생각하여 '습유(拾遺)'에 실었다. 이와 함께 유몽인(柳夢寅: 1559~1623)의 『어우야담(於于野談)』에 나오는 '이목 김천령 문성상랄(李穆金千齡文聲相埒)' 고사를 인용, 부록에 실었다. 야담집에 실린 것이기 때문에 신빙성에 다소 의문이 있을 수 있지만, 한재와 김천령의 교우 관계 및 한재의 문재(文才)를 엿볼 수 있는 중요한 자료라고 본다.

부록에는 종래 『이평사집』 이래 싣지 않았던 김일손의 「감구유부」를 완역하여 실었다. 이 글은 한재와 김일손 간의 두터운 우정을 살필 수 있을 뿐만 아니라, 당시 연행(燕行)의 경로와 과정, 연행에 임하는 조선 사인(士人)의 자세 등을 아울러 고찰할 수 있는 자료이다. 한재의 구체적인 행적이 들어 있지 않다는 이유로 버려두는 것은 바람직하지 않다.

'사우투증(士友投贈)'에 조위(曺偉)의 『매계집(梅溪集)』에 보이는 「증별이중옹(贈別李仲雍)」 시를 발굴하여 실었다. 한재가 공주로 귀양갈 때 지어준 시로 추정된다. 이밖에도 곡운(谷雲) 김수증(金壽增: 1624~1701)의 시 '화음삭거(華陰索居), 서회시아배(書懷示兒輩)'를 수집하여 실었다. 당시 사대부가에 무풍(巫風)이 성한 것을 비판하고, 성균관에서 국무(國巫)를 매질하여 쫓아낸 한재를 본받을 것을 자녀들에게 당부하는 시이다. 이는 '사우투증'에 실릴 성격의 것은 아니다. 다만 한 수의 시를 별도로 분류하기 어려워 부속으로 덧붙였음을 밝혀둔다.

『한재집』중간 서문

옛날 한문공(韓文公: 韓愈)이 맹자(孟子)를 추존(推尊)하되 "공이 우임금의 아래에 있지 않다"[1]고 하였다. 대개 그것은 양주(楊朱)와 묵적(墨翟)이 사람의 마음을 미혹되게 함이 홍수가 사람의 몸을 물에 빠지게 한 것보다 심하여, 맹자께서 능한 말솜씨로 그것을 물리쳐서 훤하게 열어놓았기 때문이다. 그러므로 한문공이 논한 「불골표(佛骨表)」[2] 한 편은 맹자께서 이단을 물리친 뜻을 깊이 얻어서 사람들의 눈과 귀를 훤하게 비추었으니 그 공이 어찌 크지 않겠는가? 한문공 같은 사람은 참으로 맹자가 이른바 "성인의 무리"이니, 내가 들은 바로는 한재 선생 이정간공이 거의 같다고 할 수 있다.

    공은 진사(進士)로부터 대과(大科)에 급제하기까지 직도(直道)로써 임금을 섬겼으며 회피하는 바가 없었다. 우리 도[吾道]를 붙들어 세우고 이단을 물리치는 것을 자신의 임무로 삼았으니, 자전(慈殿: 仁粹大妃)

---

1 『맹자집주』「서설」에 나온다.
2 중국 당나라 때 형부시랑 한유(韓愈)가 지은 글. 당시 헌종(憲宗)이 불골(佛骨: 사리)을 금중(禁中)에 맞아들이니, 왕공(王公)·사서(士庶)가 찬탄하였다. 그러나 한유가 불골표를 올려서 그 불가함을 극간(極諫)했다가 헌종의 노여움을 사서 조주자사(潮州刺史)로 좌천되었다.

의 밀명(密命)을 받고 음사(淫祀)³를 지내던 여자 무당[女巫]을 내쫓았다. 또 가뭄으로 인하여 윤필상(尹弼商)을 팽형(烹刑)⁴에 처할 것을 청하였으며, 또 윤필상이 자전의 뜻에 따라 숭불(崇佛)할 것을 청한 것이 잘못되었음을 논하였다. 비록 이 때문에 그들에게 구함(構陷)⁵을 당하여 무오년, 갑자년의 사화를 혹독하게 입었지만 백대(百代) 뒤에도 늠름하여 기운이 살아 있으니, 청음(淸陰) 김문정공(金文正公)⁶과 계곡(谿谷) 장문충공(張文忠公)⁷ 등 여러 분이 기술한 「묘지」와 「묘표」를 살펴서 알 수 있다.

대개 공은 일찍 스스로 스승을 얻었다. 점필재 김선생을 사사(師事), 학업이 크게 진보하여 빛나는 소문이 날로 퍼졌으니 더불어 교유한 사람들이 다 일대의 큰 유학자요 준결한 선비였다. 마침내 김굉필(金宏弼: 翰暄堂), 정여창(鄭汝昌: 一蠹) 같은 분과 죽어서 같이 이름을 전하였으니 이는 한문공도 당시에 얻지 못한 것이다. 다만 불교를 배척한 일 뿐만 아니라 거의 모든 일이 문공과 같았다. 그렇다면 '문(文)'으로써 시호를 내린다 해도 그 누가 불가하다고 하랴? 아깝게도 태상시(太常寺)⁸에서

---

3 내력이 바르지 않은 사신(邪神)을 섬기고 제사지내는 일.
4 나라의 재물이나 백성의 재물을 탐한 탐관오리를 가마솥에 넣어 삶아 죽이던 형벌. 일명 자형(煮刑)·팽아지형(烹阿之刑)이라고도 한다. 중국 전국시대 제(齊) 나라의 경대부(卿大夫) 아대부(阿大夫)가 악정을 하자 위왕이 아대부를 가마솥에 넣어 삶아 죽였다고 한다. 후일에 가서는 삶아 죽이는 시늉만 할 뿐 실제로 죽이는 것은 아니었다. 명예형이요 관습형이었다. 우리나라에서는 성종·중종·영조 때에 일부 탐관오리에 대한 팽형 시행의 논의가 있었으며 시행된 적은 없다.
5 터무니없는 말로 남을 모략하여 죄에 빠지게 함.
6 한재의 「묘표음기(墓表陰記)」를 지었던 청음(淸陰) 김상헌(金尙憲)을 가리킴.
7 한재의 「묘지명」을 지었던 계곡(谿谷) 장유(張維)를 가리킴.
8 봉상시(奉常寺)를 달리 이르는 말. 조선시대 국가의 제사, 국왕의 묘호(廟號)와 시호(諡號), 적전(籍田) 등을 관장하고 권농(勸農)·둔전(屯田)·기공(記功)·교악(敎樂) 등의 일을 맡아보았다.

우연히 그 바른 길을 잃어 천년 뒤까지도 명회(冥會)[9]할 수 없게 만들었다.

공께서 남긴 글은 여러 차례 화란(禍亂)을 겪어 이리저리 흩어지고 없어져 수습되지 못하였다. 이미 간행된 것도 백천(百千) 가운데 십일(十一)이 남는데 불과하다. 또 주자(朱子) 같은 대현(大賢)을 만나 그 같고 다른 점을 고증하여 후세에 전하기를 한문공의 경우처럼 할 수가 없었으니,[10] 어찌 거듭 슬퍼하지 않을 수 있겠는가? 김문정공이 "정론(正論)이 오래 유지되어 사림에 복이 되도록 하지 못함은 하늘이 정해 주지 못한 것"으로 여긴 것은 실로 맞는 말[知言]이라고 본다.

공의 후손 존원(存原)[11]이 공사(公私)의 문헌과 구본(舊本)에 빠진 것들을 수습하여 다시 편집하여 중간(重刊)하려고 도모하던 차에 찾아와 나에게 서문을 청하였다. 내가 공에 대해 고산경행(高山景行)[12]한지 오래 되었으므로, 감히 칭병(稱病)을 하거나 글재주가 없다[無文] 하면서 끝내 사양할 수 없어, 드디어 마음속으로 느낀 바를 써서 돌려주었다. "부처의 머리에 똥칠을 하였다"는 꾸짖음 같은 것은 돌아볼 겨를이 없었노라.

갑인년 4월 상순에 덕은(德殷)[13] 송병화(宋炳華)[14]는 서문을 쓰다.

---

9 죽은 사람이 마음에 들어함.
10 주자는 한유의 글을 고증한 『한시고이(韓詩考異)』 10권을 엮었다.
11 한재의 후손(1852~1933). 자는 도여(道汝), 호는 성암(性菴). 공주 출신이다. 봉사공파(奉事公派)로 난(鸞)의 12세손이다.
12 높은 산과 큰 길이라는 뜻으로, 세상 사람들에게 널리 존경을 받는 사람을 이르는 말.
13 충청남도 논산 지역의 옛 지명. 지금의 은진면(恩津面) 일대이다. 서문을 지은 송병화의 본관이 은진이었으므로 그 고호(古號)를 사용한 것이다.

寒齋集重刊序

昔韓文公, 推尊孟子, 以爲功不在禹下. 蓋以其楊墨之溺人心, 甚於洪水之溺人身, 而孟子能辭而闢之廓如也故也. 故其所論佛骨一表, 深得孟子闢之之義, 而赫赫然照人耳目, 其功顧不大歟? 若文公者, 眞孟子所謂聖人之徒, 而以愚所聞寒齋先生李貞簡公殆類之. 公自進士, 至登第, 直道事君, 無所回避. 以扶吾道闢異端爲己任. 旣逐慈殿密令淫祀之女巫矣. 又因天旱, 而請烹尹弼商矣. 又論弼商請從慈殿崇佛之非矣. 雖以此爲其所構陷, 酷被戊午甲子之禍, 而百代之下, 凜凜有生氣. 淸陰金文正谿谷張文忠諸公所述誌表, 可按而知也. 蓋公早自得師, 師事佔畢齋金先生. 學業大進, 華聞日播, 所與遊, 皆一代宏儒俊士, 而卒與寒暄一蠹, 死而同傳. 是則文公之所不得於當日者, 而不但其斥佛一事, 庶幾乎文公而已. 然則文以易名, 夫孰曰不可? 而惜乎太常之議諡, 偶失其正, 使不得冥會於千載也. 公之遺文, 屢經禍亂, 散逸而不救. 其已刊行者, 不過存十一於百千. 而又不得大賢如朱子者, 攷其異而傳諸後, 如文公之文, 則豈不重可悲也? 金文正之以不能壽正論而祚士林, 爲天之未定者, 眞知言也哉? 公後孫存原, 收拾公私文獻遺漏於舊本者, 更加編摩, 謀欲重刊, 來請弁文於余. 余於公, 高山景行久矣, 不敢以病且

---

14 조선 말기의 학자(1852~1916). 자는 회경(晦卿), 호는 난곡(蘭谷)·약재(約齋), 본관은 은진이다. 노론계 학자로 임헌회(任憲晦)의 학통을 이었다. 이이·송시열·김장생·김집(金集) 등을 흠모하였고 송병선(宋秉璿)·전우(田愚)·소휘면(蘇輝冕) 등과 교유하였다. 고종 22년(1885) 증광시의 소과에서 진사 3등으로 급제하였고 이어 학행으로 추천되어 정릉참봉(靖陵參奉) 등을 지낸 후 경연관에 임명되었으나 나가지 않았다. 일제에 나라가 망한 후 후학 양성에 힘썼다. 저술로『난곡집』이 있다.

無文終辭, 而遂書所感于心者以還之. 若其佛頭布穢之誚, 有不暇顧云.

甲寅孟夏上澣, 德殷宋炳華序

서序

아! 한재 선생의 정충대절(貞忠大節)은 진실로 우주를 지탱하고 일성(日星)을 비출 만하다. 그리고 화곤(華袞)[1]의 포상과 금관(金管)[2]의 전기(傳記)는 천추에 빛나니, 몇 편 안 되는 글이라 하여 어찌 경중을 가릴 수 있겠는가? 그러나 이 문집이 없다면 선생의 사상적 핵심을 알 수가 없다. 사화(士禍) 당시 불태워지고 겨우 남은 유문(遺文)을 간행한 것이 여러 번이고 전포(展布)한 지도 오래되었다. 그러나 선생의 출처본말(出處本末) 같은 것으로 말하자면 아직도 그 자세한 것을 알 수 없다. 후손 병선(炳璇)이 항상 이것을 근심하여, 공사문자(公私文字)를 널리 고증하여 그 빠진 것을 보충하고, 여러 책에 산출(散出)되는 언행(言行)을 연대에 따라 엮어서 선생의 시종(始終)을 회통(會通)하니 이에 문집 모양이 대략 갖추어졌다. 이어 중간을 하려고 할 적에 나에게 교정(校正)과 서문을 청해왔다. 나 역시 외예(外裔)의 열에 들었는지라 더욱 슬픔이 절실하고 사모함이 돈독하다.

---

1 옛날 왕공 귀족(王公貴族)이 입던 화려한 의복. 화려함, 또는 영총(榮寵)을 의미한다.
2 황금 붓. 화려한 문장을 의미한다.

가만히 생각하건대, 선생께서는 점필재의 고제(高弟)로 일찍부터 학문 하는 방법을 들었으며 한훤당(寒暄堂: 김굉필), 일두(一蠹: 정여창), 탁영(濯纓: 김일손) 같은 제현(諸賢)과 의(義)를 같이 하였고 도(道)가 합치되었다. 언론이 강개(慷慨)하고 지기(志氣)가 준열(峻烈)하였으며 항상 오도(吾道)를 붙들고 이단을 물리치는 것으로써 자신의 책임을 삼았다. 이른 나이에 문채 있고 영특하여 장차 세상에서 큰 일을 할 것으로 기대되었지만, 나라의 운수가 중도에 쇠락하여 뭇 사특한 무리가 곁눈질하여 틈을 엿보고 기회를 살폈다. 도리어 저들이 만든 함정에 빠져 재앙이 하늘에 넘칠 지경이었으니 처음엔 동시(東市)에서의 참화[3]를 입었고, 나중에는 죽음이 천양(泉壤)에까지 가해지는 등 한 때의 현명하고 덕 있는 이들에 대한 주찬(誅竄)[4]이 서로 이어졌다. 백세(百世) 뒤에 그 역사를 읽은 사람들이라면 주먹을 불끈 쥐고 눈물을 훔치며, 담이 써늘해지고 기운이 막히지 않은 경우가 없을 것이다.

아, 어찌 그리 혹독하였던고! 이미 현류(賢類)를 낳으시고 또 따라서 죽여, 요순시절 군민(君民)의 뜻이 마침내 와해(瓦解)되도록 만들었다. 이것이 과연 천도(天道)란 말인가? 아니면 하늘이 치국(治國)·평천하(平天下)를 하고 싶지 않아서 그런 것인가? 그렇다면 선생께서 일찍 벼슬길에 나가 등용된 것은 행운이 아니고 불행일 뿐이다. 혹여 선생께서 재능과 학식을 감추어 수(壽)를 누리도록 했더라면, 융성(隆盛)한 시대를

---

3 중국 주나라 때 중죄인은 동시에서 참형을 한 뒤 기시(棄市)하였다.
4 형벌로 죽이는 일과 귀양 보내는 일.

만나 당시 제현들과 조정에 휘정(彙征)⁵하여, 자신이 온축한 것을 거의 펴서 삼대(三代)의 정치를 미구(未久)에 점칠 수 있었을 것이다. 불행하게도 그렇게 되지 못했으니, 이것이 운명인가, 시대를 잘못 만난 탓인가? 저 푸른 하늘에 캐묻지 않을 수 없다.

그러나 단서(丹書)⁶가 이미 씻겨져 증직(贈職)과 사시(賜諡)가 이루어졌고, 사당에는 부조지전(不祧之典)⁷이 내려졌으며, 서원에도 배향되었으니, 조정에서 포상하고 존숭함에 유감(遺憾)이 없다. 그리고 전후 유현(儒賢)들이 찬술(贊述)한 것 역시 갖추어졌다. 천지가 다하지 않는 이상 선생의 충절은 없어지지 않을 것이며, 일월이 빛을 잃지 않는 한 선생의 이름도 썩지 않을 것이다. 아, 훌륭하시도다! 까마득한 후생(後生)이 어찌 감히 다시 덧붙일 것이랴?

마음속으로 느끼는 바가 있다. 돌이켜 보건대 서양의 물결이 홍수처럼 넘실거리고 말발굽 자국이 서로 횡행하며, 이단사설(異端邪說)이 탁탁쟁명(啄啄爭鳴)⁸하여, 이륜(彜倫)은 땅을 쓸어 없앤 듯하니 인류가 거의 망하게 되었다. 가령 선생께서 구원(九原)에서 다시 살아오신다면 응당 어떻다고 하실 것인가? 이러한 때 선생의 글을 출판하여 팔방에 널리 보인다면 거의 어두운 거리에 밝은 촛불[昏衢之炳燭]이 될 것이다. 세상의 부귀를 다투고 탐하는 이들은 틀림없이 '세상 물정에 어둡고 쓸

---

5 무리지어 나감.
6 빨간 글씨로 쓴 죄안(罪案).
7 나라에 공이 있는 사람의 신주를 사당에 모시고 영원히 제사를 지내도록 국가에서 허락하는 특전.
8 뭇 새들이 부리로 톡톡 쪼며 다투어 울음소리를 낸다는 뜻.

모없는 일'이라고 여기겠지만, 천리(天理)가 있는 곳에 도(道)는 끝내 없어지지 않는다. 무릇 우리 동지들 또한 선생의 마음을 내 마음으로 삼아 죽을 때까지 변하지 않는다면, 비록 온 천하[九野]가 어둠이 쌓인 속에 있다 할지라도 장차 한 가닥 양기(陽氣)의 맥락이 내복(來復)할 날이 있을 것이다. 원컨대 이로써 서로 힘쓸지어다.

갑진년(1964) 정월 인일(人日: 7일) 창산(昌山) 성구용(成九鏞)[9]은 삼가 서(序)하다.

序

嗚呼! 寒齋先生貞忠大節, 固可以撑宇宙照日星. 而華袞之褒, 金管之傳, 炳烺千秋, 則寥寥數編, 何足輕重哉? 然不有斯集, 無以考先生之肯綮. 遺文之僅存於禍爐之餘者, 刊之累, 而布之久矣. 若其出處本末, 尙且未得其詳. 後孫炳璇, 庸是病焉, 博攷公私文字, 補其闕漏, 言行之散出諸書者編年, 而會通先生之始終. 於是乎, 略備矣. 將謀重刊, 請余校讎, 而弁卷焉. 不佞亦忝外裔之列, 尤悲之切, 而慕之篤焉. 竊惟先生, 以畢翁高弟, 早聞爲學之方, 與寒暄一蠹濯纓諸賢, 義同道合. 言論慷慨, 志氣峻烈. 常以扶吾道闢異端爲己任. 早歲斐英, 將見大有爲於世,

---

[9] 근세의 유학자(1905~1976). 호는 의재(毅齋), 본관은 창녕(昌寧). 충청남도 연기군 금남면 달전리(達田里) 출생. 덕천(悳泉) 성기운(成璣運)의 문인으로 간재(艮齋) 전우(田愚)의 학통을 계승하였다. 저술로 『의재집』 6권 3책, 속집 1책이 있다.

邦運中否, 群邪側目, 窺釁伺機, 反爲彼所擠陷, 禍至滔天, 首被東市之慘, 末乃僇加泉壤, 一時賢德, 誅竄相續. 百世之下, 讀其史者, 莫不扼腕而雪涕, 膽寒而氣塞. 嗚呼! 何其酷耶? 旣生賢類, 又從而殺之, 使堯舜君民之志, 終歸瓦解. 是果天道也歟? 抑天未欲平治而然歟? 然則先生之早出登庸, 非幸也, 乃不幸耳. 倘使先生韜晦享壽, 遭遇隆盛, 與當時諸賢, 彙征于朝, 庶幾展布所蘊, 而三代之治, 指日可卜. 不幸而不得, 則命耶時耶? 不能無致詰於彼蒼者也. 然丹書旣雪, 貤贈賜謚, 廟而不祧, 院而享之. 朝家之褒崇, 可以無憾, 而前後儒賢所贊述, 亦備矣. 穹壤不弊, 則先生之忠不泯, 日月不晦, 則先生之名不朽. 吁其盛哉! 藐玆後生, 何敢復贅? 竊有所感焉者, 顧今西波懷襄, 蹄跡交橫, 異言邪說, 啄啄爭鳴, 彝倫掃地, 而人類幾乎滅矣. 如使先生復起九原, 則當何如哉? 于斯時也, 鋟先生之書, 廣際八方, 庶可爲昏衢之炳燭歟? 世之爭鬻富貴者, 必以爲迂濶無用之事, 而天理所在, 道終不泯. 凡吾黨之君子, 亦以先生之心爲之心, 至死不渝, 則雖九野積陰之中, 將有一陽來復之日矣. 願以是交相勗焉.

 甲辰元之人日 昌山成九鏞謹序

부賦

1. 홍문관부 – 서序를 아우르다 [1]

서(序)에 말한다.

'홍문관'이란 옛날의 집현전(集賢殿)이다. 한(漢) 나라에 천록각(天祿閣),[2] 석거각(石渠閣)[3]이 있고 당(唐) 나라에 숭문관(崇文館),[4] 비현각(丕顯閣)이 있으며 송(宋) 나라에 한림원(翰林院), 금란전(金鑾殿)[5] 등이 있음과 같다. 하·은·주 삼대 이전에는 성인의 도가 행해졌으나 춘추시대에 와서는 차차 쇠퇴하였다. 우리 부자(夫子: 공자)께서 그 도가 실전(失傳)될까 두려워하여, 육예(六藝)를 써서 후세에 전하니, 후세의 소경된 사람은 이

---

1 원주: "성균관에서 과(課)한 시험이다."
2 중국 전한 고조(高祖) 때 지어진 전각. 대전(大殿) 북쪽에 있었으며 전적의 보관을 목적으로 세워졌다. 유향(劉向)·유흠(劉歆)·양웅(揚雄) 등이 이곳에서 교서(校書)를 지냈다.
3 전한 때의 전각 이름. 태비전(太秘殿) 북쪽에 있었다. 비서(秘書)를 목적으로 세웠다. 선제(宣帝)가 석거각에서 학사들과 함께 친히 오경(五經)을 강론하며 『석거의주(石渠議奏)』를 펴낸 고사가 있다.
4 중국 위(魏) 나라 명제(明帝)가 글 잘하는 문사(文士)들을 모아서 거처하도록 한 곳. 이후 당나라 때까지 이어졌다.
5 당나라 때 설치된 전각. 문학지사들이 임금의 조칙(詔勅)을 찬술하던 곳이다. 금란파(金鑾坡)에 있다고 해서 붙여진 이름이다. 금란은 한림학사를 달리 이르는 말이기도 하다.

때문에 눈을 뜨게 되었고, 귀먹은 사람은 이 때문에 들을 수 있게 되었다. 이단의 해를 입지 않은 것들이 그래도 끊임없이 수천 년을 내려오는 사이에 임금은 임금답게 신하는 신하답게, 아버지는 아버지답게, 아들은 아들답게 되었으니, 글로 인하여 그 말의 의미를 터득하게 되었고, 말로써 그 실상을 탐구할 수 있게 되었다. 수신(修身)·제가(齊家)·치국(治國)·평천하(平天下)의 도를 실행함에 있어서는 비록 성인에게는 미치지 못하지만 성인 또한 사람이다. 보통 사람과 성인은 처음부터 차이가 있는 것은 아니다. 그러므로 그 하는 바를 따라서 (그와 같이 되기를) 추구해 마지않는다면 역시 성인의 경지에 이르게 될 것이다. 이것이 바로 전적(典籍)을 담당하는 관직을 설치한 이유다.

옛날 양웅(揚雄)[6]과 사마상여(司馬相如)[7]는 부를 잘 지었다. 그러나 천록각·석거각을 읊어 사문(斯文)을 찬양했다는 말을 들어본 적이 없다. 그저 「장양부(長楊賦)」[8]나 「상림부(上林賦)」[9] 같은 황란(荒亂)한 글을 짓

---

[6] 중국 전한 때의 문인·사상가(B.C 53~A.D 18). 부(賦)를 즐겨 지었으며 부로 일세에 이름을 떨쳤다. 40여 살 때 시인으로서의 명성 덕분에 비로소 관직을 얻을 수 있었다. 이후 왕망(王莽)이 제위(帝位)를 찬탈하고 나서 많은 유명 인사들을 처형하거나 옥에 가둘 때, 왕망은 그가 정치에 뜻이 없음을 알고 조사를 중지했다. 말년에는 시에서 철학으로 관심을 돌렸는데 유가와 도가의 사상이 그의 철학에 많은 영향을 끼쳤다. 그는 인간 본성에 관한 학설을 제기한 것으로 유명하다. 맹자의 성선설(性善說)이나 순자의 성악설(性惡說)을 떠나 인간의 본성에는 선과 악이 뒤섞여 있다고 보았다. 철학 방면의 주요 저술로는 『법언(法言)』과 『태현경(太玄經)』이 있다. 『법언』은 윤리와 역사에 대한 글로서 모두 13장으로 이루어져 있으며, 『태현경』은 유교 경전인 『주역』의 형식을 모방하여 지은 15편의 수필이다. 그는 '가난'에게 자신의 주변에서 떠나길 부탁하는 노래 「축빈부(逐貧賦)」를 짓기도 하였다.
[7] 중국 전한 때의 문인(?~B.C 118). 자는 장경(長卿), 사천(四川) 출신이다. 경제(景帝) 때 벼슬에서 물러나 후량(後梁)에 가서 「자허부」를 지어 명성을 떨쳤다. 그의 사부(辭賦)는 화려한 것으로 유명하며, 후육조(後六朝)의 문인들이 이것을 많이 모방하였다.
[8] 중국 전한 때 양웅이 지은 글. 묵객경(墨客卿)과 한림주인(翰林主人)이란 가공 인물을 등장시켜 문답체로 만들어진 글로, 성제(成帝)가 사냥을 즐겨 온갖 짐승들을 장양궁(長楊宮)으로 수송함을 보고 이 부(賦)를 지어 풍간했다.
[9] 전한의 무제가 사마상여의 「자허부(子虛賦)」를 읽다가 "짐은 이 부를 지은 사람과 한

는데 힘써 그 임금을 현혹시킬 뿐이었다.[10] 이백(李白)과 두보(杜甫)는 비록 이 두 사람의 발자취를 따르지는 않았지만 역시 당나라 때의 작자(作者)로 숭문(崇文)·비현(丕顯)[11]에 대한 글을 지어 당시의 세상의 가르침[世敎]을 우익(羽翼)했다는 말을 듣지 못하였다. 명당(明堂)[12]과 교묘(郊廟)[13]에 대한 글을 헛되게 과장하였으니, 그 문사(文詞)가 시들고 느른하며[萎靡] 중정(中正)하지 못하였다. 송나라에서는 부(賦)를 가지고 선비를 등용하였다. 그러나 졸렬하고 속된 것으로써 정문(程文)[14]을 삼아 해박한 것을 지리(支離)[15]한 것으로 여겼으니, 비록 글 잘하는 사람이 있더라도 무슨 완상할 만한 것이 있겠는가.

　대저 '부'라는 것은 고시(古詩)의 한 갈래다. 풍간(諷諫)[16]하는 것은 그 속뜻이 담겨 있었고, 직접 말로 하는 경우에도 죄주지 않았다. 이것은 덕업(德業)을 끌어올려 성공을 기리려는 것이었다. 목(穆)은 해외(海外)의 고루한 사람으로서 어찌 감히 양웅과 사마상여 같은 여러 군자에 은

　시대에 같이 태어나지 못하였다"고 아쉬워하자 옆에 있던 양득의(楊得意)가 "그 부는 바로 신의 고향 사람 상여가 지었다"고 대답하였다. 이에 무제가 흠칫 놀라며 상여를 불러 사실을 알고 나서 다시 「상림부」를 짓도록 하였다. 『사기』 권117, 「사마상여전」 참조.

10　이것은 장형이 「동경부」에서 "사마상여의 「상림부」나 양웅의 「우렵부(羽獵賦)」는 민풍(民風)을 규율하는 데 보탬이 없다"고 한 말을 참고한 것 같다. 『문선』 권3, 「동경부」 "故相如壯上林之觀, 揚雄騁羽獵之辭, 雖系以隤牆塡壍, 亂以收罝解罘, 卒無補於風規, 祇以昭其怨尤, 臣濟奓以陵君."

11　크게 드러남. 『서경』, 「군아(君牙)」 "丕顯哉! 文王謨." ; 『서경』, 「문후지명(文侯之命)」 "丕顯文武."

12　임금이 조회를 받던 정전(正殿).

13　천지(天地)의 제사와 선조의 제사.

14　과거를 볼 때 쓰는 일정한 법식의 문장.

15　같은 상태가 오래 계속되어 넌더리가 나고 따분함.

16　넌지시 나무람. 또는 비유(比喩·譬喩)하여 잘못을 고치도록 깨우침.

근슬쩍 비하겠는가? 그러나 말이 순하고 뜻이 간절한 것이라든지[言順 而義切], 사특함을 피하고 덕을 사모하는 것[避邪而慕德] 같은 일이라면 또한 사양하지 않는 바다. 이에 「홍문관부」를 짓나니 그 내용은 다음과 같다.

상고하건대, 옛날에 우리 선왕께서 무(武)를 거두고 문(文)을 닦을 적에 건부(乾符)를 잡고 곤진(坤珍)을 드러냈다.[17] 한·당(漢唐)의 성취를 낮게 평가하고 탕왕(湯王)과 무왕(武王)의 인덕(仁德)에 접맥하였다. 국경 밖 티끌은 맑아졌고 짐승들은 농촌으로 돌아갔다. 이에 도읍을 화양(華陽)[18]에 정하니 상서로운 기운이 자욱하였다. 금성(金城)의 만치(萬雉)[19]를 쌓았으니 사직(社稷)의 좌우에 높이 솟았다. 쌍궐(雙闕)[20]은 높아서 하늘에 닿았다. 천문(千門)은 깨끗하게 씻은 듯하고 앞이 툭 트였다. 이 때 자식처럼 달려온 만백성이 기꺼이 받들었으니, 공수반(公輸般)[21]의 공교로운 솜씨가 끝나기도 전이었다. 진신선생(搢紳先生)[22]으로 마치 주공(周公)·소공(召公)이 희씨(姬氏)의 왕실[23]을 보좌하듯 하는 이가 있

---

17 하늘의 부명(符命), 또는 황제가 되는 비결을 말한다. 반고의 「동도부」에 "성황(聖皇)께서 건부를 잡고 곤진(坤珍)을 밝혔다"고 했다. 그 주(注)에 "건부는 적복부(赤伏符)를 말하니 바로 비참(秘讖)이다"고 했다.
18 여기서는 한양(漢陽)을 가리킨다. 『서경』「주서(周書)」에 "말을 화산의 남쪽으로 돌려 보냈다"(歸馬于華山之陽)고 한 말에서 유래한다. 주(周)의 무왕이 은(殷) 나라를 멸망시킨 뒤 전쟁에 동원했던 말들을 볕 바른 화산(華山)의 남쪽에 모두 놓아줬다는 내용이다.
19 수많은 성가퀴를 말한다. 성가퀴는 성위에 낮게 쌓은 담이다. 몸을 숨기고 적을 쏠 수 있게 만든 것이다. 성첩(城堞), 여장(女墻), 치첩(雉堞) 등으로도 불린다.
20 궁문(宮門) 밖에 2개의 대(臺)를 세우고 그 위에 누관(樓觀: 望樓)을 지은 것.
21 중국 춘추시대 노(魯) 나라의 유명한 장인(匠人). 노반(魯班)이라고도 하며, 뒷날 목공 장인의 시조로 추앙을 받았다.
22 지위가 높고 행동이 점잖은 사람.

었다. 그가 이에 창언(昌言)²⁴하기를 "『주역』에 말하기를 '하늘이 상(象)을 드리우면 성인이 이를 본받는다'고 하였으니, (예악문물을) 제작하라는 의미입니다"고 하였다.

　하늘에 자미성(紫微星)²⁵이 있으니 상제(上帝)가 거처하는 곳이다. 규성(奎星)²⁶과 벽성(璧星)²⁷이 가까이 곁에 있는데 이들을 '문성(文星)'이라고 한다. 이 별이 정기를 내려 진(晉) 나라에 훌륭한 재상[良相]이 있었고, 광채를 더하여 주나라에서 재평(再平)²⁸을 썼으니, 이로써 천문을 보좌(輔佐)하는 바였다. 그러므로 천록각·석거각의 관청[府]과 숭문관·금란전의 공사[作]가 있어서 정침(正寢)의 남쪽 모퉁이에 높고 길게 이어졌으니, 미앙궁(未央宮)²⁹의 좌액(左掖)³⁰처럼 우뚝하였다. 육예(六藝)와 백가(百家)의 글을 강론하였고, 이제(二帝: 堯舜)와 삼왕(三王)의 학술을 상고하였으니, 이것은 융성한 시대에 베풀어 놓은 것으로, 나라를 다스리는 최상의 방법이었다. 더구나 우리 성상(聖上)께서 원(元)³¹을 본받아 제도를 처음으로 만드시고, 문덕(文德)을 크게 펴시어, 장차 군략(軍略)

23　주나라 왕실은 성(姓)이 희씨(姬氏)이다.
24　옳은 말, 또는 착한 말.
25　자미원(紫薇垣)에 있는 별이름. 북두칠성의 동북쪽에 벌려 있는 15개의 별 가운데 하나. 황제를 상징하는 별로 제좌(帝坐)라고도 한다.
26　이십팔수(二十八宿)의 열다섯째 별. 입하절(立夏節)의 중성(中星). 서방에 위치하며 문운(文運)을 맡아 본다고 하는데, 이 별이 밝으면 천하가 태평하다고 한다.
27　규성과 벽성은 문장을 주관한다는 별들이다.
28　두 번째로 태평함.
29　중국 한(漢) 나라 때 만든 궁전. 고조 원년(B.C.202)에 승상인 소하(蕭何)가 장안(長安)의 용수산(龍首山)에 지었다.
30　좌액문(左掖門). 궁궐 정문의 왼편에 있는 소문(小門)을 말한다
31　천지의 덕의 근본.

을 말하던 입으로 예양(禮讓)의 기풍을 선양하도록 하고, 활 당기던 손으로 자유(子游)와 자하(子夏)의 붓32을 잡게 하심에랴.

(홍문관을) 먼저 설립할 것을 청하였으니, 이것은 인문(人文)을 주관하는 자가 하늘을 본받으려는 것이었다. 왕이 이르되 "그렇게 하라"고 허락하였다. 굉유석생(宏儒碩生)33이 듣고서 기뻐 훌훌 뛰면서 모두들 명목장담(明目張膽)34하지 않은 사람이 없었고, 유사(有司: 담당자)의 복길(卜吉)35이 뒤따랐다. 여기서 소령(素靈)36은 제자리[正位]에서 광채를 쏘았고, 곤모(坤母: 대지)는 그 보배로 여기는 것을 감추지 않았다. 이에 우람한 집을 지어 우리 큰 도를 넓히게 되었다.

그 생긴 모양을 보면, 둥그스름하고 푸르스름하며, 우람한 몸집에 검푸른 빛을 흡수한 듯하다. 구름처럼 번성하다가 황홀하게 어른어른, 시원하며 밝게 트였다. 새가 날려고 하는 듯 무지개 같은 들보는 용이 날치는 듯, 구름 창에는 번개가 둘린 듯하다. 밤에는 비단 창[紗窓]에 달이 비치고, 구슬 발[珠簾]엔 봄바람이 한들거린다. 따뜻한 방은 볕을 받으려고 남쪽으로 창을 내고, 서늘한 방은 바람을 들이고자 서쪽으로 열었다. 삼동(三冬: 겨울)인데도 가을 옷이 따뜻하고, 유월인데도 향기로

---

32 자유와 자하는 공자의 제자 가운데 문학으로 이름이 난 사람들이다. 공자가 "문학에는 자유와 자하가 있었다"(文學, 子游子夏)고 술회한 바 있다. 『논어』, 「선진(先進)」 참조. 중국 삼국시대 위(魏)나라 조식(曹植)의 「여양덕조서(與楊德祖書)」에, "공자가 『춘추』를 지을 적에 자유·자하의 무리는 한마디 말도 끼어들 수가 없었다"(至於制春秋, 游夏之徒乃不能措一辭)고 하였다. 『문선』, 권42 참조.
33 학식과 덕망이 높은 큰 유생.
34 눈을 크게 뜨고 큰 담력을 내어 아무것도 두려워하지 않음.
35 길한 날짜를 잡는 것.
36 백제(白帝)의 넋으로, 가을의 신을 말함.

운 등불 앞에 공부할 만하다. 은병풍은 노을을 토하고 옥섬돌에선 봄기운이 피어난다.

임금 말씀[天語]을 접함에 이내 가슴을 짓누른다. 나의 뼈에 사무치는 큰 은혜이다. 칠보상에 진수를 받들어 올렸으니 맑게 갠 하늘에 별이 총총한 것 같다. 화한 기운은 수실[流蘇]에 울렁거리고 상서로운 안개는 금잔에 둘러 있다. 소보(巢父)[37]가 감히 그 귀를 씻지 못하게 할 수 있으며,[38] 안합(顔闔)[39]도 담장을 뚫고 달아나지는 못할 것이다. 백이(伯夷)[40]와 엄자릉(嚴子陵)[41]의 무리도 서로 의논하기를 "어찌 돌아오지 아니하랴"라고 할 것이다. 이런 까닭에 아름다운 포부[瑾瑜][42]를 지닌 선비가 신야(莘野)[43]에다 쟁기를 풀어놓고, 위수(渭水) 가에서 낚싯줄을 거

---

[37] 중국 상고대의 고사(高士). 속세를 떠나서 산속 나무 위에서 살았기 때문에 붙여진 이름이다. 요임금이 그에게 나라를 맡기고자 하였으나 거절하였다고 한다. 『고사전(高士傳)』 권1 참조.

[38] 중국 상고시대 은사인 허유(許由)의 고사. 요임금이 허유에게 천하를 사양하였더니 더러운 소리를 들었다고 영수(潁水)에 가서 귀를 씻었다. 그의 친구인 소보는 허유가 귀 씻은 물이 더럽다고 송아지를 상류로 몰고 가서 물을 먹였다고 한다. 『고사전』 권1 참조.

[39] 중국 춘추시대 노(魯) 나라 사람. 임금이 안합을 재상으로 삼으려고 사람을 시켜 폐백을 전하였는데, 안합은 아마도 사자가 잘못 들었을 것이라고 하면서 집 뒤의 담장을 뚫고[鑿坏] 도망쳤다고 한다(『淮南子』, 「齊俗訓」). 두보(杜甫)의 시에도 "꿈꾸고 얻은 부열(傅說)처럼 현신(賢臣)도 못 되는 몸, 숨어 사는 그 모습 착안배와 비슷하네"(賢非夢傅野, 隱類鑿顔坏)라는 구절이 있다(『杜少陵詩集』 권21, 「秋日荊南述懷 三十韻」). 여기서 '착안배(鑿顔坏)'는 벼슬을 그만두고 은거하는 것을 말한다.

[40] 중국 상고대 은나라 말에서 주나라 초기의 현자(賢者). 이름은 윤(允). 자는 공신(公信). 주나라 무왕이 은나라 주왕을 정벌하려 할 때, 아우 숙제(叔齊)와 함께 충간(忠諫)하였으나 받아들여지지 않았다. 주나라가 천하를 통일하자 수양산으로 들어가 고사리를 캐먹고 살다가 죽었다.

[41] 중국 후한 때의 고사(高士). 이름은 광(光), 자는 자릉. 광무제의 어린 시절 친구로 절강성 여요(餘姚) 출신이다. 광무제가 즉위한 뒤 간의대부(諫議大夫) 벼슬을 주었으나 사양하고 부춘산(富春山) 동강(桐江)의 칠리탄(七里灘)에서 낚시질로 소일하면서 세상에 나오지 않았다. 후일 범중엄(范仲淹)은 그에 대해 "선생의 풍모는 산고수장(山高水長)이라"고 하였다.

[42] 근유는 아름다운 옥의 이름. 『춘추좌씨전』 선공(宣公) 15년조에 "근유는 하자를 감추고, 임금은 허물을 감싸준다"(瑾瑜匿瑕, 國君舍垢)고 하였다. 남의 허물을 덮어준다는 뜻으로도 쓰인다. 여기서는 아름다운 포부를 가리키는 말로 쓰였다.

두었다.⁴⁴ 모든 일이 두서(頭緖)가 있어 근본을 얻었는데[元元本本] 사람들은 구름처럼 많이 모여들어 아침저녁으로 논사(論思)⁴⁵하며 날과 달로 (임금에게 충직한 말을) 헌납(獻納)한다.

아, 창해는 용과 곤이 놀기에 알맞고 태산은 모기떼가 의탁할 만한 곳이 아니다. (임금의) 융숭한 은혜는 헛되이 받을 수 없다. 특별한 지위는 어찌 보통 인재를 위한 것이랴. 참으로 그 그릇이 아니면 마침내 재앙에 얽히고 말 것이다. 그러므로 천 번 뽑고 백 번 가려, 여러 세대를 지나도록 게으르지 않게 하였다. 비록 김씨·장씨(張氏)⁴⁶ 같은 문벌(門閥)과 허씨(許氏)·사씨(史氏)⁴⁷ 같이 호걸스럽고 귀한 친속이라도, 족당(族黨)이 삼후(三后)⁴⁸에 연결되고 권력이 사해(四海)를 기울인다 해도, 천 번 엿보고 백 번 넘겨보아도 일찍이 한 발자국도 들여 놓지 못했다.⁴⁹ 하물며 세상의 천박하고 비루한 무리들이랴. 그것은 하늘[天上]이 그렇게 만든 것이라 하겠다. 선왕께서는 이를 후세에 끼쳤으며, 역대

---

43 신야는 유신국(有莘國)의 들. 이윤(伊尹)이 이곳에서 농사지으며 살다가 탕왕(湯王)이 세 차례 정중하게 초빙하자 세상에 나와 상(商) 나라를 일으켰다.
44 태공망(太公望) 여상(呂尙)의 고사를 가리킨다. 그는 위수(渭水) 가의 반계(磻溪)에서 낚시질하다가 문왕(文王)을 처음 만나 사부(師傅)로 추대되었으며, 뒤에 문왕의 아들인 무왕을 도와서 은나라를 멸망시키고 천하를 평정하였다.
45 나라 다스리는 도리를 의논하고 생각함.
46 중국 전한 때 공신 세족(功臣世族)인 김일제(金日磾)와 장탕(張湯)을 가리킨다. 김일제 집안은 무제(武帝) 때부터 평제(平帝) 때까지 7대가 내시(內侍) 벼슬을 지냈고 장탕의 자손은 선제(宣帝)·원제(元帝) 이후 시중(侍中)과 중상시(中常侍)를 지낸 사람이 10여 인이나 되었다.
47 권문귀척(權門貴戚)을 일컬을 때 흔히 쓰는 말. 허씨와 사씨는 중국 전한 선제(宣帝) 때의 외척으로 권력을 독점한 허백(許伯)과 사고(史高)를 가리킨다.
48 중국 후조(後趙) 유총(劉聰)의 세 후비를 가리킴. 상황후(上皇后)에는 근월광(靳月光), 좌우 황후(左右皇后)에는 유귀빈(劉貴嬪)과 월화(月華)였다.
49 홍문관은 아무리 권력 있는 집안의 자손이라도 함부로 들어올 수 없는 곳이라는 말.

임금[列聖]께서 이를 따라 법식(法式)을 만드셨다.

대개 우주가 생긴 이래로, 예악(禮樂)·문물(文物), 천경(天經)⁵⁰·지지(地誌), 음양(陰陽)·성명(性命) 등의 내용을 담은 책 만 궤짝 천 시렁이 이에 쌓이게 되었다. 비서(秘書)가 소유하지 못했던 것들일 뿐 아니라, 업후(鄴侯)⁵¹도 들어보지 못한 장서였다. 진나라 때 시서(詩書)를 불태운 이래 여기에 다 모였다. 그저 구름처럼 뭉쳐 있고 흙처럼 쌓인 것만 볼 뿐이다. 옥축(玉軸)에 아첨(牙籤)⁵²이요 푸른 주머니[縹囊]에 누런 책[緗帙]⁵³이다. 잔편(殘編: 落帙)의 척자(隻字)라도 그 값이 구슬 백 개와 맞먹고, 운초의 향기[芸香]는 좀을 물리친다. 목천(木天)⁵⁴이 높이 솟았으니 비록 창오(蒼梧)⁵⁵의 들판에서 포쇄(曝曬)⁵⁶한다 하더라도 하루 만에 끝낼 수가 없다.

이에 관로(管輅)⁵⁷의 총명함과 우세남(虞世南)의 선독(善讀),⁵⁸ 사마천

---

50 천경지의(天經地義)의 준말. 세상에서 고칠 수 없는 도리. '경'은 변함 없는 길, '의'는 바른 이치를 뜻한다.

51 업후는 당나라 이필(李泌)의 봉호이다. 그의 아버지 승휴(承休)가 3만여 권의 서책을 모아서 자손에게 물려주었다고 한다. 『업후가전(鄴侯家傳)』 참조. 한유는 「송제갈각왕수주독서(送諸葛覺往隨州讀書)」에서 "鄴侯家多書, 架揷三萬軸"이라 하였다.

52 상아로 만든 찌.

53 담황색 헝겊으로 만든 책갑(冊匣).

54 목천서(木天署)를 말함. 중국 당나라 때 비서각이 가장 높고 크므로 그것을 '목천'이라 하였다. 한림원(翰林院)의 이칭(異稱)으로 통한다.

55 순(舜) 임금이 남쪽으로 순행(巡行)하다가 죽어서 장사 지냈다고 하는 곳. 구의(九疑)라고도 한다. 『사기』 권1, 「오제본기(五帝本紀)」 참조.

56 햇볕에 책을 말리는 것.

57 중국 삼국시대 위(魏) 나라의 술사(術士). 총명함이 뛰어나서 일찍이 천문·지리·역점(易占) 등에 정통하였고, 특히 예언을 잘했다고 한다.

58 중국 당나라 태종 때 학자 우세남은 박식하기로 유명하여 당 태종이 글에 관하여 물으면 책을 보지 않고 잘 대답하였는데, 태종이 칭찬하기를 "우세남은 걸어 다니는 비서[行秘書]"라고 하였다 한다. '비서'라는 것은 정부에 비장(秘藏)한 서적을 말한다.

(司馬遷)의 박람(博覽), 양수(楊修)⁵⁹의 박식함으로도, 청춘 시절부터 머리털이 누렇게 되도록 늘 부지런히 그치지 않았건만 그저 입술이 썩고 이[齒] 사이가 벌어졌을⁶⁰ 뿐이었다. 어찌 그 백분의 일이나마 기록하겠는가. 영주(瀛州)⁶¹의 선비들을 낮추어 보고 운대(雲臺)⁶²의 총신(寵臣)들을 비루하게 여기는 것이 당연하리라. 귀신이 청려장(靑藜杖)을 바친⁶³ 사람은 유향(劉向)⁶⁴이 아니던가. 토한 것을 용건(龍巾)으로 닦아준 사람은 이백(李白)이 아니던가.⁶⁵ 금련촉(金蓮燭)⁶⁶으로 노닌 사람은 소식(蘇軾)

---

59 중국 후한 말기의 인물(175~219). 자는 덕조(德祖). 홍농군(弘農郡) 화음현(華陰縣) 출신. 태위(太尉) 양표(楊彪)의 아들이다. 낭중(郎中)으로 조조(曹操)의 주부가 되었다. 박학하고 견식이 넓으며 언변이 좋았는데, 매양 조조보다 생각이 앞서 조조는 그를 아끼면서도 시기하는 마음이 가시지 않았다. 결국 조조에 의해 죽임을 당하였다.

60 학문 연구에 열중함을 표현한 말이다. 중국 전한 때 동방삭(東方朔)의 「답객난(答客難)」에 "선현의 학술을 닦고 성인의 의리를 사모하여 시서와 백가의 말을 송독한 것이 이루 헤아릴 수 없이 많고, 또 후세에 전하기 위해 저술을 하느라 입술이 부르트고 이가 빠지도록 열중하고 있다"(修先生之術, 慕聖人之義, 諷誦詩書百家之言, 不可勝記, 著於竹帛, 脣腐齒落, 服膺而不可釋)고 하였다. 『문선』 권45 참조.

61 중국에서 한림원을 달리 부르는 말. 영관(瀛館)이라고도 한다. '등영주(登瀛州)'는 홍문관에 들어감을 뜻한다. 당나라 태종이 문학관(文學館)을 열어 방현령(房玄齡)·두여회(杜如晦) 등 열여덟 명을 뽑아 특별히 우대하고 셋으로 나누어 교대로 숙직하며 경전을 토론하게 하였는데, 세상 사람들이 이를 등영주라 하여, 전설상 신선이 산다는 영주산에 오르는 것에 비겨 영광으로 여겼다 한다. 『자치통감(資治通鑑)』, 당고조(唐高祖) 무덕(武德) 4년 조.

62 중국 후한 때 궁중 남쪽에 쌓은 대(臺). 명제(明帝) 영평(永平) 3년(A.D.60)에 광무제(光武帝)의 공신 28명의 초상을 그려 이곳에 봉안하고 추념하였다.

63 중국 전한 성제(成帝) 말년에 유향(劉向)이 천록각(天祿閣)에서 교서(校書) 직을 수행하면서 매일 밤늦게까지 연구에 몰두하였는데, 어느 날 밤 태을지정(太乙之精)을 자처하는 황의노인(黃衣老人)이 나타나 푸른 명아주로 만든 지팡이 끝에 불을 붙여 방 안을 환히 밝힌 다음 홍범오행(洪範五行) 등 고대의 글을 전해준 뒤 사라졌다고 한다. 『습유기(拾遺記)』 권6 참조.

64 중국 전한 때의 경학자·문학자. 자는 자정(子政). 원제(元帝) 때 음양재이설(陰陽災異說)을 가지고 정치적인 상황의 득실을 추론했으며, 외척과 환관의 전횡을 탄핵하다가 두 차례의 옥고를 치렀다. 성제(成帝)가 즉위한 뒤 다시 등용되어 이름을 향(向)이라 바꾸었다. 광록대부(光祿大夫)로 승진되었으며, 나중에 중루교위(中壘校尉)를 지내기도 했다. 고금의 여러 서적을 교열하여 『별록(別錄)』 20권을 완성했다. 작품으로는 「구탄(九嘆)」 등의 사(辭)·부(賦) 33편이 있었으나 대부분 유실되었다. 또한 『오경통의(五經通義)』가 있었으나 유실되었으며 청나라 마국한(馬國翰)의 『옥함산방집일서(玉函山房輯佚書)』 속에 1권이 집록되어 있다. 이외에도 명대(明代) 사람이 그의 작품을 모아놓은 『유중루집(劉中壘集)』이 있다. 저서 가운데 현존하는 것으로는 『홍범오행전(洪範五行傳)』·『신서(新序)』·『설원(說苑)』·『열녀전(列女傳)』 등이 있다.

이 아니던가. 의(義)로써 임금을 기쁘게 한 사람은 사마광(司馬光)⁶⁷이 아니던가. 여러 대의 영재가 여기에 다 모였으니, 어떤 계책인들 이루지 못할 것이며 어떤 소원인들 얻기 어려울 것이랴.

만리(萬理)도 그들 가슴에 막힐 것 없으며 천고(千古)가 그들 입에서 벗어날 수 없다. 아득한 청운이 깃듦이여! 천향(天香)을 이끌어 소매에 가득 담았다. 후추와 난초⁶⁸를 엮어 패옥(佩玉)처럼 만듦이여! 순임금의 거문고에 남훈곡(南薰曲)⁶⁹을 듣는다. 가슴을 헤치고 낭간(琅玕)⁷⁰을 바침이여! 요순이 아니면 그 어떤 것을 진술하랴. 민초(民草) 위에 문명의 교화의 바람이 붊이여!⁷¹ 왕실에 이목(耳目)이 되는구나. 서민의 사정⁷²

---

65 당나라 때 시인 이백(李白)이 한림학사로 있을 때, 어느 날 장안 저자에서 술에 취해 자다가 갑자기 현종(玄宗)의 부름을 받아 궁중에 들어가 금란전(金鑾殿)에서 모란을 읊은 '청평사(淸平詞)' 3수를 짓게 되었는데, 술에 취해 구토를 하자 현종이 친히 수건으로 그것을 닦아 주었다고 한다.

66 소동파가 한림학사로 있을 때 황제에게 불려 가서 밤늦도록 있다가 나올 때에 임금이 어전(御前)에서 쓰는 금련(金蓮) 촛불을 들려서 보내 주니 사람들은 임금이 오는가 하고 깜짝 놀랬다고 한다.

* 참고: '영호도(令狐綯)'의 고사로 되어 있는 책도 있다. 황금 연꽃 모양의 촉등(燭燈)으로, 신하에 대한 왕의 특별 예우를 표현할 때 곧잘 쓰이는 말이다. 당나라 영호도가 궁궐에서 밤늦게까지 황제와 대화를 나누다가 돌아갈 무렵에 촛불이 거의 다 꺼지자, 황제가 자신의 수레와 금련촉을 주어 보냈는데, 관리들이 이것을 보고는 황제의 행차로 여겼다는 고사가 있다. 『신당서』 권166, 「영호도열전(令狐綯列傳)」

67 중국 북송 때의 학자·정치가(1019~1086). 자는 군실(君實), 호는 우부(迂夫)·우수(迂叟). 사마온공(司馬溫公)이라고도 한다. 신종 초에 왕안석의 신법(新法)에 반대하여 은퇴하고 철종 때에 재상이 되자, 신법을 폐하고 구법(舊法)을 관철시켰다. 저서에 『자치통감』·『사마문정공집(司馬文正公集)』 등이 있다.

68 산초와 난초는 모두 향초(香草)의 이름으로 선량한 사람에 비유된다.

69 순임금이 지었다는 "따사로운 남풍이여 우리 백성 불만을 풀어줄 만하여라"(南風之薰兮, 可以解吾民之慍兮)라는 내용의 남풍시를 말한다. 곧 성군의 정치로 태평성대를 누리는 것을 뜻한다. 순임금은 오현금을 만들어 남훈곡을 연주하였다고 한다.

70 주옥(珠玉)과 같은 아름다운 돌. 여기서는 선비들 가슴에 간직한 아름다운 포부를 가리킨다.

71 공자의 말에 "윗사람의 덕은 바람이요, 아랫사람은 풀과 같아서 반드시 바람을 따른다"고 하였다. 『논어』, 「안연(顔淵)」 "子曰: 君子之德風, 小人之德草. 草上之風, 必偃."

72 원문의 백옥(白屋)은 서민들이 사는 집. 여기서는 서민들이 사는 사정을 가리킨다.

을 속속들이 알아다가 구천(九天)의 창합(閶闔: 하늘의 문)에 부르짖네.[73] 총애를 받음이 어찌 연유가 없으랴. 묵묵히 (임금의) 빠뜨린 것 보충하네. 간혹 비바람이 쓸쓸하게 몰아칠 때 새 시를 읊조리고, 얼음 풀리고 샘물 솟을 때 맑은 생각 자아낸다. 봉황이 나부끼고 용이 일어남은 묘한 필법 놀림이요, 주정공사(周情孔思)[74]하는 것은 임금의 조책(詔策)[75]을 기다림이요, 산악과 바다가 넓고 큰은 상림부[76]에서 아뢴 것이다. 묏부리는 우뚝솟고[峩峩], 못물은 넘실넘실[洋洋]하니[77] 누가 지음(知音) 없음을 걱정하겠는가. 때로 간혹 금전(金殿)에서 잔치가 파하고 옥당(玉堂)에 밤이 깊어갈 적에, 뼛속이 서늘하고 정신이 맑으니, 어찌 꿈을 얻을 수 있으리요.

옥루(玉漏)[78]가 (인간 세상에서) 이미 파했음에도 선생(先生)은 아직 천상(天上)에 누워 있었다. 어떤 사람이 나아가 묻기를 "옛말에 있기를, 글은 반드시 현인으로부터 나오고 현인은 반드시 글을 남긴다고 하였습니다. 글이란 현인에게 지엽적인 것이지만 현인이란 글의 본원(本源)입니다. 이제 집현전이란 이름을 고쳐 홍문관이라 한 것은 무슨 이유라

---

73 임금에게 백성들의 사정을 아뢰는 것을 가리킨다.
74 주공(周公)의 뜻과 공자(孔子)의 사상이란 말로, 성현의 고상한 정조(情操)를 뜻한다. 이한창(李漢昌), 「창려선생문집서(昌黎先生文集序)」 참조.
75 조와 책은 각각 문체의 하나이다.
76 중국 전한 때 사마상여가 임금에게 「상림부(上林賦)」를 지어 바쳤는데, 그 글 속에 큰 산과 깊은 바다를 말한 구절이 있다. 여기서는 그 글이 산과 바다처럼 넓고 큰 기상이 있다는 뜻인 듯하다.
77 백아(伯牙)가 거문고를 타는데 종자기(鍾子期)가 들으면서, "아아(峩峩: 우뚝우뚝)하다. 산이로다" 하고, 또 한 곡조를 듣고 나서는 "양양(洋洋: 넘실넘실)하다. 흐르는 물이로다" 하여 곡조를 잘 알아주었다. 『열자(列子)』와 『여씨춘추(呂氏春秋)』에 나오는 '백아절현(伯牙絶絃)' 고사 참조.
78 옥으로 꾸민 옛날 물시계.

도 있는 것입니까? 근본(賢)을 버려두고 말단(文)으로 나아간 감은 없는 지요?"라고 하였다.

선생이 이 말을 듣고 놀란 듯 홀(笏)을 꽂고 비웃으며 "그대는 지금 말하는 '문(文)'을 '문한(文翰)의 문'이라 생각하는가? 과연 그렇다면, 백면소년(白面少年)이 자질구레하게 문장을 꾸미고 문묵(文墨)을 희롱하는 것을 모두 이것(文)이라고 해도 좋겠는가?"라고 하였다.

무릇 문(文)이란 것은, 하늘은 일월성신(日月星辰)으로, 땅은 산천초목(山川草木)으로 '문'을 삼는다. 사람은 그 사이에서 삼재(三才)[79]로 참여하여 섰으니, 충신(忠信)을 체(體)로 삼고 형정(刑政)을 용(用)으로 삼았으며, 삼강(三綱)을 본(本)으로 삼고 사유(四維)[80]를 말(末)로 삼았다. 오제(五帝)[81]는 체(體)를 따라 본(本)에 힘썼으니 그 시발(始發)이 충막(冲漠)[82]하였고, 삼왕(三王)[83]은 용을 열어 말(末)을 보였으니 그 빛이 밝고 빛났다.

문왕께서 돌아가신 뒤로 천하에서 문(文)을 상실하였고, 하늘이 오직 한 사람에게만 내려주셨으니 그 분이 중니(仲尼: 공자)이시다. 그러기에 "문(文)이 여기에 있지 않은가"[84]라고 탄식한 것이 당연하다. 아! 대

---

79 천(天)·지(地)·인(人)을 삼재(三才)라 한다.
80 나라를 유지하는 데 필요한 네 가지 큰 원칙. 예·의·염·치(禮義廉恥)를 말한다.
81 중국의 전설상의 황제인 복희(伏羲)·신농(神農)·황제(黃帝)·소호(少昊)·전욱(顓頊)을 가리킨다.
82 지극히 고요하고 아득하여 아무런 조짐이 없는 상태. 충막무짐(冲漠無朕).
83 중국 고대의 세 임금. 하(夏) 나라의 우왕(禹王), 은(殷) 나라의 탕왕(湯王), 주(周) 나라의 문왕(文王)을 이른다.
84 『논어』「자한(子罕)」편에 공자가 "문왕(文王)이 이미 별세하였으니, 문(文)이 이 몸에 있지 않겠는가. 하늘이 장차 '이 문[斯文]'을 없애려 했다면 내가 이 문에 참여할 수 없었을 것이다"(文王旣沒, 文不在玆乎. 天之將喪斯文也, 後死者不得與於斯文也)고 하였다. 주자(朱子)의 집주(集註)에 "문은 도(道)가 표면에 드러난 것이다"고 하였다.

들보가 꺾인[85] 뒤로는 우리 도[斯道]가 문사(文詞)에만 붙어 좀먹은 대쪽[蠹簡]에 목숨을 의탁하여 실낱처럼 끊어지지 않았다. 자공(子貢) 같은 사람도 겨우 한 번 들을 정도이니,[86] 염계(濂溪)[87]는 거슬러 올라가 무엇을 궁구하였을까?

그러나 그 근원이 한 사람의 마음에 있으니 만고를 지나도 하루와 같다. 아! 우리 임금 밝고 성스러워 서물(庶物)을 수역(壽域)[88]으로 몰아가시네. 수사(洙泗)[89]의 깊은 경지[淵淵]를 궁구하여 삼황오제의 그윽한 자취[玄轍]를 밟으셨네. 전대부터 내려오는 밝음[皇明]을 분산하여 깊숙한 데까지 비추시고, 지성(至誠)의 터전에서 당우(唐虞: 요순)의 시대를 주조(鑄造)하시네. 혹여 성덕(聖德)에 허물 있을까 염려하여 노성(老成)한 이와 친해야 한다고 하시네. 전철(前轍)에서 득실을 거울삼아 금마(金馬)[90]의 황폐한 자취를 경계하시네. 누구인들 애를 태우고 힘을 다하지 않으리요? 충절을 다할 것을 오늘 저녁에 맹세하네. 바야흐로 장차 일

---

85 공자가 세상을 떠나기 며칠 전에 꿈을 꾸고는 자기의 죽음을 미리 알고 노래를 부르기를 "태산이 무너지는구나. 대들보가 꺾이는구나. 철인(哲人)이 시드는구나"(泰山其頹乎! 梁木其壞乎! 哲人其萎乎!)라고 하였다. 자공(子貢)이 이 노래를 듣고는 "태산이 무너지면 우리가 장차 어디를 우러러보며, 대들보가 꺾이고 철인이 시들면 우리가 장차 어디에 의지하겠는가"(泰山其頹, 則吾將安仰, 梁木其壞, 哲人其萎, 則吾將安放)라고 하였다 한다. 『예기』, 「단궁 상(檀弓上)」 참조.
86 자공(子貢)이 말하기를, "부자(夫子)의 문장은 들을 수 있지만 성(性)과 천도에 대해 말씀하신 것은 들을 수가 없다"고 하였다. 『논어』, 「공야장(公冶長)」 "子貢曰: 夫子之文章, 可得而聞也, 夫子之言性與天道, 不可得而聞也."
87 중국 북송 때의 유학자 주돈이(周敦頤: 1017~1073)의 호. 자는 무숙(茂叔)이고 시호는 원공(元公)이다. 송학(宋學)의 시조로 불린다. 『태극도설(太極圖說)』과 『통서(通書)』를 저술하여 성리학 발달에 크게 기여하였다.
88 천수(天壽)를 다하며 오래도록 살 수 있는 곳. 인수지역(仁壽之域).
89 공자와 맹자가 살던 곳의 강 이름. 송대 이후의 성리학을 뛰어넘는 원시유학(孔孟學)을 가리키는 말로 쓰인다.
90 금마문(金馬門)을 가리킴. 중국 한 나라 때 문학지사가 근무하던 곳으로 후세의 한림원이다.

없는 곳에 일이 있게 하고, 함이 없는 하늘에 하는 일이 있게 하려 하네. 깊고 멀고 가이없어[沕穆坱圠] 천지와 문(文)을 같이 하여 순후한 교화[淳化]를 신명(神明)에 통하려 하니 이것이 홍문이라 이름한 까닭이라네.

드디어 다음과 같이 기린다.

아, 위대하도다 우리의 임금이시어. 태상(太上)[91]으로부터 은밀히 부명(符命)을 받았도다. 우리 도가 성행함이여. 불일내에 (홍문관을) 경영하시었네. 우리의 준보(駿寶)를 지키시되 그 공훈 다툼이 없구나. 호전(虎殿)[92]과 용루(龍樓)를 좌우에 지으시니 신도 공경하는 바일세. 험준한 산과 바윗돌이 여기저기 벌려 있고 골짜기는 신비롭고 굉장하니 아! 경외할 만하다. 팔방(팔도)에서 준칙(準則)으로 삼아 그윽한 교화가 넘쳐나니 억만년을 가리로다. ('弘文'이란) 이름은 당(唐)으로부터 비롯되었지만 대도(大道)를 행함은 우리로부터 시작된다네. 문(文: 겉모양)에는 반드시 질(質: 본질)이 있어야 하나니 이른바 '빈빈(彬彬)'[93]이라는 것이 성인의 가르침일세. 만고의 사문(斯文)이 다시 사람의 마음에 나타났으니 서로들 즐거워하는구나. 즐겁다, 군자들이여! 아침 일찍 일어나 저녁 늦게 자며 성덕(聖德)을 빛내세. 대인이 거처하고 소인[94]이 쳐다보는 곳, 하늘이 임재(臨在)하시리라. 태학생 이목은 거룩한 왕업[鴻業]을 공손하게 기리면서 후대(來今)에게 보인다.

---

91 하늘. 도교에서는 특별히 옥황상제(玉皇上帝)를 가리킨다.
92 임금이 거처하는 궁전.
93 겉모양의 아름다움과 속내가 서로 잘 어울림. 공자의 말에, "문(文)만으로도 안 되고 바탕[質]만으로도 안 되며, 문과 질이 고루 조화되어 빈빈(彬彬)한 뒤에야 군자(君子)이니라"고 하였다. 『논어』, 「옹야(雍也)」 "子曰: 質勝文則野, 文勝質則史, 文質彬彬然後君子."
94 지위가 낮은 백성을 가리킨다.

弘文館賦 幷序 [成均館課試]

序曰: 弘文館者, 古集賢殿也; 猶漢之有天祿·石渠. 唐之崇文·丕顯, 宋之翰林·金鑾也. 三代以上, 聖人之道行, 至春秋寖[95]衰, 吾夫子懼其失也, 書之六藝, 以垂于後. 後之瞽者, 因得以有目, 其聾者, 因得以有聞. 不爲異端所害者, 猶綿綿數千載間, 爲之君君臣臣父父子子, 因書以得其言, 因言以求其實. 其爲修身齊家治國平天下之道, 雖不及聖人, 然聖人亦人也. 人與聖人, 初未嘗有異. 故因其所爲而求之不已, 則亦庶幾焉. 此典籍之官所由設也. 昔楊雄·司馬相如, 善於賦. 然未聞有天祿·石渠之作, 以贊揚斯文, 而徒務爲長楊·上林荒亂之詞, 以眩惑其君. 李白·杜甫, 雖不追二子, 然亦唐之作者也, 未聞有崇文·丕顯之述, 以羽翼當時之世教, 而虛誇明堂郊廟之文, 其爲詞靡而不正. 宋以賦取士, 然以拙俗爲程文, 該博爲支離, 雖有作者, 奚足覩焉. 且賦者, 古詩之流也[96]. 諷之者含意, 言之者無罪, 所以揄揚德業, 襃贊成功也. 穆以海外固陋, 何敢竊喩於揚馬諸君子哉? 若言順而義切, 避邪而慕德, 則亦所不讓. 乃作弘文館賦.

其詞曰: 若稽古昔, 我先王之偃武修文也, 握乾符闓坤珍. 薄漢唐之造, 接湯武之仁. 塵淸於外, 獸還於農. 爰定鼎于華陽兮, 鬱瑞氣之葱籠. 樹金城之萬雉兮, 屹左右乎社稷. 雙闕嵽嵲[97]以造天, 千門礚礑[98]而

---

95 寖(침): 1914년판『한재집』에는 '浸'으로 잘못 되어 있다.
96 賦者, 古詩之流也:『문선』권1, 반고(班固), 「양도부서(兩都賦序)」에 나온다.
97 嵽嵲(첩업): 산이 높고 험함.『문선』권1, 장형(張衡), 「서경부(西京賦)」 "嵯峨嵽嵲, 罔識所則."

敞礚. 于時子來之萬姓欣戴, 般輸之巧手未訖. 搢紳先生有若周召之羽翼乎姬室者, 乃昌言曰:「易云, "天垂象, 聖人則之"99, 制作之謂也」天有紫微, 上帝之宅. 惟奎及壁, 是近是側, 是謂文星. 委精則晉有良相, 增彩則周用再平, 所以輔理100乎天文者也. 故有天祿石渠之府, 崇文金鑾之作, 嶸崨101乎正寢之南隅, 崒崣102乎未央之左掖. 講六藝百家之書, 考二帝三王之術, 此隆代之所設, 而爲治之上法也. 而況聖上, 體元創始103, 誕敷文德, 將使論兵之口, 宣禮讓之風, 彎弓之手, 秉游夏104之筆者乎. 請先立所以主乎人文者, 以則天. 王曰:「兪哉!」宏儒碩生, 聞之踴躍, 莫不明目張膽, 從有司卜. 於是, 素靈射彩乎正位, 坤母105不秘其所寶. 爰構豐宇, 廓我大道, 其爲狀也, 崙菌蒽翠, 瓌瑋106噏儵107. 靆靅108瞟眇, 爽朗昭廓. 翔若鳥跂, 滯若峯矯, 虹梁偃蹇兮龍驤, 雲窓窈窕兮電繞, 夜月紗櫳, 春風珠箔. 若乃溫房面陽而南牖, 涼室納颸109而西闢. 三冬而秋衣猶暖, 六月而香燈可親. 銀屛吐霞, 玉階生春. 接天語之

---

98 硣礚(창개): 더러운 것을 깨끗이 닦음.
99 天垂象: 『주역』, 「계사(繫辭) 상」, 제11장에 나온다.
100 輔理: 보필(輔弼)과 같은 말.
101 嶸崨(걸리): 산이 높고 길게 뻗어 있는 모양.
102 崒崣(줄률): 산이 높고 험한 모양.
103 體元立始: 천지의 원기를 체득하여 모든 제도를 처음으로 만듦. 『춘추전』, 은공원년(隱公元年)조 두예주(杜預注)에 보인다. "凡人君卽位, 欲其體元以居正." ; 『문선』 권1, 반고, 「동도부(東都賦)」"體元立制, 繼天而作."
104 游夏: 공자의 제자인 자유(子游)와 자하(子夏).
105 坤母: 땅을 가리킴. 장재(張載), 『서명(西銘)』 "乾稱父, 坤稱母."
106 瓌瑋(괴위): 웅장하고 기이함.
107 噏儵(흡숙): 검푸른 빛을 빨아들이다.
108 靆靅(담대): 구름이 짙게 깔린 모양.
109 颸(시): 신선한 바람.

軋軋110, 淪余骨兮鴻恩. 薦珍羞於七寶, 若星羅乎晴旻. 和氣吞吐乎流蘇, 瑞靄繚繞乎金盃. 可令巢父不敢洗其耳, 顔闔不敢鑿其坏. 伯夷·子陵之徒, 亦相與謀曰:「盍歸乎來」是以, 懷瑾握瑜之士, 釋耒莘野, 收綸渭濱. 元元本本111, 駢闐112雲屯113, 朝夕論思, 日月獻納114者也. 嗟夫! 滄海宜龍鯤之游, 太山非蚊蚋之托. 盛恩不可以虛受, 特位豈爲乎凡材. 苟非其器, 終纏厥災. 故千選而百揀, 經累世而靡怠. 雖金張之世胄, 許史之豪貴, 族聯三后, 權傾四海, 千窺百覬, 曾不得躡其一足, 況世之齷齪者哉? 其謂之天上然也. 先王以之而遺後, 列聖由是而作式. 蓋自宇宙以來, 禮樂文物, 天經地誌陰陽性命之說, 萬匱千架, 於是乎積焉. 自秘書之所未嘗有, 鄴侯115之所未嘗聞. 秦火以後, 此焉具存. 徒觀其繽紛雲委, 狼藉土積. 玉軸牙籤, 縹囊緗帙. 殘編隻字, 價直百璧. 芸香辟蠹, 木天穹窿. 雖蒼梧之野曬, 不可一日而終也. 於是, 管輅之聰明, 世南之善讀, 史遷之普覽, 楊修之博識, 自青春而黃髮, 亘116兀兀而不輟, 徒唇腐而齒豁. 曾何記於百一? 宜其陋瀛洲之彦, 鄙雲臺之寵. 鬼薦青藜者, 非劉向耶? 拭吐龍巾者, 非李白耶? 金蓮以遊者, 非蘇軾耶? 悅主以義者, 非君實耶? 累代之英, 於焉咸集. 何謀不遂, 曷願難獲? 萬理無

---

110 軋軋(알알): 짓누르는 모양. 수레바퀴가 지나갈 때 나는 소리.
111 元元本本: 사물의 두서(頭緖)가 확실하여 그 근본을 얻은 것을 이름. 『문선』권1, 반고, 〈서도부(西都賦)〉 "元元本本, 殫見洽聞."
112 駢闐(병전): 모임이 계속 이어짐.
113 雲屯(운둔): 사람이 구름처럼 많이 모임.
114 朝夕論思, 日月獻納: 『문선』권1, 반고,「양도부서(兩都賦序)」에 나온다.
115 鄴侯(업후): 중국 당나라 때 장서가 이필(李泌)의 봉호.
116 亘(긍): '恒'의 잘못인 듯.

所礙其懷, 千古莫能逃其口. 棲靑雲之縹緲, 携天香兮滿袖. 紉椒蘭以爲佩兮, 聆舜絃於南薰. 呈琅玕以披腹兮, 非堯舜其焉陳? 風文化於草上兮, 作耳目乎王室. 落淸眺於白屋兮, 叫九天之閶闔. 豈厥寵之無緣兮, 默有補乎缺失. 時或風雨凄凄, 哦新詩也. 氷釋泉湧, 攄淸思也. 鳳飄龍起, 縱妙筆也. 周情孔思, 待詔策也. 嶽海溟濛, 奏上林也. 峩峩洋洋[117], 誰患乎無知音也? 時或金殿宴罷, 玉堂更深, 骨冷魂淸, 那得有夢? 玉漏已罷於人間, 先生猶臥於天上. 或有進而問曰:「古語有之, 文必由賢, 賢必有文. 文者, 賢之枝葉, 賢者, 文之本源. 今改集賢之號, 而爲弘文者, 豈有說乎? 得無捨本而就末者耶?」先生聽言若驚, 摺笏而哈曰:「子以今之文, 爲文翰之文乎哉? 果如是, 白面少年, 雕蟲弄文墨者皆是, 可乎?」夫文者, 天以日月星辰, 地以山川草木, 人於其間, 參三而立, 以忠信爲體, 而刑政爲用, 以三綱爲本, 而四維爲末. 五帝由體而務本, 其發也沖漠, 三王開用而示末, 其光也翕赫. 自文王之沒, 文喪於天下, 惟天獨付之一人曰仲尼, 宜其嘆文不在玆乎[118]. 嗟樑木之旣頹, 斯道寓於文詞, 托命蠹簡, 不絶如縷. 端木[119]僅得其一聞, 濂溪泝[120]流而焉究? 然其源在於人心兮, 歷萬古如一日. 繄我后之明聖兮, 驅庶物於壽域. 窮洙泗之淵淵兮, 履三五之玄轍. 散皇明以燭幽[121]兮, 鑄唐虞於

---

117 峩峩洋洋:『문선』권1, 장형, 「서도부」에서 인용한 듯. "淸淵洋洋, 神山峩峩."
118 文不在玆:『논어』, 「자한(子罕)」 "文王旣沒, 文不在玆乎. 天之將喪斯文也, 後死者不得與於斯文也."
119 공자의 제자인 단목사(端木賜)를 말함. 자는 자공(子貢).
120 泝(소): 1914년판『한재집』에는 '溯'로 되어 있다.
121 散皇明以燭幽:『문선』권1, 반고, 「동도부(東都賦)」에 나온다. "考聲敎之所被, 散皇明以燭幽."; 황명(皇明)은 고조로부터 내려오는 현명함이다. '황(皇)'은 고조(高祖)란 의미이다.『문선』권1, 반고, 「서도부」 "天人合應, 以發皇明."

至誠. 慮聖德之或怠兮, 曰親近乎老成. 鑑得失於前車兮, 戒金馬之荒迹. 孰不焦思而竭力兮, 誓殫節於今夕. 方將有事乎無事之地, 有爲乎無爲之天. 汹穆坱圠¹²², 與天地同文兮, 通淳化於自然¹²³, 此其所以名弘文者也.

遂頌曰: 於皇我后, 冥符太上, 吾道盛兮. 營之不日, 守我駿寶, 勳無競兮. 虎殿龍樓, 左之右之, 神攸敬兮. 蹉蹉¹²⁴巋嶵¹²⁵, 洞寘礧磈, 吁可畏兮. 準則八方, 玄化洋洋, 彌億載兮. 名雖自唐, 大道之行, 由我始兮. 文必有質, 所謂彬彬, 惟聖指兮. 萬古斯文, 復形人心, 于胥樂兮¹²⁶. 樂只君子, 夙興夜寐, 彰聖德兮. 大人所處, 小人所視, 天其臨兮. 大學生某, 恭贊鴻業, 示來今兮.

---

122 坱圠(앙알): 끝없이 아득한 모양.
123 通淳化於自然: 『문선』 권3, 장형, 「동경부」에 나온다. "淸風協於玄德, 淳化通於自然."
124 蹉(찬): 높이 솟은 모양.
125 巋嶵(규죄): 높고 큰 모양.
126 于胥樂兮: 기뻐하고 즐거워하다. 『시경』, 노송(魯頌), 「경지십(駉之什)」, 〈유필(有駜)〉 참조.

2. 여융부 女戎賦

진(晉) 나라 헌공(獻公)[1]이 즉위한 뒤 오랑캐[戎]를 박멸할 방법을 생각하고는, 이에 사마옹(司馬雄)에게서 병법을 배워 삼년 만에 그 묘경(妙境)에 나아갔다. 기뻐하며 말하기를 "병법은 쉽게 공부할 수 있다. 과인은 장차 제후들 사이에서도 대적할 만한 이들이 없을 것이다. 하물며 이런 오랑캐쯤이야"라고 하였다. 융적을 정벌하여 과연 승리하였고 (융적의) 딸을 자신에게 시집을 오도록 하였다. 그 여자가 여희(驪姬)였다.

여희라는 계집은 천하의 기이한 오랑캐였으니, 이에 헌공의 귀를 먹게 하고 헌공의 눈을 멀게 하며 헌공의 속마음을 미혹시켰다. 그럼에도 헌공은 그녀가 융적이라는 사실을 알아차리지 못하고 그 꾀에 달콤하게 빠졌다. 이에 잠자리에 들여놓고 공후(公后)의 집에서 살게 하였다. 융적은 이로써 진나라를 이길 수 있는 방법을 얻었는데, 제 딴엔 스스로 머리를 쓰며 "진나라의 군사력이 비록 천하에 막강하고 그 임금의 명령을 듣지 않은 사람이 없다 하더라도, 임금은 나라의 명맥이요 병졸

---

[1] 중국 춘추시대 진(晉) 나라 제18대 임금(재위 B.C 676~651). 이름은 궤저(詭諸). 초기에 여융(驪戎)을 정벌하여 나라의 영역을 확장하였다. 서쪽으로는 진(秦), 북으로는 적(狄)과 접하였으며, 동쪽으로는 하내(河內)에 진출하였다. 호색하여 부친 무공의 첩 제강(齊姜)과 정을 통해 아들 신생(申生)을 낳았고, 적(狄)의 추장 호씨(胡氏)의 두 딸을 아내로 맞아 각각 이오(夷吾)·중이(重耳)를 낳았다. 또한 여융을 정벌할 때 얻은 여융족 추장의 두 딸 여희(驪姬)와 소희(小姬)를 총애하였다. 폐비(嬖妃) 여희와의 사이에서 해제(奚齊)·도자(悼子) 두 아들을 두었는데, 여희가 태자 신생을 모해(謀害)하여 마침내 태자가 폐위되고 해제가 태자로 책봉됨으로써, 신생은 자살하고 중이와 이오는 타국으로 망명하기에 이르렀다. 뒤에 헌공이 죽고 여희의 아들 혜제가 즉위하였으나, 대부 이극에게 죽고 동생 도자 역시 즉위한 뒤 이극에게 살해되었다. 이어 신생의 아우 이오가 즉위하여 혜공(재위 B.C 651~637)이 되었고, 또 그 아우 중이가 즉위, 문공이 되어 중원의 패자가 되는 위업을 이룩하였다. 『춘추좌씨전』 장공(莊公) 28년조, 희공(僖公) 4년조 참조.

은 울타리이다. 그 울타리를 치우는 것보다 나라의 명맥을 먼저 끊어놓는 것이 낫다"고 말하였다. 이에 교묘한 말솜씨를 백방으로 써서 기묘한 꾀를 발휘하였다. 아미(蛾眉)[2]를 한 번 찡그림에 굳센 화살[勁弩]이 빨라지고, 향기롭게 나부끼는 비단 옷소매에 깃발이 가려졌고, 가느다란 허리로 가볍게 춤추는 무희들 뒤로 용맹스런 적군들이 나는 듯하였다.

바야흐로 전쟁이 벌어지자 맹장(猛將)은 발걸음이 무거워 가기 힘들어 하였고, 모신(謀臣: 참모)은 입에 재갈을 문 듯 말을 머뭇거렸다. (여희가) 태자를 모살(謀殺)하려 해도 화해를 시킬 수 없었으며, 경보(景攵)[3]를 죽여 식초에 담그려 해도 그 욕망을 막을 수 없었다.

태사(太史)[4]로 있던 신하 사소(史蘇)[5]가 통곡하며 앞으로 나와 "공께서는 여융에게 대적할 상대가 없다는 사실을 듣지 못하였나이까? 옛날 소아(蘇娥)[6]가 비단 찢는[裂帛] 소리를 좋아하더니 은나라 사직이 무너졌고,[7] 포사(褒似)[8]가 봉화(烽火) 들어 올리는 것을 좋아하더니 주나라의

---

2 누에나방의 눈썹이라는 뜻으로, 가늘고 길게 그린 고운 눈썹을 비유하는 말. 미인의 비유로도 사용된다.
3 진(晉) 나라의 충신.
4 점복(占卜)을 담당하는 관원의 이름. 점신(占臣).
5 '사종(史宗)'이라 한 책도 있다. 그는 변경의 도적을 남융(男戎), 궁위(宮闈)의 도적을 여융이라 하였다.
6 중국 고대 은나라 때 주왕(紂王)의 총비(寵妃)인 달기(妲己)를 가리킴. 유소(有蘇)의 딸이다. 주왕의 총애를 믿고 온갖 포악하고 음탕한 짓을 하다가 뒤에 주나라 무왕(武王)에게 죽임을 당하였다. '열백(裂帛)'의 고사는 달기가 아닌 말희(妹喜)의 고사인데 잘못 인용되었다.
7 중국 고대 하나라 임금 걸(桀)이 왕비 말희(妹喜)의 미모에 빠져 그가 말하는 대로 다 들어주었는데, 말희가 비단 찢는 소리를 듣기 좋아하므로 그렇게 해 주었다는 고사.
8 중국 고대 주나라 때 포국(褒國)의 여자. 성은 사(似). 포후(褒侯)가 주나라 유왕(幽王)의 공격을 받은 뒤 유왕에게 바쳤는데, 유왕의 총애를 받아 정사를 어지럽혔다. 뒤에 견융(犬戎)의 공격을 받아 유왕은 죽고 그녀는 포로가 되었다.

덕업이 쇠퇴해졌습니다.⁹ 이것이 바로 여융이 천자(天子)를 어지럽힌 것입니다. 제(齊)나라 여자는 양원(梁園)¹⁰에서 패옥(佩玉)을 풀고 춤추며 놀아서, 언영(鄢郢)¹¹의 군사를 패퇴시켰고, 월나라 여자가 오대(吳臺)¹²에서 술 마시며 흥겹게 노래 부르는 사이에 회계산(會稽山)의 군사가 밤에 습격하였으니, 이것은 여융이 제후를 제압한 것입니다"라고 하였다.

헌공이 놀라 눈을 휘둥그레 뜨면서 "과연 여융을 막을 방법이 없겠는가?"라고 하니, 사소가 대답하기를 "어찌 없겠습니까? 아침 일찍부터 밤늦게까지 단정하게 두 손을 모으고, 공손하고 검소함으로써 자신을 단속하고, 위태로운 일을 미연(未然)에 방지할 것을 도모하여, 변고가 나타나기 이전에 미리 막으면, 이것은 융적을 평정하는 상책이 될 것입니다. 요사스런 사람을 내쫓고 화(禍)를 경계하며, 덕을 귀하게 여기고 색(色)을 천하게 여기며, 밝고 어진 사람을 날로 좌우에 가까이 하고, 거칠고 음란한 것을 귀와 눈에 접하게 하지 않으면 그것은 버금가는 계책

---

9 중국 고대 주나라 유왕이 포사를 사랑하여 왕비 신후(申侯)와 태자 의구(宜臼)를 폐하고 연락(宴樂)에 빠졌다. 포사가 웃지 않으므로 거짓 봉화를 올려 제후들을 오게 하여 웃겼었다. 그 뒤 실제로 변이 있어 봉화를 올렸으나 제후들이 모이지 않아 유왕은 살해되고 포사는 포로가 되었다.
10 중국 전한의 양효왕(梁孝王: 劉武)이 만든 동산 이름. 토원(兎園) 또는 설원(舌園)이라고도 한다. 지금의 하남성(河南省) 개봉시(開封市) 동남쪽에 옛터가 있다. 원림(園林)의 규모가 커서 사방 3백여 리나 되며, 궁실이 서로 잇달아 있었다고 한다. 양효왕이 빈객들을 불러들여 놀았는데, 당시의 명사들인 사마상여·매승(枚乘) 등이 상객(上客)이 되었다고 한다. 『사기』 권58, 「양효왕세가(梁孝王世家)」 참조.
11 중국 춘추시대 초나라의 도읍지이다. 초나라 문왕(文王)이 처음 영(郢) 땅에 도읍했다가 언(鄢) 땅으로 도읍을 옮겼다. 옮긴 뒤에도 영이라 불렀다.
12 중국 춘추시대 오왕(吳王) 부차(夫差)가 미인 서시(西施)를 위해 지은 고소대(姑蘇臺)를 가리킨다. 부차가 날마다 서시와 함께 고소대에서 황음(荒淫)을 일삼고 오자서(伍子胥)의 간언을 듣지 않으므로, 오자서가 부차에게 "지금 곧 오나라가 망하여 고소대 아래에서 사슴이 노는 것을 보게 될 것입니다"라고 했다 한다.

입니다. 만약 사특한 마음이 안에서 싸우고 충성된 말이 밖에서 가로막히는 경우, 처음에는 유예(猶豫)하여 차마 결단을 내지 않지만, 마침내 배가 부서져 물에 빠지거나 전복되어 흩어지기에 이릅니다. 그렇게 된 뒤에는 비록 풍목(風牧)¹³의 훌륭한 전술(戰術)과 여망(呂望: 姜太公)의 신비로운 전략¹⁴이 있더라도 그 사이에 조처할 바가 없을 것이니, 계책 가운데 최하입니다. 이 방법을 쓰는 사람은 위태롭습니다"고 하였다. 그러나 헌공은 여전히 깨닫지 못하였고, 진나라의 재앙은 빨리 닥쳤다. 아 슬프다. 사신(史臣)¹⁵이 조의(弔意)를 표하며 다음과 같이 말한다.

하늘이 어쩌다 불인(不仁)하여 이런 우물(尤物)¹⁶을 낳으셨나. 융적이 아니면서 융적이요, 싸우지 않으면서도 싸운 것이니 (여희의 이름을) 듣지 않은 것만 못하다. 들으면 반드시 만나볼 것을 생각하는 법이니 보지 않은 것만 못하고, 만나보면 반드시 대적할 것을 생각하는 법이나 대적하지 않은 것만 못하다. 대적하면 반드시 패적(敗績)¹⁷하게 될 것이요, 패하면 반드시 후회가 있을 것이니 후회해도 어쩔 수가 없다. 취하는 것을 싫어하면서도 억지로 술을 마시면 어느 날에 깰 것인가. 선왕(先王)께서 성색(聲色)을 가까이 하지 않음은 방법이 있는 것인가 한다.

---

13 중국 고대의 전술가.
14 태공망은 『육도삼략(六韜三略)』이란 병서(兵書)를 저술하였다.
15 한재 자신을 사신(史臣)에 비유한 것이다.
16 尤物: 요사스런 물건, 또는 아름다운 물건. 여기서는 전자를 가리킴.
17 敗績: 『춘추』에서 자기 나라가 싸움에 진 것을 지칭하는 말.

女戎賦

晉獻公旣卽位, 思所以滅戎者, 乃學兵於司馬雄, 三年造其妙. 喜曰:「兵易爲也. 寡人將無敵於諸侯, 況此戎乎?」伐之果利, 以其女歸[18], 曰驪姬. 驪姬者, 天下之奇戎. 乃能聾公之耳, 盲公之目, 惑公之心腹. 公亦不知其爲戎, 而甘溺其術焉, 乃納之枕席之上, 處以公后之宅. 戎以是得勝晉之術, 私自計曰:「晉兵雖強於天下, 無不聽命於其君. 君者國之命脈, 而兵者其藩籬也. 與其輟藩籬, 孰若先命脈也」於是, 巧舌百端, 奇謀決也. 蛾眉一顰, 勁弩疾也. 香飄錦袖, 擁旌旗也. 舞輕細腰, 桓桓[19]如飛也. 方其戰也, 猛將重足而趑趄[20], 謀臣鉗口而唼囁[21]. 殺太子, 不足以求和, 醢景父, 不足以塞欲. 太史臣史蘇, 痛哭而前曰:「公不聞女戎之無敵乎? 昔蘇娥喜裂帛之音, 而殷祀墟; 褒姒好擧燧之戲, 而周德衰, 此女戎之亂天子者也. 齊女解佩於梁園, 鄢郢之師敗期; 越女酣歌於吳臺, 會稽之兵夜襲. 此女戎之制諸侯者也」公矍然[22]曰:「果無禦之之術乎?」史蘇曰:「豈無也哉? 夙夜端拱, 恭儉自約, 圖危於未然, 制變於不形, 此平戎之上策也. 黜妖而箴禍, 貴德而賤色, 明良日親乎左右, 荒淫不接乎耳目, 其策次也. 至如邪心內戰, 忠言外隔, 初猶豫而不忍決, 終敗溺而顚越. 然後雖有風牧之善戰, 呂望之神略, 無所措其間,

---

18 歸: 시집보내다. 시집오게 하다.
19 桓桓(환환): 굳센 모양. 힘차고 날랜 모양.
20 趑趄(자저): 머뭇거리는 모양, 가기 힘든 모양.
21 唼囁(이섭): 말을 머뭇거리는 모양. '唼'는 입술.
22 矍然(확연): 놀라 눈을 휘둥그렇게 뜨면서 두리번거리는 모양.

其策下也, 用之者危哉!」公猶不悟, 晉國之禍速矣. 悲夫! 史臣弔曰: 天胡不仁, 生此尤物. 非戎而戎, 不戰而戰, 莫如不聞. 聞必思見, 莫如不見. 見必思敵, 莫如不敵. 敵必敗績, 敗則有悔, 悔不可及. 惡醉而強酒[23], 其醒何日? 先王之不邇聲色, 其有術歟!

---

23 惡醉而強酒: 『맹자』「이루(離婁) 상」에 나오는 말. "今惡死亡而樂不仁, 是猶惡醉而強酒."

3. 입춘부 - 서序를 아우르다

일찍이 듣건대 세성(歲星)[1]이 위에서 일주(一周)하여 천도가 밝아지고, 아래에서 정(正: 歲首)을 통일하여[2] 인도(人道)가 정해졌다고 한다. 봄 아니면 시작이라 할 수 없고, 덕이 아니면 계승할 수 없다. 오직 시작을 잘 하고 계승을 잘 하는 사람은 성인이 아니면 무엇으로써 말하랴. 내가 경술년(1490) 1월 7일[3]에 태학재(太學齋)에 거처하면서 봄이 왔단 말을 듣고는, 계절의 순서가 쉽게 바뀜을 슬퍼하고, 성주(聖主)의 조원(調元)[4]에 감격하였다. 드디어 관성자(管城子: 붓)를 불러 한 때의 생각을 적어 보았다. 보는 사람들이여! 비루하고 졸렬한 것을 비웃지 말지어다. 그 사(詞)에 말한다.

해의 순서가 황견(黃犬)[5]이 됨에, 하늘과 땅이 덕을 함께 하여 해는 위유(胃維)[6]를 돌고 달은 청륙(靑陸)[7]을 돈다. 양원(梁園)[8]에서는 통소를 불고, 한궁(漢宮)에서는 춘첩자(春帖子)[9]를 헌상(獻上)한다. 갈피리 소리

---

1 목성을 달리 이르는 말. 태양계의 다섯째 행성이자 가장 큰 행성이다. 공전 주기가 11.862년이다.
2 중국 하나라에서는 자월(子月)을 세수(歲首)로 하였고, 은나라에서는 축월(丑月)을 세수로 하였으며, 주나라에서는 인월(寅月)을 세수로 하였다.
3 양력으로 2월 6일이니, 입춘(2월 4일)이 지난 이틀 뒤이다.
4 음양을 조화롭게 잘 다스림.
5 경술년은 '백견(白犬)'이다. 여기서 황견이라 함은 잘못이다.
6 위수(胃宿)의 언저리. '유(維)'는 가장자리. 위수는 위성(胃星)이라고도 하며 이십팔수의 열일곱째 별자리이다.
7 달이 운행하는 궤도. 청도(靑道)라고도 한다.
8 중국 양나라 효왕(孝王)이 세운 원림. 본래 이름은 죽원(竹園)이다.
9 입춘 날 대궐 안 기둥에 써 붙이던 주련(柱聯). 연잎과 연꽃 무늬가 있는 종이에 제술관(製述官)이 지은 축하시를 써서 붙였다

는 대나무 대롱에서 날아오고 용은 채색한 마룻대[棟]에 걸려 있다.

홀로 서창(書窓)에 누어 한 바탕 봄꿈을 꾸었다. 홀연히 갓을 쓴 어른 수십 명과 동자(童子) 육칠 명이 찾아와 나의 지게문을 두드리고는 봄소식을 알린다. 이에 깜짝 놀라 일어나 나막신을 꺾어 신고 바지저고리를 바꾸어 입은 채로 나가, 동원(東園)에 자리를 펴고, 호탕하게 청양(靑陽: 봄햇살)을 노래 불렀다.[10] 은반에는 담백한 햇나물이요,[11] 자맥(紫陌: 도성의 길)에는 토우(土牛)[12]가 우뚝하였다. 얼마 뒤 협우(莢雨)[13]가 세속의 티끌을 깨끗이 하였고, 대피리 소리를 들으며 담 모퉁이에서 술 마시고 노래하였다. 조풍(條風: 동북풍)이 얼굴을 스치는데 버들은 연못가에서 기쁘게 춤을 춘다.

나는 또한 그것이 어찌된 영문인지 몰라 아이를 불러 물어보는데 청제(靑帝)[14]께서 이미 내 앞에 이르렀다. 나는 이에 세속의 옷깃을 바르게 여미고, 푸른 건을 높이 쓴 뒤 이마를 조아리며 신하라 칭하면서 흉금을 털어놓고 말해주실 것을 청하였다. "청제께서는 어찌 이다지도 쉽게 오셨다가 어찌 급하게 가시나이까? 또 홍안(紅顔)을 늙도록 재촉하

---

10 『후한서』지제팔(志第八),「제사(祭祀) 중」,〈영기(迎氣)〉 "立春之日, 迎春於東郊, 祭青帝句芒, 車旗服飾皆青, 歌靑陽."
11 입춘일 풍속 가운데 하나인 '천생채(薦生菜)를 말한다. 갈대·무·미나리의 싹을 소반에 담아 서로 나누어 먹는 풍속이다. 『연감유함(淵鑑類函)』 권13,「세시부(歲時部) 二」,〈입춘〉 "撫遺曰, 東晉李鄂, 立春日, 以蘆䕷芹芽爲菜盤相餽遺."
12 흙으로 만든 소. 겨울 끝 달인 12월은 축월(丑月)로 '축'은 소[牛]와 물[水]을 의미하는데, 토(土)가 수(水)를 제압하므로 토우를 만들어 추위를 몰아내는 데 썼다고 한다. 『예기』,「월령(月令)」 12월조에 "토우를 문밖에 내놓아 찬 기운을 몰아낸다"(出土牛以送寒氣)고 하였다.
13 봄풀을 돋아나게 하는 비.
14 봄을 주재하는 귀신. 동황(東皇)이라고도 한다.

고, 푸른 귀밑머리를 희게 만드십니까? 몽득(夢得)[15]은 (새 봄을 맞이하는) 영신(迎新)의 곡을 지었고, 자첨(子瞻: 蘇東坡)은 (한 해를 보내는) 송구(送舊)의 시를 지었습니다. 흥취가 있으니 (이를 노래로 지으려는) 생각이야 어찌 없겠습니까?"

청제께서 다음과 같이 말하였다. "아니로다. 그대는 짐(朕)의 말을 들을지어다. 하늘의 도가 쉼이 없어[不息] 사시(四時)가 운행한다. 내가 동방으로부터 와 한 해의 머리가 되어, 하늘의 위권(威權)을 마음대로하고 조화의 솜씨를 휘두르니, 이기(二氣: 음양)가 교접하고 만물이 왕성하게 된다. 가는 것을 지연시킬 수 없고, 이미 온 것은 오래 머물도록 할 수 없다. 일 년에 한 차례, 한 번 갔다가 한 번 돌아오는데 기뻐하는 사람은 스스로 기뻐하고, 슬퍼하는 사람은 스스로 슬퍼한다. 바라는 사람은 스스로 바라며 맞이하는 사람은 스스로 맞이한다. 온 세상이 알지 못하여 나를 감정이 있다고 하지만, 고적(高適)[16]은 내가 느릿느릿한 것을 재촉하였고, 소철(蘇轍)은 나의 당당함을 업신여겼다. 그러나 나의

---

15 중국 당나라 때의 문인·철학자(772~842). 이름은 우석(禹錫), 자는 몽득. 낙양(洛陽) 사람이다. 일찍이 왕숙문(王叔文)의 개혁단체에 참가하여 환관(宦官)·번진(藩鎭) 세력에 반대했다. 그러나 이에 실패한 후, 낭주사마(郎州司馬)로 좌천되었다가 후에 연주자사(連州刺史)가 되었다. 이후 배도(裵度)의 적극적인 추천으로 태자빈객(太子賓客) 겸 검교예부상서(檢校禮部尙書)가 되어 세간에서는 '유빈객'(劉賓客)으로 불렸다. 유종원(柳宗元)과 교분이 매우 두터워서 '유유'(劉柳)라고 병칭되기도 했으며, 항상 백거이(白居易)와 시문(詩文)을 주고받는 등 사이가 좋았기 때문에 '유백'(劉白)으로도 병칭되었다. 그의 시는 통속적이면서도 청신하며 「죽지사(竹枝詞)」가 유명하다. 철학 저작인 『천론(天論)』에서는 천인감응(天人感應)의 음덕설(陰德說)을 비판하고 '하늘과 인간은 상승(相勝)한다'는 설과 '상용(相用)된다'는 설을 주장하여 하늘이 인간 세상의 길흉화복을 주재할 수 없다고 했다. 또 법제가 잘 행해져서 상벌이 분명하다면 사람들은 천명(天命)에 바라는 것이 없겠지만, 만일 법제가 흐트러져 상벌이 분명하지 않다면 사람들은 오로지 천명에 기도할 수밖에 없다고 하였다. 말년에 들어 불교에도 타협적인 자세를 보였다. 저서로는 『유빈객집(劉賓客集)』(劉夢得集)이 있다.
16 중국 당나라 현종(玄宗) 때 시인(707~765). 자는 달부(達夫). 좌산기상시(左散騎常侍)를 지냈다. 나이 오십이 넘어서 시를 짓기 시작하였으나 시에 매우 능하였다.

운행은 지극히 건전하니 기꺼이 그대를 위해 여유를 줄 수도 있다."

말이 끝나기도 전에 동자가 일어나 다음과 같이 노래 불렀다.

오늘 저녁은 어떤 저녁인고. 북두성의 자루[斗杓]가 동쪽으로 기울었네.[17] 요순 시절인양 아름다운 기운이 총롱(蔥蘢)하고 환성(歡聲)이 우레처럼 울려 퍼지고, 희색(喜色)은 하늘에 잇닿았네. 향기 나는 좋은 술을 따라 마시면서 망귀(忘歸)를 슬퍼하는데,[18] 곡풍(谷風: 東風)은 산들산들 불어오는구나.

갓을 쓴 어른이 기쁘게 화답하며 노래하였다.

눈부시게 빛남이여. 크게 밝은 궁중(宮中)이로다. 한 사람이 있음이여. 눈썹은 '팔(八)'자 모양으로 그린 듯하고, 눈은 겹동자라네.[19] 천지의 원기를 근본 삼아 항상 정도(正道)로 정교(政敎)를 베풂이여. 옥촉(玉燭)[20]을 고르게 하여 순화(淳化)[21]의 어려운 이름을 탕탕(蕩蕩)하게 하였도다. 백성들을 인수(仁壽)의 구역에서 잠자게 하니, 남자에게는 곡식이 넉넉하게 하고 여자에게는 (길쌈할) 삼[麻]이 넉넉하게 하도다. 이 억만년의 태평의 봄

---

17 북두칠성의 자루는 계절을 알려주는 거대한 천문시계다. 봄에는 해가 지면 북두칠성의 자루가 동쪽을 가리킨다.
18 망귀하지 못함을 슬퍼한다는 뜻. '망귀'란 어떤 일을 무척 즐겨 돌아갈 것을 잊는다는 말이다.
19 요임금의 '요미팔채(堯眉八彩)' 고사와 순임금의 '순목중동(舜目重瞳)'의 고사를 가리킨다.
20 사철의 기후가 고르고 해와 달이 훤히 비치는 것을 이르는 말.
21 봄의 두터운 은혜를 이른다.

이여. 구십일을 위해 노래하는데 부족하다.

청제가 이에 즐거워하면서 일어나 춤을 추었는데, 봄은 이미 집집마다 들어와 있더라.

立春賦 并序

嘗聞歲周於上, 天道明矣; 統正於下, 人道定矣. 非春無以爲始, 非德無以爲繼. 惟善始善繼者, 非聖人, 何以哉. 余於庚戌元月七日, 居大學齋, 聞春之來, 悼時序之易流, 感聖主之調元. 遂招管城子[22], 以記一時之意, 覽者無笑其鄙拙云. 其詞曰:

歲次黃犬[23], 天地同德, 日纏胄維[24], 月軌靑陸. 梁園吹簫, 漢宮獻帖, 葭飛竹管, 龍掛畫棟. 獨臥書窓, 一場春夢. 忽有冠者數十, 童子六七, 來打我戶, 以告春及. 驚起折屐, 顚倒衣裳, 鋪筵東園, 浩歌靑陽. 淡新菜兮銀盤, 屹土牛兮紫陌. 少焉英雨淸塵, 鐘篁[25]酣歌於墻角, 條風拂面, 楊柳喜舞於池邊. 吾亦不知其何爲, 呼兒問之, 則靑帝已至於前矣.

---

22 管城子: 한유(韓愈)의 「모영전(毛穎傳)」에서 붓털[毛穎]을 의인화하여 가리킨 말. 「모영전」에서 "진나라 시황제가 몽염(蒙恬)에게 탕목읍을 내려 관성에 봉해서 관성자라 호칭하게 했다"(秦皇帝使蒙恬, 賜之湯沐而封諸管城, 號曰管城子)고 한 데서 온 말이다.
23 黃犬(황견): 무술년(戊戌年)을 달리 이르는 말.
24 胄維(주유): 위유(胃維)의 잘못. 안연지(顔延之), 「삼월삼일곡수시서(三月三日曲水詩序)」 "日躔胃維, 月軌靑陸."
25 鐘篁(종황): 종(鍾)으로 만든 피리. '종'은 대이름으로 피리를 만들기에 좋다고 함.

余乃正塵襟峨靑幘, 稽顙稱臣, 請吐胸臆. 來何容易, 去何太急. 催紅顏老, 曬綠鬢白. 夢得[26]作迎新之曲, 子瞻[27]賦送舊之詩. 興則在矣, 念豈無之. 靑帝曰:「否! 爾聽朕旨. 乾道不息, 四時行矣. 我自東來, 爲歲之首, 擅天地權, 運造化手. 二氣所交, 萬物所阜, 往不可遲, 來不可久. 一年一度, 一去一歸, 至於喜者自喜, 悲者自悲, 望者自望, 迎者自迎. 擧世莫知, 謂我有情, 高適催余之徐徐, 蘇轍欺余之堂堂. 然余行之至健, 肯爲爾而或遑[28]」言未旣, 童子作而呼曰:「今夕何夕[29]斗杓東, 堯天舜日, 佳氣蔥蘢, 歡聲兮如雷, 喜色兮連空. 酌芳醑兮[30]悵忘歸, 來習習兮谷風[31]」冠者喜而和之, 歌曰:「五雲爛兮大明宮中, 有一人兮眉八彩兮眼重瞳. 體元居正[32]兮調玉燭, 蕩蕩乎淳化之難名兮. 民奠枕於壽域, 男有餘粟, 女有餘麻[33]. 此億萬年大平之春兮, 不足爲九十日而歌也」靑帝於是, 樂而起舞, 春已入於家家.

26 夢得: 유우석(劉禹錫)의 자(字).
27 子瞻: 소식(蘇軾)의 자.
28 或遑(혹황): 간혹 겨를(여유)이 있음.『시경』, 소남(召南), 〈은기뢰(殷其雷)〉 "在南山之陽, 何斯違斯, 莫敢或遑."
29 두보(杜甫)의 「금석행(今夕行)」에 나오는 말. "今夕何夕歲云徂, 更長燭明不可孤."
30 이규보(李奎報),『동국이상국집』권1,「몽비부(夢悲賦)」에 나오는 말. "酌芳醑兮行金鍾, 莫不濡首而霑醉."
31 習習谷風: 온화한 동풍.『시경』, 소아(小雅), 〈곡풍(谷風)〉에 나오는 말. "習習谷風, 維風及雨."
32 體元居正: 천지의 원기를 체득하여 항상 정도(正道)로 정교(政敎)를 베푸는 것. 제왕이 즉위함을 이르기도 한다.『춘추전』, 은공원년(隱公元年)조 두예주(杜預注)에 보인다. "凡人君卽位, 欲其體元以居正."
33 男有餘粟 ~:『한서』권57,「양웅전(揚雄傳)」에 나오는 말. "女有餘布, 男有餘粟, 國家殷富, 上下交足."

4. 허실생백부虛室生白賦 - 서序를 아우르다

유가(儒家)에서 반드시 『장자(莊子)』를 배척하는 것은 그 말이 괴이하기 때문이다. 간혹 괴이하지 않은 것이 있다면 성현께서도 틀림없이 버리지 않았을 것이다. 하물며 나 같은 사람이랴? 그 「인간세(人間世)」편에 있는 '허실생백(虛室生白)'의 설은 괴이하지 않다. 그 결론을 요약하자면 맹자가 말한 '호연지기(浩然之氣)'[1]나 주자(朱子)가 말한 '허령불매(虛靈不昧)'[2]와 같다. 어떤 사람이 나를 힐책(詰責)하기에 이러한 취지로 대답하였고 또 스스로 설명하기를 "대저 방이 텅 비면 순백(純白)할 수 있다. 순백해지는 것은 텅 빈 방이 그렇게 만드는 것이다. 이를 가지고 심의 바탕[心體]이 본래 밝음을 형용함에 이보다 적절한 것은 없다"고 하였다.

 이에 부(賦)를 지어, 세세(細細)한 것으로부터 큰 것에 미치고, 분명한 것에 근거하여 은미한 것을 깨침으로써, 스스로 반성하려 한다. 비록 그렇다 하나, 장생(莊生)은 우리 (유가의) 무리가 아니다. 단지 그 설을 가져다가 하고 싶은 말을 붙였을[寓言] 따름이니, 아마도 이른바 '미워하면서도 그 좋은 점을 아는' 유의 것이라고나 할까? 그 사(詞)에 말한다.

---

1 천지 사이에 꽉 차 있는 지극히 크고 지극히 굳센[至大至剛] 원기. 또는 사람의 마음에 가득 차 있는 지극히 정대한 기운. 『맹자』 「공손추 상」 "敢問夫子, 惡乎長? 曰我知言, 我善養吾浩然之氣. 敢問何爲浩然之氣? 曰難言也. 其爲氣也, 至大至剛, 以直養而無害, 則塞於天地之間. 其爲氣也, 配義與道, 無是, 餒也."
2 주자가 『대학장구(大學章句)』에서 '명덕(明德)'을 설명하면서 한 말. '허령지각(虛靈知覺)'이란 말로 쓰이기도 한다. "明德者, 人之所得乎天, 而虛靈不昧, 以具衆理, 而應萬事者也. 但爲氣稟所拘, 人欲所蔽, 則有時而昏. 然, 其本體之明, 則有未嘗息者." *虛, 不滯也. 故無私心. 靈, 靈妙也. 有感斯應, 無不知處.

내 타고남이 우매(愚昧)한 것을 번민하나니

허령(虛靈)한 마음에서 현묘(玄妙)함을 찾노라.

그쳐야 될 곳도 알지 못하고 어찌 정한 방향이 있으랴.³

조용히 눈길을 거두고 귀를 되돌리노라.

바야흐로 뭇 생명체가 숨을 가라앉혔으니

은궤(隱几)⁴에 올올(兀兀)⁵이 있는 모양 마치 고목과 같구나.

조금 있다가 소령(疏欞)⁶으로 달빛이 찾아들었는데

달이 토해 내는 빛이 방 안에 가득하였네.

장평자(張平子)⁷의 「사현부(思玄賦)」⁸를 읊조리고

『남화경(南華經)』⁹의 '허실생백'장을 외운다.

정신의 말[神馬]을 풀어 놓아 멀리까지 내달리게 하나니

내 어찌 일묘(一畝)¹⁰만한 좁은 땅에 갇혀 지내랴.

구만장천의 하늘문[天門]을 바라보니

---

3 『대학』, 경일장(經一章) "知止而后能定, 定而后能靜"이라 하였다.
4 몸을 기대는 안석(安席). '隱'은 기댄다[倚]는 뜻이다.
5 움직이지 않은 모양.
6 문살 성긴 격자창(格子窓).
7 중국 후한 때의 문인 장형(張衡: 72~139)을 말함. 자는 평자(平子)이며 남양(南陽) 사람이다. 음양가였던 그는 선인들의 우주 기원과 변화에 관한 사상을 계승하여 천지 만물의 발생과 발전 과정을 설명했다. 문장에 뛰어나 「양경부(兩京賦)」・「사현부(思玄賦)」 등 유명한 작품을 많이 남겼다. 당시 6대 화가의 한 사람으로 꼽혔다.
8 장형의 「사현부」는 한재의 부(賦)에 많은 영향을 끼쳤다. 특히 한재의 「허실생백부」와 「다부」는 여러 가지 측면에서 큰 영향을 받았다고 본다. 장형은 「사현부」에서 난세에 태어난 자신의 불우한 처지를 한탄하면서, 심적으로나마 그를 위로하려는 생각에서 현허(玄虛)의 세계에 몰입, 유력(遊歷)하다가 종국에는 다시 성현의 가르침으로 돌아와 안심입명(安心立命)하는 자세를 취하고 있다. 이러한 서술 기조는 「허실생백부」와 「다부」에 반영되어 있다.
9 당나라 때에는 『장자(莊子)』를 높여서 '남화진경(南華眞經)'이라 하였다.
10 땅의 면적. 약 30평 가량.

성두(星斗)¹¹보다 쟁영(崢嶸)¹²하게 높이 솟아 있구나.

마음의 문[中門]을 꿰뚫어 미묘한 것을 깨달으니

조금이라도 사곡(邪曲)이 있으면 남들이 알리라.

그러나 구경[觀覽]하는 것을 상쾌하지 않게 여기나니

내 장차 이를 버리고 멀리 하리라.

외외(嵬嵬)¹³하도다, 우주¹⁴의 굉대(宏大)함이여!

넓고 두터우며, 고대(高大)하고 밝기도 하구나.¹⁵

구름과 무지개는 실낱만큼도 가림이 없고

바람과 달은 쌍으로 맑도다.

이에 나를 높이 솟구쳐[揭揭] 그 가운데 서게 하니

위아래를 어지러이 헤매며 구하고 찾는다.

어찌하여 소리와 냄새도 접할 수 없을까.¹⁶

단지 솔개가 하늘을 날고 물고기가 못에서 뛰놀 뿐일세.¹⁷

이것이 비록 묘관(妙觀)이라 하기에 족하지만

---

11 북두(北斗)와 남두(南斗)를 말함.
12 산이 높고 험한 모양.
13 산이 높이 솟은 모양.
14 공간을 '우(宇)'라 하고 시간을 '주(宙)'라 한다. 『회남자(淮南子)』, 「원도훈(原道訓)」 "紘宇宙而章三光." ; 주(注) "四方上下曰宇, 往古來今曰宙."
15 『중용』제26장 "博厚, 所以載物也; 高明所以覆物也. …… 博厚配地, 高明配天."
16 무성무취(無聲無臭)는 형이상(形而上)의 도(道)를 비유한다. 『시경』「대아(大雅)」〈문왕(文王)〉에 "상천의 일은 소리도 없고 냄새도 없다"(上天之載 無聲無臭)고 하였다.
17 연비어약(鳶飛魚躍)은 대개 리가 기를 타고 유행(流行)하여 작용하는 것을 말한다. 『중용』, 제12장 "詩云, 鳶飛戾天, 魚躍于淵, 言其上下察也."

즐거움은 자신을 돌이켜 살피는 것[18]보다 큰 것은 없다네.

마음[天君]이 나를 이끌어 그 처음[19]으로 돌아가게 하니

장차 나는 이 경륜(經綸)에 나아가리라.[20]

신명(神明)이 (내 몸을) 주재(主宰)함을 깨달아

광거(廣居)[21]의 밝고 밝은 곳에 잠기도다.

현빈(玄牝)[22]의 문을 통해 드나들면서

'무위자연(無爲自然)'에 합치되는 것을 성곽처럼 굳게 여기네.

"이것이 나의 빈 방(虛室)이라"고 말함이여

심중(心中)이 적연(積然)[23]하지만 누(累)가 없도다.

진실로 방촌(方寸)에 털 한 올만큼의 사의(私意)가 없으니

천지에 고명(高明)[24]을 극(極)하였도다.

명덕(明德)이 다시 밝아지기가 무섭게

---

[18] 반구저기(反求諸己)와 같은 뜻이다. 『중용』 제14장 "子曰, 射有似乎君子, 失諸正鵠, 反求諸其身.";『맹자』,「공손추(公孫丑) 상」"仁者如射, 射者正己而後發, 發而不中, 不怨勝己者, 反求諸己而已矣.":『맹자』,「이루(離婁) 상」"行有不得者, 皆反求諸己, 其身正而天下歸之."

[19] 본래 타고난 착한 성품.

[20] 『중용』 제32장에 "오직 천하에 지극히 성실한 사람이라야 능히 천하의 대경(大經)을 경륜하며, 천하의 대본을 세우며, 천지의 화육(化育)을 알 수 있으니, 어찌 다른 것에 의지할 게 있겠는가"(唯天下至誠, 爲能經綸天下之大經, 立天下之大本, 知天地之化育, 夫焉有所倚)라고 하였다.

[21] 인(仁)을 '넓은 집'에 비유하여 이르는 말. 『맹자』,「등문공(滕文公) 하」"居天下之廣居, 立天下之正位, 行天下之大道, 得志, 與民由之, 不得志, 獨行其道, 富貴不能淫, 貧賤不能移, 威武不能屈, 此之謂大丈夫."

[22] 『노자』의 '현빈지문(玄牝之門)'을 말함. 만물을 생성하는 도(道)를 달리 이르는 말이니, '玄'은 오묘하다는 뜻이요, '牝'은 암컷이 새끼를 낳듯이 도가 만물을 낳는다는 의미이다.

[23] 외물을 보고 들음이 누적된 모양.

[24] 높고 밝은 진리. 『중용』, 제27장 "君子尊德性而道問學, 致廣大而盡精微, 極高明而道中庸, 溫故而知新, 敦厚以崇禮."

문득 빛을 발하여 거두어들이기 어렵도다.

소소(昭昭)한 것이 쉬 어두워지는 것을 두려워하나니

예(禮)의 불을 횃불 삼아 어두운 곳을 환하게 밝혀주며

한 사물이라도 와서 접하는 것을 경계하나니

지(智)의 물[25]을 뿌려 깨끗이 쓸고 닦는다네.

그래서 하늘을 즐기고 명(命)이 있음을 알아[26]

이욕(利慾)의 대자리[籧篨]를 막는다네.

불빛 같은 꽃[英華][27]이 앙수(盎粹)[28]함이여

비록 텅 비었다고 하나 기실 가득 차 있도다.

텅 빈 것은 꽉 찰 수 있으나 꽉 찬 것은 빌 수 없음을

나는 고정(考亭: 朱子)에게서 들었노라.

열 손가락이 가리키는 바가 삼엄하나니[29]

누가 어두운 데서 속일 수 있다 하랴![30]

이윤(伊尹)[31]은 졸직(拙直)함[32]을 지켰으니

---

25 지(智)는 수(水)를 상징한다. 또 '지자요수(知者樂水)'라는 말도 있다.
26 '낙천지명(樂天知命)'이란 말은 『주역』「계사전 상」에 나온다.
27 심체(心體)가 본래 밝은 것을 비유한 말.
28 앙배수면(盎背粹面)의 준말. 등에 꽉 차고 얼굴에 내비침.
29 『대학』, 전삼장(傳三章) "曾子曰, 十目所視, 十手所指, 其嚴乎."
30 『대학』 전6장에 나오는 무자기(毋自欺), 신기독(慎其獨)'을 말한다.
31 중국 은(殷) 나라 때의 대신. 이름은 '이(伊)'이고 '윤(尹)'은 관직명이다. 은나라 탕왕(湯王)의 재상이 되어 하(夏) 나라 걸왕(桀王)을 토벌함으로써 은나라가 천하를 평정하는 데 공헌했다. 나중에 탕왕을 뒤이은 외병(外丙)·중임(中壬) 두 왕에게서도 벼슬을 했으며 그 뒤 태갑(太甲)의 재상이 되었다. 그에 관한 기록은 갑골문자에도 보인다. 그는 비와 농사의 풍흉(豊凶)을 꿰뚫어보는 힘이 있었으며, 왕에게 재앙을 내리거나 병을 일으킬 수 있는 힘을 가지고 있었다고 한다. 탕왕과 함께 제사를 받았던 점으로 볼 때 은

현기(玄機)³³의 무위(無爲)함을 실천했도다.

백이(伯夷)³⁴는 서산(西山: 수양산)에서 주렸으니

빛이 해와 더불어 그 광을 다투는구나.

두옥(杜屋)³⁵에 거듭하여 지붕을 덮지 않는다면

온갖 비바람에 견딜 이 그 누구란 말인고.

이것³⁶은 촛불을 잡고 밤길을 가는 것 같으니

몸은 어두운 데 던져지더라도 더욱 빛은 밝다네.

밝은 것(명덕)을 이미 밝혀 백성에게 미치게 하였으니³⁷

요순(堯舜)과 우탕(禹湯) 같은 임금이시라.

홀로 기산(箕山)을 멀리 바라봄이여

풍표(風瓢)³⁸를 버리고 귀를 씻었다네.³⁹

....

나라 때부터 은나라 왕실과 관계가 깊은 신격(神格)으로 짐작된다.
32 『맹자』, 「진심 상」에서 "이윤이 말하기를 '나는 옳지 못한 일을 보고 견디어 내지 못한다'고 했다"(伊尹曰, 予不狎于不順)는 말을 가리킨 듯하다.
33 도(道)를 달리 이르는 말.
34 중국 주(周) 나라 때의 전설적인 성인(聖人). 아우 숙제(叔齊)와 함께 형제 성인으로 꼽힌다. 본래는 은나라 고죽국(孤竹國: 河北省 昌黎縣 부근)의 왕자였는데, 부왕이 죽은 뒤 서로 후계자가 되기를 사양하다가 두 사람 모두 나라를 떠났고 가운데 아들이 왕위를 이었다. 그 무렵 주나라 무왕(武王)이 은나라의 주왕(紂王)을 정벌하고 주왕조를 세우자, 두 사람은 무왕의 행위가 인의(仁義)에 위배되는 것이라 하여 주나라 곡식을 먹기를 거부하고, 수양산(首陽山)에 들어가 고사리를 캐먹고 지내다가 죽었다. 유가(儒家)에서는 이들을 청절지사(淸節之士)로 크게 추앙하여 왔다.
35 사방으로 빙둘러 막힌 집. '두보의 집'(정영선)이라 번역한 것은 잘못이다.
36 명덕(明德)을 가리키는 말.
37 명명덕(明明德)과 신민(新民)을 가리킨다. 주자(朱子)는 『대학집주』에서 〈명명덕(明明德)〉을 해설하면서 "已自明其明德, 尤當推以及人, 使之亦有以去其舊染之汚也."라 하였다.
* 참고: 『맹자』, 「진심(盡心) 하」 "孟子曰, 賢者, 以其昭昭, 使人昭昭, 今以其昏昏, 使人昭昭."
38 바람에 흔들리는 표주박. 여기서는 그런 마음을 가리킨다.
39 중국 요(堯) 임금 때의 은사(隱士)인 소보(巢父)와 허유(許由)는 함께 기산(箕山)에 숨어

어찌 그 근본이 둘이 있으랴

극에 이르면 모두 하나의 이치인 것을.

성문(聖門)에 현인이 많음을 엿보건대

오직 도에 가까운 이는 안씨(顔氏: 顔回)인가 하네.

종일토록 말없이 어리석은 사람인 양 하였으니[40]

일월(日月) 같은 중니(仲尼: 공자)의 도를 즐겼다네.

아아! 지인(至人)[41]이 멀리 있음이여

바른 길[42]엔 띠풀이 꽉 막아 답답하기도 하구나.[43]

누군들 이 지게문을 통해 나오지 않으리오마는

한결같이 남북 사이에서 헤매는구나.

다행히 관락(關洛)[44]에 사람 있어

선철(先哲)들이 말씀하지 못한 것을 열었으니

창 앞에 있는 봄풀을 읊고[45]

살았는데, 하루는 요임금이 허유에게 양위(讓位)하려 하자 허유가 이 사실을 소보에게 알렸다. 이에 소보는 허유가 세속의 탐욕스런 말을 한다고 책망하면서 그와 절교를 선언하고 청령(淸泠)의 강으로 가서 귀를 씻었다고 한다. 황보밀(皇甫謐), 『고사전(高士傳)』 권1 참조.

40 『논어』, 「위정(爲政)」 "子曰, 吾與回, 言終日, 不違如愚, 退而省其私, 亦足以發, 回也不愚.";『논어』, 「선진(先進)」 "子曰, 回也, 非助我者也. 於吾言, 無所不說."

41 도에 통한 사람.

42 유학(儒學)을 비유한 말.

43 『맹자』, 「진심(盡心) 하」에 "孟子謂高子曰, 山徑之蹊間, 介然用之而成路, 爲間不用則茅塞之矣, 今茅塞子之心矣"라 하였다.

44 염락관민지학(濂洛關閩之學)을 말함. '염'은 주돈이(周敦頤 : 濂溪), '낙'은 이정자(二程子), '관'은 장재(張載 : 橫渠), '민'은 주희(朱熹 : 晦庵)를 가리킨다.

45 송대(宋代) 도학자들이 인(仁)을 체인(體認)하는 방법의 하나인 '정초일반의사(庭草一般意思)'를 말한다. 북송 때의 학자 염계(濂溪) 주돈이(周敦頤)의 친구가 주돈이의 서재

하늘 끝의 가을 구름[46]을 바라보았느니라.

마음이 신령(神靈)한 데 통하면 만물을 감동시키고[47]

정신이 기운을 움직이면 미묘한 경지에 드나니라.[48]

어찌 내가 띠[紳]에 써서 옷에 차지 않으리요.

옥루(屋漏)[49]에도 부끄러움이 없기를 기약했느니라.[50]

바야흐로 하나로 돌아가 만사를 봄이여

어찌하여 참[眞]은 적고 모두가 거짓[僞]인가.

세상 사람들은 참으로 겉만 꾸미고 속은 버려두며

다투어 사특(邪慝)한 것을 꾀하고 질박한 것을 깎아 버리는구나.

하물며 이설(異說)이 분분함에랴.

도리어 귀먹고 눈멀게 하는구나.

양웅(揚雄)은 태현(太玄)을 지키면서[51] 가난을 쫓으려 하였고[52]

를 방문하여 "왜 창 앞의 풀을 베지 않느냐"고 묻자, 주돈이는 "살기를 좋아하는 것은 풀이나 내가 일반이기 때문이다"고 대답하였다 한다. 『이정전서(二程全書)』, 권3, 「謝顯道記憶平日語」 "周茂叔, 窓前草不除去. 問之云, 與自家意思一般."

46 가을철의 맑고 투명한 구름을 명덕(明德) 또는 양심에 비유한 것.
47 『주역』 중부괘(中孚卦)에 "믿음이 돼지와 물고기에게까지 미친다"(信及豚魚)란 말이 있다.
* 참고: 최치원(崔致遠: 857~?)의 「난랑비서(鸞郎碑序)」에서 "國有玄妙之道, 曰風流. 設敎之源, 包含三敎, 接化群生"이라 하였는데, 여기 나오는 '접화군생'과 같은 경지이다. '접화군생'의 '化'는 교화·감화·변화·치화(治化) 등을 모두 아우르는 말이다.
48 「다부(茶賦)」말미에서는 "神動而入妙, 樂不圖而自至, 是亦吾心之茶, 又何必求乎彼也"라 하였다.
49 방의 서북쪽 귀퉁이. 집에서 가장 깊숙하고 어두운 곳이다. 『중용』 제33장 "詩云, 相在爾室, 尙不愧于屋漏. 故君子不動而敬, 不言而信."
50 '불기암실(不欺暗室)'과 같은 말.
* 참고: 『중용』에 나오는 '신독(愼獨)' 사상과 통한다. 일찍이 중국 송나라 때의 학자 서산(西山) 채원정(蔡元定)은 "홀로 걸어 갈 때에는 그림자에게 부끄럽지 않고, 홀로 잠을 잘 때에도 이불에게 부끄럽지 않다"(獨行不愧影, 獨臥不愧衾)고 하였다 한다.

한유(韓愈)⁵³는 궁하게 살면서 궁귀(窮鬼)를 떠나보낼 생각을 했네.⁵⁴

아무 것도 없을 수는 없거늘

'내 마음의 빈 골짜기(空洞)'⁵⁵라고 하였다네.

뉘라서 초연하여 근본으로 돌아가며

만고의 긴 꿈에서 깨어날까?

요약하여 말한다.

시원[天造]이 혼란하고 어지러운[草昧] 데서 성명(性命)을 세움이여

사람은 그 사이에서 홀로 바르게 살아야 하느니.

어찌하여 말단을 쫓아 풍진(風塵) 속에 고생하는고.

누런 메조밥[黃粱]이 채 익기도 전에⁵⁶ 흰 귀밑털이 새롭도다.

---

51 중국 전한 때 양웅은 명리(名利)만을 좇던 당시의 세태와는 달리 『태현경(太玄經)』의 저술에만 몰두하였다. 『한서』 권87, 「양웅전(揚雄傳)」 참조.

52 양웅은 「축빈부」에서 가난에 대해 "너를 버리고 곤륜산 꼭대기에 올라와도 따라오고 …… 산에 올라 동굴에 몸을 숨겨도 쫓아오니…"라고 원망감을 표시했다. 그러자 문장 속에서 의인화한 가난은 "(어려운 시절) 임금을 모시고 보잘 것 없는 집에서 견디며 …… (가난함으로 인해 쌓은) 큰 덕을 잊고 나에게 작은 원망만 늘어놓으니……"라며 반박한다. 마침내 양웅은 결국 그가 살았던 당대의 문명이 과거의 가난함과 곤궁함을 이겨낸 결과라는 점을 깨닫고 안빈낙도(安貧樂道)의 자세로 일생을 살아가고자 결심하게 된다. 곤궁할수록 더 견고해지는 '궁당익견(窮當益堅)'이란 말은 보다 나은 내일을 위한 토대가 된다는 점에서, 가난과 곤궁함에 대해 긍정적인 사고를 가질 것을 요구하는 지은이의 속내가 엿보인다.

53 중국 당나라의 문학가·사상가(768~824). 자는 퇴지(退之), 시호는 문공(文公). 792년 진사가 된 뒤 벼슬이 이부시랑(吏部侍郎)에 이르렀다. 819년 헌종황제가 불골(佛骨)을 모시는 것을 비판하다가 조주자사(潮州刺史)로 좌천되었다. 문체개혁(文體改革)의 선구자요 고문(古文)의 중흥자로 평가되는데, 그의 고문은 송대 이후 중국 산문 문체의 표준이요 후대의 전범이 되었다. 사상 분야에서는 유가사상을 존중하고 도교·불교를 배격하였으며, 송대 이후 성리학이 태동하는 데 선구적 구실을 하였다. 저술로 『창려선생집(昌黎先生集)』과 『외집(外集)』 등이 있다.

54 한유의 「송궁문」(『고문진보(古文眞寶)』 후집, 권3 참조)은 1,300년 전 양웅이 지은 「축빈부」에서 나왔다고 한다.
* 참고: 한유는 「송궁문」에서 군자에게 다섯 가지 궁함이 있다고 하면서 ① 지궁(智窮) ② 학궁(學窮) ③ 문궁(文窮) ④ 명궁(命窮) ⑤ 교궁(交窮)을 들었다.

55 광활하여 아무 것도 가지고 있지 않음을 형용한 말.

인간 세계에 머리 돌림에 어떤 일[底事]이 참다운 것인가

공자는 부운(浮雲)⁵⁷을 일컬었고, 맹자는 호연지기를 말씀하시었네.⁵⁸

탁월한 저 선각들이 이 '내 마음의 하늘[吾中之天]'⁵⁹을 밝혔으니,

경(敬)⁶⁰으로써 그것을 지키고 성(誠)으로써 그것을 주로 삼을지어다.⁶¹

지금의 천하 사람들이 수고롭고 고생함이여

어찌하여 옛날처럼 허실(虛室)에 돌아가지 않는고.

虛室生白賦 幷序

儒必斥莊子, 爲其說之怪也. 或有不怪者, 則聖賢必不棄矣. 況如吾者乎? 其人間世篇, 虛室生白之說, 不怪矣. 要其歸, 則猶孟子之言浩然, 朱子之言虛靈不昧也. 客有詰余者, 旣以此答, 且自解曰:「夫室虛⁶²則

---

56 황량일취몽(黃粱一炊夢)을 말함. 중국 당나라 때 노생(盧生)이라는 사람이 과거 시험에 낙방하고 귀향하다가 한단(邯鄲)의 어느 주막에서 도사(道士) 여옹(呂翁)의 베개를 빌어 얼핏 잠이 들었는데 꿈속에서 온갖 부귀영화를 누리며 여든까지 잘 살았다. 그러나 꿈에서 깨고 보니 잠들기 전 주막집 주인이 짓던 메조밥이 채 익기도 전이었다고 한다. 부귀공명이 덧없음을 비유한 말로 한단지몽(邯鄲之夢)이라고도 한다.
57 부귀를 뜬구름처럼 여겼던 안자(顏子)를 칭송하였다.
58 한재는 「다부」에서 칠완(七椀)을 노래하면서 "其三椀也, …… 若魯叟抗志於浮雲, 鄒老養氣於浩然"이라 하였다.
59 하늘이 인간에게 부여한 본성을 가리킴. 『중용』 제1장에서 "하늘이 명한 것을 일러 성(性)이라고 한다"(天命之謂性)라 하였다.
60 정자(程子)는 '경'을 주일무적(主一無適)이라 풀이하였다. 마음을 한군데 집중시켜 다른 것에 쏠리지 않도록 하는 것을 말한다.
61 '경'은 마음을 한 군데 집중하는 것이고, '성'은 집중하여 지속적으로 이어나가는 태도를 말한다. 『율곡전서』 권21, 「성학집요(聖學輯要)」, 〈修己第二中〉 "敬是用功之要, 誠是收功之地, 由敬而至於誠矣."
62 室虛: 1914년판 『한재집』에는 '虛室'로 되어 있다.

能白, 白者虛之所爲也. 以之爲形容心體之本明者, 莫切焉」於是賦之, 由細而及大[63], 據顯而喩微, 以自省焉. 雖然, 莊生非吾徒也. 特取其說而寓言, 豈所謂「惡而知其善」[64]之類耶? 其詞曰:

　　悶余生之愚昧兮, 索玄妙於虛靈. 迷所止而奚定兮, 靜收視而反聽. 方群動之潛息兮, 兀隱几猶枯木. 俄疎櫺之得月兮, 炯吐輝之盈室. 詠平子之思玄兮, 誦南華之生白. 縱神馬以騁遠兮, 吾焉滯乎一畝. 睨九天之閶闔[65]兮, 屹崢嶸[66]乎星斗. 洞中門以喩微兮, 小有曲則人知. 然不快於觀覽兮, 吾將去此而遐之. 鬼鬼乎宇宙之大兮 能博厚而高明. 無雲霓之纖礙兮, 有風月之雙淸. 爰揭揭[67]予中立兮, 紛上下而求索. 何聲臭之靡接兮, 但鳶魚之飛躍. 玆雖足爲妙觀兮, 樂莫大於反身[68]. 天君[69]引余而復初[70]兮, 將吾造此經綸[71]. 會神明之主宰兮, 潛廣居之昭晰[72]. 門玄牝[73]以出入兮, 合自然爲城郭. 曰玆爲吾之虛室兮, 中積然而無累. 苟不私於方寸兮, 極高明乎天地. 纔明德之復明兮, 奄發輝之難收. 懼昭昭之易暗兮, 爇禮火而燭幽. 警一物之來接兮, 灑智水以掃除. 所以樂

---

63 『노자』 제63장 "圖難於其易, 爲大於其細, 天下難事, 必作於易, 天下大事, 必作於細."
64 『대학』 전팔장(傳八章) 참조.
65 閶闔(창합): 천상계(天上界)의 문. * 閶(天門 합)
66 崢嶸(쟁영): 산이 높고 가파른 모양.
67 揭揭(게게): 높이 솟은 모양.
68 『맹자』, 「진심(盡心) 상」 "反身而誠, 樂莫大焉."
69 '마음[心]'의 별칭이다. 『순자(荀子)』, 「천론(天論)」 "心居中, 虛以治五官. 夫是之謂天君."
70 본성을 회복하는 것. 『장자』, 「선성(繕性)」 "民始惑亂, 無以反其性情, 而復其初."
71 『중용』, 제32장 "唯天下至誠, 爲能經綸天下之大經."
72 昭晰(소석): 밝음. 분명함. 昭晢.
73 『노자』, 제6장 "谷神不死, 是謂玄牝. 玄牝之門, 是謂天地根, 綿綿若存, 用之不勤."

天而知命兮, 閑利欲之籧篨[74]. 爀英華之盎粹兮, 雖曰虛而爲盈. 虛者能盈而盈者不能虛兮, 吾聞之於考亭. 儼十手之攸指兮, 孰云幽之可欺? 伊尹之守拙兮, 蹋玄機之無爲. 伯夷之餓於西山兮, 光與日而爭磨[75]. 匪杜屋之重茅兮, 百風雨其誰何. 是猶秉燭而夜途兮, 身投昧而愈光. 明已明而逮民兮, 曰堯舜與禹湯. 獨箕山之遠覽兮, 捨風瓢而洗耳. 豈厥本之有二兮, 盖至極則皆理. 窺聖門之多賢兮, 唯庶幾者顏氏[76]. 黙終日而如愚兮, 樂仲尼之日月[77]. 嗟至人之云遠兮, 正路鬱其茅塞[78]. 誰不出乎斯戶[79]兮, 一何迷其南北? 幸關洛之有人兮, 開先哲之未發. 吟春草於窓前兮, 目秋雲乎天末. 精通靈而感物兮, 神動氣而入妙[80]. 盍吾書紳而佩服兮, 期屋漏之無愧. 方歸一而視萬兮, 何寡眞而皆僞. 世固飾外而遺內兮, 競圖邪而斲朴. 矧異說之紛霏[81]兮, 反聾瞽其耳目. 雄守玄而逐貧兮, 愈處窮而思送. 旣不能以無物兮, 謂吾中之空洞[82]. 孰超然而反本兮, 醒萬古之長夢.

---

74 籧篨(거저): 대자리.
75 爭磨: 얼마나 갈아서 윤이 나는지를 다툼.
76 『논어』, 「선진(先進)」 "子曰, 回也, 其庶乎! 屢空."
77 『논어』, 「자장(子張)」 "叔孫武叔, 毁仲尼. 子貢曰, 無以爲也, 仲尼不可毁也. 他人之賢者, 丘陵也, 猶可踰也, 仲尼日月也, 無得而踰焉."
78 『맹자』, 「진심 하」 "孟子謂高子曰, 山徑之蹊間, 介然用之而成路, 爲間不用, 則茅塞之矣. 今茅塞子之心矣."
79 『논어』, 「옹야(雍也)」 "子曰, 誰能出不由戶, 何莫由斯道也."
80 '精通靈而感物兮, 神動氣而入妙'는 반고(班固)의 「유통부(幽通賦)」에 나오는 말이다. 한재는 반고의 「유통부」를 퍽 즐겨 읽었던 것 같다. '神動氣而入妙'는 「다부」에도 인용되었다.
81 霏: 날아오르다. 1914년판 『한재집』에는 '靡'로 고쳐져 있으나 원본을 따르는 것이 옳다.
82 『세설신어(世說新語)』, 「배조(排調)」에 "王丞相, 枕周伯仁膝, 指其腹曰: '卿此中何所有?' 答曰: '此中空洞無物. 然容卿輩數百人'"이라 하였다.

亂[83]曰: 天造草昧[84], 立性命兮[85]. 人於其間, 獨也正兮. 胡爲逐末, 困風塵兮. 黃粱未熟, 白鬢新兮. 回首人間, 底事[86]眞兮. 孔稱浮雲[87], 孟浩然兮. 卓彼先覺, 明此天兮. 敬以守之, 誠爲主兮. 今天下人, 勞且苦兮. 胡不歸來, 室猶古兮.

....

83 글이나 음악의 마지막 장(章)에 각 편장(篇章)의 내용을 요약하여 간단히 적은 것.
84 천지가 개벽할 때의 혼돈한 상태. 『주역』, 둔괘(屯卦) "天造草昧, 宜建侯而不寧."
85 亂曰 ~: 글의 말미에 요약의 글 '난(亂)'을 두고, 또 이어서 '天地草昧, 立性命兮'라고 한 것은 반고의 「유통부(幽通賦)」를 본뜬 것이다. 『문선』, 권14 참조.
86 底事: 어떤 일.
87 『논어』, 「술이(述而)」 "子曰, 飯疏食飮水, 曲肱而枕之, 樂亦在其中矣. 不義而富且貴, 於我如浮雲."

5. 다부茶賦 – 서序를 아우르다

(1) 대개 사람이 어느 물건을 완상하거나 음미하기도 하는데, 종신토록 그것을 즐겨 싫어함이 없는 것은 그 성품 때문인가 한다. 이백(李白)과 달, 유령(劉伶)과 술¹ 같은 것은 그 좋아하는 바는 비록 다르지만 즐김이 지극한 것은 매한가지이다. 내가 차에 대해 아주 모르지는 않았는데[越乎其莫之知], 육씨(陸氏: 陸羽)의 『다경(茶經)』을 읽은 뒤부터 차츰 차의 성품을 터득하여 마음속으로 몹시 진중하게 여겼다. 옛날 중산대부(中散大夫: 嵇康)는 거문고를 즐겨하여 「금부(琴賦)」²를 지었고, 팽택령(彭澤令: 陶潛)은 국화를 사랑하여 노래하였다. 그 미미한 것들에 대해서도 오히려 드러냈거늘 하물며 차의 공이 가장 높은데도 아직 (차의 공을) 칭송하는 이가 없음³에랴. 현인(賢人)을 내버려두는 것과 같으니 또한 잘못된 일이 아니겠는가. 이에 그 이름을 살피고 그 산물(産物)을 검사하며 그 품질의 상하를 가려 이를 부(賦)로 짓는다.

    어떤 이는 말하기를 "차가 스스로 세금을 불러들여 도리어 사람들에게 병폐가 되거늘, 그대는 (차에 대해) 이렇다 저렇다 말하려는가?"라고 한다. 그렇다! 그러나 이것이 어찌 하늘이 만물을 낳은 본뜻이겠는가. 사람 탓이요 차 탓이 아니다. 또 나는 차를 몹시 좋아하는 고질이

---

1 『고문진보(古文眞寶)』 후집, 권1에 「주덕송(酒德頌)」이 있다.
2 『문선(文選)』 권18에 실림.
3 중국의 경우 진(晉) 나라 때 두육(杜育)의 「천부(荈賦)」, 당나라 때 고황(顧況)의 「다부(茶賦)」, 송나라 때 휘종(徽宗)의 「대관다론(大觀茶論)」, 오숙(吳淑)의 「다부」가 있으나, 우리나라에서는 단 한 편도 없었다는 말.

있어서 이를 언급할 겨를이 없노라. 그 사(辭)에 말한다.

(2) 여기에 ('차'라는) 물건이 있으니 그 종류가 매우 많다. 명(茗)이라 하고, 천(荈)이라 하고, 한(蔎)이라 하고, 파(菠)라 한다.[4]

선장(仙掌),[5] 뇌명(雷鳴),[6] 조취(鳥嘴), 작설(雀舌),[7] 두금(頭金),[8] 납면(蠟面),[9] 용(龍), 봉(鳳),[10] 소적(召旳),[11] 산제(山提),[12] 승금(勝金),[13] 영초(靈草),[14] 박측(薄側),[15] 선지(仙芝),[16] 난예(孏蘂),[17] 운경(運慶),[18] 복록(福祿),[19] 화영(華

[4] 왈명(曰茗) 왈천(曰荈) 운운한 것은 차를 크게 네 종류로 나눈 것이다.
[5] 갖춘 이름은 '선인장차(仙人掌茶)'이다. 형주(荊州) 옥천사(玉泉寺) 부근에서 난다고 한다. 황일정(黃一正), 『사물감주(事物紺珠)』 참조(『中國茶葉歷史資料選輯』, 379쪽).
[6] 아주(雅州) 중정산(中頂山)에서 난다고 한다. 황일정, 『사물감주』 참조(『中國茶葉歷史資料選輯』, 379쪽).
[7] '조취'와 '작설'은 모문석(毛文錫)의 『다보(茶譜)』에 보인다. 촉주(蜀州) 횡원(橫源)에서 생산된다고 한다. 둘 다 잎차이다.
[8] 북송 때 유엄(劉弇)의 『용운집(龍雲集)』에서는 빛깔이 특수한 차로 적유(旳乳)・백유(白乳)・두금・납면・경정(京挺)을 들었다(『中國茶葉歷史資料選輯』, 321쪽).
[9] 건주(建州)의 명산품으로 '납면차(蠟面茶)'라고도 한다(『中國茶葉歷史資料選輯』, 314쪽).
[10] 용・봉은 용단(龍團)과 봉단(鳳團)의 약칭이라 한다. 『잠확유서(潛確類書)』에 보인다. 『연감유함(淵鑑類函)』 권390, 식물부(三), 「다일(茶一)」 참조.
[11] 석적(石旳)의 잘못이다. 석유(石乳)와 적유(旳乳)를 가리키는데. 송제차(宋製茶)의 일종이다. 황일정, 『사물감주』(『中國茶葉歷史資料選輯』, 380쪽) 참조. 정위(丁謂), 『북원다록(北苑茶錄)』 "石乳, 出堅嶺斷崖缺石之間, 蓋草木之仙骨. 石乳, 太宗皇帝至道二年詔造也."
[12] '산정(山挺)'을 잘못 표기한 것. '산에서 가장 빼어났다'는 뜻이다. 『잠확유서』에 보인다. 『연감유함』 소인(所引).
[13] 흡주(歙州)의 명산품이다.
[14] 덩이차로 담주(潭州)의 명산품인 '독행영초(獨行靈草)'를 말함. 한재가 '독행'과 '영초'로 나누어 본 것은 잘못이다. 『연감유함』 권390, 9a 〈靑鳳髓 玉蟬膏〉; 『中國茶葉歷史資料選輯』 220쪽 참조.; 『續茶經』 卷下之四, 〈八茶之出〉과 『文獻通考』 권18에서는 "獨行靈草・綠芽・片金・金茗出潭州."라고 하였다. '독행영비(獨行靈茸)'로 된 판본도 있다.
[15] 덩이차로 광주(光州)의 명산품이다.
[16] 덩이차. 운합・경합・복합・녹합과 함께 요주(饒州)의 명산품이다. 황일정, 『사물감주』(『中國茶葉歷史資料選輯』, 381쪽 所引); 『연감유함』 권390, 9a, 〈靑鳳髓 玉蟬膏〉 참조.
[17] '눈예(嫩蘂)'를 잘못 표기한 것. '새로 나온 꽃술'이라는 뜻이다. 덩이차로 '눈엽(嫩葉)'이라고도 한다. 요주(饒州)・지주(池州)의 명산품이다. 황일정, 『사물감주』 참조(『中國茶葉歷史資料選輯』, 380쪽).

英),20 내천(來泉),21 영모(翎毛),22 지합(指合),23 청구(淸口),24 독행(獨行),25 금명(金茗),26 옥진(玉津),27 우전(雨前),28 우후(雨後), 선춘(先春),29 조춘(早春), 진보(進寶),30 쌍계(雙溪),31 녹영(綠英),32 생황(生黃)33 등이 혹은 산차(散茶),34 혹은 편차(片茶)35로, 어떤 것은 음지에서 어떤 것은 양지에서, 하늘과 땅의 정수(精粹)한 기운을 머금고, 해와 달의 좋은 빛을 들여마

....

18 운합(運合)과 경합(慶合)으로 둘 다 덩이차이다. 요주·지주의 명산품이다.
19 복합(福合)과 녹합(祿合)으로 둘 다 덩이차이다. 요주·지주의 명산품이다.
20 덩이차로 흡주(歙州)의 명산품이다.
21 덩이차로 흡주의 명산품이다.
22 덩이차이며 갖춘 이름은 '황영모(黃翎毛)'이다. 악주(岳州)의 명산품이다.『연감유함』권390, 9a,〈靑鳳髓 玉蟬膏〉
23 덩이차이며 요주(饒州)·지주(池州)의 명산품이다.
24 '청구(靑口)'를 잘못 표기한 듯. 잎차로 귀주(歸州)의 명산품이다.
25 '독행영초'를 말함. '영초'에 대한 주해 참조.
26 덩이차이며 담주(潭州)의 명산품이다.
27 덩이차이며 임강군(臨江軍)의 명산품이다.『연감유함』권390, 9a,〈靑鳳髓 玉蟬膏〉
28 곡우(穀雨) 이전에 만드는 차. 잎차이다.
29 건주(建州) 북원(北苑)의 명산품이다. 황일정,『사물감주』참조(『中國茶葉歷史資料選輯』, 381쪽).
30 덩이차이며 흥국군(興國軍)의 명산품이다.
31 '쌍승(雙勝)'의 잘못이다. 덩이차이며 흥국군의 명산품이다.
32 덩이차이며 원주(袁州)의 명산품이다.『연감유함』권390, 9a,〈靑鳳髓 玉蟬膏〉
33 덩이차이며 악주(岳州)의 명산품이다.
34 잎차를 말함.『송사(宋史)』권183,「식화지(食貨志) 下五」〈다상(茶上)〉에 의하면 회남(淮南)·귀주(歸州)·강남(江南)·형호(荊湖) 등지에서 생산되며, 용계(龍溪)·우전(雨前)·우후(雨後) 등 11등이 있었다고 한다.
『문헌통고』권183,「정각고(征榷考)」에서는 회남에서 생산되는 것으로 태호(太湖)·용계·차호(次號)·말호(末號), 형호에서 생산되는 것으로 악록(岳麓)·초자(草子)·양수(揚樹)·우전·우후, 귀주에서 나는 것으로 청구(靑口), 강남에서 나는 것으로 명자(茗子)가 있다고 하였다.
35 덩이차를 말함.『송사』권183,「식화지 下五」〈다상(茶上)〉에 의하면 용(龍)·봉(鳳)·석유(石乳)·백유(白乳) 등 12등이 있다고 한다. "茶有二類, 曰片茶, 曰散茶. …… 有龍鳳石乳白乳之類十二等, 以充歲貢, 及邦國之用."『문헌통고』권183,「정각고」에서는 용·봉·석유·적유·백유·두금(頭金)·납면(蠟面)·두골(頭骨)·차골(次骨)·말골(末骨)·추골(粗骨: 麤骨)·산정(山挺) 등 12가지라고 하였다.

신다네.

(3) 차가 잘 자라는 땅으로 말하자면

석교(石橋),[36] 세마(洗馬), 태호(太湖),[37] 황매(黃梅),[38] 나원(羅原),[39] 마보(麻步),[40] 무처(婺處),[41] 온태(溫台),[42] 용계(龍溪), 형협(荊峽),[43] 항소(杭蘇),[44] 명월(明越),[45] 상성(商城),[46] 왕동(王同),[47] 흥광(興廣),[48] 강복(江福),[49] 개순(開順),[50] 검남(劒南),[51] 신무(信撫),[52] 요홍(饒洪),[53] 균애(筠哀),[54] 창강(昌康),[55] 악악(岳顎),[56] 산동(山同),[57] 담정(潭鼎),[58] 선흡(宣歙),[59] 아종(鴉鍾),[60] 몽곽

---

[36] 각다십삼장(榷多十三場)의 하나. 왕기(王祺)·세마(洗馬)와 함께 기주(蘄州)에 속하였다.
[37] 서주(舒州)의 태호현. '각다십삼장'의 하나. 『다경』〈팔지출(八之出)〉참조.
[38] 기주(蘄州)의 황매현. '각다십삼장'의 하나로 송나라 진종(眞宗) 경덕(景德) 2년(1005)에 폐하였다. 『다경』〈팔지출〉참조.
[39] 서주(舒州)의 나원현(羅源縣). '각다십삼장'의 하나.
[40] 수주(壽州)의 마보현. '각다십삼장'의 하나.
[41] 무주(婺州)와 처주(處州). 양절(兩浙)에 속함.
[42] 온주(溫州)와 태주(台州). 양절에 속함.
[43] 형문군(荊門軍)과 협주(峽州). 호북성에 속함.
[44] 항주(杭州)와 소주(蘇州). 양절에 속함.
[45] 명주(明州)와 월주(越州). 절강성에 속함.
[46] '각다십삼장'의 하나. 광주(光州)에 속함.
[47] '각다십삼장'의 하나. 여주(廬州)에 속함.
[48] 흥국군(興國軍)과 광덕군(廣德軍). 안휘성에 속함.
[49] 강서성의 강주(江州)와 복건성의 복주(福州).
[50] '각다십삼장'의 하나. 수주(壽州)에 속하였다.
[51] 『문헌통고』에서 복건성에 있는 차의 명산지로 검남과 복주(福州)를 들었다. 이로써 보면, 지금의 사천성(四川省) 성도시(成都市)의 옛이름인 '검남'과는 다른 듯하다.
[52] 신주(信州)와 무주(撫州). 강서성에 속함.
[53] 요주(饒州)와 홍주(洪州). 강서성에 속함.
[54] 균주(筠州)와 애주(哀州). 강남에 속함.
[55] 건창군(建昌軍)과 남강군(南康軍). 강서성에 속함.
[56] 악주(岳州: 岳陽)와 악주(鄂州: 武漢). 호남성에 속함.

(蒙霍)[61] 등인데

두터운 언덕에 뿌리를 서리고

비 이슬의 은택으로 가지를 뻗어가는구나.

(4) 차나무가 자라는 곳에 나아가자면

산석(山石)이 높고 험준하며 산이 높이 솟아 위태롭다.

산봉우리는 쭝굿쭝굿 바위는 우뚝한데 죽 잇닿아 있다.

텅 빈 양 골이 깊어졌다가 혹 놓이기도 하고

앞이 툭 트여 시원스럽다가 혹 끊어지기도 하며

엄연(崦然)[62]하여 혹 태양이 숨기도 하고

구부정하여 혹 공간이 좁아보이기도 한다.

그 위로 무엇이 보이는가? 지척에 있는 별들이라

그 아래로 무엇이 들리는가? 으르렁거리며 흐르는 강해(江海)일세.

신령스러운 새들이여! 하늘을 날면서 기운을 토해 내고

신이(神異)한 짐승들이여! 손에 붙잡힐 듯하구나.

....

57 윤경혁은『차문화고전』(179쪽)에서 '산남(山南)'과 '동주(同州)'라 하였고, 김길자 또한 『이목의 차노래』(36쪽)에서 윤경혁의 설을 수용하였다. 그러나 분명한 근거는 없는 것 같다.
58 담주(潭州)와 정주(鼎州). 호남성에 속함.
59 선주(宣州)와 흡주(歙州). 안휘성에 속함.
60 아산(鵶山: 鴉山)과 종산(鍾山). 아산은 선주(宣州) 영국현(寧國縣)에 있는 차의 명산지이고(『中國茶葉歷史資料選輯』, 302쪽), '종산'은 의양현(義陽縣)에 있다(『다경』, 〈팔지출〉).
61 아주(雅州)의 몽산(蒙山)과 수주(壽州)의 곽산(霍山). 몽산은 모문석의『다보(茶譜)』에도 보이며 '몽정차(蒙頂茶)'로 유명하다. 석선차(石蘚茶)로 유명한 산동(山東)의 몽산과 구별된다. 곽산은 '각다십삼장'의 하나이며 '황아차(黃芽茶)'로 유명하다.
62 엄(崦)은 엄자산(崦嵫山)을 가리킨 듯. 엄자산은 해가 지는 산이라 한다.

기이한 꽃과 상서로운 풀들은

금벽(金碧)⁶³으로 주박(珠璞)과도 같은데

우북한 풀과 늘어진 꽃술은

제흥에 겨워 무엇에도 구애받지 않는 모양일세.

산을 잘 타는 사람도 오르기 힘들어 하는데

산도깨비는 곁에서 가까이 다가오는 것만 같구나.

(5) 이에 곡풍(谷風)⁶⁴이 일어나고

두수(斗宿)⁶⁵가 벽성(壁星)⁶⁶을 회전하니⁶⁷

얼음이 황하(黃河)⁶⁸에서 풀리고 해가(달이) 청륙(靑陸)⁶⁹을 운행한다.⁷⁰

풀은 마음은 들었으나[有心]⁷¹ 아직 움트지 않았고

---

63 금빛과 푸른 빛. 고운 빛깔을 말한다.
64 동풍(東風) 또는 춘풍(春風)을 이른다. '곡풍(穀風)'이라고도 한다. 『이아(爾雅)』「석천(釋天)」"東風謂之谷風.";『시경』국풍(國風), 「곡풍(谷風)」"習習谷風, 以陰以雨."
65 이십팔수(二十八宿)의 하나. 북쪽 하늘에 있는 현무칠성(玄武七星)의 첫째 별자리. 북두(北斗) 또는 남두라고도 한다.
66 이십팔수의 열넷째 별. 이십팔수의 별은 다시 각각 일곱 개씩 나누어져 동·서·남·북 사륙(四陸)에 배치되는데, 일곱 개씩 나누어진 별을 '칠성수(七星宿)'라 한다. 두(斗)·우(牛)·여(女)·허(虛)·위(危)·실(室)·벽(壁)의 칠성수는 북륙(北陸)에 해당되며 시기로는 추운 계절이다. 앞의 칠성수 가운데 '벽'을 회전하게 되면 봄이 온다.『춘추좌씨전』소공(昭公) 4년조 "古者, 日在北陸, 而藏冰."
67 다시 봄이 시작되었다는 말.
68 큰 하천을 통칭하는 말.
69 달이 운행하는 길. 청도(靑道).『문선(文選)』권46, 안연지(顔延之),「삼월삼일 곡수시서(三月三日曲水詩序)」"日躔胃維, 月軌靑陸."; 주(注) "向日, 胃, 星名. 維, 畔也."
70 해가 '청륙'을 운행한다는 것은 착오인 듯하다. '육(陸)'이 운자(韻字)임을 감안할 때 '달이 청륙을 운행한다'(月軌靑陸)로 되어야 할 것이다.『한서』권25(하),「천문지(天文志)」에서는 "입춘에서 춘분까지는 달이 동으로 청도를 따른다"(立春春分, 月東從靑道)고 하였다. 해[日]에 중도(中道), 곧 황도(黃道)가 있고, 달[月]에 구행(九行)이 있는데, 달이 황도의 동쪽으로 움직이는 것을 일러 '청도'라고 한다.
71 새로 움을 틔우려는 생명력에 대한 의지를 '마음이 들었다'고 한다.

나뭇잎은 뿌리로 돌아갔다가[72] 다시 가지로 옮기려 한다.[73]

오직 저 좋은 나무[佳樹]만이 백물(百物)에 앞서서

이른 봄을 독장(獨場) 치고 그 하늘을 독차지하는구나.

자색(紫色)·녹색·청색·황색이며

이른 것, 늦은 것, 짧은 것, 긴 것이

뿌리를 맺고 줄기를 뻗더니

잎을 펼쳐 그늘을 드리우고

황금빛 떡잎을 토해 내는가 싶더니

벽옥(碧玉)처럼 드리워 숲을 이루었구나.

햇빛이 침침할 정도로 무성하디 무성하여

부드럽고 여린 나뭇가지가 서로 잇닿아 있는데

그 무성하고 무성한 것은

구름이 일고 안개가 피어나는 듯

참으로 천하의 장관(壯觀)일세.

통소 불고 돌아오면서 잠깐 차잎 따는데

옷자락 걷어 올려 딴 뒤에 짊어지고 수레에 실어 나르네.

(6) 옥 다구(茶甌)[74]를 꺼내 몸소 씻어내고 석천(石泉)의 물로 달이며 곁에서 지켜본다.

---

72 가을철에 나뭇잎이 지는 것을 말함.
73 『예기』「월령」편에 나오는 '초목맹동(草木萌動)'의 의미이다.
74 황옥이는 '옥구(玉甌)'를 15세기 후반 무렵부터 양반계층에서 보급되기 시작한 백자(白瓷)로 추정하였다. 「한재 이목 '다부'의 분석적 고찰」, 62~63쪽 참조.

하얀 김이 부리[75]에 넘쳐나는데 하운(夏雲)이 시냇가 산봉우리에 피어오르는 듯하고, 흰 파도에 비늘[76]이 생기니 춘강(春江)에서 물결이 세차게 이는 것 같구나.

끓는 소리 수수(颼颼)하니 서릿바람이 황백(篁柏)[77] 숲에 휘파람을 치는 듯, 향기가 둥둥 뜨니 전함(戰艦)이 적벽강(赤壁江)[78]을 나는 듯하다.[79]

조금 있다가 절로 웃음 지으며 손수 따라 마시니

어지러운 두 눈동자가 명멸(明滅)[80]하네.

아아! 몸을 가볍게 할 수 있는 것은 상품이 아니겠는가?

오랜 병을 말끔히 낫게 할 수 있는 것은 중품이 아니겠는가?

시름을 달래줄 수 있는 것은 다음 품이 아니겠는가?

이에 표주박 하나를 손에 들고 두 다리를 걷어붙인 채

백석(白石) 삶는 것[81]을 비루하게 여기고

금단(金丹) 익히는 것에 견주어 보네.

(7) 첫째 주발의 차를 다 마시니 마른 창자가 깨끗이 씻겨지고

둘째 주발의 차를 다 마시니 정신이 상쾌해져 신선이 되려 하며

---

75 차를 끓이는 그릇의 부리.
76 물이 끓는 모양을 물고기의 비늘에 비유한 것.
77 대나무와 잣나무.
78 중국 삼국시대 적벽대전(赤壁大戰)이 있었던 곳. 손권(孫權)과 유비(劉備)의 소수 연합군이 조조(曹操)의 대군을 격파하였다.
79 차의 향기가 빨리 퍼지는 모습을 형용한 말.
80 빛이 밝았다 어두웠다 함. 먼 데 있는 것이 보였다 안 보였다 함.
81 중국 상고시대의 신선 백석생(白石生)이 백석을 달여 양식으로 삼았다는 고사에서 나왔다. 『신선전(神仙傳)』 "白石先生者, 中黃丈人弟子也. 彭祖時, 已二千餘歲矣. 常煮白石爲糧, 因就白石山居, 時人號曰, 白石先生."

그 셋째 주발에 병골(病骨)에서 깨어나고 두풍(頭風: 두통)이 말끔히 나은 듯하다.

이내 마음, 공자가 부귀를 뜬구름 같이 보았던 것[82]처럼 뜻을 높이 세우고 맹자가 호연(浩然)[83]하게 기(氣)를 길렀던 것과 같도다.

그 넷째 주발에 웅건, 호방한 기개가 피어나고 근심과 울분이 사라진다.

내 기운, 태산에 올라 천하를 작게 여겼던 것[84]과 같으니

아마도 이러한 경지는 하늘과 땅으로도 형용할 수 없으리라.

그 다섯째 주발에 색마(色魔)가 놀라서 달아나고[85]

게걸스런 시동(尸童)[86]도 눈멀고 귀먹으니[87]

이내 몸, 구름 치마에 깃털 저고리 입고

흰 난새를 월궁(月宮)으로 채찍질하여 가는 것 같도다.

그 여섯째 주발에 해와 달이 방촌(方寸: 心)에 들어오고

만물이 대자리 만하게 보이니

내 영혼은 소보(巢父)와 허유(許由)를 전구(前驅)[88] 삼고

백이(伯夷)와 숙제(叔齊)를 종복(從僕) 삼아

현허(玄虛)의 세계에서 상제(上帝)에게 읍(揖)하는 것 같구나.

---

82 『논어』「술이(述而)」에 "子曰, 飯疏食飮水, 曲肱而枕之, 樂亦在其中, 不義而富且貴, 於我如浮雲"이라 하였다.
83 크고도 왕성한 모양, 넓고도 성대한 모양.
84 『맹자』「진심(盡心) 상」에 "孔子, 登東山而小魯, 登太山而小天下"라 하였다.
85 색정(色情)이 사라지는 것을 말함.
86 옛날에 제사를 지낼 때 신위(神位) 대신 그 자리에 앉히던 어린아이.
87 식탐(食貪)이 사라진다는 말.
88 어떤 행렬의 앞잡이. 선구(先驅).

어쩐 일인가, 일곱째 잔은 아직 반도 마시지 않았는데

울연히 맑은 바람이 흉금(胸襟)에서 일어나네.

하늘문[天門] 바라보니 무척 가까운데

울창한 봉래산(蓬萊山)⁸⁹을 사이에 두었구나.

(8) 이러한 맛은 매우 뛰어나고 묘하니 그 빠뜨릴 수 없는 공을 논하노라. 서늘함이 일어나는 옥당(玉堂)에서 밤이 이슥하도록 서탑(書榻)에 앉아 만권 서적을 독파하려고 경각(頃刻)도 쉬지 않아, 동생(董生)⁹⁰ 같이 입술이 문드러지고⁹¹ 한자(韓子)⁹²의 말처럼 이가 빠질 정도일 때,⁹³ 네가 아니면 뉘라서 그 목마름을 풀어주었으랴. 그 공이 첫째이다.

다음은 한궁(漢宮)에서 부(賦)를 읽고 양옥(梁獄)에서 상서자명(上書自明)⁹⁴ 함에 그 모습은 깡마르고 그 안색은 초췌한데, 창자가 하루에도

---

89 삼신산(三神山)의 하나.
90 중국 당나라 때 사람 동소남(董邵南)을 가리킴. 수주(壽州) 안풍현(安豊縣) 출신이다. 일찍이 진사(進士)가 되었으나 뜻을 얻지 못하여 하북(河北) 지방의 여러 진(鎭)을 돌아다니면서 등용되기를 구하였으나 여의치 못하였다. 한유(韓愈)가 '동생행(董生行)'이라는 글을 지어 그를 전송하였다. 책을 많이 읽다가 입술이 터져 썩었다고 한다.『상우록(尙友錄)』권14 참조.
91 호학근독(好學勤讀)함을 이름.『문선』권45, 동방삭(東方朔),「답군난(答客難)」"今子大夫, 修先王之術, 慕聖人之義, 諷誦詩書百家之言, 不可勝記. 著於竹帛, 脣腐齒落, 服膺而不可釋."
92 중국 당나라 때의 문학가·사상가(768~824). 자는 퇴지(退之), 호는 문공(文公). 회주(懷州) 수무현(修武縣) 출생이다. 792년 진사에 등과하여 벼슬이 이부시랑에 이르렀다. 유가의 사상을 존중하고 도교와 불교를 배척했으며, 송대 이후의 고문운동(古文運動)과 도학(道學)의 선구가 되었다. 저술로『창려선생집(昌黎先生集)』(40권)과『외집』(10권),『유문(遺文)』(1권) 등이 있다.
93 한유(韓愈)의「진학해(進學解)」에 "冬暖而兒呼寒, 年登而妻啼飢, 頭童齒豁, 竟死何裨"라 하였다.
94 중국 전한 때 사람 추양(鄒陽: B.C. 206~B.C. 129)의 고사(故事). 추양은 임치(臨淄) 사람이며 문변(文辨)으로 유명하였다. 일찍이 오왕(吳王) 유비(劉濞)를 섬겼는데 오왕이 남몰래 반란을 획책함에 글을 올려 간(諫)하였으나 오왕이 듣지 않자, 양(梁) 나라로 가서 효왕(孝王)을 종유(從遊)했다. 그러다가 양승(羊勝)·공손궤(公孫詭) 등의 모함을 받아

아홉 번이나 뒤틀려 답답한 가슴[膈臆]이 불타오를 때, 네가 아니면 뉘
라서 그 울분을 풀어주었으랴. 그 공이 둘째이다.

다음은 한 통의 서찰을 천자(天子)가 반포하면 만국의 제후가 한 마
음이 되는데, 칙사(勅使)가 명을 전해옴에 여러 제후들이 받들고자 임석
하여, 읍양(揖讓)하는 예를 베풀고 나서, 한훤(寒暄)⁹⁵의 위문을 장차 마
치려 할 때 네가 아니면 빈주(賓主) 사이의 정을 누가 잘 들어맞도록 하
랴. 그 공이 셋째이다.

다음은 천태산(天台山)⁹⁶의 유인(幽人)⁹⁷과 청성산(靑城山)⁹⁸의 우객(羽
客)⁹⁹이 바위 끝 모서리에서 기식(氣息)을 토해 내고,¹⁰⁰ 솔뿌리를 가지고
정련(精鍊)하여, 낭중지법(囊中之法)¹⁰¹을 시험하려 하니 뱃속의 우레가
갑자기 울어댄다.¹⁰² 네가 아니면 삼팽(三彭)¹⁰³의 고(蠱)¹⁰⁴를 누가 정복

양옥(梁獄)에 갇혔는데, 옥중에서 글을 올려 억울함을 호소함으로써 풀려날 수 있었다.
뒤에 상객(上客)이 되었다. 그의 「옥중상서자명(獄中上書自明)」이란 글이 『문선』 권39
에 실려 있다.
95 절후(節候)와 일기(日氣)를 가지고 서로 문안하는 것.
96 중국 명산의 하나. 절강성 천태현(天台縣) 성 북쪽에 있다. 그 적성산동(赤城山洞)은 도
교의 제6대동천(第六大洞天)으로, 호(號)가 '상천옥평동천(上淸玉平洞天)'이다. 이곳은
또 불교 천태종의 근본 도량으로도 유명하다.
97 세상을 피해 깊숙한 곳에 숨어 사는 사람.
98 중국 사천성(四川省) 관현(灌縣) 서남쪽에 있는 명산. 도교의 16동천 가운데 하나로, 호
(號)를 '보선구실동천(寶仙九室洞天)'이라 한다. 장도릉(張道陵)·음장생(陰長生)·손사
막(孫思邈)·두광정(杜光庭) 등이 이 산에서 수도하였다 한다.
99 우화등선(羽化登仙)하는 선인.
100 이를 토납법(吐納法)이라고 한다. 도교에서의 내공수련술(內功修鍊術) 가운데 하나로,
옛것은 토해 내고 새로운 것은 들이쉬는 토고납신(吐故納新)의 호흡법이다.
101 '내공 수련'을 말함. '낭중'은 복중(腹中)을 비유한 말이다.
102 뱃속에서 차를 마신 효험의 징후가 나타나는 것을 말함.
103 도교에서 이른바 삼시(三尸)를 가리킨다. 삼시의 성(姓)이 팽(彭)이므로 '삼팽'이라고도
한다.
104 고(蠱)는 뱃속벌레이니, 여기서는 곧 사람의 몸에 있으면서 사람을 병들게 하는 삼시
충(三尸蟲)을 가리킨다.

하랴.¹⁰⁵ 그 공이 넷째이다.

다음은 금곡원(金谷園)¹⁰⁶에서는 잔치가 파했고 토원(兎園)¹⁰⁷에서는 수레를 되돌렸는데, 숙취(宿醉)가 아직 깨지 않아서 간폐(肝肺)가 찢어질 듯 아플 적에 네가 아니면 오야(五夜)¹⁰⁸의 숙취를 누가 가시게 하랴(自註: 당나라 사람들은 차를 '숙취를 그치게 하는 使臣'이라 했다). 그 공이 다섯째이다.

(9) 나는 그런 뒤에 알았네. 차에 또 여섯 가지 덕이 있음을. 사람을 장수하게 하니 제요(帝堯)와 대순(大舜)의 덕이 있는 것이요, 사람의 병을 낫게 하니 유부(兪附)¹⁰⁹와 편작(扁鵲)¹¹⁰의 덕이 있는 것이요, 사람의 기(氣)를 맑게 하니 백이(伯夷)와 양진(楊震)¹¹¹의 덕이 있는 것이요, 사람의

---

105 삼팽의 고를 ~: 『동파전집(東坡全集)』 권102, 「지림오십칠조(志林五十七條)」, 〈이사(異事)〉 "唐僧契虛, 遇人導, 游稚川仙府. 眞人問曰:「汝絶三彭之仇乎?」虛不能答." 참조.
106 중국 진(晉) 나라 때 석숭(石崇)이 만든 원(園) 이름. 하남성(河南省) 낙양현(洛陽縣) 서북쪽에 있었다. 석숭이 이 금곡원에서 빈객들에게 잔치를 베풀며 각각 시를 지어 심중의 회포를 읊도록 했는데, 시를 짓지 못할 경우 술 3말을 벌주로 내렸다고 한다. 석숭, 「금곡원시서(金谷園詩序)」 참조.
107 중국 한(漢) 나라 때 양효왕(梁孝王: 劉武)이 만든 원(園) 이름. 후세 사람들이 '양원(梁苑: 梁園)'이라고도 일컬었다. 문제(文帝)와 두태후(竇太后)의 총애를 받아 천자에 버금가는 궁전을 지었으며, 천하의 호걸과 유세객(遊說客)들을 초치하여 잔치를 베풀었다. 유흠(劉歆), 『서경잡기(西京雜記)』 「양효왕궁유(梁孝王宮囿)」 조 참조.
108 오경(五更)을 말함. 오전 3시에서 5시까지에 해당한다.
109 중국 황제(黃帝) 때의 명의(名醫).
110 중국 전국시대의 의학자(醫學者). 명의로서 전설적 명성을 남겼다. 인도의 명의 기파(耆婆)와 아울러 일컬어졌는데, 시기를 받아 암살되었다고 한다. 그의 저서라고 전해지는 의서(醫書)가 많으나 그의 명성에 가탁한 것이 대부분이다.
111 중국 후한 안제(安帝) 때의 학자(?~124) 자는 백기(伯起). 청렴결백한 관리의 표상으로 유명하다. 어린 시절부터 학문을 좋아하여 학자로 이름을 날렸으며 '관서(關西)의 부자(夫子)'라는 일컬음이 있었다. 50세 무렵에야 비로소 벼슬길에 올라 나중에는 삼공(三公)에까지 이르렀다. 일찍이 동래(東萊)의 태수가 되어 임지로 부임하는 길에 왕밀(王密)이라는 사람이 뇌물을 바치려 하자, "하늘이 알고, 땅이 알고, 당신이 알고, 내가 알고 있다. 아무도 모른다고 할 수 없다"고 하며, 엄히 꾸짖었다 한다. 이것을 '양진의 사지(四知)'라고 한다. 그 뒤 양진은 삼공의 한 사람으로 국가의 기강을 바로잡고 부정을

마음을 편안하게 하니 이로(二老)¹¹²와 사호(四皓)¹¹³의 덕이 있는 것이요, 사람들을 신선이 되도록 하니 황제(黃帝)와 노자(老子)의 덕이 있는 것이요, 사람을 예의롭게 하니 희공(姬公)¹¹⁴과 중니(仲尼)¹¹⁵의 덕이 있는 것이다.

이것은 옥천자(玉川子)¹¹⁶가 일찍이 찬(贊)한 바요, 육자(陸子)¹¹⁷가 일찍이 즐긴 바이다. 매성유(梅聖兪)¹¹⁸는 이로써 인생을 깨달았고, 조업(曹鄴)¹¹⁹은 이로써 망귀(忘歸)의 경지에 들었다네. 한 시골 마을에 봄빛이

엄단하는 일에 매진했으나, 환관들의 모함으로 파직을 당한 뒤 힘없는 신세를 한탄하면서 자결하였다고 한다.

112 노자(老子)와 노래자(老萊子). 두 사람 모두 도가 계통의 사람으로, 세상을 피해 은둔하였으며 장수하였다. 『문선』 권11, 손작(孫綽), 「유천태산부(遊天台山賦)」 "追羲農之絶軌, 躡二老之玄蹤."; 同注 "二老, 老子·老萊子也. 史記曰: 老子者, 楚苦縣人. 名耳, 字聃, 姓李氏. 見周之衰, 乃遂去, 西至關. 關令曰, 「子將隱矣, 強爲我著書」, 乃著上下二篇, 言道德之意. 又曰: 老萊子, 亦楚人也. 著書十五篇, 言道家之用修道而養壽也. 劉向別錄曰: 老萊子, 古之壽者."

* 참고: 종래에는 『맹자』에서 백이(伯夷)와 태공망(太公望: 呂尙)을 '이로'라 한 것에 근거, 백이와 태공망으로 단정하였고, 이에 대해 의심하지 않았다. 그러나 백이는 세상일을 근심한 나머지 천수(天壽)를 누리지 못하였다. 그런 백이를 한재가 '심일(心逸)'의 대명사로 꼽았을 리 없다. 『문선』에 나오는 '이로'를 인용하였을 것이다. 참고로 『맹자』 「이루(離婁) 하」에 나오는 내용을 덧붙인다. "백이가 주왕(紂王)을 피하여 북해변에 살더니 문왕이 일어났다는 말을 듣고 흥기(興起)하여 말하기를 '내 어찌 그에게 돌아가지 않겠는가? 내 들으니 서백(西伯: 문왕)은 늙은이를 잘 봉양한다'고 하였으며, 태공이 주왕을 피하여 동해변에 살더니 문왕이 일어났다는 말을 듣고 흥기하여 말하기를 '내 어찌 그에게 돌아가지 않겠는가? 내 들으니 서백은 늙은이를 잘 봉양한다'고 하였다. 이로(二老)는 천하의 대로(大老)인데 문왕에게 돌아갔으니 이는 천하의 아버지가 문왕에게 돌아간 것이다. 천하의 아버지가 돌아갔으니 그 자제들이 어디로 가겠는가?"

113 상산사호(商山四皓)의 준말. 중국 전한의 고조(高祖) 때 상산에 은거했던 네 노인으로, 동원공(東園公)·기리계(綺里季)·하황공(夏黃公)·녹리선생(甪里先生)을 말한다.

114 주공(周公: 周公旦)을 가리킴. '희(姬)'는 주나라의 국성(國姓)이다.

115 공자(孔子)의 자(字).

116 중국 당나라 때의 시인 노동(盧仝: 775~835)의 호. 세칭 '칠완다가(七椀茶歌)'로 불리는 「주필사맹간의기신다(走筆謝孟諫議寄新茶)」 시가 유명하다. 『고문진보』 전집(前集) 제8권에도 '다시(茶詩)'라는 제목으로 실렸다.

117 『다경』의 찬자(撰者) 육우(陸羽)를 가리킴.

118 중국 북송 때의 시인(1002~1060). 이름은 요신(堯臣)이다. 구양수(歐陽修)와 함께 서곤체(西崑體)를 반대하고 시가(詩歌)의 혁신운동을 벌였다.

119 중국 당나라 때의 시인. 자는 업지(鄴之). 대중(大中: 847~860) 연간에 진사(進士)에 급

찾아들듯 백낙천(白樂天)[120]의 심기(心機)를 고요하게 했고, 십년을 두고 가을달이 밝듯이 소동파(蘇東坡)가 말한 '잠귀신'[121]을 물리쳤다네.

오해(五害)[122]를 쓸어 없애고 팔진(八眞)[123]으로 힘차게 나아가니, 이것은 조물자(造物者)가 대개 은총(恩寵) 내림이 있어 나와 옛사람[124]이 함께 즐기는 것이라네. 어찌 의적(儀狄)[125]의 광약(狂藥: 술)이 장부(臟腑)를

제한 뒤 사부낭중(祠部郎中) 등을 거쳐 양주자사(洋州刺史)에 이르렀다. '지론불아(持論不阿)'로 유명하였다. 저술로『조사부집(曹祠部集)』이 있다.

120 중국 당나라 때의 시인(772~846). 이름은 거이(居易), 자는 낙천. 별호는 향산거사(香山居士)이다. '별다인(別茶人)'이라는 별명이 있을 정도로 차를 좋아했다.

121 조업(曹鄴)의 「고인기다(故人寄茶)」를 보면 "六腑睡神去, 數朝詩思淸"(『曹祠部集』, 권1)이라 하여, 차가 잠을 물리치고 시상(詩想)을 맑게 한다고 하였다.『박물지』,「식기(食忌)」에서는 "飮羹茶, 令人少眠"이라 하여, 차로 죽을 끓여 먹으면 잠이 줄어든다고 하였다.

122 불교에서 말하는 수행을 방해하는 다섯 가지 덮개(장애물). 오개(五蓋)와 같은 말. '개'는 '해(害)'와 같은 뜻이다. ① 탐욕개(貪慾蓋: 탐욕의 덮개), ② 진에개(瞋恚蓋: 성냄의 덮개), ③ 수면개(睡眠蓋: 수면의 덮개), ④ 도회개(掉悔蓋: 심적 동요의 덮개), ⑤ 의개(疑蓋: 의심의 덮개).『문선』권11, 손작(孫綽),「유천태산부(遊天台山賦)」"蕩遺塵於旋流, 發五蓋之遊蒙."

* 참고: 한재가 말하는 이 '오해'는『문선』에 나오는 '오개'를 인용했을 가능성이 높다고 판단한다. 종래『관자(管子)』「탁지(度地)」편에 이른바 '농사를 해치는 다섯 가지 자연재해'로 본 경우가 많았다. '오해'란 곧 수해(水害)·한해(旱害)·풍무박상해(風霧雹霜害)·여해(厲害)·충해(蟲害)를 말한다. 그러나 앞 뒤 문맥에 비추어 자연재해와 연결시키는 것은 무리가 있다고 본다. 김길자는 시(視)·청(聽)·후(嗅)·미(味)·촉(觸) 다섯 가지의 감각기관이 인간의 본성을 해치는 것, 즉 불교에서의 '오욕(五欲)'으로 보았으나, 근거는 밝히지 않았다.『다시 불러보는 이목의 차노래』(두레미디어, 2001), 99쪽 참조.

123 팔진도(八眞道)의 줄임말. 팔진도는 팔정도(八正道)와 같은 말로, 정견(正見)·정어(正語)·정업(正業)·정명(正命)·정념(正念)·정정(正定)·정사유(正思惟)·정정진(正精進)을 가리킨다.『아함경』〈반니원경(盤泥洹經)〉 23에서는 "내가 본디 밟아온 길은 팔진도에 있다. 이 여덟 가지 참된 도를 보지 못하면 그 사람은 사문의 네 가지 도(四聖諦)를 알지 못하리라"고 하였다. 진여의(陳與義)「옥연부」에 있는 "능려팔선(凌厲八仙)"의 문투를 따왔으면서도 팔선이라 하지 않고 '팔진'이라 한 점에 유의할 필요가 있다.

* 참고: 역자는 앞서 팔진을 '팔진미(八眞味)'의 줄임말로 본 바 있다. 그러나 전후 문맥에 비추어 자연스럽지 않은 것으로 판단하여 이를 고친다. 정영선은 '팔자(八字)'로 보았는데 근거가 희박하고 문맥에도 맞지 않는다. '팔진(八鎭: 八方)'의 오식으로 보기도 하나 과연 오식인지 알 수도 없고, 앞 뒤 문맥에도 어울리지 않는다. 장영동(張永東)은『주역』「설괘전(說卦傳)」제7장에 나오는 '팔괘가 지닌 덕'으로 보았다. 이는 '팔진법(八眞法: 八陣法)'을 의식한 듯하다. 그러나 너무 무거운 해석인 것 같다. 참고로 '팔괘가 지닌 덕'이란 건(健)·열(說)·명(明)·동(動)·손(遜)·함(陷)·지(止)·순(順)을 말하는데, 명(明)은 문명(文明)으로 이괘(離卦)의 덕이며, 손(遜)은 순손(遜順)으로 손괘(巽卦)의 덕이다. "乾, 健也; 坤, 順也; 震, 動也; 巽, 入也; 坎, 陷也; 離, 麗也; 艮, 止也; 兌, 說也." 장영동,『한국 다도(茶道)의 속멋』(도서출판 빛남, 1999), 122쪽 참조.

124 앞에 소개했던 역대 유명한 다인(茶人).

찢고 창자를 문드러지게 하여 천하 사람들이 덕을 잃고 생명을 재촉하도록 하는 것과 같은 날에 말할 수 있겠는가.[126]

(10) 기뻐하면서 다음과 같이 노래한다. 내가 세상에 태어남이여, 풍파가 모질도다. 양생(養生)에 뜻을 둘진대, 너(茶)를 버리고 무엇을 구하랴. 나는 너를 지니고 다니면서 마시고 너는 나를 좇아 놀아, 화조월석(花朝月夕)에 즐거서 싫어함이 없도다. 곁에 천군(天君: 心)[127]이 있어 두려워하면서 다음과 같이 경계하였다. "삶은 죽음의 근본이요 죽음은 삶의 뿌리라네.[128] 단표(單豹)가 안[精神, 氣]만 다스리다가 밖[身]이 시들었다고 혜강(嵇康)이 「양생론(養生論)」[129]을 저술하여 어려운 것을 실천하였다지만, 어찌 빈 배를 지자(智者)의 물에 띄우고 좋은 곡식을 인자(仁者)의 산에 심는 것만 하겠는가. 정신이 기운[氣]을 움직여 묘경(妙境)에 들어가면,[130] 즐거움은 꾀하지 않아도 저절로 이르게 된다. 이 역시 내 마

---

125 중국 하(夏)나라 때 사람. 일찍이 술을 만들어 우(禹)임금에게 올렸는데, 우임금이 그 맛을 보고는 "후세에 반드시 술 때문에 나라를 망칠 사람이 있을 것이다"고 하면서, 의적에게 지주(旨酒)를 만들지 못하도록 하였다 한다.
126 중국 당나라 때 사람 왕부(王敷)가 「주다론(酒茶論)」을 지어 차와 술의 화해를 논하고, 송나라 때 사람 오숙이 「다부」와 함께 「주부(酒賦)」를 지어 주덕(酒德)까지도 칭송했는데, 아마도 이를 가리킨 듯하다. 오숙의 두 글은 『흠정사고전서(欽定四庫全書)』 자부(子部) 제198권, 사류부(事類部) 권17에 실려 있다.
127 한재의 「허실생백부(虛室生白賦)」에도 "천군(心)이 나를 이끌어 본초의 상태로 돌아감(復其初)이여! 내 장차 이 경륜(經綸)에 나아가리라"고 한 대목이 있다.
128 『황제음부경(黃帝陰符經)』 하편에 "生者, 死之根, 死者, 生之根. 恩生於害, 害生於恩."이라 하였다.
129 『문선』 권53에 실려 있음. 섭생장수(攝生長壽)하는 도리를 적었다. 혜강은 이 「양생론」에서 "精神之於形骸, 猶國之有君也. 神躁於中, 而形喪於外, 猶君昏於上, 國亂於下. …… 是以, 君子知形恃身以立, 神須形以存"라 하였다. 양생의 목적은 장수하는데 있지 오래 살아 신선이 되는데 있는 것이 아니며, 양생의 방법은 마음을 고요하고 편안하게 하는 것과 양약(良藥)을 복식(服食)하는 것이 결합되어야 한다고 하였다.
130 '신동기이입묘(神動氣而入妙)'는 한재의 「허실생백부」에서도 "精通靈而感物兮, 神動氣而

음의 차이니 어찌 꼭 저것¹³¹에서만 구하리오"라고.

茶賦 幷序

凡人之於物, 或玩焉, 或味焉, 樂之終身, 而無厭者, 其性矣乎. 若李白之於月, 劉伯倫之於酒, 其所好雖殊, 而樂之至則一也. 余於茶, 越乎其莫之知¹³², 自讀陸氏經, 稍得其性, 心甚珍之. 昔中散¹³³樂琴而賦, 彭澤¹³⁴愛菊而歌. 其於微, 尙加顯矣, 況茶之功最高, 而未有頌之者. 若廢賢焉, 不亦謬乎? 於是, 考其名, 驗其産¹³⁵, 上下其品¹³⁶, 爲之賦. 或曰, 茶自入稅, 反爲人病, 子欲云云乎? 對曰:「然. 然是豈天生物之本意乎? 人也, 非茶也. 且余有疾¹³⁷, 不暇及此云」其辭曰:

有物於此, 厥類孔多. 曰茗, 曰荈, 曰蔎¹³⁸, 曰菠. 仙掌, 雷鳴, 鳥嘴,

入妙"라 하여 인용되고 있다.

131 '구호피(求乎彼)'에서의 '피(彼)'를 '차 밖의 것'이라고 풀이하는 경우가 있다. 잘못이다. '피'는 '심(心)'과 대비되는 것으로 '마음 밖', 즉 차를 가리킨다. 여기서 '오심즉차(吾心卽茶)' 사상을 엿볼 수 있다.

132 越乎其莫之知: 모르는 상태에서 벗어남. 아예 모르지는 않았다는 말. 양만리, 『성재집(誠齋集)』 권79, 「쌍계노인시집후서(雙桂老人詩集後序)」 "近世此道之盛者, 莫盛於江西. …… 雖然, 不知唐人, 猶知江西, 江西之道, 亦復莫之知焉, 是可歎也. 斯道也, 下之不足以決科, 上之不足以速化, 而詩人顧曰: 不廢江湖萬古流, 其莫之知也, 則宜又何歎乎?"

133 中散: 중산대부(中散大夫)를 지낸 혜강(嵇康)을 가리킴.

134 彭澤: 팽택령(彭澤令)을 지낸 도잠(陶潛: 淵明)을 가리킴.

135 驗其産: 산물(産物) 또는 산지(山地)를 조사함. '험(驗)'은 경험, 또는 조사한다는 뜻이니, 앞의 두 의미를 포괄한다.

136 驗其産, 上下其品: 류건집은 '驗其産上下其品'으로 보아 "생산되는 차의 상하품을 증험하여"라고 해석하였다. 이는 구두를 잘못 뗀 것이다.

137 疾: 차를 몹시 좋아하는 성벽(性癖)을 말함.

138 蔎(한): 꽈리

雀舌, 頭金, 蠟面, 龍鳳, 召的, 山提, 勝金, 靈草, 薄側, 仙芝, 嬭藥, 運慶, 福祿, 華英, 來泉, 翎毛, 指合, 淸口, 獨行, 金茗, 玉津, 雨前, 雨後, 先春, 早春, 進寶, 雙溪, 綠英, 生黃. 或散或片, 或陰或陽. 含天地之粹氣, 吸日月之休光¹³⁹.

其壤則石橋, 洗馬, 太湖, 黃梅, 羅原, 㡒步, 婺處, 溫台, 龍溪, 荊峽, 杭蘇, 明越, 商城, 王同, 興廣, 江福, 開順, 劍南, 信撫, 饒洪, 筠袞, 昌康, 岳鄂, 山同, 潭鼎, 宣歙, 鵶¹⁴⁰鍾, 蒙霍. 蟠柢丘陵之厚, 揚柯雨露之澤.

造其處則岬岷嵼嵑¹⁴¹, 嶮巇¹⁴²屼崒, 峉嶵¹⁴³嵒嶭¹⁴⁴, 嵣嵻¹⁴⁵崱屴¹⁴⁶, 呀然¹⁴⁷或放, 谽然或絶¹⁴⁸. 崦然¹⁴⁹或隱, 鞠然或窄. 其上何所見, 星斗咫尺. 其下何所聞, 江海吼㵒¹⁵⁰. 靈禽兮翖飌¹⁵¹, 異獸兮拏攫¹⁵². 奇花瑞

....

139 含天地之粹氣, 吸日月之休光: 『문선』 권18, 혜강(嵆康)의 「금부(琴賦)」에서 문투를 인용하였다. "含天地之醇和兮, 吸日月之休光."
140 원본에는 '鵶'로 되어 있다. '鵶'와 같은 글자이다.
141 山岬嵼嵑(산앙갈갈): 산석(山石)이 높고 험한 모양. 『문선(文選)』 권4, 장형(張衡), 「남도부(南都賦)」"山岬嵼嵑."; 주(注) "善曰, 山岬兕嵼嵑, 山石高峻之貌."
142 嶮巇(험희): 위험하고 험함. 嶮은 '險'과 같은 자.
143 峉嶵(액죄): 산이 높고 험준하여 울퉁불퉁한 모양. 『문선』 권4, 장형, 「남도부」"峉峉嶵嵬"; 주(注) "善曰, 峉峉, 山不齊貌也. 嶵嵬, 山石崔嵬, 高而不平也."
144 嵒嶭(암얼): 바위가 우뚝함.
145 嵣嵻(당망): 산의 암석이 광대한 모양. 『문선』 권4, 장형, 「남도부」"嵣嵻嶚刺."
146 崱屴(즉리): 산줄기가 길게 잇닿아 있는 모양.
147 呀然(하연): 텅 빈 모양. 여기서는 골짜기가 깊숙함을 말한다. 한유(韓愈), 「연희정기(燕喜亭記)」"出者突然成邱, 陷者呀然成谷."
148 谽然或絶: 앞이 툭 트여 시원스럽다가 끊어지기도 함. 『문선』 권4, 장형, 「남도부」"或崥嶙而纚連, 或谽爾而中絶."
149 崦然(엄연): 엄자산(崦嵫山)인 듯함. 엄(崦)은 엄자산으로 해가 지는 산이라 한다.
150 吼㵒(후돌): 물이 으르렁거리며 흘러가는 모양. '㵒(돌)'은 흐른다는 뜻으로, 『이평사집』과 『한재문집』에는 '口+突'로 되어 있으나 잘못이다.
151 翖飌(함아): '함'은 작은 새가 나는 모양. '아'는 기운을 토해 내는 모양.
152 拏攫(나확): 붙잡다.

草, 金碧珠璞, 蓁蓁¹⁵³蕤蕤¹⁵⁴, 磊磊落落¹⁵⁵. 徒盧¹⁵⁶之所趑趄¹⁵⁷, 魑魑¹⁵⁸之所逼側. 於是谷風乍起¹⁵⁹, 北斗轉璧¹⁶⁰, 氷解黃河, 日躔¹⁶¹靑陸. 草有心而未萌, 木歸根¹⁶²而欲遷. 惟彼佳樹, 百物之先, 獨步早春, 自專¹⁶³其天. 紫者綠者, 靑者黃者, 早者晚者, 短者長者. 結根竦幹¹⁶⁴, 布葉垂陰. 黃金芽兮已吐, 碧玉麩兮成林. 晻曖¹⁶⁵蓊蔚¹⁶⁶, 阿那¹⁶⁷嬋媛¹⁶⁸. 翼翼¹⁶⁹焉, 與與¹⁷⁰焉. 若雲之作霧之興, 而信天下之壯觀也. 洞嘯歸來, 薄言采采¹⁷¹, 擷之捋之¹⁷², 負且載之.

153 蓁蓁(준준): 초목이 무성한 모양. 『문선』 권4, 장형, 「남도부」 "杏藹蓊鬱於谷底, 森蓁蓁而刺天."
154 蕤蕤(사사): 꽃술이 늘어진 모양. 『문선』 권4, 장형, 「남도부」 "布綠葉之萋萋, 敷華藥之蕤蕤."
155 磊磊落落(뇌뢰낙락): 뜻이 커서 작은 일에 구애받지 않는 모양.
156 徒盧: 도로(都盧)의 잘못이다. '도로' 나라 사람들은 몸이 가벼워 높은 장대[竿]를 잘 탔다고 한다. '도로희(都盧戱)', '도로기(都盧伎)', '도로연(都盧緣)' 등으로도 쓰인다.
157 趑趄(자저): 머뭇거리는 모양. 가기 힘든 모양.
158 魑魑(리소): 도깨비. 이매(魑魅).
159 乍起(작기): 일어남. '乍'은 '作'과 통용된다.
160 璧(벽): '壁'(이십팔수의 하나)의 잘못인 듯.
161 日躔: 해가 운행함. 『양자법언(揚子法言)』 "日運爲躔."
162 歸根: 근본으로 돌아감. 『노자(老子)』 제16장 "夫物芸芸, 各復歸其根."
163 專(전): 독차지함.
164 竦幹(송간): 가지를 치켜 올림. 『문선』 권4, 장형, 「남도부」 "結根竦本, 垂條嬋媛."
165 晻曖(엄애): 햇빛이 침침한 모양. 『문선』 권4, 장형, 「남도부」 "晻曖蓊蔚, 含芬吐芳."
166 蓊蔚(옹위): 초목이 무성한 모양.
167 阿那(아나): 부드럽고 여린 모양. 『문선』 권4, 장형, 「남도부」 "阿那蓊茸"; 주(注) "善曰, 阿那, 柔弱之貌."
168 嬋媛(선원): 나뭇가지가 서로 잇닿아 있는 모양. 『문선』 권4, 장형, 「남도부」 "垂條嬋媛."; 주(注) "善曰, 嬋媛, 枝相連引也."
169 翼翼: 무성한 모양. 『시경』 소아(小雅), 「초자(楚茨)」 "我黍與與, 我稷翼翼."; 집전(集傳) "與與, 翼翼, 皆蕃盛貌."
170 與與: 무성한 모양. 『문선』 권4, 장형, 「남도부」 "百穀蕃廡, 翼翼與與."
171 薄言采采(박언채채): 잠깐 뜯고 뜯는다는 의미. 薄은 '잠깐', 言은 조사로 '焉'과 통한다. 采는 '探'의 뜻이다. 『시경』, 주남(周南), 「부이(芣苢)」 "采采芣苢, 薄言采之."

搴¹⁷³玉甌而自濯, 煎石泉而旁觀. 白氣漲口, 夏雲之生溪巒也. 素濤鱗生, 春江之壯波瀾也. 煎聲颼颼¹⁷⁴, 霜風之嘯篁栢也. 香子泛泛¹⁷⁵, 戰艦之飛赤壁也. 俄自笑而自酌¹⁷⁶, 亂雙眸之明滅. 於¹⁷⁷以能輕身者, 非上品耶? 能掃痾者, 非中品耶? 能慰悶者, 非次品耶? 乃把一瓢, 露雙脚¹⁷⁸, 陋白石之煮, 擬金丹之熟.

啜盡一椀, 枯腸沃雪¹⁷⁹. 啜盡二椀, 爽魂欲仙. 其三椀也, 病骨醒, 頭風痊¹⁸⁰. 心兮! 若魯叟¹⁸¹抗志¹⁸²於浮雲, 鄒老養氣於浩然. 其四椀也, 雄豪發, 憂忿空. 氣兮! 若登太山而小天下, 疑此俯仰¹⁸³之不能容. 其五椀也, 色魔驚遁, 餐尸¹⁸⁴盲聾. 身兮! 若雲裳而羽衣, 鞭白鸞於蟾宮¹⁸⁵. 其六椀也, 方寸日月, 萬類籧篨¹⁸⁶. 神兮! 若驅巢許¹⁸⁷而僕夷齊¹⁸⁸, 揖上帝

---

172 擷之袺之(힐지랄지): 擷은 '襭(힐)'과 통하니 '옷자락을 걷어 올려 띠에 끼운다'는 뜻이며, 袺은 '집어 따다'의 뜻이다. 『시경』, 주남, 「부이(芣苢)」 "采采芣苢, 薄言掇之, 采采芣苢, 薄言捋之. 采采芣苢, 薄言袺之, 采采芣苢, 薄言襭之."
173 搴(건): 빼다. 빼냄[搴出].
174 颼颼(수수): 바람이 솔솔 부는 소리. 소식(蘇軾), 「자다가(煮茶歌)」 "蟹眼已過魚眼生, 颼颼欲作松風鳴."
175 泛泛(범범): 물 위에 뜬 모양.
176 自酌: 자작자음(自酌自飮).
177 於(오): 감탄하는 소리. 아아.
178 露雙脚: 두보(杜甫)의 「희위언위쌍송도가(戱韋偃爲雙松圖歌)」에 보인다. "黑入大陰雷雨垂, 松根胡僧憩寂寞, 厖眉皓首無住著. 偏袒右肩露雙." (『集天家注杜工部詩集』, 권7)
179 沃雪: 물을 대어 깨끗이 씻음.
180 痊(전): 병이 나음.
181 魯叟(노수): 노나라의 늙은이. 공자를 달리 이르는 말.
182 抗志: 뜻을 높이 가짐.
183 俯仰(부앙): '천지(天地)'를 말함.
184 餐尸: 탐식(貪食)하는 시동(尸童)을 말함.
185 蟾宮: 월궁(月宮)을 말함.
186 籧篨(거저): 발이 거친 대자리.
187 巢許: 중국 상고대 요임금 때의 고사(高士)인 소보(巢父)와 허유(許由)를 말함.

於玄虛[189]. 何七椀之未半, 鬱淸風之生襟[190]. 望閶闔[191]兮孔邇[192], 隔[193]蓬萊之蕭森[194].

若斯之味, 極長且妙. 而論功之不可闕也. 當其凉生玉堂, 夜闌書榻, 欲破萬卷, 頃刻不輟, 董生脣腐, 韓子齒豁[195], 靡爾也, 誰解其渴? 其功一也. 次則讀賦漢宮, 上書梁獄, 枯槁其形, 憔悴其色, 腸一日而九回, 若火燎乎腷臆[196], 靡爾也, 誰敍其鬱? 其功二也. 次則一札天頒, 萬國同心, 星使[197]傳命, 列侯承臨, 揖讓之禮旣陳, 寒暄之慰將訖, 靡爾也, 賓主之情誰協? 其功三也. 次則天台幽人, 靑城羽客, 石角噓氣, 松根鍊精, 囊中之法欲試, 腹內之雷乍鳴[198], 靡爾也, 三彭之蠱誰征? 其功四也. 次則金谷罷宴, 兎園回轍, 宿醉未醒, 肝肺若裂, 靡爾也, 五夜之酲誰輟(自註: 唐人以茶爲輟酲使君)? 其功五也.

吾然後知茶之又有六德也. 使人壽脩, 有帝堯大舜之德焉. 使人病

---

188 夷齊: 백이(伯夷)와 숙제(叔齊).
189 玄虛: 하늘. 허공.
190 生襟(생금): 가슴 속에서 생겨남.
191 閶闔(창합): 천상계(天上界)의 문.
192 孔邇: 매우 가까움.
193 隔: 사이. 또는 간격을 둠.
194 蕭森(소삼): 수목이 많은 모양.
195 齒豁(치할): 이가 빠짐. 한유(韓愈), 「진학해(進學解)」 "冬暖而兒呼寒, 年登而妻啼飢, 頭童齒豁, 竟死何裨."
196 腷臆(픽억): 가슴이 답답한 모양.
197 星使: 임금의 사자를 달리 이르는 말. 여기서는 황제의 칙사(勅使)를 가리킨다. 『후한서』 권82(상), 「이합전(李郃傳)」 "和帝卽位, 分遣使者, 觀採風謠. 使者二人當到益部, 投郃候舍. 時夏夕露坐, 郃因仰觀, 問曰:「二君發京師時, 寧知朝廷遣二使邪?」二人黙然, 驚相視曰:「不聞也」問何以知之, 郃指星示云:「有二使星向益州分野, 故知之耳」"
198 囊中之法 ~: 진여의(陳與義), 『간재집(簡齋集)』 권1, 〈옥연부(玉延賦)〉 "老生囊中之法未試, 腹內之雷久鳴."

已, 有兪附扁鵲之德焉. 使人氣淸, 有伯夷楊震之德焉. 使人心逸, 有二老四皓[199]之德焉. 使人仙, 有黃帝老子之德焉. 使人禮, 有姬公仲尼之德焉. 斯乃玉川之所嘗贊, 陸子之所嘗樂. 聖兪以之了生, 曹鄴以之忘歸. 一村春光, 靜樂天之心機. 十年秋月[200], 却東坡之睡神[201]. 掃除五害, 凌厲[202]八眞[203]. 此造物者之蓋有幸[204], 而吾與古人之所共適[205]者也. 豈可與儀狄之狂藥, 裂腑爛腸, 使天下之人, 德損而命促者, 同日語哉?

喜而歌曰: 我生世兮風波惡. 如志乎養生, 捨汝而何求? 我携爾飮, 爾從我遊. 花朝月暮, 樂且無斁. 傍有天君[206], 懼然戒曰, 生者死之本, 死者生之根. 單治內而外彫[207], 耗著論[208]而蹈艱[209], 曷若泛虛舟於智

---

[199] 二老四皓: '이로사호'가 병칭된 것은 중국 남송 때의 학자 양만리(楊萬里)의 『성재역전(誠齋易傳)』에 처음 보인다. 『성재역전』 권15, 환괘(渙卦) 구이(九二) "險難之世, 非一端也. 有基難, 有作難, 有濟難, 有遭難, 有免難. …… 二老四皓, 免難也."

[200] 十年秋月: 소철(蘇轍)이 소식(蘇軾)에게 보낸 시에 "十年秋月照相思, 相從祗有彭門從."(『欒城集』, 권15, 「次子瞻夜字韻, 作中秋對月二篇, 一以贈王郎, 二以寄子瞻」)이란 구절이 있다.

[201] 睡神: 졸음이 오게 하는 귀신. '수마(睡魔)'와 같은 말. 소식, 「증포안정선생다시(贈包安靜先生茶詩)」 "建茶三十斤, 不審味如何, 奉贈包居士, 僧房戰睡魔."

[202] 凌厲: 힘차게 앞으로 달려감. 『문선』 권18, 혜강(嵇康), 「금부(琴賦)」 "牢落凌厲, 布濩半散"; 주(注) "凌, 馳也; 厲, 上也."

[203] 掃除五害, 凌厲八眞: 진여의(陳與義), 『간재집(簡齋集)』 권1, 〈옥연부(玉延賦)〉 "凌厲八仙, 掃除三彭, 見蓬萊之夷路, 接閬闓于初程"라 한 대목의 문투를 인용한 것이다.

[204] 幸: 은총 또는 총애의 뜻.

[205] 適: '마음에 맞음' 또는 '즐김'의 뜻. 소식(蘇軾) 「전적벽부(前赤壁賦)」의 '吾與子之所共適'에서 따온 말.

[206] 天君: '마음(心)'의 별칭. 『순자(荀子)』 「천론(天論)」 "心居中, 虛以治五官. 夫是之謂天君"

[207] 單治內而外彫: 『문선』 권14, 반고(班固), 「유통부(幽通賦)」 "單治裏而外彫"; 注 "治裏謂導氣也"; '단(單)'은 『장자』 「달생(達生)」편에 나오는 신선 단표(單豹)를 가리킨다. "魯有單豹者, 巖居而水飮, 不與民共利, 行年七十, 而猶有嬰兒之色. 不幸遇餓虎, 餓虎殺而食之. 有張毅者, 高門縣薄, 无不趨也, 行年四十, 而有內熱之病以死. 豹養其內, 而虎食其外, 毅養其外, 而病攻其內."

[208] 論: '양생론(養生論)'을 말함.

[209] 蹈艱(도간): 몸소 어려운 경지를 밟음. 어려운 것을 실천함.

水, 樹嘉穀於仁山? 神動氣而入妙[210], 樂不圖而自至. 是亦吾心之茶, 又何必求乎彼也?

---

210 神動氣入妙:『문선』권14, 반고,「유통부」"精通靈而感物兮, 神動氣而入微."

6. 영주사부永州蛇賦

꿈틀거리는 이상한 물건을 내가 꿈속에서 얻었다. 배로 기어 다니며 꼬리를 세우더니 말로써 뵙기를 청하였다.

"옛날 내가 좋지 못한 때에 태어났는데 당나라 중엽에 해당하였습니다. 정치는 이미 사나운 호랑이[猛虎]보다 포악하여 세속은 무엇이든 들 사슴[野鹿]으로 돌아갔습니다. 긴 구멍 속에서 움츠리고 있으면서 잡힐까봐 두려워하며 당시의 장사(長蛇)[1]를 원망하였습니다. 간혹 호랑이인데도 날개가 달려 조아(爪牙: 발톱과 어금니)에 사람들이 피범벅이 되어야만 했습니다. 가을이 오기도 전에 세금을 재촉하니, 베짜는 여인은 반쯤 짠 베를 끊어야만 했고 달걀마저도 자르거나 쪼개야 할 지경이 었습니다. 개짖는 소리도 그침이 없었나이다. 백성들은 독기(毒氣)를 감당하지 못하여 열 집 가운데 아홉 집이 이산(離散)하였고, 높은 하늘에 머리가 부딪칠까 구부리고 걸었으며, 두터운 땅에서도 꺼질까봐 발끝만 디딜 정도였습니다. 겨울 날씨가 따뜻한데도 춥다고 부르짖으며 풍년이 들었는데도 굶주림에 울부짖으니, 이는 사방 백리를 다스리는 뱀[2] 때문입니다.

이리 머리[狼頭]에 쥐 눈[鼠目][3]을 하고는 자색(紫色)과 청색(靑色)의 인(印) 끈을 끌며,[4] 양처럼 패려궂고[羊狠][5] 범처럼 날카로운 눈초리[虎

---

1 봉시장사(封豕長蛇)의 준말. 큰 돼지와 긴 구렁이라는 뜻으로, 먹기를 탐내는 사람을 비유적으로 이르는 말. 『춘추좌씨전』, 정공(定公) 4년조.
2 지방 수령을 이르는 말.
3 생김새가 못생긴데다 마음씨가 나쁜 사람을 가리키는 말.

視]를 하고는 사창(社倉)⁶에 자리를 잡아 성(城)을 등졌습니다. 독기 담긴 화로[毒爐]를 불어서 말라 죽게 하고, 사나운 불꽃[虐焰]을 부채질하여 뼛속까지 그슬리게 하였습니다. 드디어 세상을 구제할 태산북두(泰山北斗)와 같은 인물을 해역(海域)에서 벌레나 뱀을 잡는 사람으로 만들고, 남의 장대한 의지를 잘라버려 마침내 백월(百越)⁷에서 비틀거리도록 하였습니다. 이것은 조정에 있는 뱀의 탓입니다.

나와 같은 무리는 위로는 손이 없고 아래로는 발이 없습니다. 날개도 꺾어버리고 뿔도 버렸습니다. 겨울에는 구멍 속에서 살고 여름에는 바깥으로 나오는데, 영주(永州) 사람이 다투어 모집하여 나를 잡는 것을 일삼았습니다. (저들은) 세상의 학정(虐政)을 피하려고 하다가 나의 독에 물리곤 하는데, 비록 아홉 번 죽더라도 그것을 달게 여기고, 공문(公門)의 채찍[鞭扑]을 멀리합니다.

그러나 이것은 지금의 정치 상황[時政]이 그렇게 시킨 것입니다. 어찌 마음속으로 즐거워할 바이겠습니까? 다만 미물은 따질 것도 없고 만 백성이 제자리를 잃은 것을 슬퍼하나이다."

내가 슬퍼하며 말을 하려고 하던 차에 갑자기 놀라 꿈에서 깼다. 이에 무연(憮然)히 말하기를 "아! 이 어찌 장씨(蔣氏)⁸가 원망하고 유씨(柳

---

4 높은 지위에 오른 것을 이른다. 타자우청(拖紫紆靑).
5 항적(項籍)의 '양한낭탐(羊狠狼貪)' 고사 참조. 김종직의 「조의제문(弔義帝文)」에도 나온다.
6 각 고을의 환곡(還穀)을 저장하여 두던 곳집.
7 중국 남쪽 지방인 복건(福建)이나 광동(廣東) 등지에서부터 안남(安南) 지방까지를 이른다. 여기서는 지방 변두리를 가리킨다.
8 당송팔대가의 한 사람인 유종원(柳宗元)의 「포사설(捕蛇說)」에 나오는 사람. 삼대에 걸쳐 뱀을 잡아 파는 것을 업으로 하였는데, 그가 말하기를 "나의 아버지와 할아버지가

氏)⁹가 탄식한 바 아니겠는가. 옛날에 선왕께서 백성의 생활 기반을 만들어내심에 세금을 적게 거두고 형벌을 줄여서 행하였으니, 한 물건도 제 자리를 잡지 않음이 없었고 비옥가봉(比屋可封)¹⁰의 풍속을 이루었다"고 하였다.

다음과 같이 말한다. 질박하고 충직(忠直)함이 없어지고 양순하고 인정이 두터운 풍속이 쇠퇴하자 세상의 도의가 날로 얇아지고 달로 얇아졌다. 천지가 한 그물이라 도망할 곳이 없어 도리어 삶을 독사나 도마뱀[蛇蜴]에게 맡겼다. 나는 가혹한 정치의 심한 정도가 이런 극한에 이를 줄은 생각하지 못하였다. 어떻게 하면 사람 속에 있는 뱀[人中之蛇]을 잡을 수 있을까. 이 뱀을 가지고 세상을 치료할 좋은 약을 만들어, 우주를 깨끗이 씻어내고 수역(壽域: 태평성세)을 열어, 그런 뒤에 네가 나의 동산에 와서 놀도록 하고 내 땅 언덕에서 구멍을 파게 하며, (나아가) 뱀의 허물을 벗고 변화하여 용이 되도록 하여, 명주(明珠)를 수후(隋侯)에게 드리도록 할 것이다.¹¹ 아아! 당우(唐虞: 요순)의 시대가 멀고 복희(伏羲)·황제(黃帝)의 시대가 아득하도다. 말 많은 서민들은 장차 어디로 가야한단 말인가. 사람인가 뱀인가, 어찌 그리 독하단 말인가.

뱀을 잡다가 돌아가셨고 나 역시 여러 번 위험을 겪었다. 그러나 옆집 사람이 세금을 못내 관청의 독촉을 받는 것보다는 낫다"고 하면서 끝내 그 직업을 바꾸지 않았다고 한다.

9 유종원을 말함.
10 요순시대에는 교화가 사해에 두루 미쳐 집집마다 모두 봉(封)을 받을 만큼 덕행이 뛰어난 인물이 많았다는 말이다. 이는 곧 천하가 잘 다스려져 풍속이 순후하였다는 말이다.
11 옛날 수후(隋后)가 뱀을 도와 준 공으로 뱀에게 얻었다는 보배로운 구슬. 수후지주(隋后之珠). 『장자』「양왕(讓王)」편 참조.

永州蛇賦

蜿然異物, 我夢得之. 腹行尾立, 請對以辭:

昔余生之不辰, 屬唐家之中葉. 政已暴於猛虎[12], 俗何回乎野鹿. 縮脩竇[13]而畏捕, 怨當時之長蛇. 或虎而翼, 血人于牙[14]. 先秋催稅, 機絶半織, 鷄卵折哲, 大吠無歇. 民不堪毒, 十室九離[15]. 踢高天而踏厚地[16], 暖呼寒而豐啼飢[17], 此則百里之蛇也. 狼頭鼠目, 拖紫紆靑, 羊狠虎視, 據社[18]負城. 吹毒燎而枯死, 扇虐焰而燻骨. 遂使濟世山斗, 侶蟲蛇於海域, 斬魑壯志, 竟蹭蹬[19]於百越, 此則朝廷之蛇也. 若余者, 上無手, 下無足, 折翼去角, 冬穴夏出. 永人爭募, 捕余是役. 避世之虐, 犯我之毒, 雖九死其猶甘, 遠公門之鞭扑[20]. 然時政之使然, 豈其心之所樂? 顧微物不足數兮, 哀萬姓之失所.

余悲欲語, 怳然驚悟, 乃憮然曰: 嗟哉! 是豈非蔣之怨 `而柳之所嘆者耶? 昔先王制民之産兮, 薄稅斂而省刑罰[21]. 無一物不獲其所兮, 有比

---

12 暴於猛虎: 가혹한 정치는 호랑이보다 무섭다는 '가정맹어호(苛政猛於虎)' 고사에서 나왔다. 『예기』, 「단궁(檀弓) 하」 참조.
13 脩竇(수두): 긴 구멍.
14 血人于牙: 『한창려집(韓昌黎集)』 권1, 「원화성덕시 병서(元和聖德詩幷序)」에 나오는 말. "血人于牙, 不肯吐口."
15 十室九離: '십실구공(十室九空)'과 같은 말.
16 踢高天而踏厚地: 『시경』, 소아(小雅), 「정월(正月)」에 나오는 '국천척지(踢天蹐地)'와 같은 말.
17 暖呼寒 ~: 『한창려집』 권12, 「진학해(進學解)」에 나오는 말. "冬暖呼寒, 年豐啼飢."
18 據社(거사): 사창(社倉)에 자리를 잡다.
19 蹭蹬(층등): 발판을 잃음. 또는 비틀거리며 방황하는 것.
20 鞭扑(편복): '편'은 관리를 벌주는 채찍, '복'은 학생을 벌주는 채찍.
21 薄稅斂 ~: 『맹자』, 「양혜왕 상」에 나오는 말. "王如施仁政於民, 省刑罰, 薄稅斂, ……"

屋可封²²之俗.

曰: 自朴喪而淳衰, 世道日澆而月薄. 天地一網而無所逃兮, 反寄生於蛇蜴²³. 吾不圖苛政之甚, 乃至於此極也. 安得捕人中之蛇, 以爲醫世之良藥? 滌宇宙而開壽域, 然後使爾來遊我園, 來穴我丘, 脫其形, 變化爲龍, 獻明珠於隋侯. 已矣乎! 唐虞世遠, 羲黃²⁴邈焉. 喋喋²⁵黔首²⁶, 將安適焉? 人耶蛇耶, 何其毒耶?

---

22 比屋可封: 육가(陸賈), 『신어(新語)』, 「무위(無爲)」에 나오는 말. "堯舜之民, 可比屋而封, 桀紂之民, 可比屋而誅者, 敎化使然也."
23 蛇蜴(사척): 독사와 도마뱀.
24 羲黃(희황): 복희씨(伏犧氏)와 황제(黃帝).
25 喋喋(첩첩): 재잘거림. 수다스러움.
26 黔首(검수): 관을 쓰지 않은 검은머리라는 뜻으로 서민(평민)을 말함.

7. 요가연부姚家鷰賦

부양성(富陽城) 가에 한 무덤이 있는데 당(堂)처럼 쌓은 것 같았다.[1] 퉁소를 불면서 돌아오는데 풍월이 창망(蒼茫)하여 풀 위에 누워서 낮잠[黑甛]을 잤다. 꿈에서 우객(羽客: 신선)을 보았는데, 훨훨 날아와 읍(揖)하면서 가슴 속에 있는 생각을 죄다 털어 놓았다.

옛날 내가 풍진(風塵) 세상에 왕래하면서 요씨(姚氏)의 지붕 끝에 나그네로 머물렀으니,[2] 개나 말이 주인을 그리워하는 것 같았고 배부른 매[鷹]가 날지 않은 것과는 달랐다. 검은 옷[3]을 떨치며 봄에 왔다가 붉은 실[4]을 끌고 가을에 이별을 한다. 생각하니[顧] 닭처럼 우는 재주도 부족한데 부질없이 구슬 신[珠履][5]을 신겨 준 은혜를 입었다. 양양(洋洋)하게 뜻을 얻은 지 5, 6년 남짓인데, 어찌 생각이나 했으랴? 또 찾아오게 될 줄을. 주인이 잘못 될 줄을. 위교(渭橋) 가의 소송(巢松)[6]은 이미 꺾여

---

1 『예기』「단궁(檀弓)」에 이르기를, "자하(子夏)가 말하기를, '예전에 부자께서 말씀하기를, 「내가 옛날에 보니 봉분을 당(堂)처럼 쌓은 것이 있고, 제방처럼 쌓은 것이 있으며, 하(夏) 나라 때의 가옥처럼 쌓은 것이 있고, 도끼처럼 쌓은 것이 있다. 나는 도끼처럼 쌓는 것을 따르겠다」고 하였는데, 바로 세속에서 이른바 마렵봉(馬鬣封)이라고 하는 것이다' 하였다"(子夏曰, 昔者夫子言之曰, 吾見封之若堂者矣, 見若坊者矣, 見若覆夏屋者矣, 見若斧者矣, 從若斧者焉, 馬鬣封之謂也)
2 요씨의 지붕 ~: 제비가 요씨 집에 둥지를 틀고 살다가 주인집에 화재가 나자 주인과 함께 불에 타 죽었다는 '요가사순(姚家死殉)'의 고사에서 나왔다.
3 제비의 검은 날개를 가리킴.
4 제비가 내년에 또 찾아오는지 시험하기 위해 발에 달아 맨 실을 말함. '계루(繫縷)'의 고사.『남사(南史)』,「위경유전(衛敬瑜傳)」참조.
5 구슬로 꾸민 신을 신은 빈객, 즉 상등의 빈객을 말한다. 초(楚) 나라 춘신군(春申君)은 식객(食客)이 3천 명이고, 조(趙) 나라 평원군(平原君)도 식객이 3천 명이었다. 평원군이 자기의 식객을 춘신군에게 보냈는데, 호화로움을 자랑하기 위하여 대모잠(玳瑁簪)을 꽂고 칼집도 주옥(珠玉)으로 장식하였다. 이에 춘신군의 식객은 모두 주옥으로 신을 만들어 신었다고 한다. 『사기』권78,「춘신군전(春申君傳)」
6 새 둥지 있는 소나무.

버렸고, 낙양(洛陽)의 무마(舞馬)⁷는 어디로 갔는지. 자봉대(紫鳳臺)를 어찌 좋아하지 않을까마는 뉘라서 나의 보금자리를 즐거워하랴. 황학루(黃鶴樓)에 어찌 사람이 없을까마는 뉘라서 나의 작별을 슬퍼하랴. 차라리 백사(百士)가 전횡(田橫)을 따라 중천(重泉)에 간 것이라든지,⁸ 삼량(三良)⁹이 진목공(秦穆公)을 구천(九天)에 따라 죽은 것처럼 하리라. 손기(孫輢)¹⁰의 혼이 한 번 날음에 월부(越鳧)의 유감(遺憾)¹¹은 몇 년이나 되었던고.

내가 꿈[蝶夢]에서 깬 뒤 말을 제대로 하지 못하였다. 강산을 한없이 바라보는데 근심스런 마음이 낚싯줄처럼 엮였다. 이에 실의(失意)한 모습으로 "아! 어찌 사일(社日)¹²에 가고 오면서 주인을 보고 지저귀는 것이 아니겠는가. 바람을 맞고 비를 무릅쓰면서 문자(文字)를 전하는 것이 아니겠는가. 충심(忠心)을 머금고 신의(信義)를 실천하면서 자기를 알아주는 사람을 위해 죽는 것이 아니겠는가. 천추 백대에 걸쳐 후세의 경박한 사람들을 경계할 수 있는 것이 아니겠는가"라고 하였다.

---

7 외국에서 중국에 헌상(獻上)한 특산물의 하나. 여기서는 지난날의 잘 나가던 기세를 말한다.
8 중국 진(秦) 나라 말기에 제왕(齊王)으로 일컫던 전횡(田橫)이 부하 5백여 인과 함께 섬 속으로 피해 들어갔는데, 전횡이 한고조(漢高祖)의 부름을 받고 낙양(洛陽)으로 가다가 30리를 남겨 두고 자결을 하자, 이 소식을 들은 섬 안의 5백여 명 역시 모두 자살하여 그 뒤를 따랐다고 한다.『사기』권94,「전횡열전(田橫列傳)」
9 춘추시대 진(秦) 나라 목공(穆公)이 죽자 자거씨(子車氏)의 세 아들 엄식(奄息)·중항(仲行)·겸호(鍼虎)를 순장(殉葬)하였는데, 모두 진 나라의 어진 사람이었다. 진나라 사람들이 황조(黃鳥)라는 시를 지어 이들을 애도하였다.『춘추좌씨전』, 문공(文公) 6년조 참조.
10 자세히 알 수 없음.
11 제비의 진면목을 모르고 오리라 한 것에 대한 유감을 말함.
12 입춘·입추가 지난 뒤 다섯 번째의 무일(戊日). 춘사(春社)와 추사(秋社)라고 하는데, 춘사에는 곡식의 발육(發育)을 빌고, 추사에는 그 수확을 감사하였다. 춘사 무렵에 제비가 오고 추사 무렵에 제비가 간다고 한다.

너를 생각하고, 너를 아름답게 여기며, 너를 위해 다음과 같이 노래
한다.

달 밝은데 마을은 텅 비었고
풀이 가득한데 화각(畫閣)만 우뚝하네.
나의 영혼은 하루 밤에도 아홉 번이나 다녀오건만[13]
옛 은인 그리워함을 어찌 말로 다하랴.

姚家鷰賦

富陽城上, 有墓若堂. 洞簫歸來, 風月蒼茫. 草臥黑甜, 夢見羽客. 翩翩
來揖, 一吐胸臆. 昔余往來乎風塵, 客姚氏之屋角. 猶犬馬之戀主[14], 異
飽鷹之飛絶. 振烏衣而春至, 曳紅縷而秋別. 顧乏鷄鳴之才, 枉荷珠履
之恩. 洋洋得意, 五六餘春, 豈意又來, 主人爲非. 渭橋之巢松已折, 洛
陽之舞馬安歸? 紫鳳臺豈不好兮, 孰喜余之塒[15]也? 黃鶴樓豈無人兮,
孰悲余之辭[16]也? 寧如百士從田橫於重泉, 又似三良殉秦皇於九天. 孫
輅之魂一飛, 越鳦[17]之憾幾年. 予驚蝶夢, 語不得伸. 極目江山, 憂心如

---

13 『초사(楚辭)』, 제9장 "魂一夕而九逝"에서 인용하였다.
14 『문선』 권10, 반악(潘岳), 「서정부(西征賦)」에 나오는 말.
15 塒(해): 보금자리.
16 辭: 둥지를 떠남[辭巢].
17 제비를 달리 이르는 말. 제비를 두고 월나라 사람들은 제비라 하고 초나라 사람

綸. 乃憮然曰: 嗟哉! 豈非社去社來, 喃主人者耶? 犯風冒雨, 傳文字者耶? 含忠履信, 爲知己死[18]者耶? 千秋百代, 可以戒後世之輕薄者耶? 思汝美汝, 爲汝歌曰: 月明兮空村, 草滿兮畫閣. 魂一夕而九逝[19], 戀舊恩兮何極.

들은 오리라 했던 고사에서 나왔다. 『홍명집(弘明集)』, 장융(張融), 「문률(門律)」 "吾門世恭佛, 舅氏奉道, 道也與佛, 逗極無二. 寂然不動, 致本則同, 感而遂通, 逢迹成異. …… 吾見道士與道人戰, 儒墨道人與道士獄是非. 昔有鴻飛天首, 積遠難亮, 越人以爲鳧, 楚人以爲乙, 人自楚越耳, 鴻常一鴻乎."(『大正新修大藏經』 史傳部 四, 38쪽)

18 『사기』 권86, 「자객열전(刺客列傳)」에 나오는 말. "士爲知己者死, 女爲說己者容."
19 굴원(屈原), 『초사(楚辭)』에 나오는 말.

8. 떠나는 사람에게 주다. 차례로 이별하며 부를 짓다

(조신¹이 대마도에 갔을 때이다)

贈行次別知賦 - 曺伸往馬島時也²

갑인년(1494) 3월 / 維甲寅之三月兮

내가 관주(觀周)³로부터 돌아왔네. / 我來自乎觀周

길동무가 탈없음을 기뻐하면서 / 欣行侶之無恙兮

드디어 수레 타고 서로 무사하기를 바랐네. / 遂駕焉而相求

무슨 일로 적암이 먼 길을 떠날까 / 何適庵⁴之遠遊兮

여재(旅齎)⁵를 급하게 마련하면서 / 而旅齎之亟修

청렴(青帘)⁶에서 술 한 병을 불러와 / 喚一壺於青帘兮

주거니 받거니 이별의 슬픔을 달래었네. / 雜逢歡於別愁

---

1 조선 성종 때의 문인, 학자. 자는 숙분(叔奮), 호는 적암(適庵), 본관은 창녕(昌寧). 매계(梅溪) 조위(曺偉)의 서제(庶弟)이다. 성종 10년(1479)에 신숙주(申叔舟)를 따라 일본에 가 명성을 떨쳤고, 돌아와 사역원정(司譯院正)에 발탁되었다. 이후 중종의 명으로 김안국(金安國)과 더불어 『이륜행실도(二倫行實圖)』를 편찬하였다. 외국어에 능통하여 역관으로 명나라에 7번, 일본에 3번 다녀왔다. 명나라에 갔을 때에는 안남국(安南國) 사신과 시로 수창하여 외국에까지 이름을 떨쳤다. 만년에는 김산(金山)에 은거하면서 풍류로 세월을 보냈다. 저서에 『적암시고(適庵詩稿)』·『소문쇄록(謏聞瑣錄)』·『백년록(百年錄)』 등이 있다.
2 『이평사집』과 『한재집』에서는 제목을 "증행차별지부(贈行次別知賦)"라 하였고, "조신왕마도시야(曺伸往馬島時也)"라는 주를 달았다. 1981년판 『한재집』에서는 "증별적암조신봉사마도부(贈別適庵曺伸奉使馬島賦)'로 바뀌었는데 그 이유는 자세하지 않다. 여기서는 본래대로 바로잡는다.
3 공자가 주나라에 가서 문물을 구경한 것을 이르는 말. 여기서는 한재가 중국에 사신으로 간 것을 가리킨다.
4 『이평사집』과 『한재집』에는 말미에 "적암은 조신의 별호이다"(適庵伸之別號)라는 원주(原註)가 있다.
5 여행할 때 휴대하는 물건.
6 푸른 깃발이 있는 주막.

| 소나무 그늘 아래서 봄놀이를 즐기며 / 造春遊於松陰兮
| 취한 소맷자락 놓아두고 거두지 않았네. / 逸醉袖而不收
| 서소(西笑)⁷가 겨우 정해진 걸 원망하였더니 / 怨西笑之纔定兮
| 당신을 남녘 모퉁이로 보내게 되었구려. / 送夫君於南陬
| 말씀 아니하고 마음만 바치려는데 / 不贈言而贈心兮
| 또 글귀를 얻어서 부끄러워지네. / 又得句而爲羞
| 이미 조정이 사람을 얻었으니 / 旣朝廷之得人兮
| 내가 어찌해서 당신을 걱정하랴. / 吾何爲乎君憂?
| 그러나 이 행차는 조심해야 하니 / 然此行之可愼兮
| 가슴 두드리며 자세히 말하리라. / 摽胸臆而細抽
| 교룡(蛟龍) 타고 바다를 건너려니 / 乘蛟龍而跨海兮
| 동류(東流)에서 곤새·붕새 길들이겠네. / 馴鵾鵬於東流
| 내 혀를 저 뱃속[腹]에 들여놓았으면 / 納吾舌於彼腹兮
| 떠나는 수레 곁에서 옛 친구에게 인사하네. / 拜故人於行輈
| 행동거지를 천성대로 할 것을 믿나니 / 信行止之以天兮
| 추봉(秋蓬)⁸이 매인대로 따르시라. / 從秋蓬之攸摎
| 만만(漫漫)한 한강수에 다다르니 / 臨漢水之漫漫兮
| 쌍쌍이 떠 있는 흰 갈매기 부럽네. / 羨白鷗之雙浮
| 당신 가시는 길 눈 붙이고 싶지만 / 欲寄目乎君征兮

---

7 서국(西國: 중국) 문화를 사모함. 여기서는 중국에 사신으로 가는 것을 가리킨다. '서소'는 중국 관동(關東) 지방의 속담으로 사모하는 것을 이른다. 『환담신론(桓譚新論)』, 「거폐(祛蔽)」 "人聞長安樂, 則出門向西而笑."

8 가을철의 쑥대. 뗏목을 달리 이르는 말.

수레가 빨리도 가서 어쩔 수 없구려. / 君車疾而無由

당신을 기다리며 국계(國計)⁹의 이유를 알았는데 / 待君而知國計之所以兮

떨어지는 해¹⁰ 붙잡기 어려운 게 한스럽네. / 恨落日之難留

---

9 나라의 계획. 또는 나라를 경영함
10 세상을 떠난 임금을 비유한 말. 당시 임금 성종이 1494년 12월 24일에 승하하였음을 가리킨다.

9. 삼도부三都賦 – 서序를 아우르다[1]

내가 일찍이 보건대 옛 사람들의 도읍에 관한 작품을 보건대 절묘(絶妙)한 것들이 많다. 반고(班固)의 「양도부(兩都賦)」와 장형(張衡)의 「양경부(兩京賦)」[2], 좌사(左思)의 「삼도부」 등은 기상(氣像)이 크고 넓으며 체세(體勢)가 씩씩하고 뛰어났다. 한위(漢魏) 이래로 오늘에 이르기까지 드물게 있으니 '천하의 걸작'이라고 할 만하다. 그러나 저 후세의 허망(虛妄)한 속임수를 면치 못하였다. 아, 이 몇 사람은 세상에 다시없는 재주를 가지고도 문장을 꾸미는 버릇에 이끌려 황류(黃榴)[3]와 백아(白鴉)[4]처럼 부질없이 속이는 일이 있게 되었으니, 도읍에 관계된 작품이란 짓기 어렵다고 할 수 있다.

    지금 나는 보잘 것 없는 학문[彫蟲之學]을 가지고 반고·장형의 일을 맡았으니, 서시(西施)의 얼굴찡그림[西施之嚬]을 본받으려다가 도리어 모모(嫫母)[5]의 추악함이나 있지 않을까 염려된다. 또 짧은 시간[寸晷] 안에 지지(地誌)를 상고할 수 없으니, 삼도의 산천과 초목의 이름, 궁궐과 조수(鳥獸) 등에 대해서는 역시 앉아서 알 수가 없다. 그러므로 나는 가만히 최자(崔滋)[6]의 「삼도부」[7]를 본받아 먼저 기자(箕子)의 덕을 기술하

---

1 원주(原註)에 "己酉覆試, 十九歲作"이라 하였다.
2 「서경부」와 「동경부」를 말함. 『문선』, 권2 참조.
3 겉은 누렇고 속은 빨간 석류.
4 겉은 하얗고 속은 검은 갈가마귀.
5 황제(黃帝)의 제4비(妃). 얼굴이 못생겼다고 한다.
6 고려 시대의 문신·학자(1188~1260). 자는 수덕(樹德), 호는 동산수(東山). 중서문하평장사(中書門下平章事)를 지냈으며 시문으로 이름이 높았다. 저서에 『보한집(補閑集)』이

고, 다음으로 이전 조정이 방탕한 생활로 망하였음을 언급하며, 그런 뒤에 외람되게도 한양조(漢陽朝: 조선)가 나라를 경영하는 성덕(盛德)을 기록하여 부를 지으려 한다. 비록 이전 사람의 작품을 엿보는데 부족하지만, 풍속과 교화가 어떠한지는 살필 수 있을 것이다. 그 사(辭)에 말한다.

오늘 저녁이 무슨 저녁인가. 푸른 하늘에 구름이 걷혔다. 하늘 바람은 나부끼고 흰 은하수는 실개천을 이루었다. 객(客) 가운데 서경담수(西京談叟)[8]와 송도변생(松都辯生)이 있는데 서로 벗을 삼고 옷소매를 맞대고 다니면서, 회구(懷舊)하는 오랜 생각을 늘어놓기도 하고, 사고(思古)하는 그윽한 정을 말하기도 한다. 천풍(天風)을 끼고 장관(壯觀)을 둘러보다가 한양성에 이르러 이에 쉬게 되었다. 한도주인(漢都主人)이 객을 이끌고 들어가 화려한 내실에 앉히고 환백(歡伯)[9]으로써 취하게 하였다. 그리고는 두 번 절하며 서경담수에게 묻기를 "서도(西都: 평양)의 일을 들려주시겠습니까?"라고 하였다. 이에 서경담수가 다음과 같이 말하였다.

좋습니다. 우리 서도는 발해(渤海)의 동쪽에 있는데, 질펀한 큰 강물이 한

있다.
7 『동문선(東文選)』 권2에 실렸다.
8 삼도를 대표하는 가설의 논객(論客). 최자의 「삼도부」에서는 서도변생(西都辯生)·북경담수(北京談叟)·정의대부(正議大夫)가 등장한다.
9 술을 의인화한 것. 남을 기쁘게 하는 사람이라는 뜻이다. 『역림(易林)』, 「감지태(坎之兌)」 "酒爲歡伯, 除憂來樂."

곳으로 합쳐졌고, 높디높은 큰 산을 짊어지고 있습니다. 멀리 기자(箕子)가 조선후(朝鮮侯)로 봉해진 이후 동방에 문풍(文風)을 떨쳤으니, 홍범구주(洪範九疇)[10]와 팔조교(八條敎)[11]를 베풀어 우리 백성들을 강장(康莊)[12]으로 거두어 들이셨습니다. 드디어 좌임(左衽)[13]의 무리로 하여금 의관(衣冠)을 갖추고 사는 아름다운 풍속으로 변화되도록 하여, 기풍이 순후(淳厚)하고 습속이 아름다운 좋은 세상이 되었으니 호경(鎬京)[14]의 세월이 완연하였습니다. 어찌 산과 계곡만을 믿을 수 있다고 하겠습니까?[15] 진실로 인덕(仁德)이 암암리에 결부된 것입니다. 어찌 잔손(孱孫)[16]의 대가 끊어져 공고하던 기반이 갑자기 기와 깨지듯 하겠습니까? 비록 선성(先聖: 箕子)은 이미 가셨지만, 깨끗한 풍속은 엄연히 어제와 같아 백성들은 지금까지 그 분이 내려주신 은택(恩澤)을 받으니 현송(絃誦)[17]의 소리 들리는

---

10 중국 하(夏) 나라 우왕(禹王)이 남겼다는 정치 이념. 홍범은 대법(大法)을 말하고, 구주는 9개 조를 말하는 것으로, 즉 9개 조항의 큰 법이라는 뜻이다. 우왕이 홍수를 다스릴 때 하늘로부터 받은 낙서(洛書)를 보고 만들었다고 한다. 주나라 무왕(武王)이 기자(箕子)에게 선정의 방안을 물었을 때 기자가 이 홍범구주로써 교시하였다고 한다. 『서경』, 주서(周書), 「홍범」 편에 수록되어 있다. 9조목은 오행(五行)·오사(五事)·팔정(八政)·오기(五紀)·황극(皇極)·삼덕(三德)·계의(稽疑)·서징(庶徵) 및 오복(五福)과 육극(六極)이다.
11 '팔조금법', '금법팔조'라고도 한다. 『삼국지』 권30, 위서(魏書), 「동이전」과 『후한서』 권85, 「동이전」에는 기자(箕子)가 조선에 와서 8조의 교법(敎法)을 만들어 인민을 교화시켰다고 기록되어 있다. 그러나 본디 단군조선의 법금이었다는 설이 유력하다. 팔조법금의 전문은 전하지 않고 3개 조만 『한서』 권28, 「지리지」에 전한다. 즉 ① 사람을 죽인 자는 사형에 처한다. ② 남에게 상해를 입힌 자는 곡물로써 배상한다. ③ 남의 물건을 훔친 자는 데려다 노비로 삼으며, 속죄하고자 하는 자는 1인당 50만 전(錢)을 내야 한다는 것 등이다. ①은 생명에 관한 것, ②는 신체에 관한 것, ③은 재산에 관한 것이다.
12 사방으로 통하고 팔방으로 이르는 큰 길. 『이아(爾雅)』, 「석궁(釋宮)」 "五達謂之康."
13 옷깃을 왼쪽으로 여밈. 중국 변방 민족들의 옷 입는 풍습을 비하(卑下)하는 말로 쓰였다. 『서경』, 주서(周書), 「필명(畢命)」 편 참조.
14 중국 주(周) 나라 때 도읍지. 무왕이 처음으로 정하였다.
15 한 나라(또는 도읍지)는 산천이 험준한 것만 가지고는 지켜지지 못한다는 뜻.
16 가냘프고 매우 약한 자손.

것이 끊어지지 않고 있습니다. 이 서도의 한 구역은 보통의 묵은 자취[陳迹]와는 다른지라 산천을 어루만지며 큰 소리로 노래 부르고, 밝은 덕을 생각하며 마음 아파합니다.

한도주인이 이에 말을 듣고는 기뻐하며 그 내용을 차고 있는 큰 띠[紳]에 적으려 하였다. 이때 송도변생이 중경(中京: 개경)의 풍성함을 자랑하려고 이에 한도주인에게 다음과 같이 말하였다.

들건대, 하늘은 해와 달로써 벼리[紀]를 삼고 땅은 사해(四海)로써 벼리를 삼는다 합니다. 함양(咸陽)[18]이 왕자(王者)의 마을이 되었고 낙읍(洛邑: 낙양)이 제왕(帝王)의 고향이 되었습니다. 반고의 「양도부」에서 도읍지의 중요한 부분을 발췌(拔萃)해 놓았고, 장형의 「양도부」에서 이들 도읍지를 표명(標名)하였거늘, 그대는 송도(松都)의 일에 대해 들어보지도 못했단 말입니까? 그대를 위해 진술할까 합니다. 아, 혁혁(赫赫)하신 고려 태조께서 삼국을 통일하여 빛나게 도읍을 세웠으니 이곳이 바로 송경(松京)입니다. 울창한 청송(靑松)과 우뚝한 고성(高城)이 특징입니다. 높이 솟은 궁실은 하늘도 버틸만하며 어지럽게 짖어대는 닭소리 개소리는 가까이에서 들을 수 있습니다. 긴 제방과 자맥(紫陌)[19]은 구불구불 이어져 있고, 노래하고 춤추는 아이들은 뒤섞여 놀고 있습니다. 평평한 언덕에서의 사냥을

---

17 거문고를 타면서 시를 읊음. 부지런히 학문을 닦고 교양을 쌓음을 비유적으로 말한 것이다. 『논어』, 「양화(陽貨)」 "子之武城, 聞弦歌之聲. 夫子莞爾而笑曰, 割鷄焉用牛刀."
18 중국 진(秦) 나라 때의 수도.
19 임금이 사는 서울의 거리.

장엄하게 하였고 후궁(後宮)의 번화함이 최고조에 달하도록 하였습니다. 공자왕손(公子王孫)은 마음껏 즐겁게 놀고, 경희옥녀(瓊姬玉女)[20]는 꽃처럼 아름답습니다. 금릉(金陵: 남경)의 호화로움에 비길 만하며, 진관(秦關)[21]의 좁고 험한 요새지도 거꾸러뜨릴 정도입니다. 바람과 물 같이 넓디넓고 끝이 없으니 아! 만족할 정도로 자세히 설명할 수 없습니다. 산천이 씩씩하고 굳건함을 보건대 실로 왕자(王者)가 납실 곳이라 하겠습니다.

말이 끝나기도 전에 한도주인이 화가 나 좋지 않은 기색으로 다음과 같이 말하였다.

객의 말씀이 과하십니다. 옛날 서도빈(西都賓)[22]이 말장난을 하다가 동도주인(東都主人)에게 업신여김을 당하고, 빙허공자(憑虛公子)는 사치를 좋아하다가 안처선생(安處先生)에 욕을 당하였으니,[23] 이 또한 옳지 않겠습니까? 내가 듣건대 나라를 견고하게 하는 것은 중험(重驗)한 지세를 가지고 하는 것이 아니고, 나라를 일으키는 것은 반드시 덕으로써 한다고 합니다.[24] 이런 까닭에 기준(箕準)[25]의 문란한 생활은 천 년의 기틀을 풀숲

---

20 아름다운 여자.
21 진나라 때의 관문. 함곡관(函谷關). 하남성 영보현(靈寶縣)에 있다. 지형이 험난한 난공불락의 요새로 전국시대에 진(秦)에 의해 축성되었다.
22 장형의 「양도부」에서 동도주인과 함께 등장하여 이야기를 풀어가는 가설(假設)의 인물.
23 빙허공자와 안처선생은 장형의 「서경부」에 등장하는 가설적 인물이다. '안처'는 '하처(何處)'의 뜻으로, 일정한 정처가 없는 것을 말한다.
24 『동문선』 권2, 최자(崔滋), 「삼도부」에서는 "나라를 굳건하게 함은 산하로써 하는 것이 아니다(固國不以山河). 덕에 있고 험에 있지 않다(在德不在險)"고 하였다.
25 기자조선의 마지막 임금. 중국 전한 때 연인(燕人) 위만(衛滿)에게 쫓겨나 남쪽으로 도망하여 지금의 전라북도 익산에 마한(馬韓)을 세웠다고 한다.

에 묻히게 했고, 신우(辛禑)²⁶의 백성 학대는 조계지업(操鷄之業)²⁷이 구름처럼 사라지도록 하였습니다. 저 두 도읍지가 폐허로 변한 것은 한 번 껄껄 웃어넘기기에 부족합니다. 그대는 어찌해서 유독 한양조의 성대한 제도만 듣지 못하였습니까?

고려 말엽 판탕(板蕩)²⁸의 시기를 당하여 전쟁[干戈]이 그치지 않았습니다. 문관은 안일을 추구하고 무관은 희희낙락하였으며, 윗사람은 아랫사람을 업신여기며 아랫사람은 윗사람을 중상 모략하였습니다. 아래 백성들이 우러러 하늘에 하소연하니 상제(上帝)께서 노하시어 감독자를 내려보냈고, 이에 성조(聖祖: 태조)에게 명령을 보내 뭇 생명체의 명벽(明辟)²⁹이 되게 하시었습니다. 성조께서 이에 꿈속에서 금척(金尺)³⁰을 받으시었고 하늘과 사람을 잘 화합시켜 정책을 결정하셨습니다. 드디어 (성조에게) 구우(區宇)³¹를 재건하여 해와 달이 다시 빛나도록 함으로써 마침내 한수(漢水)의 북쪽에 도읍을 정하게[定鼎]게 되었습니다. 장할시고, 땅의 형세는 하늘이 열어주고 땅이 베풀어주심에, 그 수선(首善)³²의 땅과 호협(豪

---

26 고려 제32대 임금(재위 1374~1388).
27 고려 태조 왕건이 후삼국을 통일하고 개성에 도읍을 정한 것을 말한다. 후량(後梁) 말제(末帝) 정명(貞明) 3년(917) 3월에 객상(客商) 왕창근(王昌瑾)이 저잣거리에서 어떤 노인에게 거울을 샀는데, 그 거울에 "상제가 아들을 진한과 마한에 내려 보내 먼저 닭을 잡고 뒤에 오리를 칠 것이다"(上帝降子於辰馬, 先操雞後搏鴨)는 등의 내용이 들어 있었다고 한다(『고려사』 권1, 「太祖世家」). 여기서 '조계(操鷄)'는 왕건이 계림을 차지한다는 뜻이고, '박압(搏鴨)'은 영토를 압록강까지 넓힐 것이라는 뜻이다.
28 정치를 잘못하여 나라가 어지러움을 이르는 말. 『시경』, 대아(大雅)의 「판(板)」과 「탕(蕩)」 두 편이 모두 어지러운 정사(政事)를 읊은 데서 비롯되었다.
29 현명한 임금. 『서경』, 주서(周書), 「낙고(洛誥)」 "周公拜手稽首曰, 朕復子明辟."
30 태조 이성계가 꿈 속에서 신인(神人)에게 황금으로 만든 자[尺]를 받았다는 '몽금척(夢金尺)' 고사.
31 일정한 구역 안. 여기서는 조선을 가리킨다.
32 교화의 근원. 서울 또는 태학(太學)을 가리킨다. 『한서(漢書)』 「유림전(儒林傳)」에 "교

俠)의 굴(窟)³³은 사방 사람들이 모여드는 곳이요 풍습과 교화가 나오는 곳입니다. 앞에 있는 남산은 높고 높으며 뒤에 있는 북악(北岳)은 높고도 험준하니, 참으로 천부(天府)³⁴의 승지(勝地)요, 열성(列聖)이 대를 이어 전할 만한 곳이라 하겠습니다. 지금 성주(聖主)께서 위에 계시어 선왕의 도를 잘 계승하고 잘 발전시키며, 우임금의 낮은 궁궐[卑宮]을 본받으시고,³⁵ 주서(周書)의 「무일(無逸)」³⁶ 편을 세심하게 살피십니다. 오직 인자(仁者)와 덕인(德人)이라야 이곳에 자리를 잡는 법이니, 어찌 산과 계곡의 형세만 가지고 말할 수 있겠습니까? 우주 만물은 양춘(陽春)처럼 성하고, 천지는 옥촉(玉燭)³⁷처럼 고르니, 성자(聖子)와 신손(神孫)이 만세를 전하여도 뽑히지 않는 땅이 되도록 할 것입니다. 그러니 저 오백년 송도의 터전과 팔백년 서경의 왕업을 어찌 같은 자리에서 말할 수 있겠습니까?

이에 송도변생은 두리번거리다가 실망한 모습으로 뒷걸음치면서 자리를 피하며 "만약 한도주인께서 나를 가르쳐주지 않았더라면, 나는 아마도 초파리[醯鷄]가 밝음을 모르고 사는 꼴³⁸이 되었을 것입니다"고

화를 행할 때 수선(首善)을 서울에 세워야 된다"고 하였다.
33 서울은 호쾌하고 의협심 있는 사람들이 모이는 곳이라는 말.
34 천자(天子)의 곳집. 또는 비옥하여 산물이 풍부한 땅. 천부지토(天府之土).
35 공자가 말하기를 "우임금은 내가 흠잡을 수 없도다. 음식은 박하게 먹으면서 귀신을 섬기는 제사에는 효성을 극진히 하며, 의복은 검소하게 입으면서 제사에 착용하는 불과 면류관은 아름다움을 극진히 하며, 거처하는 궁실은 나직하게 지어 살면서 치수 사업에는 힘을 다하였으니, 우임금은 내가 흠잡을 수 없도다"(禹吾無間然矣, 菲飮食而致孝乎鬼神, 惡衣服而致美乎黻冕, 卑宮室而盡力乎溝洫, 禹吾無間然矣)고 하였다. 『논어』 「태백(泰伯)」 참조.
36 『서경』의 한 편명. 주공이 조카 성왕(成王)에게 안일(安逸)에 빠지지 말 것을 당부하는 내용이다.
37 사철의 기후가 고르고 해와 달이 훤히 비치는 것을 말함.

하였다. 이에 더불어 서로 다음과 같이 노래하였다.

> 평양성엔 달이 밝고
> 송도에는 구름이 난다.
> 옛 도성에 사람이 없으니
> 내 누구와 함께 돌아갈꼬?

다시 다음과 같이 노래하였다.

> 성인이 일어나니 황하의 물이 맑아졌네.
> 서경과 개경은 무너지고 한양이 열렸네.
> 일찍 돌아왔네. 청운(靑雲)의 길이!
> 내 몸이 춘당대(春塘臺)[39] 오른 줄도 모르겠네.

---

[38] 항아리 속의 초파리는 곧 견식이 아주 좁은 사람을 비유한 말이다. 공자가 노담(老聃: 老子)을 만나보고 나와서 안회(顔回)에게 이르기를 "나는 도에 대해서 마치 항아리 속의 초파리 같았구나. 부자께서 그 항아리의 덮개를 열어 주지 않았더라면 나는 천지의 위대한 참된 모습을 모를 뻔하였다"(丘之於道也, 其猶醯雞與! 微夫子之發吾覆也, 吾不知天地之大全也)고 한 데서 온 말이다. 『장자(莊子)』「전자방(田子方)」참조.
[39] 창덕궁 영화당(映花堂) 동남쪽에 있는 대(臺). 과거 시험장으로 자주 사용되었다. 춘당대시(春塘臺試)가 별도로 열릴 정도였다.

三都賦 并序

愚嘗觀古人都邑之作, 黃絹幼婦[40]者多矣. 至如班固兩都, 張衡兩京, 左太冲三都等賦, 氣局軒豁, 體勢雄偉. 自漢魏以來, 至于今罕有之, 可謂天下之傑作矣. 然未免夫後世虛妄之欺. 嗟乎! 此數人, 以不世之才, 牽於文章之癖, 而有黃榴白鴉之虛誣. 都邑之作, 亦可謂之難矣. 今愚以彫蟲之學, 任班張之事, 得無爲學西施之嚬, 而反有嫫母之惡乎? 且夫寸晷之下, 不可得考地誌, 則於三都之山川草木之名, 宮闕鳥獸之類, 亦不可坐知矣. 故愚竊效崔滋三都之作, 先述箕子之德, 次及前朝荒淫以亡[41], 然後濫記漢都經營之盛德爲賦. 雖不足窺前人之作, 亦可觀風化之何如也. 其辭曰:

今夕何夕, 雲斂碧天. 天風翩翩, 明河涓涓. 客有西京談叟・松都辯生, 相與爲友, 連袂而行. 據懷舊之蓄念, 發思古之幽情[42]. 挾天風以壯觀, 至漢都而乃息. 漢都主人, 引客而入. 坐以華堂, 醉以歡伯. 再拜問於談叟曰:「西都之事, 可得聞歟?」 叟曰:「諾! 惟我西都, 在海之東. 襟大江之溶溶, 負巨岳之崇崇. 緬箕子之受封, 振文風於東方, 陳九疇與八條, 納斯民於康莊. 遂令左衽之徒, 變爲衣冠之俗, 懿風淳而俗美, 宛

---

40 절묘(絶妙)의 은어(隱語). 중국 후한 말엽 조조(曹操)가 양수(楊修)와 함께 길을 가다가 조아비(曹娥碑)에 '황견유부외손제구(黃絹幼婦外孫韲臼)'란 8자의 은어가 있는 것을 보았다. 양수는 그 말의 뜻을 바로 알아차렸으나 조조는 30리를 더 가서야 깨달았다. '황견'은 색실[色絲]이니 '절(絶)'이고, '유부'는 소녀(少女)이니 '묘(妙)'이며, '외손'은 딸의 자식[女子]이니 '호(好)'이고, '제'는 매운[辛] 부추이고 '구'는 받는 것[受]이니 '사(辭)'가 된다. 이것을 합치면 절묘호사(絶妙好辭)란 말이다. 『세설신어(世說新語)』, 「첩오(捷悟)」 참조.
41 亡: 1914년판 『한재집』에는 '三'으로 되어 있으나 잘못이다.
42 據懷舊之蓄念 ~: 반고의 「서도부(西都賦)」에서 인용하였다.

鎬京之日月. 豈山谿之足賴, 諒仁風之暗結. 何屛孫之不繼, 奄鞏基之瓦裂. 雖先聖之已矣, 儼淸風之如昨, 民到今受其賜兮, 聞絃誦之不絶. 玆西都之一區, 異尋常之陳迹. 撫山川以浩歌, 念明德兮傷神」主人於是, 聞言而喜, 將書其紳[43]. 松都辯生, 亦欲誇[44]以中京之豐. 乃言於主人曰:「蓋聞天以日月爲紀, 地以四海爲綱[45]. 咸陽爲王者之里, 洛邑爲帝王之鄕. 拔萃於班固之賦, 標名於張衡之筆. 子亦聞松都之事乎? 請爲子陳之. 於赫麗祖, 合三爲一. 赫矣建都, 是爲松京. 鬱鬱靑木, 屹屹高城. 聳宮室之撐天, 紛鷄犬之相聞. 長堤紫陌之逶迤, 歌童舞兒之繽紛. 壯平臯之遊畋, 極後宮之繁華. 公子王孫之遨遊, 瓊姬玉女之如花. 擬金陵之豪華, 倒秦關之險阻. 風流之浩浩無涯, 羌[46]難得而備說. 覽山川之壯固, 實王者之攸御」言未訖, 主人艴然[47]不悅曰:「客之言過矣. 昔者, 西賓言戲而受侮於東主, 憑虛好奢而見辱於安處, 不亦宜乎? 吾聞固國不以險, 興邦必以德. 是以, 箕準荒淫, 千年之基草沒. 辛禑[48]虐民, 操鷄之業雲滅. 彼兩都之爲墟, 曾不滿夫一噱, 子獨不聞漢都之盛制乎? 當其麗季板蕩, 干戈不息, 文恬武嬉, 上陵下讒. 下民仰而上訴[49], 上帝怒而降監, 乃致命乎聖祖[50], 作生靈之明辟. 聖祖於是, 授[51]金尺於

---

43 『논어』「위령공(衛靈公)」"子張問行, 子曰: 言忠信, 行篤敬, 雖蠻貊之邦, 行矣. …… 子張書諸紳"에서 나온 말이다.
44 誇: 1914년판『한재집』에는 '謗'로 되어 있으나 잘못이다.
45 天以日月爲紀 ~: 좌사(左思),「촉도부(蜀都賦)」에서 인용하였다.
46 羌(강): 발어사.
47 艴然(혁연): 얼굴빛이 새빨갛다. 화난 모양.
48 禑:『이평사집』에는 '隅'로 되어 있으나 잘못이다.
49 上訴: 1914년판『한재집』에는 '訴上'으로 되어 있으나 잘못이다.
50 下民仰而上訴 ~: 반고,「동도부」의 "下人號而上訴, 上帝懷而降監, 乃致命乎聖王"이라 한

夢寐, 協天人以決策. 遂使區宇再造, 日月重光, 于以定鼎于漢之陽. 壯哉地勢, 天闢地設爾. 其首善之地, 豪俠之窟, 四方之所輻輳, 風化之所由出. 前南山之崔嵬, 後北岳之嶄巖[52]. 眞天府之勝地, 宜列聖之相傳. 今聖主之在上, 乃善繼而善述, 法夏禹之卑宮, 察周書之無逸. 惟仁德焉是宅, 何山谿之足說? 宇宙郁兮陽春, 乾坤調兮玉燭. 俾聖子與神孫, 傳萬世而不拔. 然則彼五百年松都之基, 八百載西京之業, 又烏可與言於今日哉?」辯生於是, 矍然失容, 逡巡避席[53]:「儻非主人之誨我, 吾其爲醯雞之燭朥也」乃相與歌曰:「平城月明, 松都雲飛. 故國無人, 吾誰與歸」再歌曰:「聖人作兮河水淸, 兩京破兮漢都開. 早歸來兮靑雲路, 不知此身之登於春臺也」

데서 인용하였다.
51 授: '受'로 되어야 할 듯하다.
52 嶄巖(참전): 험준한 산꼭대기.
53 矍然失容, 逡巡避席: 『문선』 권1, 반고, 「동도부」에 나온다. "矍然失容, 逡巡降階."; 문맥상으로 보면 '避席' 다음에 '曰' 자가 빠진 듯하다.

오언절구

1. 조여숙[1]과 청일암에서 글을 읽고 판창板窓에 쓰다
   與趙與叔讀書于淸日庵 題板牕

   비는 강 가 나무에서 개고
   구름은 하늘 밖 먼 산에서 생긴다.
   생각은 도로 성곽[2] 안에 들다니
   눈 감고 고요히 그려본다.

   雨歇江邊樹　雲生天外山
   念茲還入郭　瞑目靜來看

---

1 조선 성종 때의 문신 조광림(趙廣臨: 1463~1494)을 가리킴. 자는 여숙(與叔). 본관은 한양(漢陽)으로 김산군수(金山郡守) 조훈(趙勛)의 아들. 생원시에 급제하였고 이어 김일손과 함께 동방급제(同榜及第)하여 봉상시 봉사(奉常寺奉事)를 지냈음.『대동야승』권 19,「조광림전」참조.
2 도성(都城)의 성곽을 가리킴.

2. 을묘년(1495) 과거에 급제한 뒤 옥당玉堂[3]의 여러 선생들이 '청운기초려靑雲起草廬'[4]라는 글귀에 차운(次韻)하도록 명하기에 빠르게 짓다
乙卯登科後 玉堂諸先生 命次靑雲起草廬韻 走筆

계수나무는 항아전에서 꺾었고[5]
용은 제갈량의 초막에서 이루어졌네.[6]
십년 동안 요순(堯舜)의 꿈꾸었건만
오늘은 취했다 깬 나머지일세.[7]

桂折姮娥殿　龍成諸葛廬
十年堯舜夢　今日醉醒餘

3　홍문관(弘文館)의 별칭.
4　'푸른 구름이 초가에서 일어나다'라는 뜻이다. 이 시는 본래 고려 말기의 문인 이공수(李公遂)가 지은 시 「하제증등제자(下第贈登第者)」 "백일이 금방에 비치는데(白日明金榜)/ 청운이 초려에 일어나도다(靑雲起草廬)/ 어찌 알리요 광한전의 계수나무가(那知廣寒桂)/ 아직도 한 가지 남아 있는 줄을(尙有一枝餘)"이라 한 데서 나왔다(『동문선』, 권19). 다섯 명에게 '청운기초려(靑雲起草廬)' 가운데 각각 한 자씩을 운자(韻字)로 주어 시를 짓게 한 것이다.
5　계수나무를 꺾는다는 말은 과거에 급제함을 이른다.
6　와룡선생(臥龍先生)으로 불렸던 제갈량(諸葛亮)의 고사.
7　과거에 급제하기 이전에는 일구월심 요순의 세상을 꿈꾸었는데, 오늘 옥당 선배들 앞에서는 자신의 포부를 다 진술하지 못했다는 뜻.

칠언절구

1. 봄날 회포를 써서 불린자不磷子 완익完翼[1]의 책상머리에
   오언절구 연두체連頭體[2]를 바치다.
   春日書懷 呈不磷子完翼之案頭 五絕連頭體

   날이 따뜻하고 바람이 화창하여 봄 기분 한껏 난다.
   그대에게 묻노니, 무슨 일로 서로 찾지 않았는가.
   베옷 입고 떠도는 신세일지라도 마음만은 장대하니
   우리 손잡고 청운을 바라보며 고금을 이야기 하세나.

   日暖風和春意深 問君何事不相尋
   布衣流落心猶壯 携手看雲話古今

   고금을 이야기 하고자 하나 불편해 할까봐[3]

---

1 누구인지 자세히 알 수 없음.
2 시 여러 수를 한 데 모은 것. 각각 독립된 형태를 취하면서도 내용은 첫 수부터 끝 수까지 이어져 있다.
3 한재가 유배 중이므로 고금의 역사를 빗대 국정을 비판하는 것이 불편할 것이라는 뜻

그대 기다리며⁴ 먼지 앉은 책 툭 털어보려네.

독서 가운데 최고의 즐거움은 『주역』만한 게 없지.

희문(羲文)⁵까지 보니 의도가 오묘하기도 하다.

欲話古今恐未便 待君深欲理塵編⁶

此中最樂無如易 看到羲文用意玄

마음 씀이 현현(玄玄)함은 내 마음 같구나.

미분(微分)⁷에 안주하여 운림(雲林)에 눕고 싶어라.

밭 갈고 우물 파며 물고기 잡고 땔나무하는 것으로 족하니

처자의 손잡고 옛 거문고 가락이나 배우려네.

用意玄玄亦若心⁸ 願安微分臥雲林

耕田鑿井漁樵足 妻子相携學古琴

고금(古琴)을 배울 적에 어버이 기뻐하시더니

이다.
4   상대가 마음 열기를 기다린다는 말.
5   복희씨(伏羲氏)가 그렸다는 팔괘(八卦)를 말함. 여기서는 문자 이전의 역(易)을 가리킨다.
6   理: 1914년판 『한재집』의 인쇄 상태가 좋지 않아 '매(埋)'자로 보기도 하나, '리(理)' 자가 옳다.
7   보잘 것 없는 분수, 또는 신분.
8   1914년판 『한재집』에는 '역(亦)'이 '적(赤)'으로 되어 있다.

우리 형제 머리칼이 반백(斑白)이로세.

내 소원은 이에 지나지 않거늘

웬일로 초택(楚澤)⁹에서 난을 읊조려야 할까.

學古琴時父母歡　吾兄吾弟髮班班

仲雍所願不過此　底事來吟楚澤蘭

장란(長蘭)을 캐고 캐 갓에 가득 꽂다가

강남에 해 떨어지니 내 옷이 차갑구나.¹⁰

요순천하 훈훈(薰薰)한 때를 못 만났으니

그저 보통 백성으로 간주될 수밖에.

採採長蘭挿滿冠　江南日落我衣寒

未逢堯舜薰天下　空被尋常百姓看

9　초택행음(楚澤行吟)의 고사에서 나온 말. 초택은 중국 초(楚) 나라 굴원(屈原)이 귀양을 가서 노닐었던 곳으로 여기서는 한재가 귀양을 갔던 것을 이른다. 일찍이 초나라의 삼려대부(三閭大夫)인 굴원(屈原)이 참소를 입고 쫓겨났는데, 그가 지은 「어부사(漁父辭)」에 "굴원이 쫓겨나 강가에서 노닐고 못가를 거닐면서 시를 읊조림에 안색이 초췌하고 형용에 생기가 없었다"(屈原既放 游於江潭 行吟澤畔 顔色憔悴 形容枯槁)고 하였다.

10　성종이 세상을 떠난 뒤 수륙재 문제로 공주에 귀양간 것을 가리킨다.

2. 압구정에서 『주역』을 읽다
讀易狎鷗亭

내 마음 희황(羲皇)¹¹ 이전¹²으로 보내며 노닌다.
어떤 사물에도 마음이 없는 게 다시 근심이다.
작은 배에서 『주역』을 읽다가 연사(煙沙)¹³가 가까워지니
조는 갈매기 깨울까봐 큰 소리 내지 않는다.

心送羲皇以上遊　無心何物更爲愁
小舟讀易煙沙近　不敢高聲驚睡鷗

----

11 중국 고대 신화에 나오는 복희씨의 별칭. 삼황오제(三皇五帝)의 한 사람이다.
12 복희씨에 의해 처음으로 괘(卦)가 그어지기 이전의 역리(易理)를 말한 듯.
13 안개 낀 모래사장.

3. 눈이 갠 뒤 함흥 낙민정에 오르다[14]
雪霽登咸興樂民亭

오척[15]의 성 동쪽에 큰 내[16]가 가로질렀군.

정자에 오르니 눈갠 맑은 하늘이 가장 좋네그려.

온 세계가 옥빛으로 변한 것을 볼 것 같으면

이 모두가 봉래산 꼭대기 신선세계인가 하네.

尺五城東橫大川　登臨最愛雪晴天

若看世界皆爲玉　摠是蓬萊頂上仙

14　이 시는 한재가 영안남도 병마평사로 있던 1496년에 읊은 것으로 추정된다.
15　『신증동국여지승람』 권48, 함흥부(咸興府), 〈성곽〉 조에 의하면 "읍성은 주위가 4,633척이고 높이가 6척이다"고 한다.
16　성천강(城川江)을 가리킨다.

4. 권안대權安代 석지石池 가에서 계운季雲[17]과 밤에 술 마시며
   회포를 풀다
   權安代石池上 與季雲夜飮書懷

온갖 감회는 가을 온 뒤 이 밤에 많으니
고상한 말 뇌락(磊落)하여 성하(星河)[18]를 움직일 정도네.
그대에게 말하노니, 공명(功名)에 관한 일 이야기 마오.
어디라도 청산이니 못살기야 하겠는가.

百感秋來此夕多　高談落落動星河
憑君莫話功名事　何處靑山不可家

---

17 탁영 김일손의 자.
18 뭇별과 은하수.

5. 딱따구리

啄木

숲 속에서 딱따구리가 높이 난다.
색동저고리 빛나고 짧은 치마 붉기도 하다.
한스럽다. 그대는 백성을 침노하는 좀은 쪼지 않고
빈 산 나무 구멍에 사는 벌레만 쪼는건가.

啄木矯飛萬木中　斑衣璀璨短裳紅
恨渠不啄侵民蠹　只啄空山樹穴蟲

6. 영덕현령으로 부임하는 권향지權嚮之[19]를 전송하다[20]
送權嚮之赴任盈德縣令

걸군(乞郡)[21]은 다름 아닌 어버이를 위함이라니
옥당(玉堂)의 학사는 인간 세상에 귀양 온 사람이라.
십년 동안 요순의 군민(君民)을 만들려고 계획했으니
남녘 고을에 '백리의 봄'[22]을 만들고도 남겠구려.

乞郡無他只爲親　玉堂學士謫仙人
十年堯舜君民計　剩作南州百里春

단풍 들고 하늘 높은 가을이건만 온갖 병이 들어
술 한 잔 권하지 못하여 눈물로 수건 적시네.
천애(天涯)[23]에서 백발 될지라도 누군들 꿈이 없으랴마는.
벼슬길에서 그대 같은 사람 몇이나 될까.

黃葉高秋百病身　一杯未進淚沾巾
天涯白髮誰無夢　宦海如君有幾人

---

19 한재의 동문인 수헌(睡軒) 권오복(權五福)의 자.
20 권오복의 『수헌집』 권3, 부록에 실린 이 시의 제목은 '송권향지부야성(送權嚮之赴野城)'으로 되어 있다. 『수헌집』에 따르면 연산군 2년(1496)에 양친(養親)을 이유로 영덕현령에 부임한 것으로 되어 있다.
21 조선시대 문과에 합격한 사람으로서, 노부모가 있을 때 부모를 봉양하기 위하여 고향의 수령이 될 것을 주청(奏請)하던 일.
22 태평스러운 낙토(樂土)를 비유한 말.
23 하늘 끝. 여기서는 멀리 떨어진 타향을 가리킴.

7. 봄날 술을 권하며
春日勸人酒

봄꽃은 불[火] 같고 대기는 연기 같네.

연기와 불이 충만하여 인간 세상에 온통 열기일세.

이런 날 잔 속의 물건[酒]이 없다면

천하 사람이 다 사마상여처럼 소갈병[24]으로 죽으리.

春花如火氣如煙　煙火遍滿人世熱

此日若非杯中物　天下皆死相如渴

---

[24] 중국 전한(前漢) 때 문장가인 사마상여(司馬相如)는 효문원령(孝文園令)을 지냈는데 소갈증을 앓다가 죽었다고 한다. 당(唐)의 두목(杜牧)의 시에 "문원이 소갈증이 생겨 시를 읊지 못했다"는 구절이 있다. 소갈증은 목마름이 심한 병이다. 『사기』 권117, 「사마상여열전」 참조.

8. 향렴[25] 두 수
香奩 二首

난경(鸞鏡)[26]을 돌려 잡고 사창(紗窓)을 밀치니
붉은 비 소리 없이 뜰 앞에 진다.
바람 앞에 서글퍼져 시름으로 말없는데
지붕 머리 조각달 떠오른 강남의 저녁일세.

反把鸞鏡排紗窓　無聲紅雨庭前落
臨風惆悵愁不語　屋頭片月江南夕

아이 데리고 옥섬돌 오르니 몇몇 꽃들이 피었네.
머리 끄덕여 인사하느라 금비녀 떨어지는 줄도 몰랐네.
제비는 쌍쌍이 날아들고 꾀꼬리는 오지 않는데
산호 주렴(珠簾) 밖엔 버들개지 날리는 저녁일세.

牽兒玉砌數開花　點頭不覺金釵落
燕子雙雙鶯不來　珊瑚簾外楊花夕

---
25 향렴체의 준말. 향을 담는 상자라는 뜻으로, 미인에 관한 일을 읊은 시의 한 체.
26 난새를 새긴 거울.

9. 김인로가 과거에 장원급제함을 축하하다[27]
賀金仁老魁科

몇 줄의 단조(丹詔)[28]는 햇빛가에 빛나고
만리 청운은 다리 밑에 길게 뻗었네.
방정함과 곧은 말은 그대가 제일이니
동생(董生)의 삼책[29]이 현량(賢良)[30]으로 마땅하네.

數行丹詔日邊光 萬里靑雲脚底長
方正直言君第一 董生三策應賢良

---

[27] 원주: "인로는 김천령(金千齡)이다. 병진년에 과거에 장원급제하였다"(仁老, 金千齡也. 丙辰科龍頭) 김천령(1469~1503)의 자는 인로(仁老)요 본관은 경주이다. 판윤(判尹) 종순(從舜)의 손자이고, 통판(通判) 치세(致世)의 아들이다. 성종 20년(1489) 진사시에 급제한 뒤 연산군 2년(1496) 식년문과에 장원하였다. 성균관 전적과 이조좌랑을 거쳐, 1498년에는 사가독서(賜暇讀書)하였다. 주로 대간(臺諫)으로 있으면서 강직한 언론(言論)으로 칭송을 받았다.

[28] 붉은 글씨로 쓴 임금의 교서(敎書).

[29] 중국 전한 때 광천(廣川)에 살았던 동중서(董仲舒)가 한무제(漢武帝)의 물음에 삼대책(三對策)을 올렸는데, 이 글로 무제의 신임을 얻어 강도상(江都相)이 되었다고 한다.『사기』권121,「유림열전(儒林列傳)」참조.

[30] 현량대책(賢良對策)의 준말.

오언율시

1. **왜 봄인가**(두 수)
   春所以 二首

   왜 봄인가 보고 싶어
   지팡이 짚고 작은 정원을 거닐었네.
   가느다란 풀은 그늘에서도 푸르고
   옛 등걸의 복사꽃은 양지에서 붉게 피었네.
   버드나무 아니지만 꾀꼬리 노래 부르고
   아이들은 춤추며 파피리[蔥笛] 부는구나.
   누가 하나의 원기에게 명령하였기에
   자연의 만물이 저토록 풍성할까.

   欲觀春所以　拄杖小園中
   纖草陰生綠　古桃陽處紅
   鶯歌雖欠柳　兒舞[1]已吹蔥
   誰令一元氣　自然物物豐

왜 봄인가 보고 싶지만

애애(靄靄)²한 풍경 형용하기 어려워라.

느릿한 한낮의 닭소리³ 멀리서 들려오고

나직히 가득찬 구름과 나무가 짙구나.

꽃향기는 천리에 비 내리는 양하고

돛 그림자 강바람에 흔들거린다.

황홀하구나! 꿈같은 봄 경치

누가 본떠 그려낼 화공이더냐.

欲觀春所以　靄靄難名容

緩慢午鷄遠　低迷雲樹濃

花香千里雨　帆影一江風

恍惚乎如夢　誰能摸寫工

1　1914년판 『한재집』에는 '무(舞)'가 '무(無)'로 되어 있다. '무(舞)'가 옳다.
2　아지랑이가 자욱한 모양.
3　대낮에 적막을 깨뜨리는 상징적인 소리.

2. 가을밤의 느낌
秋夜有感

해지니 가을 하늘 금세 어두워지고
비바람 소리에 닭울음 들려온다.
세상사람 명리(名利)에 취해 있지만
우리 도는 고금(古今)에 깨어 있다.
낭묘(廊廟)[4]를 강산 저 멀리에 두고
시서(詩書)로써 문호를 맑게 하려는데
어버이 모두 백발이시니
어느 겨를에 여정(餘情)을 말하랴.

日落秋天黑　鷄呼風雨聲
世人名利醉　吾道古今醒
廊廟江山遠　詩書門戶淸
雙親俱白首　何暇道餘情

4　국정을 살피는 조정의 건물.

3. 가을날 새벽 달빛 아래 중정中庭에서 혼자 술 마시며 회포를 적다
秋曙有月 中庭獨酌有懷

달이 솟았다고 아이가 알리기에
술 단지 끼고 홀로 중정(中庭)에 앉았다.
임하(林下)에서 절로 늙어 가는 몸
어찌 못가에서 깬[醒] 채로 살아야만 하나.[5]
뇌락한 별들은 새벽녘에 빛나고
창망한 강해는 정겹기만 하다.
빈궁하거나 현달하는 일은
분수 밖의 일이니 정신 쏟지 않으려네.

月出兒來報　携樽獨坐庭
自然林下老　何必澤邊醒
磊落星辰曉　蒼茫江海情
貧窮賢達事　分外且無營

---

[5] 굴원(屈原)처럼 반드시 깨어 있을 것은 없고 세상의 추이(推移)에 따르는 것이 좋다는 뜻.

4. 산에 들어가다

　入山

멀리 산촌에 닭이 새벽을 알리니

병객이 소성(疏星)⁶을 이고 길을 나선다.

산길은 구름 속을 뚫은 듯 가늘디가는데

강물은 바위에 부딪쳐 사납게 운다.

땔나무꾼은 범 발자국을 따르고

숲의 새는 노젓는 소리에 제멋대로 지저귄다.

해 뜨니 산 안개가 뿌연한데

유거(幽居)의 즐거움이 태평스러워 보인다.

遠村鷄報曉　病客戴疏星

山逕穿雲⁷細　江流戰石鳴

樵人隨虎跡　林鳥任櫓聲

日出山煙白　幽居似太平

6　드문드문 보이는 새벽별.
7　1914년판 『한재집』에는 '운(雲)'이 '설(雪)'로 되어 있다.

5. 새벽에 청강淸江의 여울을 건너다
曉涉淸江灘

내가 청강을 건너는데
강은 새벽별들을 삼켰구나.
말발굽은 새벽달을 깨뜨리고
사람 말소리 강가의 잘 새를 놀라게 하네.
건너편에 닿았지만 시골길이 헷갈리는데
구름 너머로 비질하는 소리 들려온다.
다시 시냇물 찾아 들어가니
고목이 산과 함께 평평도 하구나.

我路淸江上　江吞未落星
馬蹄殘月破　人語渚禽驚
及岸迷村逕　隔雲聽箒聲
更尋溪水去　老木共山平

6. 사제舍弟 미지微之[8]가 개성으로 독서하러 떠나는데 전송을 하다
   送舍弟微之之松京讀書

   이씨 가문은 스스로 문학에 힘써
   책을 좋아하고 재물을 좋아하지 않네.
   어버이는 이미 백발이신데
   나와 너는 아직 유생(儒生) 신분이구나.
   학의 꿈은 바위에 선 노송나무에서 깊고
   차 연기는 골짜기 달빛 그늘에서 피어오른다.
   거기는 간절하게 도를 구하는 곳
   구름 떠 있는 산만 보지는 말지어다.

   李氏自文學　愛書不愛金
   爺孃已白首　吾汝猶靑衿
   鶴夢巖松老　茶煙洞月陰
   慇懃求道處　且莫看雲岑

8　부주: "미지는 공의 아우 진(稹)이다."

7. 문도文度 형의 '희우喜雨' 시에 차운하다. 네 수를 주필走筆하다[9]
次文度兄喜雨韻 四首走筆

서풍이 반가운 비를 불어와
방울방울 나의 평상에 뿌린다.
섬돌 옆 살구는 바람에 떨어지고
정원의 채소는 제멋대로 자란다.
풍년 점치는 사람 좋은 말만 하는데
젖을까 근심하는 제비들은 바삐 돌아간다.
동쪽 행랑의 종들은 어영차 큰 소리로
이엉 안아 지붕에 올린다.

西風吹喜雨　點點灑予床
堦杏因風落　園蔬任意長
占豐人語好　愁濕鷰歸忙
喧號東家僕　抱茅上屋梁

형께서는 속루(俗累)[10]가 없어
종일토록 호상(胡床)[11]에 의지하시네.

9　부주: "문도공은 처남이며 현감을 지낸 사창(泗昌)이다." 김사창의 본관은 예안이고 자는 문도(文度)이다. 참판 김수손의 아들로 벼슬은 현감에 이르렀다.
10　세상살이에 얽매인 너저분한 일.
11　걸상처럼 된 간단한 접의자.

싯구 찾아 봄의 정서를 죄다 펴고

독서할 땐 옛날 그리는 마음 유장(悠長)도 해라.

산을 좋아하다 벼슬길은 늦었지만

비에 맞춰 꽃 심는 건 바쁘시다네.

내 집이 담 너머로 이어졌으니

한 평생 들보 기둥 잇댄 채 살고지고.

吾兄無俗累　終日倚胡床

覓句春心蕩　看書[12]古意長

愛山干祿晚　因雨種花忙

我屋隔墻結　平生連棟梁

내 집엔 아무 것도 없고

책 읽는 책상 하나뿐일세.

푸른 고개가 서남으로 끌어안았고

높은 성이 동북으로 길게 뻗었네.

꽃 피니 술 빚는 일 잦고

손님 찾아오니 시 읊기 바쁘네.

모옥(茅屋)에 퇴연(頹然)[13]히 누워

....

12　1914년판 『한재집』에는 '서(書)'가 '운(雲)'으로 되어 있다.
13　술에 취해 몸을 가누지 못하는 모양.

지붕 위의 달 제멋대로 바라보네.

吾家無一物　只有讀書床
碧嶺西南擁　高城東北長
花開釀酒數　客到發吟忙
茅屋頹然醉　任看月上梁

벗을 찾아 가니 동이에 술이 가득하고
집에 돌아오니 책이 책상에 가득하네.
비갠 뒤엔 달맞이가 개운하고
숲이 가까우니 바람 쐬기도 좋다.
둥구나무 의지하여 찜통더위 식히고
나물밥에 배부르니 낮잠 자기 바쁘다.
우연히 강해(江海)를 도는 꿈꾸고 나니
새끼 제비들 듬성한 들보 사이에서 지저귄다.

訪友樽盈酒　歸家書滿床
雨晴迎月淨　林近引風長
依樹炎蒸歇　飽蔬午睡忙
偶回江海夢　乳鷰話疏梁

8. 을묘년에 공주교수公州教授 이운비李云飛를 향교로 방문하다
乙卯歲 訪公州教授李公云飛于鄉校

우연히 관장(官長)을 찾았는데
창 밖 여기저기 산들이 푸르다.
살구꽃은 누마루 처마 끝에서 봉오리 터트렸고
흰 연기는 초가에서 피어오른다.
해질 녘 봄바람 쐬며 술잔을 기울이니
보잘 것 없는 유생도 태평성대를 느끼네.
나는 주량(酒量) 없는 사람 아니니[14]
공자님 중정(中庭)에 서는 건 두렵네.

偶尋官長至　窓外亂山靑
紅杏樓簷拆　白烟茅屋生
落日春風酒　殘儒聖代情
我非無量者　恐懼仲尼庭

---

14 『논어』「향당(鄉黨)」편을 보면, 공자는 일정한 주량이 없었으나 정신을 어지럽히는 데까지는 가지 않았다(唯酒無量, 不及亂)고 하였다.

칠언율시

1. 대마도로 사신을 떠나는 김시정 률犨¹을 전송하다(두 수)
   送金寺正犨奉使對馬島 二首

   전대(專對)²하는 재주 높고 평판도 으뜸인 그대
   푸른 바다 곧장 건너뛰려고 긴 무지개를 탔구려.
   한공(韓公)의 붓 아래 은원외(殷員外)³ 이름이 알려졌고
   송사(宋史)에서는 노중(虜中)의 부정공(富鄭公)⁴을 기록했네.
   바다 구렁의 어룡(魚龍)도 응당 공경하고 두려워하리라.
   외로운 성의 군사들도 스스로 와 화동(和同)하리라.

   ....
   1 김률의 본관은 삼척(三陟)이다. 성종 9년(1478) 친시(親試)에 을과로 급제하였으며 벼슬은 제주목사를 지냈다. 연산군 2년(1496)에 대마도 치전관(對馬島致奠官)으로 쓰시마섬에 다녀왔다. 시정(寺正)은 조선시대 봉상시(奉常寺)·군기시(軍器寺)·사복시(司僕寺) 등에 딸린 정3품의 벼슬.
   2 남의 물음에 대하여, 제 혼자의 지혜로 대답함. 사신(使臣)을 달리 이르는 말.
   3 중국 당나라 때의 문호 한유(韓愈)의 「송은원외서(送殷員外序)」가 있는데, 이 글에서는 "지금 사람들은 수백 리 밖에만 나가려 해도 허둥지둥 문을 나서면서 헤어지기를 아쉬워하는 기색이 있고, 이불을 갖고 삼성(三省)에 들어가 입직(入直)할 때는 가사(家事)를 못 잊어서 비자(婢子)에게 끝없이 여러 말을 당부하곤 한다"고 하였다.
   4 중국 북송 때의 명재상 부필(富弼: 1004~1083)을 가리킨다. 정국공(鄭國公)에 봉해진 데서 '부정공'이라 한다. 일찍이 할지(割地)를 요구하는 거란에 사신으로 가서 그들의 요구가 무리임을 역설하여, 결국 거란이 요구를 철회하기에 이르렀다.

말 앞에선 오랑캐 추장(酋長)의 절 물리치더라도

우리 임금께서 너희들을 어여삐 여긴다고 말해주시게나.

專對才高物論雄　直超滄海駕長虹

韓公筆下殷員外　宋史虜中富鄭公

萬壑魚龍應敬畏　孤城旗鼓自來同

馬前且却蠻酋拜　爲說吾君憐汝童

부상의 물길은 백년의 나루라.

바다에 풍랑 일지 않음은 성인에게 힘입음일세.[5]

사안(謝安)이 풍랑에 몸 맡긴 것만 배우고

장건(張騫)이 성신(星辰)을 희롱한 일[6]은 따르지 마시게.

시 읊고 나면 판자집에 천 발[簾]의 비가 내리고

반교(頒敎)[7] 끝나면 난서(鸞書)[8]에 온 섬이 봄소식이리라.

시를 지어 '매창춘색(梅窓春色)'[9] 구절 얻거든

나 대신 주인에게 좋은 글을 남겨주시게나.

---

5 중국 주나라 성왕(成王) 때 남만(南蠻)의 부족 국가에서 사신이 와서 주공(周公)에게 흰 꿩을 바치며 "하늘에 폭풍우가 일지 않고, 바다에 거센 물결이 일어나지 않은 것이 3년이나 되었는데, 아마도 중국에 성인이 계셔서 그럴 것이라고 생각하고 이렇게 조회하러 왔다"고 한 고사. 『한시외전(韓詩外傳)』, 권5 참조.

6 중국 전한 때 서역(西域)에 사신으로 갔던 장건(張騫)이 뗏목을 타고 하늘로 올라가 견우와 직녀를 만나고 왔다는 전설이 있다. 『박물지(博物志)』, 권3 참조.

7 임금의 교서(敎書)를 반포함.

8 임금의 교서. 여기서는 조선 국왕의 국서(國書)를 가리킴.

9 매화 핀 창가에 봄빛이 완연하다는 뜻. 정몽주의 시 「홍무정사(洪武丁巳), 봉사일본작(奉使日本作)」 가운데 "梅窓春色早, 板屋雨聲多" 구절이 있다.

扶桑水路百年津　海不揚波賴聖人
但學謝安任風浪　未隨張騫弄星辰
吟餘板屋千簾雨　頌罷鸞書一島春
題得梅窓春色句　爲余留作主人珍

2. 차운오수
次韻五首[10]

계도(桂棹)와 난장(蘭槳)[11]으로 배 저어 푸른 낚싯대 드리우며

봄바람 타고 저녁 무렵 흰 갈매기 날아드는 여울에 머문다.

구름이 걷히자 거울 같은 수면엔 하늘빛이 젖어 있고

산이 거꾸로 비치니 물고기 머리엔 꽃 그림자 어려 있네.

해를 뚫는 일편단심 북궐(北闕)에 달렸는데

강 가로지르는 한 마리 학은 남관(南冠)[12]을 스쳐지나가네.

이 몸 이미 중화(重華)[13]의 세상을 만났으니

어느 곳 강호(江湖)인들 즐겁지 않으랴.

桂棹蘭槳碧玉竿　春風晚泊白鷗灘

雲收鏡面天光濕　山倒魚頭花影殘

貫日片心懸北闕　橫江孤鶴掠南冠

此生已遇重華世　何處江湖不可歡

---

10 원주: "을묘년(1495) 공주에서 귀양살이 할 적에 지은 것이다."(乙卯春, 謫公州時)
11 계수나무 노와 목란(木蘭) 상앗대.
12 남관(南冠)은 초(楚) 나라의 관을 말한다. 『춘추좌씨전』 성공(成公) 9년조에 "진후(晉侯)가 군부(軍府)를 순시하다가 종의(鍾儀)를 보고 유사(有司)에게 묻기를 '남관(南冠)을 쓴 채 묶여 있는 자가 누구냐?' 하니, 유사가 대답하기를 '정인(鄭人)이 잡아 바친 초수(楚囚)입니다' 하였다"라고 하였다. 여기서 '남관'은 남녘에서 귀양살이를 하는 지은이 자신을 가리킨다.
13 거듭 빛남. 순임금의 문덕(文德)이 요임금을 이어 거듭 광화(光華)를 발하였다는 말에서 비롯되었다.

누정(樓亭)이 장강을 누르는데 강엔 낚시꾼 네댓 사람

맑은 바람 부는 주하(朱夏: 여름)엔 물결이 여울 같다.

악양루(岳陽樓)14에는 천객(遷客)15과 소인(騷人: 시인)이 떠나고

등왕각(滕王閣)16엔 저녁노을과 외로운 오리만 남았구려.

푸른 물에는 거울 같은 밝은 달이 비치고

푸른 산은 머리에 흰 구름을 갓처럼 썼구나.

내가 왔다가 나를 잊고 돌아갈 줄을 모르니

어찌 인간의 기쁨과 슬픔을 알겠는가.

樓壓長江四五竿　淸風朱夏洶如灘
岳陽遷客騷人去　滕閣落霞孤鶩殘
碧水面當明月鏡　靑山頭戴白雲冠
我來忘我不歸去　豈識人間悲與歡

---

14 중국 호남성(湖南省) 예양시에 있는 누각. 예양고성 서문의 위쪽에 있다. 아래쪽으로는 동정호가 보이며, 앞으로는 군산(君山), 북쪽으로는 장강(長江)에 접한다. 강남 사대 명루의 하나로 손꼽힌다. 삼국시대 오나라에서 군사적 목적으로 만들었는데, 당나라 때인 716년 악주 태수 장열(張說)이 중수하면서 '악양루'라 개칭하였다. 이로부터 문인 재사들이 시를 읊는 유명한 장소가 되었으니, 북송 때인 1044년에는 태수 등자경(藤子京)이 범중엄(范仲淹)을 초청하여 유명한「악양루기(岳陽樓記)」를 짓게 하였다.

15 귀양살이 하는 사람.

16 중국 당나라 태종 이세민(李世民)의 아우 등왕(滕王) 이원영(李元嬰)이 홍주(洪州: 지금의 南昌) 도독으로 부임한 뒤 이듬해인 653년에 세운 누각이다. 등왕이 세웠다 해서 '등왕각'으로 불린다. 다른 3대 명루인 황학루(黃鶴樓)나 악양루가 당초에 군사적인 목적으로 건립되었음에 비하여 등왕각은 애초부터 가무를 즐기려는 목적으로 지어졌다고 한다. 그동안 여러 차례 전란으로 훼손되어 28번이나 수리, 복원하는 과정에서 여섯 차례나 장소가 조금씩 옮겨졌다. 왕발(王勃)의 서(序)와 한유(韓愈)의 기(記)가 유명하다.

흥겹게 강가에 와서 낚싯대 던진다.

손에게 술을 권하는데 입에선 여울 소리[17] 난다.

분수 지켜 고기 잡고 나무하니 시흥(詩興)이 치솟고

산수 즐김이 버릇 되니 세상 인연이 시들하다.

사안(謝安)도 곧장 긴 바다를 건너고자 했거늘[18]

두목(杜牧)인들 관을 벗고 취하는 것을 싫어할까.[19]

동네 술 익을 때엔 뱃놀이를 재촉해야 하나니

인생살이 괴로움만 많고 기쁨은 많지 않다네.

興來江上擲魚竿　屬客匏尊口轉灘

分到漁樵詩興劇　癖成山水世緣殘

謝安卽欲駕長海　杜牧何嫌倒醉冠

村酒熟時須促泛　百年多苦不多歡

야인(野人)이 어찌하여 위수(渭水)[20]에 낚싯대를 풀었을까.

맑은 강의 월하탄(月下灘)을 좋아하기 때문일세.

---

17 술을 벌컥벌컥 마시는 소리를 비유한 것.
18 양만리(楊萬里)의 「월야조풍 박주태호석당남두(月夜阻風泊舟太湖石塘南頭)」 시에 "太白靑山謝公海, 可憐一笑偶然同"이라는 구절이 있다.
19 벼슬을 그만두고 은거함을 뜻한다. 두목의 「만청부(晚晴賦)」에 "나 같은 사람은 어떠한가? 관 벗고 패옥 떨어뜨려 세상과 서로 멀어져서, 유유자적하여 참으로 그 어리석음을 좇아 은거하는 자로다"(若予者則爲何如? 倒冠落佩兮, 與世疎闊, 敖敖休休兮, 眞徇其愚而隱居者乎)고 한 데서 온 말이다.
20 중국 감숙성(甘肅省) 위원현(渭源縣) 서북쪽 조서산(鳥鼠山)에서 발원하여 섬서성(陝西省)을 거쳐 낙수(洛水)와 합쳐진 뒤 황하(黃河)로 유입되는 강.

엄자(嚴子)의 양 갖옷21은 봄에도 벗지 못했고

소선(蘇仙)22의 학 꿈은 첫새벽까지 남아 있네.

가슴 속에는 돌이키기 어려운 담력(膽力) 있지만

머리 위에는 쓸 수 있는 관(冠)이 없네.

요수(樂水)23라 하니 선성(先聖)의 뜻을 알 것 같으면

포의(布衣)를 금의(錦衣)의 기쁨과 바꾸지 않으리.

野人那解渭川竿　但愛淸江月下灘

嚴子羊裘春未脫　蘇仙鶴夢曉初殘

胸中只有難回膽　頭上專無可掛冠

樂水若知先聖旨　布衣不易錦衣歡

평강24 읊은 이태백은 붓이 장대와 같았고

적벽부 지은 소동파는 시 읊는게 여울물 같았네.

21　엄자는 중국 후한 때의 은사 엄자릉(嚴子陵: 이름은 光)을 가리킴. 『후한서』 권83, 「엄광열전(嚴光列傳)」에 "광무제(光武帝)가 엄광과 함께 배웠는데 황제가 되고 나서 그의 어짊을 생각하고 물색(物色)으로 찾으니, 얼마 뒤 제(齊) 나라 땅에 어느 남자가 양 가죽 옷을 입고 못가에서 낚시한다고 아뢰는 사람이 있었다"고 하였다.
22　소동파(蘇東坡)를 달리 이르는 말.
23　『논어』「옹야(雍也)」편에서 "지혜로운 사람은 물을 좋아하고, 어진 사람은 산을 좋아한다. 지혜로운 사람은 움직이고, 어진 사람은 고요하다. 지혜로운 사람은 즐겁게 살고, 어진 사람은 장수한다"(知者樂水, 仁者樂山. 智者動, 仁者靜. 智者樂, 仁者壽)고 하였다. 지혜로운 사람은 사리에 밝아 물이 흐르듯 막힘이 없으므로 물을 좋아한다. 또한 지적 욕구를 충족하기 위하여 돌아다니기를 좋아하며 그러한 것들을 즐기며 산다. 이에 비하여 어진 사람은 의리를 중히 여겨 그 중후함이 산과 같으므로 산을 좋아한다. 또 어진 사람은 대부분 고요한 성격이며, 집착하는 것이 없어 오래 산다.
24　이백의 「아미산월가(峨眉山月歌)」에 나오는 강이름. 이백, 「아미산월가」 "아미산에 반달이 걸릴 때(峨眉山月半輪秋) / 평강에 어린 달빛 강물 따라 흘러간다(影入平江江水流) / 밤에 청계를 떠나 삼협으로 향하는데(夜發淸溪向三峽) / 물길 좁아 그대[月] 못보고 유주로 간다(思君不見下渝州)."

두 대의 영웅호걸 새처럼 스쳐갔지만
천 년토록 시부(詩賦)는 이어진다.
강 복판에선 달 사랑하여 종이 가득히 시를 짓고
해질 무렵엔 난초 캐서 관에 가득 꽂았네.
〈잃어버린 구〉
견우직녀와 더불어 기뻐하네.

平江太白筆如竿 赤壁東坡吟似灘
兩世英豪如鳥過 千年詩賦續人殘
中流愛月題盈紙 落日採蘭揷滿冠
□□□□□□去 牽牛織女與之歡

3. 안상공 침이 조천朝天[25]하러 가는 것을 전송하다[26]

送安琛相公朝天

천하가 지금 한 집안이 되어

강구(康衢)[27]에선 사신 행차[28] 일찍 온 것을 부러워하리.

거듭해서 만세(萬歲)[29]에게 남산의 수명을 빌고

다시 천추(千秋)[30]에게 소국의 찬가(讚歌)를 부르리.

풍월루[31] 가엔 단풍이 일찍 들고

봉황성[32] 위엔 저녁 구름이 자욱하리라.

조정엔 주공(周公) 같은 재상이 많으니[33]

어느 해 풍랑이 일지 않을지[34] 꼭 물어주소서.

---

25 명나라에 조회를 함. 청나라 시절에는 '연행(燕行)'이라 하였다.
26 원주: "안공의 자는 자진(子珍)이요, 본관은 순흥(順興)이다. 벼슬은 판서에 이르렀다. 시호는 공평(恭平)이다."
27 사방으로 두루 통하는 번화한 큰 길거리.
28 원문의 '명가(鳴珂)'는 귀인이 타는 말에 옥을 장식하여 행차할 때면 쨍글쨍글 울리는 소리를 말한다. 전하여 귀인의 행차를 뜻한다.
29 명나라 황제를 가리킴.
30 황태자를 달리 가리킴. 안침(安琛: 1445~1515)은 성종 24년(1493)에 천추사(千秋使: 중국 황태자의 탄신을 축하하기 위해 파견한 사신)로 명나라에 다녀왔다. 『성종실록』을 보면 24년 7월 11일에 천추사로 결정되고 12월 3일에 돌아와서 복명(復命)한 것으로 되어 있다.
31 평양에 있었던 유명한 정자. 이색(李穡)의 「풍월루기(風月樓記)」가 있다.
32 지금의 중국 요녕성(遼寧省)에 있었던 옛 지명. 조선시대에 중국으로 사신이 들어갈 때에는 이곳을 경유하였다.
33 원문의 '두량(斗量)'은 수레로 싣고 말로 헤아린다는 '차재두량(車載斗量)'의 준말로 매우 많다는 뜻이다. 본디 중국 남북조 때에 양(梁) 나라에서 벼슬을 남발하니 당시 사람들이 말하기를 "보궐(補闕: 관명)은 수레를 잇대어 실을 만하고 저작(著作: 관명)은 말로 헤아릴 만하다"고 한 데서 나온 말이다.
34 풍파 없이 바다가 고요한 것은 태평성대를 비유한 말이다. 『한시외전(韓詩外傳)』권5에 나오는 '해불양파(海不揚波)'의 고사 참조.

天下如今爲一家 康衢堪羨早鳴珂
重將萬歲南山壽 更向千秋小海哦
風月樓邊黃葉早 鳳凰城上暮雲多
朝廷斗量周公相 須問何年海不波

4. 자진에게 주다[35]

贈子眞

오래 누웠단 말 듣고도 만날 기약 못했으니

때마침 내가 공주에 귀양 왔을 적이었네.

달 아래 거적 베고 누웠는데, 서로 생각할까 안할까.

하늘 가 꿈속의 벗들, 가장 보고 싶은 이 누구던가.

나루에 잉어 있지만 편지 부치기 어렵고[36]

금강에서 꽃을 보니 절로 눈물 흐르네.

이 밤 함께 자는 것은 진계(眞計) 밖의 일이건만

여전히 망각한 채 옛 슬픔 이야기하네.

聞君久病見無期　是我公州放謫時

月下枕苫相憶不　天涯夢友最憐誰

臨津有鯉書難寄　錦水看花淚故垂

此夕共眠眞計外　依然忘却說前悲

---

35 원주: "자진은 충재 최숙생이다." 조선 중종 때 문신 최숙생(崔淑生: 1457~1520)의 자는 자진(子眞), 호는 충재(盅齋), 본관은 경주이다. 성종 23년(1492) 진사로서 식년문과에 을과로 급제, 연산군 2년(1496) 사가독서(賜暇讀書)하고 이후 벼슬이 우찬성에 이르렀다. 저서로『충재집』이 있다. 시호는 문정(文貞)이다.

36 '이서(鯉書)' 또는 '이소(鯉素: 鯉魚尺素)'는 편지를 뜻한다. 고악부(古樂府)「음마장성굴행(飮馬長城窟行)」에 "객이 먼 곳에서 와/ 나에게 두 마리 잉어를 바쳤네./ 아이 불러 잉어를 삶으랬더니/ 뱃 속에 한 자쯤 되는 흰 편지가 있다네"(客從遠方來, 饋我雙鯉魚, 呼童烹鯉魚, 中有尺素書)라고 하였다. 이후로 당나라 사람들은 편지를 부칠 때는 척소(尺素)를 쌍리(雙鯉)의 모양으로 만들었다 한다. 그래서 서찰을 쌍리(雙鯉), 혹은 이소(鯉素)라고 하며 그냥 '이(鯉)'라고도 한다.

5. 성균관 사성 이문흥[37]과 작별하며 주다[38]

贈別李司成文興

제가 병중에서 거의 죽게 되었는데, 공께서 선영(先塋)에 참배하고는 아주 돌아가기로 작정하였다는 말을 들었습니다. 다만 제가 용렬하고 천한데다 병까지 있어서 성조(聖朝)를 위해 소장(疏章)을 올려 만류하도록 청하지 못하였습니다. 또 저 조도(祖道)[39]하는 말석에 참례하여 친히 좌우에 계신 분들에게 한 잔 술도 올리지 못한 것을 한탄하였으니, 감개무량한 생각에 스스로 침묵할 수 없어 감히 시 한 수를 지었습니다. 보잘 것 없는 술과 음식이나마 아랫사람들에게 내려주실 것을 바라오며, 아우 진(稹)을 보냅니다. 삼가 목욕재계하고 문근(文瑾)[40]에게 부탁하여 소식을 전합니다. 문인 진사 이목은 절하고 글을 짓습니다.

穆於垂死病中, 伏聞公掃先塋, 因決大歸也. 顧以庸賤且疾, 旣不能爲

37 조선 전기의 학자(1415~1495). 자는 질보(質甫), 호는 나암(羅菴). 본관은 성주(星州)이다. 예종 1년(1469) 문과에 급제, 벼슬이 성균관 대사성(大司成)에 이르렀다. 성균관에서 후진들의 교육에 힘써 전후 20여 년간 성균관직에 있었다. 사후 예천의 기천서원(箕川書院)에 제향되었다. 『성종실록』을 보면, 성종 24년(1493) 9월 13일 성균관 사성을 사퇴하고 낙향하였으며, 10월 24일 성균관 대사성을 제수한 것으로 되어 있다. 그러나 대사성 직에 나간 것 같지는 않다.

38 부주: "이 한 수는 이전에 간행한 문집에 빠졌는데, 경상도 용궁(龍宮)에 사는 사성 이문흥의 자손 집에서 찾아 베껴온 것이다"(此一首, 前板見失, 而追得龍宮李司成子孫謄出). 『이평사집』에는 '將新白髮辭堯舜　對舊靑山訓子孫' 두 구절만 실려 있고 나머지 구절은 잃어버렸다고 한다.

39 먼 길 떠날 때, 도중(途中)의 무사함을 빌기 위하여 노신(路神)에게 비는 일 .

40 조선 중기의 문신(1471~?). 자는 사휘(士輝), 호는 매계(梅溪) 또는 쌍괴당(雙槐堂). 문걸(文傑)의 아들이고 이문흥의 외손이다. 경상도 용궁 출신이다. 성종 23년(1492) 진사가 되었다. 연산군 1년(1496) 식년 문과에 급제하여 예문관 검열이 되고, 춘추관 기사관을 겸하여 『성종실록』 편찬에 참여하였다. 뒤에 벼슬이 누진(累進)하여 도승지를 지냈다.

聖朝抗章請留, 又恨夫未參祖席之末, 親進一杯於左右, 則憾憓之懷, 不能自黙, 敢述詩一首. 酒餐之薄, 冀御下僕, 遣弟積. 謹齋沐, 因文瑾以聞. 門人進士李穆拜藁.

날마다 아름드리나무[41] 생각하며 남으로 갈 수레를 정돈하고
밝은 세상만 바라보기 싫어 누차 벼슬에서 물러나려 하였네.
육경으로는 이미 당세 학자들에게 전하였고
모든 선비들 고인(古人)[42] 계심을 깊이 다행으로 여겼네.
장차 백발이 새로워지려하자 요순시대와 작별하고
옛 청산 마주보며 자손이나 훈육하시겠다네.
은혜 입음에 감격하며 화병(和病)[43]을 슬퍼하는데
고향 동산의 단풍잎은 때맞추어 펄펄 날리네.

日思拱木整南轅　嫌向明時乞骸煩
六籍已傳當世學　諸儒深幸古人存
將新白髮辭堯舜　對舊靑山訓子孫
感激受恩和病泣　故園紅葉正飜飜

---

41 무덤 앞에 심어진 나무.
42 이문흥을 가리킴. 별명이 고인이었다.
43 분노를 참지 못할 때 생기는 병. 일종의 울화병. 이규보(李奎報)의 『동국이상국집』후집, 권2, 「차운화백락천병중십오수(次韻和白樂天病中十五首)」에서도 "其於老境病中之事, 往往多有類予者, 因和病中十五首, 以紓其情"라 하여 '화병'이 나온다. 한재는 성격이 직선적이고 불의를 보면 못참는 성격이므로 화병이 잦았을 것으로 짐작된다.

6. 양재역
良才驛

동쪽 마을 여덟 아홉 집 어렴풋한데
푸른 버들 지게문 앞에 조는 듯 서 있네.
서풍은 비를 불어 동이물을 쏟아 붓는 듯
늙은이와 아이는 푸른 부들 삿갓을 썼네.
잠깐 사이에 성난 물결 갈아놓은 논 갈라놓으니
두둑 위에선 부인에게 가래를 가져오라고 재촉하네.
행인이 어찌 너희들의 괴로움을 알리요.
먼 길을 가면서 소반 가운데 쌀밥을 더하네.

東村依依八九家 綠楊如眠當戶立
西風吹雨倒瀉盆 老翁與兒靑蒻笠
俄頃浪怒新耕決 上壟呼婦催荷鍤
行人那復知汝苦 路長且加盤中粒

칠언고풍七言古風

1. 용문산 부담암¹을 유람하다
遊龍門釜潭巖歌

自註: 바위가 여덟 모로 되어 있어 간혹 팔각암(八角巖)이라고도 한다. 이전에 지은 시는 힘이 약하여 만분의 일도 묘사하지 못하였다. 그러므로 다시 술을 가지고 가서 놀면서 통음(痛飮)하며 주필(走筆)²하였다.

큰 시냇물 우레처럼 울부짖어 큰 돌을 갈라놓은 듯
절벽은 사방으로 둘러 쇠를 깎아 놓은 것 같다.
언제 적 홍수가 만 길 아래로 터졌기에
대지[坤母]에게 머리뼈를 드러내도록 했을까.
추위에 움츠렸지만 아주 움츠리지는 못했고
이마는 땅 속에 들어가고 백회(百會)³가 나왔군.

---

1 경기도 지평(砥平: 양평)의 용문산(龍門山)에 있는 바위 이름.
2 글이나 글씨를 흘려서 매우 빨리 씀.
3 머리 꼭대기[巓上]를 뜻하는 말. 백회혈(白會穴)에 해당되는 곳이다. 몸 가운데 가장 중요한 것이 여기에 들어있으므로 백회라 한다.

냉기는 동군(東君)⁴과 사귀지 못한 듯

모발(毛髮)도 나고 싶었지만 마음대로 안 되었군.

슬픈 눈물 흘러 사해와 통하는데

옛날의 모공(毛孔) 따라 세차게 솟기도 한다.

모공에서 세차게 쏟아지는 소리 천둥이 치는 건가.

뇌사(雷師)⁵는 구부리고 방아 찧어 백옥을 부순다.

부서진 백옥 모여 청동 거울 되었는데

거울 속 괴물이 거울보고는 펄쩍 뛰는 듯.

은의(恩義)는 이미 끊어졌지만⁶ 하늘이 버리지 않아서

밤마다 별과 달을 보내 서로 들어오게 한다.

듣자니 우임금 발자취가 부상(扶桑)⁷을 거쳤다는데

힘이 약했나, 깨고 뚫을 계획은 세우지 못했을까?⁸

양오(陽烏)⁹가 아래 잠겨 엿보는 걸 싫어하여

늘 신악(神岳)에게 상제의 집과 잇닿아 있도록 하였네.

신물(神物)도 나이가 많으니 정기가 시드는 걸까.

위에는 비구름 없고 찬 기운 도는데

---

4 봄의 신, 또는 태양의 신.
5 천둥을 다스리는 신.
6 깊은 산중에 홀로 서 있는 바위가 마치 부모처자를 떠나 있는 것 같다는 말.
7 해가 솟는 동해를 가리킴. 요(堯) 임금 때에 우(禹)가 구주(九州)의 홍수(洪水)를 다스림과 동시에 방방곡곡의 땅의 등급과 물산(物産)의 종류 등을 낱낱이 밝히고 그것을 기준으로 삼아 조세 공부(租稅貢賦)의 법을 제정했다고 한다. 『서경』, 우공(禹貢), 기주(冀州) 부분을 보면 "섬오랑캐도 옷을 입고 공물을 바친다. 오른쪽으로 갈석산을 끼고 황하로 들어간다"(島夷皮服, 夾于碣石, 入于河)라고 하였다.
8 사람의 발길이 뜸한 것을 비유한 말.
9 하느님의 뜻을 인간 세상에 전하는, 태양에 산다는 천조(天鳥). 금오(金烏)라고도 한다.

아래는 매룡(苺龍)¹⁰ 있어 몰래 발 담그고 있군.

귀웅(鬼雄)¹¹이 불상(不祥)한 것 꾸짖어 물리치니

도깨비 떼가 범접을 못하는구나.

내가 찾아와 물러서서 오래도록 탄식을 하였는데

처음엔 두려워 달아나려 했으나 점차 마음이 안정되었다.

머리 조아리고 조정으로 돌아가려다¹² 가지 못하고

하류로 발을 이끌어 온갖 티끌 씻어냈다.

그런 뒤 제일각(第一角)에 올라 앉아

백 길 아래 비치는 한 움큼의 내 몸을 굽어보았다.

엉금엉금 기어 제이각으로 나아가니

정신이 적막하여 마른 나무 같았다.

제삼각은 봉래산 같고

제사각은 갈석산(碣石山)¹³ 같다.

제오각은 봉새의 등[背] 같고

제육각은 범의 이마 같다.

제칠각은 오악(五岳)¹⁴ 같고

제팔각은 새파란 유리판에 강림한 듯.

---

10 이끼를 뒤집어 쓴 용.
11 백귀(百鬼) 가운데 웅걸(雄傑).
12 원문의 '상환(上還)'은 '천상환(天上還)'의 준말이다. 조정으로 돌아가는 것이다.
13 중국 하북성(河北省) 창려현(昌黎縣)에 있는 산. 해발 695m이며 바위 많은 양산(陽山)이다.
14 중국의 오대 명산. 태산(泰山)·화산(華山)·형산(衡山)·항산(恒山)·숭산(嵩山).

청고(淸高)할손 왕자교(王子喬)¹⁵가 학 타고 명월로 들어가

곧장 소아(素娥)¹⁶를 끼고 명발(溟渤)¹⁷에서 목욕하는 듯

큰 고래가 물결치니 흰 눈이 만 길인데

요란한 물결 소리 무협(巫峽)¹⁸도 무너뜨리겠네.

산기슭 기울고 골짜기 무너져 홍수가 터진 듯.

백우(伯虞)¹⁹도 입 다문 채 말을 못하고

선문자고(羨門子高)²⁰는 간이 떨어져 공연히 눈을 가리네.

하늘이 신비경을 아껴 몇 겹을 내려왔는고.

구름 끼고 푸른 산봉우리가 천만 겹 둘러쌌으니

내가 천우(天佑)를 만남이지 인력(人力)이 아닐세.

곧장 시를 지어 창애(蒼崖)에 남기려 하지만

어찌하면 이백 같은 건필(健筆)²¹을 얻을 수 있을까.

---

15 중국 주나라 영왕(靈王)의 태자 진(晉)이다. 태자 시절에 왕에게 직간하다가 폐위된 뒤 서인이 되었다. 젓대를 잘 불어 봉황새 소리를 냈으며 도사(道士) 부구공(浮丘公)을 만나 백학을 타고 산꼭대기에서 살았다 한다. 『열선전(列仙傳)』 권상, 〈왕자교〉 참조.
16 '달'을 달리 이르는 말.
17 크고 넓은 바다.
18 중국 사천성 무산(巫山)에서 호북성 파동현(巴東縣)의 관도구(官渡口)에 이르는 45km 구간의 협곡. 삼협(三峽) 가운데 제2협이다.
19 중국 상고시대 팔패(八伯)의 하나. 우순(虞舜: 순임금)을 가리킨다.
20 중국 진시황 때의 선인. 진시황이 일찍이 동해(東海)에 노닐면서 선문자고의 무리를 찾았다고 한다. 『사기』 권6, 「진시황본기(秦始皇本紀)」 참조.
21 이백이 「장진주(將進酒)」에서 "황하의 물은 천상에서 내려와 성난 듯 흘러 바다에 이르러 다시는 돌아오지 않는다"(黃河之水天上來, 奔流到海不復廻)고 읊은 것을 가리키는 듯하다.

遊龍門釜潭巖歌

(自註: 巖八角, 故或云八角巖. 前詩力弱, 不能摹寫萬一, 復持酒往遊, 痛飮走筆)

巨川雷吼大石裂　絶壁四擁如削鐵
何年洪水拆萬仞　却使坤母露頭骨
天寒欲縮不能盡　額入地下百會出
冷氣不與東君結　毛髮欲生無由得
哀淚下與四海通　或從舊時毛孔激
毛孔激瀉聲霹靂　雷師低槌碎白玉
白玉碎合靑銅鏡　鏡中怪物當鏡躍
恩義已絶天不棄　夜送星月來相入
聞道禹迹經扶桑　刀弱無計煩破鑿
自惡陽烏潛下窺　常令神岳連帝宅
神物年多精氣衰　上無雲雨生寒夕
下有莓龍潛托足
鬼雄呵禁除不祥　魑魅魍魎遠其跡
我來却立嗟嘆久　始欲驚走俄定魄
稽首將上還不可　下流引足百洗濯
然后上坐第初角　俯視百丈身一掬
匍匐更進第二角　精神寂寞猶枯木
第三角如蓬萊　第四角如碣石

第五角如鵬背 第六角如虎額
第七角如五岳 第八角下臨琉璃碧
淸如王喬騎鶴入明月 直挾素娥浴溟渤
長鯨擊浪雪萬丈 洞蕩溯湃頰巫峽
岸傾谷崩洪濤決 伯虞口噤不能語
羨門膽落空掩目 天慳神祕來幾劫
雲嶂碧巘周圍千萬疊 我遇天也非人力
卽欲賦詩留蒼崖 安得健筆如李白

2. 오십운에 창수唱酬하여 인로仁老[22]에게 바치다[23]
酬五十韻 呈仁老

비 줄줄 내리는 견성(甄城)[24]의 5월

이즈음 그대 생각 없을 수 있겠나.

지척에서 서로 막혀 해 느린 게 두려웠으니[25]

이 사이 내가 시를 읊지 않을 수 있겠나.

지난 해 가을 낙엽이 질 때

성남에서 그대 만나 그 기쁨 헤아릴 수 없었지.

이미 나의 형[26]과 생사를 기약했으니

마음 속 그리운 정이 동기간 같았네.

표현은 안했지만 마음은 절로 알았으니

어찌 절죽(折竹)으로만 풍채를 엿보랴.

천리신교(千里神交)[27]라, 고깃덩이[28] 아니었건만

---

22 조선 성종 때의 문신 김천령(金千齡: 1469~1503)을 가리킴. 자는 인로(仁老). 본관이 경주로 통판(通判) 치세(致世)의 아들이다. 성종 20년(1489) 진사시에 급제하였고, 연산군 2년(1496) 식년문과에 장원하였다. 성균관 전적과 이조좌랑을 거쳐, 동 4년(1498)에는 사가독서하였다. 학문이 뛰어나고 언동이 강직하며, 정사에 민활하여 촉망을 받았다. 외유내강하며, 강직한 언사 때문에 재상의 비위를 거슬러 중죄를 입기도 하였다. 청빈한 대간으로 칭송을 받았으나 35세로 요절하였다. 갑자사화 때 부관참시(剖棺斬屍)의 추형을 당하였고 중종반정으로 신원되고 도승지에 추증되었다.
23 원주: "무신년(1488), 공의 나이 18세 때의 작품이다."
24 전라도 전주(全州)의 옛 이름.
25 해느린 게 ~: 5월의 더운 날씨가 두려웠다는 말.
26 나의 형: 한재의 형 목사공 수(稼)를 가리킴. 이 시에서 김천령의 경우 '군(君)'으로 표현했다.
27 천리 먼 곳에서 정신적으로 사귐.
28 걸어 다니는 고깃덩어리. 쓸모없는 사람 비유. 행시주육(行尸走肉).

해후한 뒤 뜻하지 않게 도로 헤어지다니.

그대는 남쪽29 나는 북쪽에서 차가운 달빛 아래 그리워하니

베잠방이30는 의지할 곳 잃고 바람만 소슬하였네.31

내가 남쪽에 있고 그대가 북쪽32에 있어야 봄빛이 기쁠터

차마 띠[茅]를 보고 영지(靈芝)라고 속이랴.

홀연히 그대가 서울에서 와병 중이란 말 듣고

놀라 부르짖느라 간담이 피곤한 줄도 몰랐네.

당시에 나 역시 술에 절어 있었으니

세속 일로 실의에 빠져 정신이 시들했었네.

죽었다 다시 깨어나 천자(天慈)33를 입은 뒤

향중(鄕中) 어른들의 꾸지람을 달게 받았네.

지난달에 짝(同志)을 맺고 함께 기치(旗幟)34 세웠건만

선방(禪房)에선 언 거북처럼 목을 움츠리고 있었네.

칼 기운 창공을 가로질러35 정면으로 바라볼 수 없고

찬 넋은 곧장 대궐의 황금 지대뜰에 이르네.

---

29 김천령이 경주 사람이므로 일컬은 말.『신증동국여지승람』권21, 경상도 경주부,〈인물〉조 참조.
30 보잘 것 없는 처지의 한재 자신을 일컫는 말.
31 바람만 ~: 원문 '충처기(風淒其)'는『시경』, 패풍(邶風),〈녹의(綠衣)〉에 나오는 말이다. "絺兮綌兮, 凄其以風, 我思古人, 實獲我心."
32 북쪽은 한양을 말한다. 과거에 급제하여 현달(顯達)하는 것을 시사한다.
33 하늘의 자애로움.
34 과거 급제를 일차 목표로 한 기치인 듯하다.
35 훌륭한 인재가 초야에 묻힌 채 선발되지 않음을 이른다. 용천(龍泉)과 태아(太阿)라는 보검이 땅속에 묻혀 하늘의 두우성(斗牛星) 사이로 자기(紫氣)를 쏘아 올렸다는 고사에서 유래한다.『진서(晉書)』권36,「장화전(張華傳)」참조.

부질없이 시 천 수 지어 말을 꾸미고[36]

한 평생 천태산부(天台山賦)[37]를 넘어서려 하였네.

재주는 모자란데 뜻만 커서 시의(時宜)에 어두우니

다른 날 식자들이 업신여기게 되리라.

푸른 산 흰 구름을 하염없이 대하나니

붕정(鵬程)의 호걸 가운데 나를 알아줄 이 누구일까.

병 때문에 남쪽 시골로 내려갔단 말을 듣고

날마다 도연명 생각[38]이었지만 뒤쫓지 못하였네.

어찌하여 한 번 찾은 뒤 내버리듯 하였는지

차곡차곡 마음 속 병이 되어버렸네.

무한한 교계(交契)가 어찌 바둑 두는 것 같을까.[39]

뜻만 있다면 꿈속에서는 형편에 매이지 않았을 것을.

어제는 언윤(彦尹)[40]을 보고 정규(精逵)[41]로 통하더니

---

36 말을 꾸미고: 원문의 '조충(雕蟲)'은 조충전각(雕蟲篆刻)의 준말이다(『文選』권52, 典論, 〈論文〉). 벌레 모양이나 전서(篆書)를 새기듯이 미사여구(美辭麗句)로 글을 꾸미는 작은 기예(技藝)를 말한다.
37 중국 진(晉) 나라 때 문인 손작(孫綽)의 대표작. 일찍이 손작이「천태산부」를 지은 뒤 벗 범영기(范榮期)에게 말하기를 "이 글을 땅에 던져보았더니 금석 악기 소리가 나더라"고 하였는데, 범영기가 읽어보니 과연 그러하므로 칭찬이 입에서 끊이지 않았다 한다(『晉書』권56, 孫綽列傳). 이 고사에서 '척지금성(擲地金聲)'이란 성어가 비롯되었다. 이는 훌륭한 시문을 의미한다.
38 도연명 생각: 원문은 '잠욕(潛欲)'이다. 도연명이「귀거래사(歸去來辭)」에서 "돌아가련다, 사귐을 그만두고 종유(從遊)를 끊으련다. 세상이 나와 서로 맞지 않거니, 다시 수레 타고 나가서 무엇을 구하리오"(歸去來兮, 請息交以絶遊, 世與我而相違, 復駕言兮焉求)라고 한 데서 나온 말이다.
39 친한 벗과의 우정은 머리를 쓰며 한 수 한 수를 헤아리는 것과는 다르다는 말.
40 누구인지 자세하지 않다. 한재와 같은 해 함께 과거에 급제하고 같이 사가독서를 했던 홍언충(洪彦忠)으로 추정된다.
41 깨끗하면서도 큰 길. 대도(大道).

오늘은 이보(伊甫)⁴²를 만나 척사(尺詞)⁴³를 얻었군그래.

은근하게 서재 휘장⁴⁴ 아래 간담(肝膽)을 비쳐본 뒤

문밖에 나가 한 바탕 웃고는 수미(愁眉)⁴⁵를 숙였네.

그대 숨어서도 소신 있음이 무척 고맙지만

무부(碱砆)⁴⁶가 박자(璞玼)⁴⁷로 남을 수는 없는 법.

봄이 되면 마른 나무에도 꽃이 무성하지 않을까.

평생토록 품은 작은 뜻 변하지 마시게나.

담소하던 일 상상함에 바람결에 어지럽게 떨어지는 듯⁴⁸

우연히 교활한 토끼⁴⁹를 만나 신령스런 기린을 놀라게 했네.

나에게 시광(詩狂)⁵⁰ 있어 그대에게 도움 받으려는데

온 하늘에 비바람 몰아치더니 찬 기운에 눈곱이 생기네.

---

42 '이(伊)'는 너[爾]라는 말이고 '보(甫)'는 나이가 서로 비슷한 벗 사이나 아랫사람을 부를 때 성(姓) 또는 이름 다음에 붙여 쓰던 말이다.
43 금척사(金尺詞)를 말한다. 조선 태조가 건국하기 전에 꿈에 신령이 나타나 주었다는 황금빛 자[尺]를 읊은 글. 자는 세상을 다스리는 척도이고, 가장 기본이 되는 척도는 '하늘이 부여한 본성'이다. 몽금척(夢金尺) 설화는 「용비어천가(龍飛御天歌)」에 나온다.
44 중국 전한 때의 대유(大儒) 동중서(董仲舒)가 '휘장을 치고 글을 강독했다[下帷講誦]'는 데서 유래한 말.
45 근심에 찬 두 눈썹. 근심스러운 얼굴을 가리킨다.
46 옥 비슷한 아름다운 돌의 한 가지. 흔히 '가짜 옥돌'이란 의미로 사용되지만 여기서는 '옥과 같은 돌'이란 의미로 사용되었다.
47 채취한 그대로의 옥.
48 원문의 '이피(離披)'는 어지럽게 떨어짐을 말한다. 송옥(宋玉)의 「구변(九辯)」에서 "흰 이슬이 온갖 초목에 내리니, 홀연히 흩날리는 오동과 가래나무로다"(白露既下降百草兮, 奄離披此梧楸)라고 하였다.
49 한재 자신을 비유한 말. 『전국책(戰國策)』「제책(齊策) 4」에 "영리한 토끼는 세 개의 굴을 파놓고 죽음을 면할 방도를 강구한다"(狡兎有三窟, 僅得免其死耳)라고 하였다.
50 시를 광적으로 좋아하는 것.

甄城五月雨絲絲　此間不可無君思
咫尺相隔畏日遲　此間不可無我詩
去歲秋風落葉時　城南逢君喜不支
旣與我兄生死期　中情戀戀如同枝
不相言語心自知　何用折竹窺風儀
千里神交非肉皮　邂逅不圖還相離
君南我北寒月悲　短褐失所風凄其
我南君北春色怡　忍對茅草欺靈芝
忽聞君病臥京師　驚呼不覺肝膽疲
當時我亦困杯卮　落魄風塵精神衰
已死復蘇蒙天慈　甘受鄕中父老笞
去月結侶同建旗　禪窓縮首如凍龜
劍氣橫空不敢罷　冷魂直到黃金墀
空將千首雕蟲辭　欲爲一世凌天台
才疎志大暗時宜　他日應爲識者欺
靑山白雲對無爲　鵬程豪傑知我誰
聞君逐痾下南陲　潛欲無日不追隨
如何一訪棄似遺　令我積成心頭疵
無限交契惡如棋　有意魂夢能不羈
昨見彦尹通精邃　今逢伊甫得尺詞
慇懃肝膽照書帷　出門一笑低愁眉
多謝吾君隱所持　砥礪未必爲璞玼

春到枯木榮華丕 生平寸心不可移
像想談笑風離披 偶逢狡兔驚靈麒
我有詩狂邀君醫 一天風雨寒生脺

3. 최 대사헌이 강릉으로 돌아가는데 전송하다[51]
- 서序를 아우르다

중원(中原)은 문헌(文獻)의 땅이니 현인군자(賢人君子)가 많음은 굳이 논할 것이 없습니다. 우리 동방은 기자(箕子) 이래로 인재가 역시 무성하였습니다. 그러나 근래 백여 년 사이에, 언관(言官) 직에 있으면서 권신(權臣)을 대놓고 공격하면서도, 늠름하기가 추상열일(秋霜烈日)[52] 같아 범할 수 없는 사람으로는 정언(正言)을 지낸 이존오(李存吾)[53]가 있을 뿐입니다. 오늘에 와서 홀연히 그 뒤를 이은 사람이 있으니 아, 아름답습니다! 사직(社稷)의 복입니다.

옛사람이 말하기를 "임금이 현명하면 신하가 곧다"고 하였습니다. 이것이 어찌 우리 임금께서 어질고 현명하신 소치(所致)가 아니겠습니까? 옛날 장만복(張萬福)[54]은 무인이었음에도 오히려 양성(陽城)의 충직

---

51 『연산군일기』, 1년(1495) 7월 29일(庚戌)조를 보면, 대사헌 최응현 등이 정승 노사신을 극력 비판하고 그의 죄가 종묘사직에 관계된 것이라 하여 빨리 처단할 것을 청한 내용이 있다. 또 8월 8일(戊午)조를 보면 대사헌 최응현 등이 중국 사신 김보(金輔)를 간사한 사람이라 비판하여 문제가 되었다고 한다. 최응현은 이 두 사건 때문에 사직을 청한 것으로 보인다.

52 가을 서릿발이나 이글거리는 여름 햇빛.

53 고려 말기의 충신(1341~1371). 자는 순경(順卿), 호는 석탄(石灘). 본관은 경주(慶州)이다. 공민왕 9년(1360) 문과에 급제한 뒤, 수원서기를 거쳐 사관(史官)이 되었다. 공민왕 15년(1366) 우정언이 되어 신돈(辛旽)의 횡포를 규탄하다가 왕의 노여움을 샀으나 이색(李穡) 등의 변호로 극형을 면하고 장사감무(長沙監務)로 좌천되었다. 후에 공주 석탄에서 은둔 생활을 하다가 울분으로 병이 나서 죽었다. 신돈의 전횡(專橫)을 풍자한 시조 1수를 비롯하여 『청구영언』에 시조 3수가 전한다. 문집으로 『석탄집』 2권이 전한다. 후일 대사성에 추증되었으며, 여주의 고산서원, 공주의 충현서원 등에 제향되었다.

54 중국 당나라 때의 직신(直臣). 당나라 덕종 때 양성(陽城)이 합문(閤門)에서 상소하여 정승 배연령(裵延齡)의 간녕(姦佞)과 무함 받은 명신 육지(陸贄) 등의 무죄를 논하다가 덕종의 노여움을 사서 죽게 되었으나 동궁(東宮)의 도움으로 풀려났다. 금오장군(金吾將軍) 장만복이, 간관(諫官)들이 합문에 엎드려 간한다는 말을 듣고 연영문(延迎門)에 달려가서 "조정에 직신이 있으니 천하가 태평할 것입니다"라고 큰소리로 하례하고는

(忠直)함을 알고 '나라가 태평할 것'이라는 말로써 임금께 하례하였다고 합니다. 나 이복은 재질이 미천한데다 또 갇혀 있어서[55] 대궐의 붉은 계단 아래서 "만세"를 부를 수는 없지만, 또한 일찍이 어르신[長者]의 유풍(遺風)을 측면으로 들었습니다. 예부터 나이가 높아져도 의지는 시들지 않았고, 집이 가난해도 구차하게 녹을 구하지는 않았으며, 대신의 죄를 맨 먼저 주창(主唱)하고, 충성 때문에 임금의 노여움을 사면서도, 화복(禍福)을 가지고 털끝만큼도 마음을 움직일 수 없었습니다.

공(公)과 같은 분이 어찌 많겠습니까? 뭇 성인께서 만들어 이룩한 보람이 여기서 더욱 증험되었고, 산림(山林)의 곧은 선비의 기개가 이로써 더욱 장하게 되었으며, 만만세 사직의 근본이 이로써 더욱 굳어지게 되었습니다. 이것이 제가 병석에서 일어나서 감읍(感泣)하며 하례 드리는 까닭입니다.

어떤 사람은 말하기를 "지금은 간관(諫官)이 재상을 비판하면 재상이 간관에게 노여움을 품거늘, 그대는 포의(布衣)의 처지로 그 사이에서 이 일과 저 일을 따지니 역시 가소롭고 위험한 일이 아니겠는가?"라고 합니다. 그러나 이것은 혐의를 피하려는 불충(不忠)한 의론입니다. 북송 인종(仁宗) 때 당개(唐介)[56]가 문언박(文彦博)을 재상 자리에서 파직시

양성 등에게 가서 "여러 간의대부(諫議大夫)들이 이같이 간언하니 천하가 어찌 태평하지 않겠는가"라고 하였다 한다. 『구당서』 권192, 은일열전(隱逸列傳), 〈양성(陽城)〉 참조.
55 앞서 공주에 유배당한 것을 가리킨다.
56 중국 북송 때 학자(1010~1069). 자는 자방(子方), 강릉(江陵) 사람이다. 인종 천성(天聖) 8년 진사(進士)가 되었다. 황우(皇祐) 연간에 전중시어사(殿中侍御史)가 되어 간쟁할 때 권력자들을 피하지 않았고 재상 문언박 휘하의 사람을 탄핵하다 영주별가(英州別駕)로 좌천당했다. 소환되어 복직했다가 양주지주(揚州知州)로 나갔다. 가우(嘉祐) 4년 간원(諫院)을 맡았는데, 곧은 언사 때문에 다시 여러 고을의 지주(知州)를 전전했다. 영종(英宗) 치평(治平) 원년 어사중승(御史中丞)이 되었고 신종(神宗) 희령(熙寧) 원년 참지

킬 것을 논했지만, 문언박은 자기를 헐뜯는다고 생각하지 않았습니다. 도리어 그를 등용하였으니, 후세 사람들도 당개의 비판이 지나치다고 여기지 않았습니다.

대개 내 한 몸을 가지고 말하자면, 임금은 가슴과 배[心腹]요, 재상은 팔과 다리[股肱]요, 간관은 귀와 눈[耳目]입니다. 가령 귀와 눈으로 하여금 팔과 다리가 물이나 불 속에 빠지는 것을 보고도 알리지 않도록 한다면 어찌 한갓 가슴과 배만의 아픔이라 하겠습니까? 팔과 다리도 장차 문드러지고 말 것입니다. 그렇다면 재상이 비록 "간관이 자기를 비판하는 것을 기뻐하지 않는다"고 하더라도 간관이 (그 일 때문에) 파직당할 것을 걱정하지 않을 수는 없습니다. 또 어느 겨를에 노여워하겠습니까?

듣건대, 노나라에 한 처녀가 있었는데 삼년 동안 웃지 않았습니다. 그 어머니가 이유를 물으니 "임금의 후사가 정해지지 않은 것을 걱정스럽다"고 하였습니다.[57] 제가 비록 포의(布衣)의 처지에서 배운 바가 무슨 일일지라도 도리어 한 여자의 마음 씀씀이만도 못합니다. 그러나 잠자코 있으면서 조정에 직언골경(直言骨鯁)[58]의 군자가 있음을 하명(賀明: 하례하며 밝힘)하지 않을 수야 있겠습니까?

정사(參知政事)에 올랐다. 왕안석을 중용하는 것을 반대하다 왕안석이 정권을 잡자 그와 여러 차례 논쟁했다. 시호는 질숙(質肅)이다.

[57] 칠실(漆室之憂)의 고사를 말한다. 춘추시대 노나라 칠실이란 마을에 사는 한 여자가 기둥에 기대어 울고 있었다. 이웃 사람이 시집을 못가서 우느냐고 물었다. 그러나 여자는 "임금은 늙고 태자는 어리니 그것이 걱정되어 운다"고 하였다. 이에 이웃 사람이 "그것은 대부(大夫)들이 걱정할 일이다"고 하였다 한다. 제 신분에 맞지 않은 근심을 뜻한다.『열녀전(列女傳)』, 인지전(仁智傳),「노칠실녀(魯漆室女)」참조.

[58] 임금의 잘못에 관하여 직접적으로 충고하거나 제지하기를 서슴지 않는 강직한 신하를 비유적으로 이르던 말. '골경'은 짐승과 물고기의 뼈.

이에 당나라 참정(參政)의 〈도회(渡淮)〉 시 1련, '관동제일인(關東第一人)' 다섯 글자, 그리고 열다섯 글자를 따다가 첫머리에 배열하여[59] 구두(句頭)로 삼았습니다. 또 「귀거래사」에 나오는 운자 30개를 빌어 쌍압(雙押)[60]을 한 뒤 노래 4장을 지어 올립니다. 엎드려, 재결(裁決)하여 주실 것을 바라나이다.

보통 사람 잘 모르는 달인(達人)이 귀향한다네
얻었다고 무얼 기뻐하며 잃었다고 무얼 슬퍼하랴?
먹은 마음 하늘같아 뒤따르기 아주 어려운 분
의(義)만 볼 뿐 남들의 시비는 돌아보지 않았다네.
지팡이 짚고 와 묘령에 조복(朝服)을 떨치더니[61]
동문(東門)에 갓 걸어 놓고 자연으로 돌아가시네.
나라 위한 충정은 우뚝하여 해 아래를 달리고
덕성(德星)은 밤마다 양문(陽門)[62]보다 높이 떴네.
미덥구려, 그 때 백발의 어버이가 계시어
자당(慈堂)님께 남산수(南山壽)를 올렸다네.
영공(令公)[63]은 본디 안자의 안빈낙도[64] 좋아하신 분

---

59 모두 30자이다.
60 머리에 운을 다는 두운(頭韻)과 끝 부분에 운을 다는 각운(脚韻)을 말한다.
61 스무 살 무렵에 벼슬길에 나아갔다는 말.
62 돈완성(頓頑星) 아래 있는 두 개의 별을 양문(陽門)이라고 한다.
63 조선시대 정삼품과 종이품의 관리를 높여 이르던 말.
64 공자의 수제자인 안회(顔回)의 '단사표음(簞食瓢飮)' 고사를 말한다. '도시락밥과 표주박 물'이라는 뜻으로, 즉 청빈한 생활 속에 안빈낙도함을 말한다. 『논어』, 「옹야(雍也)」

어찌 동산(東山)에서 사안(謝安)⁶⁵을 불러올 것을 꾀하랴.

햇빛은 거듭 빛나 구중궁궐[九關]을 비치거늘

한 치 구름이 군생(群生)의 관일(觀日)⁶⁶을 가리려 하랴.

임무는 무겁고 명령은 가벼워 울면서 사직을 청하셨네.

회천(回天)⁶⁷의 의기는 어찌 그리 굳세신고?

듣자니 어제 고향 땅 둘러보는 걸 윤허하셨다니

새 가을의 행락(行樂)을 가는 곳마다 찾으시겠구려.

물결은 푸르고 산은 자줏빛 모든 것이 걱정되지 않은데

더구나 황운(黃雲)⁶⁸ 향기가 논두렁에 가득함에랴.

관관(關關)⁶⁹하는 물새는 신선 탄 배를 부르고

눈부신 산과일은 단구(丹丘)⁷⁰에서 시들어가리.

동방의 인물로 상류층이시니

명성이 만대에 높아 끊임없이 전하리라.

다만 성주(聖主)께서 만류하지 못함을 후회하시어

청산에서 늙어 죽지 못할까봐 두렵네.

"子曰: 賢哉, 回也! 一簞食, 一瓢飮, 在陋巷, 人不堪其憂. 回也, 不改其樂. 賢哉, 回也!"

65 중국 진(晉) 나라 때 사람. 자는 안석(安石). 경륜과 지략이 뛰어나 명망이 높았다. 회계(會稽)의 동산(東山)에 은거하여 세상에 나오지 않자 당시 사람들이 "안석이 세상에 나오지 않으니, 창생들을 어찌하려는가"라고 하였다 한다. 뒤에 환온(桓溫)의 부름을 받고 세상에 나가 외적을 물리치고 내정(內政)을 닦는 데 탁월한 공을 세워 벼슬이 태보(太保)에 이르렀다. 『진서(晉書)』 권79, 「사안전(謝安傳)」 참조.
66 해를 쳐다봄. 여기서는 임금의 덕화를 우러러보는 것을 말한다.
67 하늘을 휘돌림. 천자나 제왕의 마음을 돌이키게 함을 이른다.
68 넓은 들판에 벼가 누렇게 익은 모습을 비유적으로 이른다.
69 새우는 소리.
70 중국 신화 속에 나오는 신선들이 사는 땅.

일신의 행지(行止)는 스스로 기약하는 게 귀한 법

두 번의 상소로 마침내 고향에 돌아가게 되었네.

남들은 상공(相公)을 위문하지만 나는 시를 지어 노래하네.

공이여, 공이여, 공께서는 의심하지 마시라.

送崔大司憲歸江陵 并序[71]

中原文獻地, 賢人君子之多, 固不可論. 吾東方, 自箕子以來, 人才亦盛矣. 然近百餘年間, 以言爲官, 而能面擊權臣, 凜然若秋霜烈日不可犯者, 獨李正言存吾而已. 於今忽有繼之者, 嗚呼美哉, 社稷之福也. 古人云:「君明則臣直」[72], 此豈非吾君仁明之所致歟? 昔張萬福, 武人也. 尙知陽城之忠, 而以大平賀其主. 穆賤且蘗, 雖不得呼萬歲於赤墀下, 亦嘗側聞長者之遺風矣. 自古年高而志不衰, 家貧而不苟祿, 首唱大臣之非, 忠犯人主之怒, 不以禍福動其心一髮. 如公之輩, 豈多也哉? 群聖作成之效, 於以益驗, 山林直士之氣, 於以益壯, 萬萬世社稷之本, 於以益固. 此穆所以扶病起立, 而感泣爲賀者也. 或曰:「今諫官論宰相, 宰相怒諫官. 子以布衣, 彼此於其間, 不亦可笑且危乎?」 此避嫌不忠之論也. 宋仁宗朝, 唐介論文彦博罷相, 彦博不以爲毀己, 而反引用介, 後世

---

71 말미에 "大憲名應賢, 字寶臣. 江陵人, 參判致雲之子, 公之外祖母之弟"라는 주기(註記)가 있다.
72 『통감절요(通鑑節要)』 권1, 「주기(周紀)」에 나오는 말.

亦不以介爲過論. 大抵就一身論之, 君, 心腹也. 宰相, 股肱也. 諫官, 耳目也. 假使耳目, 見股肱之將陷於湯火, 而不告之, 則豈徒心腹之痛也? 股肱亦將爛矣. 然則宰相雖云不喜諫官之論己, 不憂諫官之見罷, 不可得也, 又何暇怒乎? 且聞魯有處女, 三年不笑. 其母問之, 曰:「憂君繼嗣之不定也」穆雖布衣, 所學何事, 而乃反不如一女子之用心, 嘿嘿不賀明朝廷有直言骨鯁之君子乎? 於是, 摘用唐參政渡淮詩一聯, 及關東第一人五字, 幷十五字, 排冠句頭. 又假歸去來辭韻三十字雙押, 撰歌四章以進, 伏惟裁決.

平人不識達人歸, 得之何喜失何悲. 生意如天迥難追, 見義不見人是非. 杖策妙年拂朝衣, 東門掛冠還翠微. 忠懷落落日下奔, 德星夜夜高陽門. 信矣當時白髮存, 北堂獻壽南山尊. 今[73]公本好一瓢顏, 那計東山起謝安. 日色重華照九關, 寸雲欲蔽群生觀. 任重命輕泣乞還, 回天意氣何桓桓. 風聞昨許故山遊, 新秋行樂隨所求. 波綠山紫百不憂, 況復黃雲香滿疇. 關關水鳥喚仙舟, 燦燦山果頳丹丘. 東方人物是上流, 名高萬世傳不休. 第恐聖主悔追留, 靑山不得終老之. 一身行止貴自期, 二疏畢竟歸耘籽. 人弔相公我歌詩, 公乎公乎公勿疑.

---

[73] 今: 문맥상 '슈'이 되어야 할 듯하다.

4. 지난날을 생각하며 자진에게 다시 주다[74]

지난날 그대와 태학궁에서 지낸 일을 생각하니

마음으로써 서로 인정함에 다 호걸이요 영웅이었네.

운정(雲程)[75]의 고상한 의론(議論)은 막힌 곳을 뚫었고

여숙(與叔)[76]의 온화한 기운은 봄바람을 불어오게 하였네.

오동잎에 시 써넣고[77] 배우고 힘썼으니

서반수(西泮水)[78]에서 구름 읊던 계문(季文)[79]이 풍성하였네.

함께 약석 써서 소경과 귀머거리를 고치려 했으니[80]

누우면 한 침상이요 앉으면 한 자리였네.

어찌 뜻했으랴. 금란지약(金蘭之約)이 가을 쑥대가 될 줄을.

---

74 이 시는 공주 귀양살이에서 풀린 뒤 가을에 지은 것으로 보인다.
75 신당(新堂) 정붕(鄭鵬: 1467~1512)의 자. 조선 성종 때의 문신, 학자로 본관은 해주(海州), 자는 운정(雲程), 호는 신당이다. 경상도 선산 출신이다. 한훤당(寒暄堂) 김굉필(金宏弼)의 문하에서 수학, 성리학을 깊이 연구하였다. 성종 17년(1486) 진사가 되고, 동 23년(1492) 식년문과에 을과로 급제하여 벼슬이 홍문관 교리(校理)에 이르렀다. 연산군 10년(1504) 갑자사화에 연루되어 경상도 영덕에 유배되었으나, 현명하게 처신하여 몸을 보존하였다. 1506년 중종반정 이후 청송부사(靑松府使)를 지내다가 재임 3년 만에 임지에서 죽었다. 천성이 매우 청백하여 의가 아닌 것은 행하지 않았다. 일찍이『안상도(案上圖)』를 지어 자경(自警)하였으며, 이황(李滉)은 그의 학문이 깊다고 칭찬하였다. 문하에서 박영(朴英)이 배출되었으며, 선산의 금오서원(金烏書院), 개령(開寧)의 덕림서원(德林書院)에 제향되었다.
76 조광림(趙廣臨: 1463~1494)의 자. 자는 여숙, 호는 심재(心齋). 본관이 한양(漢陽)으로 군수 훈(勛)의 아들이다. 성종 17년(1486) 진사시에 급제하고, 동 23년(1492) 별시문과에 급제, 승정원 주서(注書)를 지냈다. 정암 조광조의 종형(從兄)으로, 퇴계 이황은 그를 '선인(善人)'이라 하였다.『退陶先生言行通錄』권5,「議論第四」"趙元紀, 趙廣臨, 皆善人也. 靜庵家學淵源, 亦非偶然."(趙元紀, 靜庵叔父, 趙廣臨, 靜庵從兄)
77 중국 촉(蜀) 나라 때 상서(尙書)를 지낸 후계도(侯繼圖)의 고사.
78 동반수(東泮水)는 성균관 앞다리와 식당교(食堂橋)・비각교(碑閣橋)를 경유하고, 서반수는 집춘문(集春門) 앞다리를 경유하여 대성전 남문 밖에서 합쳐지고 다시 남쪽으로 흘러서 관기교(觀旗橋)가 된다.『서울문묘 실측조사보고서』상권 참조.
79 박사 성중엄(成重淹)의 자.
80 여러 태학생과 함께 국정에 대해 시비를 논한 일을 가리킨다.

5, 6년 이래로 각기 동서로 헤어졌네.

그대와 운정은 천종(天終)[81]을 만나

쓸쓸한 산에서 피눈물 흘리며 손수 소나무를 심었다더군.

편지 써서 푸른 하늘에 띄워 보내려 하나

날긴 날아도 높지 않아 성공하기 어렵네.

더구나 나와 여숙이 만날 수 없음이여.[82]

하늘가 외로운 무덤엔 단풍만 물들었겠지.

아! 나는 가장 어리석고 어리석으니

시대가 용납 못하는 것은 당연하네.

작년에는 설악(雪嶽)[83]에서 힘든 겨울 보냈는데

금년에는 아우를 상루(湘纍)[84] 중에 잃었네.

죄인 풀어 주신 성은이 하늘처럼 끝이 없는데

이 몸이 차마 농사짓는 늙은이가 되랴.

오두막에 가을이 찾아오니 온갖 벌레 울어대는데

한 밤에 걱정의 실마리는 공동산[85] 같네.[86]

---

81 부모의 상을 달리 이르는 말.
82 1494년에 조광림이 세상을 떠났기 때문이다.
83 설악산이 아니고 눈 쌓인 산을 말함.
84 억울한 귀양살이를 말함. 양웅(揚雄)의 「반이소(反離騷)」에 "민강(岷江) 가를 따라 이 애도문을 보냄이여. 삼가 상강에서 억울하게 죽은 굴원을 애도하노라"(因江潭而記兮, 欽弔楚之湘纍)고 하였다. 이에 대한 안사고(顏師古)의 주에 "죄를 짓지 않고 죽는 것을 모두 유(纍)라 한다. 굴원은 상수(湘水)에 가서 몸을 던져 죽었으므로 상류라 한 것이다"(諸不以罪死曰纍, 屈原赴湘死, 故曰湘纍也)라 하였다. 『한서(漢書)』 권87上, 「양웅전(揚雄傳)」
85 공동산(崆峒山)은 중국 황제(黃帝) 때의 은자 광성자(廣成子)가 있던 곳으로, 은자의 대명사로 쓰인다. 장자(莊子)』, 「재유(在宥)」 참조.
86 두보의 「취시가(醉時歌)」에 "근심의 실마리 종남산처럼 서리서리 얽혀서 걷잡을 수 없

만 길 무지개 같은 내 마음을 잘 길러
그대 손잡고 조만간 가을 하늘 가로지르리.

憶昨再贈子眞

憶昨同君大學宮　以心相許皆豪雄
雲程高議礙處通　與叔和氣來春風
桐葉題詩學而工　西泮吟雲季文豐
共砭藥石醫盲聾　臥則一枕坐席同
豈意蘭約作秋蓬　五六年來各西東
君與雲程遭天終　山寒泣血手種松
翰成雖欲凌蒼穹　翶翔未高難成功
況吾與叔不可逢　天邊孤塚生丹楓
嗚呼穆也最愚蒙　宜其不爲時所容
前年雪獄耐窮冬　今年哭弟湘纍中
放赦聖恩天無窮　此生忍爲田舍翁
秋來茅屋泣百蟲　一夜憂端齊崆峒
善養方寸萬丈虹　携君早晚橫秋空

....
어라"(憂端齊終南, 頒洞不可掇)는 구절이 있다.

5. 홍언국洪彦國[87]이 정승을 따라 선릉先陵(先墓)을 배알하러 함창咸昌에 가는 것을 전송하다. 한 수[88]

시월의 산고개 위에는 낙엽진 나무들이 듬성듬성
붉은 바퀴, 푸른 덮개의 수레가 험한 산 길을 멀리 떠난다.
유소(蘇流)[89]에 선물을 싣고 향기로운 상자가 뒤따르는데
끝 없는 강산에 청총마(靑驄馬)가 등 뒤에서 부르네.
노인네들 남산의 길을 깨끗이 쓸고
묘 앞 백 리 길엔 자주빛 담요[氍毹] 깔았네.
봉래궁에서 남다른 은명(恩命) 내리시니
분주한 이천 명이 하인(庸奴)들 같구나.
향기롭고 잘 익은 술 삼천 동이 벌여놓았고
산에 가득한 송백에 겨울 가마귀가 춤을 춘다.
조상의 혼령 감응하여 다가오고 하늘도 노래하며[90]
황자(皇子), 황손(皇孫)[91]의 몸에 복이 내리네.

---

[87] 조선 전기의 학자(생몰년 미상). 자는 공좌(公佐), 호는 눌암(訥庵). 본관이 부계(缶溪: 軍威)로 좌참찬(左參贊) 홍귀달의 아들이고, 홍언충(洪彦忠)의 아우이다. 연산군 1년 (1495) 증광시(增廣試)에서 생원(生員)으로 급제하였다. 문장과 지조로 명성이 있었고, 또한 학자로서 사림(士林) 사이에 존경을 받았다. 딸의 미모가 뛰어나 이를 탐한 연산 군이 입궁(入宮)시키라고 강요하였으나 거절하여 연산군 10년(1504)에 경상도 거제(巨濟)에 유배되었다. 중종반정으로 석방되어 고향에서 학문 연구와 후진의 양성에 전념 하였다. 후에 참봉(參奉)에 임명되었으나 사임하였다. 명필로 이름이 있었으며, 작품 으로는 문경(聞慶)에 있는 「홍귀달신도비(洪貴達神道碑)」가 있다.

[88] 원주: "이른바 상공(相公)이란 홍귀달이다. 이전에 간행한 문집에는 이 시가 없었으나 뒤에 함창홍씨 집안에서 얻었다."(所謂相公, 洪貴達也. 此前刊集中無之, 而追得於咸昌洪氏)

[89] 오색의 실로 만든 술. '유소(流蘇)'라고도 한다.

[90] 원문의 '오오(嗚嗚)'는 노래 부르는 모양.

황자께서는 천하에서 으뜸가는 유자(儒者)가 되시고

재상⁹²으로서 천년토록 간신 아첨배를 제거한다네.

황손은 서슬 푸르게⁹³ 머리를 내놓고

사람들 놀래게 하는 침을 뱉어 만 곡(斛)의 구슬⁹⁴ 흩어놓네.⁹⁵

아! 그대의 이 행차가 즐겁고 또 즐거울 것이니

온 가문의 복록(福祿)이 천구(天衢)⁹⁶에 가득하리라.

아형(阿兄)⁹⁷께서 만일 노소(老蘇)⁹⁸를 묻거든

옛날과 같은 청주(靑州)의 외로움을 말하지 마오.

'우리 도가 남으로 갔다'⁹⁹는 말은 순식간¹⁰⁰이지만

효성으로 얻은 명성 혁혁하여 동쪽 지역에 떨치네.

산에 꽃이 지지 않으면 그대 돌아가지 않으려니

인간 세계에 술 익고 봄의 흥치가 넘치리라.

---

91 여기서 '황(皇)'은 남을 높일 때 사용하는 말로 훌륭하다, 아름답다, 위대하다는 의미이다.
92 원문 '정내(鼎鼐)'는 재상을 달리 이르는 말이다.
93 원문 '능릉(稜稜)'은 성품이 모가 나고 바른 모양. 서슬이 푸른 모양.
94 사람들의 말을 비유한 것. 이숭인(李崇仁)의 『도은시집(陶隱詩集)』 권3,「八關大會日, 呈詰院諸公」에서 "望之誰不是仙儒, 唾落人間萬斛珠. 霞液橘盃香滿座, 風流却似舊時無"라 하였다.
95 홍귀달의 아들 홍언충(1473~1503)과 홍언국(?~?)이 직언을 잘 하는 선비라는 말.
96 하늘나라의 큰 거리.
97 '아(阿)' 자는 남을 부를 때 친근한 뜻을 나타내기 위해 호칭 앞에 붙이는 말. 여기서 아형은 홍언국의 형 홍언충을 가리킨다.
98 당송팔대가의 한 사람인 소순(蘇洵)을 가리킴. 소순 삼부자(三父子)가 모두 문장에 뛰어나서 삼소(三蘇)라 불렸는데, 순(洵)을 노소(老蘇), 동파를 대소(大蘇), 동생 철(轍)을 소소(小蘇)라고 하였다 한다. 여기서는 홍언충·홍언국의 부친 홍귀달을 가리킨다.
99 중국 북송(北宋) 때 구산(龜山) 양시(楊時)가 명도(明道) 정호(程顥)에게 배우고 고향으로 돌아갈 때, 명도가 좌객(坐客)들에게 "우리 도가 남으로 가는군"(吾道南矣)이라고 하였다고 한다. 『송사(宋史)』, 권428 참조.
100 원문의 '사수(斯須)'는 '수유(須臾)'와 같은 말로, 잠깐 동안을 말한다.

묘한 솜씨로 일찍 남행도(南行圖)[101]를 그렸는데
내 그대를 한 바탕 웃겨도 좋겠는가.

贈別洪彦國隨相公 謁先陵咸昌 一首

十月嶺上落木疎　朱輪翠蓋遙崎嶇
蘇流看膳隨香廚　不限江山驄背呼
父老洒掃南山途　墓前百里紫氍毹
蓬萊宮中恩命殊　奔走二千如庸奴
香濃羅列三千壺　滿山松柏舞寒烏
皇靈感格天嗚嗚　降福皇子皇孫軀
皇子天下爲宗儒　鼎鼐千年除奸諛
皇孫稜稜出頭顱　驚人唾散萬斛珠
嗟君此行樂且娛　全門福祿塞天衢
阿兄有如問老蘇　莫說依舊靑州孤
吾道南矣且斯須　孝聲赫赫喧東區
山花未落君歸無　人間酒熟春于于
妙手早作南行圖　我欲一笑君可乎

---

[101] 조선시대 양반집에서 윷놀이 판으로 사용된 승경도(陞卿圖), 종경도(從卿圖)를 말한다. 이를 보면 관료의 승진 체계가 유학(幼學), 유일(遺逸), 문무과(文武科), 남행(南行)으로 되어 있다. 남행은 문음(門蔭)을 통해 임용되는 길을 의미한다.

사辭

칠보정七寶亭에서 연꽃을 감상하며 지은 글

이 정자에 올라 거드름을 피워보네[1]

환락 즐기려는 건 아니고 오래 머물었기 때문일세. [冑之]

연꽃 향기 진하게 풍겨오니

참으로 군자의 좋은 짝이로세. [仲雍]

옛 사람 추상(追想)하니 염락(濂洛)이라[2]

그대를 맞아 수레를 멈추었네. [冑之]

나의 뜻 아직 제대로 닦지 못했으니

정신을 천고에 내달리게 하려네. [仲雍]

한 구절을 잃음 [冑之]

전성(前聖)과 후성의 '한 마음' 알았으니

원컨대 이를 따라 도를 구하고자. [仲雍]

---

1 원문 '기오(寄傲)'는 도연명의 「귀거래사(歸去來辭)」 "남쪽 창에 기대어 오만함을 부려 보고 무릎 거둘 만한 공간을 찾아 편안한 곳으로 바꾼다"(倚南窓以寄傲, 審容膝之易安)고 한 데서 나왔다.

2 상련(賞蓮)을 하며 주염계(周濂溪: 敦頤)의 「애련설(愛蓮說)」을 생각한다는 말.

공자와 도척(盜跖)이 첫새벽부터 부지런히 일했지만

저것은 선악의 분기점이라네. [冑之]

옛날의 현인(賢人) 군자를 보지는 못했지만

육예(六藝)의 남은 향기 숭상하리라. [仲雍]

서여(緖餘)³를 가지고 탄식을 하는데

그대 유독 나와 친하여⁴ 북문⁵으로 나왔나. [冑之]

철령 높고 높아 하늘에 닿는데

임금과 어버이 그리며 남녘을 바라본다. [仲雍]

우연히 강정(江亭)에 유람할 걸 기약했다가

미친 듯한 소낙비를 만날 줄이야. [冑之]

정신은 이미 아득한 포구[極浦]로 떠나가

푸르고 까마득한 연하(煙霞) 속을 두루 노닌다. [仲雍]

버드나무 언덕이 물에 빠져 섬이 되었는데⁶

하늘 바람 시원하게 불어 서늘함을 맛보네. [冑之]

인끈[印綬] 풀어놓고 서로 즐기세나

어찌 칠택⁷과 삼상⁸이라야만 할까. [仲雍]

---

3 실오라기의 맨 끝부분. 실을 뽑은 뒤 남은 누에고치의 나머지 실밥. 여기서는 이주가 김종직의 말석제자(末席弟子)임을 가리킨 듯하다.
4 원문 '군독아(君獨我)'는 '군독아친(君獨我親)'의 줄임말이다.
5 북관(北關)과 같은 말. 지금의 함경도를 가리킨다.
6 칠보정은 연못 가운데 세운 정자로 유명하다.
7 초(楚) 나라의 일곱 연못. 그 가운데 하나가 유명한 운몽택(雲夢澤)이다.
8 호남성의 상향(湘鄕)·상담(湘潭)·상음(湘陰)을 함께 일컬은 말. 흔히 상강(湘江) 유역 및 동정호(洞定湖) 지역을 가리킨다.

그대 북으로 오고 나는 남으로 가는 것[9]이 한스러울 뿐일세

어찌하여 나랏일이 이다지도 빈틈이 없을까? [冑之]

동심(同心)에 힘쓰면서도 있는 곳 다르니

흰 구슬(白璧)[10] 나누어 폐부(肺腑)에 간직하세나. [仲雍]

七寶亭賞蓮辭[11]

登茲亭而寄傲兮　匪耽歡而淹留 [冑之]

有荷香之馥郁兮　實君子之好逑[12] [仲雍]

追古人兮濂洛　邀夫君兮停軿 [冑之]

惟余志之未修兮　騁精神於千古 [仲雍]

一句失 [冑之]

知前後之一心兮　願因斯而求道 [仲雍]

孔跖鷄鳴而孜孜兮　夫惟善惡之分也 [冑之]

雖前脩之莫見兮　尙六藝之餘芬 [仲雍]

將緖餘而發歎兮　君獨我兮北門 [冑之]

鐵嶺峨峨而造天兮　戀君親而南望 [仲雍]

9　한재는 병마평사로 함경도에 부임하고 이주는 함경도 도사직을 떠나 남으로 간다는 말이다.
10　희고 티 없는 옥. 여기서는 상대방의 싯귀를 가리킨다. 회중분백벽(懷中分白璧)의 고사 참조.
11　원주(原註): "七寶亭在咸興. 公南道評事時, 與都事李冑唱和. 冑字冑之."
12　逑(술): 『이평사집』과 『한재집』에는 '述'로 되어 있으나 '逑(구)'의 잘못이다.

況期遊於江亭兮 値急雨之顚狂 [冑之]

魂已逝於極浦兮 周流乎煙霞之蒼茫 [仲雍]

柳岸沒而爲島兮 天風爽而納涼 [冑之]

旣解佩而相樂兮 又何七澤與三湘 [仲雍]

獨恨夫君北而我南兮 豈王事之靡盬[13] [冑之]

勉同心而異居兮 分白璧而肺腑 [仲雍]

---

[13] 王事靡盬(왕사미고): 나랏일이 중대하여 소홀함이 없음. 『시경』, 국풍(國風), 〈보우(鴇羽)〉 "王事靡盬, 不能蓺稷黍."

서書

김계운에게 주다
與金季雲

목(穆)이 실록청(實錄廳)에 출사(出仕)한 것이 지금 수십 일이 되었습니다. 형의 사초(史草)는 마침 동방(同房)인 성중엄(成重淹)의 손에 있습니다. 당상(堂上)이 날짜에 따라 기사(記事)하지 않은 것을 이유로 모두 책에 쓰려고 하지 않는다 하기에, 제가 아침저녁으로 중엄을 나무랐습니다. 중엄도 군자다운 사람이기에 마음에 감동되어 오히려 계운(季雲)의 사초가 한 자라도 기록되지 못할까 걱정하고 있습니다.

그가 있는 방의 당상은 곧 윤효손(尹孝孫)입니다. 윤은 매양 저에게 묻기를 "김 아무는 어떠한 사람이냐?" 했습니다. 윤(尹)이 형의 사초(史草)를 모두 보고나서 하는 말이 "나는 김 아무가 이렇게까지 인걸(人傑)인 줄을 몰랐다"고 했습니다. 그러나 이상(二相: 우찬성) 이극돈(李克墩)이 윤에게 은폐하도록 요구하였습니다. 그 섶을 안고 불을 끄려고 함이 이와 비슷합니다. 저는 오래 성덕(聖德)을 입어 참상관(參上官)의 자리를 메꾸고 있습니다. 그러나 전적(典籍)으로 있으면서는 털끝만큼도 도움이 될 수 없었는데, 요사이 외람되게도 조정에서 겸춘추(兼春秋)로 발탁하였습니다. 매양 소원하기를, 『성종실록』을 만드는 여가에 밤에 돌아와 등불을 달고 당세의 일을 기록하여, 형의 사업(事業)의 만분의 일이라도 하고 싶었습니다. 다른 날 죽은 뒤에라도 보탬이 된다고 여긴다면 가부만이라도 알려주시기를 바랍니다. 잘못된 계획을 하다가 도리어 무거운 재앙만 받지는 않을까요?

아아! 형과 이별한 뒤 평생 심사를 물을 곳이 없습니다. 헛된 계획을 세우고 보니 가슴 속이 더욱 비루해지는 것 같습니다. 형이 비록 상중(喪中)에 계시지만, 한 장의 척서(尺書)를 내려 이 위태한 병통을 구제해 주시어 사람 구하도록 해주시기를 원합니다. 이것만을 바랄 뿐입니다. 보신 뒤에 불태워 버리는 것이 좋겠습니다. 진실로 망언인 줄은 알지만 형의 회포를 풀어 드리려는 마음에서 기피하지 않았습니다.

與金季雲書

穆仕實錄廳, 今已數旬. 兄之史草, 適在同房成重淹之手. 堂上以不逐日記事爲辭, 皆不欲書諸冊, 吾朝夕責重淹. 重淹亦君子人也, 中心衷衷, 猶恐不錄季雲一字也. 其房堂上則尹孝孫也. 尹每問於僕曰:「金某何如人也?」尹見託兄史草曰:「吾不知金某爲人傑至此也」. 然李二相克墩使尹隱之, 其抱薪救火之愚類此. 僕久蒙聖德, 備位參上. 然在典籍, 無所毫釐之補, 近濫蒙朝廷擢兼春秋. 每願成宗實錄之暇, 夜歸懸燈書當世事, 萬一於兄業, 以爲他日死後之補, 但望兄諭之是與否也?

無奈妄計, 反受重殃耶? 嗟乎! 自別兄, 平生心事無所問, 妄自爲計, 胸中盆鄙. 雖兄在哀中, 願垂一尺書, 以救危病, 庶幾成人, 唯是企望. 覽後焚之爲佳. 實知妄言, 冀寬兄懷, 不避. (『燕山君日記』, 四年七月十二日丙午)

계啓

여러 생도들이 죄가 없음을 진정한 계啓[1]

고전에서 "군자의 허물은 일식과 월식 같아서 사람들이 모두 그것을 쳐다보고, 그 잘못을 고침에 사람들이 모두 우러러본다"[2]고 하였습니다. 신 등은 옥문(獄門)을 나온 뒤 전하께서 이미 금승(禁僧)의 영을 윤허하셨다는 말을 듣고, 홀연히 신이 법망(法網)에 걸렸던 것도 잊은 채 환호하고 훌훌 뛰면서 성인께서 개과(改過)하는데 인색하지 않음이 이와 같은 것을 알았습니다.

신은 일개 천한 선비로서, 비록 말고삐를 잡는[執鞭] 관원을 만나더라도 반드시 머리를 숙여 외경(畏敬)해야 할 것입니다. 하물며 수상(首相)이겠습니까? 신이 듣건대, 고요(皐陶)[3]가 도로써 순임금을 섬기자 천

---

1 본디 제목이 없으나 내용을 고려, '진제생무죄계(陳諸生無罪啓)'라 하였다. 이 글은 1981년판 『한재문집』에 처음 편입된 것인데, 어떤 경로로 수습되어 실리게 되었는지 자세히 알 수는 없다. 내용으로 보아 성종 23년(1492) 12월, 금승법 때문에 영의정 윤필상을 탄핵했다가 풀려난 뒤 올린 것으로 추정된다.
2 『논어』, 「자장(子張)」 편에 나온다. "君子之過也, 如日月之食焉. 過也, 人皆見之, 更也, 人皆仰之."
3 중국 고대의 전설상의 인물. 순임금의 신하로, 구관(九官)의 한 사람이다. 법을 세우고 형벌을 제정하였으며, 옥(獄)을 만들었다고 한다. 은나라 탕왕 때의 명상(名相)인 이윤(伊尹)과 함께 '이고(伊皐)'로 병칭된다.

하 사람들이 모두 그를 공경하였습니다. 이것이 어찌 대신이었기 때문이겠습니까? 순임금을 공경한 까닭입니다. 고요가 만일 아첨을 일삼으며 순종하기만 하고 기쁘게만 하면서 순임금을 좇고 도를 좇지 않았다면, 순임금이 비록 고요를 공경했다 하더라도 천하 사람이 어찌 모두 공경하였겠습니까?

어떤 사람이 맹자가 제나라 임금을 공경하지 않은 데 대해 까닭을 물었습니다. 맹자가 말하기를 "나는 요순의 도가 아니면 감히 왕 앞에 진술하지 않는다"[4]고 하였습니다. 그런데 제나라 사람들은 왕이 요순의 도를 행하는 데 부족하다고 여겼기 때문에 더불어 말하지 않았던 것입니다. 이것은 임금을 공경하지 않는 것입니다. 오늘의 논란거리를 풀어 볼 때, 만약 순임금으로 하여금 고요에게 물어 보도록 한다면 고요 또한 "자전(慈殿)의 뜻을 힘써 받들어 제 의견을 고집하지 않겠다"고 하였겠습니까? 신은 항상 고요가 순임금을 섬긴 것으로써 임금을 섬기지 않는 것은 모두 임금을 공경하지 않는 것이라고 생각하였습니다. 우리 임금을 공경하는 사람을 우리 역시 공경하고, 우리 임금을 공경하지 않으면 우리가 또한 공경하지 않습니다. 지금 수상은 참으로 임금을 공경할 줄 아는 사람입니까.

가령 맹자께서 지금의 학궁(學宮)에 거처하신다면, 한 개인을 위해 무례(無禮)하다는 혐의를 피하려고 대신에게 아부하며 임금께 직언(直言)을 하지 않겠습니까? 지금 신이 대신을 존경하는 줄 모르는 것은 아

---

4 『맹자』, 「공손추(公孫丑) 하」 제2장에 나오는 말.

닙니다. 그러나 대신을 존경하는 예는 작은 일이고, 전하를 공경하는 의리는 중한 까닭입니다. 전하께서는 깊숙이 구중궁궐(九重宮闕) 안에서 공수(拱手)하고 계십니다. 진실로 언로(言路)가 아니면 어떻게 바깥의 여론을 얻어 들을 수 있겠습니까? 언로가 열리고 막힘은 국가의 안위와 관련되는 것입니다.

송나라 때 민간에서 개를 기르던 사람들이 개를 두고 "왕안석(王安石)아!"하고 부르기에 이르렀습니다. 대신을 공경하지 않은 것이 심하였습니다. 그러나 왕안석이 백성을 부리는 데 경건하지 못한 사실이 있었기 때문에 백성들이 (개를 왕안석이라고) 이름 지어 불렀던 것입니다. 사실이 있으면 이름이 생겨나게 마련입니다. 이름 지어 부른 사람이 무슨 죄가 있겠습니까? 설령 그 때 왕안석을 닭이나 개라고 부른 몇 사람을 잡아서 감옥에 가두고는 "이 말을 한 사람이 누구냐"고 물었다면, 틀림없이 모두들 "천하의 공론입니다"고 말했을 것입니다. 그러나 반드시 처음으로 말한 사람은 있을 터인데, 만일 처음 말한 사람을 죽일 것 같으면 왕안석의 마음은 진실로 시원했겠지만 임금에게는 이롭지 못합니다. 임금은 사서인(士庶人)으로 귀와 눈을 삼고, 대신(大臣)으로 팔과 다리를 삼아서 스스로 원수(元首)가 되셨습니다. 이목(耳目)의 위치에 있는 사람이 팔과 다리 구실하는 사람의 잘못을 보고 원수에게 말씀 드리는 것이 어찌 원수에게 해가 되겠습니까?

『시경』에 이르기를 "혁혁한 태사(太師) 윤씨여! 백성들 모두 그대 행실을 우러러보네"[5]라고 하였습니다. 수상의 일동일정(一動一靜)은 사람들이 우러러보는 바이니, 평소에도 여론이 있게 마련입니다. 지금 상황이 이러하여 신이 말씀을 드리게 된 것입니다.『시경』이르기를 "학이 깊은 못[九皐]에서 우는데 그 소리가 하늘에까지 들린다"[6]고 하였습니다. 보통 사람에게 선악(善惡)이 있어도 사람들이 반드시 듣는 법입니다. 더구나 수상의 경우이겠습니까? 지금 여론을 보면 수상을 낮게 보고 있으니, 신은 낮추어 본 데 따른 해가 있을까 두렵습니다.

공자께서 말씀하시기를 "나라에 도가 있으면 시속을 따르지 않고 소신껏 말하고 행동하며, 나라에 도가 없을 때에는 소신껏 행동하되 말은 겸손해야 한다"[7]고 하였습니다. 이 말을 풀이하는 사람은 "임금된 사람이 선비들에게 말이 겸손하도록 한다면 어찌 위태롭지 않겠는가"[8]라고 하였습니다. 신은 다행히도 도가 있는 때를 만났으니, 당연히 순손(順遜)한 것을 부끄럽게 여겨야 할 것입니다. 하물며 우리 도[吾道]와 이단이 소장(消長)하는 중요한 계기에 감히 주상 전하 앞에서 소신 있는 말을 피하겠습니까?

신은 초택(草澤: 草野)의 보잘 것 없는 가문 출신입니다. 가난함과 괴로움을 참고 견디면서, 훌륭한 인재를 길러내는 데 쓰이는 국고(國庫)를 오래 소모하였습니다. 진실로 백의(白衣)를 벗어던지고 청운(靑雲)을 타고 임금님이 계신 곳 가까이에 있기를 도모하는 사람이니, 일개 한미한 유생이 수상과 적이 되면 화가 장차 헤아릴 수 없게 되리라는 사실을

---

5 『시경』, 소아(小雅), 기보지십(祈父之什),「절남산(節南山)」에 나오는 말.
6 『시경』, 소아, 홍안지십(鴻鴈之什),「학명(鶴鳴)」에 나오는 말.
7 『논어』,「헌문(憲問)」편에 나오는 말.
8 이 말은 주자(朱子)의『논어집주(論語集註)』에 나온다.

어찌 모르겠습니까? 그러나 이러저러한 말씀을 드린 것은 국가와 사도(斯道)를 위한 것이지, 제 한 몸을 위해 도모한 것이 아닙니다. 수상의 자리는 곧 전하께서 부여한 자리입니다. 그 자리는 진실로 존경 받아야 되겠지만 그 사람으로 말하면 천하게 여길 만합니다. 그 사람을 천하게 여길 만하다는 것은 곧 수상 스스로가 자신을 천하게 여기도록 만든 것이요, 여러 생도들이 천하게 여긴 바가 아닙니다.

예부터 특정한 일에 대해 논난(論難)하는 사람을 보면 임금의 허물은 잘 말하지만, 대신의 잘못됨은 감히 말하지 못하였습니다. 그 자리가 임금보다 높아서 그랬겠습니까? 대개 남의 비위를 거슬러서 받는 재앙이 비록 크지만, 임금은 뭇 신하와 백성을 자신의 적자(赤子: 갓난아이)로 삼아, 한 때의 분노 때문에 느닷없이 죄를 주지 않습니다. 끝내는 반드시 이해하게 됩니다. 그러나 만약 대신이 한 번 원한을 사게 되면 남모르는 가운데 중상모략하여 이루 다 말할 수 없는 점이 있습니다. 지금 여러 생도가 전하의 허물은 잘 말하면서도 대신의 잘못됨을 잘 말하지 못한다면, 이것은 귀중함이 대신에게 있고 전하에게 있지 않다는 말이 될 것입니다. 어찌 국가에서 선비를 양육한 뜻이라 하겠습니까?

자사(子思)가 말하기를 "임금께서 말씀하시되 스스로 옳다고 여기면 경대부(卿大夫)가 감히 그 그릇됨을 바로잡지 못하여 국가는 날로 잘못되어 갈 것이다"[9]고 하였습니다. 지금 전하께서 한 번 호령을 발동하시더라도 이치에 어긋남이 있다면, 경대부가 반드시 전하의 허물을 바

---

9 주희(朱熹), 『시집전(詩集傳)』, 기보지십(祈父之什), 「정월(正月)」에 나온다.

로잡고자 할 것이요, 전하께서는 그 의견을 받아들일 것입니다. 하물며 여러 생도들이 사서(士庶)의 대열에 있으면서 감히 대신의 그릇됨을 바로잡지 못한다면 어찌 전하께서 원하시는 일이겠습니까?

옛날 송나라 정강(靖康)[10]·소희(紹熙)[11] 연간에 태학의 여러 생도들이 채경(蔡京)[12]과 사숭지(史嵩之)[13] 의 추악한 점을 논박하였는데 꾸짖음이 극렬하였습니다. 글을 올려 추행을 논하고 나열하였으니, 대개 임금에게 충성하기를 원하는 마음이 (대신 눈치 보는 것보다) 더 나아서, 채·사의 위상은 모두 잊어버린 것입니다. 정자산(鄭子産)[14]은 향교를 헐지 않았는데,[15] 학교는 예나 이제나 뭇 의론이 있었던 곳입니다. 서원술(徐元述) 또한 말하기를 "정론(正論)은 국가의 원기(元氣)이다"고 하였으니,

---

10 중국 북송 흠종(欽宗) 때의 연호(1126~1127).
11 중국 남송 광종(光宗) 때의 연호(1190~1194).
12 중국 북송 말기의 정치가(1047~1126). 자는 원장(元長). 철종과 휘종 때 재상을 지냈다. 환관과 유착해서 백성을 착취하는 데 앞장서 당시 '육적(六賊)'의 원흉으로 꼽혔다. 또 장돈(章惇) 등과 함께 사마광(司馬光)·정이(程頤) 등을 붕당으로 몰아 유배시키기도 하였다. 뒤에 금나라가 침입하자 남쪽으로 달아났고, 이로 인해 축출되어 담주(潭州)에서 죽었다.
13 중국 북송 때의 정치가(?~1257). 자는 자유(子由), 근현(鄞縣) 출신이다. 가정(嘉定) 때 진사에 합격하여 재상에 이르렀는데, 사람을 함부로 등용하여 여론을 어겼으며, 부친 상중(喪中)에 기복(起復)으로 우승상 겸추밀사(右丞相兼樞密使)에 이르렀다. 이에 그의 종자(從子)인 경경(璟卿)이 인재 등용과 행정에 대한 실책을 편지로 말하자 그를 독살하였다. 『송사(宋史)』, 권414, 「사숭지전(史嵩之傳)」 참조.
14 중국 춘추시대 정(鄭) 나라의 정치가(?~B.C. 522). 성은 국(國), 이름은 교(僑), 자는 자산이며, 공손성자(公孫成子)라고도 한다. 정나라 목공(穆公)의 후손으로 태어나 B.C. 543년 내전을 진압하고 재상이 되었다. 북쪽의 진(晉) 나라와 남쪽의 초(楚) 나라 등 큰 나라 사이에 끼어 어려운 처지에 있던 정나라가 외교적으로 성공하는 데 크게 공헌하였다. 중국 최초 성문법을 정하여 인습적인 귀족정치를 배격했고, 농지를 정리하여 전부(田賦)를 설정, 국가 재정을 강화했다. 또한 미신적인 행사를 배척하는 등 합리적이고 인간주의적인 활동을 함으로써 후일 공자에게 큰 영향을 끼쳤다.
15 중국 춘추시대 정나라 사람들이 향교에 모여 시정(時政)의 득실에 대해 논하곤 하였다. 이때 정자산과 가까운 사람이 향교를 헐어버릴 것을 청하자, 자산은 "저들의 논평은 나의 스승이다. 내 어찌 향교를 헌단 말인가? 내 저들의 논평을 들어서 약석(藥石)으로 삼고자 한다"고 하였다. 『춘추좌씨전』, 소공(襄公) 31년조.

원기의 한 줄기가 아직도 태학에 남아 있습니다.

    신의 방자하고 분별없음[狂妄]은 만 번 죽어도 아까울 것이 없습니다. 다만 전자를 통해서 징계하고 후자에게 감계(鑑戒)를 드리우는 것은 뒷날 일이 발생했을 때 서로 사례를 비추어 보면서 경계하기 위함입니다. 국가의 원기를 위하여 마음 속 깊이 아파하고 안타까워하는 바입니다.

    신이 듣건대 "말이 간절하지 못하면 임금의 마음을 움직여 잘 듣도록 하지 못한다"고 하였습니다. 신이 그저 옛 가르침만 지키고, 현안 문제를 잘 알지 못한 채 말을 함이 이와 같습니다. 전하의 하문(下問)이 다시 내려졌음에도 감히 다 진술하지 못한 것은, 어찌 부직(不直)이 불의(不義)가 된다는 사실을 몰라서 그런 것이겠습니까? 다만 두려운 것은, 유생들이 처벌을 받은 뒤로 언로가 막혀서 그 폐해가 부직(不直)한 데로 미쳐 부각될까 하는 점입니다. 부직불경(不直不敬)한 죄는 실로 신에게 있음에도 여러 생도들이 옥사에 연계되었습니다. 신이 차마 묵묵히 있을 수 없다보니 저도 모르게 말이 지루하고 따분하게 되었습니다.

陳諸生無罪啓

傳曰:「君子之過, 如日月之食, 人皆見之, 及其更也, 人皆仰之」. 臣等出獄門, 聞殿下已允禁僧之令, 忽忘臣之陷於法網, 歡呼踴躍, 知聖人之改過不吝如是. 臣以一介賤士, 雖遇執鞭之官, 必俛首畏敬, 況首相乎? 臣聞皐陶以道事舜, 而天下皆敬之者, 豈以大臣哉? 敬舜故也. 皐陶若阿順諛悅, 從舜而不從道, 則舜雖敬皐陶, 天下豈皆敬之哉? 或問孟子不敬齊王. 孟子曰:「我非堯舜之道, 不敢陳於王前」, 而齊人以王不足爲堯舜之道, 而不與言, 是不敬君也. 弛今之議, 如使舜問於皐陶, 則皐陶亦曰:「勉奉慈旨而不執乎?」臣常以爲不以皐陶之所以事舜者事君者, 皆不敬君者也. 敬吾君者, 吾亦敬之, 不敬吾君, 則吾亦不敬之. 今首相眞知敬君乎? 假令孟子居今之學宮, 則爲一己無禮之嫌, 而阿大臣, 不直言於君所乎? 今臣非不知尊敬大臣, 然敬大臣之禮小, 而敬殿下之義重故也. 殿下深拱九宮, 苟非言路, 何以得聞外議乎? 言路開塞, 安危所係. 宋時民間畜犬者, 至呼以王安石, 其不敬大臣甚也. 然以安石有使民不敬之實而民名也. 有實則必有名, 名之著, 何罪焉? 設使其時捕民, 以鷄犬呼安石者數人, 置於牢獄, 問誰爲此言者, 則必皆曰:「天下之公議也」然必有始言者, 若誅始言者, 則安石之心誠快也, 在人主則不利也. 人主以士庶爲耳目, 以大臣爲股肱, 而自爲元首也. 耳目見股肱之過, 而言於元首者, 豈爲元首之害乎? 詩曰:「赫赫師尹, 民具爾瞻」, 首相一動一靜, 人所瞻仰, 而素有物論. 今又如此, 臣所以有言也. 詩曰:「鶴鳴于九皐, 聲聞于天」, 凡人有善惡, 人必聞之, 況首相乎? 今物論卑首相, 則臣恐有卑之之害也. 孔子曰:「邦有道, 危言危行, 邦無道, 危行言遜」釋之者曰:「爲人君者, 使士言遜, 豈不殆哉?」臣幸際有道之時, 當恥言遜, 況吾道異端消長[16]機, 敢避危言於上前乎? 臣草澤冷族, 酸寒忍苦, 久費養賢之廩, 固欲脫白衣攀靑雲, 圖近君所者也. 豈不

---

16 長: 문장 리듬으로 보아 '長' 자 다음에 '之' 자가 들어가야 할 듯하다.

知一介寒生與首相爲敵, 則禍將不測哉? 然而云爾者, 爲國家斯道謀, 而不爲身謀耳. 首相之位, 乃殿下所與之位, 其位固可尊, 而其人則可賤. 其人之可賤者, 乃首相自賤之也, 非諸生所賤也. 自古有言事者, 能言人主之過, 而不敢言大臣之非, 豈其位尊於人主哉? 盖忤人之禍雖大, 而人主以群臣百姓, 爲己之赤子, 不以一時之怒, 遽加之罪, 終必理解. 若大臣之怨一結, 則陰中暗傷, 有不可勝言者. 今諸生能言殿下之過, 而不能言大臣之非, 則是所重在於大臣, 而不在於殿下也, 豈國家養育之義哉? 子思曰:「君出言, 自以爲是, 而卿大夫莫敢矯其非, 則國家將日非矣」今殿下發一號令, 而有違於理, 則卿大夫必欲矯殿下之過, 而殿下受之, 況諸生在士庶之列, 而不敢矯大臣之非, 豈殿下之願哉? 昔宋靖康紹熙之間, 太學諸生, 論蔡京史嵩之醜, 詆極詈, 抗章論列. 盖願忠於其主之心勝, 而蔡史之位皆忘也. 子産不毁鄕校, 學校古今群議之所在. 徐元述亦曰:「正論國家之元氣, 元氣一脉, 猶在太學」臣之狂妄, 萬死無惜. 但懲於前者, 戒於後者, 則他日遇事, 必相觀吹齏[17], 深爲國家元氣痛惜. 臣聞「言不切, 不足以動人主之聽」臣徒守古訓, 不知時事, 發言如是. 聖問再下, 而不敢悉陳者, 豈不知不直之爲不義哉? 但恐受罪之後, 言路將塞, 其害及浮於不直也. 不直不敬之罪, 實在於臣, 而諸生繫獄. 臣不忍嘿嘿, 不覺言之支離.

---

17 吹齏(취제): 뜨거운 국물에 입을 덴 사람은 냉채를 먹을 때도 불면서 먹는다는 '징갱취제(懲羹吹齏)'의 고사. 『초사(楚辭)』, 칠장(七章), 「석송(惜誦)」 참조.

책策

1. 천도책天道策[1]

[問]

묻노라. 하늘은 높이 있고 별들은 멀리 있다. 진실로 그 까닭을 알아낸다면 앉아서도 요임금의 역상(曆象)을 이룰 수 있을 것이다. 사중(四仲)[2]에 다같이 중성(中星)[3]이 있는데, 후세에 이르러 중성이 같지 않은 것은 무슨 이유인가?

선유(先儒)가 말하기를 "별은 하늘에 붙어 있지 않다"고 하였다. 하늘에 붙어 있지 않다면 어디에 걸려 있는가, 그 형상과 궤도의 차례[躔次]에 대하여 들려 줄 수 있겠는가?

송나라에서는 별이 비처럼 떨어졌다. 노나라에서는 성패(星孛: 彗星)가 북두(北斗)를 침범하였다. 별이 떨어져 돌이 된 뒤 조룡(祖龍)[4]이 죽었

---

1 본디 제목이 없었으나 1981년판 『한재집』에서 처음으로 붙인 것이다.
2 일 년 사계절 중에 가운데 달. 곧 2월, 5월, 8월, 11월을 가리킨다.
3 이십팔수(二十八宿) 가운데 해가 질 때와 돋을 때 하늘 정남(正南) 쪽에 보이는 별. 혼중성(昏中星)·단중성(旦中星)이 있다.
4 진시황을 달리 이르는 말. '조'는 처음을 말하고 '용'은 임금을 상징한다.

고, 별이 성채(城寨)에 떨어진 뒤 무후(武侯)[5]가 죽었다.[6] 이러한 사례는 무슨 감응하는 바가 있어서 그런 것인가?

형혹성(熒惑星)[7]이 물러나 사라지고, 오성(五星)이 규성(奎星)[8]에서 모이며, 덕성(德星)[9]이 고양(高陽)에 나타나고, 객성(客星)[10]이 제좌(帝座)[11]를 범한 것은 또한 무슨 연유로 그렇게 된 것인가?

『서경』에 말하기를 "별에는 바람을 좋아하는 것이 있고 비를 좋아하는 것이 있다"[12]고 하였다. 상(商) 나라에 7년 동안 가뭄이 들었지만 비를 좋아하는 별이 아예 없었다. 그러나 주나라 때에는 바람이 불어 큰 우레를 불렀으니, 바람을 좋아하는 별을 매우 잘 갖춘 것이다. 이것은 무슨 까닭인가?

근자에 비바람이 고르지 못하고 홍수와 가뭄이 서로 꼬리를 무는 것은 과연 무슨 감응이며, 또 어떻게 대응할 것인가?

여러 군자들은 옛일을 넓게 알고 오늘의 일에 통달하여, 하늘과 인간의 이치에 대해 익숙하게 강론하였을 터이니, 자세한 것을 책편(策篇)에 나타내도록 하라!

---

5 제갈량(諸葛亮)의 시호.
6 제갈량은 234년 오장원(五丈原)을 거점으로 위(魏)의 사마의(司馬懿)와 대치하다가 병으로 죽었다. 당시 사마의는 하늘에 붉고 꼬리가 긴 별이 촉군 진영에 떨어지는 것을 보고 제갈량이 죽을 것으로 짐작하였다 한다.
7 화성(火星)을 달리 이르는 말.
8 서방의 별자리 이름. 이십팔수 가운데 열다섯째 별. 입하절(立夏節)의 중성(中星). 서방에 위치하며 문운(文運)을 맡아본다. 이 별이 밝으면 천하가 태평하다고 한다.
9 목성(木星). 상서로운 표시로 나타나는 별. 서성(瑞星).
10 항성(恒星)이 아니고 일시적으로 보이는 별. 혜성(彗星), 신성(新星) 등.
11 별이름. 제좌성(帝座星)이라고 한다.
12 『서경』, 「홍범(洪範)」편에 나온다.

[對]

제가 대답하겠습니다. 제가 듣건대 "천도(天道)는 좋아하거나 미워하는 감정이 없지만 화복(禍福)은 그 사람을 따른다. 인사(人事)에는 선악(善惡)이 있어 길하고 흉한 것이 하늘에 응한다"고 하였습니다. 하늘과 사람의 이치에 어찌 둘이 있겠습니까?

집사선생(執事先生)께서 춘위(春闈)¹³에서 책문을 발표함에, 맨 먼저 천문(天文)을 들고 다음으로 감응(感應)하는 이치를 언급한 뒤 "여러 유생 가운데 반드시 훌륭하게 말할 사람이 있을 것이다"고 하시었습니다. 훌륭합니다, 그 물음이여! 제가 비록 옛날에 들은 바를 다 말하려 하지만, 짧은 시간 안에 어찌 다 말할 수 있겠습니까? 잠깐 그 대강을 들어 말하도록 하겠습니다.

가만히 말하건대, 하늘은 사람의 근본이요, 사람은 하늘이 명한 존재입니다. 그러므로 하늘은 사람을 아들로 삼아 상(象)을 아래로 드리웠으니 해·달·별들이 그 현상입니다. 사람은 하늘을 아버지 삼아 위로부터 품수(稟受)한 것이니 인(仁)·의(義)·예(禮)·지(智)가 그 천성입니다. 사람이 그 본성을 잃으면, 하늘은 틀림없이 그 현상을 변모시켜 그것을 통해 경계합니다. 왜냐하면, 성(性)이 있는 곳이 곧 하늘이 있는 곳이기 때문입니다. 사람이 그 하늘의 마음을 얻으면 하늘은 반드시 그 현상을 움직여서 권합니다. 무슨 이유냐 하면 하늘이 있는 곳에 도가 있기 때문입니다. 그러므로 "하늘의 관점에서 하늘을 말하면, 하늘은

---

13 과거 시험을 달리 이르는 말. 중국 당·송 때 예부에서 보이던 봄철 과거 시험.

하늘이 되고 사람이 되지 않으며, 사람의 관점에서 사람을 말하면 사람은 사람이 되고 하늘이 되지 않는다"고 말합니다만, 제가 보건대 사람의 관점에서 하늘을 보아야 되지 않을까 합니다.

상고하건대, 요임금은 천도를 계승하여 준극(準極)을 세우고 경건하게 인시(人時)¹⁴를 내려 주셨으니, 주작(朱雀)과 창룡(蒼龍)은 봄과 여름의 중성(中星)이 되었고, 현무(玄武)와 백호(白虎)는 가을과 겨울의 중성이 되었습니다. 진(秦) 나라 여씨(呂氏)의 월령(月令)에 와서는, 봄은 호시성 가운데[弧中]¹⁵, 여름은 항성(亢星)¹⁶ 가운데, 가을은 견우성(牽牛星) 가운데, 겨울은 동벽성(東壁星) 가운데 있습니다. 그 차이가 있는 이유는 다음과 같습니다. 대개 하늘에는 365도 4분의 1이 있고, 한 해에는 365일과 4분의 1일이 있습니다. 하늘의 도수는 점차로 차이가 벌어져 서쪽으로 가면 퍼지게 되고, 한 해는 점점 차이가 나 서쪽으로 가면 오그라들게 됩니다. 그러므로 천(天)과 세(歲)가 비로소 우희(虞喜)¹⁷에 이르러 분별되었으며, 퍼지고 오그라드는 것[衍縮]은 유작(劉焯)¹⁸에 의해 그 수가 합치되었습니다.

---

14 백성들이 살아가는 데 중요한 시기. 봄에 갈고 여름에 매고 가을에 거둬들이는 때.
15 호시성(弧矢星)이 초저녁에 정남향에 나오는 때. 『예기』, 「월령(月令)」 "仲春之月, 日在奎, 昏弧中, 旦建星中."
16 이십팔수의 둘째 별자리에 있는 별들. 곡우절(穀雨節)의 중성(中星)이다.
17 중국 진(晉) 나라 때의 천문학자(281~356). 자는 중녕(仲寧). 회계현(會稽縣) 여요(餘姚) 사람. 「안천론(安天論)」 등 천문에 관한 많은 저술을 남겼다. 하늘은 끝없이 높고 위에 있으면서 안정되어 일월성신이 각자 운행한다고 주장하였다. 또 세차(歲差)를 발표하여, 동지 때의 태양 위치가 50년마다 서쪽으로 1도씩 이동한다는 획기적인 의견을 제시하였다. 『진서(晉書)』, 권91 참조.
18 중국 수(隋) 나라 때의 천문학자. 자는 사원(士元). 신도(信都) 사람. 벼슬은 태학박사(太學博士)를 지냈다. 저서로 『계극(稽極)』 · 『역서(曆書)』 등이 있다. 『수서(隋書)』, 권75 참조.

그러나 고대의 역상(曆象)은 간이(簡易)하여 성가(星家)가 잡다하게 나왔는데, 후세의 논의치고 고정(考亭: 朱子)보다 바른 것이 없었습니다. 그 말에 이르기를 "별은 하늘에 붙어 있는 것이 아니다. 하늘은 음양의 기운이 상면에 있는 것인데 사람이 볼 적에 별이 하늘을 따라간 것으로 볼 뿐이다"[19]고 하였으니, 어찌 정해진 본체를 가지고 사실을 미루어 짐작할 수 있겠습니까? 장자(張子)[20] 또한 이 말을 터득하였으니, 중성이 운행하는 것과 별이 하늘에 걸려 있는 문제를 볼 수 있습니다. 그러나 그 형상으로 말하자면, 좌씨(左氏)[21]는 말하기를 "하늘에 있으면 별이 되고, 땅에 있으면 돌이 된다"고 하였으며, 장횡거는 "정영(精英)의 엉긴 기운은 바로 등불과 같다"고 하였습니다. 그 궤도의 차례에 대해서 주자는 "천도는 왼쪽으로 돌며, 경성(經星)·위성(緯星)이 따라 돈다"고 하였고, 장횡거는 "북극성이 추(樞)가 되어 여전히 아주 조금씩 움직인다"고 하였습니다. 이것이 그 대강의 줄거리입니다.

그런데 하늘의 현상[文]을 어찌 쉽게 말하겠습니까마는, 그 이치는 하나일 뿐입니다. 예를 들어 춘추시대에는 노(魯)·송(宋)·진(陳)·채(蔡)가 군사를 일으켜 왕명을 거역하였고, 제(齊) 나라 환공(桓公)과 진(晉)

---

19 『주자어류』 권2, 「이기(理氣) 하」에 나오는 말. "天道左旋, 日月星並左旋. 星不是貼天. 天是陰陽之氣在上面, 下人看, 見星隨天去耳."
20 중국 북송 때의 성리학자 장재(張載: 1020~1077). 호는 횡거(橫渠). 성리학의 형이상학적·인식론적 기초를 세웠다. 주요 저작인 『정몽(正蒙)』에서 우주는 여러 가지 측면을 가지고 있으나 결국은 통일되어 있고, 모든 존재는 영원한 통합·분산의 연속이라고 주장했다. '기(氣)'는 궁극적 실재인 태허(太虛)로 정의된다. 그의 성리설은 후대의 학자들에게 큰 영향을 끼쳤다. 정호(程顥: 1032~85), 정이(程頤: 1033~1107) 형제는 그의 문인이다. '심(心)'에 관한 그의 이론은 주희(朱熹: 1130~1200)가 이어받아 발전시켰으며, 왕부지(王夫之: 1619~92)는 그의 철학을 체계적으로 계승, 발전시켰다.
21 좌구명(左丘明). 『춘추좌씨전』의 저자이다.

나라 문공(文公)이 중국에서 다시 패권을 다투자, 하늘이 별을 비처럼 떨어지게 하였습니다. 이것은 왕실의 법도가 점점 쇠퇴해 가는 형상을 보인 것입니다. 송(宋)·제(齊)·진(晉) 세 나라 사람이 장차 그 임금을 시해하려 할 때 하늘은 혜성[星孛]을 북두에 침입하도록 하였습니다.[22] 이것은 중국의 기강이 없어지거나 느슨해짐을 보인 것입니다. 진시황은 사도(斯道)를 멸절(滅絶)시켜 천하 후세 사람의 눈을 멀게 하고 귀를 먹게 하였습니다. 그러므로 그 자신이 죽으려 할 적에 하늘이 곧바로 재촉하여 해[日]가 없어지게 하였습니다. 이는 슬픔을 표시한 것이 아닙니다. 그 사나움을 경계한 것입니다. 제갈량은 정성을 다해 나랏일에 힘써서 한나라 왕가 4백년의 종묘사직을 붙들었습니다. 그러므로 그의 수명이 장차 다하려 할 적에, 하늘은 별을 영중(營中)에 떨어지게 하였습니다. 이는 재앙을 보인 것이 아닙니다. 그의 운수가 다함을 마음 아파한 것입니다. 송(宋) 나라 경공(景公)이 스스로 잘못을 인정하고 허물을 자기에게 돌리자 형혹성이 삼사(三舍)[23]를 물러나 수덕(修德)을 표창하는 감응을 보였고,[24] 조조(趙祖)[25]가 민초(民草)를 풍화(風化) 시키자 오위(五緯: 오행성)가 규성(奎星)에 모여[26] 그 문명의 효과를 밝혔습니다. 진식(陳寔)이 순가(荀家)에서 강의함에 덕성(德星)이 고양(高陽)에 나타나

---

22 중국 동주(東周) 때의 관상학자 숙복(叔服)이 노(魯) 나라 문공(文公) 14년에 혜성이 북두에 침입한 것을 보고 7년 이내에 송(宋)·제(齊)·진(晉)의 임금이 난(亂)으로 죽을 것을 예언하였다고 한다.
23 고대 중국에서 군대가 3일간 행군하는 거리. 90리.
24 형혹성은 화성의 다른 이름이다. 이 별이 나타나면 재앙이 온다고 한다.
25 중국 북송의 태조 조광윤(趙匡胤)을 가리킨다.
26 『송사(宋史)』 태조기(太祖紀)에 "건덕(乾德) 5년 여름에 오성이 함께 규성 자리에 모였다"고 한 데서 인용된 말. 오성은 5행성으로 목성·화성·토성·금성·수성을 말한다.

서 현묘한 덕[玄德]의 증거[符]를 밝혔고,²⁷ 엄자릉(嚴子陵)이 발을 제왕의 배[腹] 위에 걸쳐놓음에 객성(客星)이 제좌(帝座)를 침범하여 자미(紫薇)의 문란을 경계하였습니다.²⁸

탕(湯) 임금 같은 성왕(聖王)으로도 흉년과 가뭄을 면하지 못하였으니 선유는 이를 '수(數)'²⁹라고 여겼습니다. 그러나 제 생각으로는 걸임금이 남긴 그루터기[桀蘖]가 탕임금 때에도 미처 사라지지 않았으니 하늘이 칠년 한재(旱災: 가뭄 재앙)가 있도록 하였던 것입니다. 마침내 상림(桑林)에서 육책(六責)³⁰으로 자책하자, 큰 비가 바야흐로 수천 리에 내렸으니, 비를 좋아하는 별이 탕임금의 덕에 감응하지 않을 수는 없었던 것입니다. 성왕(成王)이 관·채(管蔡)³¹에게 참소(讒訴)하는 말을 듣고 미혹되자 하늘이 삼일 동안 바람을 불게 하였습니다. 교외에서 주공(周公)

---

27 중국 후한(後漢) 때 사람 진식(陳寔)의 두 아들인 진기(陳紀)와 진심(陳諶)은 우열을 가릴 수 없을 정도로 함께 명망이 뛰어나 세상에서 난형난제(難兄難弟)라 일컬었다. 역시 후한 때의 명사인 순숙(荀淑)의 여덟 아들 검(儉)·곤(緄)·정(靖)·도(燾)·왕(汪)·상(爽)·숙(肅)·부(敷) 역시 명망이 뛰어나 순씨팔룡(荀氏八龍)이라 일컬어졌다. 진식이 두 아들과 손자 장문(長文)을 데리고 순숙의 집에 가자 하늘에 덕성(德星)이 모이는 상서(祥瑞)가 나타났는데, 태사(太史)가 이것을 보고 "하늘에 덕성이 모였으니 5백리 안에 현인(賢人)들이 회합했을 것입니다"고 보고하였다 한다. 『후한서』 권62, 「순숙열전(荀淑列傳)」 ; 『세설신어(世說新語)』 「덕행(德行)」 참조.
28 자릉은 후한 광무제의 벗인 엄광(嚴光)의 자이다. 엄광은 일찍이 광무제와 동문수학하였는데, 광무제의 부름을 받고 함께 잠을 자다가 잠결에 광무제의 배 위에 발을 올려놓았다. 다음날 천문을 보는 태사(太史)가 "어제 저녁 객성이 제좌성(帝座星)을 범했으니 이는 큰 변고입니다"고 아뢰었다. 이에 광무제는 웃으며 "내가 친구인 엄광과 잤기 때문이다"고 하였다. 고대 점성가(占星家)들은 천상의 자미성이나 북극성을 황제의 성좌로 보아 객성이 이들 성좌를 범하면 천자의 신변에 위험이 가해지는 것으로 생각하였다.
29 기수(氣數) 또는 운수.
30 중국 은(殷) 나라 임금 성탕(成湯)이 7년 동안 큰 가뭄을 당하여 상림(桑林)에서 비를 빌었다. 이 때 여섯 가지 과실로 자신을 인책하였는데 "정치를 절도 있게 하지 않았는가? 백성이 직분을 잃었는가? 궁실은 숭엄한가? 여자의 청(請)이 치성한가? 뇌물이 행하는가? 참소하는 자가 성한가?"를 가지고 자책하였다 한다. 『여씨춘추(呂氏春秋)』, 「순민(順民)」 참조.
31 중국 주(周) 나라 무왕(武王)의 아우 관숙(管叔)과 채숙(蔡叔). 성왕이 어려서 주공이 섭정하자 둘이서 난을 일으켰으나 주공에게 평정되었다.

을 맞이하자 바람이 고르게 불고 곡물이 잘 익었습니다. 바람을 좋아하는 별이 성왕이 허물을 고친 데 대해 감응을 하지 않을 수는 없었던 것입니다. 옛 사람의 말이 있으니 "성실로써 하늘에 응하면 하늘이 특정한 현상[文]으로써 돕고, 진실로써 응하지 않으면 하늘은 재앙을 주신다"고 하였습니다. 만고의 역사를 통찰하여 보더라도 역시 그렇지 않습니까?

공손히 생각하건대, 우리나라는 뭇 성군(聖君)이 계지술사(繼志述事)³²하시고 백성을 다스려 교화시킴이 밝고 밝으시었습니다. 요력(堯曆)에서 사중월(四仲月)을 반포하듯 하시고,³³ 순임금이 선기옥형(璇璣玉衡)으로 칠정(七政)을 고르게 하듯 하시었습니다.³⁴ 하늘이 도움을 내리는 것이 당연한지라 일찍이 수역(壽域)³⁵의 성세(盛世)에 올랐습니다. 그런데 어쩌다가 요즈음에는 바람과 비가 고르지 못하고, 수해와 가뭄 재앙이 서로 뒤를 잇고 있습니다. 굶주리고 추위에 떠는 탄식이 백옥(白屋)³⁶에서 끊이지 않고, 소간(宵旰)³⁷의 염려가 신충(宸衷: 임금의 마음이나

---

32 선대의 업적을 이어 발전시킴.
33 『서경』「요전(堯典)」에 "이에 역관 희씨와 화씨에게 명하여 하늘을 공경히 따라서 해와 달과 별자리를 기록하고 관찰하여 백성의 농사철을 공경히 내려 주게 하셨다"(乃命羲和, 欽若昊天, 曆象日月星辰, 敬授人時)고 한 데서 온 말이다.
34 『서경』「순전(舜典)」에 "선기옥형으로 관찰하여 칠정을 고르게 하셨다"(在璿璣玉衡, 以齊七政)고 한 데서 온 말이다. 선기옥형은 곧 천체의 운행을 관측하는 혼천의(渾天儀)를 가리키고, 칠정은 바로 일월(日月)과 수화금목토(水火金木土) 오성(五星)을 함께 일컬은 말이다. 해와 달과 다섯별이 하늘에서 운행할 때 서로 지속(遲速)과 순역(順逆)이 있어 이것이 마치 임금에게 정사가 있는 것과 같다 해서 칠정이라 부른 것이다.
35 오래 살 수 있는 즐거운 경지를 비유적으로 이르는 말.
36 가난한 백성의 집.
37 새벽같이 일어나 옷을 입고, 저녁 늦게 밥을 먹는다는 소의간식(宵衣旰食)을 줄인 말. 임금이 정사(政事)에 부지런함을 뜻한다.

고충)에 부지런함을 초래합니다. 이것은 별이 좋아하는 바라서 그런 것이겠습니까? 아니면 하늘이 믿기 어려워하는 바이기 때문이겠습니까? 어찌 그리 성덕(聖德)을 외롭게 한단 말인가?

비록 그렇지만 제가 듣건대 "사람에게는 득실(得失)이 있지만 하늘에는 고금(古今)이 없다"고 합니다. 만약 우리 임금님과 우리 현대부(賢大夫)께서 반드시 조석으로 생각하기를 "형옥(刑獄)에 관계된 일 가운데 원통한 경우나 형벌이 남용된 경우는 없는가? 권행(權幸)38 가운데 불초(不肖)한 사람은 있지 않은가? 내외의 신하와 잉첩[臣妾]39 가운데 갇혀 지내거나 버려진[幽廢] 사람은 있지 않은가? 군진(軍陣)의 사졸(士卒) 가운데 제멋대로이거나 포악한 사람은 있지 않은가? 토목 공사를 여러 번 일으킨 경우는 있지 않은가? 세금을 부과하는 법에 과중한 경우는 없는가?"라 하고, 이 여섯 가지 가운데 하나라도 해당될 때 "이것은 하늘이 견책한 것으로 ……"라고 하는 마음을 가진다면, 하늘이 상·주(商周)를 도운 바로써 우리 국가를 돕지 않을는지 어찌 알겠나이까?

우리 임금님과 우리 현대부께서는 반드시 아침저녁으로 생각하기를 "현명하고 능력 있는 사람이 초야에 묻혀 있는데 이들을 어떻게 등용하여 자리를 줄 것인가? 덕택(德澤)이 널리 퍼지지 못했는데 어떻게 그것을 두루 펼 것인가? 예악이 순수하지 못한데 어떻게 그것을 밝혀 나갈 것인가? 문교(文敎)가 멀리까지 미치지 못한데 어떻게 그것을 풍화

---

38 권세가 있고 임금의 총애를 받는 사람.
39 고대 중국에서는 남자 노예를 신(臣), 여자 노예를 첩(妾)이라 했다.

(風化)시켜 나갈 것인가? 백성의 부모 된 사람이 어떻게 그들을 자식처럼 대할 것인가? 혹여 불행하게도 얼고 굶주리는 지경에 이르면 어떻게 백성을 입히고 먹일 것인가?"라 하고, 이 여섯 가지 가운데 하나라도 잃음이 있으면 "모두 나의 허물 때문에 하늘의 재앙을 불러들이게 되었다"고 마음을 먹는다면, 어찌 하늘이 송나라 경공(宋景)과 조광윤(趙祖)에게 감응한 바로써 성덕(聖德)에 감응하지 않을는지 어찌 알겠나이까? 그렇지 않으면, 저는 혜성이 앞서 송경에게만 경계를 내린 것이 아니어서, 상나라의 가뭄과 주나라의 바람이 전하의 성대(聖代)에도 멀리 있지 않을까 두려워하나이다.

집사 선생께서는 여러 생도들이 평소 강론한 바에 근본이 있을 것이라고 여겨 이 글에 소상히 나타내도록 하였거니와, 저는 감히 점성가(占星家)의 말을 번거롭게 인용하지 않고, 하늘과 사람이 감응하는 이치를 가지고 이미 오른쪽에 대략을 진술하였습니다. 청컨대 '하늘과 사람은 사이가 없다'는 내용을 가지고 책문(策問)의 마무리를 삼아 올릴까 합니다.

고전에 이르기를 "'성(誠)'이라는 것은 하늘이요, 성실하려고 하는 것은 사람이다"[40]라고 하였으니, 하늘과 사람의 성(性)은 하나입니다. 기(記)에 이르기를 "사람 마음의 고요함은 하늘에서 나왔다"고 하였으니, 곧 하늘과 사람의 마음은 하나입니다. 『주역』에 이르기를 "천도의 행함은 굳세니 군자는 이를 본받아 스스로 강렬하게 하여 쉼이 없다"고

---

40 『중용』 제20장에 나오는 말. "誠者, 天之道, 誠之者, 人之道也."

하였으니, 하늘과 사람의 도는 하나입니다. 『서경』에 이르기를 "하늘의 도는 착한 사람에게 복을 주고 나쁜 사람에게는 화를 내린다"[41]고 하였으니, 하늘과 사람이 좋아하고 미워함이 하나인 것입니다. 그러므로 말하기를 "하늘의 성(性)은 곧 나의 성(性)이요, 하늘의 마음은 곧 나의 마음이요, 하늘의 도는 곧 나의 도요, 하늘이 좋아하고 미워함은 곧 나의 좋아하고 미워함이라"고 합니다. 그러니 우리 방촌(方寸) 가운데 또한 하나의 하늘[一天]이 있는 것입니다.

희·노·애·락은 하늘의 중성(中星)이요, 인·의·예·지·신은 하늘의 오위(五緯)입니다. 나의 중성이 움직여 그 '중(中)'을 얻으면 그 빛남이 경성(景星)[42]과 경운(慶雲)[43]이 되며, 그 성음(聲音)은 화한 바람[和風]과 상서로운 우레[瑞雷]가 될 것입니다. 그 도가 섬[道立]에 중도(中道)를 얻지 못하면, 그 사악한 기운은 요수(妖宿: 요사한 별)와 혜신(慧辰: 혜성)이 되며, 그 음란한 소리는 빠른 우레와 매운 바람이 됩니다. 그리고 도가 폐함에 나의 오위가 움직이되, 그 차례를 얻으면 성경(誠敬)으론 북두성이 있고,[44] 문장으론 규성(奎星)이 있으며, 위의(威儀)로는 덕성이 있어, 맑고 윤택한 문채가 어둡고 어두운 중에도 갖추어집니다. 그러나 그 차례를 얻지 못하면, 그 별이 비처럼 떨어지고 그 성패(星孛: 혜성)가 북두성에 침입하며, 바람을 좋아하고 비를 좋아하여 홍수가 되고 한재

---

41 『서경』, 상서(商書), 「탕고(湯誥)」 참조.
42 상서로운 덕성(德星).
43 상서로운 구름의 하나.
44 북두성은 지침(指針)을 의미한다. 선비는 수양을 함에 성경(誠敬)을 북극성처럼 지침으로 삼아야 한다는 말.

(旱災)가 됨으로써, 재앙을 내리는 징조가 밝고 분명한 중에서 응답하게 됩니다.

그러므로 성인은 "하늘의 하늘을 생각하지 않고 내 마음의 하늘을 밝히며, 별 자체의 별을 생각하지 않고 내 마음 속에 있는 별을 살핀다"고 하였습니다. 왜냐하면, 오심(吾心)의 하늘이 밝으면 하늘에 있는 하늘은 감응을 기대하지 않아도 감응할 것이며, 내 마음에 있는 별이 어지러우면 하늘에 있는 별은 움직임을 기다리지 않아도 움직일 것입니다. 그러므로 다음과 같이 말합니다. "숨긴 것보다 더 잘 보이는 것은 없고 미세한 것보다 잘 드러나는 것은 없다"[45]고. 남의 윗자리에 있는 사람이 이 말의 의미를 터득하여 추구해 나간다면 하늘과 사람 사이가 또한 거의 가깝게 될 것입니다. 좁은 소견이 이와 같으니, 집사께서 이를 올리거나 물리치소서.

問:
天之高也, 星辰之遠也. 苟求其故, 可坐而致堯之曆象也. 四仲皆有中星, 而至後世, 中星不同, 何歟? 先儒曰:「星不是貼天」, 若不貼天, 則麗於何處? 其形象躔次, 可得聞歟? 若宋之星隕如雨, 魯之星孛入于北斗, 星隕爲石而祖龍死, 星隕壘壁而武侯殂, 有何所感而然歟? 熒惑之退舍, 五星之聚奎, 德星見於高陽, 客星犯於帝座, 亦何所由而然歟? 書曰:「星

---

45 『중용』 제3장에 나오는 말.

有好風好雨」商之七年之旱, 則極無好雨之星. 周之大雷以風, 則極備好風之星, 是何故歟? 近者, 風雨不齊, 水旱相仍, 果何應而又何以應之歟? 諸君子, 博古通今, 其於天人之理, 講之熟矣, 詳著于篇.

愚對. 愚聞:「天道無好惡, 而禍福隨其人. 人事有善惡, 而吉凶應乎天」, 天人之理, 豈有二哉? 執事先生, 發策春闈, 首擧天文, 次及感應之故, 謂諸生必有能言者. 盛哉, 問也! 愚雖欲盡平昔所聞, 寸晷之下, 烏得畢其舌乎? 姑擧其大者言之. 竊謂天者人之本也, 人者天所命也. 故天子乎人, 而垂象於下者, 日月星辰之文也. 人父乎天, 而稟受於上者, 仁義禮智之性也. 人失其性, 則天必變其文以戒之. 何者? 性之所在, 天之所在也. 人得其天, 則天必動其文以勸之. 何者? 天之所在, 道之所在也. 故曰, 以天而言天, 則天爲天而不爲人; 以人而言人, 則人爲人而不爲天. 愚謂以人而言天, 可乎! 若稽帝堯繼天立極, 敬授人時, 則朱鳥蒼龍, 爲春夏之中星, 玄武白虎, 爲秋冬之中星. 至秦呂氏月令, 則春弧中, 夏亢[46]中, 秋牛中, 冬東璧中. 其所不同者, 蓋天有三百六十五度四分度之一, 歲有三百六十五日四分日之一. 天漸差而西則衍, 歲漸差而北則縮. 故天歲始別於虞喜, 衍縮合數於劉焯. 然古曆簡易, 星家雜出, 後世之論, 莫正於考亭. 其言曰:「星不貼天, 天是陰陽, 氣在上面, 人見其隨天去耳」, 那得定體推實乎? 張子亦以斯言得之矣, 則中星之運, 星之所麗, 可見也. 而其形象, 則左氏曰:「在天爲星, 在地爲石」, 橫渠曰:「精英凝

---

46 亢: 1914년판 『한재집』에는 '元'으로 잘못되어 있다.

氣, 正如燈光」其躔次, 則朱子曰:「天道左轉, 經緯隨回」張子曰:「北極爲樞, 依舊微動」, 此其大槩也. 然天之文, 豈易言哉? 其理則一而已. 如春秋之時, 魯宋陳蔡, 旅拒王命; 齊桓晉文, 更霸中國, 而天使星隕如雨者, 以示王室法度陵遲之象也. 宋齊及晉, 三國之人, 將弑其君, 則天使星孛入斗, 以示中國紀綱廢弛之象也. 秦始皇滅絶斯道, 盲聾天下後世之耳目. 故其身之將死也, 天使刻促喪日, 非哀之也, 乃戒其虐也. 諸葛亮鞠躬盡瘁, 扶漢家四百年之宗社. 故其命之將窮也, 天使星隕營中, 非災之也, 乃弔其數極也. 宋景引咎歸己, 則熒惑退心[47], 而彰修德之應. 趙祖風化民草, 則五緯聚奎, 而昭文明之驗. 陳寔講義於荀家, 則德見高陽, 而徵玄德之符. 子陵橫足於帝腹, 則客犯帝座, 而戒紫微之侵. 若湯之聖, 而未免凶旱, 則先儒以爲數也. 愚意以爲桀孼未消於湯時, 則天有七年之旱. 及其六責於桑林也, 大雨方數千里, 則好雨之星, 未必不應湯之德也. 成王惑讒於管蔡, 則天有三日之風. 及其迎周公於郊外也, 風反而歲熟, 則好風之星, 未必不應成王之改過也. 古人有言, 應天以實, 則天佑之, 以文而不以實, 則天災之. 洞視萬古, 不亦然乎? 恭惟我國家, 群聖繼述, 治敎休明. 頒仲堯曆, 齊政舜璣, 宜天之降佑, 早躋壽域之盛. 奈何近年以來, 風雨不齊, 水旱相仍. 飢寒之嘆, 未絶於白屋, 宵旰之念, 致勤於宸衷, 是星之所好然歟? 抑天之難忱歟? 何聖德之孤也? 雖然, 愚聞「人有得失, 天無古今」若吾君與吾賢大夫, 必早夜而思曰: 刑獄之中, 無乃有冤濫者耶? 權幸之中, 無乃有不肖者耶? 內外臣

---

47 心: '舍'의 잘못인 듯하다. '형혹퇴사(熒惑退舍)'의 고사 참조.

妾, 無乃有幽廢者耶? 軍陣士卒, 無乃有縱暴者耶? 土木之役, 無乃有屢
興者耶? 賦稅之法, 無乃有過重者耶? 六者之中, 有一於此, 是天之譴[48]
爲心, 則安知天之所以佑商周者, 不以佑國家耶? 吾君與吾賢大夫, 必
朝夕而思曰, 賢能在野, 何以位之? 德澤未普, 何以周之? 禮樂未純, 何
以明之? 文教未遠, 何以風之? 爲民父母, 何以子之? 其或不幸, 而至於
凍餒, 何以衣食之? 六者之中, 有失於一, 皆吾之過, 而足以致天災爲心,
則安知天之所以應宋祖者, 不以應聖德耶? 不然, 愚恐熒惑非獨前戒於
宋景, 而商旱周風, 不遠於聖代矣. 執事以諸生講之有素, 詳著于篇. 愚
不敢煩引星家之說, 而以天人感應之理, 旣略陳於右矣. 請以天人無間,
爲篇[49]終獻焉. 傳曰:「誠者天也, 誠之者人也」, 則天人之性一也. 記曰:
「人心之靜, 出乎天」, 則天人之心一也. 易曰:「天行健, 君子以, 自強不
息」, 則天人之道一也. 書曰:「天道福善禍淫」, 則天人之好惡一也. 故
曰, 天之性, 卽吾之性. 天之心, 卽吾之心. 天之道, 卽吾之道. 天之好
惡, 卽吾之好惡. 然則吾人方寸間, 亦有一天也. 喜怒哀樂, 吾天之中星
也. 仁義禮智信, 吾天之五緯也. 吾之中星, 動得其中, 則其光華爲慶[50]
星慶雲也. 其聲音爲和風瑞雷也. 而其道立, 不得其中, 則其邪氣爲妖
宿彗辰也, 其淫聲爲迅雷烈風也. 而其道廢, 吾之五緯, 動得其序, 則誠
敬北斗也, 文章奎星也, 威儀德星也, 而淸潤之文, 具於冥冥矣. 不得其
序, 則其隕如雨, 其孛入斗, 好風好雨, 爲水爲旱, 降災之兆, 應於昭昭

---

48 譴: 이하 궐문(闕文)이 있는 듯하다. 원주에 "譴下疑有闕文"이라 하였다.
49 篇: 1914년판 『한재집』에는 '編'으로 되어 있다.
50 慶: '景'의 잘못이다. 원주에 "慶星之慶疑當作景"이라 하였다.

矣. 故聖人不天之天, 而明在吾之天, 不星之星, 而察在吾之星. 何則? 吾之天明, 則在天之天, 不待應而應矣. 吾之星亂, 則在天之星, 不待動而動矣. 故曰:「莫見乎隱, 莫顯乎微」, 爲人上者, 得此說而求之, 則天人之際, 亦庶幾焉. 管見如是, 惟執事進退之.

2. 치란흥망책 治亂興亡策[51]

[問]

묻노라. 천하 국가의 치란흥망(治亂興亡)은 내력이 있을 것이다. 그 치란흥망은 모두 인사(人事)의 득실(得失)에서 말미암는가? 그렇지 않으면 미리 정해진 하늘의 운수[天數]에 관련이 있는가? 하늘의 운수에 관련이 있다고 한다면, "나라를 잘 다스리는 사람과 같은 길을 가면 흥하고 혼란한 사람과 똑같이 일을 하면 망한다"는 말은 믿을 수 없게 되는 것인가? 인사에서 말미암는다고 한다면, 주(周) 나라는 30대에 걸쳐 대를 전했고[傳世] 7백 년의 복년(卜年)을 누렸으며,[52] 진(秦) 나라에는 "진나라를 망칠 자는 호(胡)"라는 말이 있었고,[53] 한나라에는 백육회(百六會)의 운세[54]와 적복(赤伏)의 부계(符契)가 있었고,[55] 진(晉) 나라에는 현석(玄石)

---

51 성균관에 거재(居齋)할 때 과시(科試)의 대책(對策)으로 제출된 듯하다. 본디 제목이 없었으나 1981년판 『한재집』에서 처음으로 붙인 것이다.

52 『춘추좌씨전』 선공(宣公) 3년조에 "성왕이 겹욕에 도읍을 정하자 구정을 안치하고 점을 쳐 보았다. 세대 수는 삼십 세요 누린 햇수가 칠백 년이었으니, 이게 바로 하늘이 명한 것이다"(成王定鼎于郟鄏, 卜世三十, 卜年七百, 天所命也)고 한 데서 온 말이다. 실제 주나라의 역년(歷年)이 그와 비슷하였다.

53 진시황이 분서갱유를 할 때, 북구(北丘)에 있는 옛 공자집을 찾아 수색했는데, "망진자호야(亡秦者胡也)"라는 문서가 나왔다. 진시황은 '호(胡)'를 곧 북쪽 오랑캐(몽고족)로 판단하고 많은 백성들을 동원하여 만리장성을 쌓기 시작하였다. 그러나 진나라는 진시황의 아들 호해(胡亥)의 방탕한 생활로 망하였다.

54 '백육'은 106년마다 맞는 액운을 말한다. 음양가(陰陽家)에 백륙양구(百六陽九)라는 말이 있으니, 106년 동안에 한재(旱災)가 아홉 번 든다는 말이다. 『한서(漢書)』「율력지(律曆志) 상」에 의하면, 4천 5백 년인 1원(元) 중에 9액이 있는데 양액(陽厄)은 다섯 번, 음액은 네 번이었다. 양액은 한액(旱厄)이고 음액은 수액(水厄)인데, 백육은 양액으로 한액이다.

55 중국 후한 때의 미래기(未來記)의 하나. '부(符)'란 미래의 일을 예언하여 기록한 것이다. 후한 광무제 유수(劉秀)가 하북 지방을 거의 평정하자 모든 장수들이 천자 자리에 등극하기를 여러 번 요청하였다. 그러나 유수는 그때마다 허락하지 않았다. 이 때 유수와 동문수학했던 강화(彊華)라는 유생이 관중(關中)으로부터 적복부(赤伏符)라는 비결서를 가지고 와서 유수를 만났다. 한나라는 불[火]을 숭상했고 적색은 불의 색깔이

책策 245

의 도참(圖讖)⁵⁶이 있었고, 수나라에는 '이전삼십(二傳三十)'⁵⁷이 있었다. 당나라에는 '도리자황후(桃李子皇后)'⁵⁸라는 말이 있었고, 송나라에는 일변(一汴)·이항(二杭)·삼민(三閩)·사광(四廣)⁵⁹과 '병자조출(丙子趙出)'⁶⁰의 말이 있었다. 고려가 장차 일어남에 이르러 '역년오백(歷年五百)'⁶¹과 '용손십이대(龍孫十二代)로 다한다'는 말이 있었다. 그 치란흥망에 먼저 정해진 운수[定數]가 있고 그것이 부절(符節)을 합친 것과 같은 것은 무슨 까닭인가?

그렇다면 천하에 국가를 세운 사람은 하늘의 운수에 모든 것을 맡기고 인사(人事)를 닦지 않아도 되는 것인가? 여러 생도들은 경전과 역

며, 복(伏)이라는 말은 감추고 있다는 뜻이므로, 적복부는 화덕(火德)으로 일어난 유씨의 한나라가 부흥한다는 의미를 담고 있었다. 또 여기에 "유수가 군사를 내어서 부도한 사람을 잡으니(劉秀發兵捕不道) 사방 오랑캐들이 구름처럼 모여 들판에서 싸움을 한다(四夷雲集龍鬪野). 사칠의 때에 화덕(火德)을 가진 사람이 천하의 주인이 된다(四七之際火爲主)"는 말이 있었다. '사칠'은 곱하면 28이 되는데 이는 세 가지의 경우로 해석이 가능하다. 첫째는 한고조 유방이 나라를 건국한 B.C. 206년부터 광무제 유수가 처음으로 군사를 일으킨 A.D. 22년까지가 도합 228년이 되어 사칠지제(四七之際)가 된다는 것이다. 둘째는 광무제가 28세 때 군사를 일으켰기 때문에 사칠지제가 된다는 것이며, 셋째는 28명의 장수가 또한 사칠지수(四七之數)에 응한다는 것이다. 이러한 예언이 있는데다가 여러 신하들이 거듭 천자에 등극하기를 요청하자 유수는 A.D. 25년 6월에 마침내 천자에 등극하였다.
56 중국 진(晉)나라 때 현석도(玄石圖)에 "사마씨(司馬氏)를 이어 우씨(牛氏)가 천자(天子)가 될 것이다"라는 말이 있었다. 이에 선제(宣帝) 사마의(司馬懿)가 일찍이 자기 장수(將帥) 우금(牛金)에게 독주(毒酒)를 먹여 죽였으나, 뒤에 원제(元帝)의 어머니인 공왕비(恭王妃) 하후씨(夏侯氏)가 끝내 소리(小吏) 우씨(牛氏)와 간통하여 원제를 낳았다고 한다.『진서(晉書)』권6,「원제기(元帝紀)」참조.
57 2대 30년 만에 망한다는 말.
58 중국 수나라 말기에 유행했던 '도리자'라는 가요에 나오는 말. 도리(桃李)의 아들이 황제가 된다 함은 곧 이씨가 나라를 세울 것이라는 암시다. 조선 후기 김만중(金萬重)은『서포만필(西浦漫筆)』에서 "도리자 노래는 수양제와 후비(后妃)가 화려한 생활을 하는 것을 읊은 시이다"고 하였다.
59 송나라가 수도를 네 번 옮길 것이라는 예언. 변(汴)은 변경(汴京: 開封), 항(杭)은 항주(杭州), 민(閩)은 복건(福建), 광(廣)은 광동(廣東)이다. 남송은 1279년 광동성 신회현 애산(崖山)에서 멸망하였다.
60 병자년에 조씨가 출현한다는 말이 아니라, 조씨가 떠난다(망한다)는 참언이다.
61 나라가 오백년 동안 유지될 것이라는 말.

사서에 널리 통하여 강론을 함에 소양이 있을 것이다. 각자 성심을 다해 답하도록 하라.

[對]

저는 대답합니다. 제가 듣건대, 이윤(伊尹)이 태갑(太甲)에게 고하기를 "나라를 잘 다스렸던 사람과 길을 같이 하면 흥하지 않음이 없고, 나라를 혼란에 빠뜨렸던 사람처럼 일을 똑같이 하면 망하지 않음이 없다"62고 하였습니다. 이 말의 의미를 제대로 안 뒤라야 더불어 천하국가 치란흥망의 설을 논할 수 있을 것입니다.

공손히 생각하건대, 집사(執事)께서 책문(策問)을 발표하여 학문을 계승함에 멀리 희주(姬周)로부터 전조(前朝: 고려)에 이르기까지, 그 치란흥망의 말을 듣고자 하면서 이에 "그것은 인사의 득실에서 말미암는 것인가. 그렇지 않으면 미리 정해진 운수에 관계된 것인가?"라고 하였습니다. 제가 비록 민첩하지는 못하나 어찌 감히 마음을 다하여 대답하지 않겠습니까?

가만히 보건대, 옛 고전에 말하기를 "덕을 닦은 사람은 흥하고 덕을 거스르는 사람은 망한다"고 하였습니다. 천하 국가의 흥망은 진실로 인사를 닦음과 닦지 않은 것이 어떠한가에 달려 있음을 알겠습니다. 또 보건대 주자가 말하기를 "요임금·탕임금 때의 홍수와 가뭄 재앙은 비록 정해진 하늘의 운수가 혹 그럴 수도 있었겠지만, 옹희(雍熙)63의 다스림

---

62 『서경』, 상서(商書), 「태갑 상」에 나온다.

을 해칠 수는 없었다"고 하였으니, 성인께서 수덕(修德)한 실상이 족히 미리 정해진 하늘의 운수를 이겼음을 알 수 있습니다. 왜냐하면, 혹 그럴 수 있는 변(變)은 하늘의 운수요, 필연(必然)의 이치는 인사(人事)이기 때문입니다. 그러므로 천하 국가를 잘 다스리는 사람은 혹 그렇게 될 운수에 구애되지 않고, 내가 반드시 그렇게 되어야 하는 이치를 닦을 따름입니다. 치란흥망의 자취를 잘 볼 줄 아는 사람 또한 푸르고 푸른 하늘에서 구하지 않고, 인사의 밝고 밝은 것에서 구할 따름입니다. 그러고 보면, 집사의 밝은 질문에서 언급한 역대의 흥망은 인사의 득실에서 벗어나지 않는 것이니, 어찌 하늘에게만 맡겨 후세의 참위(讖緯), 부록(符籙)의 사특한 말들이 천지 사이에서 유행되도록 할 수 있겠습니까?

밝은 질문을 따라 하나하나 진술할까 합니다. 상고하건대, 주나라 성왕(成王)이 겹욕(郟鄏)[64]에 도읍을 정하여[定鼎] 나라를 이끌어간 햇수가 7백 년이요, 전세(傳世)의 댓수가 30 대였습니다. 실제로 그 자손으로 천자가 된 경우가 37세요, 역년(歷年)[65]이 867년이란 오랜 햇수에 이르렀습니다. 과연 성왕 때 점친 말에서 멀지 않았으니, 주나라가 멸망한 것은 하늘이 정해준 운수와 비슷하였습니다. 진시황 6년(B.C. 241)에 노생(盧生)이 해상(海上)으로부터 참어(讖語)를 얻어와서 알리기를 "진나라를 망하게 할 것은 호(胡)라"고 하였더니,[66] 그 뒤 진시황의 아들 호해(胡亥)

---

63 천하가 태평하게 잘 다스려짐.
64 중국 주나라 때의 도읍. 지금의 하남성(河南省) 낙양시.
65 한 왕조가 누린 햇수.
66 여기서 '호'는 2세 황제 호해(胡亥)를 가리킨다. 연(燕) 나라 방사(方士) 노생(盧生)이 진시황에게 "진나라를 망치는 자는 호이다"(亡秦者胡也)라고 말하자, 진시황은 '호'를 북쪽의 오랑캐[北胡]로 알고는 몽염(蒙恬)에게 30만 대군을 이끌고 가서 토벌한 뒤 장성

가 마침내 진을 망쳤습니다. 과연 노생의 말과 같이 진나라가 망한 것은 하늘이 정해준 운수와 비슷합니다. 한나라의 광무제(光武帝)는 실로 경제(景帝)의 9세손입니다. 강화(彊華)가 적복부(赤伏符)를 받들었는데 거기에 말하기를 "유수(劉秀)가 군사를 발동하여, 무도한 무리를 잡을 것이니, 백륙(百六)의 기회와 사칠(四七)의 즈음에 화(火)가 임금이 될 것입니다"라고 하였습니다. 그 뒤 왕망(王莽)의 머리를 베고 중흥의 큰 업을 이룩하여 과연 적복부에서 말한대로 되었으니 광무제의 중흥은 하늘이 정해준 운수와 비슷하였습니다.

　진(晉) 나라 원제(元帝: 元皇帝)[67]는 낭야왕(琅耶王)으로 우금(牛金)의 아들입니다.[68] 현석우마(玄石牛馬)의 도참이 위(魏) 나라에 먼저 나타났었는데, 그 뒤 과연 우씨(牛氏)가 사마씨(司馬氏)를 대체하여 진나라 왕실을 중흥시켰습니다. 과연 위씨(魏氏)의 도참과 같았으니 원제가 일어난 것도 하늘이 정해준 운수와 비슷하였습니다. 수나라 이전에도 '이전삼십(二傳三十)'의 말이 있었는데, 그 뒤 수문제는 과연 이세(二世)까지 황위를 전하였고, 나라를 유지한 햇수가 30년(581~618)이었습니다. 당나라 이전 시기에 '도리자황후(桃李子皇后)'란 말이 있었는데, 그 뒤 이씨의 당나라가 과연 천하를 차지하였습니다. 송나라가 멸망하기에 앞서, 진도남(陳圖南)[69]과 소옹(邵雍)이 '천도이합(遷都離合)'[70]의 말과 '병자조출

　　을 쌓게 했다.『사기』권6,「진시황본기」참조.
67　중국 동진(東晋)의 태조 사마예(司馬睿: 재위 317~322). 일찍이 낭야왕에 봉해졌다.
68　진 선제(宣帝)의 왕비가 우금과 사통하여 태어난 사람이 원제라 한다.
69　송나라가 건국되기 이전 화산(華山)에서 도를 닦던 신선. 관상의 대가였으며 '마의도인(麻衣道人)'으로 불렸다.

(丙子趙出)'의 말을 하더니, 송나라는 과연 첫 번째는 변경(汴京)[71], 두 번째는 항주(杭州)[72], 세 번째는 민중(閩中)[73], 네 번째는 광동(廣東)으로 도읍을 옮겨 다니다가 병자년에 망하였습니다.[74] 옛날 고려가 멸망하기 이전에, 도선(道詵)이 '역년오백(歷年五百), 용손십이(龍孫十二)로 다한다"[75]는 참언을 하였는데, 왕씨가 과연 5백년 만에 망하였습니다. 그렇다면 수나라·당나라·송나라 및 우리나라 전왕조(前王朝: 고려)의 치란흥망 또한 하늘의 운수와 관련이 있는 듯합니다.

비록 그러나, 제가 일찍이 경사(經史)를 섭렵하고 천고의 역사 속에 마음을 유력(遊歷)한 바 있는지라, 일찍이 스스로 설을 지어 다음과 같이 말한 적이 있습니다. "희주(姬周)의 누린 햇수가 장구한 것은 하늘이 정해준 운수가 아니다. 후직(后稷)[76]·공유(公劉)[77]·태왕(太王)[78]·왕계(王

---

70 북송이 망하고 남송이 들어서 도읍을 남쪽으로 옮긴 것을 말한다.
71 북송의 수도.
72 남송의 수도. 당시에는 임안(臨安)이라 하였다.
73 민중과 광동은 남송 망명정부의 도읍지이다.
74 남송은 1276년(丙子)에 사실상 멸망하였다. 이후 황실의 일부 종친을 중심으로 꾸려졌던 남송 망명정부도 1279년에 완전히 멸망하였다.
75 고려 때 삼별초 군의 지도자 김통정(金通精)이 진도(珍島)에서 관군에게 패하여 무리를 이끌고 탐라(耽羅: 제주도)로 들어갔다. 일찍이 판태사국사(判太史局事) 안방열(安邦悅)이 구도(舊都: 개성)로 돌아가는 일에 대하여 점을 쳤는데, 반은 남고 반은 망하는 점괘를 얻었다. 그는 망하는 것은 육지로 나가는 것이요, 살아남는 것은 섬으로 들어가는 것이라고 하면서, 마침내 김통정을 따라 남쪽으로 내려가 진도에 있으면서 휘하 무리들에게 유세하기를 "용손(龍孫)은 12대에 끝나는데 남쪽으로 가서 제경(帝京)을 이룩한다"(龍孫十二盡, 向南作帝京)는 참설(讖說)을 퍼트렸다고 한다.『고려사절요』제19권, 원종 순효대왕 2(元宗順孝大王二), 신미 12년(1271)조 참조.
76 주나라의 시조. 이름은 기(棄). 백성들에게 농사 짓는 법을 가르쳤다. 모친 강원(姜原)이 거인의 발자국을 밟고 후직을 잉태하였다고 전한다.
77 중국 상고대 주(周) 나라의 선조. 하(夏) 나라의 박해를 받고 빈(豳)으로 이주한 뒤 정사에 힘을 쏟았는데, 주공(周公)이 섭정(攝政)할 때 공유의 풍화(風化)를 기록해서 조카 성왕(成王)을 경계하였다고 한다.
78 중국 주나라의 실질적 선조인 고공단보(古公亶父). 나중에 태왕에 추증되었다.

季)⁷⁹·문왕·무왕 등이 여러 대에 걸쳐 덕을 쌓은 실적이 사람들의 마음에 흡족한 데 말미암은 것입니다. 사람 마음이 돌아오면 천명 또한 따라서 돌아오는 것입니다. 그러므로 비록 춘추시대의 강자로 칠국(七國)의 사나운 적들이라 하더라도 감히 군사적 압박을 가해보지 않은 것은 어찌 선왕께서 크게 인사를 닦은 보답이 아니겠습니까?"

진나라가 2대만에 망한 것은 군사력 때문[矢亡]⁸⁰이 아닙니다. 진시황의 폭정[鴟悍]과 호해의 잔인함이 멸망을 자초한 것입니다. 심지어 성인의 도를 불살라서 버리고 조고(趙高)와 같은 간사한 무리를 뽑아 썼으므로 인심이 떠난 것입니다. 인심이 떠나자 천명도 따라서 떠났습니다. 그러므로 산동(山東)의 호걸들이 한꺼번에 일어나서 진나라 족속을 멸망시켰으니 어찌 인사를 닦지 않은 잘못이 아니겠습니까?

신(新) 나라 왕망(王莽)이 황제의 자리를 찬탈(篡奪)하자 천하 사람들이 노래하고 읊조리며 한나라를 그리워하였습니다. 광무제는 황실(皇室)의 주손(冑孫)으로서 일각(日角)⁸¹을 한 천표(天表)⁸²의 자태를 타고나셨습니다. 곤양(昆陽)⁸³에서 오전(鏖戰)⁸⁴하자 사람들이 그의 무공에 감복하였고, 사예(司隷)⁸⁵가 낙양에 들어오자 사람들이 그 도량에 탄복하

---

79 중국 상나라 시대의 주(周)의 수장. 이름은 계력(季歷)이다. 고공단보의 삼남이요 서주 문왕 창(昌)의 아버지이다. 서주 무왕에 의해서 추존되어 왕계(王季)라고 일컬어졌다.
80 가의(賈誼), 『과진론(過秦論)』에 나오는, "진나라에 화살을 없애고 살촉을 잃는 낭비가 없었다"(秦無亡矢遺鏃)는 고사와는 의미가 다르다.
81 이마 한가운데 뼈가 우뚝 솟아 있는 것. 관상학에서 쓰는 용어이다.
82 천자의 의용(儀容).
83 중국 위나라 시대 도읍지. 광무제 유수가 경시제(更始帝)의 부하장군으로 있었을 때 큰 싸움이 있었던 곳이다.
84 많은 사상자를 낸 큰 싸움.

였으며, 지절(持節)⁸⁶이 강을 건너자 사람들이 그 덕망에 감복하였습니다. 사신(史臣)이 이 세 가지를 가지고 광무중흥(光武中興)의 근본으로 삼았으니, 창을 던지고 육예(六藝)를 강론하며, 말 타는 것을 쉬고 도를 논하는 데 이르기까지 어느 것도 인사(人事)를 닦지 않음이 없었습니다.

사마씨(司馬氏: 晉)의 말엽에 골육상잔(骨肉相殘)이 있자 오호(五胡)⁸⁷가 틈을 탔으니, 당시에 여씨(呂氏)를 영씨(嬴氏)로 바꾸는 재앙⁸⁸이 다시 일어났던 것은 당연합니다. 원제(元帝)는 기국(器局)이 비록 나약하고 용렬하였지만, 왕도(王導)⁸⁹ 같은 현자에게 잘 맡겨서 강동(江東)의 선비들을 모두 다 거두어 들였습니다. 그가 중흥을 이룩한 것은 또한 어찌 인사를 닦은 것이 아니겠습니까?

양광(楊廣)⁹⁰의 포악함에 이르러서는 호해보다 지나쳐, 아비를 시해(弑害)하고 스스로 임금의 자리에 섰습니다. 그가 종묘를 뒤엎고 사직의 제사를 단절시켜 역년(歷年)이 짧게 한 것은 하늘의 운수가 아니라 사람 탓이었습니다. 당나라 고조(高祖)가 수나라의 혼란한 틈을 탔을 때 태종

---

85 치안을 담당하는 관리.
86 황제가 신표(信標)로 내리는 부절, 또는 그것을 받은 사람. 흔히 사신을 가리킨다.
87 중국 후한 시기부터 남북조시대에 이르기까지 북쪽으로부터 중국 내지(內地)에 이주하여, 열여섯 나라를 세운 다섯 겨레. 흉노·갈·선비·저·강.
88 중국 진(秦) 나라 때 승상 여불위(呂不韋)가 임신한 자신의 첩을 장양왕(莊襄王)에게 바친 뒤, 그 첩의 소생으로 왕위를 이어받게 했던 고사를 말한다. 진시황 영정(嬴政)은 사실상 여불위의 아들이라 전한다.
89 중국 진(晉) 나라 명제(明帝) 때의 중신(重臣). 자는 무홍(茂弘), 시호는 문헌(文獻). 승상이 되어 조야의 신망을 얻었으며 뒤에 태부(太傅)가 되었다.
90 수양제(隋煬帝: 569~618). 중국 수나라의 제2대 황제. 문제 양견(楊堅)의 차남이고, 어머니는 문헌황후 독고씨이다. 본래 묘호는 세조(世祖)이며 시호는 명황제(明皇帝)이나 당나라 때 올린 시호 '양제'로 불린다. 진시황제보다 성격이 더 포악하고 무자비하여 중국의 여러 황제 중 가장 폭군으로 손꼽힌다.

이 호걸스러운 재주를 가지고 인의(仁義)로 다스리는 방법을 행하자 민심이 귀착하는 바와 영웅이 의탁하는 바에 만백성의 눈이 펼쳐졌습니다. 인사를 닦았으니만큼 굳이 도리(桃李)의 참언을 기다리지 않고도, 뒤에 그가 천하의 주인이 될 것임을 알 수 있습니다. 송나라는 남송·북송으로 나뉘었는데, 북송 때에는 거란의 강성함이 있었고, 남송 때에는 오랑캐 금나라의 침입이 있었습니다. 또 왕안석(王安石)·채경(蔡京)[91]의 간사함과 한탁주(韓侂冑)[92]·가사도(賈似道)[93]의 등용이 있었습니다. 그러므로 휘종(徽宗)과 흠종(欽宗)이 귀문(鬼門)에서 오랑캐에게 포로가 되게 하고, 제병(帝昺)[94]의 시체를 애해(崖海)[95]에 뜨게 하였으며, 천도론(遷都論)으로 의견이 분분하여 마침내 오랑캐 원나라의 소유가 되게 하였으니, 그 '나라를 지켜 장구하게 이끌어가는 도'(守國長久之道)를 닦지 않은 까닭입니다. 어찌 진도남과 소옹의 선견지명을 기다려 본 뒤라야 알

---

[91] 중국 북송 말기의 정치가(1047~1126). 자는 원장(元長). 휘종 때 재상이 되어 왕안석의 신법을 부활하고 보수파를 탄압하였다. 뒤에 금나라의 침입을 초래하여 육적(六賊)의 한 사람으로 몰려 실각하였다.

[92] 중국 남송 때의 정치가(?~1207). 안양(安養) 사람으로 명재상 한기(韓琦)의 증손이다. 영종(寧宗)의 옹립에 공을 세우고 외척으로서 정계에 등장했지만, 조여우(趙汝愚)와 대립, 그를 모함하여 지방으로 유배보내고 조여우가 추천한 주희(朱熹)와 그 학파를 위학(僞學)으로 몰아 추방함으로써 '경원(慶元)의 당금(黨禁)'을 일으켰다. 이후 14년간 정권을 좌우했고 1206년 권세 확장을 위해 금나라 토벌군을 일으켰다가 실패, 문책을 받아 사미원(史彌遠)에게 살해당했다. 그의 수급은 금나라로 보내졌다.

[93] 중국 남송 말기의 권신(1213~1275). 태주(台州) 사람. 자는 사헌(師憲). 송나라 이종(理宗)의 후비(后妃) 가귀비(賈貴妃)의 아우이다. 권세를 믿고 갖은 비행을 저지르고 황음무도(荒淫無道)한 행위를 서슴지 않았다. 개경(開慶) 원년(1259) 쿠빌라이가 이끄는 몽고군이 악주(鄂州)를 공격해오자 할지납폐(割地納幣)하여 강화할 것을 주장했다. 그가 주장하여 시행했던 공전매수책(公田買收策)은 후세에까지 누를 끼친 것으로 비난을 받는다. 나중에 진의중(陳宜中) 등의 탄핵을 받아 순주(循州)로 좌천되어 가는 도중에 정호신(鄭虎臣)에게 살해되었다.

[94] 남송의 마지막 황제 위왕(衛王: 1278~1279). 연호는 상흥(祥興).

[95] 중국 온주(溫州)의 남해 가운데 있는 애산(崖山)을 말함. 당시 애산에서 몽고를 상대로 항거하며 끝까지 혈투를 벌였던 남송의 인사들로, 문천상(文天祥)·장세걸(張世傑)·육수부(陸秀夫)가 있다. 이들을 '애해(崖海)의 삼충(三忠)'이라 한다.

수 있겠습니까?

왕태조가 삼국을 통일하여 한 나라로 만들었습니다. 천도에 응하고 인심을 따르니, 당시의 백성들이 궁예(弓裔) 보기를 포악한 걸·주(桀紂)처럼 하고, 태조를 추대하기를 어진 탕왕과 무왕 같이 하였습니다. 그가 "학교를 일으키고 인재를 육성하는 것"(興學校, 養人才)을 기치로 삼아 어육(魚肉)이 될 뻔한 삼한을 구제한 성덕은 진실로 오백년 전통으로 물려주는 데 충분하였습니다. 그러나 충선왕과 공민왕의 대에 이르러 간신이 권력의 자루[權柄]를 제멋대로 휘두르게 되어 조정의 기강이 떨치지 못하였고, 우왕과 창왕의 부자는 신씨(辛氏)로서 왕씨의 왕조를 바꾸기에 이르렀으니, 그것이 진(秦)과 진(晉)의 성을 바꾼 것[易姓][96]과 무슨 차이점이 있겠습니까? 그러고 보면 왕씨의 흥망 또한 도선의 말을 기다리지 않고도 볼 수 있는 것입니다.

아아! 나라의 흥망을 보는 것은 인사가 어떠냐 하는 것을 볼 따름입니다. 어찌 하늘의 운수에만 관련시키겠습니까? 군자가 문왕(文王)의 이남(二南)[97]을 통한 풍화를 보면, 팔백년 홍업(鴻業)의 기초가 된다는 점을 알 수 있을 것입니다. 광무제가 덕을 닦은 것을 보면 유씨(劉氏)가 다시 일어나리라는 것을 볼 수 있으며, 당태종이 인의(仁義)를 닦은 것을 보면 이씨(李氏)가 천자가 됨을 알 수 있을 것입니다. 왕태조가 행실을 닦은 것을 보면 고려조의 왕업이 오백 년에 이를 것을 알 수 있으며, 진

---

96 국성(國姓)이 바뀌는 것은 곧 나라가 바뀌는 것을 말한다.
97 『시경』의 주남(周南)과 소남(邵南).

(秦) 나라와 수나라가 무도(無道)한 것을 보면 2세만에 망하리라는 것을 알 수 있습니다. 만약 진나라의 이세황제가 덕을 닦았다면 어찌 진(晉)나라가 있었겠습니까? 만일 한나라의 환제(桓帝)와 영제(靈帝)[98]가 덕을 닦았다면 어찌 수나라가 있었겠습니까? 만일 수나라가 덕을 닦았다면 도리자가 어찌 황후가 되었겠습니까? 송나라로 하여금 덕을 닦도록 하였다면 조씨가 병자년에 쫓겨나지는 않았을 것입니다.

그러므로 사마광(司馬光)이 말하기를 "주나라로 하여금 문왕과 무왕의 법도를 좇아 행하도록 하였다면 비록 오늘날까지도 존속할 수 있었을 것이다"고 하였습니다. 이를 보건대 비록 성인이 다시 태어난다 하더라도 또한 반드시 "고금 천하의 흥망치란의 기틀은 하늘의 운수에 있지 않고 인사의 득실에 관련 된다"고 말씀할 것임을 믿어 의심하지 않습니다.

아아! 임금된 사람이 두려워하면서 수양하지 않아서야 되겠습니까? 그러므로 저는 다음과 같이 말합니다. 반드시 이윤(伊尹)이 한 말씀과 같이 한 뒤에야 이에 대해서 더불어 의논할 수 있습니다. 바야흐로 지금 성주(聖主)께서 위에 계시고 어진 신하가 아래에 있어서, 인도를 이미 닦았고 천심(天心)을 전부 모았으니, 진실로 장차 문왕과 무왕을 능가하고 성왕(成王)과 강왕(康王)을 뛰어넘어, 역년(歷年)의 햇수가 천지와 더불어 서로 시작과 끝을 함께 할 것입니다. 그러니 저 팔백 년의 주나라와 오백 년의 고려 왕조는 말할 것도 없습니다. 제가 무슨 행운으

---

[98] 중국 후한 말기의 부덕한 군주의 대명사. 벼슬을 팔고 환관에게 정사를 맡긴 임금으로 유명하다.

로 (성상께서 제 글을) 친히 보실는지 모르겠습니다.

問:

天下國家之治亂興亡, 有自來矣, 其治亂興亡, 皆由於人事之得失歟? 抑亦關於天數之預定歟? 謂之關天數也, 則 "與治興與亂亡" 之說, 爲不足信耶? 謂之由人事也, 則周有傳世三十, 卜年七百, 秦有亡秦者胡, 漢有百六之會, 赤伏之符, 晉有玄石之圖, 隋有二傳三十, 唐有桃李子皇后, 宋有一汴二杭三閩四廣, 丙子趙出之語, 至於[99]高麗之將興, 有 "歷年五百, 龍孫十二盡" 之說, 其治亂興亡, 先有定數, 如合符契, 何歟? 然則爲天下國家者, 盡委之天數, 而不修人事歟? 諸生博通經史, 講之有素, 其各悉心以對.

愚對. 愚聞伊尹之告太甲曰:

「與治同道, 罔不興, 與亂同事, 罔不亡」 知此說然後, 可與論天下國家治亂興亡之說矣. 恭惟執事, 發策承學, 遠自姬周, 迄于前朝, 欲聞其治亂興亡之說, 乃曰: 「人事之得失歟? 天數之預定歟?」 愚雖不敏, 敢不悉心以對乎? 竊觀記曰: 「修德者興, 逆德者亡」, 則知天下國家之興亡, 固在於人事之修不修如何矣. 又觀朱子曰: 「堯湯之水旱, 雖天數之或然, 而不能害雍熙之治」, 則知聖人修德之實, 足以勝夫天數之預定矣. 何

---

99 於: 1914년판 『한재집』에는 빠져 있다.

則? 或然之變, 天數也, 必然之理, 人事也. 故善爲天下國家者, 不拘於
或然之數, 而修吾必然之理而已. 善觀治亂興亡之迹者, 亦不求諸蒼蒼
之天, 而求諸人事之昭昭者而已. 然則明問所及歷代之興亡, 不外乎人
事之得失也, 豈可委之於天, 而使後世讖緯符籙之邪說, 行於天地間乎?
請因明問, 一一陳之. 曰: 若稽古周之成王, 定鼎郟鄏[100], 卜年七百, 傳
世三十. 而其子孫爲天子者, 三十七世, 歷年至於八百六十七年之久.
果與成王時之卜不遠, 則周之亡, 似乎天數矣. 始皇之六年, 盧生自海
上得讖語, 來報曰:「亡秦者胡」而其後始皇之子胡亥, 卒以亡秦, 果如
盧生之言, 則秦之亡, 似乎天數矣. 漢之光武, 實景帝九世之孫口[101]. 而
彊華奉赤伏符曰:「劉秀發兵捕不道, 百六之會, 四七之際, 火爲主」而
其後梟王莽之首, 成中興之業, 果如赤伏之符, 則光武之興, 似乎天數
矣. 晉之元帝, 琅耶牛金之子也. 玄石牛馬之圖, 先見於魏, 而其後果以
牛易馬, 中興晉室. 果如魏氏之圖讖, 則元帝之興, 似乎天數矣. 先隋之
世, 而有二傳三十之說. 其後隋文, 果傳二世, 而歷年三十. 先唐之世,
而有桃李子皇后之說, 其後李唐果有天下. 先宋之亡, 而陳圖南·邵堯
夫, 有遷都離合之說, 丙子趙出之語. 而宋果一汴二杭三閩四廣, 而亡
於丙子. 先高麗[102]亡, 而道侁[103]有歷年五百, 龍孫十二盡之讖, 而王氏
果五百年而亡. 然則隋·唐·宋及我前朝之治亂興亡, 亦似乎關於天數

---

100 郄(극):『이평사집』에 "郄은 鄏이 되어야 한다"(郄當作鄏)는 주가 있다.
101 口: '也'로 추정된다.
102 麗:『이평사집』에 "麗 아래 '之' 자가 있어야 할 듯하다"(麗下疑有之字)는 주가 있다.
103 侁:『이평사집』에 "侁은 詵이 되어야 한다"(侁當作詵)는 주가 있다.

矣. 雖然, 愚嘗涉獵經史, 遊心千古, 嘗自爲之說曰: 姬周歷年之久, 非天數也. 由后稷·公劉·大[104]王·王季·文王·武王累世積德之實, 洽於人心, 人心之歸, 則天命亦從而歸矣. 故雖春秋之强, 七國之暴, 而不敢加兵者, 豈非先王大修人事之報乎? 秦之二世而亡, 非矢[105]亡也. 始皇之鴟悍, 胡亥之殘忍, 足以自滅之也. 至於焚棄聖人之道, 拔用趙高之奸, 則人心去矣. 人心之去, 天命亦從而去矣. 故山東豪傑, 竝起而亡秦族矣, 豈非不修人事之失乎? 新莽之篡, 天下之人, 謳吟思漢. 光武以帝室之冑, 日角天表之姿, 鏖戰昆陽, 人服其武. 司隸入洛, 人服其度, 持節渡河, 人服其德. 史臣以此三者, 爲光武中興之本. 至於投戈講藝, 息馬論道, 何莫非人事之修也. 司馬氏之末, 骨肉相殘, 五胡乘釁, 宜乎以呂易嬴之禍, 復起於當時也. 元帝器雖孱劣, 而能任王導之賢, 盡收江東之彦, 則其中興也, 亦豈非人事之修乎? 至於楊廣之惡, 浮於胡亥, 弑父自立. 其覆宗絶祀, 歷年之短, 非天數也, 人也. 唐高祖乘隋之亂, 太宗以豪傑之才, 行仁義之術, 民心之所歸, 英雄之所托, 萬目張矣. 人事修矣, 不必待桃李之讖, 而後其爲天下之主, 可知也. 宋之南北也, 前有契丹之强, 後値金虜之侵, 又有王安石·蔡京之奸, 韓侂胄·賈似道之用. 故徽·欽見虜於鬼門, 帝昺浮尸於崖海, 紛紛遷都, 卒爲胡元之所有, 其守國長久之道, 不修故也. 何待陳·邵之先見而後知也? 王太祖統三爲一, 應天順人, 當時之民, 視弓裔猶桀紂之虐, 戴太祖如湯武之仁.

---

104 大: 1914년판 『한재집』에는 '太'로 되어 있다.
105 矢: 1914년판 『한재집』에는 '天'으로 되어 있다.

其所以興學校養人材, 救三韓魚肉之盛德, 固足以垂五百年之統矣. 至於忠宣·恭愍之際, 奸臣弄柄, 朝綱不振. 禑·昌父子, 以辛易王, 其與秦晉之易姓者, 容有異乎? 然則王氏之興亡, 亦不待道侁[106]之說而可見也. 嗚呼! 觀國之興亡者, 觀人事之如何耳, 則豈關於天數乎? 君子觀文王二南之化, 則知足以基八百之鴻業矣. 觀光武之修德, 則知劉氏之復興矣. 觀唐宗[107]之修仁義, 則知李氏之爲天子矣. 觀王太祖之修行, 則知麗祚之五百矣. 觀秦隋之無道, 則知二世而亡矣. 若使秦之二世修德, 則豈有漢乎? 使漢之桓·靈修德, 則豈有晉乎? 使晉修德, 則豈有隋乎? 使隋修德, 則桃李子安得爲王后? 使宋修德, 則趙氏不出於丙子矣. 故司馬光曰:「使周遵行文武之法, 雖至今猶存, 可也」由是觀之, 則雖聖人復起, 亦必曰:「古今天下興亡治亂之機, 不在於天數, 而關於人事之得失也」無疑矣. 嗚呼! 爲人君者, 可不畏而修之乎? 愚故曰, 必如伊尹之一言, 然後可與議乎此也. 方今聖主在上, 群賢在下, 人道旣修, 天心總合, 固將駕文·武, 而踰成·康, 歷年之數, 與天地相終始; 彼八百之周, 五百之前朝, 不足道矣. 愚何幸親見之.

---

106 侁: '詵'의 잘못이다.
107 唐宗: '唐太宗'의 잘못인 듯.

3. 인재득실책人才得失策[108]

[問]

왕이 다음과 같이 말하였다.[109] 대개 듣건대 "인재는 나라를 이롭게 하는 그릇이라"고 하였다. 예부터 제왕(帝王)이 치화(治化)를 이룸에 인재를 얻는 것으로써 급선무를 삼지 않은 적이 없었다. 성주(成周)[110]의 향거이선제(鄕擧里選制)[111]와 한·위(漢魏)의 현량방정과(賢良方正科)[112]가 어떻게 해서 계획되고 실시되었으며 그 방법은 어떠하였는지 자세하게 들려줄 수 있겠는가? 그 인재를 얻어 등용하는 방법은 어느 것이 낫고 어느 것이 그만 못한가?

수·당(隋唐) 시기 과거 방법은 대개 사장(詞章)을 주로 하였다. 그 실용(實用)의 측면에서는 말책(末策) 같지만 나라를 경영하는 인재 대다수가 이로 말미암아 나왔었다. 그러나 용인(用人)의 효과가 끝내 하·은·주의 삼대(三代)에 비해 손색이 있음은 무엇 때문인가?

나라에서는 수·당 시기 과거를 통해 인재를 선발하는 방법을 본받았지만 여전히 미진하다고 생각한다. 또 문음보거(門蔭保擧)[113]의 방법

---

108 본디 제목이 없었으나 한국고전번역원에서 내용을 고려하여 '인재득실책'이라고 붙인 것이다. 1981년판 『한재집』에서는 '등용인재책(登庸人才策)'이라고 하였다. 왕약왈(王若曰) 말미에 "연산군 을묘년 과거에서 장원으로 뽑힐 때 전시에서의 대책이다"(燕山乙卯科, 擢龍頭時殿策)라는 주가 있다.
109 원문 '왕약왈(王若曰)'은 본디 『상서』 「대고(大誥)」 편 등에 나온다. 조선시대 임금의 교령(敎令)은 첫머리가 '왕약왈'로 시작되었다.
110 중국 주나라의 도읍지 낙양. 여기서는 주나라를 말한다.
111 인재의 사정을 잘 아는 지방관이 고을의 인재를 선발하여 중앙에 천거하는 제도.
112 성품이 어질고 품행이 바른 사람을 지방관이 선발하고 중앙에서 약식 시험을 거쳐 채용하는 제도.

을 두어 취사(取士)하는 방법이 또한 넓어졌지만, 유사(有司: 담당자)가 인재를 추천[注擬]할 때 인재가 모자람을 걱정하니 그 까닭은 무엇인가? 찾고 구함에 미진함이 없었지만, 유일(遺逸)[114]의 인재가 있는 것은 아닌가? 어떻게 하면 현재(賢才)를 등용, 진출시켜 무성하게 세상에서 쓰이고 나아가 국가의 지치(至治)를 도와 이룰 수 있도록 할 수 있는가?

사대부들은 고금의 일을 확실하게 헤아려 모두 책편(策篇)에 드러내도록 하라. 내가 장차 친히 읽어 보고 실천에 응용토록 하겠노라.

[對]

신은 대답하옵니다.

신이 듣건대 "장인(匠人)이 그 기교를 다하고자 할 적에 반드시 먼저 그 그릇(연장)을 날카롭게 하고, 임금이 그 인재를 얻고자 할 적에 반드시 먼저 그 인재를 양성한다"고 하였습니다. 선비를 진실로 양성하지 않으면 선비를 취하는 근본으로 삼을 수 없고, 선비를 진실로 취하지 않으면 좋은 정치를 이룩하는 요법(要法)으로 삼을 수 없습니다. 인재를 양성함은 임금이 몸소 실천하고 마음으로 터득하는[躬行心得] 것이 어떠한지에 달려 있을 뿐입니다.

공손히 생각하건대, 주상 전하께서는 총명하고 인효(仁孝)한 자질을

---

113 문음은 나라에 공이 있는 고위 관리의 자제나 친족 등을 관리로 임명하는 제도. 보거는 지방관이 천거하는 제도.
114 벼슬길에 등용되지 못하고 초야에 묻혀 있는 사람. 『서경』, 「대우모(大禹謨)」에 '야무유현(野無遺賢)'이란 말이 나온다. 초야에 버려진 인재가 없는 것이 유가(儒家)의 이상이다. 여기에는 상덕(尙德)·존현사상(尊賢思想)이 담겨 있다.

지니고 조종(祖宗)의 간대(艱大: 어려움이 큼)한 업을 계승하시어, 초정(初政)[115]을 경계하시고 두렵게 여기시며, 갱장(羹牆)의 고사[116]를 따라 성현의 도를 간절히 사모한 것이 장차 일 년 만에 여기에 이르렀습니다. 아침저녁으로 가르침을 받아들이시니 곧 순임금께서 묻기를 좋아한 것과 같았고, 그렇게 하고서도 언로(言路)가 넓지 못함을 걱정하여 다시 구언(求言)의 조서(詔書)를 내리시고, 많은 인재들이 서로 사양하니, 곧 주나라에 인재가 많음에도 인재가 혹 등용에서 빠졌을까 염려하는 것과 같습니다.

더구나 신 등을 대궐의 뜰에 나오게 하여, 빈천(貧賤)하다고 해서 소홀히 여기지 않으시고, 고금 인재의 득실을 물으시며, 이에 말씀하시기를 "인재는 나라의 이로운 그릇이다"고 하였으니, 현명한 제왕께서 좋은 정치를 이룸에 먼저 해야 될 일이요, 참으로 천 년 만에 큰 일을 해낼 [有爲]의 군주라 할 만합니다. 신이 비록 어리석고 사리에 어둡지만, 이미 외람되게도 유사(有司)의 추천을 받은지라, 목욕재계하고 생각을 맑게 하면서 성상(聖上)의 책문(策問)을 기다려온 지 오래 되었습니다. 감히 그 우직한 충성을 다하지 못하겠습니까?

신이 엎드려 성상의 책문을 읽었는데, 말씀하시기를 "예부터 제왕이 좋은 정치를 이룸에 …… 끝내 하·은·주 삼대에 손색이 있음은 무슨 일인가?"라고 하였습니다. 신은 전하의 뜻이 삼대의 훌륭한 정치에

---

115 임금이 즉위하여 처음으로 정사(政事)를 의논하고 결정하는 것.
116 늘 사모하는 것을 말한다. 요임금이 죽은 뒤에 순임금이 담장을 대해도 담 너머로 요임금의 모습이 보이고 국을 대해도 국물에 요임금의 얼굴이 비쳤다고 한다.『후한서』권63,「이두열전(李杜列傳)」참조.

있으며, 한·당을 가볍게 여기고 그것으로 자처하지 않겠다는 것을 보인 것으로 생각합니다. 전하께서는 이 뜻을 굳게 지켜 처음부터 끝까지 한결같이 하시면, 삼왕(三王)으로 부족하여 사왕(四王)이 될 것이요, 오제(五帝)로 부족하여 육제(六帝)가 될 것입니다. 진실로 한 나라의 신하와 백성의 복입니다. 신은 삼가 부복(俯伏)하여 칭하(稱賀)¹¹⁷하며 대답을 올릴까 합니다.

신이 보건대, 주나라 때에는 가숙(家塾: 집안의 학교), 당상(黨庠: 마을의 학교)¹¹⁸, 술서(術序: 고을의 학교), 국학(國學: 나라의 학교) 등에서 한 사람이라도 가르치지 않은 곳이 없었으며, 한 곳이라도 학문을 하지 않음이 없었습니다. 그리고 향대부(鄕大夫)는 또 적시(適時)에 그 기로(耆老)와 자제들을 거느리고 음사(飮射)¹¹⁹와 독법(讀法)¹²⁰의 예를 가르쳐서, 이 백성들에게 듣고 보아 관감(觀感)케 함으로써 예의의 은택에 훈증(薰蒸)되고 푹 젖어들게 하였습니다. 마을의 서(序)로부터 국학에까지 오르도록 하고, 향(鄕)으로부터 사도(司徒)에까지 오르게 하였는데, 오르되 하루아침에 그렇게 되는 것이 아니요, 선발하되 한 사람의 손을 거친 것이 아니었습니다. 이것이 성주(成周)의 향거이선(鄕擧里選)의 법으로, 인재가 우뚝하게 천고에 으뜸이었으니 후세의 제도가 미칠 수 있는 게 아니었습니다. 그러나 요점은 당시 임금이 얼마나 몸소 실천하고 마

---

117 임금의 성덕(盛德)을 칭송하고 즉위를 하례함. 당시 실시된 과거가 증광시였기 때문에 '칭하'란 말을 쓴 것이다.
118 당(黨)에 세우는 학교. '당'은 5백 호(戶)를 단위로 하는 행정구역이다.
119 모여서 활 쏘는 재주를 겨루고 술을 먹던 일. 향사(鄕射).
120 매월 한 차례 집회를 갖고 규약(規約)을 읽어 익히도록 정한 규정. 『여씨향약(呂氏鄕約)』에 나온다.

음으로 터득했는지 그 실상에서 벗어나지 않으니,『시경』「역박(棫樸)」편121에서 볼 수 있습니다.

   한·위(漢魏)의 현량방정과(賢良方正科) 및 수·당(隋唐)에서 과거를 베풀어 선비를 취한 것으로 말하자면, 인재를 배양하는 것을 우선으로 하지 않으면서 인재를 얻으려는 것입니다. 비유하면 밭을 갈지 않고서도 잘 익은 곡식을 얻고자 하며, 누에를 치지 않고서도 따뜻한 옷을 얻으려는 것과 같습니다. 신은 그 가능한 사례를 보지 못하였습니다. 한갓 기르지 못했을 뿐만 아니라 간혹 배양된 사람이 있다 하더라도 잘 쓰지 못하였습니다. 그러므로 한나라에서 현량을 구함에 곡학아세(曲學阿世)122의 길로 나가게 하여, 도리어 동중서(董仲舒) 같은 순유(醇儒)123를 버렸습니다. 당나라에서 박학굉사(博學宏詞)124로 선비를 취함에 직언지사(直言之士)이던 유분(劉蕡)125을 물리치고, 도리어 임금 찬양만 일삼는 장균(張均)126을 이끌어 썼습니다. 아! 한·당에서도 그러하였거늘, 저 조조(曹操)의 위(魏) 나라, 양광(楊廣)의 수(隋) 나라에서 실용을 추구하지 않고 사장만을 숭상한 것임에랴? 그 계획과 실행 방법을 어찌 전하를 위해 말씀드리오리까?

---

121 그 대요는 대개 사람의 덕을 진작시키는 것이다.
122 학문을 왜곡하여 세속의 인기에 영합함.『사기』권121,「유림열전(儒林列傳)」참조.
123 잡학을 하지 않고 순수하게 유교에 충실한 학자.
124 중국 당나라 때 관리등용법의 하나. 박학홍사과(博學鴻詞科)라고도 하였다. 학문이 박식하고 문장이 웅대하다는 뜻이다. 시부(詩賦)의 시험을 통해 선발하였다.
125 중국 당나라 문종(文宗) 때의 정치가. 자는 거화(去華), 창평(昌平) 사람이다. 문종 태화(太和) 초년에 현량방정과에 올랐으며 직언(直言)과 극간(極諫)으로 유명하였다.
126 중국 당나라 현종 때의 정치가. 열(說)의 아들이다. 천보(天寶) 연간에 벼슬이 형부상서에 이르렀다. 안록산 아래서 중서령(中書令)을 지내다가 숙종이 즉위한 뒤 죽음을 면하고 합포(合浦)로 귀양 갔다.

그 사이에 간혹 나라를 경영할 만한 인재가 현량과(賢良科)를 통해 나와 세상에서 크게 쓰인 경우가 있었습니다. 그러나 간혹 한 두 사람을 일컬을 수는 있지만, 주나라 때에 비한다면 하늘로 갓을 삼고 땅으로 신발을 삼는 것과도 비교할 수 없을 정도입니다. 어찌 우열을 가려 말할 겨를이 있겠습니까? 성상의 책문에서 이른바 "끝내 삼대에 부끄러움이 있다"고 하신 것은, 어찌 시군(時君)이 몸소 행하고 마음으로 터득하는[躬行心得] 데 근본이 없는 게 아니겠습니까?

신이 엎드려 성상의 책문을 읽었는데, 말씀하시기를 "국가가 수·당에서 법을 취함에 …… 국가의 정치를 도와서 이룰 수 있겠는가"라고 하시었습니다. 신은 이 말씀을 통해 전하께서 개연히 오늘날 선비를 취하는 방법을 가볍게 여기고, 옛 제왕의 정치를 생각하여 인재를 크게 얻으려는 뜻을 보인 것으로 생각합니다. 그러나 신이 어리석고 망령되지만 불가하다고 생각합니다. 그 이유는 세 가지입니다. 만약 전하께서 '관저인지(關雎麟趾)'[127]의 의미를 행하는 데 힘쓰지 않고 주관(周官)[128]의 법을 시행하려고 한다면, 신은 아마도 불가할 것이라고 생각합니다. 만약 조종조(祖宗朝)에 과거 제도를 설치한 본래의 뜻을 추구하는데 힘쓰지 않고, 그저 수·당에서 방법을 취하면 된다고 생각하신다면 신은 아마도 불가할 것이라고 생각합니다. 만약 사복(嗣服)[129]하던 당초에 한·

---

127 관저는 『시경』 「주남(周南)」의 편명으로, 이 시는 주문왕(周文王)과 후비(后妃)의 성덕(盛德)을 노래한 것이다. 인지는 역시 『시경』 「주남」의 편명으로, 이 시는 주문왕의 후비의 덕이 자손 종족(子孫宗族)에까지 미친 것을 찬미한 노래이다.
128 『서경』 주서(周書)의 한 편명. 먼저 주관이 창설된 연유를 서술하였고, 다음은 당시 오관(五官)의 제도를 기록했으며, 또 그 관리는 덕을 닦는데 힘을 기울여야 한다고 기술했다.

위에서 선비를 취하던 헛된 명분을 준용(遵用)하려고 하여 조종의 성법(成法)을 가볍게 변경하려 하신다면 신은 옳지 않다고 생각합니다. 전하의 밝고 거룩하신 자질로 어찌 이것을 모르시겠나이까?

그러나 신이 가만히 듣건대, 우리 세종조에 한 대신이 향거이선의 법을 시행할 것을 청한 일이 있었습니다. 세종께서 말씀하시기를 "우리나라에서 선비를 취하는 법이 갖추어지지 않은 것이 아니다. 오히려 실용을 얻지 못하고 있다. 어느 겨를에 성인의 법을 행하겠는가?"라고 하였습니다. 신은 일찍이 '참다운 성인이시다'고 생각하였습니다. 왜 그러냐 하면, 주나라 때의 향거이선법과 한·위의 현량방정과, 그리고 본조(本朝)에서의 설과취사(設科取士)하는 방법, 문음·보거의 방법은 그 이름은 다르지만 그 취지는 하나입니다. 대저 선비를 취하는 명목은 고금에 따라 차이가 있지만 사람을 얻겠다는 의미는 고금에 차이가 없으니, 그 의미를 본받는 것은 옳지만 그 이름을 그대로 따르는 것은 옳지 않습니다. 더구나 우리나라 향시법(鄕試法)[130]이 곧 주나라 때의 향거(鄕擧)의 뜻과 같고, 음서법(蔭敍法)이 곧 주나라 때의 세록지법(世祿之法)[131]과 같음에야 더 말할 나위 있겠습니까? 그렇다면 우리 조정에서 선비를 취하는 방법은 진실로 성주(成周)에 사양할 것이 없으니 많은 선비들이 무성하게 선발됨은 당연한 것입니다. 어찌 추천할 즈음에 인재가 부족하다고 근심할 일이겠습니까?

---

129 선대의 위업을 계승하거나 왕위를 물려받던 일.
130 조선시대 각 도에서 실시하던 문과·무과·생원·진사시의 제1차 시험. 여기에 합격하여야 서울에서 복시(覆試: 제2차 시험)를 치를 수 있었다.
131 나라에 공이 있는 사람의 후손에게 벼슬을 주는 것.

신이 가만히 보건대, 우리 선릉(宣陵: 성종)께서는 26년에 걸쳐 교양(敎養)의 덕을 만들어 이루셨습니다. 문왕(文王)이 인재를 길러낸 성사(盛事)라 하더라도 여기에 더 보탤 것이 없을 것입니다. 전하께서 구하신다면 어찌 부족할 리가 있겠습니까? 다만 유사의 생각으로는 혹여 조종조에서 선비를 취하는 방법을 잘 실행하지 못할까 염려하여, 전하로 하여금 오히려 유일(遺逸: 버려진 인재) 문제에 대해 묻도록 하여 수고를 끼친 것입니다.

신의 어리석은 생각으로는, 전하의 이 물음은 진실로 성종대왕께서 만들어 이룩하신 성덕을 이으시고, 관저인지의 아름다운 뜻을 본받으신 것이라고 여겨집니다. 이와 같이 하면 오늘날 선비를 취하는 방법 역시 인재를 풍성하게 이르도록 하는데 족하니 어찌 꼭 이전 시대에서 구해야만 하겠습니까? 어떤 사람은 말하기를 "향거이선은 삼대의 좋은 법으로, 정자(程子)와 주자(朱子)가 행하고자 하는 바였다"고 합니다. 지금 성상의 하문(下問)이 여기에 미쳤으니, 참으로 천재일우(千載一遇)의 기회입니다.

신은 어리석게도 문득 옳지 않다고 생각합니다. 무엇 때문이냐 하면, 그것은 시대적으로 불가하다는 것입니다. 오늘날 사람을 취하는 방법으로는 과거 시험[科第]보다 더 공정한 것은 없습니다. 그러나 형위(荊闈)[132]의 엄함에도 간혹 남의 글을 빌어다가 내는 폐단이 있거늘, 하물며 향거이선법에서 공정함을 바랄 수 있겠습니까?

---

132 과거 시험장을 비유한 말. 주위를 가시나무로 둘러싼 것 같다는 의미이다.

신은 바라옵건대, 전하께서 몸소 행하시고 마음으로 터득하는 실질을 미루어나가시옵소서. 교화를 밝혀 사람의 마음을 바로잡고, 사람의 마음을 바로잡아 인재를 기르면 인재가 배출되어 비옥가봉(比屋可封)[133]의 경지에 이를 것이니, 전하의 취인(取人)이 마치 부잣집에서 물건을 구함에 제 뜻대로 되지 않은 것이 없음과 같습니다. 어찌 추천하는 데 사람이 부족함을 걱정할 일이겠습니까? 전하께서 '사람을 얻는 방법'(得人)을 가지고 물으심에 신이 '인재를 기르는 방법'(育才)을 구구하게 말씀드린 것은 역시 이 때문입니다.

신은 엎드려 성상의 책문을 읽으니, 말씀하시기를 "사대부들은 …… 실천에 응용토록 하겠노라"고 하시었습니다. 신은 초택에 사는 뱅어 같은 인간[草澤鯫生]입니다. 형창(螢窓)[134]의 좁은 견문으로는 진실로 큰 대답을 받들기에 부족합니다. 그러나 신은 외람되게도 예부에서 선발됨을 받아 옥계(玉階) 아래에 섰습니다. 몸소 천일(天日)[135]의 빛을 쳐다봄에, 권권불망(眷眷不忘)하는 충성심을 스스로는 그만두게 할 수 없어 다시 말씀을 드리게 되었습니다. 옛날 순임금이 대화(大和)의 성세(盛世)를 이루심에 말할 만한 일[可言之事]이 없는 것이 당연하였지만, 익(益)[136]이 그래도 경계하여 말하기를 "법도(法度)를 잃지 마옵소서!"라고 하였습니다. 우임금께서도 오히려 경계하여 말하기를 "단주(丹朱)

---

133 집마다 표창(表彰)할 만한 인물이 많다는 뜻. 백성이 모두 성인(聖人)의 덕에 교화되어 어진 사람이 많음을 이른다.
134 반딧불이 비치는 창과 눈[雪]이 비치는 책상이라는 뜻. 본래 어려운 가운데서도 학문에 힘쓰는 것을 가리켰는데, 여기서는 열악한 환경에서 폭 넓게 공부하지 못함을 말한다.
135 하늘에 떠 있는 해. 여기서는 임금을 가리킨다.
136 순임금의 신하. 산택(山澤)을 맡았던 사람.

같은 오만함이 없어야 합니다"고 하였습니다. 하물며 전하께서 비록 거룩하시지만 연세가 아직 순임금이 제왕이 된 때에 이르지 않았으니, 익과 우 같은 분이 도와서 아침저녁으로 경계토록 하는 것이 당연할 것입니다. 이는 성스러움이 더욱 성스럽게 되는 길입니다. 그러므로 사마광(司馬光)[137]이 말하기를 "정치하는 데 중요한 것은 사람을 얻는 데 있고, 사람을 얻는 데 중요한 것은 또 현명한 정승을 얻는 데 근본한다"고 하였습니다. 진실로 제대로 된 사람을 살펴서 얻는다면 인재가 나오는 것은 걱정할 필요가 없습니다.

옛날 은나라 고종(高宗)은 양암(諒闇)[138]에서 3년간 지냈습니다. 공손한 자세로 묵묵히 현인(賢人)만 생각하였는데, 현인이 꿈속에 나타나자 그 형상을 그림으로 그렸습니다. 과연 부열(傅說)[139]을 판축(板築) 아래에서 얻어 백관의 위에 앉혀 놓았더니 천하가 아주 잘 다스려졌습니다. 『서경』에 말하기를 "상제께서 좋은 재상[良弼]을 내려주셨다"[140]고 하였으며, 한유(韓愈)는 말하기를 "양필을 꿈속에서 얻은 것이 이것이다"고 하였습니다. 이제 전하께서도 역시 거상[諒闇] 중에도 현인을 생각하기를 목마른 것처럼 하시니, 이야말로 오늘의 고종이십니다.

---

[137] 중국 북송 때의 학자·정치가(1019~1086). 구법당(舊法黨)의 영수로 왕안석(王安石)의 급진적인 개혁에 반대하였다. 학문적 정치적으로 보수적 입장을 취했던 그는 도덕적인 지도력과 점진적인 변화를 통해 훌륭한 정치를 이룰 것을 주장했다. 죽기 직전에 왕안석 일파의 신법당을 조정에서 제거하는 데 성공했으며, 자신은 문하시랑(門下侍郎)에 임명되어 왕안석이 시행한 개혁정책을 대부분 폐지했다. 한편 중국 역사의 시작으로부터 995년간에 걸친 중국 역사를 다룬 『자치통감』을 편찬했다. 공자의 『춘추(春秋)』에 필적하는 편년체 역사서로 중국에서 가장 뛰어난 역사서 가운데 하나이다.
[138] 임금이 부모의 상중(喪中)에 거처하는 방, 또는 그 기간.
[139] 중국 은나라 고종 때의 현상(賢相). 고종이 어느 날 꿈에서 깬 뒤 그 얼굴을 그리게 하여 이를 찾았는데, 마침내 부암(傅巖)의 들에서 부열을 찾았다고 한다.
[140] 『서경』, 「열명(說命) 상」에 나온다.

신이 듣건대 "하늘에는 고금이 없다"고 하였습니다. 전하께서 정성으로써 구하신다면 하늘이 고종에게 양필을 내려주신 것을 전하께도 내려주지 않을지 어찌 알겠습니까? 요즘 국가가 불행하여 하늘이 훌륭한 정승[良相]을 빼앗아가 삼공(三公)의 자리가 비어 있습니다. 이야말로 진실로 전하께서 공손한 자세로 조용히 현인을 생각하면서 부열 같은 사람을 찾아야 할 시점입니다. 예와 지금에 따라 시기적으로 어느 것이 알맞은 것인지는 차이가 있어,[141] 비록 축대를 쌓는 천한 사람을 구할 수는 없지만, 제제(濟濟)하게 많은 선비 중에서, 또 목목(穆穆)[142]하게 진을 치고 있는 벼슬아치들 가운데 시내를 건너게 하는 배와 노[舟楫]가 될 만한 사람이 없을 것이며, 큰 가뭄에 장맛비 구실을 하는 사람이 없겠습니까? 전하께서 깊이 생각하시고 널리 구하심이 어떠한가에 달려 있을 따름입니다. 신이 감히 세상 물정을 모르는 일을 즐겨서 한 것이 아니요, 현명한 정승 얻는 것을 가지고 성상의 하문(下問)에 군더더기로 말씀드린 것입니다.

신은 어리석게도 다음과 같은 말을 들었습니다. 순임금이 비록 위대한 성인이지만 현위(賢僞)의 섞임을 스스로 분변하지 못하다가, 고요(皐陶)[143]를 등용하고 나서야 불인(不仁)한 사람을 멀리하였습니다. 탕임금이 비록 위대한 성인이지만 간사함과 올바름[邪正]을 혼동한 것을 스

---

141 고금이의(古今異宜)는 주자(朱子)와 진량(陳亮)과의 논쟁에서 유명한 명제로 등장하였다.
142 아름답고 훌륭한 모양.
143 순임금의 신하. 자는 정견(庭堅). 고요(咎繇)라고도 쓴다. 옥관(獄官)의 장(長)인 사구(司寇) 벼슬을 지냈다.

스로 다스리지 못하다가 이윤(伊尹)을 등용하고 나서야 어질지 못한 사람을 멀리 하였습니다. 한나라의 정치를 일컬음에 반드시 소하(蕭何)[144]·조참(曹參)[145]과 위상(魏相)[146]·병길(丙吉)[147]을 말하고, 당나라의 정치를 일컬음에 반드시 방현령(房玄齡)·두여회(杜如晦)[148]와 요숭(姚崇)·송경(宋璟)[149]을 말하는데, 이것은 그래도 시대가 다른 편입니다.

우리 세종대왕은 진실로 동방의 순임금이요 탕임금이십니다. 30여 년의 태평성대에 현명한 정승을 얻는 것으로써 근본을 삼지 않음이 없었습니다. 그러므로 허조(許稠)[150] 같은 정대(正大)한 분과 황희(黃喜) 같은 대체(大體)를 아는 분이 나와서 정승이 되었습니다. 이때에 와서 인재가 무성함은 이루 다 말할 수 없었습니다. 고(故) 허조가 세상을 떠나자 그 자리를 비어 놓은 것이 2년이나 되었습니다. 세종께서 어찌 심복

---

[144] 중국 전한의 창업공신(?~B.C.193). 고조 유방(劉邦)의 오랜 친구로, 유방이 기병할 때부터 줄곧 그를 도운 창업 공신 다섯 명 가운데 으뜸이었다. "성공해도 소하요 실패해도 소하"라는 말이 있을 정도로 창업에서 그의 위상이 높다.

[145] 중국 전한의 명장이자 개국공신(?~B.C.190). 자는 경백(敬伯). 패군(沛郡) 출신이다. 원래 진나라의 옥리였으나, 고조 유방이 군사를 일으킬 때 뜻을 같이하였다. 한신(韓信)과 더불어 군사면에서 활약하였다. 진나라와 항우를 공략하여 한나라의 통일대업에 이바지한 공으로 건국 후에는 공신 서열 2번째, 평양후(平陽侯)로 책봉되고 식읍(食邑) 10,600호를 하사받았다. 구강왕 경포의 반란을 평정하기도 하였다. 고조가 죽은 뒤에는 소하의 추천으로 상국(相國)이 되었다.

[146] 중국 전한 선제(宣帝) 때의 명신. 선제를 도와 중흥을 이룩하였다. 대체(大體)를 알고 정사를 관평(寬平)하게 하여 당시에 명성이 높았다

[147] 중국 전한 선제 때의 명신. 자는 소경(小卿). 승상(丞相)으로서 '병길문우천(丙吉問牛喘)'의 일화를 남길 정도로 어진 정치를 베풀어 박양후(博陽侯)에 봉해졌다.

[148] 방현령과 두여회는 당나라 태종 때의 명재상으로, 정관(貞觀)의 치(治)를 여는 데 크게 공헌하였다.

[149] 요숭과 송경은 당나라 현종 때의 명재상으로, 개원(開元)의 치(治)를 여는 데 크게 공헌하였다.

[150] 조선 초기의 문신(1369~1439). 자는 중통(仲通), 호는 경암(敬菴), 본관은 하양(河陽). 권근(權近)의 문인이다. 공양왕 2년(1390) 식년문과에 급제하여 벼슬이 좌의정에 이르렀다. 조선건국 후 예악(禮樂)·과거·도량형 제도의 정비와 유교적 윤리관의 확립에 주도적 역할을 했다. 시호는 문경(文敬)이다.

(心腹)의 중요함을 알지 못하여 오래도록 그 자리를 비워놓고자 한 것이 겠습니까? 대개 사직은 원기(元氣)와 관련되어 있어, 하루라도 혹시 그 사람이 아니면 손실되는 바가 매우 큼을 깊이 알았고, 또 현명한 정승을 얻기 어려움을 염려하신 나머지 그처럼 살펴서 선택한 것입니다.

그러므로 우리 성종대왕께서 처음 정사에 임하실 때 개연히 세종대왕을 죄다 본받고자 하시어, 유사로 하여금 세종조의 고사(故事)를 써서 올리도록 하여 아침저녁으로 성람(省覽)하였던 것입니다. 그러고 보면, 우리 성종대왕께서 화(和)하고 빛나게 다스림의 성덕은 역시 세종에게서 나왔습니다. 이것이 전하의 가법(家法)이니 어찌 신하의 말을 기다려 (그 사실을 아셔야) 하겠습니까?

다만 전하께서는 열성(列聖)[151]의 도를 가지고 열성의 법을 행하시되, 이 뜻을 길이 굳건히 하시고, 처음부터 끝까지 바꾸지 않으신다면 우리 조선의 끝없는 경복(景福)이 될 것입니다. 신은 과거의 글에 스스로 정식(程式)이 있음을 알지 못하는 바는 아닙니다. 그러나 어찌 과제(科第)를 뽑는 높고 낮음의 등급에 구애되어 전하의 초복(初服)[152]에 말씀을 다 여쭙지 않겠습니까? 그러므로 말이 지루함을 깨닫지 못하옵고 삼가 죽음을 무릅쓰고 답을 올리나이다.

---

151 역대 여러 임금.
152 왕이 처음으로 정치를 하고 교화를 베풀어 행함.

[人才得失]策

王若曰: 蓋聞人才, 國家之利器. 自古帝王之致治也, 未嘗不以得人爲先務也. 成周之鄕擧里選, 漢魏之賢良方正, 其規畫施措之方, 可得聞其詳歟? 其獲人才之用, 孰優孰劣歟? 隋唐科擧之法, 大槩以詞章爲主, 其於實用, 似末也. 而經邦之村[153], 多由是出. 然而用人之效, 終有愧於三代以上者, 何歟? 國家取法, 隋唐以科擧爲得人之路, 猶以爲未盡也. 又有門蔭保擧之法, 其取士之方亦廣矣. 而有司注擬之際, 患於乏人, 其故何歟? 無奈搜求未盡, 而有遺逸之材歟? 如古之鄕擧里選賢良方正之法, 今可行歟? 何以則賢材登進, 蔚爲世用, 以輔成國家之治乎? 子大夫商確古今, 悉著于篇. 余將親覽而致用焉.

臣對: 臣聞工欲盡其巧, 必先利其器, 君欲得其人, 必先養其才. 才苟不養, 則無以爲取士之本. 士苟不取, 則無以爲致治之要. 而養育人才, 又在人君躬行心得之如何耳. 恭惟主上殿下, 以聰明仁孝之資, 承祖宗艱大之業, 兢惕初政, 羹墻懇慕者, 將一年于玆矣. 朝夕納誨, 卽舜之好問, 而猶恐言路之未廣, 再詔求言. 濟濟相讓[154], 卽周之多士, 而猶慮人才之或逸. 乃進臣等于庭, 不以寒賤而忽之, 問以古今人才之得失. 乃曰, 人才國家之利器, 可謂明帝王致治之先務, 而誠千載大有爲之君也. 臣雖愚昧, 旣叨有司之擧, 齋沐滌慮, 待聖問之日, 久矣, 敢不罄竭

---

153 材: 『이평사집』에는 '촌(村)'으로 되어 있어 바로잡았다.
154 濟濟相讓: 많은 인재들이 서로 자리를 사양하는 것. 『서경』, 「순전(舜典)」에 나온다.

其愚忠乎? 臣伏讀聖策, 曰: "自古帝王之致治, [止]¹⁵⁵ 終有愧於三代以上者, 何歟?" 臣有以見殿下之志在三代以上之盛治, 薄漢唐而不居也. 殿下固守此志, 終始如一, 則三王不足爲四, 五帝不足爲六, 誠一國臣民之福也. 臣謹俯伏稱賀以對. 臣觀成周之時, 家塾·黨庠·術序·國學, 無一人之不敎, 無一地之非學. 而鄕大夫又以時率其耆老與其子弟, 敎之以飮射讀法, 使斯民耳目觀感, 無不薰蒸涵濡於禮義之澤. 自序而升於學, 自鄕而升於司徒, 升之非一朝, 選之非一手. 此成周鄕學里選之法, 人才卓冠千古, 非後世所及者也. 然其要不外乎時君躬行心得之實也. 詩之棫樸, 可見也. 若漢魏之賢良方正, 隋唐之設科取士, 則不先養其才, 而欲人才之得. 比如不耕而欲粟之熟, 不蠶而欲衣之暖, 臣¹⁵⁶未見其可也. 非徒不能養也, 雖或有之, 又不能用也. 故漢之求賢良也, 進阿世之曲學, 而反擯仲舒之醇儒. 唐之取宏辭也, 退直言之劉蕡, 而反引譽主之張均. 噫! 漢唐尙然, 則彼曹操之魏, 楊廣之隋, 不求實用, 專尙詞章, 其規畫施措之方, 烏足爲殿下道哉? 其間或有經邦之材, 由賢良科擧而出爲世大用者, 雖或一二之可稱. 而比諸成周, 則不啻若天冠而地履, 何優劣之暇言乎? 聖策所謂"終有愧於三代者", 豈非時君躬行心得之無其本哉? 臣伏讀聖策, 曰: 「國家取法隋唐, [止] 以輔成國家之治乎?」 臣有以見殿下慨然陝¹⁵⁷當今取士之路, 思古昔帝王之治, 而欲大得人才之志也. 然臣愚妄以爲不可者三焉. 若殿下不務行關雎麟趾

....
155 止: 중간 생략할 때 쓴다.
156 臣: 원본에는 없으나 빠진 것으로 보아야 한다.
157 陝: '狹'의 잘못인 듯하다.『이평사집』에 "陝疑作狹"이라는 원주(原註)가 있다.

之意, 而欲行周官之法, 則臣恐不可也. 若不務求祖宗設科之本意, 而以爲徒取法於隋唐, 則臣恐不可也. 若於嗣服之初, 欲遵漢魏取士之虛名, 而輕變祖宗之法, 則臣恐不可也. 以殿下之明聖, 豈不知此哉? 然臣竊聞我世宗朝有一大臣, 請行鄕擧里選之法, 世宗曰:「我國取士之法, 非爲不具. 而尙不得實用, 何暇行聖人之法乎?」臣嘗以爲眞聖人之言也. 何者? 成周之鄕擧里選, 漢魏之賢良方正, 本朝之設科取士, 門蔭保擧之法, 其名雖殊, 而其意一也. 大抵取士之名, 有古今之異, 得人之意, 無古今之殊. 師其意, 可也, 循其名, 不可也. 況我國家鄕試之法, 卽周家鄕擧之意也. 門蔭之法, 卽周家世祿之意也. 然則我朝取士之法, 誠無讓於成周, 宜乎多士之濟濟也. 奈何注擬之際, 猶有乏人之患乎? 臣竊觀我宣陵二十六年[158]作成敎養之德, 雖文王作人之盛, 蔑以加矣. 殿下求之, 豈有不足之理乎? 但有司或不能實行祖宗取士之法, 使殿下尙勞遺逸之問也. 臣愚以爲殿下此問, 固足以繼宣陵作成之盛德, 法關雎麟趾之美意也. 如是則今日取士之法, 亦足以致人才之盛, 何必求於前代乎? 或曰:「鄕擧里選, 三代之良法, 程朱之所欲行」今聖問及此, 誠千載一日也. 臣愚輒以爲不可, 何也? 曰時不可也. 今取人之法, 莫公於科第. 然而荊圍之嚴, 或有假述之弊, 況望鄕擧里選之公乎? 臣願殿下推躬行心得之實, 明敎化以正人心, 正人心以養人才. 人才輩出, 比屋可封, 則殿下取人, 如富家之取物, 無不如意, 何注擬乏人之足憂乎? 殿下以得人爲問, 而臣以育才區區者, 亦以此也. 臣伏讀聖策, 曰:「子大

---

[158] 二十六年: 성종의 재위 기간을 가리킨다.

夫, [止] 致用焉!」臣草澤鯫生, 螢窓管見, 固不足以奉大對. 然臣猥忝禮部選, 獲立玉階下, 躬瞻天日之光, 眷眷之忠, 自不能已, 復有獻焉. 昔舜致大和之盛, 宜無可言之事. 而益猶戒之曰:「罔失法度」, 禹猶戒之曰:「無若丹朱傲」況殿下雖聖, 而年未至於舜爲帝之時, 則宜乎有益禹之相, 朝夕以戒之[159], 此聖益聖之道也. 故司馬光曰:「爲治之要, 在於得人, 而得人之要, 又本於得賢相也. 苟能相得其人, 則人才之出, 不足患也」昔殷之高宗, 諒闇三年, 恭默思賢, 見於宵寐, 圖其形像. 果得傅說於板築之下, 加之百官之上, 而天下大治. 書曰:「天賚良弼」, 韓愈曰:「得良弼於宵寐者, 是也」今殿下亦値諒闇之日, 思賢如渴, 是今日之高宗也. 臣聞天無古今, 殿下求之以誠, 則安知天之所以賚高宗者, 不以賚殿下耶? 近者, 國家不幸, 天奪良相, 三公位缺, 此誠殿下恭默思賢, 求傅說之日也. 古今異宜, 雖不可求之於板築之賤, 而濟濟多士之中, 穆穆布列之位, 豈無濟川之舟楫, 大旱之霖雨歟? 在殿下深思之廣求之如何耳. 臣非敢樂爲迂闊, 而以得賢相贅聖問也. 臣愚聞舜雖大聖, 賢僞之雜, 不能自辨, 而必擧皐陶, 然後不仁者遠. 湯雖大聖, 邪正之混, 不能自治, 而必擧伊尹, 然後不仁者遠. 至於稱漢之治者, 必曰蕭曹魏丙, 稱唐之治者, 必曰房杜姚宋, 此猶異代也. 我世宗大王, 誠東方之舜湯也. 三十餘年之大平, 莫不以得賢相爲本. 故如許稠之正大黃喜之識大體者, 出而爲相. 當是時, 人才之盛, 不容勝言. 故許稠之卒, 虛其位者二年. 世宗豈不知心腹之重, 而欲久曠其位哉? 蓋深知社稷元氣之所

---

[159] 之: 원본에는 없으나 빠진 것으로 보아야 한다. 『이평사집』에도 해당 부분에 "戒下有之字"라는 원주(原註)가 있다.

係, 一日或非其人, 則所損甚大. 又慮賢相之難得, 而審擇之爾. 故我宣陵之初政, 慨然欲盡法世宗, 而令有司書啓世宗朝故事, 朝夕省覽. 然則我宣陵雍熙之盛, 亦出於世宗. 此殿下家法, 何待臣言? 但殿下以列聖之道, 行列聖之法, 永堅此志, 終始不移, 則我朝鮮無疆[160]之休也. 臣非不知科擧之文, 自有程式. 然豈可以擢第之高下, 而不盡言於殿下之初服乎? 故不覺言之支離, 謹昧死上對.

---

160 疆: 『이평사집』에는 '彊'으로 되어 있어 바로잡았다.

기記

당명황이 월궁에 노닐었던 일을 적은 글 속편
續唐明皇遊月宮記

천보(天寶) 원년(742) 가을 팔월 경자일(庚子日)에 황상(皇上: 玄宗)께서 도사 나공원(羅公遠)의 술법을 써서 이른바 '월궁(月宮)'이라고 하는 곳에 노닐었다.[1] 그 편액이 '광한청허지부(廣寒淸虛之府)'[2]라고 되어 있었다. 그 궁의 마룻대와 추녀 끝에선 밤새도록 향기가 풍겨났다. 그 염박(簾箔: 발)은 수정(水晶)으로 만들었고 그 병풍은 운모(雲母)로 만들었다. 그 깔자리[筵]는 대모(玳瑁)로 만들었고, 그 정원은 유리로 깔았다. 그 층계와 마당[計除], 문과 난간[門欄]의 장식은 모두 인간 세상에서 볼 수 있는 것들이 아니었다.

한 나무가 있는데 그 높이가 오백 길이었다. 그 아래에서 한 사람이

---

1 당나라 현종 때의 도사(道士) 나공원이 지팡이를 던져서 은교(銀橋)로 변화하여 명황(明皇)과 함께 월궁에 놀았다는 고사에서 나왔다.
2 『용성록(龍城錄)』에 "당명황이 신천사(申天師)·홍도객(鴻都客)과 함께 8월 보름날 밤에 달 속에서 노니는데, 방(榜)을 보니 '광한청허지부(廣寒淸虛之府)'라고 쓰여 있었다"고 하였다.

그 나무를 베는데, 아무리 베어도 다시 붙곤 하였다.³ 물으니 서하(西河) 사람 오강(吳剛)이라고 하였다. 그는 선도(仙道)를 배우다가 잘못하여 (월궁으로) 귀양을 와서 나무를 베게 되었는데, 그 나무 이름이 계수나무였다. 남쪽을 바라봄에 물이 있으니 은하수라고 한다. 흰 비단을 동서로 가로질러 놓은 듯하다. 옛날에 선사(仙槎: 신선이 탄다는 배)를 타고 다니던 여행객 장건(張騫)⁴이 지났던 곳이라고 한다.

황상이 궁 안으로 들어가자 한 선녀가 있었다. 용모가 매우 단정하고 고왔는데 자칭 '소아(素娥)'라 하였다. 소아는 곧 예(羿)의 아내 항아(姮娥)⁵이다. 예가 서왕모(西王母)에게서 불사약(不死藥)을 얻었는데, 항아가 그 약을 훔친 뒤 달로 달아나 이름을 '소아'라고 고치고는 그 약의 나머지를 옥토끼에게 주어 찧도록 하였다. 그 약을 찧기 시작한 지가 수천 년이 되었지만 아직 다 못 찧고 있다는 것이다.

황상께서 평소 소문으로만 듣다가 실제로 보게 되자 기뻐하며 말하기를 "나에게도 신령스런 약을 나눠주기를 바라노라. 어떤가?"라고 하였다. 소아가 대답하기를 "이것이 어찌 화식(火食)을 하는 사람이 복용해서 될 것이겠습니까? 그런데 천자(天子)에게는 사직과 신민(臣民)이

---

3 계수나무를 베고 나면 계속 새 살이 금세 돋아서 오강은 계수나무 한 그루도 베지 못하고 도끼질을 계속하고 있다 한다.
4 중국 전한 무제 때의 여행가(?~B.C 114). 흉노족의 침략을 저지하려고 월지국과 동맹을 맺으려는 무제의 명을 받고 월지국으로 출발, 전후 13년 만에 돌아왔다. 그의 여행 덕분에 서역의 지리와 민족·산물 등에 관한 지식이 중국으로 들어올 수 있었고 동서간 교역도 늘어나게 되었다. 이와 함께 장건과 관련된 설화가 많이 생겨났다.
5 중국 신화에 나오는 달의 여신. 그녀는 신이 자신의 남편 예(羿)에게 내린 불사약을 훔쳐 먹었다가 예에게 발각되자 달로 도망가 숨었다. 예는 항아를 쫓았으나 그녀와 화해를 약속하지 않으면 통과시켜주지 않기로 한 옥토끼의 방해를 받게 되었다. 전설에 따르면 달 표면의 두꺼비 모양이 항아라고 한다.

있어, 억조창생(億兆蒼生)의 목숨과 관계되므로 그 책임이 매우 무겁습니다. 어찌 선약(仙藥)을 쓰려 하십니까? 깊은 어짊[深仁]과 두터운 은택[厚澤]이 바로 그대의 영약(靈藥)이 될 것입니다"라고 하였다. 황상이 다시는 청하지 못하였다.

얼마 있다가 옥녀(玉女) 수백 사람이 정원 안에 열 지어 있었다. 별 같은 용모는 둘도 없이 예뻤다. 무지개 치마[霓裳]와 날개옷[羽衣]을 입고는, 각각 흰 난새[白鸞] 한 마리씩 타고서 계수나무 아래에서 즐겁게 춤을 추었다. 날아서 올랐다가 내려오는 듯한 것도 있고, 빙빙 날아서 남북으로 가는 듯한 것도 있고, 새 연꽃이 필 때 맑은 물결 위에 바람이 스쳐 지나가자 흔들리는 듯한 것도 있고, 회오리바람에 날리는 버들개지와 한들한들 나는 나비가 봄 하늘[春空]에서 득의양양(得意揚揚)한 듯한 것도 있고, 아침 구름과 저녁 비가 양대(陽臺)[6]의 아래서 영영(盈盈)[7]하고 맥맥(脈脈)[8]한 듯한 것도 있어 그 모양이 천 가지 만 가지였다. 리듬[節奏]이 매우 우아하고 곡에 수십 개의 악보가 있었다.

황상이 가만히 그 노래 한 두 가지를 적어 보았다. 그 노래는 다음과 같다. "새벽에 부상(扶桑)에서 해 떨치고 저녁에는 엄자산(崦嵫山)[9]에 노닌다. 아, 하늘의 눈이여, 열리고 닫힘에 때가 있구나. 일 년에 열두 번 보름날이 있지만 오늘 저녁 같은 날이 없구나. 흰 난새를 타고 돌아

---

6 송옥(宋玉)의 「고당부(高唐賦)」에 나오는 대(臺) 이름. 초(楚) 나라 회왕(懷王)이 무산(巫山)의 신녀(神女)와 하룻밤의 인연을 맺고 헤어질 때, 그 신녀가 "아침에는 양대의 구름이 되고 저녁에는 양대의 비가 되겠다"고 말했다는 데서 나왔다.
7 곱고 아름다운 모양.
8 끊이지 않는 모양.
9 옛날에 해가 들어가는 곳으로 생각했던 산의 이름. 만년 또는 노년의 비유로도 쓰인다.

가고 싶구나. 뜬세상을 내려다본 것이 어느덧 천만 겁일세."

또 다음과 같이 노래하였다.

"소아는 외롭게 살고 있고 옥토끼는 잇달아 있네. 옥도끼를 휘두르는 신령스런 사람들, 팔만 이천 호(戶)나 된다네. 저 많은 두꺼비[蝦蟆]¹⁰는 누구의 심부름꾼인고? 공연히 계수나무 그림자만 너울거리네."

노래 곡조가 끝나기도 전에, 소아가 황상을 이끌고 옥 같은 누각에 올랐다. 황상의 기뻐하는 기색이 진진(津津)하여 눈썹 사이에 드러났다. 소아와 말을 나누려다 이루지 못하였다. 잠깐 사이에 서왕모가 이르러, 곧장 광한전(廣寒殿)¹¹에 들어갔다. 소아가 일어나 그의 뒤를 따르니 누가 주인인지 알 수가 없었다.

서왕모는 서쪽에 자리 잡고 소아는 동쪽을, 황상은 북쪽을 바라보고 있었다. 나공원이 꿇어앉은 뒤 여러 아(娥)가 다시 정원에서 아뢰었다. 오직 옥토끼는 타고난 품성[性氣]이 비록 신선이지만 모양은 짐승이므로 더불어 참석하지 못하고, 또 그 일(약 찧는 일)을 그만두지 않았다. 서왕모가 가리키며 "저 찧고 있는 것은 무슨 약인가?"라고 하니, 소아가 잘 대답하지 못하였다. 이에 서왕모가 좌우에게 이르되 "내가 옛날에 봉래산(蓬萊山)에서 놀다 이 약을 얻어서 순임금에게 헌상(獻上)했다. 대개 하늘과 땅 사이의 만물들이 길이 그 교화를 입게 하려는 의도에서였다. 그런데 불행히도 예(羿)에게 도둑을 맞았다. 예는 비루한 사

---

10 하마(蝦蟆)는 본디 청개구리를 뜻하지만 여기서는 두꺼비[蟾蜍]를 가리킨다.
11 달 속에 있다는 궁전. 항아가 거처하는 곳이라 한다.

람이다. 신선의 연분[仙分]도 없이 임금을 높이고 홀로 그 복을 누렸었다"고 하였다. 이에 소아가 분연히 말하기를 "나는 인간 세계의 시끄럽고 복잡함을 싫어하여, 태청(太淸: 하늘)에 살 곳을 정했습니다. 상제(上帝)께서 비루하게 여기지 않고 밤을 맡아[司夜] 태양의 밝음과 짝이 되도록 하셨거늘, 그대는 조그만 하자를 가지고 우리를 욕되게 하십니까? 한무제는 성질이 본래 욕심이 많아 진부자(眞府子)[12]와 합치되지 못하였습니다. 감히 청조(靑鳥)를 가지고 기대를 맺어,[13] 제 기운이 넘치고 뜻이 가득 차게 함으로써 마침내 해내(海內: 국내)가 허약해져서 진액이 다 마르기에 이르렀습니다. 그러나 이 어찌 우(虞: 舜) 나라의 만물에게는 후하게 하고 한나라의 인민에게는 박하게 하는 것이겠습니까?"[14]라고 하였다.

서왕모가 말하기를 "하계(下界: 인간세계)와 상청(上淸)은 서로 단절되어 있다. 어찌 진토(塵土: 속계)의 사람을 스스로 불러다 옆에 놓고는 도리어 나를 책망하는가?"라고 하였다. 그 말뜻은 대개 황상을 가리킨 것이었다. 나공원이 옷깃을 바로 여미고 급히 서왕모에게 일러 말하기를 "이 분은 당나라의 천자 아무이십니다. 전세부터의 인연이 있어서

---

12 옥황상제를 달리 이르는 말. 진부는 진인(眞人)이 사는 마을.
13 파랑새는 서왕모의 음식을 조달하고 심부름을 맡았다. 서왕모를 종교적으로 신봉했던 사람은 한무제였다. 기원전 4, 5세기경에 이루어진 작자 미상의 『한무제내전(漢武帝內傳)』에 의하면 한무제는 사당을 짓고 치성을 드리는 등 갖은 노력을 다하여 서왕모의 강림을 기원하였다. 마침내 칠석날 서왕모가 아홉 빛깔의 용이 끄는 수레를 타고 천상에서 내려왔다. 그녀는 30세쯤 되어 보이는 미녀였고, 두 명의 예쁜 시녀가 모시고 있었다. 이 시녀들은 파랑새들이 변신한 것이라 한다. 한무제가 불사약을 간청하자 서왕모는 불사의 복숭아[仙桃]를 내려 주었다. 이 복숭아는 한 개만 먹으면 1만 8천 살까지 살 수 있다고 한다.
14 하늘은 공평하여 순임금의 백성이나 한무제의 백성이나 차별이 없는데, 한무제의 백성들이 힘들게 살았던 것은 지도자를 잘못 만났기 때문이라는 뜻.

여기에 오신 것입니다. 공원의 죄일 뿐이지 주아(主娥: 姮娥)의 뜻은 아닙니다. 공원이 듣건대 '천자(天子)'는 하늘의 아들과 같아서 하늘을 아버지로 받드는 사람이요, 월궁이란 것은 하늘의 집입니다. 아들이 아버지의 집에 들어온 것을 두고 무슨 말이 필요하겠습니까?"라고 하였다. 이에 서왕모가 사과하고 자기의 잘못을 꾸짖으며 종자(從者)를 재촉하더니 바람을 타고 떠나버렸다. 황상 또한 뼈가 서늘해지고 정신이 맑아져서 늠름한 모습이라 더 머물게 할 수는 없었다.

몸을 일으키더니 하직하며 말하기를 "하토(下土: 인간 세상)의 사람이 선궁(仙宮)에 오래 머물러서 맑은 의용(儀容)을 더럽힐까 두렵습니다. 그만 돌아갈까 합니다"고 하니, 소아가 공감을 표하였다. 그리고는 황상에게 말하기를 "우리 이웃에 태백(太白)이란 사람이 있습니다. 자가 장경(長庚)[15]입니다. 일찍이 문씨(文氏)·주씨(酒氏)[16]와 은하수 사이를 거닐며 놀다가 몇 달이 되도록 돌아오지 않았습니다. 상제께서 노여워하시어 하계(속세)로 내쫓았는데 지금 30년이 되도록 돌아오지 않고 있으니 어찌 염려가 없겠습니까?"라고 하였다. 드디어 얼음처럼 깨끗한 비단을 사용한 편지를 접어 황상의 인편에 부치니, 황상께서 꿇어앉아서 받았다. 그리고 나공원과 두 번 절하고 나와 인간 세상을 내려다보니, 푸르고 푸르며 아득하고 아득하여 중국이 어디 있는지를 알 수 없었다. 그러니 더구나 낙성(洛城)의 궁궐을 구별할 수 있겠는가? 그가 하늘에

---

15 장경성(長庚星). 태백성(太白星)이라고도 한다. 이태백을 장경성에 연결시킨 것이다.
16 문씨·주씨는 가공의 인물이다. 이백이 문학에 뛰어나고 술을 좋아하였기 때문이다.

서 땅을 내려다보는 것은 또한 땅에 있으면서 하늘을 쳐다보는 것과 같았다.

드디어 앞에 놓인 다리를 다시 밟으니 깜짝 하는 사이에 이미 화청궁(華淸宮)[17]에 이르렀다. 황상께서 (월궁에서 적어 온) 그 곡조의 리듬을 잃을까 두려워하여 스스로 옥피리로 가락을 조율하고, 급히 영관(伶官: 광대)을 불러서 익히게 하였다. 이튿날 태사(太史)가 와서 아뢰기를 "달 아래 요망한 기운이 있어서 흰 무지개 같은 것이 가로 세로로 뻗쳤다가 한참 만에 사라졌습니다. 아마도 음이 양보다 승(勝)할 조짐입니다"고 하였다. 황상께서 웃으면서 "짐(朕)이 월궁에 가서 노닐 때 나공원이 만든 다리일 뿐이다"고 하였다. 좌우에서 듣던 사람들이 모두 하례하려 하면서 말하기를 "월궁은 인간 세상[人寰]과의 거리가 구만 팔천 리나 됩니다. 사람들은 둥글고 흰 것만 보면서 '이것이 달이다'고 합니다. 그리고는 이것을 읊고, 이것을 보면서 마시며, 이것을 가지고 노래하고 춤을 춥니다. 비록 진시황과 한무제가 정력을 다바쳐 신선되기를 도모했어도 일찍이 달 가운데 경루(瓊樓)와 옥우(玉宇)가 있음을 알지 못하였습니다. 그럼에도 능히 그 음악을 전하여 세상에 퍼뜨리고, 소호(韶濩)[18]를 뛰어넘어 정위지풍(鄭衛之風)[19]을 씻을 수 있겠습니까?"고 하였다.

태사(太史)가 홀로 말하기를 "안 될 일입니다. 달이란 것은 음의 정기요, 임금이란 양의 으뜸입니다. 양이기 때문에 음을 그리워하는 것입

---

17 당나라 현종이 섬서성 여산(廬山) 아래에 세운 온천궁(溫泉宮).
18 중국 은나라 탕왕(湯王)의 음악. 매우 정겹고 우아하다고 전한다.
19 남녀의 애정을 노골적으로 묘사한 문장, 또는 그와 같은 행위를 말한다.

니다. 또 그 성음(聲音)을 가지고 눈과 귀로 옮기면 부도(婦道)는 성하고 임금의 덕은 시들 것입니다. 『주역』에서 말하기를 '하늘은 높고 땅은 낮아서 하늘과 땅이 정해졌다'고 하였습니다. 그렇다면 사람은 하늘에 오를 수 없고, 또 달에 가서 놀 수 없습니다. 비록 그 악곡이 있다지만 들을 수 없습니다. 대개 사람이 할 수 없는 것을 홀로 하시면 백성이 의심하게 되고, 백성이 의심하게 되면 위아래가 문란하게 되고 도적이 일어날 것입니다"고 하니, 황상께서 듣지 않았다. 유사(有司)가 아뢰기를 "나공원이 황백지술(黃白之術)[20]을 가지고 해와 달[21]의 총명(聰明)을 속였으니 벌을 내리소서"라고 하였다. 그러나 역시 황상께서 듣지 않았다.

조서를 내려 이른바 태백(太白)이란 사람을 찾으니 과연 있었다. 바야흐로 술에 취해 술집 다락 위에 누워 있었다. 황상께서 듣고는 크게 놀라고 괴이하게 여겼다. 급히 금란전(金鑾殿)으로 불러들여 칠보(七寶)로 장식한 걸상을 내려 앉히고는, 친히 음식의 맛을 볼 정도였다.[22] 밤이 되자 태액지(太液池)[23]에서 함께 뱃놀이를 하였다. 황상께서 술잔을 들고 달을 가리키면서 "너는 저 선부(仙府) 가운데 사람이 있는 줄을 아느냐?"라고 하니, 태백이 대답하기를 "그러하옵니다"고 하였다. 황상께서 이를 계기로 소매에 넣은 편지를 꺼냈다. 그 말미에 말하기를 "푸른 하늘과 붉은 티끌세상 둘 다 아득한데, 인간 세계에 귀양 간 지 30년이

---

20 연단술(鍊丹術)을 말함. 황색 금과 백색 은을 만든다하여 황백지술이라 일컫는다.
21 임금을 비유한 말.
22 원문 '조갱(調羹)'은 국의 간을 맞춘다는 뜻이다.
23 중국 전한 무제가 만들었다고 하는 못. 못 가운데 삼신산을 조성하였다고 한다.

되었네. 거짓으로 미친 척하며 취향(醉鄕)에 있기를 좋아하는군. 밤마다 나의 안부를 묻지만 나는 하늘에 있도다"라고 하였다. 이것을 태백에게 보여주었다. 태백은 달관한 사람이다. 평소 신이(神異)하고 괴상한 일을 말하지 않았으므로[24] 그 편지를 읽고도 별다른 기색이 없었다. 황상께서 이 때문에 그를 더욱 기이하게 여기고 크게 등용하고자 했는데, 마침 고력사(高力士)[25]가 (일찍이 이백이 술에 취해) 자신에게 신발을 벗기게 했다는 것[26]을 구실로 저지하였다.

그러나 태백이 항아의 편지 글을 얻고 난 뒤로 달을 더욱 사랑하였으니, 온 세상[四明] 사람들이 그를 '미친 사람'[狂客]이라고 하였다 한다.

---

24 『논어』「술이(述而)」편에서 "공자는 괴이(怪異), 무력, 난륜(亂倫), 귀신에 대해 말하지 않았다"(子不語, 怪力亂神)고 한 말을 인용한 것이다.
25 중국 당 현종 때의 환관(684~762). 본성은 풍(馮)이나 환관 고씨의 양자로 들어가서 성을 고쳤다. 현종의 신임을 받아 모든 조서가 그의 손을 거칠 만큼 권세가 컸고, 숙종 때는 여러 대신들과 결탁했다. 안사(安史)의 난 때는 현종과 함께 서촉으로 피난을 갔다. 뒤에 국정을 문란케 하였다는 비판을 받고 760년 무주(巫州)에 유배되었다가 병으로 죽었다.
26 '역사탈화(力士脫靴)'의 고사를 가리킨다. 일찍이 당현종이 양귀비를 즐겁게 해주기 위해 시구를 생각하다가 급히 이백을 불렀다. 이 때 이백은 술집에서 인사불성이 될 정도로 만취해 있었다. 환관 고력사가 사람을 보내 이백을 궁전으로 데려오자 현종은 그를 침상에 눕히고 양귀비는 직접 해장국을 끓여주었다. 술에 취한 이백은 당대의 권력자인 고력사에게 발을 내밀었다. 고력사는 황제 앞이라 어쩔 수 없이 한쪽 무릎을 꿇고 이백의 신발을 벗겨주었다고 한다.

續唐明皇遊月宮記

天寶元年秋八月庚子, 上用道士羅公遠術, 遊所謂月宮者. 其額曰廣寒淸虛之府. 其棟宇以不夜之香. 其簾箔以水晶, 其屛以雲母, 其筵以玳瑁, 其庭以琉璃, 其階除門闌之飾, 皆非人世所有也. 有樹焉, 其高五百丈. 下有人斫之, 樹創隨合. 問之, 西河人吳剛也. 學仙有過, 謫令斫樹. 樹之名, 桂也. 南望有水焉, 曰銀河. 若素練橫乎東西, 古有乘槎客張騫過處云. 上入宮中, 有一仙娥, 容貌甚端麗, 自稱素娥. 素娥者, 羿妻姮娥也. 羿得不死之藥於西王母, 娥竊之奔月, 更名素娥. 以藥之餘, 與玉兔擣之, 擣[27]數千年, 藥未就. 上素聞之, 及見且喜曰:「幸分我靈藥, 何如?」娥曰:「此豈煙火食者所宜服耶? 然天子自有社稷臣民, 億兆係命, 其責甚重, 何用仙爲? 深仁厚德, 亦子之靈藥也」上亦不復請. 俄有玉女數百人列庭中, 星貌絶艷, 霓裳而羽衣, 各乘白鸞一隻. 舞桂樹下, 有若飛而上下者, 有若翶翔而南北者, 有若新荷出淸波之上, 遇風而動搖者, 有若飄絮緩蝶, 得意於春空者, 有若朝雲暮雨, 盈盈脈脈[28]乎陽臺之下者, 其狀千千萬萬. 節奏甚雅, 曲有數十譜. 上默記其一二, 歌曰:「曉拂扶桑兮夕崦嵫. 惟天之眼兮, 開闔有時. 一年十有二望兮, 不如今夕. 乘白鸞兮歸去來, 下視浮世兮千萬劫」又歌曰:「素娥兮孤棲, 玉兔兮連連. 揮玉斧之靈人兮, 戶八萬有二千. 百蝦蟆兮誰何, 徒桂影兮婆娑」曲

---

27 擣: 1914년판『한재집』에는 '搗'로 되어 있다.
28 脈: 1914년판『한재집』에는 '脉'으로 되어 있다.

未閱, 素娥引上上瓊樓. 上喜津津, 出眉宇[29]間. 欲與語, 不可. 須臾王母至, 直入廣寒殿. 素娥起從之, 不知誰主人也. 母坐于西, 素娥東上北面. 公遠跪而後, 諸娥復奏于庭. 唯玉兔性氣雖仙, 而形獸也, 不與焉, 亦不輟其事. 母指曰:「彼擣者何藥?」素娥不能對. 母謂左右曰:「吾昔遊蓬萊, 得此藥, 獻諸舜. 蓋欲使天地間萬物, 永被其化也. 不幸見竊於羿. 羿, 鄙人也. 無仙分, 尊君獨享其福」娥奮然曰:「吾厭人間喧雜, 宅于太淸. 上帝不鄙, 使司夜以配大陽之明, 子乃欲以微疵浼我耶? 漢武帝性素多欲, 不合眞府子, 敢以靑鳥結期, 使其氣溢而志滿, 卒致海內虛竭, 是何厚虞之萬物, 而薄漢之人民耶?」母曰:「下界與上淸相絶, 何自致塵土人在側, 反責我耶?」其意蓋指上也. 公遠正襟, 遽謂母曰:「是唐天子某也. 有宿緣, 故至此. 然公遠罪耳, 非主娥意也. 公遠聞之, 天子者, 猶天之子, 而父乎天者也. 月宮者, 天之宮也. 以子而入父之宮, 何有焉?」母謝自責, 促從者, 御風而去. 上亦骨冷魂清, 凜乎其不可留也. 起且辭曰:「下土之人, 久留仙宮, 恐瀆淸儀. 請還」素娥然之, 因語上曰:「吾隣有太白者, 字長庚. 嘗與文氏酒氏, 通遊河漢間, 數月不反. 帝怒黜下界, 今三十年不歸, 豈無念耶?」遂用氷綃折簡以寄之, 上跪受, 與公遠再拜出. 下視塵土, 則蒼蒼焉茫茫焉, 不知中國之何在. 況辨夫洛城宮闕耶? 其在天而視地, 亦猶在地而視天也. 遂復蹋前橋, 則須臾已至華淸宮矣. 上懼失其曲節, 自調玉笛, 急召伶官習之. 翌日, 太史奏曰:「月下有妖氣如白虹者, 縱橫良久, 乃滅, 殆陰勝陽之兆也」上笑曰:

---

29 宇: 1914년판 『한재집』에는 '字'로 잘못 되어 있다.

「朕遊月宮, 公遠所造橋爾」左右之聞者, 皆欲賀曰:「月宮去人寰, 九萬八千里. 人但見圓而白者, 曰是月也. 可以詠, 可以飮, 可以歌舞之. 雖秦皇漢武, 竭精圖仙, 曾未知月中有瓊樓玉宇也. 況能傳其樂播於世, 超韶濩而洗鄭衛者耶?」太史獨曰:「不可. 月者, 陰之精也, 君者, 陽之宗也, 以陽而慕陰. 又以其聲音而移之耳目, 則婦道盛而君德衰. 易曰 "天尊地卑, 乾坤定矣"[30]. 然則人不可升天, 又不可遊月. 雖有其曲, 不可聽. 夫以人所不可爲, 而獨爲之則民惑, 民惑則上下亂而盜賊興」上不聽. 有司奏曰:「公遠以黃白之術, 欺日月之聰, 請刑之」, 上亦不聽. 詔求所謂太白者, 果有之. 方醉臥酒家樓. 上聞之, 大驚異, 急召入金鑾殿. 賜坐七寶床, 上親調羹. 及夜, 同舟太液池. 上擧酒指月曰:「汝知仙府中有人乎?」白曰:「然!」上因出袖中書, 其末曰:「碧天紅塵兩渺然, 謫在人間三十年. 陽狂好在醉鄕中, 夜夜問我我在天」以示白. 白, 達人也. 素不說神怪之事, 讀之無異色. 上以此益奇之, 欲大用. 會力士以脫靴之故沮之. 然白自得姮娥書, 益愛月, 四明狂客云.

---

30 『주역』, 「계사전 상」에 나오는 말.

해설解

코끼리가 밭갈고 새가 김맸다는 것을 해설함[1]
象耕鳥耘解

『관씨편(管氏篇)』[2]에 말하기를 "순임금이 역산(歷山)의 들에서 밭을 갈 때 코끼리가 밭을 갈아주고 새가 김을 매 주었다"[3]고 하였다. 육노망(陸魯望)[4]이 말하기를 "코끼리는 걸음걸이가 반드시 단정하고 땅을 밟는 것이 반드시 깊어서 밭가는 사람이 본받는다. 새가 부리로 쪼는 것은 빠르고 빼앗길 것을 두려워하니 김매는 사람이 본받는다. 실제는 코끼리가 밭을 갈고 새가 김을 맨 것은 아니다"고 하였다.[5] 우승유(牛僧孺)[6] 또

---

1 이 글은 육구몽(陸龜蒙)의 「상경조운변(象耕鳥耘辨)」을 참조하여 상세하게 해설한 것이다. 『문원영화(文苑英華)』 권372, 『당문수(唐文粹)』 권46 등에 실려 있다.
2 『관자(管子)』를 달리 이르는 말.
3 『논형(論衡)』, 「서허(書虛)」에 "순임금이 창오(蒼梧) 땅에 묻히니, 코끼리가 그를 위하여 밭을 갈았다"(舜葬于蒼梧, 象爲之耕)고 하였다.
4 중국 당나라 때 시인 육구몽(?~881)을 가리킴. 자가 '노망'이다.
5 육구몽, 「상경조운변」 "吾觀耕者行端徐, 起壤欲深. 獸之形魁者, 無出於象, 行必端, 履必深. 法其端深, 故曰象耕. 耘者, 去莠擧手, 務疾而畏晚, 鳥之啄食, 務疾而畏奪, 法其疾畏, 故曰鳥耘."
6 중국 당나라 문종 때의 권신(780~849). 자는 사암(思黯). 이종민(李宗閔)과 붕당을 결성하고 천하에 위세를 떨쳐, 당시에 우이(牛李)로 불리어졌다. 『당서(唐書)』 권174, 「우승유전」 참조.

한 논을 지어 말하기를 "성인에게 어찌 괴이한 일들이 있으리오?"라고 하였다.[7]

이 뜻을 풀이하는 사람이 말하기를 "『주역』에서는 용도(龍圖: 河圖)를 드러냈고, 『시경』에서는 현조(玄鳥)를 노래하였다.[8] 『논어』에는 하수(河水)에서 도(圖)가 나오지 않는다는 탄식이 있고,[9] 『서경』에는 온갖 짐승들이 몰려와서 춤을 추었다는 증험이 실려 있다.[10] 『예기』를 기록한 사람은 네 영물[四靈][11]이 감응함을 말했고, 역사서를 지은 사람은 육익(六鷁)이 나는 것[飛]을 적었다.[12] 이것은 성인이 경서를 엮을 때 깎아버리지 않은 것이요, 현인(賢人)이 이치를 진술(陳述)함에 의심하지 않은 것이니 어찌 의미가 없는 것이겠는가?"라고 하였다.

진실로 천하의 이치가 무궁하고 사물의 이치 또한 더불어 무궁하기 때문에, 하나의 이론만을 고집할 수 없다. 하물며 효자의 덕 있는 행위를 어찌 쉽게 말하겠는가? 어두운 데서는 귀신을 감동시키고 밝은 데서는 사람과 사물을 감동시키며, 작게는 경사스러움과 상서로움을 얻고, 크게는 천지를 움직이는 것이니, 효자의 덕 있는 행위를 어찌 쉽게 말

---

7 『논어』, 「술이(述而)」에 "子不語怪力亂神"이라고 하였다.
8 『시경』, 상송(商頌), 「현조(玄鳥)」 "하늘이 현조(제비)에게 명하사 내려와 상나라를 낳아 은나라 땅이 넓고 넓은 곳에 자리 잡게 하셨네."(天命玄鳥, 降而生商, 宅殷土芒芒)
9 『논어』, 「자한(子罕)」 "공자가 말하기를 봉황새도 오지 않고, 하도(河圖)도 나오지 않으니 나도 이제 그만인가 보다 하였다."(子曰, 鳳鳥不至, 河不出圖, 吾已矣乎)
10 『서경』, 「익직(益稷)」에 "아, 제가 석경을 치고 어루만지자, 온갖 짐승들이 모두 따라서 춤을 추며 서윤(庶尹)이 진실로 화합합니다."(於! 予擊石拊石, 百獸率舞, 庶尹允諧)라고 한 말이 보인다. 예악으로 교화함이 지극한 것을 이른다.
11 기린·봉황·거북·용.
12 『춘추』, 희공(僖公) 16년조에 "여섯 마리 물새가 후퇴하여 날아 송나라 도읍을 지나다"(六鷁退飛 過宋都)는 말이 있다. 진전을 하지 못하고 후퇴만 하는 것을 비유한 말이다.

하리요?

　가까운 옛날에 강시(姜詩)¹³는 부모를 잘 봉양하여 두 마리 잉어가 반찬으로 공양되었고, 문양(文壤)¹⁴은 어버이의 무덤을 쌓는데 뭇 새가 흙을 물어왔다. 원사(袁師)가 추원(追遠)의 뜻을 품으니 흰 이리가 여막(廬幕)에 들어왔다.¹⁵ 아아! 순임금의 덕으로써 하는데도 나 홀로 사물에게 감응을 줄 수 없음을 내가 믿겠는가? 나는 믿지 않는다.

　내가 보건대, 순임금의 아버지는 완악(頑惡)하고 어머니는 어리석었으며 (그의 배다른 아우) 상(象)은 오만하였다. 이 두 경우는 하우(下愚)¹⁶로서, 날마다 순임금을 죽이려는 것으로 일을 삼았다. 그러나 순임금은 도리를 좇아 일을 해나감으로써 자식의 직분을 잃지 않았다. 우러러 사모하여 친애하는 마음을 잃지 않았고, 완고한 아버지와 어리석은 어머니, 오만한 아우를 진실로 저예(底豫)¹⁷와 울도(鬱陶)¹⁸의 경지에 이르게

---

13 중국 후한시대의 효자. 광한(廣漢) 출신. 아내 방씨(龐氏)와 함께 어머니를 극진히 봉양하였다. 벼슬은 강양령(江陽令)을 지냈다. 어머니가 강물을 마시는 것을 좋아하였으므로, 매일 아침 멀리 떨어진 강으로 가서 물을 길어다가 봉양하였다. 또 어머니가 회를 즐겼으므로 부부가 매일 회를 구하여 드시도록 하였다. 이에 하늘도 감동하였는지 어느 날 뜰 앞에 강물의 맛과 같은 샘물이 솟아났고, 또 그 샘물에 매일 아침 두 마리의 잉어가 나왔다고 한다. 적미(赤眉)의 난(B.C. 18) 때에는 난군이 그의 동네를 통과하면서 "대효(大孝)를 놀라게 하면 귀신에게 벌을 받는다"고 하며 조용히 지나갔다고 한다. '용천약리(涌泉躍鯉)' 고사 참조.
14 효자. 촉군(蜀郡) 출신. 『설부(說郛)』 권58, 「효자전(孝子傳)」 "巴郡文壤母死, 墳土未足耕一畝地, 爲壤群鳥數千銜所作壤, 以著墳上."
15 중국 당나라 고조 때의 효자 원사년(袁師年)의 고사. 『태평어람(太平御覽)』 권909, 수부(獸部) 21, 〈낭(狼)〉 "高祖時孝子袁師年, 居父母二喪, 以孝聞. 晝夜負土爲墳. 又葬曾祖父母, 經二十載. 其功始畢, 有白狼號鳴於墓側. 詔旌表其門."
16 아주 어리석고 못남. 또는 그런 사람.
17 기뻐하기에 이름. 『맹자』에 의하면 "순 임금이 부모 섬기는 도리를 다하자 아버지 고수도 기뻐하게 되었다[底豫]. 고수가 기뻐하게 되자 천하가 감화되었고, 고수가 기뻐하게 되자 천하의 부자간이 안정되었다. 이를 두고 대효(大孝)라 하는 것이다"라 하였다. 『맹자』, 「이루(離婁) 상」 참조.
18 스스로 반성하여 부끄러움을 느낌. 『서경』 「오자지가(五子之歌)」에서 "슬프다, 내 마음이여, 얼굴이 후끈거리고 부끄럽도다"(鬱陶予心, 顔厚忸怩)고 하였다.

하였다.

　이 때를 당하여 이 코끼리는 순임금에게 완악하거나 어리석은 뜻이 없었고, 이 새는 순임금에게 죽이려는 마음이 없었으니, 순임금의 효성이 완고하고 어리석은 어버이를 감화시키기에는 족하였으나, 완고하고 어리석어 저지른 악(惡)이 없는 짐승을 감동시키기에는 부족하였단 말일까? 그 정성은 죽이려고 하는 아우를 감동시키기에는 족하였으나, 죽이려는 마음이 없는 새를 감동시키기에는 부족하였단 말일까? 이것이 그 의심 없는 것의 첫째이다.

　기(記)[19]에 이르기를 "인(仁)은 하늘과 땅이 만물을 낳는 마음이라"고 하였으니, 그 이치를 말한 것이요, "효도는 온갖 행실의 시작이다"고 하였으니, 그 중대함을 말한 것이다. 오직 성인은 그 이치를 극진히 하고 그 중대함을 극진히 하니, 하늘과 땅이 곧 나의 심복(心腹)이요, 만물이 곧 나의 수족(手足)이다. 어찌 심복이 되어 나를 어기며, 수족이 되어 나를 거역함이 있을 수 있겠는가? 그러므로 코끼리는 밭을 갈 수 있는 동물은 아니지만 순임금에게는 밭가는 동물이 되어 주었고, 새는 김을 맬 수 있는 동물이 아니지만 순임금에게는 김을 매주는 존재가 되어 주었다. 힘으로써 구한 것도 아니요 지혜를 가지고 유혹한 것도 아니다. 방촌(方寸: 마음)에 있는 인(仁)으로부터 나와서 현덕(玄德)의 감화에 길들여진 것이니, 어찌 이른바 "나의 기운이 화평(和平)하면 천지의 기운 역시 화평하고, 나의 성품이 화순(和順)하면 천지의 성품 또한 화순하게

19　유가 고전을 폭넓게 일컫는 말.

된다"는 것이 아니겠는가? 이것이 그 의심이 없는 것의 둘째이다.

　공안국(孔安國)이 말하기를 "지극한 효도는 위아래의 하늘과 땅에 이른다"고 하였다. 주무숙(周茂叔)[20]은 말하기를 "음양으로 날짐승과 길짐승을 분별한다"고 하였으며, 이를 해설하는 사람은 "양성을 타고난 것은 날개로 날고 음성을 타고난 것은 발로 달린다"고 하였다. 이것으로 보건대, 코끼리는 음물(陰物)이 아닌가? 새는 양물(陽物)이 아닌가? 양은 하늘이 그렇게 시킨 것이요, 음은 땅이 그렇게 시킨 것이다. 무슨 이유에서인가? 하늘을 아버지라고 일컬음은 아버지와 같은 의미가 담겨 있기 때문이요, 땅을 어머니라고 일컬음은 어머니와 같은 의미가 담겨 있기 때문이다. 사람이 자식의 입장에서 부모의 사이에 처한 것 또한 자식으로서의 뜻이 있다. 그렇다면 아버지가 되어서 그 자식이 효도함을 기뻐하지 않겠는가? 또 어머니가 되어서 그 자식의 효도함을 기뻐하지 않겠는가? 나는 이것을 통해서 알겠다. 하늘이 그 호읍(號泣)[21]하는 것에 감동을 받아 새가 김을 매도록 하고, 땅이 원모(怨慕)[22]함에 감동을 받아 코끼리가 밭을 갈도록 하였음을. 이것이 그 의심이 없는 것의 세 번째이다.

　이와 같지 않다면 하늘이 어찌 하늘일 수 있으며, 땅이 어찌 땅일 수 있으며, 순임금이 어찌 순임금일 수 있겠는가? 우승유는 말하기를 "옛

20　중국 북송 때의 철학자 염계(濂溪) 주돈이(周敦頤)를 말함. 자는 무숙.
21　소리 높여 목 놓아 울다. 순임금이 하늘을 부르며 울었다는 기록이 『서경』「대우모(大禹謨)」편에 보인다. "號泣于旻天."
22　원망하면서 다른 한편으로는 사모함. 순임금이 어버이의 사랑을 받지 못하여 원망하면서도 한편으로는 사모하는 마음을 잃지 않았던 것을 말한다.

날의 효도는 좋은 밭의 벼와 같아서 공은 적지만 이익은 많았으며, 지금의 효도는 메마른 밭의 벼와 같아서 공은 많지만 이익은 적다"고 하였다. 어질지 못함이여, 어찌하다 말이 이 지경에 이르렀을까? 자식이 어버이를 섬김을 어찌 '공'이라고 말할 것이며, 효성이 천지를 감동시킨 것을 어찌 '이(利)'라고 말할 것인가?

진실로 이와 같다면, 코끼리는 틀림없이 밭을 갈지 않았을 것이요, 새도 반드시 김을 매지 않았을 것이다. 다만 순임금은 천지를 감동시킬 마음이 없었으나 천지는 또한 감동하였고, 천지는 순임금에게 보답할 마음이 없었지만, 순임금 스스로 이룬 것이다. 만약 하늘이 순임금에게 조금이라도 사사로움이 있었다면, 이것은 한 사람의 순임금을 위한 천지요 천지다운 천지는 아닐 것이다. 만약 순임금이 "하늘은 반드시 나에게 감응할 것이다"고 하면서 이것을 마음먹었다면, 이것은 천지의 마음을 해친 것이다. 어찌 우리들이 이른바 '순'이라고 하겠는가?

아아! 천지는 고금(古今)이 없고 인성도 고금이 없다. 진실로 순임금의 이변(異變)을 만나 순임금의 마음을 터득했다면, 이에 순임금의 고사(故事)가 있음을 알 것이다. 큰 일 하는 사람[有爲者]은 역시 이와 같아야 하리라.

象耕鳥耘解

管氏篇曰:「舜耕歷山之野, 象爲之耕, 鳥爲之耘.」陸魯望曰:「象行必端, 履必深, 耕者法之. 鳥之喙, 務疾畏奪, 耘者法之, 非實象耕鳥耘也.」牛僧儒[23]亦爲之論曰:「聖人豈有怪異等事乎?」解者曰:「易著龍圖, 詩歌玄鳥. 語有河不出圖之歎, 書載百獸率舞之驗. 記禮者言四靈之應, 作史者書六鶂之飛. 此聖人修經而不削, 賢者陳理而不疑, 豈無謂歟?」誠以天下之理無窮, 事物之理, 亦與之無窮, 不可執一論也. 況孝子之爲德, 豈易言哉? 幽而感鬼神, 明而感人物, 小而得休祥, 大而動天地, 孝子之爲德, 豈易言哉? 近古姜詩善養而雙鯉供膳, 文壤築墳而群烏[24]含土, 袁師含慼[25]而白狼入廬. 嗚呼! 以舜之德, 而獨不能感於物, 則吾信乎? 吾不信也. 吾觀舜之父頑母嚚, 其弟象傲. 此二者, 皆下愚, 日以殺舜爲事, 而舜順適而不失子職. 仰慕而不失親心, 得以致頑父嚚母傲弟於允若底豫鬱陶之地焉. 當是時也, 是象也無頑嚚之意於舜, 是鳥也無欲殺之心於舜, 則舜之孝, 足以化頑嚚之親, 而不足以化無頑嚚之惡之獸乎? 其誠足以感欲殺之弟, 而不足以感無欲殺之心之禽乎? 此其無疑者, 一也. 記云:「仁者, 天地之心」[26], 言其理也.「孝者, 百行之首」, 言其大也. 唯聖人盡其理, 極其大, 則天地卽吾之心腹也, 萬物卽吾之

---

23 儒: '孺'의 잘못이다.
24 烏: 1914년판 『한재집』에는 '鳥'로 되어 있다.
25 慼(척): 1914년판 『한재집』에는 '感'으로 되어 있다. '慼'이 옳은 듯하다.
26 주자가 "仁者, 天地生物之心"이라 한 말을 축약한 것이다. 『중용집주』 제20장에 나온다.

手足也, 安有心腹而違我, 手足而逆我哉? 故象非可耕之物, 而於舜則以爲耕; 鳥非可耘之物, 而於舜則以爲耘. 非力以求之, 智以誘之也. 來自乎方寸之仁, 馴擾[27]乎玄德之化, 豈非所謂吾之氣和, 則天地之氣亦和, 吾之性順, 則天地之性亦順者歟? 此其無疑者, 二也. 孔安國曰:「至孝, 格上下天地也」. 周茂叔曰:「陰陽別於禽獸」, 釋之者曰:「稟陽者翼, 稟陰者走」由是觀之, 象非陰物乎? 鳥非陽物乎? 陽者, 天之所使也. 陰者, 地之所使也. 曰何也? 天之稱父者, 以爲有父之義也. 地之稱母者, 以爲有母之義也. 人以子處其間者, 亦有子之義也. 然則爲父而不悅其子之孝乎? 爲母而不悅其子之孝乎? 吾以是知天也感其號泣, 而使之鳥耘, 地也感其怨慕, 而使之象耕焉. 此其無疑者, 三也. 不如是, 天何天, 地何地, 舜何舜爲? 牛僧孺言:「古之孝, 猶良田之禾, 功薄而利博. 今之孝者, 猶瘠田之禾, 功博而利狹」不仁哉! 言之至於此也. 子之事親, 何謂功? 孝之感天地, 何謂利? 苟如是, 象必不耕, 鳥必不耘矣. 但舜無心於感天地, 而天地亦感之, 天地無心於報舜, 而舜自致之. 若天少有私於舜, 則是一舜之天地, 非天地之天地也. 若舜謂天必我應, 而爲之心, 則是賊天地之心, 豈吾所謂舜哉? 噫! 天地無古今, 人性無古今. 苟有遇舜之變, 而得舜之心, 則安[28]知有舜之事也. 有爲者亦若是也.

27　馴擾(순요): 길들여짐. 『서집전(書集傳)』, 우서(虞書), 「고요모(皐陶謨)」 제3장 "擾, 馴也. 擾而毅者, 馴擾而果毅也."

28　安: 이에[乃], 곧.

송頌

봉황이 조양에서 우는 것[1]을 기림
鳳鳴朝陽頌

於皇嬿周	아, 주나라여!
聖神紹休	성신(聖神)으로 경복(慶福)을 이으시니
百福是遒	온갖 복이 여기에 모였네.
奄甸中土	중원 땅 어루만져 다스리고[2]
爲億兆主	억조창생의 주인 되시니
恩覃率普	은혜가 온 천하[3]에 미쳤네.
仁政大施	어진 정사 크게 베푸시어
百工允釐	백관이 잘 다스려지니[4]

---

1 태평시대의 상서로운 조짐을 의미한다.『시경』, 대아(大雅),「권아(卷阿)」에 "저 높은 산봉우리 봉황이 울고, 해 뜨는 동쪽 산등성이엔 오동나무 서 있구나"(鳳凰鳴矣, 于彼高岡, 梧桐生兮, 于彼朝陽)라고 하였다. 봉황은 태평시대에만 나타나고, 봉황이 깃드는 오동나무는 산등성이에는 나지 않는데 태평시대에만 그곳에 나온다고 한다. '조양'은 봉황이 깃드는 곳을 말한다.
2 『서경』, 주서(周書),「입정(立政)」"帝欽罰之, 乃伻我有夏, 式商受命, 奄甸萬姓."
3 원문 솔보(率普)는 보천솔토(普天率土)의 줄임말이다. 하늘 아래 전체라는 의미로 온 세상 또는 온 천하를 가리킨다.『시경』, 소아(小雅),「곡풍지십(谷風之什)」"溥(普)天之下, 率土之濱."

泰和雍熙	'태화옹희'⁵의 성대일세.
玄化泓穆	그윽한 교화 깊고도 오묘하여
與靈契合	영물(靈物)과 계합(契合)하니
天地位育	천지가 제자리 잡고 만물이 길러졌네.
惠澤遠敷	은혜와 덕택이 멀리멀리 퍼져
政洽騶虞	정사는 추우(騶虞)⁶를 흡족하게 하니
天錫休符	하늘이 행복의 상서(祥瑞)를 내리셨네.
百祥騈集	온갖 상서로움 사방에서 모여들어
間見層出	살며시 드러나고 겹쳐 보이는데
皇斂諸福	황상(皇上)께서 모든 복을 거두어들이셨네.⁷
維彼朝陽	저 산 동쪽 등성이에⁸
有鳥翱翔	비상하는 새 있으니
其名鳳凰	그 이름 봉황이라네.
五彩煌煌	다섯 채색은 반짝 반짝이는데
翽翽蹌蹌	홰홰(翽翽)⁹하고 창창(蹌蹌)¹⁰하니

---

4 『서경』, 「요전(堯典)」에 나오는 말. "允釐百工, 庶績咸熙."
5 태평, 화락한 빛나는 성대(聖代).
6 신령스러운 상상의 짐승. 생김새는 범과 비슷하며, 흰 바탕에 검은 무늬가 있고 꼬리는 길다고 한다. 생물을 먹지 않고 살아 있는 풀을 밟지 않으며 성인(聖人)의 덕에 감응하여 나타난다고 한다. 『시경』, 국풍(國風), 「추우(騶虞)」 참조.
7 『서경』, 주서(周書), 「홍범(洪範)」에 나오는 말. "皇極, 皇建其有極, 斂時五福, 用敷錫厥庶民."
8 1914년판 『한재집』에는 '彼'가 '被'로 잘못 되어 있다.
9 퍼덕퍼덕. 날개 치는 소리. 『시경』, 대아(大雅), 「권아(卷阿)」 "鳳凰于飛, 翽翽其羽."
10 춤추는 모양. 『법언(法言)』, 「문명(問明)」 "鳳鳥蹌蹌, 匪堯之庭."

聲中宮商	그 소리 궁상(宮商)[11]에 들어맞네.
四靈之一	네 영물 가운데 하나로
瑞世之物	복 되고 좋은 세상에 사는 동물이니
體乃尙德	본받을 건 곧 덕을 숭상함이라네.
昔在盛時	옛날 성세(盛世)일 적에
覽德之輝	제덕(帝德)이 빛나는지를 살펴[12]
含圖來儀	도(圖)를 물고 날아왔었네[鳳來儀].
今其來鳴	지금 그가 날아와 울면서
式表文明	문명세계를 표창하는데
維周之禎	저 주나라의 상서로움이로다.[13]
昭哉嘉瑞	밝도다, 성왕(聖王)의 아름다운 상서여!
王所獻德	왕[14]이 황제께 (상서를) 아뢰는 덕은
德莫與比	다른 이와 견줄 수 없도다.
臣拜稽首	신하들이 절하고 머리를 조아리네.
天子萬壽	천자이시어, 만수를 누리시고
受天之佑	하늘의 복을 받으시옵소서.
洗心頌功	마음 씻고 공 기림에

---

11 오음 가운데 궁(宮)과 상(商)의 소리. 일반적으로 음률을 가리킨다.
12 『서경』, 우서(虞書), 「익직(益稷)」에 나오는 말. "禹曰兪哉, 帝光天之下, 至于海隅蒼生."
13 『시경』, 주송(周頌), 「유청(維淸)」에 나오는 말. "維淸緝熙, 文王之典, 肇禋, 迄用有成, 維周之禎."
14 조선 국왕을 가리킨다.

垂示無窮　　남기신 좋은 가르침 무궁하니
銘諸鼎鐘　　저 솥이나 종에 새겨야 되리라.

제문祭文

윤정승 호尹政丞壕¹를 제사하는 글

공께서는 연세가 칠순(七旬)을 넘으시고 벼슬자리는 삼태(三台)²를 다하셨나이다. 살아계실 적에는 지체 높아 일국(一國)의 존귀하신 분이었고, 돌아가서서는 영화롭게도 구중(九重)의 애통해하심을 받으셨나이다. 허·사(許史)³ 같은 세력이 있었지만 옛날의 낡은 집을 고치지 않았으며 가·마(賈馬)⁴와 같은 기풍이 있었으나 남에게 교만함이 없으셨나이다. 이것이 저희들이 곡을 하고 잔을 올리며 통석(痛惜)의 염을 극진히 하는 까닭입니다. 공이시어, 흠향하시옵소서.

---

1 조선 전기의 문신(1424~1496). 조선 전기의 문신. 본관은 파평(坡平). 자는 숙보(叔保). 성종의 계비 정현왕후(貞顯王后)의 아버지이다. 성종 7년(1476) 문과에 급제, 벼슬이 우의정에 이르렀으며, 국구(國舅)로 영원부원군(鈴原府院君)에 봉해졌다. 성품이 검소하고 교만함이 없었으며 외척으로서 세도는 찾아볼 수 없었다고 한다. 시호는 평정(平靖)이다.
2 삼태성(三台星)의 준말로, 삼정승, 삼공(三公)을 달리 이르는 말.
3 중국 한선제(漢宣帝) 때 외척으로 권력을 독점한 허백(許伯)과 사고(史高)를 가리킴. 권문귀척(權門貴戚)을 일컬을 때 흔히 쓰는 말이다.
4 중국 전한 때의 문학가 가의(賈誼)와 사마상여(司馬相如)를 가리킴.

祭尹政丞壕文

惟公壽逾七旬, 位極三台. 生尊一國之貴, 死榮九重之哀. 有許史之勢, 而不改舊第. 如賈馬之風, 而無加驕人. 此吾等所以哭進觴而盡惜者也. 惟公尙饗.

발문跋文

1. 원집발原集跋

증조의 시문은 화를 입을 당시 산실(散失)된 것이 자못 많았다. 조부께서 여러 해에 걸쳐 수습하시고 손수 써서 권질(卷帙)을 이루었다. 선군께서 을유년(1585, 선조 18)에 무송현감(茂松縣監)이 되셨을 적에 이미 출판하여 문중 사람들에게 널리 펴셨는데, 임진년(1592)의 병화로 중외(中外)가 도망쳐 숨기에 바쁜 가운데 판각(板刻)과 함께 모두 잃어버렸다. 어찌 애석하다고 하지 않으랴?

그 분(한재)의 평상시의 유풍(遺風)과 여운(餘韻)은 사람들의 이목에 전파되었다. 태학에서의 항론(抗論)은 임보신(任輔臣)의 『병정록(丙丁錄)』에 보이고, 권간(權奸)을 멀리하여 배척한 것은 유서애(柳西厓: 成龍)의 『당적편(黨籍編)』에 실려 있다. 노사(老師)와 홍유(鴻儒)들 또한 (증조의) 유사(遺事)에 대해 말씀하신 것이 있다.

은택이 전해온 지 오세(五世)가 가까워짐에 문중에 기덕(耆德)이 돌아가시고, 내외의 여러 자손들은 여전히 그 사적을 엿볼 수 없었으며, 문집은 아주 없어질 지경에 이르렀다. 내가 이를 두려워하여 일본(一本)

을 구득(求得), 간혹 주석을 붙이고 그 잘못되고 어긋난 것을 바로잡았으며,「묘표」와「보유」를 보태 넣어 한 권의 책을 만들었다. 기사년(1629, 인조 7)에 마침 청송부사(靑松府使)가 됨에 기꺼이 숙원(宿願)에 부응하려 했다. 그러나 고을에 판각 기술자가 없어 두 명의 스님을 모집, 겨우 인쇄하여 배포할 수 있었다.

대개 증조께서는 강직충정(剛直忠正)으로써 만고에 이름을 드리웠다. 어찌 이 문집의 존부(存否)를 기다린 뒤라야 세상에 널리 알려지거나 알려지지 않겠는가. 다만 생각하건대, 후손된 사람으로서 옛 사람의 일을 평론하거나 시를 외고 글을 읽을 때에도 감동을 받아 일어남이 있거늘, 더구나 조상의 유고를 눈으로 직접 봄에 있어서랴?

(남긴 글을) 음영(吟詠)하는 즈음에 황홀하여 영령이 그 위에 조림(照臨)하신 것 같으니 기쁘게 사모하고 애경(愛敬)하는 정성이 반드시 보통의 감정[常情]보다 갑절은 될 것이다. 더욱이 그 선심(善心)에 감동 받아 마음을 움직일 수 있다면, 후손이 이 책을 통해 힘입은 바 있음이 어찌 크지 않겠는가?

이미 중간(重刊)의 취지를 말했다. 다시 바라건대 후손들이 대대로 전하여 잃어버리지 말지어다. 이에 쓴다.

숭정기원(崇禎紀元)의 4년 신미년(1631) 늦봄 상순에 통정대부 행 청송부사(行靑松府使) 증손 구징(久澄)이 삼가 발문을 쓴다.

曾祖詩文, 被禍時, 散失頗多. 王父積年收拾, 手書成帙. 先君歲乙酉, 作宰茂松, 曾已繡梓, 廣布門中. 黑龍兵火, 中外奔竄, 幷與板刻而俱失, 豈非可惜耶. 其在平時, 流[1]風餘韻, 播人耳目. 太學抗論, 見于任輔臣之丙丁錄, 疏斥權姦, 載於柳西厓之黨籍編. 而老師鴻儒, 亦有談及遺事者. 澤近五世, 門亡耆德, 內外諸孫, 猶未得窺其事蹟, 而文集將至於泯滅. 吾爲此懼, 求得一本, 間或附註, 辨其訛舛, 添入墓表補遺, 寫成一冊. 歲在黃蛇, 適守靑鳧, 欣副宿願. 而邑無刻手, 爲募二僧, 僅得印布. 夫以曾祖之剛直忠正, 名垂萬古, 何待是書之存否, 而有所顯晦耶? 第念爲後孫者, 尙論古之人, 誦詩讀書, 猶有興起者焉, 而況接目祖先之遺稿? 而吟詠之際, 怳如英靈之臨其上, 欣慕愛敬之誠, 必倍常情, 而尤有以感發其善心, 則後孫之有賴於是書也, 顧不大歟. 旣言重刊之意, 又冀仍雲世傳, 而勿失也. 於是乎書. 崇禎紀元之四年重光協洽暮春上澣, 通政大夫行靑松府使曾孫久澄謹跋.

---

1 流: '遺'의 잘못인 듯.

2. 중간발重刊跋

아! 우리 선조 한재 정간공(貞簡公)께서는 일찍이 점필재 김 선생의 문하에 유학하시었다. 학문이 깊고 행실이 지극하여 위로 성현의 온오(蘊奧)를 탐구하시더니, 연산군의 어두운 조정을 만나 혹독한 화를 입으셨다. 하늘은 긴 수명을 주지 않아 유고가 약간 남아 있을 뿐이지만, 끊임없이 흘러[滾滾] 풍영(諷詠)하는 여운에 피어나고, 가득하여[洋洋] 사장(詞章)의 표면에 넘쳐흐르는 것이 모두 임금께 충성하고 나라를 걱정하는 지극한 뜻이요 바른 것을 붙들고 사악한 것을 누르는 외로운 충정 아닌 것이 없어서, 백세 뒤에도 늠름하여 생기(生氣)가 있다.

선조의 증손 백촌공(栢村公) 휘 구징(久澄)이 청송부사로 부임함에 이르러 비로소 한 권의 책을 간행하여 이것을 후대에 전하였다. 그러나 지금에 이르러 수백 년이 흘러 현존하는 것이 얼마 되지 않은지라, 소자(小子)가 이에 산일(散逸)될 것을 두려워하여 다시 판각(板刻)에 부쳤다. 원고 이외의 부록은 구간(舊刊)과 비교해 보니 5분 2가 더 많았다. 이에 합쳐서 두 권의 책자로 만들었다.

아! 전, 후대 군자들의 문필은 행장과 비문에 갖추어져 있고, 원근 석유(碩儒)의 의론(議論)이 소장(疏章)에 자세히 나타나 있다. 표장(表章)하고 발휘(發揮)함에 다시 남은 온축(蘊蓄)이 없다. 소자(小子)가 미혹하고 저열(低劣)하니 다시 무엇을 감히 덧붙이리요마는, 이 책을 보는 사람이 진실로 선조께서 천명하고 연역(演繹)한 그 정수(精髓)에 힘을 다하지 않는다면 전하는 것마저도 재빨리 알지 못할까봐 두렵다. 하물며 전하지 않는 것을 저절로 얻기를 바랄 것인가?

갑인년(1914) 정양월(正陽月: 4월) 일에 후손 존수(存洙)[2] 삼가 적다.

噫! 吾先祖寒齋貞簡公, 早遊佔畢齋金先生之門, 遂學至行, 上探聖賢之蘊. 適丁昏朝, 酷罹奇禍. 天不永年, 遺稿只此若干而已, 滾滾而發於諷詠之餘, 洋洋而溢於詞章之表者, 儘莫非忠君憂國之至意, 扶正抑邪之孤衷, 而百世之下, 凜凜然有生氣焉. 至先祖曾孫栢村公諱久澄, 任靑松府使, 始刊一呇[3], 以傳諸後. 到今數百餘載, 存者無幾. 小子乃懼散逸無傳, 更付剞劂. 原稿之外附錄, 比舊刊多五之二焉, 合爲二冊子. 噫! 前後君子之筆, 備於狀碑, 遠近碩儒之論, 詳於疏章, 發揮表章, 無復餘蘊. 小子迷劣, 更何敢贅焉. 覽者苟非致力於先祖闡繹之精, 恐於所傳者, 未嘗遽知, 況望幷其所不傳者, 自得之哉.

甲寅之正陽月日, 後孫存洙謹識.

---

2 한재의 13세손(1841~1918). 자는 응칠(應七), 호는 치당(痴堂). 공주 출신. 문집 1권이 있다.『전주이씨 시중공파 황강공 세보』권1, 995쪽 참조.

3 呇(계): 샛별[明星]. 아마도 오자인 듯하다.

3. 역해발譯解跋

슬프도다! 우리 선조 정간공(貞簡公) 한재 선생은 점필재 김종직의 문인으로서, 명망이 당시에 으뜸이요, 군현(群賢)으로 더불어 지우(知遇)를 입어 장차 크게 쓰일 재목으로 기약하더니, 마침내 충직(忠直)으로써 사녕(邪佞)에 흔들리고 빼앗기지 않으셨으니, 군소(群小) 간신들의 모함으로 동시(東市)에 참화를 당하시고, 또 7년 뒤 갑자(甲子)에 부관참시까지 당하셨도다. 지금도 무오사(戊午史)를 읽는 자 누가 두어 줄의 눈물을 흘리지 않으리요?

슬프도다! 하늘이 명세(命世)의 현인(賢人)을 낳으시고 그 재량(才量)을 전포(展布)하지 못하게 함은 무슨 일인고? 푸르고 아득하여 알지 못하는도다. 그러나 선생의 정충대절(貞忠大節)만은 일월(日月) 같이 빛나고, 귀신도 가히 질정(質正)하여 고금에 부끄러움이 없으리로다.

참화를 당하신 뒤로 문집이 겨우 전함을 여러 번 간행하여 배포하였으나, 오히려 수습(收拾)하지 못한 것이 적지 않으므로, 증년(曾年)에 성우 구용(成友九鎔) 씨가 『연보』를 편성하고[4], 족형 병선(炳璇) 씨가 사적(事蹟)을 국조실록(國朝實錄)에서 초출(抄出)하고, 다시 수정을 가하여 찬차(纂次)하였으되, 역부족으로 발간을 못하다가, 근자에 선생의 사우(祠宇) 중건과 재실(齋室) 건축을 기하여 문집 중간이 또한 불가폐(不可廢)하므로 역해(譯解)를 부첨(附添)하여 인쇄해서 보는 자로 하여금 깨닫

---

4 『연보』는 후손 병선이 엮은 것이다. 기록의 착오다.

기 어려운 것을 해소하게 하였다.

슬프도다! 선생의 유풍여운(遺風餘韻)이 가히 완자(頑者)를 염(廉)하게 하고, 나부(懦夫)를 기(起)하게 하여, 기강(紀綱)을 백세(百世)에 부식(扶植)하게 하셨으니, 이 글이여, 전하여 다함이 없을지어다.

무릇 두어 편의 책자는 단산(丹山)의 일우(一羽)와 창해(滄海)의 편린과 같으나, 용봉(龍鳳)의 전체를 가히 알 수 있으리라. 이후 이 글을 보는 자는 반드시 장우영탄(長吁永歎)으로 청사(靑史)에 빛남을 감개(感慨)하리로다.

역사(役事)가 마침을 계기로 우(右)와 같이 소감을 약기(略記)하는 바이로다.

1980년(庚申) 12월 일

정간공 한재종중관리위원회

위원장 병원(炳元)[5] 근지(謹識)

---

5 한재의 후손(1910~1982). 공주 출신, 봉사공(奉事公) 11세손이다.

습유拾遺

『심학장구집주대전心學章句集註大全』초抄

- 上卷 第一章 言人皆有是心

  孟子曰: 心之所同然者, 何也? 謂理也, 義也. 聖人先得我心之所同然耳. 故理義之悅我心, 猶芻豢之悅我口.[1]

- ▶ 李仲雍曰: 心是具理之器, 義是合理之事. 處物而合理, 則理義可以悅我心矣.

- 맹자가 말하였다. "마음속으로 누구나 똑같이 옳게 여기는 것(공통적 본질)이란 어떤 것인가? 리(理)와 의(義)를 말한다. 성인은 우리들 마음이 똑같이 옳게 여기는 바를 먼저 체득하였을 뿐이다. 그러므로 리·의가 우리 마음을 기쁘게 하는 것은 추환(芻豢)[2]이 우리 입을 즐겁게 해주는 것과 같다."

- ▶ 이중옹이 말하였다. "마음은 이치를 갖춘 그릇이요, 의(義)는 이치에

---

1 『맹자』, 「고자(告子) 상」 제7장.
2 추(芻)는 초식 동물, 환(豢)은 곡식을 먹는 동물. 곧 육류(肉類)의 총칭.

맞는 일이다. 사물을 처리함에 이치에 맞으면 리와 의가 우리의 마음을 즐겁게 할 수 있을 것이다."

• 下卷 第三章 言立志

胡文定公與子書曰: 立志以明道希文自期待.

▶ 李仲雍曰: 學者讀聖賢文字, 不止但作一場話說, 其於敎人處, 當爲今日吾所受敎, 可也. 如胡公敎子立志, 當爲今日敎我立志, 必以二公自期待焉, 可也.

• 호문정공³이 아들에게 준 서한에서 말하였다. "뜻을 세우되 정명도(程明道)와 범희문(范希文: 범중엄)으로써 스스로 기대하라."

▶ 이중옹이 말하였다. "배우는 사람들이 성현의 글을 읽을 때에는 한 바탕의 이야기를 만들어내는 데 그칠 것이 아니다. 성현이 후인들을 가르치는 대목에서는 마땅히 오늘의 내가 그들의 가르침을 직접 받는 것처럼 생각하는 것이 옳다. 예를 들어 호공이 그 아들에게 입지(立志)를 가르치는 것은 마땅히 오늘의 나에게 입지를 몸소 가르쳐주는 것으로 여겨야 할 것이니, 반드시 명도·희문 두 분으로써 스스로 기대하는 것이 옳다."

• 下卷 第五章 言主敬

---

3 중국 북송 때의 학자 호안국(胡安國: 1074~1138)을 가리킴. '문정'은 시호.

論語曰: 言忠信, 行篤敬, 雖蠻貊之邦, 行矣. 言不忠信, 行不篤敬, 雖州里, 行乎哉?⁴

▶ 李仲雍曰: 甚矣! 孔門弟子之好學也. 雖以子張之賢, 以是書紳, 而日省其身, 今以鹵莽之質, 怠惰放肆於禮法之外. 是果於自棄, 其爲不仁甚矣.

• 말이 충실하고 미더우며, 행실이 독실하고 경건하면, 비록 오랑캐의 나라일지라도 내 뜻을 행할 수 있거니와, 말이 충신하지 못하고 행동이 독경하지 못하면 주리(州里)⁵라도 행해질 수 있겠는가.

▶ 이중옹이 말하였다. "심하구나. 공문(孔門) 제자들이 학문을 좋아함이여. 자장(子張)⁶처럼 현명한 사람도 (공자의) 이 말을 띠[紳]에 써서 날마다 자신을 성찰하였거늘, 오늘날 노무(鹵莽)⁷한 자질을 가진 사람들이 예법의 테두리 밖에서 태만하고 방종한 생활을 한다. 이것은 자기를 버리는 데 과감한 것이니 그 불인(不仁)을 행함이 심하다."

---

4 『논어』, 「위령공(衛靈公)」 제5장.
5 자기가 사는 고을 또는 마을. 2,500가를 '주(州)'라 한다.
6 공자의 제자인 전손사(顓孫師). 자장은 그의 자(字)이다.
7 성질이나 재질이 무디고 거침. 또는 행동이 단순하고 경솔함.

대고待攷[1]

1. 왕자의 제택이 사치스럽고 큼을 진정함
陳王子第宅侈大啓

성균관 생원 배윤순(裵潤珣) 등이 상소(上疏)하였다.

"학교는 풍속과 교화의 근원입니다. 옛날부터 제왕(帝王)이 이것을 중히 여기지 않음이 없었습니다. 우리나라에서도 창업 초기에 사학(四學)을 세우면서 지세(地勢)가 좋은 곳을 가렸고 재사(齋舍)를 넓게 잡았습니다. 이는 인재를 가르치고 길러서 지치(至治)를 이루고자 도모한 것이니, 그 뜻하심이 매우 장하였습니다. 열성(列聖)께서 서로 계승하여 이를 준수하고 어기심이 없었습니다. 우리 전하께서도 교화를 숭상하고 어진이를 권장하시면서 뜻을 돈독히 하고 학문을 일으키시어, 무릇 사문(斯文)에 유익한 것이면 거행하지 아니함이 없었습니다. 그 유(儒)를 숭상하고 도(道)를 존중하심이 이보다 더할 수 없었습니다.

신 등이 가만히 보건대, 계성군(桂城君)[2]의 제택(第宅)은 그 터가 협

---

[1] 종래 한재의 글로 판단한 것 가운데 근거가 불충분한 것들을 모아 다시 고구(考究)할 것을 기대한 것이다.

소하여 서학(西學)의 땅 30여 척(尺)을 떼어 넣었으며, 담장을 쌓을 때에도 7척이나 뒤로 물려 쌓음으로써 담장이 재사(齋舍)를 핍박하여 제생(諸生)들이 유식(游息)할 곳이 없게 되었습니다. 이 어찌 전하께서 통찰(洞察)하신 바이겠습니까? 신 등이 그윽이 민망하게 여겼더니, 이제 상림(上林)³의 땅을 가지고 그 떼어낸 땅을 보상하신다 하니, 이는 전하께서 학궁(學宮)을 중히 여기시는 성심(盛心)을 나타내신 것입니다.

다만 상림의 땅은 동쪽에 있고 베어 들어간 땅은 서쪽에 있으니, 동쪽 땅을 잘라다가 서쪽 땅을 보충할 수는 없을 것입니다. 척지(尺地)의 할양(割讓)인지라 비록 사소한 손실이라 할 수도 있지만 왕자(王子)의 거처를 위하여 학궁의 땅을 할양하였다면 그 대체(大體)에 있어 어떻겠습니까? 지난날에 반수(泮水)가 후원(後苑)으로 들어갈 수 없다 하여 궁(宮)의 담장을 축소해 쌓게 하였습니다. 또한 장악원(掌樂院)을 서학(西學)으로 옮기려 하였으나 학궁(學宮)이라 하여 중지하였습니다. 이 모두가 사도(斯道)를 중히 여긴 까닭이었습니다.

지금 왕자의 제택을 위하여 학궁의 땅을 할양하였으니, 신은 아마도 전하께서 도를 소중하게 여기시는 성심이 점점 처음만 같지 못한 것이 아닌가 합니다. 가령 왕자의 제택이 몇 걸음쯤 축소된다 하더라도 나라 정치의 큰 강령(綱領)에 무슨 손실이 있겠습니까?

그러나 학궁은 곧 조종(祖宗)께서 세운 것입니다. 어찌 이로써 백년

---

2 성종의 서(庶) 1남(1478~1504). 이름은 순(恂). 슬하에 자녀 없이 27세로 요절하였고, 월산대군의 손자요 덕풍군(德豊君)의 차남인 계림군 유(瑠)가 양자가 되었다.
3 중국 장안(長安)의 서쪽에 있었던 대궐 안의 동산. 여기서는 창덕궁의 비원(秘苑)을 가리킨다.

(百年)의 교양지지(敎養之地)를 손상시켜야 되겠습니까? 성헌(成憲)을 준수하며 후사(後嗣)에게 남겨 주는 도리가 아닌 것 같습니다. 가만히 듣건대, 여러 군(君)4의 제택이 여염집 곁에 있는데, 명하시어 억지로 사들이지 말도록 하옵소서. 이는 여러 군들의 집 가까이에 있다는 이유로 한 백성의 집을 잃는 일이 없도록 하기 위함입니다. 민가(民家)가 그러하거늘 하물며 학궁이겠습니까?

 신 등이 근자에 들으니, 여러 군(君)의 제택 규모가 50칸을 넘지 못하도록 명하셨다 합니다. 이는 그 재력(財力)을 아끼라는 것이 아니라 대개 사치스럽거나 방대하지 못하도록 하는 일입니다. 지금 왕자 제군(王子諸君)이 깊숙한 궁궐 안에서 생장하여 기습(氣習)이 아직 정해지지 않았는데 하루아침에 대궐을 나와서 학궁의 땅이 자기의 원림(園林)이 된 것을 본다면, 혹여 자신은 중히 알고 학궁은 가볍게 여기지 않겠습니까?

 신 등은 풍요로운 음식 공양을 받고 교육(敎育)의 은혜를 입고 있습니다. 무릇 국가에 관계되는 일이 있으면 비록 분수를 벗어나는 일이라 할지라도 마땅히 용감하게 말씀드려야 할 것입니다. 하물며 학교(學校)와 관계있는 일에 어찌 감히 묵묵히 있겠습니까? 엎드려 바라건대, 전하께서는 특별히 유사(有司: 당국자)에게 명하시어 빠른 시일에 옛터를 돌려주신다면 국가에 다행일까 합니다.

---

4 대군(大君) 및 군(君)을 말한다.

임금의 전교는 다음과 같다.

"이 일은 부득이한 데서 나온 것이다. 그러나 다른 땅으로 보상을 하지 않았다면 그대들이 말하는 것도 옳을 것이나, 이제 이미 상림의 땅으로 보상하였으니 어찌 불가하단 말인가? 내 어찌 자식들을 위하여 이유 없이 학궁의 땅을 떼어 주겠는가? 그대들은 모두 사리(事理)를 알 텐데 어찌 국가의 부득이한 사정은 알지 못하고 감히 이와 같이 운운하는가?"

成均館生員裵潤珣等上疏曰:

學校, 風化之源, 自古帝王, 莫不以此爲重. 我國家創業之初, 立四學, 擇地之宜, 廣其齋舍. 其所以敎養人才, 圖臻至治, 意甚盛也. 列聖相承, 遵而罔愆. 及我殿下, 崇化勵賢, 篤志興學, 凡有益於斯文者, 無不擧行, 其崇儒重道之意, 蔑以加矣. 臣等竊觀, 桂城君第宅, 其地狹小, 割入西學地三十餘尺, 及築垣墻又退七尺, 墻逼齋舍, 諸生無所游息, 此豈殿下所洞照哉? 臣等竊悶焉, 今以上林之地, 償其所割之地, 是見殿下, 重學宮之盛心也. 但上林之地在東, 割入之地在西, 不可截東而補西也. 尺地之割, 雖曰小損, 爲王子居割學宮之地, 於大體何? 往者以泮水入後苑爲不可, 命縮宮墻. 又欲移排掌樂院於西學, 以爲學宮而止焉, 皆所以重斯道也. 今則以王子之第, 而割學宮之地, 臣恐殿下, 重道之誠, 漸不如初也. 假令王子宅, 雖或有數步之蹙, 於國家治體, 有何所損? 而學宮是祖宗所建, 則豈可以此, 損百年敎養之地乎? 似非遵成憲貽後嗣之道也. 臣等近聞諸君第宅, 傍近閭閻, 命勿令抑買. 是不以諸君之故, 致一民之失所也, 民家且然, 況學宮乎? 臣等又聞諸君第舍, 命毋過五十間, 非惜其財力, 蓋不欲侈大也. 今王子諸君, 生長深宮, 氣習未定. 一朝出閤, 見以學宮之地, 爲己園林, 則無乃已以爲重, 而以學宮爲輕乎? 臣等食大烹之養, 蒙敎育之恩, 凡有關於國者, 雖出位之事, 固當敢言, 況有係於學校者, 何敢默默? 伏願殿下, 特命有司, 亟還舊基, 則國家幸甚.

傳曰: "此事出於不得已耳. 然不償他地, 則爾等言之可也, 今旣償以上林地, 夫豈不可乎? 予何敢爲兒輩, 無緣割學宮地乎? 爾等俱識事理, 豈不知國家不得已之故, 而敢如是云耶?"

2. 절명가絶命歌

[黑]鴉之集處分　　白鷗兮莫適
彼鴉之怒兮　　　諒汝色之白歟
淸江濯濯之身[兮]　惟慮染爾之血[兮]
掩卷而推窓[兮]　　淸江白鷗浮
偶爾唾涎兮　　　漬濡乎白鷗背
白鷗兮莫怒　　　汚彼世人而唾也[5]

가마귀 모인 곳에 백로야 가지 마라.
성낸 가마귀 흰빛을 새오나니
청강(淸江)에 조히 씻은 몸 더럽힐까 하노라.

책 덮고 창을 여니 청강에 백구 떴다.
우연히 뱉은 침이 백구 등에 떨어졌다.
백구야 성내지 마라 세상이 더러워서 함이라.[6]

---

5 [ ]는 결자(缺字) 또는 연자(衍字)이다.
6 강전섭 교수의 번역.「한재 이목의 절명가에 대하여」(『백록어문』제3·4합집, 제주대학교, 1987) 참조.

사우투증 士友投贈

1. 청량사에서 차운次韻하여 이목에게 답하다[1]

이심원(李深源)[2]

한단(邯鄲)[3]은 꿈속에서 지금껏 왕래하는데

선창(禪窓)[4]에 분부하여 한결같이 세심(洗心)[5]하라 했네.

구름은 이리저리 뒤집히는 꼴을 거두고

---

1 이심원의 이 시는 1981년판 『한재문집』에 처음으로 실렸다. 『성광유고(醒狂遺稿)』, 권2에 실렸다(국립중앙도서관 소장본 참조). 5월 11일은 시를 지은 날이다. 시작(詩作)의 목차 순서로 보아 성종 23년(1492)으로 추정된다.
2 조선 성종 때의 문신(1454~1504). 자는 백연(伯淵), 호는 성광(醒狂). 효령대군(孝寧大君)의 증손으로 주계부정(朱溪副正)에 봉해졌다. 성격이 엄정하고 학문에 정통하였다. 전후 다섯 번이나 왕께 글을 올려 치국하는 도리를 논하였으며, 고모부 임사홍의 간사함을 간파하고 그를 중용하지 말라고 성종에게 간청하여 귀양 보내게 하였다. 조부 보성군(寶城君) 용(容)으로부터 당을 조직한다는 책망을 듣고 누명이라 변명하다가 불손하다는 죄로 장단(長湍)에 귀양갔다. 성종 18년(1487) 종친과시(宗親科試)에 장원급제하여 2품의 위계에 올랐으나 갑자사화 때 임사홍의 모함을 받아 아들 형제와 함께 피살되었다. 중종 때 1품의 위계가 추증되고 정문(旌門)이 내려졌다.
3 중국 전국시대 조(趙) 나라의 서울. 한단지몽(邯鄲之夢), 일취지몽(一炊之夢), 황량지몽(黃粱之夢)의 고사에 등장하는 도시. 여기서는 '서울'의 의미로 사용된 듯하다
4 선방(禪房)의 창. 한재 이목이 산사(山寺)에서 수학했음을 짐작할 수 있다.
5 마음을 깨끗하게 한다는 의미이면서, 세심경(洗心經) 즉, 『주역』을 가리키는 것이기도 하다.

새들은 와서 장단음(長短吟)⁶에 화답하네.

때로 스님[白足]⁷ 만나 현담(玄談) 나누기 바쁜데

홀로 청산을 대하니 누런 빛 깊어진 듯.

제생(諸生)⁸에게 기별 보내 우릴 흔들지 말라 했으니

용문산에서도 응당 거문고 줄을 고르리라.

五月十一日在淸涼寺次韻答李穆

邯鄲枕裏去來今　分付禪窓一洗心
雲色已收飜覆態　鳥聲來和長短吟
時逢白足玄談劇　獨對靑山黃色深
寄語諸生休攪我　龍門應有理瑤琴

6　장편과 단편의 시음(詩吟).
7　흙탕물 속을 맨발로 다녀도 발이 더럽혀지는 일이 없었다는 백족화상(白足和尙)의 고사에서 나왔다.
8　성균관 태학생들을 가리킨 듯하다.

2. 이진사 목에게 주다[9]

권오복(權五福)

부는 삼도부로 그만이니 모든 사람들 입에 전하고

재주와 명성은 단연코 좌사(左思)보다 앞선다네.

시 읊느라 이르는 곳, 강산도 도와주는데

제주(題柱)[10]할 적에는 지기(志氣)도 어여뻤네.

자기(紫氣)가 북두성을 쏘면 늘 옥에 묻힌 보검을 본다지만[11]

조충(雕蟲)[12]하는 데 어찌 독서전(讀書氈)[13]을 쓰랴.

관산(關山)으로의 먼 이별[14] 시름을 어찌할까.

취산(聚散)과 비환(悲歡)을 노천(老天)[15]에게 물어보네.

---

9 권오복, 『수헌집』 권1, 「用前韻贈李進士穆金泗昌李蘋諸丈」 四首 중 제2수 참조. "三都用李穆實事"란 주기(註記)가 있다.

10 제주객(題柱客)의 준말. 벼슬길에 나아가 공명을 구할 것을 맹세한 선비를 말한다. 중국 전한 때 성도(成都) 사람인 사마상여(司馬相如)가 벼슬길에 나아가기 이전, 서쪽으로 가면서 승선교(昇仙橋)르 지날 때 그 다리 기둥에 쓰기를 "말 네 마리가 끄는 높은 수레를 타지 않고는 이 다리를 건너오지 않겠다"(不乘高車駟馬, 不過此橋)고 하며 맹세했다는 고사에서 나왔다. 『한서(漢書)』 권57, 「사마상여전」 참조.

11 중국 진(晉) 나라 때 장화(張華)가 북두(北斗)와 견우(牽牛) 사이에 자기(紫氣)가 쏘아비 추는 것을 보고는, 그 자신의 고향인 예장(豫章)의 풍성현(豐城縣)으로 뇌환(雷煥)을 부임하게 하여, 그로 하여금 풍성의 옛 옥사(獄舍)의 터를 발굴해서 마침내 용천(龍泉)·태아(太阿) 두 보검을 찾아내게 했던 데서 나온 말이다. 용천과 태아는 춘추시대 간장(干將)과 막야(莫邪) 두 부부가 제작했다는 보검이다.

12 벌레를 조각하고 글자를 아로 새기듯이 문장 수식을 일삼는 것을 말함.

13 독서할 때 추위를 막기 위해 덮는 담요. 오래(吳萊), 「歲初喜大人回自嶺南邃攜兒諤北行送之」 "塵飛馳馬埒, 雪擁讀書氈."(『石倉歷代試選集』, 권273)

14 여기서는 한재가 영안남도 병마평사가 되어 함경도로 떠난 것을 가리킨 듯. '관산'은 국경이나 주요 장소 주변에 있는 산을 말한다.

15 일흔 이상이나 예순 이상의 늙은이.

贈李進士穆

賦罷三都萬口傳　才名端合左思先
吟詩到處江山助　題柱當年志氣憐
衝斗常看埋獄劍　雕蟲何用讀書氈
關山遠別愁無奈　聚散悲歡問老天

3. 이중옹과 헤어지며 주다[16]

조위(曺偉)

벽수(璧水)[17]에 날아오른지 며칠 안 되어
남들이 청운에 비겨 천선(倩仙)[18]처럼 경모하네.
배도(陪都)[19]에서 마냥 현송(絃誦)[20] 소리를 듣다가

---

16 조위(曺偉), 『매계집(梅溪集)』 권3, 「연행록」에 실렸다. '중경(仲敬)'은 '중옹(仲雍)'의 잘못이다. 위 시 앞에 '차이중경운(次李仲敬韻)'이라는 시가 있는데, 거기에 '중경'의 이름이 '목(穆)'으로 되어 있고, 또 피무오화(被戊午禍)'라는 주가 달려 있다. 이로 보아 한재 이목에게 준 시가 분명하다. 2012년 2월 28일, 경상북도 김천시 봉산면 인의동에 있는 매계의 구거(舊居)를 방문했다가 후손에게 받은『매계집』에서 추득(追得)한 것이다.

17 공자 사당에 있는 연못. 여기서는 태학(성균관)을 가리킨다.

18 동방삭(東方朔: B.C. 154~93)을 가리킴. 자가 만천(曼倩)이고 신선술을 익혔기 때문에 이르는 말이다. 동방삭은 전한 무제 때 사람으로 벼슬이 태중대부(太中大夫)에 이르렀다. 기이한 꾀와 재담으로 무제의 사랑을 받았다. 저술로 「답객난(答客難)」·「비유선생전(非有先生傳)」·「칠간(七諫)」등이 있다.

19 한재가 귀양 갈 때 조위는 충청도관찰사로 재직 중이었다.

20 거문고 가락에 맞추어 글을 외우는 것.『논어』,「양화(陽貨)」"子之武城, 聞弦歌之聲. 夫子莞爾而笑曰, 割鷄焉用牛道?"

잠시 귀양객과 함께 근심하며 잠들었네.

정밀하고 깊은 학업은 손명복(孫明復)[21] 같고

척당(倜儻)한 재주와 명성은 고언선(顧彦先)[22] 같네.

한없는 이별의 자리, 진중하라는 뜻뿐인데

서로 바라보며 은근하게 마음으로만 전하네.

贈別李仲敬

飛騰璧水無幾日　人擬靑雲景倩仙

慣向陪都聽絃誦　暫同遷客伴愁眠

精深學業孫明復　倜儻才名顧彦先

無限離筵珍重意　相看脈脈只心傳

21　중국 북송 때의 학자(992~1057). 이름은 복(復), 자는 명복, 호는 태산(泰山). 범중엄·원(胡瑗)과 함께 '송초(宋初) 삼선생'으로 불렸다. 저술에 『춘추존왕발미(春秋尊王發微)』가 있다.

22　'고언선(高彦先)'의 잘못인 듯. 중국 북송 때 사람 고등(高登)은 자가 언선(彦先), 호가 동계(東溪)이다. 북진성 장포(漳浦) 사람이다. 금(金) 나라에서 사신이 왔을 때 화친을 주장한 육적(六賊)의 목을 벨 것을 상소한 바 있다. 주자가 고동의 사당기(祠堂記)를 지어 그 덕을 칭송하였다. 『주자대전(朱子大全)』 권79, 「장주주학 동계선생고공사기(漳州州學東溪先生高公祠記)」 참조.

[부附] 화음華陰[23]에 떨어져 살며 아이들에게 적어주다[24]

김수증(金壽增)[25]

속된 폐단 없는 곳 없지만

무풍(巫風)을 누가 막을 수 있을까?

둥둥둥 북치는 여인

출입하는 곳 정해졌으랴?

청고(淸高)한 사대부집에서

탄만(誕漫)한 규방어[26]가 웬일인가?

아, 저 이중옹을 보라!

올곧은 기상 성인께서 주장한 게 아닌가?

....

23 강원도 화천 화악산 북쪽이라는 말.
24 『곡운집(谷雲集)』, 권2 참조(문집총간, 125).
25 조선 후기의 문신(1624~1701). 자는 연지(延之). 호는 곡운(谷雲). 성주부사, 청풍부사 등을 지냈다. 숙종 15년(1689) 기사환국으로 아우 수항(壽恒)이 사사(賜死)되고 이듬해 아우 수흥(壽興)까지 배소(配所)에서 죽자 벼슬을 그만두고 곡운산(谷雲山)에서 은거하였다. 저술로『곡운집』이 있다.
26 부녀자들이 주고받는 말.

華陰索居 書懷示兒輩(其二十一)

俗弊無不有　巫風誰能禦
坎坎擊鼓女　出入定何所
淸高士夫家　誕漫閨房語
嗟彼李仲雍　直氣聖主與

제여손헌시 弟與孫獻詩

1. 사형께서 기화를 거듭 만나 개장改葬하게 된 것을 애도하다

    사제 충(种)

    사람 죽고 거문고 없어져 세속 인연 그릇되니
    가시나무 처량하여 슬픔을 이길 수 없네.
    급설은 차갑게 홍안(鴻雁)[1] 그림자를 찢어버리고
    광풍 불어 척령(鶺鴒)[2]의 죽지를 부러뜨렸네.
    형수 공경하기를 자모(慈母) 같이 하고
    남겨진 조카 사랑하기를 내 아이처럼 하겠소.
    황도(皇道)가 다시 밝아 요순시대가 되었으니
    충골(忠骨) 잘 거두어 좋은 산에 묻어드리겠소.

---

1 남의 형제를 높여 '안항(雁行: 기러기의 행렬)'이라고 한다.
2 할미새. 형제 또는 형제 사이의 우애를 비유할 때 인용된다. 『시경』, 소아(小雅), 「상체(常棣)」에 "鶺鴒在原, 兄弟急難"이라 하였다. 급하거나 어려운 일을 당했을 때 형제가 서로 돕는 것을 비유한 말이다.

挽舍兄重遭奇禍改窆

人亡琴沒世緣非　荊樹凄凉不勝悲
急雪冷分鴻鴈影　狂風吹折鶺鴒枝
敬當寡嫂如慈母　愛及遺雛等我兒
皇道重明堯舜日　好收忠骨葬佳岹

2. 증조의 제사를 모시고 느낀 바 있어 짓다

증손 구징(久澄)[3]

당시의 참화는 차마 말할 수 없네.

매년 추념할 때마다 애간장 끊어질듯.

바른 기풍은 양청(揚淸)[4]하여 국론을 떠받쳤거늘

헐뜯는 자 난을 얽고 하늘문[天門]을 막아버렸네.

황로(黃壚)[5]에서 신원(伸寃)의 은전을 책임진다지만

자극(紫極)[6]에선 그래도 증작(贈爵)의 은혜를 상고하였네.

---

3 조선 중기의 문신(1568~1648). 자는 징원(澄源), 호는 백촌(栢村). 본관은 전주(全州). 선조 30년(1597) 별시문과에 급제하여 벼슬이 지중추부사에 이르렀다. 저서로 『가례소의(家禮疏義)』가 있다.

4 격탁양청(激濁揚淸)의 준말. 흐린 물을 몰아내고 맑은 물을 끌어들인다는 뜻. 악을 제거하고 선을 떨침을 비유한 말이다.

5 저승을 달리 이르는 말.

오늘 밤 (증조의) 정령(精靈)이 살아계신 듯한데
박복함 가엾어서 잔손(孱孫)이라도 도우시리.

祭曾祖忌辰有感而作

當時慘禍不堪言　每歲追思欲斷魂
正氣揚淸扶國論　讒人搆亂阻天閽
黃壚雖荷伸冤典　紫極猶稽贈爵恩
此夜精靈如在上　應憐祚薄佑孱孫

3. 삼가 백촌공(구징)의 시에 차운하다

13대손 응호(膺浩) 추감(追感)

화를 입던 당시를 어찌 차마 말 하리요
천추의 한을 품고 구천의 혼이 되셨네.
도덕으로 기림이 문묘종사에 오를 만하여
누차 소장(疏章) 올려 임금께 호소하였네.
곧은 가지 뽑아 모아 국맥을 떠받쳤으니

6　천자나 임금이 거처하는 곳.

특별히 숭전(崇典) 받아 천은(天恩) 입으셨네.
신께 제사 드리는 날 살아서 계신 듯하니
광림(光臨)하여 우리 후손을 어여삐 여기시리.

謹次栢村公韻

被禍當年詎忍言　千秋抱恨九泉魂
擬褒道德躋文廟　屢擧疏章叫陛闇
拔萃貞標扶國脉　特蒙崇典荷天恩
祭神諱日如神在　鑑格應憐我後孫

4. 삼가 한재 선조의 '탁목啄木' 시에 차운하다

13대손 존원(存原)

이 새는 뭇새와 비교하는 걸 부끄러워한다네.
아무리 배고파도 익은 곡식 먹던가?
쇠보다도 강한 네 뾰쪽한 부리를 빌어
침민두국(侵民蠹國)[7]하는 벌레를 다 쪼아버릴거나?

謹次寒齋先祖啄木詩

此禽愧比衆禽中　飢甚何曾啄粟紅
借渠尖喙剛於鐵　啄盡侵民蠹國蟲

7　백성을 침해하고 나라를 좀 먹음.

묘문墓文

1. 묘표墓表

김상헌(金尙憲)

증(贈) 가선대부(嘉善大夫) 이조 참판 겸 홍문관 제학 예문관 제학 동지춘추관 성균관사(吏曹參判兼弘文館提學藝文館提學同知春秋館成均館事) 행 진용교위 영안남도병마평사(行進勇校尉永安南道兵馬評事) 이공(李公) 묘표(墓表) 음기(陰記)

공(公)의 휘(諱)는 목(穆)이요 자는 중옹(仲雍)이다. 완산인(完山人)으로 개국공신(開國功臣) 완성군(完城君) 백유(伯由)의 4세손(世孫)이다. 증조 휘 속(粟)은 군기시 정(軍器寺正)을 지냈고, 할아버지 휘 손약(孫若)은 통정대부(通政大夫)로 고성군사(高城郡事)를 지냈다. 고(考) 휘 윤생(閠生)은 부사과(副司果)로 이조참의에 증직(贈職)되었다. 비(妣)는 맹부(孟阜)의 따님으로 성화(成化) 신묘년(성종 2, 1471)에 공을 낳았다.

공은 타고난 성품이 효우(孝友)가 있고 충직(忠直)하였으며, 활달(豁

達)하고 큰 절개가 있었다. 나이 14세에 처음으로 학문에 뜻을 두어 점필재 김종직의 문하에서 수업하였는데 밤낮이 없었다. 이때부터 학업이 크게 진보하여 화려한 소문이 날로 퍼졌다. 홍치(弘治) 기유년(성종 20, 1489)에 진사시(進士試)에 차석으로 급제하였다.

공께서 태학에 있을 적에 성종께서 질병이 있었다. 대비(大妃)가 은밀하게 무녀(巫女)로 하여금 기도를 드리게 하여, 성균관의 벽송정(碧松亭)에서 야제(野祭)를 베풀었다. 이에 공이 발의하여 제사를 지내지 못하게 금하고, 더 나아가 그 무녀를 매질을 하였다. 무녀가 궁중에 하소연을 하니, 대비가 크게 노하여 임금의 질병이 낫기를 기다렸다가 상에게 고하였다. 그러자 성종이 거짓 노하여 성균관으로 하여금 그때의 유생(儒生)의 성명을 다 적어 올리도록 하였다. 여러 유생들이 모두 틀림없이 한번은 혼쭐이 나리라 생각하고 다투어 달아나 숨었으나 공만은 피하지를 않았다. 단자(單子)가 올라가자 성종께서 대사성에게 하교하기를 "그대가 유생들을 잘 교도(矯導)하여 선비들의 습성을 올바르게 하였으니, 내가 가상하게 여기는 바이다"라고 하고는 특별히 술을 내렸다.

당시 윤필상이 국정을 맡아 나랏일을 마음대로 처리하였다. 한번은 공이 가뭄으로 인하여 상소하기를 "윤필상을 팽형에 처해야만 하늘에서 비가 내릴 것입니다"라고 하였다. 윤필상이 길에서 공을 만나자 불러 말하기를 "그대가 꼭 이 늙은이의 고기를 먹어야만 하겠는가?"라고 하니, 공은 머리를 쳐든 채 뒤도 돌아보지 않고 가버렸다. 또 윤필상이 은밀히 성종에게 권유하여 자전(慈殿)께서 숭불(崇佛)하는 뜻을 따르도록 청하였는데, 공이 이 말을 듣고 또 유생들을 인솔하고 소(疏)를 올려 윤필상을 간귀(奸鬼)로 지목하고 그 간사함을 극론(極論)하며 죽이기를 청하였다. 임금이 크게 노하여 친히 '귀(鬼)' 자의 뜻을 묻자, 공이 즉시 대답하기를, "그 소행(所行)이 이러한데도 사람들이 알지 못하기 때문에 '귀'라 합니다"라고 하니, 사람들이 그 민첩함에 탄복하였다. 임금이 장차 하옥하여 치죄(治罪)하려 하였으나 정승 허종(許琮)이 힘써 구원하여 공을 공주(公州)로 귀양을 보내는 선에서 그쳤다. 이로부터 강직하다는 평판이 크게 돌았다.

을묘년(연산 1년, 1495)에는 문과(文科)에 장원 급제하여 성균관 전적(典籍)에 제수되었고, 외직(外職)으로 나가 영안남도 평사(永安南道評事)가 되었다. 그때에 연산군의 정사(政事)가 문란하여 군소배(群小輩)들의 판이 되었다. 사람들이 공을 위해 위태롭게 여겼는데 무오사화가 일어나자 공은 과연 윤필상의 무함(誣陷)에 걸려 김일손 등과 함께 화를 당하였다. 이때 공의 나이 28세였다. 윤필상의 공에 대한 원한이 그치지 않아서, 갑자년(1504)에 이르러서는 육욕(戮辱)이 천양(泉壤)에까지 미쳤다. 중종께서 반정(反正)하자 공의 복관(復官)을 명하였고, 뒤에 아들이 귀하게 되어 이조참판에 증직되었는데 겸해서 맡은 관직은 우(右)와 같다.

공은 집안에서 거처할 때에는 성실하고 화락(和樂)하였으나 일의 시비(是非)를 논하고 선악을 변별(辨別)할 때에는 강개(慷慨)하고 매우 정직하여 회피하는 일이 없었다. 항상 우리 도[吾道]를 붙들고 이단을 물리치는 것으로써 자신의 임무를 삼았다. 그 기절(氣節)과 풍재(風裁)[1]를

---

1 풍채와 용모를 아울러 이르는 말.

한 시대 사람들이 경모(傾慕)하지 않음이 없었지만, 간인(奸人)들은 이미 눈을 흘기고 틈을 엿보았으니, 마침내 공이 화를 당하게 된 것이다. 묘소(墓所)는 통진(通津) 상포(霜浦)의 여금산(餘金山)에 있다. 선산(先山)을 따라 간 것이다.

공이 젊었을 때에 참판 김수손(金首孫)이 대사성이 되어 성균관에서 강론한 적이 있는데, 공의 사람됨을 남다르게 보아 그 딸로 아내를 삼게 하였다. 김 부인(金夫人)은 타고난 성품이 효우(孝友)가 있었고 막힘이 없이 통달(通達)하였다. 공이 비명(非命)에 간 것을 애통하게 여겨 거의 목숨을 잃을 뻔한 적이 여러 차례였다. 1남을 낳았으니 세장(世璋)으로, 공이 화를 당할 때에 나이가 겨우 1살이었다. 부인은 매우 사랑하면서도 올바르게 가르쳤다. 문과(文科)에 등제(登第)하여 요직을 두루 거친 뒤 관찰사로 마감하였는데, 청렴하고 근신(謹愼)하기로 세상에 알려졌다. 부인의 봉작(封爵)도 아들이 귀하게 된 때문이었다.

부인은 거의 40여 년간 영화(榮華)를 누리다가 가정(嘉靖) 무오년(1558)에 노환(老患)으로 집에서 세상을 떠났다. 향년 81세였다. 묘소는 공주(公州) 서촌(西村) 부전(浮田) 마을 무성산(茂城山) 기슭의 김씨 선영(先塋) 곁에 있다. 관찰사가 일찍이 공의 묘소를 옮겨 합장(合葬)하려고 하였으나 상중(喪中: 草土)에 병을 얻어 끝내 뜻을 이루지 못하였다.

관찰사는 5남 3녀를 두었다. 아들로 맏이는 병절교위(秉節校尉) 건(鍵)이요, 다음은 사과(司果) 난(鑾)이요, 다음은 수의부위(修義副尉) 기(錡)요, 다음은 문과로 출사한 병조정랑(兵曹正郞) 갱(鏗)이요, 다음은 문과로 출사한 승지(承旨) 철(鐵)이다. 딸로 맏이는 한성부 참군(漢城府參軍)

정수후(鄭守厚)에게 출가하였고, 다음은 종실(宗室) 화릉부정(花陵副正) 수혜(秀蕙)에게 출가하였으며, 다음은 현령(縣令) 구운한(具雲翰)에게 출가하였다.

아! 하늘이 뜻을 정하면 사람을 이길 수 있다고 한 것을 공에게서 더욱 징험(徵驗)하겠노라. 다만 화가 닥치기 전에 공을 보전하고 정론(正論)을 오래 가게 하여 사림(士林)에게 복이 되도록 하지 못한 것은, 어쩌면 하늘이 정하지 않아서 그리된 것일까? 아니면 운수(運數) 소관(所管)이라서 하늘도 자유롭게 할 수 없었단 말인가? 서운한 일이고 통탄할 일이로다.

천계(天啓) 5년(인조 3, 1625) 5월 16일에 세우고, 통정대부(通政大夫) 승정원 도승지 겸 경연참찬관 춘추관 수찬관 예문관 직제학 상서원 정(承政院都承旨兼經筵參贊官春秋館修撰官藝文館直提學尙瑞院正) 김상헌이 글을 짓다.

贈嘉善大夫吏曹參判兼弘文館提學藝文館提學同知春秋館成均館事行進勇校尉永安南道兵馬評事李公墓表陰記

公諱穆, 字仲雍. 完山人, 開國功臣完城君伯由之四世孫也. 曾祖諱粟, 軍器寺正. 祖諱孫若, 通政大夫高城郡事. 考諱閏生, 副司果, 贈戶曹參議. 妣淑夫人南陽洪氏, 直長孟阜之女. 成化辛卯生公. 公性孝友忠直, 豁達多大節. 年十四, 始志于學. 受業於佔畢齋之門, 夜以繼日. 自是,學業大進, 華聞日播. 弘治己酉, 中進士試第二名. 公在太學, 成廟愆豫. 大妃密令巫女祈禱, 設野祭於泮宮碧松亭. 公倡議禁不得祭, 復杖其巫. 巫訴諸宮中, 大妃大怒, 俟上疾瘳以告. 成廟佯怒, 卽令成均館, 悉錄其時儒生姓名. 諸儒咸以爲必大譴, 爭逃匿, 公獨不避. 書入, 成廟命召大司成, 敎曰:「爾能導率儒生, 使士習歸於正, 予用嘉之」, 特賜酒. 時尹弼商, 當國用事. 公因天旱上疏, 曰:「烹尹弼商, 天乃雨」弼商遇諸途, 呼之曰:「君必欲食老夫肉耶?」公昂然不顧而去. 弼商陰勸成廟, 請從慈殿崇佛之意. 公聞之, 又率諸生抗疏, 目爲奸鬼, 極論其邪而請誅之. 上大怒, 親問鬼字之意. 公卽對:「所行如是, 而人不知曰鬼」人服其敏. 上將下理, 右相許琮力救, 止配公州. 由是, 直聲大振. 乙卯冬, 中文科狀元, 授成均典籍兼宗學司誨, 出爲永安南道評事. 時燕山政亂, 群小肆志, 人爲公危之. 及戊午史獄起, 公果爲弼商所搆陷, 與金馹孫等同禍, 時年二十八. 弼商恨公不置, 至甲子, 僇加泉壤. 中廟反正, 命復官. 後以子貴, 贈吏曹參判兼館職如右. 公居家, 怐怐然和樂. 至論事是非, 辨別臧否, 慷慨切直, 無所廻避. 常以扶吾道闢異端爲己任, 其氣節風裁, 一時無不傾慕. 而奸邪已仄目伺隙, 竟至罹禍. 墓於通津霜浦餘金山, 從先兆也. 公少時, 金參判首孫爲大司成, 在泮講論, 異其爲人, 以女妻之. 金夫人性孝友通達, 痛公非命, 幾至滅性者累矣. 生一男, 曰世璋. 公被禍時, 年甫一歲. 夫人雖甚愛之, 必敎以義方. 中文科, 歷敭華顯, 終觀察使, 以淸謹聞於世. 夫人之封, 亦以子貴也. 榮享幾四十年. 嘉靖戊午, 以疾卒於家, 享年八十一, 葬於公州西村浮田茂城山麓金氏先塋之側. 觀察嘗欲遷公墓而合葬焉, 在草土遘疾, 志竟未遂焉.

觀察有五男三女. 男長秉節校尉鍵, 次司果鑾, 次修義副尉錡, 次文科兵曹正郎鏗, 次文科左承旨鐵. 女長適漢城參軍鄭守厚, 次適宗室花陵副正秀蕙, 次適縣令具雲翰. 內外諸孫, 總二百十餘人. 嗚呼! 天定能勝人, 於公益驗矣. 顧不能全公於未禍之前, 以壽正論祚士林者, 豈天之未定而然耶? 抑運化所關, 天不能自由耶? 其可憾也已, 其可吁也已.[2]

---

[2] 『청음집』 권36, 「墓表陰記」 15수 안에 들어 있지 않다. 『이평사집』에 처음으로 실린 듯하다.

2. 보유補遺[3]

일찍이 진신(搢紳)[4] 간에 듣건대, 공은 젊었을 때 『춘추좌씨전』 보기를 좋아하여 손에서 책을 놓은 적이 없었으며, 일찍이 범중엄(范仲淹)의 덕업(德業)을 사모하여 벽 위에 써놓고는 경앙(景仰)하는 뜻을 부쳤다고 한다. 그 분이 태학에 있을 때에는 나랏일을 논함에 강직(剛直)하였으므로 양사(兩司)에서 서리(書吏)를 보내게 되면 다투어서 서로 보고하였다고 한다.

조순(趙舜)[5]이 정언(正言)이 되었을 때 노사신(盧思愼)을 탄핵한 적이 있었다. 윤필상이 사감(私憾) 때문에 공을 음중(陰中)[6]하였는데, 사화가 일어난 뒤 윤필상이 노사신에게 말하기를 "공께서도 조순에게 탄핵을 당했는데 어찌 이 때를 타고 제거하지 않으십니까?"라고 하니 노사신이 대답하지 않았다. 공이 당한 화가 극도로 참혹함은 오로지 윤필상이 주장하여 논한 데서 말미암는다. 화를 당하던 날, 형장에서도 얼굴빛이 평상시와 같았으며, 노래를 지어 스스로 부르는 등 조금도 동요하지 않았다.

중종이 반정(反正)함에, 당적(黨籍)과 관련하여 화를 당한 제현들의 원통함을 씻어주도록 명하였다. 벼슬이 당하관(堂下官)에 있었던 사람

---

3 이것은 김상헌의 「묘표음기」에 빠진 내용을 증손 구징이 찬술하여 덧붙인 것이다.
4 벼슬이 높은 사람.
5 조선 중기의 문신(1467~1529). 자는 요경(堯卿), 본관은 함안(咸安). 성종 23년(1492) 식년문과에 병과로 급제하여 벼슬이 이조참판에 이르렀다.
6 몰래 모함하여 해침.

의 경우, 어떤 사람은 도승지(都承旨)에 추증되고 어떤 사람은 부제학(副提學)에 추증되기도 하였다. 그러나 당국자들이 의견을 아뢰되, 도리어 가장 큰 화를 당한 다섯 분의 경우 사체(事體)가 중대하여 증직(贈職)하기가 용이하지 않다고 하였다. 당시 근신(近臣)이 힘써 은전(恩典)을 베풀 것을 청하였지만, 주상께서는 마침내 유음(兪音)[7]을 닫고, 단지 유사(有司)에 명하여 직첩(職牒)과 적몰(籍沒)한 물건들을 환급(還給)하라고만 하였다 한다. 하늘의 해가 다시 밝아졌건만 공에게는 영예로운 증직이 더해지지 않았으니 구지(九地)[8]에서의 깊은 원한을 어느 때 풀어드릴 수 있으랴? 애통함이 더욱 절실하고 한이 더욱 깊을 따름이다.

공이 대과(大科)에 급제하기 이전, 일찍이 상소하여 권간(權奸)을 배척했다가 주상의 뜻에 거슬려 공주에서 귀양살이를 했다. 기미년(1619) 무렵에 공산(公山: 공주) 유생들이 서원을 세우고 향선생(鄕先生) 세 분[9]을 모셨는데, 그 가운데 한 사람이 공이다. 갑자년(인조 2, 1624)에 나라에서 '충현서원(忠賢書院)'이라는 편액이 내려졌다.

---

[7] 신하의 말에 대하여 내리는 임금의 대답.
[8] 땅의 아주 낮은 곳. 땅의 밑바닥. 구천(九泉).
[9] 석탄(石灘) 이존오(李存吾: 1341~1371), 한재 이목, 동주(東洲) 성제원(成悌元: 1506~1559).

補遺

嘗聞諸搢紳間, 公少時, 好觀左傳, 手不釋卷. 嘗慕范仲淹之德業, 書諸壁上, 以寓景仰之意. 其在太學, 論事剛直, 兩司至送書吏, 爭相傳報. 趙舜爲正言時, 曾劾盧思愼. 弼商以私憾, 陰中公. 禍作後, 弼商乃言於思愼曰:「公亦被劾於趙舜, 何不乘此時除去?」思愼不答. 公之遭禍極慘, 專由於弼商之主論. 被禍之日, 臨刑神色如常, 作歌自唱, 略不動容. 中廟反正, 命雪黨籍諸賢之冤, 位在堂下者, 或贈都承旨, 或贈副提學. 而當路獻議, 反以爲被極禍五人, 事體重大, 不可容易贈職. 時有近臣力請恩典, 自上竟閟兪音, 只令有司還給職牒籍沒之物云. 天日重明, 而公不得被榮贈之加, 九地幽冤, 何時可伸? 痛益切恨益深而已矣. 公未第時, 嘗上疏斥權姦, 忤上意, 謫居公州. 歲己未間, 公山儒生等, 建書院, 祀鄕先生三人, 其一公也. 甲子, 賜院額忠賢.

3. 묘지墓誌

장유(張維)

고(故) 영안남도 평사 증 이조참판 이공(李公)의 휘(諱)는 목(穆)이요 자(字)는 중옹(仲雍)이다. 성종조(成宗朝)의 명유(名儒)로서 연산군 무오년 사초(史草)와 관련된 일에 연좌되어 해를 입었다.

그 묘소가 통진(通津) 상포(霜浦)에 있는데, 1백 28년이 지난 뒤에 김공 상헌(金公尙憲)이 그 묘표(墓表)를 찬술하였고, 그로부터 또 7년이 지나서 공의 증손인 부사(府使) 구징(久澄)이 나에게 묘지명을 부탁해 왔다. 아! 공이 돌아간 뒤로 오랜 세월이 흘렀다. 그러나 공이 남긴 글을 읽어보고 그 사람됨을 상상해 보면 늠름하여 여전히 생기(生氣)가 우러나오는 듯하다. 이런 분이야말로 묘지명을 써 드려야 하리라.

공은 어려서 점필재 김공을 따라 수업하면서 학문에 힘을 쏟고 문사(文詞)를 능숙하게 익혔다. 글 중에서는 『좌씨춘추(左氏春秋)』를 좋아하였고, 옛사람 중에서는 범 문정(范文正: 范仲淹)의 사람됨을 사모하였다.

19세 때 기유년(1489) 진사과에 두 번째로 급제하여 태학(太學)에 유학(遊學)하게 되었다. 언론이 강개하고 지기(志氣)가 준열(峻烈)하여 선악(善惡)을 따짐에 있어 조금도 주저함이 없었다. 이 때문에 동배들로부터 추복(推服)을 받았다.

성종께서 일찍이 환후가 있었다. 대비(大妃)가 여자 무당에게 기도를 행하도록 시켜 반궁(泮宮)의 벽송정(碧松亭)에서 음사(淫祀)를 베푼 일이 있었다. 이에 공이 제생(諸生)의 앞장을 서서 무당을 매질하여 내쫓았는데, 무당이 이 사실을 궁중에 호소하자 대비가 크게 노하여 상의 병이 낫기를 기다렸다가 이 일을 알렸다. 그러자 성묘가 겉으로 노한 척하면서 성균관에 명하여 그 유생들을 모두 기록해 올리도록 하였다. 유생들은 크게 견책(譴責)을 받을 것이라고 여겨 서로 도망쳐 숨기에 바빴으나 공만은 도망가거나 숨지 않았다. 성종께서 이윽고 대사성을 불러 하교하기를 "그대가 제생(諸生)을 제대로 이끌어서 사습(士習)이 올바르게 되도록 하였으니 내가 가상하게 여기는 바이다"라 하고, 특별히 술을 내려 주었다.

윤필상(尹弼商)이 정승으로 있으면서 권세를 좌지우지할 때 마침 가뭄이 들자 공이 상소하기를 "필상을 팽형(烹刑)에 처해야만 하늘이 비를 내려 줄 것이다"고 하였다. 윤필상이 공을 길에서 만나자 공을 불러 말하기를 "그대는 이 늙은이의 고기를 꼭 먹어야만 하겠는가?"라고 하였으나, 공은 고개를 쳐들고 거들떠보지도 않고 가버렸다.

그 뒤 윤필상이 은밀히 성종에게 권하여 자전(慈殿)의 뜻을 따라 불교를 숭상할 것을 청한 일이 있었다. 공이 이 말을 듣고는 또 제생(諸生)을 이끌고 상소하면서, 필상의 간사함을 논하고 간귀(奸鬼)로 지목한 뒤 죽일 것을 청하였다. 이에 성종께서 크게 노하여 친히 공에게 묻기를 "너는 어찌하여 나의 정승을 배척하여 '귀(鬼)'라고 하느냐?"고 하니, 공이 대답하기를 "그의 행동이 저와 같은데도 사람들이 알지 못하고 있기 때문에 귀신이라고 한 것입니다"고 하였다. 주상께서 장차 공을 하옥시켜 죄를 다스리려고 하였으나, 다른 정승이 극력 변호해준 덕분에 공주

(公州)에 유배되는 정도로 그쳤다. 이로부터 공의 직성(直聲)이 더욱 떨치게 되었다.

그 뒤 을묘년(1495) 문과(文科)에 장원으로 급제하여 성균관 전적(典籍) 겸 종학 사회(宗學司誨)를 제수 받았다가 영안남도 평사로 나갔다. 무오사옥(戊午史獄)이 일어나자 공은 과연 필상의 무함(誣陷)을 받고 김일손(金馹孫)·권오복(權五福) 등과 함께 참혹한 화를 당하고 말았다. 공은 사형장에 나가서도 신기(神氣)가 평상시와 다름이 없었으며 스스로 절명가(絶命歌)를 지어 불렀다. 이 때 공의 나이 28세였다. 공에 대한 윤필상의 원한이 그래도 풀리지 않아 갑자년의 사화(士禍)에 이르러 지하에 묻힌 공의 시신에 참형을 가했다. 아 참혹하기도 하다. 중묘(中廟: 중종)께서 즉위하신 뒤 복관(復官)을 명하였고, 뒤에 아들이 귀하게 되자 지금의 관직을 추증 받게 되었다.

공의 선조는 완산(完山: 全州) 사람이다. 고조 백유(伯由)는 개국공신으로 완성군(完城君)에 봉해졌다. 완성이 속(粟)을 낳았는데 군기시(軍器寺) 정에 이르렀고, 정이 손약(孫若)을 낳았는데 고성군수(高城郡守)에 이르렀다. 고성이 윤생(閏生)을 낳았는데 부사과(副司果)로서 호조참의를 증직 받았다. 참의가 남양홍씨(南陽洪氏)에게 장가들어 공을 낳았다. 이들이 공의 어버이[考妣]이다.

공의 부인 김씨(金氏)는 참판 수손(首孫)의 딸이다. 아들 세장(世璋)을 두었는데 태어난 지 1년 만에 공이 화를 당하였다. 그 뒤 장성하여 문과에 급제한 뒤 관직이 관찰사에 이르렀다. 부인은 공보다 60년 뒤에 죽어 공주(公州) 서촌(西村) 김씨의 선영에 묻혔다.

관찰사는 아들 다섯을 두었다. 맏아들 건(鍵)과 그 다음 난(鑾)과 그 다음 기(錡)는 모두 벼슬하지 않았다. 그 다음 갱(鏗)은 병조정랑이고 그 다음 철(鐵)은 좌승지인데 모두 문과를 통해 진출하였다. 딸이 셋 있는데, 맏딸은 한성참군(漢城參軍) 정수후(鄭守厚)에게 출가하였고, 그 다음은 종실(宗室)인 화릉부정(花陵副正) 수혜(秀憓)¹⁰에게 출가하였고, 그 다음은 현령 구운한(具雲翰)에게 출가하였다. 내외의 후손들이 모두 2백여인에 달한다. 부사 구징(久澄)은 바로 승지의 맏아들이다.

공은 뛰어난 재주와 높은 절개의 소유자로서 성종 때 양성되었다가 혼조(昏朝)에 이르러 일찍 꺾이고 말았다. 오늘날에도 사람들이 무오년의 사화를 말할 때에는 기가 막히곤 한다. 그러나 겨우 일세(一世)가 지났음에도 자손들이 창대(昌大)하여 면면하게 끊어지지 않고 있다. 이는 아마도 공이 미처 받지 못한 보답일 것이니, 천도(天道)가 어긋나지 않음을 알 수 있다.

공에게는 유고(遺稿) 2권이 있어 세상에 전한다. 공주의 인사들이 공께서 일찍이 이곳에 귀양을 왔다고 하여 공을 충현서원(忠賢書院)에 모시고 제사를 드린다. 아! 이쯤 되면 불후(不朽)하게 되기에 충분하다. 이에 다음과 같이 명(銘)한다.

아, 이공이시어!
육신은 썩었어도 이름은 향기로워라.

---

10 성종대왕의 서(庶)11남인 무산군(茂山君) 이종(李悰)의 손자. 이들이 영안정(永安正: 鶴壽), 손자가 화릉부정 수혜이다.

묘소는 오래 되었으나

나의 이 명(銘) 새로워라.

進勇校尉永安南道兵馬評事 贈嘉善大夫吏曹參判兼弘文館提學藝文館提學同知春秋館成均館事李公墓誌銘

故永安南道評事贈吏曹參判李公, 諱穆, 字仲雍, 成廟朝名儒也. 燕山戊午, 坐史事被害. 墓在通津霜浦, 歷百有二十八年, 而金公[11]尙憲記其表. 又七年而公之曾孫府使久澄請維銘其窆[12]. 嗚呼! 公之沒也久矣. 然讀其書, 想見其人, 凜凜猶有生氣, 是可銘也已. 公少從佔畢金公受業, 力學工文詞. 於書嗜左氏春秋, 於古[13]人慕范文正之爲人. 年十九, 中己酉進士第二名. 游太學, 言論慷慨, 志氣峻烈. 辨覈臧否, 無所回互, 以此爲流輩所推服. 成廟嘗有疾, 大妃使女巫行禱, 設淫祀於泮宮之碧松亭. 公倡諸生, 杖其巫而逐之. 巫訴諸宮中, 大妃大怒, 俟上疾瘳以告. 成廟陽怒, 命成均館, 悉錄其儒生. 儒生以爲必獲大譴, 爭亡匿, 公獨不亡匿. 成廟尋召大司成, 敎曰:「爾能導率諸生, 使士習歸正, 予用嘉之」, 特賜酒. 尹弼商爲相用事, 會天旱. 公上疏曰:「烹弼商天乃雨」弼商遇諸途, 呼曰:「君必欲食老夫肉耶?」公昂然不顧而去. 後弼商陰勸成廟,

---

11 公: 1914년판『한재집』에는 '相公'으로 되어 있다.
12 窆(폄): 묘혈(墓穴).
13 古: 1914년판『한재집』에는 '故'로 되어 있다.

請從慈殿奉佛. 公聞之, 又率諸生上疏, 論弼商奸邪, 目以奸鬼請誅之. 成廟大怒, 親問公曰:「若何以斥吾相爲鬼?」公對曰:「所行如彼, 而人不知, 所以爲鬼」上將下吏, 賴他相力救, 止謫公州. 自是直聲益振矣. 中乙卯文科狀元, 授成均館典籍兼宗學司誨, 出爲永安南道評事. 及戊午史獄起, 公果爲弼商所搆陷, 與金馹孫・權五福等, 同被酷禍. 臨刑神氣如常, 自作絶命歌, 時年二十八. 弼商恨公猶不[14]已, 至甲子之禍, 戮[15]及泉壤, 嗚呼慘矣! 中廟踐阼[16], 命復官. 後以子貴, 贈今[17]官. 公之先, 完山人. 高祖伯由, 開國功臣封完城君. 完城生粟, 軍器寺正. 正[18]生孫若, 高城郡守[19]. 高城生閏生, 副司果贈戶曹參議. 娶南陽洪氏, 是爲公之考妣. 公之配金氏, 參判首孫之女. 有子世璋, 生一歲而公被禍. 及長, 擢文科, 官至觀察使. 夫人後公六十年而卒, 葬于公州西村金氏之塋. 觀察有五男. 長鍵次鑾次錡, 皆不仕. 次鏗兵曹正郞, 次[20]鐵左承旨, 皆以文科進. 女子三人, 長適漢城參軍鄭守厚, 次適宗室花陵副正秀薰, 次適縣令具雲翰. 內外諸孫二百餘人. 府使久澄, 卽[21]承旨之胤也. 公以高才峻節, 培植於成廟, 而夭椓於昏朝. 至今[22]人譚戊午之禍,

---

14 不: 1914년판『한재집』에는 '末'로 되어 있다.
15 戮: 1914년판『한재집』에는 '僇'으로 되어 있다.
16 阼: 1914년판『한재집』에는 '祚'로 되어 있다.
17 今: 1914년판『한재집』에는 '令'으로 되어 있으나 잘못이다.
18 正: 1914년판『한재집』에는 '寺正'으로 되어 있다.
19 守: 1914년판『한재집』에는 '事'로 되어 있다.
20 次:『계곡집』에는 빠져 있다.
21 卽: 1914년판『한재집』에는 '則'으로 되어 있다.
22 今: 1914년판『한재집』에는 '令'으로 되어 있으나 잘못이다.

爲之氣塞. 然甫一世而子姓[23]昌大, 綿綿未艾. 此殆公未食之報, 而天道之不爽可見也. 公有遺稿二卷, 行於世. 公州人士, 以公嘗謫於是也, 俎豆公[24]于忠賢書院. 嗚呼! 足以不朽矣. 銘曰: 猗嗟李公, 骨朽名芬. 其墓雖故, 其銘則[25]新. (『谿谷集』, 卷之十)

---

23 姓: 1914년판 『한재집』에는 '孫'으로 되어 있다.
24 公: 1914년판 『한재집』에는 빠져 있다.
25 銘則: 1914년판 『한재집』에는 '名卽'으로 되어 있다.

시장諡狀 및 종향소從享疏

1. 시장諡狀

강현(姜鋧)

옛 연산군 무오년(1498)에 사옥(史獄)이 일어났다. 평사(評事)를 지내고 참의(參議)에 추증된 이공(李公)이 탁영 김일손 등 제현과 함께 참혹한 화를 당하였다. 그 뒤 갑자년(1504)에 화가 무덤에까지 미쳤다. 중중께서 반정(反正)함에 이르러 같이 화를 입은 제현에게 신설(伸雪)[1]과 증직(贈職)과 증시(贈諡)가 아울러 내려졌지만, 유독 공은 포상과 증직 등의 은전을 입지 못하여 사림이 지금까지 애석하게 여겨왔다.

전하(殿下) 43년 정유(丁酉: 1717) 3월에 온양군(溫陽郡)의 온천에 행차하시었는데, 호서(湖西)에 사는 후손이 어가(御駕) 앞에서 절규하며 서장(書狀)을 올렸다. 그 서계의 내용을 재가하여 이조(吏曹)에 내리니, 해당 부서에서 이조판서를 증직할 것을 청하였다. 그러나 시호를 내리는 일

---

[1] 원통함을 풀고 부끄러운 일을 씻어 버림. 신원설치(伸寃雪恥)의 줄임말.

만은 예조에서 "사체(事體: 사리와 체면)가 중대하다"고 하면서 전례에 따라 방계(防啓)²하였다. 뒤에 예조판서가 임금 앞에 나아가 뵙고, 공의 연소 시절부터의 절의 및 화를 입은 사실을 자세하게 아뢰었다. 임금께서 대신에게 자문을 구하니, 대신들이 답하는 바가 또한 그러하여 특별히 명하여 시호를 주고 기리어 상을 주었다. 은졸지전(隱卒之典)³이 2백년 뒤에 비로소 행해지게 되었고 한 나라의 사론(士論)이 이로부터 유감이 없게 되었다. 우리 성조(聖祖)께서 절의를 숭상하고 장려하는 목적은 풍성지화(風聲之化)⁴를 수립하는 데 있으니 길이 후세까지 기리는 말이 있을 것이다.

삼가 「행장(行狀)」⁵을 살피건대, 공의 휘는 목(穆)이요 자는 중옹(仲雍)이다. 조상이 완산(完山) 출신으로 개국공신(開國功臣) 완성군(完城君) 백유(伯由)의 4세손이다. 증조는 휘가 속(粟)이니 군기시 정(軍器寺正)을 지냈으며, 조부는 휘가 손약(孫若)이니 고성군사(高城郡事)를 지냈다. 아버지는 휘가 윤생(閏生)으로 부사과(副司果)를 지내고 호조참의에 추증되었다. 어머니는 숙부인(淑夫人) 남양홍씨(南陽洪氏)로 직장(直長)을 지낸 홍맹부(洪孟阜)의 딸이다.

---

2 어떤 일을 저지하는 계사(啓辭).
3 공신(功臣) 등이 죽었을 때, 임금이 슬픈 마음을 표하는 전례. 본래는 수령이 임지에서 죽은 것을 이르는 말이었다.
4 풍습을 교화하는 일. 풍교(風敎)·풍화(風化)라고도 한다.
5 원문에서 '장(狀)'이라 한 것은 행장을 가리킨다. 시호를 내려줄 것을 청하는 절차를 보면, 시호를 받을 당사자의 자손이나 후학 등이 행장을 작성하여 예조에 제출한다. 이어 예조에서 행장을 검토하는 등 조회(照會)를 필한 뒤 봉상시로 보내면 본격적인 절차가 개시된다. 국왕의 특별한 교지로 시호를 내린 경우도 있다. 이 때는 예조에서 행장을 접수하지 않고 예조와 홍문관과 봉상시가 합의하여 부대시장(不待諡狀)을 합의, 곧바로 시호를 내리게 된다. 한재의 경우 '부대시장'의 예가 아니다. 당시 한재의 「행장」이 예조에 접수되었을 터인데 오늘날 전하지 않는 이유를 알기 어렵다.

성화(成化) 신묘년(1471)에 공을 낳았다. 공의 성품이 효성스럽고 우애가 있었다. 자태가 또한 강직하고 굉달(宏達)[6]하며 큰 절개가 많았다. 나이 14세에 점필재(佔畢齋) 김종직(金宗直) 문하에 나아가 제자례(弟子禮: 執贄)를 행하였다. 부지런히 공부함에 학문이 나날이 진보되어 아름다운 소문이 더욱 알려졌다.

　홍치(弘治) 기유년(1489)에 진사시(進士試)에서 제이인(第二人)으로 급제, 열아홉 살에 태학(太學)에 유학(遊學)하게 되었다. 이 때 성종께서 몸이 편찮으시어[不安節] 대비가 몰래 무녀(巫女)에게 기도하도록 하였다. 반궁(泮宮) 벽송정(碧松亭)에서 야제(野祭)를 베풀 적에 공이 여러 사람과 음사(淫祀)를 금지시킬 것을 논의하였고, 또 그 무녀를 매질하여 내쫓았다. 이에 자전(慈殿)께서 들으시고 크게 노하여 성종께 고하니, 성종께서 성내는 척하며 곧 성균관에 명하여 관련 유생들의 성명을 모두 적어 아뢰라 하였다. 여러 유생들이 모두 놀라고 두려워하면서 달아나거나 숨었다. 공이 홀로 용감하게 나아가 스스로 담당하니, 성종께서 성균관의 장(長)에게 명하여 "그대가 유생들을 잘 이끌어서 선비의 풍습을 바른 데로 돌아가게 하니 내 그것을 가상하게 여기노라"고 하고는 특별히 명하여 술을 내리셨다. 이로부터 곧다는 명성이 크게 진동하니 그의 강의(剛毅)하고 굽히지 않는 성품이 이러하였다.

　당시 윤필상이 권력을 잡고 정사를 제멋대로 하였다. 공이 가뭄과 관련하여 글을 올려 "윤필상을 팽형(烹刑)에 처해야 하늘이 비를 주실

6　재주와 식견이 뛰어나 사리에 통달하다.

것이다"고 하였다. 윤필상을 길에서 만났는데, 그가 불러 말하기를 "그대가 꼭 이 늙은이의 고기를 먹어야만 하겠는가?"라고 하였다. 공은 머리를 쳐들고 돌아보지도 않고 가 버렸다.

윤필상이 은밀하게 성종께 권하면서 자전께서 부처를 받드는 일에 따르기를 청함에, 공이 또 여러 유생을 거느리고 상소하여 간귀(奸鬼)로 지목하고 죽일 것을 청하였다. 성종께서 친히 불러 '귀(鬼)' 자의 뜻을 물으니 공이 즉시 대답하기를 "행동하는 것이 저런데도 남들이 모르기 때문에 '귀'라고 합니다"고 하였다. 이 말을 들은 사람들이 그의 민첩함에 감복하였다. 성종께서 명하여 하옥시켜 죄를 다스리라 하시니, 장차 일이 어찌될지 예측할 수 없었는데 정승 허종(許琮)이 힘써 구원함에 힘입어 충청도 공주로 유배되는 데 그쳤다. 충직하고 아첨하지 않는 성품이 이와 같았다.

을묘년(1495) 겨울에 문과에 장원급제하여 성균관 전적(典籍) 겸 종학 사회(宗學司誨)에 제수되었다가 외직으로 나가 영안남도 평사(永安南道評事)가 되었다. 연산군의 정사가 어지럽자 군소배(群小輩)가 독한 성미를 함부로 부렸다. 남들이 공을 위해 위태롭게 여겼는데 과연 윤필상이 얽어놓은 함정에 걸렸다. 당시 공의 나이 스물여덟이었다. 윤필상이 공에 대한 원한을 버리지 않더니, 갑자사화 때에 참혹한 죽임[7]을 추가로 시행하였다.

중종반정이 이루어지자 그 관작을 복구시키고 몰수한 가산(家産)을

---

7 부관참시(剖棺斬屍)를 말한다.

돌려주었다. 뒤에 그 아들이 귀하게 된 까닭에 참판을 증직하였다. 그가 충(忠)을 밟고 의(義)를 잡아 살아서는 순리를 따르고 죽어서는 평안을 추구하는[存順沒寧]⁸ 성품이 이와 같았다.

공산(公山: 공주)의 많은 선비가 사당을 세워 제사를 지냈으며 나라에서 편액(扁額)을 내려 '충현(忠賢)'이라 하였다. 청음(淸陰) 김공(金公)은 비문을 지어 말하기를 "공은 집에서 거처할 때에는 신실(信實)하고 화락(和樂)하였으나, 일의 시비에 대해 논할 때에는 선악을 변별(辨別)하여 강개(慷慨)하고 매우 정직하여 회피하는 일이 없었다. 항상 우리 도[吾道]를 부식(扶植)하고 이단을 물리치는 것을 자신의 임무로 삼았다"고 하였다. 계곡(谿谷) 장공(張公: 張維) 또한 공을 찬미(讚美)하기를 "높은 재질과 준열한 절조는 성묘(成廟) 때 북돋아 길러졌으나 혼조(昏朝)에 이르러 젊은 나이에 일찍 꺾이고 말았다. 그의 글을 읽고 그의 인물을 생각함에 늠름하여 생기가 있다"고 하였다. 그 밖의 언행은 역시 잠곡(潛谷) 김공(金公: 金堉)이 지은 『해동명신록(海東名臣錄)』에 실려 있으며, 임보신(任輔臣)의 『병정록(丙丁錄)』과 차천로(車天輅)의 『설림(說林)』⁹ 같은 책에도 칭찬하여 말한 것이 매우 상세하다.

일찍이 계해년(1683, 숙종 9년)에 임금께서 특별히 윤음(綸音)을 내려 구양철(歐陽澈)·진동(陳東)·하번(何蕃) 등의 절의를 포가(褒嘉)¹⁰하여 반궁(泮宮)의 오른 쪽에 별채 사당을 지을 것을 의논하였다. 그리고 본조

---

8 장횡거(張橫渠)의 「서명(西銘)」 말미에 "살아서는 내가 순리에 따라 섬기다가, 죽어서는 내가 편안하리라[存吾順事 沒吾寧也]"는 말이 있다.
9 원래 이름은 『오산설림초고(五山說林草藁)』이다.
10 훌륭한 행적을 칭찬하고 권장함.

에 들어 절행(節行)이 있는 사람을 특별히 영을 내려 함께 향사(享祀)하려 하였다. 그 때 옥서(玉署: 홍문관)의 장(長)이 공의 덕망과 풍절(風節: 풍채와 절개)이 옛 사람에 부끄럽지 않다고 하여, 표나게 들어서 건백(建白)하였다. 그 뒤 경기·호서(畿湖) 양도의 많은 선비들이 합사(合辭)[11]하여 같이 부르짖으며 청하되, 같이 화를 입은 제현과 한 가지로 아울러 포상하도록 하였다. 여기서 일세(一世)의 공론(公論)이 존재함을 더욱 볼 수 있다.

통진(通津)의 상포(霜浦) 여금산(餘金山)에 장사지내니 선조(先兆: 선영)를 따른 것이다. 공이 총각 시절[童卅] 참판 김수손이 대사성이 되어 반궁에서 강석(講席)을 베풀었는데, 눈이 마주치는 곳에 도가 있어[目擊道存] 자신의 딸로써 아내를 삼도록 하였다. 김부인은 지극한 행실이 있고 사리에 통달하였다. 공이 비명에 간 것을 매우 슬퍼하여 종일 통곡한 나머지 공을 따라 죽으려 한 것이 여러 번이었다. 아들 세장(世璋)은 공이 화를 당할 때 한 살이었다. 부인은 자애(慈愛)로만 대하지 않고 '의로써 몸가짐을 곧게 하는 것'[義以方外]으로써 가르쳤다.

아들은 문과에 급제한 뒤 화현직(華顯職)[12]을 두루 거치고 관찰사로 마쳤으며 청백리에 선발되었다. 명종께서는 '청백(淸白)'이란 두 글자를 친히 써서 상으로 주었다. 부인 또한 아들이 귀하게 되자 봉작(封爵)을 받고 귀한 분으로 봉양을 받은 것[鼎養]이 거의 40년이었다. 가정(嘉靖)

---

11 함께 소(疏)를 올림.
12 화려하고 중요한 벼슬.

무오(戊午: 명종 13년, 1558)에 세상을 떠나니 향년 81세였다. 공주 무성산(武城山) 김씨 선영 곁에 장사지냈다.

관찰사는 오남삼녀를 두었다. 첫째가 병절교위(秉節校尉) 건(鍵)이요, 다음이 사과(司果) 난(鑾)이요, 그 다음이 수의부위(修義副尉) 기(錡)요, 그 다음이 병조정랑(兵曹正郎) 갱(鏗)이요 마지막이 좌승지 철(鐵)이다. 사위는 한성참군(漢城參軍) 정수후(鄭守厚)와 화릉부정(花陵副正) 수혜(秀蕙)와 현령(縣令) 구운한(具雲翰)이다. 내외의 여러 손자는 다 기록할 수가 없다.

아아! 일찍이 선배들이 서로 전하는 말을 듣건대, 공은『춘추좌씨전(春秋左氏傳)』읽기를 좋아하였으니 잠심완미(潛心玩味)하여 손에서 책을 놓지 않았다. 또 범중엄(范仲淹)의 덕업을 흠모하여 벽 위에 써놓고 경앙(景仰)하는 마음을 부쳤다. 화를 당하던 날에 이르러 사형을 눈앞에 두고도 그 정신과 기색이 흔들리지 않았으며, 의기양양하게 노래를 지어 스스로 부르며 거의 털끝만큼도 동요하지 않았다. 군자가 이에 사법(師法)을 전수(傳授)함에 유래(由來)가 있음을 더욱 잘 알게 되었다.

공의 생애를 생각하건대, 그 살신성인(殺身成仁)하고 우뚝 서서 다른 것을 돌아보지 않는 절개는 아직까지도 밝게 빛나 사람의 이목을 비춘다. 이는 진실로『춘추』에서 터득한 것이 크다. 그러나 저 이른 나이에 일찍 꺾여서 희문(希文: 범중엄의 字)이 온축(蘊蓄)한 것을 펴지 못한 것이 한스럽다. 혹시 이른바 천도(天道)라는 것도 그른 것인가?

그러나 비괘(否卦)가 극하여 태괘(泰卦)가 되어,[13] 해와 달이 거듭 밝아짐에 깨끗한 이름과 곧은 절개가 역사책[竹帛]에 빛나고, 증직을 받고 시호를 받은 것은 영광스럽게도 저승에서까지 빛난다. 이야말로 "죽은 뒤의 일이 살아 있을 때보다 낫다"는 것이리라. 신포서(申包胥)[14]가 이른 바 "하늘의 뜻이 정해지면 사람을 이기게 된다"[15]는 말이 과연 헛되지 않도다. 삼가 옛 사실에 의거하여 글을 태상시(太常寺)[16]로 보내 시호를 받는 특전[易名之典]을 감히 청한다.

贈資憲大夫吏曹判書兼知經筵義禁府事弘文館大提學藝文館大提學春秋館成均館事世子左賓客五衛都摠府都摠管行進勇校尉永安南道評事李公諡狀

昔在燕山戊午, 史獄起. 評事贈參判李公, 與濯纓金公馹孫諸賢, 同罹慘禍. 甲子又禍及泉壤. 逮至中廟改玉, 同禍諸賢, 幷加伸雪, 贈職贈諡, 而公獨未蒙褒贈之典, 士林至今惜之. 殿下四十二年[17]丁酉三月, 幸溫

---

13 액운과 길운(吉運)이 각각 극점에 이르면 반대로 되돌아온다는 '물극즉반(物極則反)'의 원리에 입각해서 세상일의 성쇠와 운명의 순역(順逆)이 서로 극에 이르면 뒤바뀌게 되는 것을 말한다. 『주역』의 비괘는 하늘과 땅의 기운이 서로 막혀서 통하지 않는 것으로 난세(亂世)를 상징하고, 태괘는 만물이 형통하게 되는 치세(治世)를 가리킨다.

14 중국 춘추시대 초(楚) 나라 대부. 오자서(伍子胥)가 오(吳) 나라 군대를 이끌고 초나라를 급히 공격하자, 신포서가 진(秦) 나라 조정에 가서 7일 낮밤을 통곡하며 호소하여, 구원병을 얻어 국난을 타개하였다. 『춘추좌씨전』 정공(定公) 4년조 참조.

15 『사기』 권66, 「오자서열전(伍子胥列傳)」에 "사람이 많으면 하늘을 이기는 경우도 있지만, 하늘의 뜻이 정해지면 역시 사람을 이기는 법이다"(人衆者勝天, 天定亦能破人)라는 말이 있다. 소식(蘇軾)이 이를 인용하여 "人衆者勝天 天定亦勝人"이라는 시구로 표현하면서 더욱 유명한 격언이 되었다. 『소동파시집(蘇東坡詩集)』 권45, 「용전운재화손지거(用前韻再和孫志擧)」 참조.

16 조선시대 왕실에서 각종 제향과 시호 내리는 것을 맡아보던 봉상시(奉常寺)의 다른 이름.

17 43년의 잘못이다. 서기 1717년.

陽郡之溫泉, 後孫之居湖西者, 叫狀駕前, 啓下吏曹. 該曹請贈吏曹判書, 而至於賜諡一款, 禮曹以事體重大, 循例防啓. 其後禮判登筵, 詳陳公之自少節義及被禍事實. 自上下詢, 大臣所對亦然, 特命贈諡褒嘉, 隱卒之典, 始行於二百載之後. 一國士論, 將自此無憾, 而我聖祖崇獎節義, 在樹風聲之化, 永有辭於後若今矣. 謹按狀, 公諱穆, 字仲雍. 系出完山, 開國功臣完城君伯由之四世孫也. 曾祖諱粟, 軍器寺正, 祖諱孫若, 高城郡事. 考諱閏生, 副司果, 贈戶曹參議. 妣淑夫人南陽洪氏, 直長孟阜之女也. 成化辛卯擧公. 公性旣孝友, 姿且剛直, 宏達多大節. 年十四, 執贄[18]于佔畢[19]齋金先生之門, 勤業, 學日月將就, 華聞彌彰. 弘治己酉, 中進士第二. 年十九遊太學. 時成廟有不安節, 慈殿密令巫女祈禱, 設野祭於泮宮碧松亭. 公倡議禁祀, 又杖其女巫. 慈殿聞而大怒, 告成廟. 成廟佯怒, 卽命本館, 悉錄其儒生姓名以啓. 諸儒咸驚怖竄匿, 而公獨挺身自當. 成廟召國子長, 敎曰:「爾能導率儒生, 使士習歸正, 予用嘉之」特命賞以酒. 由是直聲大振, 其剛毅不屈如此. 時尹弼商, 秉權用事. 公因天旱, 上章曰:「烹尹弼商, 天乃雨!」弼商遇諸塗, 呼之曰:「君必食老夫肉耶?」公昂然不顧而去. 弼商陰勸成廟, 請從慈殿崇佛之意. 公又率諸生抗疏, 目爲奸鬼, 而請誅之. 成廟召入, 親問鬼字之義. 公卽對曰:「所行如彼, 而人不知, 故曰鬼」聞者服其敏. [上][20]命下理, 事將不測, 賴許相國琮力救, 止配公州. 忠直不阿如此. 乙卯冬,

---

18 贄: 1914년판 『한재집』에는 '摯'로 되어 있어 바로잡았다.
19 畢: 1914년판 『한재집』에는 'イ+畢'로 되어 있어 바로잡았다.
20 [上]: 1914년판 『한재집』에는 빠졌다.

中文科壯元, 授成均館典籍, 兼宗學司誨, 出爲永安南道評事. 燕山政亂, 群小肆毒, 人爲公危之. 果爲弼商所搆陷, 時年二十八. 弼商恨公不置, 甲子追施慘僇. 靖陵反正, 復其官爵, 還給其沒入家産. 後以子貴, 贈參判. 其蹈忠秉義, 存順沒寧如此. 公山多士, 建祠俎豆之, 賜額忠賢. 淸陰金公撰碑曰:「居家怡怡和樂, 論事是非, 辨別臧否, 慷慨切直, 無所回避, 常以扶吾道闢異端爲己任」谿谷張公, 亦嘗讚美曰:「高材峻節, 培植於成廟, 夭椓於昏朝. 讀其書, 想其人, 凜凜有生氣」其他言行, 亦具載潛谷金公所著海東名臣錄, 如任輔臣丙丁錄, 車天輅說林之類, 稱道甚詳. 曾在癸亥, 上特宣綸音, 襃嘉歐陽澈陳東[21]何蕃等節義, 議營別宇于泮宮之右, 仍以本朝有節行者, 特令合享. 其時玉署長, 以公懿望風節, 無愧古人, 標擧而建白之. 其後畿湖兩道多士, 合辭齊籲請, 一依同禍諸賢, 幷加許襃, 於此益可見一世公議之所存也. 葬于通津霜浦餘金山, 從先兆也. 公在童丱, 金參判首孫, 爲大司成. 於泮宮講席, 目擊道存, 以女妻之. 金夫人, 有至行達事理, 痛公非命, 晝哭之餘, 欲從公死者數矣. 男世璋, 公被禍時齠一, 夫人不徒以慈愛, 必敎以義方, 中文科歷敭華顯, 以觀察使終, 被選淸白吏. 明廟親書淸白二字以襃之. 夫人亦以子貴, 封爵鼎養幾四十年. 嘉靖戊午, 棄子孫, 春秋八十一. 葬于公州茂城山金氏先塋之側. 觀察有五男三女, 男秉節校尉鍵, 司果鑾, 修義副尉錡, 兵曹正郎鏗, 左承旨鐵. 壻漢城參軍鄭守厚, 花陵副正秀蕙, 縣令具雲翰. 內外諸孫, 不能盡載. 噫! 嘗聞先輩, 相傳言, 公少時,

---

21 東: 1914년판 『한재집』에는 '柬(간)'으로 되어 있어 바로잡았다.

好觀左氏春秋, 潛心玩味, 手不釋卷. 又慕范仲淹之德業, 書諸壁上, 以寓景仰之心. 及至被禍之日, 臨刑不亂神色, 陽陽作歌自唱, 略不動一髮. 君子於是益知其傳授師法有由來矣. 考公平生, 其殺身成仁卓立不顧之節, 尙今爀爀, 照人耳目, 此固有得於春秋者大矣. 而獨恨夫早歲夭椓, 終未展希文之所蘊, 倘所謂天道者非耶? 然否極而泰, 日月重明, 淸名直節, 輝映竹帛, 褒贈恩諡, 榮耀泉塗, 此所謂死賢於生矣. 申包胥所謂天定勝人者, 果不誣也. 謹據故實, 移狀太常, 敢請易名之典.

2. 문묘文廟에 종사從祀할 것을 청하는 소疏

윤정수(尹正洙)

사학 유생(四學儒生) 유학(幼學) 윤정수(尹正洙) 등은 참으로 황공하게도 돈수백배(頓首百拜)[22]하옵고, 주상 전하(主上殿下)께 말씀을 올립니다. 엎드려 생각하건대, 현인(賢人)을 높이고 도를 중하게 여기는 교화가 우리 조정에서보다 숭상된 적이 없고, 지난날의 성인의 전통을 잇고 미래 후학들의 길을 열어주는 통서(統緖)가 태학보다 상세한 적이 없습니다. 태학에 들어가 성묘(聖廟)를 우러러보니, 부자(夫子)는 좌석에 앉아 계시고, 안자(顔子)·증자(曾子)가 뒤에 가까이 계십니다. 아래에는 한(漢)·당(唐)·송(宋) 이래로 이에 우리 동방의 여러 유현(儒賢)까지 칠십자(七十子)가 은은하게 모시는 열위(列位)에 나란히 모시지 않음이 없으니, 이는 곧 위아래 수천 년 동안의 오도(吾道) 연원의 대일통(大一統)[23]인 것입니다.

혹여 합향(合享)에 겨를이 없었을 경우, 조만(早晚)과 선후(先後)를 논하지 않고, 많은 선비가 글을 올려 진정하고 재신(宰臣)이 경연에서 아뢰어 욕례(縟禮)[24]의 의론을 아울러 행함에 우리 도가 더욱 빛을 발휘했습니다. 이것은 우리 역대 성스러운 조정[聖朝]에서 이룩하신 법이요

---

22 머리를 조아리고 백 번 절을 함.
23 천하의 사상과 이념을 하나로 통일시킨다는 말. 『춘추』의 의리이다.
24 번거롭고 까다로운 예절. 여기서는 문묘에 종사(從祀)하는 것을 말한다.

아름다운 전례입니다. 어찌 성현이 전수하는 업을 우리 조정에서 그 회통(會統)을 얻어서 저 학문과 절행으로 사문에 공이 있는 자로 하여금 소성(小成)을 많이 모아 성도(聖道)를 집대성(集大成)한 사람을 빛나게 하는 것이 아니겠습니까?

신이 가만히 생각하건대, 저 고(故) 평사 신 이목은 학문 연원으로 말하자면 선정(先正) 신 김종직의 고제(高弟: 수제자)입니다. 그 기절이 수립된 바로써 말하자면 정(正)을 붙들고 사(邪)를 누르며 탁(濁)을 맑게 하고 청(淸)을 드날렸으니 실로 천고에 뛰어난 공(功)이 있습니다. 그러나 쓸쓸하게도 수백 년이 지나도록 성무(聖廡: 문묘)의 제향(躋享)25에 대한 의논이 있다는 말을 아직 듣지 못하였습니다. 이는 조정의 흠이 되는 일[欠典]이니 사림이 억울하고 원통하게 생각한 것이 실로 오래 되었습니다. 신 등은 이에 감히 목의 실학(實學)과 실적(實蹟)을 간략하게 들어 사뢰겠습니다.

목은 대개 어리고 젊은 때부터 김종직의 문하에 나아가 배웠습니다. 성명리기(性命理氣)에 대한 학문(性理學)에 온오(蘊奧)를 투철하게 하였습니다. 도학과 문장의 조예는 고매하고 발군(拔群)한 것이었습니다. 그 당시 유현으로 김굉필(金宏弼) · 정여창(鄭汝昌)과 동문(同門)으로서 이택(麗澤)26하여 서로가 백중(伯仲)의 관계가 되었습니다. 우리 동방 도학을 밝게 전한 것이 이에 성하였으며, 간절하고 정직한 말과 강개한 절

---

25 특정한 자리에 올려서 모심.
26 아래 위의 연못이 이어져 있어 서로 물을 풍부하게 대주는 것을 의미한다. 사제(師弟)와 붕우(朋友) 사이에 서로 도와 학문과 덕을 닦는 것을 비유하는 말로 사용된다.

개가 이미 사우(師友)들이 추중하는 바가 되었습니다.

약관에 상상(上庠: 성균관)에 올라, 사문(斯文)을 일으키는 것으로 자기의 임무를 삼으니, 풍채(風采)와 논의가 일세를 깜짝 놀라게[聳動] 하였습니다. 대개 사문(師門)에서 갈고 닦은 공은 발딛고 온[着脚來] 데 바탕이 있었습니다. 그러므로 우리 도를 붙들고 이단을 물리치는 의리는 눈을 밝게 뜨고 담을 크게 가지지[明目張膽] 않은 적이 없어서, 마침내 허다한 사공(事功)을 만들어내게 되었던 것입니다.

신들이 삼가 고 명신 차천로(車天輅: 1556~1615)의 『오산설림초고(五山說林草藁)』27를 살펴보니 다음과 같은 내용이 있었습니다. 우리 성종대왕께서 문묘를 배알(拜謁)하고 돌아오신 뒤 곧 몸이 불편하시었습니다. 정희대비(貞熹大妃)28께서 걱정하시어 여러 무당들에게 물어 보니, 모두 대답하기를 "반궁(泮宮)에서 귀신이 붙었다"고 하였습니다. 이에 궁인에게 명하여 여러 무당을 거느리고 대성전(大成殿)29 가운데서 제사를 행하였는데, 태학생 이목이 여러 생도들을 불러서 거느리고 여러 무당들을 매질하여 쫓으며, 장구[腰鼓]와 잡악을 몽둥이로 때려 부수었습니다. 궁인이 놀라 흩어져서 들어가 아뢰니, 대비께서 크게 화를 내시고 대전(大殿)께 고하여, 장차 여러 생도들을 모두 벌을 주려 하였습니다. 그런데 성종대왕께서는 베개를 밀치고 일어나 "우리 태학 생도가 이러하니 절의가 있음이 아닌가? 선비란 나라의 원기(元氣)이다. 원기

---

27 한국고전번역원, 『대동야승(大東野乘)』 제2권(1985)에 실렸다.
28 인수대비(仁粹大妃)의 잘못이다.
29 다른 기록에는 '벽송정(碧松亭)'이라고 하였다.

가 시들지 않았으니 나의 병이 나은 것 같구나"라 한 뒤, 드디어 지성균 관사(知成均館事) 이하에게 명하여 여러 생도들을 거느리도록 하고, 근정전에서 잔치를 베풀었다고 합니다.

또 살피건대, 고 상신(相臣) 김육(金堉)이 지은 『해동명신록(海東名臣錄)』에 다음과 같은 내용이 있었습니다. 윤필상(尹弼商)이 정승이 되어 정권을 휘두를 때 마침 날씨가 몹시 가물었습니다. 이 때 이목이 상소하여 "윤필상을 팽형(烹刑)에 처해야 하늘이 비를 주시리라"고 하였습니다. 윤필상이 길에서 이목을 만나게 되자 그를 불러 말하기를 "그대가 꼭 이 늙은이의 고기를 먹어야만 하겠는가?"라고 하니, 이목은 앙연(怏然)히 돌아보지도 않고 가버렸습니다. 그 뒤에 윤필상이 몰래 임금께 권하여 자전(慈殿)을 따라 부처를 받들도록 청하였습니다. 이목이 듣고 또 상소하여 윤필상의 간사함을 논하여 '간귀(奸鬼)'로 지목하니, 주상 전하께서 노여워하며 불러 친히 물으시기를 "네가 어찌 우리 정승을 배척하여 '귀(鬼)'라 하는고?"라 하였습니다. 이에 이목이 대답하기를 "행하는 바가 저런데도 사람들이 귀신된 이유를 알지 못합니다"고 하니, 주상께서 장차 옥에 가두고 죄를 다스리려 하였습니다. 그러나 다른 정승이 힘써 구원하여 공주로 귀양 가는 선에서 그쳤습니다. 이로부터 곧다는 명성[直聲]이 크게 떨치게 되었습니다.

을묘년(1495) 문과에 장원 급제하여 외직으로 나가 영안남도 평사(永安南道評事)가 되었습니다. 무오사화가 일어나자 윤필상이 이목의 죄목을 얽고 모함하였습니다. 김종직의 문하에서 수업한 것을 죄로 삼았으니, 김굉필·정여창·김일손(金馹孫)·권오복(權五福) 등과 함께 혹독한 화를 입었습니다. 사형을 눈앞에 두고도 정신과 기백이 평상시와 같았고, 스스로 절명가(絶命歌)를 지어 불렀습니다. 그 때 나이가 28세였습니다. 윤필상은 그 뒤에도 원한에 사무침이 그치지 않아 갑자사화 때 화가 천양(泉壤: 地下)에까지 미쳤습니다. 예부터 참혹하게 화를 당한 경우로 이목과 같은 사람은 없었습니다.

중종께서 반정(反正)하여 즉위하심에, 모두 다 관작을 복구시켰습니다. 숙종 때에는 예관(禮官) 민진후(閔鎭厚)가 아뢴 바에 따라 영의정 김창집(金昌集)이 헌의(獻議)하여 이조판서를 추증하였고, 또 명하여 시호를 내리셨습니다. 아아! 이것이 이목의 학문과 절의를 대략 말씀 드린 것이옵니다.

사우(師友)를 좇아 강습(講習)한 것이 이미 저와 같이 독실하였고, 우리 도를 수립(樹立)한 것이 또 이처럼 우뚝하게 뛰어났으며, 죽음에 이르러서도 변하지 않고 살신성인(殺身成仁)하였으니, 바로 이른바 "학문의 힘은 속일 수 없다"고 하는 것인가 합니다.

공자께서 병환이 있자 자로(子路)가 기도할 것을 청하니, 공자께서 "나는 기도한 지가 오래 되었노라"[30]고 하였습니다. 임금의 환후[違豫]로 말미암아 있었던 음사(淫祀)를 내쫓은 것은 부자께서 자로를 경계한 뜻입니다. 왕손가(王孫賈)가 "부뚜막에 잘 보이는 것이 낫다"고 하자 공자께서 "하늘에 죄를 얻으면 빌 곳도 없느니라"[31]고 하셨으니, 가뭄으로

---

30 『논어』,「술이(述而)」"子疾病, 子路請禱, 子曰:「有諸?」子路對曰:「有之, 誄曰, 禱爾于上下神祇」子曰: 丘之禱久矣."
31 『논어』,「팔일(八佾)」"王孫賈問曰:「與其媚於奧, 寧媚於竈, 何謂也?」子曰:「不然. 獲罪於天, 無所禱也」"

인하여 권세 있는 간신(奸臣)을 팽형에 처하도록 청한 것은 역시 공부자께서 왕손가의 건의를 물리친 뜻이라 하겠습니다.

맹자께서 양주(楊朱)·묵적(墨翟)을 물리친 공이 우(禹) 임금 아래에 있지 않습니다. 한유(韓愈)가「불골표(佛骨表)」를 지어 한 마디 말로써 만세의 법이 되었습니다. 생각건대 윤필상이 몰래 불교를 숭상하는 논을 주장한 것은 해로움이 양주·묵적보다 심하니, '간귀'로 지목하여 목을 벨 것을 청한 것은 "맹자 뒤의 한 사람[孟子後一人]"이 되기에 부끄럽지 않습니다. 한창려(韓昌黎: 韓愈)가 불교를 배척한 공과 함께 같이 종향(從享)³²의 열(列)에 들지 못한 것은 어찌 성조(聖朝)의 궐전(闕典)³³이 아니겠습니까? 옛날 문정공(文正公) 신 김상헌(金尙憲)이 지은 비문을 살펴보건대, 우리 도를 붙들고 이단을 물리쳤다는 '부오도(扶吾道) 벽이단(闢異端)' 여섯 글자를 크게 특별히 썼습니다. 이것은 정명도(程明道)의 「묘표(墓表)」³⁴에서 이른바 "성인의 도가 세상에 다시 밝아졌다"(聖人之道, 復明於世)고 함입니다.

고(故) 처사(處士) 신 서기(徐起: 1523~1592)³⁵가 일찍이 바다를 건너 중국 남경(南京)에 갔다가 주문공(朱文公: 주자)의 진본(眞本) 화상을 얻어와

---

32 성균관 문묘의 양무(兩廡)에 모셔지는 것. 대성전에 모셔지는 배향과는 차이가 있음.
33 불완전한 전례(典禮).
34 아우 정이천(程伊川)이 찬술하였다.
35 조선 중기의 학자. 자는 대가(待可), 호는 고청초로(孤靑樵老)·이와(頤窩). 본관은 이천(利川). 구령(龜齡)의 아들이다. 서경덕(徐敬德)·이중호(李仲虎)·이지함(李之菡)을 사사하였다. 어려서부터 학문에 전념하여 제자백가(諸子百家)는 물론 방술(方術)에까지도 통달하였으며, 선학(禪學)을 좋아하였다. 특히 이지함을 만나고 나서 유학(儒學)이 정도(正道)임을 깨달았다. 홍주(洪州)와 지리산·계룡산 근처로 거처를 옮겨다니면서 강학에만 전념하였다. 충청남도 공주의 충현서원에 배향되었다. 저서로『고청유고(孤靑遺稿)』가 있다.

이목의 영정 족자[影簇]와 함께 강실(講室)에 받들어 모시고 아침저녁으로 우러러 절을 하였습니다.36 이것은 대개 "이목의 학문 연원이 주자 뒤로 전승(傳承)에서 그 근본을 얻었다"고 생각하기 때문입니다. 후세의 학자가 이 자리에서 조두(俎豆)37를 행하니 지금의 충현서원(忠賢書院)이 이곳입니다.

이목은 젊어서 『춘추』 읽기를 좋아하여 손에서 책을 놓지 않았으며, 또 범중엄의 덕업(德業)을 사모하여 벽 위에 글을 써 붙여 놓고 경앙(景仰)하는 마음을 붙였습니다. 정확(鼎鑊)38이 앞에 있어도 우리 도를 지키는 정성이 깊고 돈독하였으며, 우레와 벼락이 계속 내리쳐도 악을 미워하는 마음이 변하지 않았습니다. 군자들이 이에 그가 사법(師法)을 전수(傳授)함에 내력이 있다는 사실을 더욱 잘 알게 되었습니다.

찬성(贊成) 신 강현(姜鋧)이 지은 「시장(諡狀)」에서는 "『춘추』에서 터득한 것이 크지만, 유독 저 이른 나이에 요절하여 끝내 희문(希文: 범중엄의 자)이 온축(蘊蓄)한 것을 펴보지도 못한 것이 한스럽다"고 하였습니다. "그 글을 읽게 되면 늠연하여 생기가 있다. 청아한 풍채와 곧은 절개는 만고에 걸쳐 없어지지 않을 것이라"고 한 것은 문충공 신 장유(張維)가 묘지명에서 한 말이요, "큰 절개를 세우고 기강을 붙들어서 사문(斯文)에 공이 있다. 태학을 설치하여 공부자를 높이 받든 뒤로 실로 우리 동방의 일인자이다"고 한 것은 민진후가 경연(經筵)에서 임금께 아

---

36 윤수동(尹秀東), 「회암영정실기(晦菴影幀實記)」(『孤靑遺稿』 所收) 참조.
37 제사를 지낼 때 쓰는 그릇. 전하여 제사를 가리키기도 한다.
38 발이 없는 큰 솥. 죄인을 넣고 삶아 죽이는 고대의 큰 솥.

된 말입니다.

역대 조정에서 화곤(華袞)³⁹으로 포상(褒賞)한 일은 후원일기(喉院日記)⁴⁰에 자세히 실려 있으며, 여러 군자들의 금석문 관계 글들은 『야승(野乘)』과 『연보』에 흩어져 나옵니다. 그 성도(聖道)를 높이고 사설(邪說)을 막는 데 공이 있음은 바로 한결같이 전수된 심법에 부응한 것임에도 어찌 성무(聖廡) 가운데 제향(躋享)하는 열위에 답하지 않는 것입니까? 더구나 스승으로 말하자면 김종직 같은 분이고, 동문으로 말하자면 김굉필·정여창과 같은 분임에랴 더 말할 나위가 있겠습니까? 살아서는 학문으로 서로 도왔으며, 죽어서는 절의가 비슷했습니다. 한훤(寒暄: 김굉필)과 일두(一蠹: 정여창)에게 욕례(縟禮: 從祀)가 이미 행해진 것에 대해 대저 누가 "이 사람들에게는 합당하지 않다"고 하겠습니까?

무릇 영조 병오년(1726) 사이에 이르러 음희(淫戱)와 잡악(雜樂)이 반궁에 들어와 재사(齋舍)에 거처하는 유생이 분주하게 모여 구경하다가 대간(臺諫)에게 배척을 당한 일이 있었습니다. 주상께서 이목을 돌이켜 생각하여 마지않으시면서 「비망기(備忘記)」를 내려 "옛날에는 이목이 곧고 결단성 있음을 가상하게 여겨 장려하였는데, 지금에는 어물거려 결단성 없는 것이 풍속을 이루었도다. 남의 이목(耳目) 구실을 하는 지위의 사람 중에 누가 이목과 같은 풍도(風度)가 있는가?"하시고는 한성부(漢城府)에 단단히 타일러 경계하고, 무당에게 비는 행위를 일절 엄금

---

39 옛날 왕공 귀족(王公貴族)들이 입던 화려한 의복. 영총(榮寵)을 말한다.
40 '후원'은 승정원(承政院)의 별칭이다.

하시었습니다.

또 유소(儒疏)⁴¹에서 (이목을) 사현사(四賢祠)에 함께 배향할 것을 상소하여 청하자, 비답에 이르기를 "이목의 일은 일찍이 『해동야사(海東野史)』에서 보았노라. 성조(聖朝)에서 장보(章甫: 유생)를 배양(培養)하신 성덕(盛德)을 공경하여 우러러보았고, 사림의 격렬하고 솔직한[激切]한 기상에 깊이 감탄하였노라. 이제 너희들의 소(疏)를 보니 그 기상을 보는 것 같아서 나도 모르게 애석한 감정이 일어나는구나"고 하시었습니다. 선대 조정에서 이미 "배향하는 데 합당한 사람"을 두고 특별히 자문을 구하였는데, 당시 유신(儒臣)들이 진달(陳達)한 바가 이와 같았습니다. 지금에 와서 다시 논의할 실마리는 없다고 하여 해당 부서(該曹: 吏曹)에 영을 내려 '일체합향(一體合享)'⁴²할 것을 전교(傳敎)하시었습니다.⁴³

그런데 어떤 사람이 말하기를 "작질(爵秩)⁴⁴을 위판(位版)에 쓰는데 아마도 미안할 듯하다"⁴⁵고 하여 논란하다가 중지하게 되었습니다. 이 것은 진실로 당시 재신(宰臣)들의 신중한 뜻에서 나왔을 것입니다. 그러나 어찌 알겠습니까? 이 사현사에 함께 배향하는 것이 융숭하게 보답하는 은전[崇報之典]이 되는데 부족하니, 잠시 후일에 공의(公議)로 성무

---

41 유생들이 이름을 한곳에 잇대어 써서 올리던 상소(上疏).
42 한 사람처럼 함께 배향한다는 의미.
43 자세한 전말은 김간(金榦)의 『후재집(厚齋集)』권4, 「評事李穆合享於陳東歐陽澈祠可否及此外有何可合人議」를 참조할 것. "李穆之風節氣槩, 卓然炳煒, 前後所樹者甚多. 而其中碧松亭一事, 尤爲凜烈, 終又爲奸臣所構, 至於殞命, 則與陳歐事, 可謂千載一轍. 聖上之令該曹一體合享者, 出於振作士氣之事, 甚盛擧也."
44 작위와 녹봉(祿俸).
45 진동(陳東)·구양철(歐陽澈) 등 사현(四賢)은 순수한 태학생 신분으로 있으면서 절개를 세우고 죽었으나, 이목은 나중에 과거에 급제하여 벼슬을 지냈기 때문에, 작질(爵秩)을 가지고 위판에 쓰기가 미안하다는 말.

(聖廡)에 종사(從祀)할 것을 기다리느라고 그런 것이 아닌줄을?

아아! 인문(人文)이 땅에 떨어지는 날에 이목은 까마득한 하나의 태학생으로서 한 손으로 하늘을 떠받치는[擎天] 공은 성인의 도가 광명을 되찾도록[重光] 하였고, 모든 시내의 물줄기가 거세게 말려 올라가는[廻瀾] 힘은 사문(斯文)이 힘입어 추락하지 않게 하였으니, 칠십 제자가 (공자를) 은은(誾誾)하게 모시고 있는 뒤의 열에 두는 것이 지나치지 않으며, 한·당·송·명의 제현 사이에 끼게 한다면 역시 빛이 날 것입니다.

삼가 생각하옵건대, 우리 전하께서는 성명(聖明)으로 어좌(御座)에 임하여 어두운 데까지 밝히지 않은 곳이 없습니다. 열성(列聖)께서 북돋아 기른 교화는 진실로 이미 우러러 계승하였고, 사문(斯文)을 밝혀서 드날리는 도는 또한 이미 아름다움을 극진히 하시었습니다. 이 사람 홀로 여러 유현(儒賢)이 종향(從享)된 대열에 참여할 수 없게 하였으니 신 등이 죽을 죄를 지었습니다. 가만히 생각하건대 천지 사이의 대인(大人)이라도 오히려 유감으로 여겼을 터인데, 하물며 지금 사풍(士風)이 예와 같지 않고 정성(正聲)⁴⁶이 미약한 시절이겠습니까? 한 사람의 이목을 표장(表章)하는 일은 실로 성학을 밝히고 퇴폐한 풍속을 진작시키는 일대 관건(關鍵)이 될 것입니다.

신 등은 이에 외람되고 자질구레하다는 비판을 피하지 않고, 서로 거느리고 와서 부르고 부르짖사옵니다. 엎드려 바라옵건대 성명(聖明)께서는 굽어 통찰(洞察)하시고 성무(聖廡)에 종향할 것을 청하는 의론을

---

46 바른 곡조의 음악. 여기서는 바른 목소리를 말한다.

가납(嘉納)하시어 성덕(聖德)을 빛내고 사문을 행복하게 해주시옵소서.

신 등은 격렬하고 솔직함을 이기지 못하여 두려워하면서 간절하게 바라마지 않습니다. 삼가 죽음을 무릅쓰고 아룁니다.

請從享文廟疏

四學儒生幼學臣尹正洙等, 誠惶誠恐, 頓首百拜, 上言于主上殿下. 伏以, 崇賢重道之化, 莫尙於我朝, 繼往開來之緖, 莫詳於太學. 入學而瞻聖廟, 夫子在座, 顔曾後先, 下而漢唐宋以來, 爰曁吾東方諸儒賢, 無不躋享於七十子闇侍之列, 卽上下數千百載, 吾道淵源之大一統也. 厥或有未遑於合享者, 不論早晚先後, 多士陳疏, 宰臣筵奏, 縟議幷擧, 吾道彌光. 此我列聖朝成法美典也. 豈不以聖賢傳受之業, 惟我朝得其會統, 使夫學問節行之有功於斯文者, 如集衆小成, 以光聖道之集大成者耶? 臣等竊惟[47]夫故評事臣李穆, 以言其學問之淵源, 則先正臣金宗直之高弟也. 以言其氣節之所樹立, 則扶正抑邪, 激濁揚淸, 實有迥越千古之功, 寥寥數百年, 尙未聞有聖廡躋享之論, 朝家之欠典, 士林之抑冤, 厥維舊矣. 臣等茲敢略擧穆之實學實蹟, 而陳白之. 穆蓋自幼妙時, 就學於金宗直之門, 性命理氣之學, 透徹蘊奧, 道學文章之詣, 高邁拔萃. 其時儒賢金宏弼鄭汝昌, 同門麗澤, 迭爲伯仲, 吾東方道學之的傳, 於斯

---

47 1914년판 『한재집』에는 '惟(怪)'로 되어 있으나 '惟'가 옳다.

爲盛. 切直之言, 慷慨之節, 已爲師友之所推重矣. 弱冠登上庠, 以興起斯文爲己任, 風采論議, 聳動一世. 盖其師門切磋之功, 着脚來有素. 故其於扶吾道闢異端底義理, 未嘗不明目張膽, 畢竟做得來許多事功也. 臣等謹按故名臣車天輅說林, 我成宗大王, 謁文廟, 還仍不豫, 貞熹大妃[48]憂之, 問諸巫, 皆曰:「泮宮爲祟」, 乃命宮人, 率諸巫, 行祀於大成殿中, 太學生李穆倡領諸生, 杖逐諸巫, 槌破腰鼓雜樂. 宮人驚散, 入奏大妃, 大怒, 告于大殿, 將盡誅諸生. 成廟推枕蹶起曰:「吾太學生徒如此, 其有節義耶. 士者國之元氣也, 元氣不衰, 予疾若瘳」遂命知館事以下率諸生, 賜宴于勤政殿. 又按, 故相臣金堉所著海東名臣錄, 當尹弼商之爲相用事也, 會天旱. 穆上疏曰:「烹弼商, 天乃雨」弼商遇諸途, 呼曰:「君必食老夫肉耶?」穆昂然不顧而去. 後弼商陰勸上請從慈殿奉佛. 穆聞之, 又上疏, 論弼商奸邪, 目以奸鬼. 上怒, 召入親問曰:「爾何斥吾相爲鬼?」穆對曰:「所行如彼, 而人不知所以爲鬼」上將下理, 他相力救, 止配公州. 由是, 直聲大振矣. 中乙卯壯元文科, 出爲永安南道評事, 及戊午史禍起, 穆爲弼商所搆陷, 以其受業於金宗直爲罪, 竝與金宏弼·鄭汝昌·金馹孫·權五福等, 同被酷禍. 臨刑神氣如常, 自作絶命歌, 時年二十八. 弼商恨穆猶未已, 甲子禍及泉壤. 自古被禍之慘, 未有如穆者矣. 中廟改玉, 擧復官爵. 肅廟朝, 因禮判閔鎭厚所啓, 領相金昌集獻議, 贈吏曹判書, 又命賜諡. 嗚呼! 此穆學問節義之大略也. 師友之所講習, 旣如彼篤實, 吾道之所樹立, 又如是卓犖, 至死不渝, 殺身成仁,

---

[48] 1914년판 『한재집』에는 '妣'로 되어 있으나 '妃'가 옳다.

正所謂學問之力, 不可誣也. 子有疾, 子路請禱. 子曰:「某之禱久矣!」因上候之違豫, 而放逐淫祀, 卽夫子戒子路之義也. 王孫賈有媚竈之說, 而孔子曰:「獲罪于天, 無所禱也.」因天旱而請烹權奸者, 亦夫子斥孫賈之意也. 孟子之斥楊墨, 功不在禹下, 韓愈之論佛骨表, 一言爲萬世法. 惟彼弼商之陰主崇佛之論者, 害又甚於楊墨, 則目之奸鬼, 而請誅之者, 不愧爲孟子後一人, 而不得與韓昌黎斥佛之功, 同入於從享之列者, 獨不爲聖朝之闕典乎? 肆昔文正公臣金尙憲所撰碑文, 以扶吾道闢異端六字, 大書特書. 此又程明道墓表所稱, 聖人之道, 復明於世者也. 故處士臣徐起, 嘗航海赴南京, 得朱文公眞本畫像以來, 竝與穆影簇, 奉置講室, 朝夕瞻拜, 盖謂穆學問淵源, 朱子後, 傳得其宗故也. 後之學者, 仍於其地, 俎豆之, 今忠賢書院, 是也. 穆少好春秋, 手不釋卷. 又慕范仲淹之德業, 書諸壁上, 以寓景仰之心. 其鼎鑊在前, 而衛道之誠深篤, 雷霆疊震, 而疾惡之心不渝. 君子於是乎, 益知其傳授師法, 有由來矣. 贊成臣姜鋧所著諡狀, 以爲有得於春秋者大矣, 而獨恨夫早歲夭椓, 終未展希文之所蘊. 至於讀其書, 凜凜有生氣, 淸風直節, 亘萬古而不泯者, 文忠公臣張維之所撰於誌文也. 立大節, 扶綱紀, 有功斯文, 自設太學, 尊崇夫子之後, 實我東方一人者, 閔鎭厚之所啓筵中者也. 列聖朝, 華袞之褒, 備載於喉院日記[49], 衆君子金石之筆, 散出於野乘年譜, 其有功於尊聖道距邪說者, 正是一副當傳授心法, 顧不答於聖廡中躋享之列耶. 且況師而如金宗直, 同門而如金宏弼鄭汝昌者? 生而學問相資,

---

[49] 1914년판 『한재집』에는 '紀'로 되어 있으나 '記'가 옳다.

沒而節義相埒, 則縟禮之已行於寒暄一蠹者, 夫孰曰不合於斯人耶? 逮夫英廟丙午年間, 有淫戲雜樂, 入于泮宮, 居齋儒生, 奔走聚觀, 至被臺斥. 上追想穆未已, 下備忘記曰:「昔年嘉奬李穆之直截, 目今嫋娜成風, 在人耳目, 誰有李穆之風哉?」嚴飭京兆, 一截嚴禁巫祝. 又因儒疏, 以四賢祠合享事疏請, 則批曰:「李穆事, 曾見海東野史, 欽仰聖朝培養章甫之盛德, 深歎士林激切之氣像. 今觀爾等之疏, 若見其氣像, 不覺興嗟」而先朝已有特詢, 可以合享者, 而伊時儒臣所達, 亦如此, 則今無更議之端, 其令該曹, 一體合享爲敎矣. 或者之說, 有以爵秩之題於位板, 恐似未安, 難之而止. 此固出於時宰愼重之意, 而又安知非斯祠合享之論, 不足爲崇報之典, 而姑俟後日公議之躋享於聖廡而然者耶? 噫! 人文墜地之日, 穆以藐然一太學士, 隻手擎天之功, 聖道以之重光, 百川廻瀾之力, 斯文賴而不墜, 則列之於七十子闇侍之後者, 未爲過矣. 厠之於漢唐宋諸賢之間者, 亦有光矣. 恭惟, 我殿下, 聖明莅御, 無幽不燭, 列聖培養之化, 固已仰承矣, 斯文闡揚之道, 亦已盡美矣. 而使斯人, 獨不與於諸儒賢從享之列, 則臣等死罪. 竊以爲天地之大人, 猶有所憾也. 況今士風不古, 正聲寢微. 一李穆表章之擧, 實爲明聖學振頹俗之一大關棙也. 臣等玆不避猥屑之誅, 相率呼籲. 伏願聖明, 俯垂察納躋享聖廡, 以光聖德, 以幸斯文焉. 臣等無任激切屛營祈懇之至, 謹昧死以聞.

3. 비망기 備忘記[50]

영조 병오년(1726) 무렵 음란한 놀이와 잡스런 음악이 반궁에 들어왔다. 거재(居齋)하는 여러 태학생들이 분주하게 구경하다가 대간들의 배척을 받기에 이르렀다. 주상 전하께서 공(한재)을 추상(追想)하여 마지않더니 특별히 비망기를 내려 다음과 같이 말씀하시었다. "만약 오늘날 이목(李穆)이 무당을 매질하여 내쫓은 사기(士氣)가 살아있다면 어찌 이런 일이 일어나겠는가? 탄복하고 칭찬하면서 마음속으로 부끄럽게 생각함은 실로 '정도를 사모하고 쇠퇴한 습속을 근심하는' 두터운 마음에서 나온 것이다. 생각건대 이제 궐전(闕典)[51]을 잘 처리하여 거행하는 날에 관감표장(觀感表章)[52]하는 도리가 없어서야 되겠는가? 정간공(貞簡公)의 전후(前後) 사적을 자세히 기록하여 『정원일기(政院日記)』에 남기도록 하라!"

---

50 『한재연보』에 의하면, 영조 2년(1725) 임금이 부조지전(不祧之典)을 명하면서 내린 비망기라고 한다(『한재문집』, 1981, 221~222쪽). 비망기란 임금이 명령을 적어 승지(承旨)에게 전하던 문서이다. 『전주이씨 시중공파 황강공 세보』에서는 영조가 한재를 사현사(四賢祠)에 일체합향(一體合享) 하라는 상소에 대한 비답을 내릴 때 함께 내린 비망기라고 하였으나 이는 잘못이다.
51 의식과 제도 등에 빠지거나 불충분한 부분이 있는 것.
52 눈으로 보고 마음으로 느끼며, 또 세상에 널리 알려 칭송함.

備忘記[53]

英廟丙午間, 淫戲雜樂入于泮中. 居齋儒生, 奔走觀光, 至有臺斥. 上想公未已, 特下備忘記曰:「若使今日有李穆杖巫之士氣, 豈有此擧? 歎賞感愧, 實出於慕正道慇衰俗之盛意, 則顧今修擧闕典之日, 其可無觀感表章之道也哉? 貞簡公前後事蹟備錄, 留置於政院日記中」

---

[53] 이 내용은 족보에 부록으로 실린 것을 인용하였다. 『전주이씨 시중공파 황강공 세보』 제1권, 137~138쪽.

부록附錄

1. 감구유부: 이중옹을 전송하다
感舊遊賦 送李仲雍

김일손(金馹孫)

나는 세상에서 작고 보잘 것 없는 몸 / 余¹生世之眇末

휑한 세상에 친구도 없고 짝도 적네. / 廓無與而寡儔

처음 날 때 화살 쏘던 뜻² 저버리고 / 負弧矢於初載

한갓 해추(海陬)³에 매여 있네. / 跡徒繫於海陬

항상 꼼짝 않고 갈 데도 없으니 / 恒兀兀而無所適兮

내 몸 갇혀 있음이 서글프다. / 悵此身之如拘

신해년의 정조사(正朝使)에 / 歲辛亥之元正

---

1 余:『속동문선』권2에는 '予'로 되어 있다.
2 사내아이의 탄생을 축하하는 것을 말한다. 옛날에 남자 아이가 태어나면, 장차 웅비(雄飛)하여 원대한 포부를 펼치라는 뜻으로, 뽕나무로 활을 만들고 봉초(蓬草)로 화살을 만들어 천지 사방에 쏘았던 풍속이 있었다.『예기(禮記)』,「내칙(內則)」참조.
3 바닷가 변두리(모퉁이). 여기서는 조선을 가리킨다.

하개(下价)로 충원되어 중원을 관광했네.⁴ / 充下价而觀周

국경을 나서서 서쪽으로 가는데 / 出國門而西邁兮

길은 늘어져 어찌나 길고 먼지. / 路曼曼其阻脩

송도(松都)의 옛터 지나는데 / 歷松京之遺墟

사슴 와서 노는 것 마음 아프다. / 傷麋鹿之來遊

평양을 지나며 마음껏 구경하는데 / 過箕都而縱目兮

'정(井)' 모양의 밭두둑⁵ 남아 있네. / 餘井畫之田疇

살수(청천강) 앞 칠불대⁶를 조사하며 / 點七佛於薩水

지난 일의 착오를 기록한다. / 記往事之謬悠

우뚝한 구룡 언덕을 가서보고 / 臨九龍之斗岸

깊은 못에서 철우를 엿본다. / 窺鐵牛於⁷深湫

압록강 넓은 물결 넘는데 / 凌鴨江之洪波

얼음이 용비늘 같아 배 띄우기 어렵네. / 氷龍鱗兮難容舟

5백 리 쑥대밭은 까마득한데 / 蓬墟極兮五百里

봉화⁸가 계속 오르니 놀랜 사슴 달아나네. / 狼煙積兮走驚麃

여기가 발해국의 옛 땅이라 함에 / 曰玆爲渤海之舊疆兮

고구려가 전성기일 때를 생각하네. / 憶全盛於高句

---

4 김일손은 성종 21년(1490) 10월, 정조사의 서장관으로 중국에 갔다가 이듬해 3월 귀국하였다.

5 기자(箕子) 당시의 정전(井田)을 가리킨다.

6 서거정(徐居正)의 「송권참판 선위관서 희증이수(送權參判宣慰關西戲贈二首)」 시에 "七佛臺前薩水流"의 구절이 있다. 『사가집(四佳集)』, 권50 참조.

7 兮: 『속동문선』 권2에는 '於'로 되어 있다.

8 원문은 낭연(狼煙)이다. 전쟁 때 신호로 쓰던 봉화의 별칭이다. 이리의 똥을 땔감 속에 넣어서 불을 피우면 바람이 불어도 연기가 위로 올라간다는 데서 연유한다.

지기는 왕성하다가 다시 쇠하고 / 地氣旺而復衰

인물도 나다가는 그치는 법일세. / 人物生而亦休

안시성 성주가 누구이던가 / 主安市兮何人

큰 나라에 대적하여 원수로 여겼네.[9] / 抗大邦兮爲讐

천리 외로운 성곽을 둘러치고 / 嬰千[10]里之孤郭

백만 적병 꺾었다네. / 挫百萬使逗遛

옛 땅을 배회하는데 / 婆娑故府

아직도 성터 남아 / 猶有殘壘兮

금나라 오랑캐 쓰던 무기가 묻혀 있네. / 埋沒金虜之戈矛

새로 쌓은 봉황성은 / 鳳凰新堡

교활하게 좋은 이름만 남겼을 뿐이네. / 譎留佳名兮

기산(岐山)의 봉황 울음[11]을 못 듣고 / 不聞岐山之啾啾

연산[12] 가리키며 오른쪽으로 길 꺾으니 / 指連山以右轉兮

초래(草萊)[13]의 간사한 마음 두렵네. / 怕草萊[14]之奸婾

문득 북소리 진동하며 / 忽鼟鼓[15]之動地

---

9 인시성의 성주 양만춘(楊萬春)이 당나라 태종의 군대를 맞아 격퇴한 것을 말한다.
10 千:『속동문선』권2에는 '一'로 되어 있다. '一'은 어불성설이지만 '千'도 이해하기 어렵다.
11 중국 주나라 문왕(文王)이 기산의 남쪽에 살 때 봉황이 울어 주나라의 흥왕(興旺)의 징조를 알렸다는 '봉명기산(鳳鳴岐山)' 고사에서 나왔다.『시경』, 대아(大雅) 참조.
12 중국 연주(連州)의 산. 연주 영릉현(零陵縣)에서 석종유(石鍾乳)라는 좋은 약이 생산되는데, 국가에서 그것을 공물로 받아 백성들에게 갈취하니, 석종유 생산이 단절되었다. 그 후 5년이 지나서 최민(崔敏)이 영주자사(永州刺史)로 부임하여 선정을 베풀자 석종유가 다시 생산되었다 한다. 유종원(柳宗元)의「연주군부유혈기(連州郡復乳穴記)」에 나온다.
13 미천한 출신을 이르는 말.
14 萊:『속동문선』에는 '露'로 되어 있어 바로잡았다.
15 鼟鼓:『속동문선』에는 '鼓鼟'로 되어 있다.

수천의 군사 뭉쳐 오니 / 擁數千之貅貅

풍광은 깃발에 펄럭이고 / 風光潑於旗纛

햇빛은 투구에 빛난다. / 日色耀於兜鍪

요동 맡은 장수 마중 나왔으니 / 知遼將之來迎

오는 손님 위로하는 원모(遠謀)에 감사하네. / 感勞來之遠猷

해질 무렵 숙소를 정했는데 / 趁落照而下營

호가(胡笳)[16]는 변방의 노랫소리와 섞였구나. / 胡笳雜於邊謳

눈서리 쌓여 언덕길 까다롭고 / 雪霜稠兮山坂[17]澁

도강(渡江)이 막혀 건널 일 아득하네. / 河渡阻兮跋涉幽

이윽고 요양에 도달하니 / 尋自達於遼陽

사관(使館) 접대가 꽤 융숭하네. / 喜館待之頗優

성곽은 빙 둘러 있고 / 覩城郭之周遭

민물(民物)은 점점 많아졌네. / 見民物之漸稠

화표[18]에 학이 나니 천지는 늙었고 / 鶴飛華表兮天地老

한 번 말을 남기니 3천 년이 뒤일세.[19] / 一留語兮三千秋

----

16 중국 북방 민족의 관악기. 피리와 비슷하다.
17 坂:『속동문선』에는 '阪'으로 되어 있다.
18 중국에서 교차로나 궁전·능묘(陵墓) 등의 앞에 세웠던 돌기둥.
19 한번 말을 ~: 요동의 정령위(丁令威)가 신선이 되어 갔다가 3천 년 만에 학이 되어 돌아온 이야기이다. 정령위는 요동(遼東) 사람이다. 일찍이 영허산(靈虛山)에 은거하여 선도를 배웠고 수련 끝에 우화등선(羽化登仙)하였다. 이후 선계에서 다시 1천 년 이상 수련한 뒤 선학(仙鶴)이 되어 고향 요동의 들판에 내려왔다. 공중에서 빙글빙글 돌면서 사방을 살펴보니 성곽의 풍경은 예나 지금이나 그대로인데, 그곳에 살고 있는 사람들은 아무도 아는 사람이 없었다. 이에 정령위는 "새가 있네 새가 있네. 정령위라는 새지. 집 떠난 지 천 년 만에 돌아왔다네. 성곽은 옛날과 다름없건만 사람들은 바뀌었네. 어찌 선도를 배우지 않아 무덤만 많아졌는고"(有鳥有鳥丁令威, 去家千年今始歸, 城郭如故人民非, 何不學仙塚壘壘)라는 시를 읊고는 하늘 높이 날아가 버렸다고 한다. 도연명(陶淵明)의『수신후기(搜神后記)』에 나오는 '화표학귀(華表鶴歸)' 고사 참조.

관유안[20]은 아름다운 절개 / 管幼安兮媄節

왕언방[21]은 훌륭한 수양으로 이름 있었네. / 王彦方兮好修

두 사람 함께 손을 잡고 피란하니 / 共携手而避地

운세가 바야흐로 후한[炎劉]이 망할 때였네. / 運方熄[22]於炎劉

옛 경전 안고 걸상에 구멍이 나도록 공부했고 / 抱遺經兮穿牀[23]

소도둑에게도 숨은 덕 드러냈네. / 著潛德於盜牛

나의 행실 그에 못 미치니 / 檢余[24]行之莫及

그들 살던 곳 바라보며 부끄럽네. / 望君廬而還羞

어찌하여 정관(貞觀)의 천자[25]는 / 胡貞觀之天子

여기에 행차를 멈추고 여유만만했던고. / 駐淸蹕兮此夷猶

영웅심에 날뛰기를 그만두지 않다가 / 逞英心而未已

소국에게 욕보고서야 뉘우치고 탓했네. / 困小醜而悔尤

학의 들[26]은 넓게 질펀하여 / 鶴野闊以茫茫兮

천 리가 한 눈에 들어오네. / 千里屬於一眸

---

20 중국 삼국시대 위나라 사람 관녕(管寧: 162~245)을 말함. 자는 유안(幼安). 지금의 산동성에 있는 북해(北海郡) 주허(朱虛) 사람이다. 조조(曹操) 때에 난을 피하여 요동에 가서 살면서, 수십 년 동안 한 걸상에 앉아 있었으므로, 그의 무릎이 닿은 곳은 구멍이 났다고 한다. 『삼국지』, 위서(魏書), 「관녕전」 참조.
21 관녕과 같은 시기 사람 왕렬(王烈)을 말함. 자는 언방(彦方). 그는 시골에 있으면서 덕으로 사람을 감화시켜서 소를 도둑질한 자의 죄를 용서하고 베 한 필을 주었다. 그 뒤에 어느 사람이 길을 가다가 칼을 잃었는데 조금 뒤에 깨닫고 다시 가보니 한 사람이 칼을 지키고 주인이 찾아오기를 기다리고 있었다. 그는 앞서 소를 도둑질한 자였다. 그 뒤에 왕언방도 역시 요동에 피란하였다. 『삼국지』, 위서(魏書), 「관녕전」 참조.
22 熄: 『속동문선』에는 '燼'으로 되어 있다.
23 牀: 『속동문선』에는 '床'으로 되어 있다.
24 余: 『속동문선』에는 '予'로 되어 있다.
25 당나라 태종을 가리킨다. 연호가 정관이다.
26 정령위의 고사 때문에 요동벌을 학의 들이라 일컫는다.

한 가닥의 강물로 동서가 나뉘었으니 / 一帶水兮東西

요하를 건너려던 (당태종의) 계획 알만하네. / 認渡遼之前籌

요하에 이르러 한 번 쉬는데 / 至遼河而乃息

배 한 척으로 건느느라 늘 떠 있구나. / 杭一葦兮常浮

낭낭신[27]의 수묘[28]가 아리따운데 / 媚娘娘[29]之水廟

길첨[30] 얻으려고 여러 번 뽑았네. / 扣吉籤而屢抽

높고 평평한 언덕 위에서 / 高平岸上

눈길 다하는 데까지 서쪽 바라보니 / 極目而西望兮

검푸른 산 빛은 하늘을 가로질러 / 黛色橫天

갈기 휘날리는 말과 같네. / 如振鬣之驈

이곳을 의무려산이라 하는데 / 是謂醫無閭之山兮

우뚝하게 청구(靑邱)의 진산이 되었네. / 屹作鎭於靑邱

우임금의 발길 동쪽까지 이른 것 생각하니[31] / 思禹跡之東至兮

거룩한 덕 떠올라 길이 한탄하네. / 念明德兮永憪

광야를 비스듬히 내달렸으니 / 迤廣野而馳鶩兮

우역(郵驛)[32]을 몇 군데나 지났을까. / 計歷歷兮幾郵

산해관의 웅장한 관문은 / 維山海之雄關

....

27 중국에서 자식을 점지해 준다고 믿는 여신의 이름
28 강가에 지은 사당
29 娘娘:『탁영집』에는 '狼娘'으로 되어 있으나 『속동문선』에 따라 바로잡았다.
30 좋은 점괘가 쓰인 첨(籤). 신묘(神廟)에는 대개 점치는 첨을 통 속에 넣어 두고 점을 칠 수 있도록 하였다.
31 우(禹)가 치산치수(治山治水)할 적에 북으로 의무려산에까지 왔다는 전설이 있다.
32 역참(驛站)을 달리 이르는 말.

옛 장성의 동쪽 머리. / 古長城之東頭

진시황이 오랑캐 막으려고 성 쌓았는데 / 秦皇築以禦胡

그 위엄 참으로 비할 데 없네. / 儘威稜兮難比倖[33]

오랑캐 오기도 전에 안에서 무너졌으니 / 胡未至而內潰

공연히 백성만 깊은 구렁에 밀어 넣었구나. / 空轉民於深溝

그래도 후세에 증축에 부지런하여 / 尙勤後代之增築

중원을 방위하는 요충지로 삼았건만 / 要以衛乎中州

유씨·석씨·모용씨·야율씨·완안씨·철목씨가[34] / 紛紛劉石慕容耶律完顔鐵木

차례로 들어와 어지럽히고 점령하였네. / 迭入而擾攘兮

이 오랑캐들을 막아내지 못했으니 / 不能隔此氈裘

참으로 중험(重險)도 헛것이라 / 信重險之虛設兮

그저 제멋대로 만 리에 뻗쳐 있을 뿐일세. / 跨萬里兮徒自由

대명이 천하를 구분(區分)할 제 / 逮大明之區分

먼저 인후[35]를 당겨 눌렀었네. / 先控扼其咽喉

연경에 도읍 정하고 / 旣定鼎於幽燕

만세의 깊은 계책 세웠으니 / 建萬世之深謀

관리를 두어 엄중히 살핌에 / 置關[36]吏而譏察兮

---

[33] 倖:『속동문선』에는 빠져 있다.
[34] 흉노족인 유총(劉聰)은 진(晉)을 멸망시켰고, 석륵(石勒)·모용수(慕容垂)는 중국을 점령하여 남북조 시대를 열었다. 이후 완안씨(完顔氏)는 금나라를, 철목씨(鐵木氏)도 원나라를 열었다.
[35] 만리장성이 북경으로 들어가는 목구멍 구실을 하기 때문에 '인후'라 한 것이다.
[36] 關:『속동문선』에는 '官'으로 되어 있으나 잘못이다.

북채로 북 두드릴 일도 없었네. / 鼓不驚於援枹

평주(平州)의 산하를 보니 / 覽平州之山河兮

실로 뛰어난 승지로 짝이 드물구나. / 實形勝而寡仇

이 한 지방 놓고 다투다가 싸움붙어 / 爭一州而啓釁

오국성(五國城)에 포로가 되다니.³⁷ / 陷五國之孤囚

내치(內治)도 못하면서 외적을 물리침은 / 不內修而外攘

의원 없이 혹을 따려는 것이라네. / 猶去醫而決疣

고죽국을 쳐다봄에 머리털이 쭈뼛쭈뼛³⁸ / 瞻孤竹而豎髮

만고에 이는 바람 쏴쏴 부는구나. / 風萬古兮颼颼³⁹

창려현(昌黎縣)⁴⁰이 한유를 잉태하니 / 縣昌黎兮孕韓

학문을 멀리 계승하고 옆으로 더듬었네.⁴¹ / 學遠紹而旁搜

계문⁴²을 지나다 말을 세우고 / 度薊門而立馬

안록산의 흉악함⁴³을 의심해보았네. / 訝祿兒之凶醜

눈에 보이는 건 태평(太平)⁴⁴의 뽕나무 촌락 / 滿目太⁴⁵平之桑柘

---

37 중국 북송의 휘종(徽宗)이 조그마한 지방 때문에 금나라와의 강화조약을 어기다가, 금나라의 침입을 받아 부자가 포로가 되었다. 휘종은 오국성(五國城: 會寧)으로 잡혀가서 치욕을 당하고 죽었다.
38 고죽국은 백이숙제(伯夷叔齊)가 살던 땅이다. 백이의 맑은 절조가 천추만대에 모범이 된다는 말이다.
39 颼(수):『속동문선』에는 '颲(류)'로 되어 있다.
40 중국 하북성(河北城)에 있다. 명산 갈석산(碣石山)이 있다.
41 원소방수(遠紹旁搜)는 한유가 한 말.『한창려집』권12,「진학해(進學解)」"尋墜緒之茫茫, 獨旁搜而遠紹."
42 북경성(北京城) 서쪽 덕승문(德勝門) 밖 서북쪽 지역. 범양(范陽)도이라고 한다.
43 안록산이 천보(天寶) 14년(755) 11월 범양(關州·邠州·幽州·燕州 지역)에서 반란을 일으킨 뒤 서쪽으로 침공하여, 12월에 낙양(洛陽)을 함락시켰다. 이에 그곳을 수비하던 진(秦: 현 섬서성) 땅의 병사들이 대부분 포로가 되어 안록산의 근거지인 연(燕: 현 하북성) 지방으로 끌려갔다.

연기 낀 숲이 서로 휘감겼구나. / 杳烟樹兮相摎[46]

장가만[47]엔 푸른 술집 깃발 늘어섰고 / 張家灣兮列靑帘

직고도[48] 나룻 물은 맑은 기름 뿌려놓은 듯. / 直沽渡兮潑淥油

나루터에 까마득한 배들은 / 迷官津之舸艦

멀리 복건(福建)에서 올라 왔네. / 邈解纜於閩甌

이곳은 천하의 큰 거리라 / 玆寰宇之通衢

사방 오랑캐의 추장들이 모인다. / 集四夷之群酋

저녁 무렵 북경에 당도하니 / 夕余[49]極乎京師

거마가 분주하게 오간다. / 沓車馬之騰蹂

번화한 중화의 문물이 / 繁華文物

백 년의 성대(盛代)를 만났으니 / 値百年之盛兮

도성 거리 곳곳에는 / 九陌處處

귀인 집 주렴 고리가 위로 걸렸네.[50] / 捲侯家之簾鉤

오만관(烏蠻館)[51]에 숙소 잡고 대관 접대 받으니 / 館烏蠻兮費大官

속국을 회유하는 황은(皇恩)에 감사할 뿐. / 荷皇恩之懷柔

만국과 함께 신년을 축하하며 / 同萬國而賀正

---

44 우리나라 고국(故國)인 태평국을 가리킨다. 동방 한민족의 원류가 된다. 『이아(爾雅)』, 「석지(釋地)」 "大平之人, 仁."
45 太: 『속동문선』에는 '犬'로 되어 있다.
46 摎: 『속동문선』에는 '摎'로 되어 있다.
47 요동의 통주(通州)에 있는 만(灣).
48 지금의 천진(天津)을 말함. 금나라와 원나라 때는 '직고(直沽)'라고 하였다.
49 余: 『속동문선』에는 '予'로 되어 있다.
50 귀인 집 여인들이 주렴을 걷고 조선 사신의 행렬을 구경했다는 말.
51 중국에서 외국 사신들을 접대하는 숙소의 하나. 북경에 있었다.

전상(殿上)의 면류관에 절을 하네. / 拜殿上之冕旒

신선의 음악 표표하게 들려오는데 / 聞仙樂之飄飄

호부악기⁵²인 공후도 섞였구나. / 雜胡部之箜篌

목목하신 황상(皇上)을 우러러보며 / 仰龍袞之穆穆

녹명시⁵³를 읊네. / 詠鹿苹之呦呦

동지(彤墀)⁵⁴에 늘어서 도유(都俞)⁵⁵하는 사람들 / 列彤墀而都俞

모두 부민(膚敏)⁵⁶한 공후(公侯)들이라. / 總膚敏之公侯

말이 다르고 제도가 달라 / 慚異言而殊制⁵⁷

다정하게 접촉할 수 없음이 부끄러워라. / 情莫接乎綢繆

멍하니 심취한 상태에서 사관으로 돌아왔는데 / 怳心醉而歸館

달을 한 번 당기니 한 해가 이미 다가섰네. / 月一彀兮歲已遒⁵⁸

국자감에서 선성(先聖)을 배알하는데 / 謁先聖於國子

당시에 태어나 제자 못 된 것 한스럽네. / 慨余⁵⁹衣之未摳

석고⁶⁰를 상고하며 어루만지니 / 考石鼓而摩挲

---

52 중국 송나라 때 진양(陳暘)이 지은 『악서(樂書)』에서는 공후를 호부악기(胡部樂器)로 분류했다.
53 『시경』, 소아(小雅), 〈녹명(鹿鳴)〉에 "유유(呦呦)한 사슴의 울음이여, 들판의 마름을 먹는다"(呦呦鹿鳴, 食野之苹)고 한 것을 가리킨다. 조정에서 손을 접대할 때에 외우는 시다.
54 붉은 색으로 칠한 뜰. 궁궐의 뜰을 이름. 단지(丹墀)라고도 한다.
55 임금과 신하가 토의하고 심의하는 일. '도'와 '유'는 모두 감탄사이다. 『서경』을 보면 요순시대와 삼대에 임금과 신하가 정사를 논한 기록 가운데 이런 감탄사가 자주 나오기 때문에 후일 군신 사이의 의논을 일컫게 되었다.
56 우아하고 민첩함. 『시경』, 대아(大雅), 〈문왕지십(文王之什)〉 "殷士膚敏, 祼將于京."
57 制: 『탁영집』에는 '製'로 되어 있으나 '制'가 옳을 듯하다.
58 遒(주): 『속동문선』에는 '遵'으로 되어 있으나 잘못이다.
59 余: 『속동문선』에는 '予'로 되어 있다.

기산(岐山) 남쪽 큰 순수(巡狩)⁶¹가 생각나네. / 想岐陽之大蒐

진창(陳倉) 들에 버려졌던 물건을 / 陳倉野之棄物

큰 집 지어 덮어주었네. / 獲大廈之庇庥

한·소(韓蘇)⁶²가 천지간에 크게 울림을 경모하니 / 景韓蘇二子之大鳴於兩間兮

내 삶이 하루살이⁶³ 같은 것이 한이로다. / 恨吾生之蚍蜉

유생[逢掖]들이 무턱대고 와서 / 來逢掖之貿貿兮

이상한 질문하더니 훈유(薰蕕)⁶⁴를 따진다. / 相怪問兮辨薰蕕

짧은 시를 선물하며 사귀기를 청하지만 / 贄短章而求友

명월주를 몰래 던지는 것 같아 부끄럽네.⁶⁵ / 愧明月之暗投

사당⁶⁶ 아래서 문산(文山)⁶⁷을 조상하는데 / 弔文山於祠下

풍채를 상상함에 시름 더하네. / 想儀刑而增愁

한 번 죽으면 영원한 옛날이니 / 一死兮終古

백세를 통틀어 흙 한 움큼이요 / 渾百世兮土一抔

---

60 북 모양으로 된 10개의 석조물. 돌 표면에 진대(秦代)의 전자(篆字)에 가까운 문자가 새겨져 있다. 원래 섬서성(陝西省) 부풍현(扶風縣) 서북쪽 진창(陳倉)이라는 들에 있던 것을 당나라 때 정여경(鄭餘慶)이 봉상부(鳳翔府) 공자묘(孔子廟)로 옮겨놓았다가 뒤에 다시 북경의 국자감으로 이전했다고 한다.
61 岐陽之大蒐:『문선』권3, 장형, 「동경부」에 "기산 남쪽으로의 큰 순수(巡狩)를 들면 그 밖의 작은 규모의 것들은 헤아릴 수 없다"(岐陽之蒐, 又何足數)는 말이 있다.
62 한유(韓愈)와 소식(蘇軾).
63 하루살이가 큰 나무를 흔든다는 '비부감대수(蚍蜉撼大樹)' 고사에서 나온 말.
64 훈유: 향기 나는 풀과 누린내 나는 풀.
65 잘못하면 오히려 약점을 잡힐 수 있다는 말. 추양(鄒陽)의 글에 "명월주(明月珠: 夜光珠)라도 남 앞에 몰래 던지면 보배인 줄 모르고 칼을 잡고 노려본다"고 하였다.『사기』권83,「추양열전(鄒陽列傳)」'명주암투(明珠暗投)'의 고사 참조.
66 북경 국자감의 명륜당 동쪽에 있는 문승상사(文丞相祠)를 가리킨다.
67 중국 남송 말기의 충신 문천상(文天祥: 1236~1282)의 호.

소백(召伯)⁶⁸을 그리워해도 볼 수 없으니 / 懷召伯而不見

천리마 뼈를 사도⁶⁹ 해골에 불과할 뿐이라. / 市駿骨兮空髑髏

우주 사이에 나그네 노릇 얼마이랴 / 客宇宙之幾過

다만 여관에 길게 머무는 것 뿐일세.⁷⁰ / 但逆旅兮長留

태극원은 자취도 없어졌고 / 院太⁷¹極兮無跡

만류당⁷²의 버들은 꺾여 땔나무 되었네. / 堂萬柳兮摧爲捜

저자 거리에서 개 잡던 사람들을 찾았지만 / 訪屠狗於市上

슬픈 노래 끊어졌으니 누구와 수작하랴.⁷³ / 悲歌斷兮誰與酬

풍속은 교화를 따라 변한다지만⁷⁴ / 俗與化而推移

사람은 아래로만 향해 더욱 구차해지네. / 人向下而益偸⁷⁵

---

68 소백(召伯)은 본디 연(燕) 나라에 처음 봉한 소공(召公)을 말하는 것인데, 여기서는 그의 자손인 전국 시대의 연소왕(燕昭王)을 가리킨다.
69 연소왕이 인재를 구하려고 곽외(郭隗)에게 물었다. 곽외가 대답하기를 "옛날에 어느 임금이 사람을 시켜 천리마를 구하려고 천금을 주어서 보냈더니, 1년 만에 돌아오면서 살아 있는 천리마는 구하지 못하고 죽은 천리마의 뼈를 5백 금에 사왔다"고 하였다. 이에 왕이 꾸짖으니, 그 사람이 말하기를 "죽은 천리마를 5백 금에 샀다는 소문이 천하에 퍼지면 산 천리마를 몰고 찾아올 사람이 많을 것입니다"고 하더니, 과연 일 년이 못 되어 천리마가 세 필이나 왔다. 이에 곽외는 "왕이 참다운 인재를 구하시려면 먼저 신(臣)을 후히 대접하면 참 인재가 올 것입니다"라 하였다. 연소왕은 그 말대로 곽외를 스승으로 섬기고 황금대(黃金臺)를 쌓았더니, 과연 악의(樂毅) 같은 인재가 외국에서 달려와서 강국(强國)이 되어 제(齊) 나라에 대한 원수를 갚았다.
70 이백(李白)의 「춘야연도리원서(春夜宴桃李園序)」 "夫天地者, 萬物之逆旅, 光陰者, 百代之過客"이라 한 데서 인용한 말.
71 太: 『속동문선』에는 '大'로 되어 있다.
72 북경 조어대(釣魚臺)에 있는 당(堂) 이름.
73 도구장(屠狗場)은 개를 도살하는 천민들이 모이는 시가(市街)를 이른다. 옛날에 연(燕) 나라 지방에는 기절이 있는 협객(俠客)이 많았는데, 그들이 때를 만나지 못할 때에는 개 잡는 사람들 속에 섞여 살았다. 전국시대에 검객 형가(荊軻)는 날마다 연시(燕市)의 도구(屠狗)들과 술 마시며 칼춤을 추었다고 한다. 『사기』 권86, 「검객열전(劍客列傳)」, 〈형가〉 참조.
74 한유의 「송동소남서(送董邵南序)」에 나오는 말. "風俗與化移易."
75 偸: 『속동문선』에는 '媮'로 되어 있다.

내게도 두 눈은 있건만 / 吾有兩眼[76]

아주 덕 있는 세상 보지 못하니 / 獨不見至德之世

일찍 돌아가 농사짓지 아니하랴. / 盍早歸乎鋤耰

태양은 어느새 서쪽으로 달려가고 / 白日忽忽其西馳

봄풀은 옥하주에 길게 이어졌네. / 春草綿綿兮[77]玉河洲

흰 구름이 해동으로 날아가니 / 白雲飛兮海東

귀국하는 꿈 이불 속에 넘친다. / 歸夢溢於衾[78]裯

옛적 공자도 분주히 다니다가 / 昔孔聖之皇皇[79]

마침내 "뗏목을 타련다"고 탄식하였네.[80] / 終發嘆於乘桴

진실로 우리 도가 여기에 있거니 / 固吾道之在是

처음부터 다른 데서 구할 겨를이 없네. / 初不暇乎他求

참으로 좋지만 머물 수 없는 곳이라 / 信美而不可駐兮

드디어 수레를 조선으로 돌리노라. / 遂駕言而迴[81]輈

사행이 고국에 돌아오니 / 行旣返[82]乎故國

뭇 초인의 떠드는 것과 같구나.[83] / 若衆楚之外咻

---

76 眼: 『속동문선』에는 '眠'으로 되어 있어 바로잡았다.
77 綿綿兮: 『속동문선』에는 '綿兮'로 되어 있어 바로잡았다.
78 衾: 『속동문선』에는 '衿'으로 되어 있어 바로잡았다.
79 皇皇: 『속동문선』에는 '遑遑'으로 되어 있다.
80 공자가 "도가 행해지지 않으니 뗏목을 타고 해동(海東)으로 항해하려 한다. 이때 나를 따라올 사람은 아마 자로(子路)일 것이다"고 하였다는 고사를 말한다. 『논어』, 「공야장(公冶長)」 "子曰: 道不行, 乘桴浮于海, 從我者, 其由與!"
81 迴: 『속동문선』에는 '回'로 되어 있다.
82 返: 『속동문선』에는 '反'으로 되어 있다.
83 이러쿵저러쿵 말이 많은 것을 말한다. 『맹자』 「등문공(滕文公) 하」에 "제나라 사람 한 명이 가르치고 많은 초나라 사람이 떠들어 대면 매일 매를 때리면서 제나라 말을 익히

한 방 가득한 서사(書史)에 묻혀 / 潛一室之書史

정신이 천지 사방에 두루 노닐게 했네. / 神六合以周流

그대가 연경에 돌아감을 전송하노라니 / 送君之歸兮

남포의 이별 시름 일어나네.[84] / 起南浦之離憂

슬프고 쓸쓸한 천고의 옛일[85]은 / 悲凉千古

그대의 마음을 격동시키리라. / 激君之方寸兮

지는 해 어느 곳으로 가는가, 홀로 누에 오르네 / 落日何處兮獨登樓

길가 온갖 물건이 그대의 조롱거리 될 테니 / 沿途百物困君之嘲弄兮

시로써 아로새기지도 못하지나 않을까. / 恐不堪乎雕鏤

명년 정월 보름에는 두 곳에서 서로 그리겠지 / 明年上元兮兩地相望

달을 마주하고 내 생각 하려는가. / 幸對月而思不

돌아올 땐 봄바람 불 것이니 / 歸來兮春風

금낭(錦囊)에 수습한 것 열어 주시게나. / 披錦囊之所收

(『濯纓集』, 卷之一)

....

게 하더라도 불가능할 것이다"(一齊人傳之, 衆楚人咻之, 雖日撻而求其齊也, 不可得矣)고 한 데서 나왔다.
84 강엄(江淹)의 「별부(別賦)」에서 "春草碧色, 春水綠波. 送君南浦, 傷如之何"라 하고, 정지상(鄭知常)의 「송인(送人)」에서 "雨歇長堤草色多, 送君南浦動悲歌. 大同江水何時盡, 別淚年年添綠波"라 한 데서 인용한 말. 남포는 이별의 대명사다.
85 연행(燕行) 과정에서 유적지를 직접 답사하며 느끼는 고사(古史)에 대한 소감을 말한다.

2. 감구유부 후서 感舊遊賦後序[86]

김일손

중국에 인물이 있음을 외국에서 모른 적이 없다. 『송사(宋史)』에 일컫기를 "고려(高麗)의 사절이 양구산(楊龜山: 楊時) 선생이 평안하시냐고 물었다"[87]고 하였다. 이것이 그 증거다. 지금은 우리나라 사절의 왕래가 잦음에도 그쪽 소문을 들을 수 없음은 무슨 까닭인가. 염락(濂洛)의 일파(一派)는 인산(仁山)[88]·동양(東陽)[89] 이래 비록 학문에서 얕고 깊음은 있을지라도 아직까지 끊어진 적은 없었다. 아마 지금도 있는데 우리나라 사람들이 그곳에 가서 다른 데 정신이 팔려서 물어볼 경황이 없어서

---

86 『속동문선』 권16에서는 이 후서의 지은이를 김감(金勘)이라 하였다. 후서의 내용을 보면 지은이는 명나라에 다녀온 경험이 있으나 김감은 연행의 경험이 없다. 오류라 하겠다.
87 『송사(宋史)』 권428, 「도학열전(道學列傳) 二」 "會有使高麗者, 國主問龜山安在. 使回以聞, 召爲秘書郞." ; 『송원학안(宋元學案)』 권25, 「문정양구산선생시(文靖楊龜山先生時)」 "會傅國華使高麗, 高麗王問, 龜山先生今在何處. 國華還以聞, 召爲秘書郞, 還著作郞." ; 『고려사절요』 권9, 인종 1년 癸卯條 "宋遣禮部侍郞路允迪, 中書舍人傅墨卿."
88 중국 송말원초의 학자 김이상(金履祥: 1232~1303)을 가리킨다. 그의 자는 길보(吉父), 호는 차농(次農), 시호는 문안(文安)이다. 난계(蘭溪) 사람으로 왕백(王柏)과 하기(何基)에게 배웠다. 원나라가 들어서자 벼슬하지 않고 인산(仁山)에 은거하였기 때문에 사람들이 '인산 선생'이라 불렀다. 저서에 『상서주(尙書注)』, 『논어집주고증(論語集注考證)』, 『맹자집주고증(孟子集註考證)』 등이 있다. 왕백·하기·허겸(許謙)과 함께 '금화 사선생(金華四先生)'으로 불렸다.
89 중국 명나라 때의 정치가·시인·문학평론가인 이동양(1447~1516)을 가리킨다. 그의 자는 빈지(賓之), 호는 서애(西涯)이다. 어렸을 때 신동으로 이름이 천자(天子)에게까지 알려졌다. 1464년 17세에 최연소자로 진사시에 급제했다. 이후 50여 년 동안 성화제(成化帝)·홍치제(弘治帝)·정덕제(正德帝)를 받들면서 삼대에 걸쳐 원로 대우를 받았다. 그는 명대의 시풍을 바꾸어 놓은 시인으로 유명하다. 자신의 작품뿐만 아니라 그 제자들의 작품·학설 역시 명대의 시학(詩學) 발전에 큰 영향을 미쳤다. 그는 당시(唐詩)가 송시(宋詩)보다 낫다고 보았다. 이 때문에 의고파(擬古派)로 분류되었다. 그러나 그 자신은 고인(古人)의 작품을 모방하자는 의고파의 주장에 반대했으며, 시는 법도와 음조가 중요하다고 강조했다. 시문집으로 『회록당집(懷麓堂集)』이 있다.

그런 것인가.

내가 연전에 북경에 갔을 때에 학덕 있는 사람을 절절하게 구하여 누방(陋方)[90] 사람의 의혹을 한 번 풀어보려 하였으나 마침내 만나지 못하고 서둘러 돌아오다가, 반송(伴送)[91]인 유월(劉鉞)을 통해 예부원외랑(禮部員外郎) 정유(程愈)를 만나 가르침을 청하게 되었다. 정유는 손수 편찬한 『집주소학(集註小學)』[92]과 회옹(晦翁: 朱熹)의 글씨 한 첩(帖)을 주었다. 그 서술(序述)한 것을 보니 바로 내가 찾는 그런 사람이었다. 나는 처음에 정유의 학문의 깊이를 알지 못한 채 시험삼아 속된 말로 질문을 해보았더니, 그는 지니고 있던 『소학』 책을 주면서 범공(范公)이 장재(張載)에게 『중용(中庸)』을 권하고[93] 병서(兵書)에 관한 담론을 불허했던 것과 같은 의미를 부여하였다. 그러나 하루 동안의 교제[94]도 제대로 하지 못한 채 총총히 귀국하였다. 『소학』 책은 나 혼자서만 보지 않고 곧 간행 전포(傳布)하여 국내 학자들이 모두 정유의 혜택을 입게 되었다. 정유는 이미 낭중(郎中)으로 옮겼는데, 혹여 다른 좋은 벼슬을 하고 있

---

90 누추한 나라. 여기서는 우리나라를 가리킨다.
91 중요한 사람을 보낼 때 일정한 거리를 같이 가도록 한 사람.
92 책의 원이름은 『소학집설(小學集說)』이다. 1486년(成化 22) 명나라 학자 정유(程愈)가 이회지(李晦之)·이계종(李繼宗) 등과 『소학』을 토론하고 기타 여러 제가(諸家)의 학설을 참고하여 주석을 달아놓은 책이다. 『소학』에 대한 일종의 참고서이다. 뒷날 율곡 이이가 『소학제가집주(小學諸家集註)』를 편찬할 때 중요하게 인용하였다.
93 범공(范公)이 ~ : 범공은 중국 북송 때의 명신 범중엄(范仲淹: 989~1052)을 가리킨다. 장재(1020~1077)는 북송 때의 유학자로 호를 횡거(橫渠)라 하였다. 장재가 18세 때에 범중엄을 찾아가서 군사 문제를 토의하려 했으나 그는 이에 응하지 않고 『중용』을 읽을 것을 권하였다. 黃宗羲, 『宋元學案』 권17, 「橫渠學案上」 "先生少孤自立, 志氣不群, 喜談兵. …… 年十八, 上書謁范文正公. 公知其遠器, 責之曰:「儒者自有名敎可樂, 何事于兵?」手中庸一編授焉, 遂翻然志于道."
94 원문은 '일일지아(一日之雅)'이다. 잠깐 동안의 사귐(교제) 또는 사귐이 얕음을 말한다. '아(雅)'는 평소의 교제를 나타낸다.

는지도 모르겠다. 그대가 돌아가거든 그에 관하여 꼭 물어보기 바란다.

또 순천부(順天府)의 학사(學士) 주전(周銓)을 만났다. 그 사람은 차분하여 좋아할 만하였는데 학문이 넓고 시를 잘 읊었다. 나는 차고 있던 칼을 주어 선물하였고, 주전 역시 몇 가지 도서(圖書)를 가지고 답례하였다. 주전이 "한림(翰林) 이동양이 문학적 명망이 세상에 높다"고 하기에, 나는 주전을 통하여 그와 한번 인사를 나누고자 하였으나 돌아올 기한이 임박하여 성사되지 않았다. 그대는 나를 위해 주전을 찾아보고 감사의 인사를 전해달라. 집이 숭문문(崇文門) 밖에 있는데, 주전 역시 낮은 지위에 몸을 굽힐[終屈] 사람은 아니다.

대개 중국에서 관직에 있는 사람은 외국 사람과 사귀기를 꺼려하고, 야(野)에 있는 사람은 갑자기 길거리나 시장통에서 쉽사리 찾아볼 수는 없다. 내가 아무리 학문을 구하는 마음이 간절하다 할지라도 저들이 접촉하는 데 몹시 장애가 있음은 형세로 보아 당연하다. 예부터 큰 학자와 도덕(道德)의 선비는 이락(伊洛)[95]이나 강절(江浙)[96] 지방에서 많이 배출되었다. 연(燕)은 곧 하나의 변경 지역이었으므로 인재의 출현이 없는 것은 당연하다. 그러나 서울이란 사방에서 모두 모여드는 곳이기 때문에 윗자리에 등용되는 사람 중에는 반드시 훌륭한 인물이 많다. 다만 (그들이 우리를) 저속한 사람[鄙夫]으로 보는 것이 유감스럽다.

성현(聖賢)의 도는 책[方策]에 있어 해내(海內)와 해외(海外)의 차이가

---

95 이수(伊水)와 낙수(洛水) 지역. 지금의 중국 하남성(河南省) 일대.
96 중국 강소성(江蘇省)과 절강성(浙江省) 지역.

없으므로 특정 지역 사람을 기다리지 않고도 배울 수 있다. 그러나 사우(師友)의 연원(淵源)으로 말하자면 어찌 도움이 없다고 말할 수 있겠는가? 전대의 제왕은 도량이 넓어 외국에 대한 차별이 없었고, 사방 이민족의 자제들에게도 모두 입학을 허락하여, 우리나라 사람들이 전후로 중원의 문헌을 통해 얻은 바가 많았는데, 아깝게도 지금은 그렇지 못하다. 그대의 이번 사행(使行) 길은 도를 구하는 데 있을 뿐이니, 정성으로써 구한다면 반드시 이익되는 바가 있을 것이다.[97]

感舊遊賦後序

中國有人, 外國未嘗不知之也. 宋史稱高麗使問楊龜山先生無恙否, 此其驗也. 今國使項背相望, 而不得有聞, 何耶? 濂洛一派, 自仁山東陽以來, 雖學有淺深, 固未嘗絶也. 豈有之, 而國人之往, 心有所外馳, 不遑問耶? 僕昔年到京師, 切切求有道之士. 而一解陋方之惑, 卒未見, 忽忽將還. 因伴送劉鈇, 得禮部程員外愈求學焉. 程以手撰集說[98]小學, 及晦翁書一帖與之. 觀其序述, 抑其人也. 僕初不知程深淺, 試質俚語, 而持

---

[97] 『이평사집』 부록에 실린 「감구유부 후서」 말미에는 다음과 같은 주기(註記)가 있다. "공께서 과거에 급제하기 이전에 장인인 하정사 김참판을 따라 경사(京師)에 들어갔다. 탁영이 부(賦) 및 서(序)를 지어 주면서 전송하였다. 이전에 간행된 부록에는 「감구유부」를 맨 먼저 실었으나 공의 실적(實跡)에는 절실한 것이 아니다. 그러므로 '부'는 빼버리고 '서'만 남겨두어 단지 친구 사이에 서로 의좋게 지내려 한 뜻을 보이려 한다."(公未第時, 隨外舅賀正使金參判赴京師. 濯纓贈賦及序以送行. 前刊附錄, 首題感舊遊賦, 而非切於公之實跡. 故刪賦存序, 只示相與友善之義)

[98] 集說: 『이평사집』 부록에는 '集注'로 되어 있다. '集說'이 옳다.

小學相與以付, 范公勸張載中庸, 不許談兵之意也. 然未承一日之雅, 忽忽反國. 小學一書, 僕不自私, 旋卽刊布, 國中學者, 皆獲程惠矣. 程今已遷郞中, 或別爲他美官矣, 君歸當問之. 又得順天府學士周銓, 其人循循可愛, 博學善吟詩. 僕解佩刀爲贈, 周以數件圖書報焉. 周道李翰林東陽文望高世, 欲介周而一拜焉, 廻期已迫, 未能焉. 君當爲我, 尋周而謝焉. 家在崇文門外, 周亦不終屈者. 大抵中朝之在位者, 嫌於外交. 在野者, 非卒卒道路街市上所易尋. 我雖求道之切, 彼之際接甚阻, 勢合然也. 自古大學道德之士, 多出於伊洛江浙之地. 燕乃一塞之地也, 宜無所見. 然京師四方之都會, 用[99]於上者, 必多有其人, 只恨視爲鄙夫也. 聖賢之道, 布在方策, 無內外之殊, 不待人而可學[100]. 然師友淵源, 豈可謂無助? 前代帝王, 度廓無外, 四夷子弟, 皆許入學. 國人前後所得於中原文獻亦多, 惜乎今不然也. 子之此行, 求道而止耳. 求之以誠, 必有所益. (『濯纓集』, 卷之二)

---

99 用: 『이평사집』 부록에는 '列'로 되어 있다.
100 學: 『이평사집』 부록에는 '擧'로 되어 있다.

3. 무오사화는 윤필상이 주장한 것이다
戊午之禍尹弼商之主張

김시양(金時讓)

기묘년의 옥사가 남곤(南袞)·심정(沈貞)이 한 일이라는 것은 모두들 안다. 그러나 그것이 김전(金銓)에 의해 완성된 사실은 모른다. 무오년의 사화가 이극돈(李克墩)·유자광(柳子光)에게서 나온 것은 모두들 알지만, 그것이 윤필상(尹弼商)의 주장이라는 것은 모른다. 무슨 까닭인가. 우리나라 사람은 '박달(博達)'[101]과 '관천(貫穿)'[102]으로 일컬어지는 사가(史家)라 하더라도 우리 역사에 대해서는 한 번도 읽은 적이 없다. 그러므로 겨우 수십 년이 지난 일임에도 귀로 들을 수 없고 눈으로 볼 수 없게 되면 현명하고 어리석음[賢愚], 사악하고 바름[邪正]을 거의 알지 못한다. 속말에, 우리나라 사람으로 나쁜 일 하는 자들은 모두 "상심할 것이 무엇 있는가. 『동국통감(東國通鑑)』을 누가 읽는단 말인가?"라고 하는 것이 있다. 아, 이것은 비록 장난삼아 한 말이긴 하나 참으로 격언이다. 윤필상이 사소한 원한으로 이목(李穆)을 죽이고자 하여 드디어 무오년의 옥사를 일으키니, 당시의 사류들이 다 어육(魚肉)이 되었다. 노사신에게 조순(趙舜)을 죽이라고 권하기까지 하였으니, 그 마음이 음흉함으로 치면 막야(鏌鋣)[103]의 명성이 한 발 아래에 놓일 것이다.

---

101 사물에 널리 통달함.
102 꿰뚫는다는 뜻으로, 학문에 널리 통함을 이르는 말.

연산이 포악한 것은 대체로 윤필상이 유도한 것이다. 비록 탁발(擢髮)¹⁰⁴의 죽임을 받겠다고 할지라도 그 죄를 속죄하기에 부족하다. 다만 폐비(廢妃) 문제로 의견을 아뢴 대신(大臣)이라서 연산에게 죽임을 당하였는데, 억울하게 죽었기 때문에 병인년 정국(靖國: 중종반정, 1506) 때 맨 먼저 신원(伸寃)의 은전을 입었다. 그런데 오늘에 이르러 고사(故事)를 알지 못하는 사람들은 이따금 그를 참다운 재상이라고 하니, 어찌 통탄스러움을 이길 수 있겠는가. 기묘년의 화는 김전이 없었다면 비록 남곤·심정의 간악함으로도 조정에 의탁하여 이룰 수 없었을 것이요, 무오년의 화는 윤필상이 없었다면 비록 이극돈의 흉악함으로도 대신의 이름을 빌어 일을 일으킬 수 없었을 것이다.

戊午之禍尹弼商之主張

己卯之獄, 人皆知南袞沈貞之爲, 而不知其成於金銓. 戊午之禍, 人皆知出於克墩子光, 而不知尹弼商之主張者. 何哉? 我國之人, 雖號博達貫穿史家者, 不曾一觀東國史. 故纔過數十年, 耳目所不及, 則賢愚邪正, 類不能知. 診稱東人爲惡者, 皆曰:「庸何傷乎? 東國通鑑, 有誰讀之?」嗚呼! 此雖戱語, 眞格言也. 弼商以睚眥¹⁰⁵, 欲殺李穆, 遂起戊午之

---

103 중국 고대의 명검(名劍).『장자(莊子)』「대종사(大宗師)」참조.
104 머리카락을 하나씩 뽑음.
105 睚眥(애자): 눈길을 흘기다. 흘겨보다.

獄, 一時士類, 盡爲魚肉. 至勸盧思愼殺趙舜, 其心陰慘, 鎮鋩爲下. 燕山暴虐, 大抵弼商導之也. 雖欲受擢髮之誅, 不足贖其罪. 只以廢妃獻議大臣, 被誅於燕山, 不以其罪. 故丙寅靖國, 首蒙伸雪. 至今不知故事者, 往往以爲眞宰相, 可勝痛哉. 己卯之禍, 無金銓, 雖袞貞之姦, 難以托朝廷而成之. 戊午之禍, 無弼商, 雖克墩之兇, 難以假大臣而行之矣.
(『大東野乘』,「涪溪記聞」)[106]

---

[106] 1914년판『한재집』에 부록으로 실린 것은 오, 탈자가 많아 참고하는데 주의가 필요하다.

4. 이목·김천령의 문학적 명성이 서로 같다
李穆金千齡文聲相埒

유몽인(柳夢寅)

이목과 김천령은 문학적 명성이 서로 같았으나 이목의 재주가 더 높아 매양 과장(科場)에서 항상 장원이 될 것이라고 하였다. 하루는 과거 시험에서 '삼도부(三都賦)'라는 제목이 출제되었다. 김천령이 이목에게 머릿구를 보여 달라고 청하였다. 이목이 말하기를 "나는 지리(支離)한 말을 버리고 간약(簡約)에 힘쓰는 것을 지침으로 삼겠네"라고 하였다. 그 머릿구에 말하기를 "하(夏: 禹)는 열두 산에 제사지냈고, 우(虞: 舜)는 구주(九州)의 구역에 제사지냈네" 운운하였다. 김천령이 꺼림칙했지만 거짓으로 웃으면서 "오늘 시험은 공이 나에게 장원을 양보해야 되겠네. 고시관이 이 문제를 낸 것은 양경(兩京)[107]과 삼도(三都)의 뛰어난 경관을 보려 함인데, 그대는 옛 구절을 답습하여 노유(老儒)의 말이나 만들려 하시는가?"라고 하였다. 이목이 수긍을 하고는 붓을 들고 단 번에 고치면서 "오늘 저녁은 어떤 저녁인가? 하늘 높이 부는 바람 하늘하늘 나부끼네"라고 하였다. 김천령이 (제자리로) 돌아가 그(이목)가 이전에 읊었던 첫 구절을 따다가 그 말을 요약하여 바쳤다. 이목은 백여 구를 줄기차게 지었지만 수습을 제대로 하지 못하여 끝내 김천령에게 굴복하

---

107 장안(西都)과 낙양(東都).

였고, 김천령이 장원을 하였다.

李穆金千齡文聲相埒

李穆・金千齡, 文聲相埒, 穆才尤高. 每場屋常[108]推[109]壯元. 一日於科試, 命題以三都賦. 千齡請看首句于穆. 穆曰:「吾欲去支辭, 務約爲指」其首句曰:「夏奠[110]十二之山, 虞祀[111]九州之域」云云. 千齡憚之, 陽笑曰:「今日之試, 公當讓壯元于僕. 考官之[112]出此題, 欲觀兩京三都之雄文, 子欲襲古句爲老儒之語乎?」穆然之, 一筆改之曰:「今夕何夕, 天風[113]翩翩」千齡歸而取[114]前首句[115], 約其辭而進之. 穆汎濫百餘句, 不能收拾, 終屈於千齡, 而千齡爲之魁. (柳夢寅,『於于野談』)

---

108 常: 한국학중앙연구원 장서각 디지털아카이브에는 '相'으로 되어 있다.
109 推: 한국학중앙연구원 장서각 디지털아카이브에는 '推' 자 다음에 '爲' 자가 있다.
110 奠: 한국학중앙연구원 장서각 디지털아카이브에는 '典'으로 되어 있다.
111 祀: '紀'로 된 판본도 있다. 한국학중앙연구원 장서각 디지털아카이브에는 '託'으로 되어 있다.
112 之: 한국학중앙연구원 장서각 디지털아카이브에는 '之' 자가 없다.
113 風: '雨'로 된 판본도 있으나 '風'이 옳다.
114 取: 한국학중앙연구원 장서각 디지털아카이브에는 '取' 자 다음에 '他' 자가 있다.
115 句: '回'로 된 판본도 있으나 '句'가 옳다.

5. 『해동명신록』이목전李穆傳

김육(金堉)

이목의 자는 중옹이고 본관은 전주이다. 점필재의 문인이다. 성화(成化) 신묘년(1471)에 태어나 기유년(1489) 사마시(司馬試: 소과)에 급제하였다. 문장에 능하고 기절(氣節)을 숭상하였다. 태학에 있을 때 가뭄으로 인해 윤필상의 간사함을 극력 논하되 "윤필상을 팽형에 처해야 하늘에서 비를 내리실 것이다"고 하였다. 연산군 을묘년(1495) 문과에 장원급제하여 호당(湖堂)에 선발되었고, 북평사(北評事)에 제수되었다. 무오년 사화가 일어나자 윤필상이 죄를 얽어 죽였다. 갑자년(1504)에는 화가 천양(泉壤)에까지 미쳤다. 아들 세장(世璋)은 관찰사를 지냈다.

성종께서 일찍이 환후가 있었는데, 대비가 여자 무당에게 기도를 행하도록 하여, 반궁(泮宮)의 벽송정에 음사(淫祀)를 차렸다. 공이 여러 생도들을 불러모아 그 무녀를 매질하여 내쫓아버렸다. 주상께서 대사성을 불러 하교하기를 "그대가 여러 생도들을 잘 인도하여 사습(士習)이 바른 데로 돌아가게 하였으니, 내가 이를 가상하게 여긴다" 하고는 특별히 술을 하사하였다. 일찍이 공주로 귀양 간 적이 있는데 공주의 선비들이 충현서원을 세우고 그를 배향하였다.

李穆字仲雍, 全州人. 佔畢門人. 成化辛卯生, 己酉司馬. 能文章, 尙氣節. 在太學, 因旱極論尹弼商奸邪曰:「烹弼商, 天乃雨!」燕山乙卯魁第, 選湖堂, 拜北評事. 戊午禍作, 弼商搆殺之, 甲子禍及泉壤. 子世璋觀察使. 成宗嘗有疾, 使116大妃使女巫行禱, 設淫祀於泮宮碧松亭. 公倡諸生, 杖其巫而逐之. 上召大司成, 下敎曰:「爾能導率諸生, 使士習歸正, 予用嘉之」, 特賜酒. 嘗謫公州, 公州士人, 立忠賢書院配之. (『海東名臣錄』,〈名節〉)117

---

116 使: 연자(衍字)로 추정됨.
117 이본(異本)이 많고 내용에도 출입이 있는데, 본서는 국립중앙도서관 소장본을 대본으로 하였다.

연보 年譜

「한재 이목론」의 연구 결과에 기초하였다

- 성종 2년(1471, 辛卯) 1세
  7월, 경기도 통진현(현 김포)에서 윤생(閏生)의 둘째 아들로 태어나다.
- 성종 9년(1478, 戊戌) 8세
  취학함. 유일재(遺逸齋) 류분(柳坋)의 문하에 나아가다.
- 성종 15년(1484, 甲辰) 14세
  점필재 김종직의 문하에 나아가 수학하다.
- 성종 18년(1487, 丁未) 17세
  가을, 김천령(金千齡)과 처음 만나 도의지교(道義之交)를 맺다.[1]
- 성종 19년(1488, 戊申) 18세
  4월, 학우들과 회합하여 동지(同志)로서의 기치를 세우다.[2]
- 성종 20년(1489, 己酉) 19세

---

1 『한재집』 권1, 「수오십운 정인로(酬五十韻呈仁老)」 "去歲秋風落葉時, 城南逢君喜不支."
2 위와 같음 "去月結侶同建旗."

- 3월, 생원시에 장원, 진사시에 제2위로 급제하다.

- 전주부윤 김수손(金首孫)의 딸 예안김씨와 혼인하다.

- 대비가 성균관에 음사(淫祀)를 설치하여 무당을 부르자 이를 쫓아내다.

- 벽불소(闢佛疏)를 올리고 영의정 윤필상(尹弼商)을 탄핵하다.

• 성종 21년(1490, 庚戌) 20세

1월 7일,「입춘부(立春賦)」를 짓다.

• 성종 23년(1492, 壬子) 22세

- 지평(砥平) 용문산(龍門山)에서 수학하다.³

- 12월 4일, 금승법(禁僧法)에 반대하는 대비전(大妃殿)과 영의정 윤필상을 비판하는 상소를 한 뒤 의금부에 체포되다.

- 12월 14일, 석방되다.

• 성종 24년(1493, 癸丑) 23세

10월 12일, 정조사 김수손의 자제군관(子弟軍官)으로 북경에 들어가다.

• 성종 25년(1494, 甲寅) 24세

- 3월 10일, 북경에서 돌아와 한양에 도착하다.

- 12월, 승하한 성종의 수륙재(水陸齋)를 지내는 것을 극력 비판하고 대비전(大妃殿)에 영합한 영의정 윤필상 등을 탄핵하다.

• 연산군 1년(1495, 乙卯) 25세

....

3 동문 이심원(李深源)이 1492년 5월 11일에 봉화 청량사에서 한재에게 보낸 칠언시를 보면 "제생(諸生)에게 기별 보내 우릴 흔들지 말라 했으니 용문산에서도 응당 거문고 줄을 고르리라"(寄語諸生休攪我, 龍門應有理瑤琴)고 한 대목이 있다. 즉, 태학생들이 상소(上疏)를 주도하며 한재를 끌어들이려 해도 이에 참여하지 말고, 수학 중인 용문산에서 마음을 가다듬고 학문에 정진할 것을 당부하는 내용이다. 한재가 용문산에서「부담암가(釜潭巖歌)」를 지어 자신의 기개와 포부를 읊은 것도 이 무렵이었던 것으로 보인다.

- 1월 27일, 충청도 공주(公州)에 유배되다
- 아우 진(禛)이 세상을 떠나다.
- 5월, 성희안(成希顔) 등의 건의로 유배에서 풀리다. 이후 공주에 있으면서 학문을 연마하다.
- 10월, '인재득실책(人才得失策)'으로 증광문과(增廣文科)에서 장원 급제하다. 성균관 전적(典籍: 정6품)이 되어 종학(宗學)의 사회(司誨)를 겸하다.

• 연산군 2년(1496, 丙辰) 26세
- 영안남도 병마평사(永安南道兵馬評事)가 되다.
- 12월, 홍문관(湖堂)에 보직을 받고 사가독서(賜暇讀書)의 은전을 입다.

• 연산군 3년(1497, 丁巳) 27세
- 춘추관 기사관(記事官)에 보임(補任)되어 『성종실록』 편수에 참여하다.
- 6월 22일, 아들 세장(世璋)이 태어나다.
- 12월 21일, 실록청 총재관(總裁官) 신승선(愼承善)·어세겸(魚世謙) 이하 사관들에게 논공행상(論功行賞)을 할 때 향표리(鄕表裏: 국산 안팎 옷감) 한 벌을 하사받다.

• 연산군 4년(1498, 戊午) 28세
- 7월 12일, 무오사화에 연루되어 체포되다.
- 7월 27일, 난언절해죄(亂言切害罪)로 참형을 당하다.

• 연산군 10년(1504, 甲子)
갑자사화로 부관참시(剖棺斬屍)를 당하다.

- 중종 2년(1507, 丁卯)
  - 5월, 복관(復官)되다.
  - 6월 18일, 적몰된 가산(家産)을 다시 돌려주도록 명하다.
- 명종 7년(1552, 壬子)

  강원도관찰사인 아들 세장의 권귀(權貴)로, 가선대부(嘉善大夫) 이조참판 겸 홍문관 제학(提學) 동지춘추관성균관사(同知春秋館成均館事)에 추증되다.
- 선조 14년(1581, 辛巳)

  공주 충현서원(忠賢書院)에 배향되다.
- 선조 18년(1585, 乙酉)

  손자 이철(李鐵)이 전라도 무송현(茂松縣)에서 문집을 간행하다.
- 인조 3년(1625, 乙丑)

  5월, 청음(淸陰) 김상헌(金尙憲)이 「묘표(墓表)」를 짓다.
- 인조 9년(1631, 辛未)
  - 증손 이구징(李久澄)이 경상도 청송부(靑松府)에서 문집(『이평사집』)을 중간하다.
  - 계곡(谿谷) 장유(張維)가 「묘지명(墓誌銘)」을 짓다.
- 숙종 32년(1706, 丙戌)
  - 3월 15일, 통진 유생 심상희(沈尙熙) 등이 포증(襃贈)할 것을 청하다.
- 숙종 43년(1717, 丁酉)
  - 8월 28일, 정승 민진후(閔鎭厚)가 시호를 내려줄 것을 건의하여 숙종의 윤허를 얻다.

- 경종 2년(1722, 壬寅)

  - 7월 30일, '정간(貞簡)'이라는 시호가 내려지다.

  - 8월, 강화부(江華府)에서 연시연(延諡宴)을 베풀다.

- 영조 2년(1726, 丙午)

  조정에서 부조지전(不祧之典: 不遷位)을 내리다.

- 정조 5년(1781, 辛丑)

  전주 황강사(黃崗祠)에 추가로 배향되다.

- 순조 30년(1830, 庚寅)

  겨울, 사학 유생(四學儒生) 윤정수(尹正洙) 등이 문묘에 종향(從享)할 것을 청하였으나 윤허를 얻지 못하다.[4]

- 헌종 15년(1849, 己酉)

  통진 여금산(餘金山) 아래에 사우(祠宇)를 짓다. 종손이 향화(香火)를 받들지 못하게 되자 조정에 품의(稟議)하여, "문익공(文翼公) 정광필(鄭光弼)의 예에 따라 나이가 많고 관작이 높은 후손이 봉사(奉祀)하라"는 전교(傳敎)를 받다.

- 1914년(甲寅) 4월

  공주 출신 후손 응호(膺浩)·존원(存原)이 문집을 증보하여 '한재집'을 간행하다.

- 1960년(庚子)

  후손 병선(炳璇)이 『연보』를 엮다.

---

4 비답(批答)에 이르기를 "정간공을 문묘에 종향하도록 청(請)한 것은 사체(事體)가 매우 무겁다. 너희들은 잠시 뒷날을 기다리도록 하라"고 하다.

- 1974년(甲寅) 12월 28일

  한재종중관리위원회 발족하다.

- 1981년(辛酉) 8월

  한재종중관리위원회에서 『한재문집』(국역본)을 발간하다.

- 2008년(戊子) 2월

  한재 이목선생기념사업회 발족하다(회장 류승국).

한재연구논저총람 寒齋研究論著總覽
(1981~2011)

1. 문집 및 다부 역주 외

柳錫永 역,『한재문집』, 한재종중관리위원회, 1981.

釋龍雲,「'茶賦' 해설」,『제1회 차문화 학술발표 논문집』, 한국차문화연구회, 1986.

尹庚爀・沈成燮・李炯石 공편,『차 노래글 茶賦』, 가천문화재단, 1994.

金吉子,『다시 불러보는 이목의 차노래』, 두레미디어, 2001.

최영성,「역주 '다부'」,『한국사상과 문화』제19집, 한국사상문화학회, 2003.

李炳仁,「茶賦新譯」,『월간 차와 사람』, 2005년 1월호~12월호.

이병인・이영경,『다부: 내 마음의 차노래』, 차와 사람, 2007.

柳建楫,『다부 주해』, 이른아침, 2009.

鄭英善,『다부』, 너럭바위, 2011.

김포시,『2009년도 경기도 지정문화재 실측조사 보고서』(通津鄕校, 寒齋堂), 김포, 2009.

Brother Anthony of Taize (An Sonjae), Two Korean Tea Classics Compared:

Yi Mok's ChaBu and Cho-ui's DongChaSong, Comparative Korean Studies Vol. 18, No. 1, 2010.

Brother Anthony of Taize, Hong Kyeong-Hee, Steven D. Owyoung, Korean Tea Classics by Hanjae Yi Mok and the Venerable Cho-ui, 2010, Seoul Selection[1]

2. 학술논문

沈伯綱, 「한재 이목 선생의 생애와 사상」, 『제1회 차문화 학술발표 논문집』, 한국차문화연구회, 1986.

姜銓燮, 「한재 이목의 '絶命歌'에 대하여」, 『백록어문』제3·4합집, 제주대학교 사범대학 국어교육과 국어교육연구회, 1987.

류석영, 「한재 이목 선생의 科擧答案에 관한 연구」, 1986년도 문교부 자유과제 학술연구논문, 한국행정학회, 1987.

심백강, 「한재 이목 선생의 家系와 학문」, 『畿甸文化』제5집, 기전향토문화연구회, 수원, 1989.

최영성, 「한재 이목 선생」, 『忠賢書院配享九先生의 學問과 思想』, 사단법인 충현서원, 2001.

최영성, 「한재 이목의 도학사상 연구」, 『한국사상과 문화』제12집, 한

---

[1] 이 영역본은 한재의 「다부」 및 초의선사의 「다신전」·「동다송」을 번역한 것이다. 「다부」는 'Part I ChaBu 茶賦 Rhapsody to Tea'(15-56쪽)라는 제목으로 번역되었다.

국사상문화학회, 2001.

李溫杓, 「조선 초기 사대부의 飮茶: 이목의 '다부'를 중심으로」, 『한국전통생활문화학회지』 통권 5-2, 한국전통생활문화학회, 2002.

최영성, 「한재 이목의 '다부' 연구」, 『한국사상과 문화』 제19집, 한국사상문화학회, 2003.

최진영, 「'茶賦'의 분석적 고찰」, 『한국차학회지』 9-2, 2003.

이병인, 「한재 이목에 대한 연구 현황과 과제」, 『한국차학회지』 14-1, 2008.

金明培, 「리목의 '다부' 연구」, 『차문화』 5-6, 2008.

류건집, 「한재 이목의 다부에 나온 '蔆'과 '菠'에 대한 재론」, 『차의 세계』, 2009년 9월호.

류건집, 「'다부'의 다문화사적 의의와 내포된 사상」, 『한재 이목 선생의 도학사상과 다부』, 김포포럼 창립 7주년 기념 학술세미나, 김포시, 2009.

최영성, 「한재 이목의 생애와 도학사상」, 『한재 이목 선생의 도학사상과 다부』, 김포포럼 창립 7주년 기념 학술세미나, 김포시, 2009.

李桓圭, 「21세기 차문화의 핵심어 '내 마음의 차'의 세계화(1)」, 『차의 세계』, 2009년 8월호.

정은숙, 「'다부'로 본 한재 이목의 茶思想 연구」, 『부산여자전문대학 논문집』 제31집, 2009.

김장환, 「한재 이목 생애 재확인」, 『한국학논총』 제33집, 국민대학교 한국학연구소, 2010.

최영성,「한재 이목의 생애와 茶意識」,『제2회 차문화 학술심포지엄』, 계명대학교 차문화연구소, 2010.

이병인,「한재 이목의 '다부' 연구 - 다부의 내용 및 특성 분석」,『한국 차학회지』16-3, 2010.

김장환,「茶賦 '驗其産' 해석 고찰」,『한국학논총』제36집, 국민대학교 한국학연구소, 2011.

손민영,「한재 이목의 차정신 연구」,『한재 이목 재조명 학술회의』, 김포포럼, 2011.

양윤식,「한재 이목 선생 역사문화자원 활용방안」,『한재 이목 재조명 학술회의』, 김포포럼, 2011.

3. 학위논문

崔鎭英,「한재 이목 茶精神 연구」, 성신여자대학교 석사학위논문, 2003.
廉　淑,「한재 이목의 다도사상 연구」, 성균관대학교 석사학위논문, 2004.
염　숙,「한재 이목의 도학정신과 다도사상」, 원광대학교 박사학위논문, 2008.
김장환,「한재 이목 선행 연구에 관한 확인 연구」, 한서대학교 석사학위논문, 2009.
황옥이,「한재 이목 '다부'의 분석적 고찰」, 성균관대학교 석사학위논문, 2012.

4. 기타

李 現, 「儒林家의 제례와 奉茶」, 『차문화』, 1999년 9·10월호.

이 현, 「한재 이목 선생의 도학사상과 '다부'」, 『차의 세계』, 2003년 9월호.

이 현, 「600여 년 전에도 제사 때 차올려: 한재 선생 고조 祭祀笏記에서 撤羹奉茶의 발견」, 『차의 세계』, 2003년 12월호.

류건집, 「'다부'에 담긴 이목의 선비정신」, 『차의 세계』, 2004년 2월~5월호.

千炳植, 「역사 속의 우리 茶人 - 한재 이목: 대쪽 같은 선비가 남기고 간 우리의 차노래」, 『차의 세계』, 2004년 1월호.

이환규, 「꽈리차와 시금치차의 수수께끼」, 『차문화연구지』 제13권, 2004. 9.

박권흠, 「又史茶談 - 한재 이목 선생 茶仙 추앙 선언」, 『茶人』 2004년 9·10월호.

정찬주, 「茶人紀行: 한재 이목-차 한 잔에 도학사상 녹여낸 茶父」, 『주간동아』 제498호, 2005. 8.

이환규, 「내 마음의 차! 꽈리차와 시금치차」, 『차문화연구』 통권 제8호, 2005, 10.

이 현, 「撤羹奉茶」, 『차문화연구』 통권 제8호, 2005, 10.

최영성, 「다시 읽는 한재 이목의 다부 - 茶心一如의 사상」, 『차문화연구』 통권 제9호, 2008, 2.

이병인, 「한국차의 선도자 한재 이목」, 『차문화연구』 통권 제9호, 2008, 2.

이환규, 「한재 不祧廟 忌祭笏記」, 『차문화연구』 통권 제9호, 2008, 2.

沙光嚴, 「한재차밭 기록 - 이목 獻茶祭와 차밭유래」, 『차문화연구』 통권 제9호, 2008, 2.

이형석, 「한재 호칭 연구 - 한국차의 아버지 '茶父'」, 『차문화연구』 통권 제9호, 2008, 2.

朴東春, 「한재 이목의 '다부'에 대한 소고」, 『문학/사학/철학』 제16권, 한국불교사연구소, 2009.

유영수, 「한재 이목의 '다부'」, 『차의 세계』, 2009년 4월~8월호 연재.

제 2부
한재 이목론

한재 이목의 학문과 사상 형성의 배경이 되는 생애 연구가 전에 비해 진척되었다. 지난날 김상헌(金尙憲)이 찬한 「묘표음기(墓表陰記)」, 장유(張維)가 찬한 「묘지명」, 그리고 이를 토대로 한 『한재연보』[1]의 기술 내용에서 좀처럼 벗어나지 못하다가 방대한 분량의 조선왕조실록을 비롯하여 국내 여러 기관에 산재하는 고문서에 대한 검색이 가능해지면서 이목의 생애 연구도 새로운 단계를 맞이하였다.[2] 위에서 소개한 기본 자료와 후손이 엮은 『한재연보』의 중요성은 인정하지 않을 수 없다. 다만 사실이 잘못 기술되거나 연대의 선후가 뒤바뀐 곳이 있다. 그동안 이것이 바로잡히지 못함으로써 연구자들에게 혼란을 야기한 점이 있었다. 본고에서는 이점을 우선적으로 바로잡고, 이어 한재가 남긴 글들을 면밀하게 검토하여 28년의 생애를 재구성하고자 한다.

필자는 『한재집』을 역주하는 과정에서 역주 못지않게 생애 연구에 힘을 쏟았다. 본고는 현재 시점에서 이용할 수 있는 자료를 거의 모아 집필한 것이다. 금후에도 자료가 수집되면 보유편을 낼 생각이다. 다만, 자료가 많지 않다보니 자료를 섭렵하는 과정에서 필자 나름의 근거를 가지고 추정을 한 부분이 적지 않다. 이에 대해 필자와 견해를 달리하는 분도 있을 것이다. 이점은 추후 학계에서 활발하게 토론이 이루어지기를 기대한다.

---

1 1960년 한재의 후손 병선(炳璇: 1899~1977)이 엮었다.
2 근자에 김장환은 「한재 이목 생애 재확인」(『한국학논총』 제33집, 국민대학교 한국학연구소, 2010)이란 논문을 통해 종래의 생애 연구 가운데 잘못 알려진 부분만을 골라 재확인하는 작업을 한 바 있고, 황옥이는 「한재 이목 '다부'의 분석적 고찰」(성균관대학교 생활과학대학원 석사학위논문, 2011)이란 학위 논문에서, 주로 『성종실록』의 검색과 분석을 통해 지금까지 알려지지 않았던 새로운 사실들을 밝혀냈다.

고고呱呱의 성聲을 울리다

한재 이목은 자가 중옹(仲雍), 호가 한재이다.³ 성종 2년(1471, 辛卯) 7월, 경기도 통진현(通津縣) 동상포면(東霜浦面) 가좌동(加佐洞)⁴에서 정략장군(定略將軍) 충좌위 부사과(忠佐衛副司果: 종6품)를 지낸 부친 이윤생(李閏生: ?~1503)과 모친 남양홍씨(南陽洪氏: ?~1515) 사이에서 사남(四男) 중 차남으로 태어났다. 본관은 전주로 시조인 신라사공(新羅司空) 한(翰)의 28세손이며, 완성군(完城君) 백유(伯由)의 4대손(현손)이다. 고조부 백유(?~1399)는 목은(牧隱) 이색(李穡)의 문인으로, 조선왕조의 건국에 참여, 개국공신 3등 완성부원군(完城府院君)에 봉해졌으며 시호를 양후(良厚)라 하였다. 증조부 속(粟)은 음서(蔭敍)로 출사하여 판군기시사(判軍器寺事)·도승지를 지냈다.⁵ 조부 손약(孫若)은 세조의 즉위에 공이 있어 좌익원종공신(佐翼原從功臣) 3등에 책록되었고,⁶ 뒷날 강원도 고성군사(高城郡事)를 지냈다.

----

3 정희량(鄭希良)의 『허암유집(虛庵遺集)』 속집 권3, 17a, 「무오사화당적(戊午士禍黨籍)」에서는 이목의 호를 죽정(竹亭), 시호를 충강(忠康)이라 하였으나, 후일 편집상의 잘못이라 하겠다.
4 지금의 경기도 김포시 하성면(霞城面) 가금리(佳金里)이다.
5 속(粟)의 딸은 사육신의 한 사람인 이개(李塏)에게 출가하였다.
6 『세조실록』 6년(1460), 5월 25일(庚子)조.

한재의 가문은 대대로 공신 집안으로 내려왔다. 사림파와는 거리가 있었다. 부친 윤생은 음직(蔭職)으로 벼슬길에 나가 주로 무관직을 역임했고 나중에 참의(參議)에 이르렀다. 한재의 형 수(穟: 1458~1516)[7] 역시 공신의 자손이라 하여 사과(司果)에 등용된 바 있다. 전주에 세거(世居)하던 한재의 집안이 어떤 일로 통진현과 인연을 맺게 되었는지는 자세하지 않다. 다만, 한재 가문이 대대로 공신 가문이었으므로 근기(近畿) 지역에 사패지(賜牌地)나 농장을 소유하였고, 그 때문에 통진에 살게 되었을 가능성이 크다. 통진에 선대의 묘소가 조성되었던 것도 이 때문일 것이다.

이윤생은 사과(司果)를 지낸 최예한(崔禮漢)[8]의 딸 전주최씨(?~1458)와 혼인하여 장남 수를 두었으나 최씨가 곧 산후증으로 세상을 떠났다. 전주최씨는 전주의 대성(大姓)이다. 이윤생이 최문(崔門)에 장가들었던 것은 그의 생장지가 전주와 무관하지 않음을 시사한다. 또 나중에 최씨 부인의 묘소를 전주 종산(宗山)에 조성한 것을 보면, 그는 전주에서 태어나고 살았던 것 같다.[9]

이윤생은 초취부인과 사별한 뒤 남양홍씨와 재혼하였다. 남양홍씨는 직장(直長)을 지낸 홍맹부(洪孟阜)의 1남 2녀 가운데 둘째딸이다. 홍

---

[7] 자는 군실(君實), 호는 삼우(三友)이다. 성종 17년(1486) 생원·진사 양과에 급제하였다. 이어 사과(司果)에 등용된 뒤 연산군 3년(1497) 별시문과에 급제, 이듬해 성절사(聖節使)의 서장관(書狀官)으로 중국에 다녀왔고, 벼슬이 충주목사에 이르렀다. 자세한 것은 신용개(申用漑)의 『이요정집(二樂亭集)』 권15, 「충주목사 이공부처 합장묘갈명(忠州牧使李公夫妻合葬墓碣銘)」 (문집총간 17) 참조.
[8] 전주최씨 시조 문성공(文成公: 阿)의 5세손으로, 사과공파의 시조이다.
[9] 신용개, 『이요정집』 권15, 「충주목사 이공부처 합장묘갈명」에 "퇴거전주(退去全州)", "사임환향(辭任還鄕)" 운운한 대목이 있는 것으로 보아, 본디 전주에서 살았음이 분명하다.

맹부는 공안부윤(恭安府尹)을 지낸 홍잠(洪潛)의 손자요 문화현령(文化縣令)을 지낸 홍여공(洪汝恭: 1377~1440)[10]의 맏아들이다. 경기도 연천 출신이다. 홍여공의 후손들은 연천에 세거(世居)하여 크게 세를 이루었다. 한재의 집안은 남양홍씨 집안과 겹사돈 관계를 맺었다. 홍맹부의 아우인 숙부(叔阜)의 손녀(1463~1511)가 한재의 형 수(稼)의 부인이 된 것이다.[11] 한재의 모친으로서는 당질녀(堂姪女)를 며느리로 맞은 셈이다. 쉽게 보기 어려운 관계라 하겠다.

한재의 외조부 홍맹부는 강릉최씨 문중의 거유인 조은(釣隱) 최치운(崔致雲: 1390~1440)의 사위이다. 2남 3녀 가운데 맏딸이 홍맹부의 부인이다.[12] 최치운의 둘째 아들 응현(應賢: 1428~1507)이 아버지의 뒤를 이어 저명한 유현(儒賢)이 되었다. 최응현은 한재의 모친 홍씨의 외숙이다. 『한재집』에 「송최대사헌귀강릉사(送崔大司憲歸江陵詞)」가 들어 있는 것은 이런 인연 때문이다.

이윤생은 초취부인 최씨에게 1남, 재취부인 홍씨에게 3남 3녀를 두었다. 한재는 사형제 가운데 둘째이다. 그의 자 '중옹'에는 둘째라는 의미가 담겨 있다. 장남 수는 이윤생의 초취부인 소생이다. 충주목사를

---

10 홍여공의 딸이 남빈(南份)에게 출가하여 남이(南怡)를 낳았다. 홍맹부는 남이의 외숙이고, 남이는 이윤생의 처고모부이다. 남이의 모친 홍씨는 아들이 대역죄로 사형을 당할 때 연좌되어 죽었다.

11 신용개, 『이요정집』 권15, 「충주목사 이공부처 합장묘갈명」 "配洪氏, 司猛諱保定之女, 某官李公諱抽之外孫. 祖諱叔阜生員, 曾祖諱汝恭, 文化縣令, 南陽鉅派也. 年十八, 歸于侯. …… 生于天順癸未十二月十三日, 終于正德辛未十一月初八日, 葬于壬申二月二十八日. 生六男二女."

12 이유원(李裕元), 『가오고략(嘉梧藁略)』 제15책, 「이조참판 조은최공 신도비(吏曹參判釣隱崔公神道碑)」 "…… 公娶江陵咸氏, 縣令贈參判華之女. 生二男三女, 男曰進賢生員. 曰應賢生進俱中, 文科大司憲. 女直長洪孟阜, 司直安貴孫, 副尉南鐵成. …… 洪孟阜一男永昌, 二女司直南有梓, 司果李潤生."(문집총간 316)

지냈으므로 목사공(牧使公)이라 일컬어진다. 삼남 진(稹)은 자가 미지(微之)이다. 『족보』에 따르면 "후사가 없다"고 하는데 자세한 행적을 알 수 없다. 한재의 시에 "작년에는 눈 쌓인 산에서 힘든 겨울 보냈는데 금년에는 귀양살이 중에 아우를 잃었네"[13]라고 한 것을 보면, 한재가 공주에서 귀양살이를 하던 시기에 세상을 떠난 것 같다. 한재가 개성으로 공부하러 떠나는 아우 진을 위해 지은 시 한 수가 문집에 전한다.[14] 한재는 이 시에서 이씨 가문은 스스로 문학에 힘써 책을 좋아하고 재물을 좋아하지 않는 전통이 있음을 강조한 뒤 학발(鶴髮)의 어버이를 생각해서라도 열심히 공부하여 입신(立身)할 것을 당부하였다. 그 시에서 "학의 꿈은 바위에 선 노송나무에서 깊고[鶴夢巖松老] / 차 연기는 골짜기 달빛 그늘에서 피어오른다[茶煙洞月陰]"고 한 구절은 절창(絶唱) 가운데 절창이라 할 만하다. 사남 충(种)은 당숙 환(渙)에게 출계(出系)하였다. 중종반정 뒤 한재의 무덤을 옮겨 쓸 때 형을 위해 읊은 시가 전한다.

장남 수와 차남 목의 나이 차가 13살이다. 이를 보면 부친 이윤생의 재혼이 상당히 늦었던 것 같다. 이것은 「목사공묘비명」에서 "태어난 지 1년 만에 어머니를 잃었는데 사과공(이윤생)이 친히 끌어안고 양육하면서 오직 빨리 장성하기만을 바랐다"[15]고 한 것으로도 짐작할 수 있다.

한재의 부친 이윤생이 통진에 살게 된 시기는 재혼 이후로 짐작된다.

---

13 『한재집』 권1, 「억작재증자진(憶作再贈子稹)」 "前年雪獄耐窮冬, 今年哭弟湘纍中."
14 『한재집』 권1, 「송사제미지 지송경독서(送舍弟微之之松京讀書)」
15 신용개, 『이요정집』 권15, 「충주목사 이공부처 합장묘갈명」 "生一歲, 失慈氏. 司果親抱養之, 惟冀速長."

전주에서 통진으로 옮겨간 것은 통진에 선조의 묘소가 있기 때문이기도 하지만, 연천에 있는 처가와의 관계가 고려되었음직하다.

류분과 김종직의 문하에 나아가다

「묘표음기」, 「묘지명」 등에 의하면 8세 이전의 행적은 알 수 없다. 8세 (1478) 때 비로소 취학(就學)을 하였다고 하는데, 가정에서의 취학인지 아니면 스승을 찾아 입문(入門)한 것인지 자세하지 않다. 다만 '취학'이라는 말이 단순히 글을 배우는 것이 아니라, 보다 체계적으로 공부를 하기 위해 스승을 찾거나 학교에 나가는 것을 의미한다고 할 때, 한재가 처음 누구에게 배웠을까 하는 점은 관심사라고 하겠다.

이와 관련하여 필자는 근자에 중요한 자료를 얻을 수 있었다. 한재가 김종직의 문하에 들어가 본격적으로 수업(受業)하기 이전에 전주에 보내져 유일재(遺逸齋) 류분(柳坋: 1430~1506)에게 수학하였음을 알게 하는 자료가 그것이다.[16] 류분의 문인 이계맹(李繼孟: 1458~1523)이 찬한 「유일재선생류분묘비문(遺逸齋先生柳坋墓碑文)」을 보면 다음과 같은 서술이

---

[16] 유일재 류분을 중심으로 한 전주류씨 집안 명유(名儒)들의 학문과 사상을 조명하는 학술대회가 전주문화원 주최로 두 차례에 걸쳐 전주에서 열린 바 있다. 먼저 2009년 11월 5일에는 "조선조 기호학파의 학맥과 전북"이라는 대주제로 학술대회가 있었다. 이날 대회에서는 황안웅의 「조선 중기 전북의 유맥(儒脈)에 대한 일고찰」, 이용엽의 「류극수(柳克修) 신도비에 나타난 전북의 학맥」, 김진돈의 「전주류씨의 금석문과 편액(扁額)에 대한 고찰」 등 세 주제의 발표가 있었다. 이어 2010년 12월 17일에는 "조선 전기 호남 유학 성립에 대한 고찰"이라는 대주제로, 황안웅의 「유일재 류분과 혜학루(惠學樓) 성립에 대한 특색」, 이형성의 「혜학루에서 수득(修得)한 유일재 문인의 절의정신 고찰」이 발표되었다.

있다.

…… 선생은 천리(踐履)가 독실하고 조예(造詣)가 정심(精深)하였다. 성명(性命)의 근원을 궁구하고 효제(孝悌)의 도를 극진히 하니 사방의 현사(賢士)들이 배낭을 메거나 책상자를 짊어지고 찾아와 잇달아 제자례(弟子禮)를 행하였다. 참판을 지낸 평호(萍湖) 이경동(李瓊仝: 1438~1494), 평사를 지낸 한재 이목 등이 와서 배웠다. 점필재 김종직이 전라도관찰사로 있을 때 학행(學行)으로 조정에 천거하여 조정에서 시직(侍直)·세마(洗馬)·사평(司評) 등의 벼슬을 내렸으나 모두 거절하고 구학(邱壑)에서 살겠다는 뜻을 굳게 지켰다.[17]

류분의 자는 인수(仁叟)요 본관이 전주이다. 시조 완산백(完山伯) 습(濕)의 현손이요, 이조판서 극수(克修)의 증손자다. 세종조 '집현전 삼학사'의 한 사람으로 일컬어졌던 회헌(檜軒) 류의손(柳義孫: 1398~1450)에게 수학하였다. 의손은 그의 재종숙이다. 스승 류의손이 수양대군의 동향을 보고 그의 속셈을 간파, 낙향하자 스승을 따라 전주로 내려왔다. 이후 곤지산(坤止山) 자락에 학당을 짓고 일생토록 학문에 힘썼다. 그는 문인 양성에도 남달리 부지런하여 문하에서 묵암(墨巖) 이계맹, 추탄(楸灘) 이경동, 한재 이목, 건계(建溪) 나안세(羅安世: 1475~1527) 등 제제다사

---

17 이계맹, 『묵암실기(墨巖實記)』 권1, 「유일재선생묘지명(遺逸齋先生墓誌銘)」 "踐履篤實, 造詣精深; 窮性理之源, 盡孝悌之道. 四方賢士, 擔囊負笈, 聯扶擺衣. 萍湖李參判瓊仝, 寒齋李評事穆皆來學. 佔畢齋金先生按湖閫, 薦以學行, 卽授侍直, 旋移洗馬, 連除司評, 皆不就, 堅守邱壑, 絶意仕宦."

(濟濟多士)가 배출되었다. 그 산실이 바로 전주 혜학루(惠學樓)이다.

한재가 류분의 문하에 나가게 된 계기나 동기는 자세히 알 수 없다. 다만 류분의 문인 이경동이 한재와 같은 집안사람이었으므로, 그의 소개와 권유에 따라 류분의 문하에 나갔을 가능성이 높다. 조선 성종 때 문신으로 대사헌 및 예조참판, 병조참판, 동지중추부사, 동지경연사 등을 역임한 이경동은 전주 황방산(黃尨山) 아래 마전(馬田) 마을 출신이다. 낙향한 뒤에는 추천(楸川)에 대(臺)를 짓고 말년을 유유자적하며 보냈다. 그곳이 바로 전주시 팔복동 3가에 있는 추천대이다.

이경동과 한재는 황방산 마전 마을의 입향조인 황강(黃崗) 이문정(李文挺)의 후손이다. 이문정은 고려 충숙왕 때 학자로 정당문학(正堂文學)을 지냈다. 이문정의 아들 완산군(完山君) 이몽(李蒙)이 아들 삼형제를 두었는데 첫째가 백유(伯由), 둘째가 중유(仲由), 셋째가 계유(季由)이다. 이경동은 중유의 손자요[18] 한재는 백유의 현손이니 항렬로는 조손항(祖孫行)에 해당된다.[19] 양현은 뒷날 전주시 완산구 효자동에 있는 황강서원[20]에 함께 배향되었으니 혈연·학연에 따른 연분이 크다고 할 것이다. 필자는 이경동의 소개와 권유로 류분의 문하에 나갔을 것이라 추단한다.

이후 한재는 14세가 되는 성종 15년(1484)에 점필재 김종직의 문하

---

18 『국조문과방목』에는 '계유'의 손자로 되어 있으나 잘못이다.
19 삼종조(三從祖)와 삼종손의 관계이다.
20 황강서원은 황강 이문정을 주벽(主壁)으로 하여, 양후공(良厚公) 이백유(李伯由), 추탄 이경동, 한재 이목, 금곡(金谷) 이덕린(李德隣), 죽계(竹溪) 류인홍(柳仁洪), 졸암(拙菴) 강해우(姜海遇)를 배향하였다.

에 나아가 수학함으로써 정몽주(鄭夢周)를 시조로 한 동국도학(東國道學)의 맥을 접하게 되었다. 당시 54세의 김종직은 연륜 있고 세력 있는 영남사림파의 영수였다. 영남 사림들 사이에서는 당대의 유종(儒宗)으로 받들어졌다. 김종직은 42세 때인 성종 3년(1472) 정여창(鄭汝昌)·김굉필(金宏弼)이 와서 수학한 것을 시작으로 학단(學團)을 이루어 문하에서 많은 문인들을 배출한 터였다.

한재가 김종직의 문인이 된 사정이나 배경 등에 대해서는 관련 자료가 인멸되어 정확하고 자세하게 알 수 없다.[21] 다만, 그가 김종직의 문하에 나가게 된 것 역시 집안 어른인 이경동의 권유에 따른 것으로 추측된다. 이경동은 한재보다 33세 연장으로, 일찍이 세조 8년(1462) 문과에 급제한 이래, 동 12년(1466)에 있었던 문과 중시(重試)와 발영시(拔英試)에서 잇달아 급제했으며, 성종 6년(1475)에는 사은사 한명회(韓明澮)의 서장관(書狀官)으로 선발되어 명나라에 다녀왔다. 그는 세조 5년(1459)에 문과에 급제한 김종직과 함께 예문관·춘추관 등에서 문한(文翰) 업무를 함께 맡아보았으며 전후 30년 가량을 조정에서 함께 일했다. 이런 관계였기 때문에, 김종직의 사람됨과 학문에 대해 누구보다도 잘 알았을 것이고, 마침내 한재에게 급문(及門)할 것을 권유하였으리라 생각된다.

김종직과 이경동, 한재의 만남은 영남 사림파의 학문 전통이 호남

---

21 김종직의 문집, 김종직 문인들의 문집을 살펴보면 사우록(師友錄)은 있지만 사제간의 만남, 동문간의 만남을 추적할 수 있는 단서가 거의 없다. 무오사화·갑자사화 당시 피화(被禍)를 염려한 문인, 후학과 그들의 가족들에 의해 없어졌을 가능성이 크다고 본다.

지방에 전파되는데 크게 기여하였던 것 같다. 특히 김종직이 성종 18년 (1487) 5월, 전라도관찰사 겸 순찰사, 전주부윤이 되어 이듬해 5월까지 1년간 재직하는 동안 호남 지방의 학자들과 교유하는데 기폭제가 되었을 듯하다. 김종직이 도임 직후 유일재 류분을 조정에 천거한 일도 이경동과 한재 등의 소개에 따른 것일 수 있다. 또 김제 출신 이계맹이 김종직의 문인록에 이름을 올릴 수 있었던 것도 김종직이 전라도관찰사로 부임한 것이 계기가 되었을 것이다.[22] 김종직이 전라관찰사로 재임 중 영남 출신 문인(門人)들이 전주에 내려와 호남의 학자들과 교유하는 기연(機緣)을 만들었고, 이후 연산군 1년(1495)에 김종직의 처남이자 제자인 매계(梅溪) 조위(曺偉)가 전라도관찰사가 되어 전주로 내려옴으로써, 호남 학자 상당수가 김종직의 문하에 진출하고 이어 영·호남 사림의 학문적 교유가 활발하게 이루어졌다. 실로 조선 전기 학술사에 획기적인 사건이라고 할 만하다.

---

[22] 이계맹은 무오사화 이전부터 김종직의 문인으로 알려졌고, 그 때문에 무오사화 당시 유배를 당할 뻔하였다. 김종직의 문인록과 그 문도들의 사우록에는 이계맹이 김종직의 문인으로 등재되어 있다. 그러나 이계맹은 무오사화 당시 공초(供招)에서 다음과 같이 말한 바 있다. "신은 전주에 사읍는데, 종직이 본도의 관찰사가 되었을 적에 부내(府內)의 유생을 모아 전주에서 도회(都會)를 하였습니다. 그때에 신의 시권(試券)이 으뜸을 차지함에 종직이 칭찬하여 종이와 붓을 주었을 뿐입니다. 그 밑에서 수업한 적은 없습니다." 『연산군일기』, 4년 무오(1498) 7월 28일 (임술)조 참조.

영·호남 사림이 만나다

호남 출신 학자 가운데 김종직의 문인으로는 금남(錦南) 최보(崔溥: 1454~1504)가 유명하다. 그는 성종 8년(1477) 진사시에 급제한 뒤 성균관에 들어가 신종호(申從濩) 등과 교분을 맺었다. 이어 성종 11년(1480) 6월 무렵, 여러 생도들과 함께 한훤당 김굉필 집에 모여 정지교부계(情志交孚稧)를 조직하였고 마침내 김종직의 문하에 들기에 이른다. 그는 무오사화 당시 김종직의 『점필재집』을 소장했다는 죄목으로 고신(栲訊)을 받고 함경도 단천(端川)에 장류(杖流)되었다가 갑자사화 때 사형을 당하였다.

최보는 김종직의 학맥을 호남 지역에 전파하는 데 선도적 구실을 한 학자이다. 그 내용은 무오사화 등으로 문헌이 인멸되어 자세히 알 수는 없지만, 같은 시기 화순에 살면서 최보와 도의지교(道義之交)를 맺었던 일송(一松) 홍치(洪治: 1441~1513)의 『심학장구집주대전(心學章句集註大全)』을 통해 그 일모를 엿볼 수 있다. 홍치의 「묘지명」에 따르면 홍치는 성동(成童)의 시기에 이미 학문하는 요령을 알아 성리학에 잠심(潛心)하였고 아주 미세한 부분까지 반드시 분석하였으며 고은(皐隱) 안지(安止)의 문하에 나아가 배운 뒤로 더욱 충양(充養)하게 되었다고 한다. 또 최보와 도의지교를 맺고 강론하기를 게을리 하지 않았는데, 최보는 늘 사람들에게 "우리 무리 중에서 심학에 정통한 사람으로는 당연히 여평(汝平: 홍치의 字)을 제일로 꼽아야 한다"고 하였다 한다.[23]

홍치는 매헌(梅軒) 권우(權遇) → 고은 안지의 학통을 계승했으면서도 김종직의 문인들 다수와 학문적으로 교유하였다. 이 점에서 그의 독특한 위치를 찾을 수 있다. 또『심학장구집주대전』은 김종직 문인들의 학술적 토론 내용을 분량 있게 다루었다는 점에서 학술사적 의의가 적지 않다. 그 구체적인 내용을 본서에서 공개한다.

필자는 근자에 홍치라는 무명의 한 시골 선비가 혼신의 힘을 다해 엮은『심학장구집주대전』(不分卷 1책)이란 책을 발굴한 바 있다. 내용을 보면 유가 경전과 주자의『장구』·『집주』등에 흩어져 있는 심학(心學) 관계 글들을 모은 뒤 거기에 동문들과 토론한 내용 등을 소개하고 안설(按說)을 붙여 자신의 견해를 나타냈다. 저술 목적을 보면, 그는 성리학을 심학으로 보고 이 심학을 정착시키려는 일념에서 이 책을 저술하였다고 한다. 특히 이 책이 임금에게까지 올려져 임금이 성왕지학(聖王之學)을 연마하는 데 도움이 되었으면 하는 소원을 피력하였다. '조선판 심경(心經)'이라고 할 만한 책이다.

송유(宋儒) 진덕수(眞德秀)의『심경』이 있음에도 이 책을 편찬한 것은, 당시 진덕수의『심경』이 학계에 거의 알려지지 않았기 때문이다.

---

[23] 『풍홍보감(豊洪寶鑑)』, 이승보(李承輔), 「일송선생묘지명(一松洪先生墓誌銘)」 "公自成童, 已知爲學之要, 潛心性理, 毫縷必析. 從于皐隱安文靖公止之門, 益自充養, 以得宗見許, 錦南崔公溥, 相與爲道義之交, 講論不怠. 常於人曰, 吾黨中, 精於心學, 當推汝平爲第一云."

『심경』을 평생토록 신명처럼 받들었다는 퇴계 이황도 만년에 가서야 이 『심경』 책을 구할 정도였으니, 이황보다 60년을 먼저 살았던 그가 이 책을 접할 리 없었을 것이다.

퇴계·율곡보다 거의 한 세기 앞서 살았던 홍치가 성리학을 심학으로 규정한 것이라든지, 심학을 성학(聖學)으로 이끌어 올리려 했던 것은 주목을 받을 만하다. 특히 이황에게는 여러 측면에서 학문적 선구가 된다고 할 수 있다. 『심학장구집주대전』에는 권근의 「입학도(入學圖)」와 그 아우 권채의 「작성도(作聖圖)」 이후 명맥이 시들어진 도설이 다시 등장하여 이목을 끈다. 『대전』 안에 있는 「심성정도(心性情圖)」 같은 것은 이황의 『성학십도』 가운데 「심통성정도(心統性情圖)」와 통하는 측면이 있다. 더욱이 사단과 칠정을 리기(理氣)에 분속(分屬) 시키면서 "四端之情, 理發而氣隨之, 七者之情, 氣發而理乘之"라고 규정하여 이황과 꼭 같은 인식을 보였다. 우리는 지금까지 "리발이기수지(理發而氣隨之)", "기발이리승지(氣發而理乘之)"라는 정의를 사실상 이황의 독창으로 알아왔다. "사단리지발(四端理之發), 칠정기지발(七情氣之發)"이라고 했던 주자(朱子) 이론의 미비점을 이황 나름대로 보완하려 한 것으로 이해하여 왔다. 그러나 리기호발론의 선구가 되는 이 이론을 홍치가 먼저 내세웠다는 점에서, 퇴계 성리학에 끼친 선대 유학자들의 영향을 다시 한 번 고찰하지 않을 수 없게 되었다. 이황에게 영향을 끼쳤다면 어떤 경로로 이 책이 전해졌으며, 또 중국과 우리나라를 통틀어 "리발이기수지", "기발이리승지"란 표현을 사용한 학자가 있었는지 등에 대해 면밀한 검토가 있어야 할 것이다. 현재 필자가 이와 관련한 논문을 집필 중에 있음을 밝혀두며, 중간 보고 삼아 짤막하게 소개함을 이해하기 바란다.

『심학장구집주대전』에는 저자 홍치가 사귀었던 사우(師友)들의 학설이 다수 인용되어 있다. 사우는 저자의 스승이었던 고은 안지를 비롯하여, 최보·이목·권오복(權五福)·이계맹·신영희(辛永僖)·허반(許磐) 등 김종직의 문인들, 그리고 그 계열의 조유형(趙有亨)·박은(朴誾), 관학파 계열의 임수겸(林守謙)·최담(崔潭), 인근 영암 출신 박권(朴權) 등 모두 12명이다. 저자가 관학파 계열의 학자 안지의 문인이면서도 사림파의 영수 김종직의 문인들과 깊숙이 사귀었다는 점이 이채롭다. 홍치가 김종직의 문인들과 학문적 교류를 하게 된 배경은 자세히 알기 어렵지만, 해남 출신인 금남 최보가 교량 역할을 하였을 것으로 짐작된다. 『심학장구집주대전』을 보면 최보와의 만남이 가장 빈번하였던 것 같다.

이 책에는 무오사화와 갑자사화를 입어 문집 자체가 전하지 않거나, 전하더라도 정치적·학문적 내용이 없는 시문 일색인 김종직 문인들의 성리학에 대한 이해 정도를 보여주는 내용이 많다. 허반·신영희 같이 문집 자체가 전하지 않은 학자들의 학설이 실려 전할 수 있었던 것은 시골에 묻혀 정계와는 선을 긋고 살았던 홍치의 이력 때문이다. 피화(被禍)의 위험을 무릅쓰고 사우들과 학술적으로 토론한 내용을 실어 밝은 세상에 전하려 했던 두터운 우의(友誼)가 엿보인다. 토론 내용은 김종직의 문인들이 천리(踐履)에만 힘쓴 것이 아니고 이론 탐구에도 일정한 경지에 이르렀음을 보여주는 중요한 자료가 될 것이다.

홍치는 집안에서 부친에게 수업(受業)하였다고 한다. 단순히 배운 것이 아니고 '수업하였다'는 표현을 통해 그의 부친 계(桂) 역시 성리학에 밝았음을 알 수 있다. 그 뒤 21세가 되는 세조 7년(1461)에는 전라도 김제 출신 안지의 문하에 나아가 성리학을 연마하였다고 한다. 안지는 권근의 아우 매헌 권우의 문인으로, 동문 정인지(鄭麟趾: 1396~1478)와 함께 ≪용비어천가≫를 찬진(撰進)하고 한글 창제에도 참여한 당대의 대학자였다. 그는 권우로부터 성리학을 체계 있게 배웠다. 특히『주역』의 요체를 전수 받아 실제 사실이나 사물에서 천지자연의 수를 알아내고, 사물을 접할 때마다 이치를 관찰하는 '촉물관리(觸物觀理)'의 정신을 발휘하였다.[24] 그가 수리에 밝아 역법(曆法)을 개정하는데 힘쓴 것이라든지, 한글 창제에 직접 간접으로 참여한 것은 모두『주역』에 밝았기 때문이라고 할 수 있다.

안지는 군자의 수기치인(修己治人)의 요체를 묻는 홍치에게 "경(敬) 과 서(恕)일 뿐이라"고 하면서, 늘 구방심(求放心) 공부에 힘쓸 것을 당부했다고 한다. 홍치가『대전』의 마지막을 '구방심시(求放心詩)'와 '야기명(夜氣銘)'으로 장식한 것은 스승의 유의(遺意)를 잘 받든 것이라고 할 수 있다. 성리학에 대한 안지의 성취 정도를 직접 확인할 수 있는 자료는 현재 찾기 어렵다. 그의 문집『고은집』을 보아도 시문 일색일 뿐 학술관계 글은 없다. 그러나 자료가 없다고 해서 안지 등 관학파 학자들의 수준을 낮추어 보는 것은 금물이다. 당시 성균관을 중심으로 이루어졌

---

[24] 안지(安止),『고은집(皐隱集)』권1,「매헌선생집발(梅軒先生集跋)」"時余受易于先生函丈之下. 一日先生論奇偶之數而曉譬之曰, 此易知也. 人每當飯, 先執匙後下筯, 匙單而筯雙, 此其數也. 但人自不察耳. 余雖愚昧, 竦然聞之, 悅如有得, 私竊以爲厥工豈知有陰陽之理寓於日用之間先後之中? 然旣有天地自然之數, 故雖陶冶之賤, 亦不得不爲之然也. 自是以後, 因事知數, 觸物觀理者, 蓋亦不少."

던 성리학 강의는 우리가 생각하는 것 이상이었던 것 같다.『성리대전(性理大全)』이 한글 창제를 비롯한 세종조 문화사업에 끼친 영향을 생각한다면, 과소평가는 곤란하다고 생각한다.

홍치의『심학장구집주대전』은 성균관을 중심으로 한 관학파 학자들의 성리학에 대한 이론적 탐구와 길재(吉再)를 선구로 한 사림파 학자들의 실천 중시의 경향이 하나로 만나 이루어진 중요한 성과라고 생각한다. 특히 양학파의 학문 전통이 '호남'에서 하나로 만나 또 다른 전통을 만들어냈다는 점은 간과하기 어렵다. 이점은 한국유학사, 특히 조선성리학, 도학(도통)을 연구할 때 중요하게 고려해야 할 사항이라고 하겠다.

사마시司馬試에 급제한 뒤 혼인을 하다

한재가 김종직의 문하에 들어간 이후 어떻게 공부하였으며, 어떤 사람들과 교유하였는지는 자세히 알기는 어렵다. 다만 자료가 많지 않는 가운데서도 이런 의문점을 일부나마 풀어줄 수 있는 단서가 몇 가지 있다. 먼저 『한재연보』 17세조를 보면

> 선생은 배움에 힘썼으며 문사(文詞)를 잘하였다. 서책으로는 『춘추좌씨전』 보기를 좋아하였으니, 잠심(潛心)하여 완미하되 손에서 책을 놓지 않았다. 옛사람으로는 범문정공(范文正公: 范仲淹)의 덕업을 사모하여, 벽에다 글을 써서 붙이고 경앙(景仰)하는 마음을 부쳤다.[25]

고 하여, 한재의 입지(立志)와 학문 경향이 어떠했는지를 시사하였다. 『춘추좌씨전』은 의리정신의 상징이요, 범중엄은 천하를 걱정하는 우환의식(憂患意識)의 대명사다. 중국 북송 때의 명재상 범중엄은 「악양루기(岳陽樓記)」에서, 올바른 정치가의 처신을 '선우후락(先憂後樂)'이라고 했다.

---

25 『한재문집』 165쪽, 「연보」 〈先生十七歲, 戊申〉 "先生力學, 工文詞. 於書好觀左氏春秋, 潛心玩味, 手不釋卷. 於古人慕范文正公之德業, 書諸壁上, 以寓景仰之心."

천하의 문제거리는 남보다 먼저 걱정하고, 천하의 즐거움은 나중에 기뻐하라는 것이다. 구양수는 범중엄의 사람됨에 대해 "그는 젊었을 때 큰 절개가 있어 부귀와 빈천, 비난과 칭찬, 기쁨과 슬픔에도 마음을 움직인 적이 한 번도 없었다"[26]고 하였다.

한재가 『춘추좌씨전』 읽기를 좋아했고 범중엄의 사람됨을 사모했음은 이구징이 찬한 「묘표음기 보유」에 처음 보이고, 계곡 장유가 찬한 「묘지명」에도 그대로 이어졌다. 이구징은 "진신(搢紳)들 사이에서 그 말을 들었다"고 근거를 밝혔다.

그런데 앞서 소개한 홍치의 『심학』을 보면 〈언입지장(言立志章)〉에 송유(宋儒) 호안국(胡安國: 1074~1138)이 아들에게 준 편지가 인용되어 있다. "뜻을 세우되 정명도(程明道)와 범희문(范希文: 범중엄)으로써 스스로 기대하라"[27]고 한 것이 그것이다. 이에 대해 한재는 다음과 같이 해설하였다.

배우는 사람들이 성현의 글을 읽을 때에는 한 바탕의 이야기를 만들어내는데 그칠 것이 아니다. 성현이 후인들을 가르치는 대목에서는 마땅히 오늘의 내가 그들의 가르침을 직접 받는 것처럼 생각하는 것이 옳다. 예를 들어 호공이 그 아들에게 입지(立志)를 가르치는 것은 오늘의 나에게 입지를 몸소 가르쳐주는 것으로 여겨야 될 것이니, 반드시 명도・희문 두

---

26 『소학(小學)』, 가언(嘉言), 〈광입교(廣立教)〉 "歐陽文忠公稱其少有大節, 於富貴貧賤毀譽歡戚, 無一動其心."
27 『심학』 권2, 「언입지(言立志)」 "胡文定公與子書曰: 立志以明道希文自期待." ; 『호씨전가훈(胡氏傳家訓)』에 나오는 말로 『소학』, 가언, 〈광입교〉에도 실렸다.

분으로써 스스로 기대하는 것이 옳다.²⁸

이를 보면, 한재가 범중엄의 사람됨과 경륜을 우러러보았음은 사실이라 하겠다.

한편, 동문 탁영(濯纓) 김일손(金馹孫: 1464~1498)은 다음과 같이 술회한 바 있다.

> 내 성격이 본디 남을 인정하는 일이 적었다. 17세 때 처음으로 점필재 문하에 유학하여, 열 세 사람과 신교(神交)를 나누었으니, 도덕에는 김굉필(金宏弼)·정여창(鄭汝昌)·이심원(李深源)이요, 문장에는 강혼(姜渾)·이주(李胄)·이원(李黿)·이목이요, 유일(遺逸)에는 남효온(南孝溫)·신영희(辛永僖)·안응세(安應世)·홍유손(洪裕孫)이요, 음률에는 이총(李摠)·이정은(李貞恩)이라.²⁹

이는 김종직의 문하에서 한재가 차지하는 위상이 어떤지를 엿볼 수 있는 좋은 자료다. 수많은 동문들이 한재의 특장을 '문장'으로 꼽고 있음이 주목된다.

한재는 류분과 김종직의 문하에 나아가 수학하면서 많은 동문들과

---

28 『심학』 권2, 「언입지」 "李仲雍曰: 學者讀聖賢文字, 不止但作一場話說, 其於敎人處, 當爲今日吾所受敎, 可也. 如胡公敎子立志, 當爲今日敎我立志, 必以二公自期待焉, 可也."
29 『탁영연보(濯纓年譜)』 상권, 6a~6b, 〈先生十七歲, 庚子〉조 "予性本小許可. 十七歲, 始遊佔翁之門, 得神交十有二(三?)人焉. 道學金大猷宏弼鄭伯勗汝昌李伯淵深源, 文章姜士浩渾李胄之胄李浪翁黿李仲雍穆, 遺逸南伯恭孝溫辛德優永僖安子挺應世洪餘慶裕孫, 音律李伯源摠李正中貞恩."; 『한재문집』 164쪽, 「연보」 〈先生十四歲, 甲辰〉條.

접하였고, 이어 태학에 들어가 거재(居齋) 생활을 하면서 도반(道伴)이자 동지들을 많이 만났다. 김천령과의 만남도 그 가운데 하나다. 한재는 18세(1488, 戊申) 때 김천령에게 오십운에 달하는 장편의 시를 주어 두터운 우정을 표하면서 자신의 학문관·인생관과 관련된 여러 가지를 진솔하게 밝힌 바 있다. 이 시에서 한재는 자신이 17세 무렵, 한 때 풍진(風塵)을 한탄하며 실의에 빠져 술에 절어 있었으며, 음주로 건강을 해쳐 향중(鄕中) 어른들의 꾸짖음을 받고서야 방황 속에서 헤어났다고 하였다. 십대에 이미 상시분속(傷時憤俗)의 감정이 대단했음을 알게 한다. 그러다가 18세 되던 해 4월에 동지들과 과거 급제를 기치(旗幟)로 짝을 맺고[結侶] 선방(禪房)에서 본격적인 준비에 들어갔다고 하였다. 시 가운데 "부질없이 시 천 수를 지어 말을 꾸미고 한 평생 천태산부(天台山賦)를 넘어서려 하였네"라고 한 것으로 보아, 당시 그의 주된 공부가 문장 수련이었음을 알 수 있다. 또 '척지금성(擲地金聲)'의 고사로 유명한 손작(孫綽)의 천태산부를 넘어서려 한 것으로 보아 문학적 자부가 어느 정도였는지를 짐작할 수 있겠다.

한재는 본격적으로 과시 준비를 한 지 1년 뒤인 19세(1489) 때 생원·진사시에 급제하였다.[30] 김상헌의 「묘표음기」에서 "진사시(進士試)에 제이명(第二名)으로 급제했다"고 한 이후 많은 기록에서 진사시 급제만을

---

30 『한재연보』〈己酉, 19세조〉 "三月乙丑, 赴覆試, 中生員進士第二名." ; 『성종실록』 20년 3월 7일(乙丑)조 "取生員金彦平等一百人, 進士金千齡等一百人." 참조. 『한재연보』에서는 "갑과로 생원·진사가 되었다"고 잘못 기록하고 있다. 소과에서 '갑과' 운운하는 것은 어불성설이다. 실록에서는 한결같이 '성균관 생원 이목'이라 하였고, 『사마방목』에서는 생원시에 급제한 것으로 되어 있다.

쓰기도 하지만,[31] 한재가 양과(兩科)에 급제했음은 분명하다.『한재집』에서는 당시 복시에서 제술한 글이「삼도부(三都賦)」라고 하였는데, 여기서 '복시'란 진사시의 복시를 말한다. 한재가 진사시에서「삼도부」라는 시제로 절친한 벗 김천령과 함께 급제하였음은 김정국(金正國)의『사재척언(思齋撫言)』[32]과 유몽인(柳夢寅)의『어우야담(於于野談)』의 기록으로도 증명된다.[33]

이후 한재는 성균관에 입학하였고 연산군 1년(1495, 乙卯) 1월, 수륙재(水陸齋) 문제로 상소했다가 공주에 귀양을 갈 때까지 약 6년간 반궁(泮宮)에서 거재(居齋) 생활을 계속하면서 때로는 산사(山寺)에 나가 정신을 가다듬기도 하였다.

1489년 이해 한재는 혼인을 하였다. 19세라면 당시로서는 빠른 나이가 아니다. 이때까지 미혼이었음은 학업 때문이었을 것으로 짐작되지만 다른 이유가 있었는지는 자세하지 않다. 혼인 상대는 성균관 대사성을 지낸 김수손(金首孫: 1430~?)[34]의 넷째 딸 예안김씨(禮安金氏: 1478~1558)였다. 김상헌이 찬한「묘표음기」에 의하면 "참판 김수손이 대사성으로 있을 때 반궁에서 강론을 해보고는 그 사람됨을 달리 여겨 딸과 혼인시켰다"[35]고 되어 있다. 그러나『성종실록』에 따르면, 김수손은 1년

---

31 동문 권오복의 시에서도「증이진사목(贈李進士穆)」이라 하였다.
32 『사재집(思齋集)』권4,「척언(撫言)」"金直學千齡, 爲己酉進士壯元. 試三都賦居首, 信佳作. 但敍高句麗國係云,「朱蒙啓其赫業, 東明承其祖武」云云. 朱蒙爲高句麗始祖, 在位十九年而薨. 子琉璃王立, 追號朱蒙爲東明聖王. 朱蒙東明, 是一人也, 而曰:「啓赫業」,「承祖武」. 用事謬設至此, 當時試官, 不察而不抹. 士林傳誦而不知, 我國人不詳於本國事跡如此, 可笑."
33 유몽인,『어우야담』,「이목김천령 문성상랄(李穆金千齡文聲相埒)」참조.
34 『연산군일기』5년(1499) 12월 29일(癸丑)조에 "동지중추부사 김수손이 칠십세가 되어 치사(致仕)를 청하였다"고 한 것으로 미루어 1430년생임을 알 수 있다.

전인 성종 19년(1488) 8월 1일에 성균관 대사성에 임명되어 11월 15일 후임 채수(蔡壽: 1449~1515)와 교대할 때까지 약 3개월 보름 정도를 재직하였고, 이후 성종 22년(1491) 10월 4일 병조참판에 임명될 때까지 약 3년 가까이 전주부윤으로 재임하였다.[36] 이렇게 본다면 김수손과 한재는 성균관에서 반장(泮長)과 재생(齋生)으로 만날 기회는 없었다. 그러나, 그렇다고 해서 「묘표음기」의 기록을 완전히 무시하기는 어렵다. 김수손이 대사성으로 있을 때 이미 여러 사람을 통해 한재의 명성을 듣고 사윗감으로 점찍었을 가능성도 있기 때문이다. 또 김수손이 전주부윤으로 있으면서 전주와 관련이 깊은 한재의 사람됨에 대해 자세히 들을 수도 있었을 것이고, 그 과정에서 한재보다 1년 전에 김수손의 집안에 장가를 든 탁영 김일손이 중매를 했을 가능성이 높다. 이에 관해서는 뒤에서 다시 서술한다.

혼인 당시 한재는 19세, 부인 예안김씨는 7세 연하인 12세였다.[37] 당시 반가(班家)의 통상적인 혼인 사례와는 상당히 다르다. 왜 이렇게 나이 차이가 많이 났을까? 이해하기 어렵다. 다만 상식선에서 접근해보면 답이 나올 수 있을 것이다. 한재의 부인 김씨는 아버지 김수손과 어머니 창원공씨(昌原孔氏)[38] 사이에서 1남 4녀 가운데 막내딸로 태어났다.[39]

---

35 『이평사집』, 부록 "公少時金參判首孫爲大司成, 在泮講論, 異其爲人, 以女妻之."; 『한재연보』 〈己酉, 19세조〉 "金公時爲大司成在泮, 與先生講論, 異其爲人, 遂以女妻之."

36 『성종실록』 19년(1488) 8월 1일(壬辰)조; 『성종실록』 19년(1488) 11월 15일(甲戌)조; 『성종실록』 22년(1491) 10월 4일(丁未)조 참조.

37 이경석(李景奭)이 찬한 「강원도관찰사 이공묘갈명(江原道觀察使李公墓碣銘)」(『白軒集』, 권46)을 보면, 한재의 아들 이세장이 명종 13년(1558)에 모친상을 당하였는데, 그 때 모친의 나이가 81세였다고 한다. 예안김씨가 81세로 별세하였음은 『전주이씨 시중공파 황강공 세보』 및 『한재연보』에도 기록되어 있다.

당시 김수손의 나이 49세. 실로 만득(晩得)이었다. 그로부터 11년 뒤 김수손의 나이 60세가 되었다. 60세면 인생을 정리할 나이다. 죽기 전에 막내딸을 혼인시키고자 했을 김수손의 심중을 헤아린다면 열 두 살이라는 어린 나이가 문제되지는 않았을 것이다. 더욱이 한재가 놓치기 어려운 사윗감인데다가 19세로 혼기가 꽉 찬 점을 고려한다면 혼인을 서두를 수밖에 없었을 것이라 짐작된다.

김수손의 자는 자윤(子允)이다. 충청도 공주 출신으로 예안김씨 공주파의 선조이다. 세조 2년(1456) 식년시 정과(丁科)에서 4위로 급제하였으며, 성종 7년(1476) 문과 중시(重試)에도 급제하였다. 관직은 형조참판·성균관 대사성·동지중추부사(同知中樞府事) 등을 지냈다. 『경국대전』의 편찬에도 참여했고, 정조사(正朝使: 賀正使)로 명나라에 다녀오기도 했다. 그가 세상을 떠난 해는 정확하지 않다. 『연산군일기』 8년(1502) 1월 5일자에 동지중추부사로 임명한다는 기사가 마지막으로 보인다. 이를 보면 그는 적어도 73세까지 생존했던 것 같다.

그런데 한 가지 알 수 없는 일이 있다. 김수손은 사위인 한재가 무오사화 때 난언죄(亂言罪)로 사형을 당하고 갑자사화 때 추형을 입었음에도 연좌율을 적용받지 않았던 것 같다. 벼슬도 유지되었고 그의 자손

---

38 공석(孔碩)의 삼남(孔垣·孔墻·孔堤) 일녀 가운데 외동딸이다(『萬家譜』 제14책, 74면). 『국조문과방목』 〈김수손〉조에는 '공석(孔碩)'이 '공기(孔頎)'로 잘못 기록되어 있다. 공석은 훈도(訓導)를 지냈다.

39 1남은 옥과현감을 지낸 사창(泗昌)이다. 장녀는 유학(幼學) 윤삼손(尹三孫)에게 출가하였고, 차녀는 수의부위(修義副尉) 최광연(崔光演), 삼녀는 참판 이빈(李蘋), 사녀는 평사 이목에게 출가하였다. 이 가운데 이빈은 한재와 교분이 두터웠던 것 같다. 이빈의 자는 세형(世亨), 본관이 덕수(德水)로 의연(宜衍)의 아들이다. 연산군 1년(1495) 증광시 생원과에서 3등으로 급제한 뒤 연산군 8년(1502) 알성문과에서 2등으로 급제하여 예조 참판을 지냈다.

들이 출사(出仕)하는 데도 지장을 받지 않았다. 무슨 이유에서일까? 무오사화를 전후한 시기 김수손과 관련한 『실록』의 기사가 없어 정확히 알기 어렵다. 김수손 개인뿐만 아니라 그를 둘러싼 정치적 배경 등에 대해 앞으로 좀 더 고찰해야 할 것으로 생각한다.

이와 관련하여 한 가지 더 고찰해야 할 것이 있다. 한재의 동문이자 정치적 동지로 같은 날 함께 죽은 김일손이 한재와 사촌 동서지간(同壻之間)이라는 사실이다. 김일손은 김수손의 아우 김미손(金尾孫)의 사위이다. 『탁영연보』에 따르면 김일손의 초취 부인은 병조참판을 지낸 우극관(禹克寬)의 딸 단양우씨였다. 김일손이 15세 되던 성종 9년(1478) 3월에 우씨와 혼인을 하였고 24세 되던 성종 23년(1487) 4월에 부인상을 당하였다. 그리고 한 해 뒤인 성종 24년(1488) 7월, 충청도 목천(木川)에 살던 참봉 김미손의 딸[40]과 재혼하였다. 경상도 청도 출신인 김일손이 충청도 선비 집안에 장가를 들게 된 내력에 대하여 「행장」에 간략한 기록이 보인다.

선생은 예안 김미손의 딸을 취(娶)하였다. 김미손이 호서의 목천 땅에 살았으므로 늘 왕래하면서 더러 유식(遊息)하기도 하였다. (선생이) 세상을 떠나자 부인이 목천에 살다가 세상을 떠났다.[41]

---

40 김미손의 삼남(孝友·孝悌·孝怡) 일녀 가운데 외동딸이다.
41 황종해(黃宗海), 『후천집(朽淺集)』 권8, 「김탁영행장(金濯纓行狀)」 "先生娶禮安金尾孫女. 金居湖西木川地, 故先生常往來或遊息. 及卒, 夫人因居木以終. 墓於縣東十五里許, 夫人之私親兄弟子孫, 累世相傳, 不絶香火."(문집총간 84)

김수손과 김미손은 예안김씨 공주 부전동(浮田洞)⁴² 입향조인 김숙량(金叔良)의 손자이다. 태종조에 당진감무(唐津監務)를 지낸 김숙량은 신(新)·지(紙)·비(秕) 삼형제를 두었고,⁴³ 장남 신은 수손과 미손 형제를 두었다. 미손은 뒤에 목천 구도실(求道谷)⁴⁴로 이주하여 그곳에서 터전을 일구었다.

　　김수손의 후예들은 중앙으로의 진출이 활발하였다. 아들 사창(泗昌)은 현감을 지냈고 손자 반천(半千)은 중종 32년(1537) 별시문과에 급제, 벼슬이 승지에 이르렀다. 손자 해(澥)는 명종 19년(1564) 문과에 급제, 청요직(淸要職)을 두루 거쳤다. 상주목사로 재직중 임진왜란을 당하여 1593년 3월에 순직하였고, 그 뒤 선무원종공신(宣武原從功臣)에 책록되었다.

　　역사에 굵직한 획을 그은 한재와 김일손이 학문적·정치적으로 동지라는 점, 더 나아가 사촌 동서라는 인척 관계로 맺어졌다는 점은 지나쳐 볼 일이 아니다. 또 예안김씨(宣城金氏) 가문이 한재와 김일손으로 말미암아 사화에 연루되었으면서도 큰 해를 당하지 않은 것도 눈여겨 볼 대목이다. 김미손과 김일손! 옹서간(翁壻間)임에도 이름까지 비슷하다. 묘한 인연인 것 같다.

42　지금의 충청남도 공주시 우성면 내산리 부전 마을이다. '뜸바골'이라고도 하는데 뜸밭에서 온 것으로 보인다.
43　장남 신은 1464년 문과에 급제, 『세조실록』과 『예종실록』의 편수관을 역임하고 낙안군수와 홍문관 응교 등을 지냈다. 차남 지는 1453년 문과에 급제, 세조 즉위 후 좌익원종공신(佐翼原從功臣) 2등에 책록되었고 예천군수를 역임하였다. 삼남 비는 사족(士族)으로 활동하였다. 이들 삼형제는 모두 공주 우성면 부전동에 묻혔다.
44　오늘날 천안시 동남구 동면 구도리이다.

혼인을 한 뒤 한재는 한양 김수손의 집 가까이에서 살았던 것 같다. 한재가 처남 김사창에게 지어준 시에 "내 집이 담 너머로 이어졌으니 한 평생 들보 기둥 잇대고 살으려네"(我屋隔墻結, 平生連棟梁)라고 한 대목이 있다.⁴⁵ 부인 김씨가 혼인 당시 열 두 살이었음을 고려할 때, 집 가까이에 두고 보살피려는 친정 부모의 염려가 컸던 것 같다. 한재는 처가 곁에 살면서 처남은 물론 동서들과도 의좋게 지냈던 것 같다. 특히 처남 김사창은 세속의 때가 묻지 않고 독서에 힘썼던 인물이었다. 한재는 김사창의 사람됨에 대해 다음과 같이 읊기도 하였다.

형께서는 속루(俗累)가 없어
종일토록 접의자에 의지하시네.
싯구 찾아 봄의 정서를 죄다 펴고
독서할 땐 옛날 그리는 마음 유장(悠長)도 하시네.
산을 좋아하다 벼슬길 늦었지만
비에 맞추어 꽃 심는 건 바쁘시네.⁴⁶

한재는 처남과 동서들을 동문수학하던 벗들에게도 소개하여 서로 교분을 쌓도록 했던 것 같다. 권오복의 『수헌집』을 보면, 권오복이 한재와 그의 처남 김사창, 동서 이빈(李蘋)에게 준 시 네 수가 실려 있다.⁴⁷

---

45 『한재집』 권1, 「차문도형희우운(次文度兄喜雨韻 四首走筆)」 참조.
46 위와 같음. "吾兄無俗累, 終日倚胡床. 覓句春心蕩, 看書古意長. 愛山干祿晚, 因雨種花忙."
47 권오복, 『수헌집』 권1, 「用前韻贈李進士穆金泗昌李蘋諸丈」 四首 참조.

이들이 상호 교분을 나눈 정도가 보통 이상인 것 같다. 또 권오복이 전주 지방을 여행할 때 한재의 장인이며 전주부윤이었던 김수손을 찾아갔다가 이별할 때 지어준 시를 보면,[48] 권오복이 한재는 물론 그의 처남·동서들, 그리고 장인 김수손과도 매우 가깝게 지냈음을 알 수 있다. 또 권오복이 문학에 뛰어난 아들과 사위를 둔 김수손을 얼마나 부러워했는지를 짐작할 수 있다.

玉潤鴻名遠　옥처럼 윤이 나 큰 이름 널리 알려졌고
氷淸鳧舄新　얼음처럼 맑아 부석[49]이 참신하시네.[50]
庭多金鸞鵲　뜰엔 황금 악작[51]이 많고
家有石麒麟　집엔 돌 기린[52]이 있다네.
摠是屠龍手　모두가 용 잡는 사람[53]이니

---

[48] 『수헌집』 권1, 기행(紀行), 「재별(再別)」 참조. 이 시가 김수손과의 헤어질 때 준 것임은, '기행', '부석(鳧舄)', '정다금악작(庭多金鸞鵲)' '가유석기린(家有石麒麟)' '구려곡(驪駒曲)' 등을 통해 알 수 있다. 또 이 시에는 "府尹之子泗昌, 壻李穆李蘋, 皆工於擧業, 穆以文鳴於儕輩, 己酉進士第二名云"이라는 주기(註記)가 있어 이를 확실하게 뒷받침한다.

[49] 지방 관원의 행차, 또는 지방관 생활을 가리킴. 중국 후한 때 섭현(葉縣)의 수령이던 왕교(王喬)가 매월 초하루 보름이면 오리 두 마리를 타고 서울로 오곤 하였는데, 그 오리를 잡고 보니 옛날 상서성(尙書省)에서 하사한 신발 한 짝만이 있었다고 한다. 『후한서』 권82상, 방술(方術) 상, 「왕교전(王喬傳)」 참조.

[50] 장인과 사위 모두 훌륭하다는 말. 중국 진(晉)나라 때 악광(樂廣)이 위개(衛玠)를 사위로 맞아들였는데, 이에 대해 배숙도(裵叔道)가 "장인은 얼음처럼 맑고 사위는 옥돌처럼 윤이 난다"(婦公氷淸, 女婿玉潤)고 평했다고 한다. 『진서(晉書)』 권43, 「악광열전(樂廣列傳)」 참조.

[51] 신조(神鳥)의 일종. 봉황과 비슷하다고 한다.

[52] 지혜와 재주가 썩 뛰어난 사람(麒麟兒). 중국 양(梁)나라 때 문인 서릉(徐陵)이 태어날 때 보지(寶誌)라는 스님이 와서 보고 머리를 어루만지면서 "이 아이는 천상(天上)의 석기린(石麒麟)이다"고 하였다 한다. 『남사(南史)』 「서응전(徐凝傳)」 참조.

[53] 문장에 뛰어난 솜씨. 또는 그런 솜씨를 가진 사람. 소식(蘇軾)의 「차운장안도독두집시(次韻張安道讀杜集詩)」에 "큰 문장은 용 잡는 솜씨이다"(巨筆屠龍手)는 말이 있다. 『진서(晉書)』 권80, 「왕휘지전(王徽之傳)」 참조.

誰爲畫虎人　누가 범 그리는 사람이랴?

溟鵬風自順　창해를 나는 붕새에겐 바람이 절로 따르건만

籬鷃笑何因　울 밑 메추라기들이 비웃는 건 무슨 까닭인가.

丹穴鳳毛健　단혈산에선 봉모가 건장도 하고

渥洼騏足神　악와[54]에선 천리마가 신기하기도 하네.

善題鸚鵡賦　앵무부[55]를 잘 지었지만

合着鷺鶵塵　속세의 해오라기 원추새와도 잘 맞네.

一闋驪駒曲　구려곡[56]을 한 번 끝내고 나니

蟻浮若下春　약하춘[57]에선 거품이 둥둥.

이 시에서 권오복은 김수손과 그 사위들을 '옥윤빙청(玉潤氷淸)'이라 하였다. 또 아들을 '석기린(石麒麟)', 사위를 '금악작(金鸑鷟)'에 비유하였고, 아들·사위의 문장 솜씨를 '도룡수(屠龍手)', '앵무부(鸚鵡賦)'라 하는 등 갖은 수사로 칭송하였다. 이를 보면 김수손의 집안은 남들이 시기 질투할 정도로 명문가였음을 알 수 있다.

54　중국 감숙성(甘肅省)에 있는 강 이름. 한나라 무제 때 이 강에서 신마(神馬: 龍馬)가 나서 황제에게 바치니 무제가 천마(天馬) 노래를 지었다고 한다.

55　뛰어난 문장, 또는 굳센 필력을 가리킴. 「앵무부」는 중국 후한 때의 문인 예형(禰衡)이 지은 것으로, 앵무보다 봉황이 영조(靈鳥)라는 내용이다(『문선』, 권13). 두보의 「봉증태상장경기이십운(奉贈太常張卿垍二十韻)」에 "굳센 필력은 예형의 앵무부를 능가한다"(健筆凌鸚鵡)는 말이 있다.

56　손님이 떠나기 직전 이별의 정을 표시하는 노래. 『대대례(大戴禮)』에 보이는 일시(逸詩)의 편명. 손님이 "검정 망아지 문밖에 있고 마부 모두 대기하였소. 검정 망아지 길 위에 있고 마부 명에 올리었소"(驪駒在門, 僕夫具存. 驪駒在路, 僕夫整駕)라고 노래 부르면, 주인은 "손님이여 돌아가지 마오"라는 뜻의 「객무용귀곡(客無庸歸曲)」을 불렀다 한다. 『한서』 권88, 「왕식전(王式傳)」 참조.

57　유명한 술 이름. 중국 장흥 고을에서 생산되었다고 한다.

태학생의 리더가 되다

성종 21년(1490), 20세가 되었다. 성균관에서 거재하던 한재는 생도들에게 모범적인 활동을 하여 신망이 두터웠던 것 같다. 이해 성종에게 환후가 있었다. 차천로(車天輅)의 『오산설림초고(五山說林草藁)』에 의하면, 성종이 문묘를 배알(拜謁)하고 돌아온 뒤 곧 몸이 불편하였다. 이에 대비[58]가 걱정하여 여러 무당들에게 물어 보니 모두가 "반궁(泮宮)에서 귀신이 붙었다"고 하였다. 이에 대비가 무녀(巫女)를 시켜 성균관 벽송정(碧松亭)에서 기도하게 하였는데, 한재가 동료들과 함께 이 무녀를 매질하여 내쫓았다. 무녀가 대비에게 이 사실을 고하니 대비가 매우 노하여 성종의 환후에 차도가 있기를 기다렸다가 알렸다. 이에 성종은 겉으로 성낸 체하고는 성균관에 명하여 관련된 유생들의 명단을 적어 올리게 하였다. 이 때 다른 유생들은 몸을 피하였지만 한재는 피하지 않고 혼자서 일을 감당하였다. 이에 성종이 대사성[59]을 불러 "사습(士習)이 올바른 데로 귀착된 것을 권장하며, 내가 가상하게 여긴다"고 하였으며, 지

---
58 성종의 모후(母后) 인수대비(仁粹大妃)로 추정됨. 『한재문집』에 부록으로 실린 「사현사창건사적(四賢祠刱建事蹟)」(541쪽)에서는 '정희대비(貞熹大妃)'라 하였으나, 정희왕후는 성종 14년(1483)에 이미 세상을 떠났다.
59 용재 성현으로 알려진다.

성균관사에게 술을 내리고 특별히 후추[胡椒] 한 되를 내렸다고 한다.[60] 이 일로 말미암아 한재의 기개는 유생들 사이에 널리 알려졌고, 그의 명성은 날로 높아 갔다.[61] 이해 3~4월에는 가뭄이 심하였다. 한재는 영의정 윤필상이 성품이 간특하여 윗전의 비위 맞추기에 급급하고 민생을 뒷전으로 하므로 하늘이 미워하는 것이니 윤필상을 팽형(烹刑)에 처해야만 하늘이 비를 내릴 것이라는 취지로 상소하였다. 이 상소와 관련한 기사는 『성종실록』에는 보이지 않지만 『한재집』에 실린 제가기술(諸家記述)이라든지 김시양(金時讓)의 『부계기문(涪溪記聞)』 등에 보인다. 또 숙종 43년(1717) 8월에 민진후(閔鎭厚)가 한재에게 증시(贈諡)를 건의하는 가운데 "윤필상이 정승이 되어 용사(用事)할 적에 마침 가뭄이 극심하자 이목이 상소하여 '윤필상을 팽형에 처하여야 하늘이 비를 내려줄 것입니다'고 하였습니다. 그리고 윤필상이 은밀히 임금에게 부처를 숭봉하도록 권하자 이목이 여러 유생들을 거느리고 소장(疏章)을 올려 윤필상을 간귀(奸鬼)라고 지척하고 주참(誅斬)할 것을 청하였습니다. 이 때문에 드디어 공주로 귀양갔습니다"고 한 『실록』의 기사가 보인다.[62] 다만 이 기록에서 "윤필상을 팽형에 처해야 한다"는 상소와 "윤필상은

---

60 이 일화는 『성종실록』에는 실려 있지 않지만, 역대로 많은 선유들이 인용하였다. 『증보문헌비고』 권206, 〈학교고(學校考)〉에도 실려 있다.
61 이 일은 후세에 알려지면서 명종 때의 일로 잘못 알려지기도 하였다. 즉 명종의 환후가 있자 모후(母后)인 문정왕후가 무당에게 기도를 부탁했고, 태학 유생 이목이 무당을 매질하여 내쫓았다는 것이다. 이희조(李喜朝), 『지촌집(芝村集)』 권26, 「퇴우당선생김공행상(退憂堂先生金公行狀)」 "公上箚曰: 臣伏聞明廟不豫, 文定王后乃設神祀於泮宮之前, 太學諸生羣起而歐逐, 文定大怒, 亟令罪其儒生. 明廟使問姓名, 諸生懼罪, 避匿不出, 獨李穆出而自當. 明廟獎勵嘉歎, 以成其美. 至今掌故者, 莫不欽仰明廟之聖德, 而稱李穆之直節."(문집총간 170)
62 『숙종실록』, 43년(1717) 8월 28일 (己酉)조.

간귀이니 ……"운운한 상소는 올린 시기가 각각 다르다. 그 점에 대해서는 다시 논하기로 한다.

일부 학인들은 한재가 윤필상을 팽형에 처하라는 상소를 한 것이 『실록』에 보이지 않는다 하여 신빙성에 의문을 표하기도 한다. 그러나 『실록』은 사관의 주관에 따라, 또 중요도에 따라 산삭(刪削)이 가해지는 것이므로 모든 사실을 다 실을 수는 없다. 집안에 내려오는 가전(家傳) 기록이나 구전을 토대로 엮은 『연보』의 기록을 부정하는데는 정밀한 논증이 수반되어야 한다. 다만, 성종 21년(1490) 5월에 일어난 일로 되어 있는 이 사건은, 아무래도 4월 이전에 있었던 것으로 보인다. 『성종실록』을 보면 동년 4월에 들어 윤필상이 한재(旱災)를 구실로 두 차례나 사직을 청한 기록이 있으며,[63] 상언(上言) 내용에 "지금 농사철을 당하여 심한 가뭄이 들어 재앙이 되었습니다. 어찌 구차하게 녹을 먹으면서 비방을 초래해야 되겠습니까? 신 등을 해직(解職)시켜 하늘의 견책에 답하도록 하소서"라고 한 것이 있는데, 여기서 '비방' 운운한 것은 한재 등이 올린 상소를 가리킨 것이라고 할 수 있을 듯하다.

한편, 이해 윤 9월에는 성균관 생원 배윤순(裵潤珣) 등과 함께 성종이 학궁(學宮)의 땅 일부를 떼어 제2남 계성군(桂城君: 1478~1504)의 제택(第宅)을 넓혀준 것에 대해 비판하였다.[64]

---

[63] 『성종실록』, 21년(1490) 4월 17일(己亥); 동 21년 4월 25일(丁未)조 참조.
[64] 『성종실록』, 21년(1490) 윤 9월 1일(庚辰)조 참조. 『실록』에는 이 일과 관련한 상소의 소두(疏頭)가 배윤순으로 되어 있다. 1981년판 『한재문집』에 '진왕자제택치대소(陳王子第宅侈大疏)'란 이름으로 보입(補入)된 것인데 그에 관한 설명이 없다. 당시 성균관 재생들의 상소사건에 한재가 우두머리 구실을 하였으므로, 이 상소 사건 역시 한재가 주도하였을 것으로 여긴 듯하다. 앞으로 더 상고할 필요가 있다고 본다.

이제 왕자의 제택을 위하여 학궁(學宮)의 땅을 할양하였으니, 신은 아마도 전하께서 도를 소중하게 여기시는 성심이 점점 처음만 같지 못한 것이 아닌가 생각합니다. 가령 왕자의 제택이 몇 걸음쯤 축소된다 하여 나라 정치의 큰 강령(綱領)에 무슨 손실이 있겠습니까? 학궁은 곧 조종(祖宗)께서 세운 것입니다. 어찌 이로써 백년 교양(敎養)의 땅을 손상시켜야 되겠습니까? 성헌(成憲)을 준수하며 후사에게 남겨 주는 도리가 아닌 것 같습니다.

비판은 실로 매서웠다. 이에 대해 성종은 "일이 부득이한 데서 나왔다"고 하면서 "다른 땅으로 보상을 하지 않았다면 그대들이 말하는 것도 옳을 것이나, 이미 상림(上林)의 땅으로 보상하였으니 어찌 불가하단 말인가? 내 어찌 자식들을 위해 이유없이 학궁의 땅을 떼어 주겠는가?"라는 비답을 내렸다. 해명치고는 궁색하기 짝이 없다.

성종 23년(1492), 한재가 22세가 되었다. 신년 벽두부터 반궁을 시끄럽게 한 사건이 일어났다. 황필(黃㻶)의 사건이 그것이다. 사건의 발단을 보면 다음과 같다. 생원 황필이 저자 사람을 성균관으로 불러 유기(鍮器)를 매매(賣買)하였는데 근량(斤兩)의 경중을 직접 살펴 점검하는 등 그 행동이 장사꾼과 같았다. 이에 입재(入齋) 유생들은 풍화(風化)를 일으키는 성역인 성균관에 장사치를 부른 황필의 행동을 규탄하며 그를 학궁에서 축출할 것을 상부에 청했다. 이에 황필이 사건의 배경을 설명하였고, 조정의 관원들 다수가 유생들이 서로 시기하고 모함하는 풍조를 개탄하였다. 사헌부에서는 당시 유생 대표였던 이목과 최순(崔

珦) 등이 사장(師長)의 말을 따르지 않고 독단하여 황필 등을 쫓아내려 했다 하여 장(杖) 80대의 율(律)을 시행해야 한다고 청하였고, 영돈녕(領敦寧) 이상의 대신들이 이를 따르자고 하였다. 그러나 노사신(盧思愼)이 나서서 "유생들이란 본래 뜻만 크지 행동이 거친[狂簡] 사람들이다. 일은 비록 정도에서 지나쳤지만 용서할 만하다"고 하여 마침내 불문에 부치게 되었다.[65]

그러나 일은 이것으로 끝나지 않았다. 이목 등에게 원심을 품은 황필이 반궁에 벽서를 붙여 "이목 등 50인은 모두 요참(腰斬)해야 마땅하다"고 하는 등 격렬한 언사로 비방하였으며, 또 추인(芻人)[66]을 만들고는 날카로운 칼로 그 머리를 베어 저주하는 등 사태가 심각하였다. 이에 사간원 헌납(獻納) 정탁(鄭鐸)이 소를 올려 황필의 죄상을 아뢰고 추국(推鞫)할 것을 청하여 윤허를 얻어냈다.[67]

한재는 어느새 직언골경(直言骨鯁)의 대명사가 되어 있었다. '골경'이란 짐승과 물고기의 뼈를 말한다. 임금에게도 뼈 있는 말, 가시 돋친 말을 서슴없이 하는 사람을 골경지신(骨鯁之臣)이라 한다. 증손 구징이 찬한 「묘표음기 보유」에 따르면 "그가 태학에 있을 때 나랏일을 논함에 강직(剛直)하였으므로 사헌부나 사간원에서 서리(書吏)를 보내게 되면 다투어서 서로 보고하였다"고 한다. 사정이 이렇다 보니 자연스럽게 유생들의 리더가 되었고, 대다수 노성인(老成人)들에게 눈엣가시 같은

---

65 『성종실록』, 23년(1492) 1월 19일(庚寅)조 참조.
66 짚으로 만든 허수아비. 흔히 남을 저주할 때 사용되었다.
67 『성종실록』, 23년(1492) 2월 15일(丙辰)조 참조.

존재가 되어 있었다. 뒷날 채수(蔡壽)의 증언에 따르면, 국정의 잘못을 극론하는 것으로는 이목이 가장 심하였는데, 당시 사류들이 다투어 사모하고 본받고자 했다고 하였다.[68] 한재의 직절(直節)한 행동이 선비 사회에 적지 않은 영향을 끼쳤음을 알 수 있다.

그러나 당시 한재의 상소 운동은 자의에 의한 것만은 아니었던 것 같다. 후일 동문 선배인 이심원(李深源)이 이목에게 보낸 칠언시에서 "제생(諸生)에게 기별을 보내 우리를 흔들지 말라 했으니 용문산에서도 응당 거문고 줄을 고르리라"(寄語諸生休攪我, 龍門應有理瑤琴)[69]고 한 대목이 있다. 이를 보면, 태학생들이 이목을 소두(疏頭)로 끌어들이려 애썼음을 짐작할 수 있다.

이해 11월에 한재는 또 영의정 윤필상을 신랄하게 탄핵하였다. 윤필상은 세조비(世祖妃) 정희왕후(貞熹王后) 윤씨의 9촌 조카였고, 성종의 국구(國舅)인 우의정 윤호(尹壕)의 당질(堂姪)이었다. 왕실 및 권력자와 인척 관계에 있었던 그는 비약적인 출세를 하였다. 그는 기지(機智)가 뛰어났고 권모술수에 능하였다. 집권층에게 영합하기를 좋아하였고 보신주의적 행태를 보여주었다.

그해 12월, 조정의 관심사가 되어 왔던 금승법(禁僧法) 때문에 성균관과 사학(四學)의 유생들이 일어나 영의정 윤필상 등을 극력 비판하였다. 주된 이유는 윤필상이 수상(首相)의 자리에 있으면서 앞뒤가 맞지

---

68 『연산군일기』, 5년(1499) 8월 20일(丁未)조 "是日蔡壽侍經筵, 幷命製之, 壽卽製進. 承旨等請見, 不許, 乃直授承傳內官. 有史官窺見, 極詆近來文士, 至曰:「李穆尤甚, 爭慕效之」云云."
69 '사우투증(士友投贈)'에 실린 이심원의 시 참조.

않는 행동을 한다는 것이었다. 즉, 성종이 금승법을 세우려고 하자, 그는 해당 관서에서 올린 문서 양식에 따라 시행할 것을 청하였고, 또 대비(大妃)가 금승법에 반대하고 나서자 모후(母后)의 뜻을 힘써 따르라고 청하였다. 윗전의 뜻에 영합하는 정도가 심한 것으로 비쳐졌다. 조선조는 유교를 국시로 하였다. 조선의 유교주의적 문물제도는 성종대에 와서 정비되었다는 것이 학계의 정설이다. 성종은 유교를 숭상하고 불교를 배척하였다. 이에 따라 등장한 것이 금승법이다. 허가 받은 사람 이외에는 승려가 되는 것을 제한하는 이 법은 성종의 모후로 불서(佛書)에 밝았던 인수대비의 강력한 반대에 부딪쳐 제대로 시행되지 못하였다. 당시 삼사(三司)에서는 금승법 폐지에 찬성한 대신들을 강력히 성토하였고, 이런 분위기는 태학생들에게도 영향을 끼쳤다.

　　12월 4일, 이목을 소두로 하여 태학생들이 금승법에 대한 소견을 밝히면서, 금승법 제정에 적극적인 태도를 보이지 않는 성종과 성종을 배후에서 조종하는 인수대비, 그리고 보신주의로 일관하는 윤필상 등 대신들에 대해 날을 세워 비판하였다.[70] 모두 일곱 조목으로 비판하였는데 그 강도가 자못 강하였다. 일곱 조목을 요약하면 다음과 같다. 첫째, 임금께서 자지(慈旨)를 어기기 어려워함은 이해하지만 대비의 말을 그대로 따르시면, 모후가 임금을 가볍게 여겨 조정 정사에 간여하는 좋지 않은 선례를 남기게 될 것이다. 둘째, 임금께서 승려를 불러 복을 구하

---

[70] 『성종실록』, 23년(1492) 12월 4일(庚子)조에 "신 등이 상소를 세 번 올렸으나 전하께서 처음 전교에서 '너희들의 알 바가 아니다'고 하셨고, 두 번째 전교에서는 '너희들의 말을 들어줄 수 없다'고 하셨으며, 마지막 전교에서는 '너희들이 지나치게 논한다'고 하였다"는 것으로 보아, 금승법과 관련하여 네 번째 상소임을 알 수 있다.

는 일은 예사로 여기고, 울부짖으면서 간하는 신하의 말을 소홀히 여기는 것은 이해하기 어렵다. 셋째, 나라 사람들이 윤필상을 '간사한 귀신'[奸鬼]으로 지목하는데 전하께서 홀로 충성스럽다고 여기는 이유를 알기 어렵다. 넷째, 모후의 뜻을 어기지 않는 것을 효도라고 인식한다면, 자손의 머리를 깎게 하는 것이 모후의 뜻일 때도 따를 것인지 알기 어렵다. 다섯째, 전하께서 간사한 사람의 말은 믿고 바른 선비의 간하는 말은 거절한다. 여섯째, 전하께서는 스스로 "우리 종사(宗社)가 튼튼하고 조정이 편안하며 또 나의 지혜로 만년대계를 충분히 도모할 수 있다. 저 지껄여대는 수유(豎儒)는 어찌 그리 망령됨이 많으냐?"고 여기는 것 같은데, 이러한 인식을 이해하기 어렵다. 일곱째, 전하께서는 허물은 대비에게 돌리고 비방은 대신에게 돌려서 스스로 허물을 면하려고 하니, 후세에 비판이 있을까 두렵다.

이 상소를 접한 성종은 비답을 내리면서 불쾌한 감정을 감추지 않았다.

대간(臺諫)이 지금 논계(論啓)하고 있는 중인데 태학생이 나서는 것은 그들 스스로 대간이 되려는 것인지 모르겠다. 상소에서 나의 신후(身後: 死後)의 일을 논한 것은 더욱 의논할 바가 아니다. 또 윤필상을 간귀(奸鬼)라고 하였는데, 비록 국인(國人)이 지목한 것이라 하더라도 반드시 처음 발설한 자가 있을 것이다. 그것을 물어서 아뢰라.

한재는 또 같은 날, 태학생 심순문(沈順門)·최광윤(崔光潤)·조원기

(趙元紀)·남곤(南袞)·송여려(宋汝礪)·이수함(李守諴)·이윤탁(李允濯)과 함께 특별히 윤필상의 죄를 논하는 서계(書啓)를 올렸다.[71] 그들은 글에서 "윤필상이 수상이 된 뒤로 그 마음을 쓰는 것과 행하는 일이 간교하지 아니함이 없습니다. 나라 사람으로 귀와 눈을 가진 자는 보고 듣지 않은 이가 없습니다. 낱낱이 들기는 어렵지만, 지금의 시점에서 보건대 태학에서부터 사학(四學)의 제생(諸生)까지 모두 '간교한 귀신[奸鬼]'이라고 합니다"라 하였다. 이에 성종이 전교하여 "수상은 내가 존경하는 분이다. 이른바 간교(奸巧)한 태도란 어떤 일을 가리키며 또 어찌하여 귀신[鬼]이라고 이르는가? 바르게 말하도록 하라!"하였다. 이에 이목 등은

> 전하께서 수상을 존경하는 것을 모르는 바 아닙니다. 윤필상은 행동과 처신에 문제가 많아 여러 번 논박(論駁)을 당하였는데, 지금에는 윗전의 뜻에 영합하여 아첨을 일삼고 성상을 불의(不義)로 인도하므로 이를 간사하다고 하는 것이고, 그 은총(恩寵)을 굳게 하려고 하여 자지(慈旨)에 억지로 따르니 이를 교묘[巧]하다고 이르는 것이며, 행하는 바가 이와 같은데도 사람들이 알 수 없도록 하니 이를 일러 귀신이라고 하는 것입니다. 조정의 신하에게 하문(下問)하시어 신 등의 말과 같지 아니함이 있으면 신 등은 임금을 면전에서 속인 죄를 받겠습니다.

라 하였다. 이를 받아 성종은 다음과 같이 전교하였다. "자지(慈旨)에 영

---

[71] 『성종실록』, 23년(1492) 12월 4일(庚子)조 참조.

합하려 한 것을 가지고 간교하다고 한다면, 이 논의에 참여한 이극배(李克培)와 노사신도 같은 비판을 받아야 할 것이다. 특별히 윤필상만을 지목한 것을 보면 틀림없이 부추긴 자가 있을 것이다. 유생이 대신을 능욕함은 대신을 유생 아래로 본 것이다. 이목 등을 의금부에 가두도록 하라."

사태가 심상치 않게 돌아갔다. 유생들의 격한 상소는 성종의 심기를 매우 불편하게 하였던 것 같다. 마침내 이 사건은 단순한 탄핵사건이 아닌, 유생과 대신들 사이에 자존심 싸움으로 흘러갔다. 이목 등 8명이 의금부에 갇히자, 이튿날 성균관 생원 오익신(吳益愼) 등이 상소하여 자신들을 이목 등과 함께 국문해 줄 것을 청하였다. 이목 등이 상소하여 극력으로 말한 것은 국가와 사직을 위한 것이요, 윤필상에 대해 논한 것은 개인적 감정이 아니라 그 의논이 바르지 못함을 분하게 여겼기 때문이라고 하였다. 또한 상소는 성균관으로부터 사학(四學)의 유생까지 같이 의논하여 한 것이므로, 국문을 하려거든 자신들도 똑같이 해야 할 것이라고 하였다. 성종은 이를 전후 사정을 잘 모르는 유생들의 부적절한 처신으로 보고 물러갈 것을 명하였다.[72]

사태는 이것으로 끝나지 않았다. 우의정 허종(許琮) 등이 상소를 한 이목 등을 잡아가두는 것이 옳지 않다고 나섰다. 이목 등의 말에 지나친 점이 있지만, 국가의 일을 말한 사람을 잡아가두어 죄를 다스릴 수는 없고, 일부러 격절(激切)한 말을 하여 임금의 마음을 움직이려고 한

---

[72] 『성종실록』, 23년(1492) 12월 5일(辛丑)조.

것이니 용서해야 된다는 것이다. 그러나 대신을 능욕했다고 여기는 성종의 생각은 바뀌지 않았다. 윗사람을 능욕하는 행태는 반드시 뿌리 뽑겠다는 생각에서 끝까지 추문(推問)하도록 하였다.[73]

이후 유생들의 사기(士氣)를 꺾을 수 없다는 유생·대간들의 신구(伸救) 활동이 이어졌고, 유생들의 잘못된 습관을 바로잡겠다는 성종 사이에 줄다리기가 계속되었다. 그러다가 12월 10일에는 한재가 나서서 윤필상을 간귀라 한 것은 자신이라고 자복하면서, 그를 제외한 7명이 즉시 석방되었다. 이어 한재의 사면을 청하는 끈질긴 주청에 따라 12월 14일 한재 또한 의금부에 구속된 지 10일 만에 풀려나기에 이르렀다.[74] 10일 사이에 벌어진 사건치고는 상당히 긴박하게 돌아간 감이 있다. 『실록』에서 그처럼 자세히 기사화한 것은 이 사건을 보는 사관들의 시각이 어떠하였는지를 잘 보여준다.

한재는 감옥에서 풀려난 뒤 임금에게 계(啓)를 올려 윤필상을 비판한 자신의 심정을 밝히고 유생들에게 죄가 없음을 역설하였다.

언로가 열리고 막힘은 국가의 안위와 관련되는 것입니다. 송나라 때 민간에서 개를 기르던 사람들이 개를 두고 "왕안석(王安石)아!"라고 부르기에 이르렀습니다. 대신을 공경하지 않은 것이 심하였습니다. 그러나 왕안석이 백성을 부리는데 경건하지 못한 사실이 있었기 때문에 백성들이

---

[73] 『성종실록』, 23년(1492) 12월 5일(辛丑)조.
[74] 『성종실록』, 23년(1492) 12월 14일(庚戌)조. 이날의 실록 기사를 보면 "이미 징속(徵贖)하였으면 돌려주도록 하라"는 전교가 보인다. 징속이란 죄를 면제하는 대신 돈을 징수하는 것이다. 당시 한재의 가족들이 징속에 응했던 것 같다.

(개를 왕안석이라고) 이름지어 불렀던 것입니다. 사실이 있으면 이름이 생겨나게 마련입니다. 이름지어 부른 사람이 무슨 죄가 있겠습니까? 설령 그 때 왕안석을 닭이나 개라고 부른 몇 사람을 잡아서 감옥에 가두고는 "이 말을 한 사람이 누구냐"고 물었다면, 틀림없이 모두들 "천하의 공론입니다"고 말했을 것입니다. 그러나 반드시 처음으로 말한 사람은 있을 터인데, 만일 처음 말한 사람을 죽일 것 같으면 왕안석의 마음은 진실로 상쾌하겠지만 임금에게는 이롭지 못합니다. 임금은 사서인(士庶人)으로 귀와 눈을 삼고, 대신(大臣)으로 팔다리를 삼아 스스로 원수(元首)가 되셨습니다. 이목(耳目)의 위치에 있는 사람이 팔다리 구실하는 사람의 잘못을 보고 원수에게 말씀 드리는 것이 어찌 원수에게 해가 되겠습니까?[75]

윤필상과 관련된 일련의 사태를 왕안석의 고사에 비유한 것이 흥미롭다.

한재의 올곧은 성격은 당시나 지금이나 칭송을 받지만, 일각에서는 지나침이 있다고 말하는 사람도 있었다. 이런 지적을 예견이라도 하듯 한재는 다음과 같이 말한 바 있다.

…… 일개 한미한 유생이 수상과 더불어 적이 되면 화가 장차 헤아릴 수 없게 되리라는 사실을 어찌 모르겠습니까? 그러나 이런저런 말씀을 드린 것은 국가와 사도(斯道)를 위해 도모한 것이지, 저 한 몸을 위해 도모한 것

---

[75] 『한재집』 권1, 「진제생무죄계(陳諸生無罪啓)」 참조.

이 아닙니다. …… 예부터 특정한 일에 대해 논난(論難)하는 사람을 보면 임금의 허물은 잘 말하지만, 대신의 그릇됨은 감히 말하지 못하였습니다. 그 자리가 임금보다 높아서 그랬겠습니까? 대개 남의 비위를 거슬리게 하여 받는 재앙이 비록 크지만, 임금은 뭇 신하와 백성을 자신의 적자(赤子: 갓난아이)로 삼아, 한 때의 분노를 가지고 느닷없이 죄를 주지 않고 끝내는 반드시 이해하게 됩니다. 그러나 만약 대신과 원망을 한 번 맺게 되면 남모르는 가운데 몰래 중상모략하여 이루 다 말할 수 없는 것이 있습니다. 지금 여러 생도가 전하의 허물은 잘 말하면서도 대신의 그릇됨을 잘 말하지 못한다면, 이것은 귀중함이 대신에게 있고 전하에게 있지 않다는 말입니다. 어찌 국가에서 선비를 양육한 뜻이라 하겠습니까?[76]

『경행록(景行錄)』에서는 "남과 원수를 맺는 것은 재앙의 씨를 심는 것이다"(結怨於人, 謂之種禍)고 하였지만, 이것은 보통 사람의 경우를 말한다. 대의를 위한 경우와는 다르다. 그러나 윤필상과의 결원(結怨)은 나중에 한재를 죽음으로 몰아넣기에 이른다. 이와 관련하여 『부계기문』에 실린 김시양의 촌철(寸鐵)의 평이 눈길을 끈다.

속말에, 우리나라 사람으로 나쁜 일 하는 자들은 모두 "상심할 것이 무엇인가. 『동국통감(東國通鑑)』을 누가 읽는단 말인가?"라고 하는 것이 있다. 아, 이것은 비록 장난삼아 한 말이긴 하나 참으로 격언이다. 윤필상이 사

---

[76] 『한재집』 권1, 「진제생무죄계」 참조.

소한 원한으로 이목을 죽이고자 하여 드디어 무오년의 옥사를 일으키니, 당시의 사류들이 다 어육(魚肉)이 되었다. 노사신에게 조순(趙舜)을 죽이라고 권하기까지 하였으니, 그 마음의 음흉함으로 치면 막야(鏌鋣)[77]의 명성이 한 발 아래에 놓일 것이다.

『한재연보』를 보면, 한재가 윤필상을 간귀라 지목하여 의금부에 하옥된 사건을 〈선생 20세(1490)〉 11월조에 실었다. 또 "임금으로부터 정배(定配)의 명령이 있었는데, 허종이 극력 구원하여 공주로 귀양가는 데 그쳤다"[78]고 하였으며, 이듬해 1월, "석방의 은전을 입었다"(有旨蒙放)고 기록했다. 이것은 어디에 근거하였는지 알 수 없다. 그러나 한재 집안에 내려온 오랜 전승(傳承)을 일거에 깎아 버릴 수는 없다. 『실록』을 기준으로, 그에 나오지 않는 사실이라 하여 일방적으로 부정하는 태도는 온당하지 않다. 『실록』이 중요한 사료임에는 틀림 없지만, 사료의 전부는 아니기 때문이다. 나는 이와 관련하여 중요한 시사점을 한재의 「요가연부(姚家燕賦)」에서 찾을 수 있었다. 이 부는 한재가 제2차로 공주에 귀양 갔던 1495년에 지은 것으로 추정된다.[79] 그 내용을 보면 주인공이 꿈 속에서 우객(羽客: 신선)을 만나 그의 일생 이야기를 듣는 것으로 되어 있다. 이 우객은 다름 아닌 '제비'이다. 제비는 자신이 살아온 역정을 이야기하면서 "양양(洋洋)하게 뜻을 얻은 지 5, 6년 남짓인데, 어

---

77 중국 고대의 명검(名劍). 『장자(莊子)』「대종사(大宗師)」 참조.
78 『한재연보』 "十一月, 上疏尹弼商奸邪. 上命下理, 旋有定配之命. …… 右相許琮力救, 止配公州."(『한재문집』, 1981, 177쪽)
79 이에 관해서는 뒤에서 다시 서술하기로 한다.

찌 생각이나 했으랴? 또 오게 될 줄을. 주인이 잘못될 줄을"[洋洋得意, 五六餘春, 豈意又來, 主人爲非]이라 한 대목이 있다. 이것은 제비의 말이지만 기실 한재의 지나온 발자취를 가탁(假託)한 것이다.

    여기서 제비가 미처 생각 못한 것은 두 가지다. '주인이 잘못 되었다'는 것은 옛 주인(성종)이 가고 새 주인(연산군)이 온 뒤 국정이 어지러워졌음을 시사하는 것이요, '또 왔다'는 것은 임금에게 죄를 입어 옛 귀양지를 다시 찾아오게 되었다는 의미를 담은 것이다. 여기서 '우래(又來)' 두 글자는 한재가 1490년에 공주로 귀양을 오고, 1495년에 또 공주로 귀양을 왔다는 중요한 단서가 된다.[80] 귀양의 어원이 귀향(歸鄕)에서 비롯되었다고는 하지만, 같은 곳에서 두 번이나 귀양살이를 했다는 것은 우연만은 아니라고 본다. 후일 공주의 유생들이 나서서 한재를 공주의 충현서원(忠賢書院)에 배향하고 그의 선비정신을 기렸던 것은 큰 의미가 있다고 할 것이다.

---

[80] 1490년에 귀양을 가게 된 이유가 구체적으로 무엇이었는지는 금후 연구가 필요하다고 본다. 그러나 1495년의 일을 1490년의 일로 기록한 『연보』의 기록은 분명히 잘못되었다.

김수손의 수행원으로 중국에 다녀오다

성종 24년(1493)은 한재에게 비교적 풍파가 없었던 한 해였다. 장인이던 김수손이 정조사(正朝使: 賀正使)로 중국 명나라에 들어갈 때 개인 수행원으로 따라가 문화적 충격을 많이 받고 돌아온 해이기도 하다. 『성종실록』, 동 24년 10월 6일자 기록을 보면 "이제 홍귀달(洪貴達) 등이 병이 있다고 하여 김수손을 특별히 품계를 높여 파견한다면, 그 부경(赴京)하는 이유만으로 매양 가자(加資)의 등급을 올려야만 되겠습니까"[81]고 한 대목이 있다. 이로 보아, 처음 홍귀달이 정조사로 내정되었으나 신병 때문에 부득이 교체되었고, 그 과정에서 김수손의 자급을 높여 그를 정사로 삼았음을 알 수 있다. 10월 12일, 동지중추부사 김수손을 정사, 이병정(李秉正)을 부사로 한 정조사 일행이 정조(正朝)를 하례하기 위해 북경으로 떠났다. 이날 성종은 백관을 거느리고 표문(表文)에 배례하였다.[82] 이때 한재는 사절단장이던 장인 김수손의 수행원으로 명경(明京)에 들어갔던 것 같다. 이와 관련하여 『한재연보』의 기록을 보자.

---

[81] 『성종실록』, 24년(1493), 10월 6일(丁卯)조. "閔孝曾曰, …… 今以貴達等爲有病, 而金首孫特加階遣之, 其可以赴京之故而每令陞資乎?"

[82] 『성종실록』, 24년(1493), 10월 12일(癸酉)조.

선생이 문장에 능하고 지조와 절개가 있었다. 일찍이 중화 문물을 관광(觀光)하여 도를 구하고자 하더니 하정사를 따라 명경에 나아갔다. 계운(季雲: 김일손)이 부(賦)와 시를 지어 전송하였다.[83]

『한재연보』에 오류가 많아 신뢰도가 떨어지다 보니, 혹자는 한재가 명나라에 들어간 사실조차 믿지 않으려는 모습을 보이기도 한다. 그러나 한재가 명나라에 들어간 것은 분명한 사실이다. 이것은 한재가 「증별적암조신봉사마도부(贈別適庵曺伸奉使馬島賦)」에서 "아, 갑인년(1494) 3월이여! 내가 관주(觀周)로부터 돌아왔도다"[84] 운운한 것을 보면 확실하다. 이 부는 동문인 조위(曺偉)의 아우 조신이 대마도로 사행을 떠날 때 증별한 것이다. 무사히 잘 다녀오라는 내용과 함께 자신의 입연(入燕) 경험을 곁들였다. 이것은 마치 한재가 명나라에 들어갈 때 이미 입연 경험이 있던 김일손이 「감구유부(感舊遊賦)」를 지어 전송한 것과 비슷하다. 위에서 '관주'란 주나라 땅을 돌아본다는 뜻으로, 흔히 '사행(使行)'을 일컬을 때 사용되는 말이다. 또 갑인년 3월은 사절단 일행이 명나라에서 돌아온 시점으로 『성종실록』의 기록과 정확히 일치한다.[85] 이밖에 한재가 천자에게 헌수(獻壽)하는 내용의 「봉명조양송(鳳鳴朝陽頌)」을 지은 것도 방증의 하나가 된다고 본다.

---

83 『한재연보』, "先生能文章, 有志節. 嘗欲壯觀中華, 以求道, 隨賀正使赴京. 季雲作賦若詩送之." 동『연보』에서는 북경에 들어간 시기를 성종 25년(1494) 10월이라 하여 1년 뒤로 기록하였다. 『실록』을 열람하는 과정에서의 착오라고 생각한다.
84 『한재집』 권1, 「증별적암조신봉사마도부(贈別適庵曺伸奉使馬島賦)」 "維甲寅之三月兮, 我來自乎觀周."
85 『성종실록』, 25년(1494) 3월 10일(己亥)조 참조.

한편, 한재보다 3년 전에 명나라에 다녀온 김일손은 「감구유부」 말미에서 다음과 같이 말하였다.

내년 정월 보름날 두 곳에서 서로 바라보며

달을 마주하고 생각하겠지.

봄바람 타고 돌아오거든

비단 주머니에 거두어 넣은 것 헤쳐 주게나.

明年上元兮兩地相望, 幸對月而思不, 歸來兮春風, 披錦囊之所收.

올해 10월에 명나라로 떠나면 내년 정월 보름에는 만날 수 없으니 둥근달 바라보며 서로 생각하자는 것이다. 그리고 봄바람 타고 귀국하거든 명나라에서 얻은 문화적 체험을 털어놓으라는 것이다. 동문이면서 사촌 동서지간인 이들의 우정이 돋보이는 내용이다. 또 김일손은 「감구유부 후서(後序)」에서 "그대의 이번 걸음은 학문을 구하려는 것 뿐이다. 성의를 가지고 그들에게 구한다면 반드시 소득이 있을 것이다"[86]고 격려한 바 있다. 이런 것들 역시 한재가 명나라에 다녀왔음을 증명한다고 하겠다.

한재는 1493년 10월 12일에 한양에서 명나라 북경으로 떠났으며, 이듬해 3월 10일 귀국하였다. 소요 기간은 5개월 정도였다. 한양에서 북경까지는 편도 3천리가 넘는 험란한 여정이다. 육로를 통해서 가기 때

---

86 『속동문선』 권2, 소수(所收).

문에 왕복하는 데만 2개월이 넘게 걸렸다. 이것은 박지원의 『열하일기』 등 수종의 『연행록(燕行錄)』이 뒷받침한다. 당시 북경 사행에는 참여 인원이 300~500명에 달하였다고 한다. 정식 구성원은 정사·부사·서장관(書狀官) 등 이른바 삼사(三使)와 역관(譯官)·의관(醫官)·사자관(寫字官)·화원(畫員)·군관(軍官) 등 35명 내외였다. 나머지 인원은 마부·노복과 공물을 운반하는 사람들이었고, 조선 후기에는 조정의 허가를 받은 상단(商團)이 여기에 합류하였다.

당시 한재는 정조사 김수손의 개인 수행원 자격으로 따라갔을 것이다. 개인 수행원을 조선 후기에는 자제군관(子弟軍官)이라 하였다. 정사·부사·서장관은 자신의 자제 및 친인척을 개인 수행원으로 데려갈 수 있었다. 호위나 수종(隨從)보다 견문을 넓혀주려는 데 목적이 있었다. 비록 정식 유학(遊學)은 아니었지만 새로운 지식을 갈망하는 조선의 젊은 학인들에게는 북경행이야말로 배움의 길이요 자기 발전의 길이었다고 할 수 있다. 조선 후기의 대표적 실학자 홍대용·박지원·김정희 등은 모두 자제군관의 자격으로 연행길에 올라 견문을 넓히고, 돌아와 조선의 사상계를 바꾸고자 한 사람들이다. 이들은 종래 국가의 지도이념인 북벌(北伐)의 허구성을 비판하고 북벌로부터 북학(北學)으로 180도 전환하려 하였다. 이러한 사상적 대전환을 가져오는 데는 무엇보다도 연행 경험이 절대적인 영향을 끼쳤다고 생각한다. 연행 경험이 없었다면 과연 그런 이론적 기반이 구축될 수 있었을 것이며 또 강력한 추진력이 나올 수 있었을까? 다시 생각해볼 문제라 하겠다.

한재가 사행에 참여하기까지는 과정이 순조롭지만은 않았던 것 같다. 그가 대마도로 사신을 떠나는 조신(曺伸)에게 준 전별부(餞別賦)에서 "서소(西笑)⁸⁷할 기회가 겨우 정해진 걸 원망하였었네"(怨西笑之纔定兮)라고 한 것을 보면, 한재가 북경에 들어가는 것을 무척 원했고, 또 우여곡절 끝에 중국에 들어갈 수 있었던 것 같다.

한재의 사행 경험은 그의 학문 역정에 큰 전환을 가져왔을 것이다. 아쉬운 것은 그에 관한 기록이 전무하다는 것이다. 다만 아쉬운 가운데서도 그가 귀국 후 「다부(茶賦)」라는 명문을 남겨 우리나라 차문화사에 큰 발자취를 남겼다는 것은 기록할 만하다. 그가 북경에 가서 약 3개월 동안 체류하면서 여러 가지 견문을 했겠지만 무엇보다도 중국인들의 차생활은 그의 마음속에 단단히 각인되었던 것 같다. 그가 조선에 있을 때 차를 공부하고 차생활을 했던 것과는 별개로 중국에 가서 보는 차문화는 그를 또 다른 세계로 인도하였음직하다.

그는 조선으로 돌아올 때 많은 서적을 구입해가지고 왔을 터이고 그 가운데는 다서(茶書)도 들어 있었을 것이다. 이를 바탕으로 귀국한 뒤 「다부」를 지어 차를 노래하고 예찬하였을 것으로 짐작된다. 한재가 「다부」에서 "옥당에서 서늘한 기운이 피어오를 때, 밤이 이슥토록 서탑에 앉아 만권서를 독파하고자 경각도 쉴 틈이 없어, 동생(董生)처럼 입술이 상하고 한자(韓子) 같이 이[齒]가 흔들거린다. 네가 아니면 누가 그 목마름을 풀어주랴. 그 공이 첫째이다"⁸⁸고 술회한 것은 증광시에 급제

---

87 서국(西國: 중국)에 사신으로 가는 것을 가리킨다.
88 『한재집』 권1, 「다부(茶賦)」 "當其凉生玉堂, 夜闌書榻, 欲破萬卷, 頃刻不輟, 董生脣腐, 韓子齒豁. 靡爾也, 誰解其渴? 其功一也."

한 뒤 옥당에서 근무했던 경험을 반영한 것은 아닐까. 이를 보면「다부」의 저술 시기가 추정된다고 하겠다. 이에 관해서는 별도로 논할 것이다.

수륙재를 비판하다가 공주에 귀양가다

연산군 1년(1495), 24세가 되었다. 지난해 12월 24일 성종이 38세의 젊은 나이로 승하하였다. 12월 25일, 예조판서 성현이 선왕의 영혼을 위로하기 위해 절에서 수륙재를 지낼지를 묻자 성종비(成宗妃)가 허락하였다. 대행왕(大行王)이 불교를 믿지 않았지만 재를 지내지 말라는 유교(遺敎)가 없었으며, 또 국상 때 절에서 재를 지내는 것이 관례였다는 것이다.

이때 가장 먼저 나서서 벽불(闢佛) 상소를 올린 사람이 바로 한재였다. 상소문 가운데 "재를 지냄으로써 양전(兩殿)이 뜻을 이루었다"고 하는 등 두 대비[89]에게 불경스러운 대목도 있었다고 한다. 한재가 상소한 사실과 상소문의 내용은 당시의 『실록』 기사에는 실려 있지 않지만, 후일 이극돈(李克墩)의 증언을 통해 밝혀졌다. 그의 증언 일부를 인용하여 당시 벽불 상소에서 한재가 어떤 위치에 있었으며, 조정 대신들의 반응은 어떠하였는지 보기로 한다.

이목이 국상(國喪) 초에 맨 먼저 벽불을 제창하여 소(疏)를 올렸는데, 말이

---

[89] 덕종비 소혜왕후, 예종비 안순왕후(安順王后).

많이 불경(不敬)하였습니다. 주상께서 전교하시되 "27일 이후에 묻겠다" 고 하셨습니다. 그런데 마침 그날 여러 정승과 육조가 다 빈청(賓廳)에 모여서 좌중에서 사사로이 말하면서 "미친 아이[狂童]의 일이라 따질 만한 것이 못된다"고 하였습니다. 이 때 신은 말하기를 "그렇지 않다. 비록 여염의 백성이라도 서로 싸우고 꾸짖을 적에 혹여 말이 자기 부모에게 미치면 반드시 발끈 성을 내고 원망을 가하는 법인데, 하물며 나라 임금의 어머님이시랴? 상소 가운데 두 분 대비를 지적한 말이 극도로 불경스러우니, 주상께서 묻고자 하심이 또한 당연하지 않은가. 비록 미친 아이일지라도 다 사서삼경을 읽었고, 또 나이가 자식을 품에 안을 만한데, 어찌 미친 아이라 하여 그만둘 수 있겠느냐"고 하였습니다.⁹⁰

어린 나이에 행동이 불경스럽고 광언(狂言)을 일삼는다 하여 한재를 '광동(狂童)'이라 지목했다는 사실이 주목된다. '광동'은 한재가 윤필상을 간귀라고 일컬을 때부터 붙여진 이름이다.⁹¹

이후에도 벽불 상소는 이어졌다. 12월 29일에는 생원 조유형(趙有亨) 등이 나서서 "재를 지내는 것은 선왕에 대한 효도가 아니다"고 하면서 지내지 말 것을 청하였으나, 세자 연산군은 "조종조(祖宗朝) 이래의 관

---

90 『연산군실록』, 4년(1498) 7월 19일(癸丑)조 "李穆於國恤之初, 首倡闢佛之疏, 語多不敬. 傳曰:「二十七日後當問之」適其日, 諸政丞及六曹, 皆會賓廳, 坐中私語曰:「狂童之事, 不足數也」臣曰:「不然. 大抵雖閭閻小民, 相與鬪罵, 或語及父母, 必勃然加怨, 況國君之母乎? 疏中指斥兩大妃, 語極不敬. 上之欲問, 不亦宜乎? 雖曰狂童, 皆讀四書三經, 又牛是抱子者也, 豈謂之狂童, 而置之哉?」

91 『성종실록』 23년(1492) 12월 9일(乙巳)조 "但今三公以此狂童之言, 引嫌不出, 於國體似未便."

례다"고 응수하였다.

새해가 밝았다. 신년 벽두부터 조정은 수륙재 문제로 들끓었다. 1월 1일부터 대간들은 설재(設齋)의 부당함을 아뢰었다. 또 이와 함께 정승 노사신이 "부처에게 재를 올리는 것은 국가의 흥망에 관계되지 않으며, 그것은 조종조의 전례이지 불법을 숭상하는 것이 아니다"라 하고, 대간들이 논계(論啓)한 것에 대해 일일이 비답(批答)할 필요가 없다고 한 데 대하여 극력 비판하였다. 이후 수륙재 문제로 수많은 상소가 있었으며, 점차 언사(言辭)가 격해져 갔다.

연산군은 유생들의 말을 듣지 않고 재를 행하였다. 1월 21일까지 사재(四齋)를 모두 마쳤다. 1월 22일에는 유생들의 상소가 지나치다 하여 157명을 구속하고 추국(推鞫)토록 명하였다. 1월 26일에는 격렬한 상소의 주동자 3명을 최종적으로 가렸다. 27일에는 정희량(鄭希良)을 해주(海州)로, 이목을 공주로, 이자화(李自華)를 김산(金山: 김천)으로 나누어 귀양 보내고,[92] 생원 조유형 등 21인의 과거 응시를 정지시켰다. 이때 연산군의 전교 가운데 "이목은 대행조(大行朝)에 윤필상을 가리켜 간귀(奸鬼)라 하더니, 오늘날에 와서는 노사신을 가리켜 임금을 우롱한다고 한다. 그 덕이 재주에 미치지 못하는 자이다"고 하여 특별히 한재를 거론한 것을 보면, 소두(疏頭)가 누구이고, 누가 소문(疏文)을 작성했는지에 관계없이 조정에서 한재의 움직임에 주목했음을 엿볼 수 있다.

당시 유생들의 죄를 정하는데 이극돈의 구실이 컸던 것 같다. 그는

---

[92] 한재가 1495년에 공주로 귀양 갔음은 「乙卯歲 訪公州教授李公公云飛于鄉校」(『한재집』, 권1)란 시를 통해서도 엿볼 수 있다.

유생들의 정죄(定罪)가 지나친 것이 아니라고 하였다. 이극돈에 의하면 한재는 배소(配所)로 나가던 날 측근에게 말하기를 "선성(宣城: 노사신)과 이판(吏判: 이극돈)이 강력히 주청했더라면 내가 어찌 귀양까지 가겠는가. 전일에 내가 그 아들 세전(世詮)에게 죄를 지었기 때문에 이판이 나를 구해 주지 않은 것이다"고 원망하였다 한다.[93]

이극돈은 당시 젊은 선비들 사이에서 장돈(章惇)으로 불렸다.[94] 장돈은 중국 북송 철종 때의 재상으로, 기회를 틈타 권세에 빌붙기를 잘하였으므로 후일 간신의 대명사로 지목되었다. 그런 이극돈에게 사혐(私嫌)을 샀다는 것은 한재의 앞날에 불행의 씨가 하나 더 뿌려진 것이다. 이극돈은 뒷날 연산군에게 사초 문제를 보고할 때, 이목·김일손 등이 자신을 무함(誣陷)하여 사지(死地)에 몰아넣으려고 한 것이 일조일석이 아니었다고 밝히면서 극도의 불신감을 드러내기도 하였다.[95]

일찍이 이극돈의 아들 세전이 세자시강원 필선(弼善: 정4품)으로 있을 때 한재는 우연히 그와 조우(遭遇)한 일이 있었다. 평소 이극돈 부자를 소인배로 취급한 한재는 이세전을 만나자마자 "이 자가 바로 극돈의 아들인가?"고 깔보는 등 방약무인(傍若無人)한 태도로 대했다고 한다. 이것은 이극돈과 임희재(任熙載: 1472~1504)의 증언으로 밝혀졌다.[96] 그

---

[93] 『연산군실록』, 4년(1498) 7월 19일(癸丑)조 참조.
[94] 이극돈의 행실이 장돈과 같은 데다 이극돈의 '墩'자가 장돈의 '惇'자와 비슷했기 때문에 장돈에 비유하였고, 이런 이유로 이극돈의 아들 세전(世銓)을 '장전(章銓)'이라 하였다 한다. 이극돈을 장돈에 비유한 사람은 한재 이목이었다고 한다. 『연산군일기』, 4년(1498) 7월 14일(戊申)조 임희재의 공초 내용 참조.
[95] 『연산군실록』, 4년(1498) 7월 19일(癸丑)조 "且李穆必與馴孫交通, 欲誣陷臣以書己過爲辭. …… 李穆以臣封馴孫史草, 將с事發, 欲誣陷臣, 再度通書任熙載, 至以臣比章惇, 幷及臣子世銓, 通書李穆. 此數人構陷小臣, 必致之死地, 非一朝一夕也."

런데 한재가 공주로 귀양을 간 뒤 많은 사람들이 그 일 때문에 이극돈의 미움을 산 것이라고 여겼던 것 같다. 이는 한재의 동문이자 절친한 벗 임희재가 귀양지 공주로 보낸 서한에서도 확인된다.

임희재는 간신 임사홍(任士洪: 1445~1506)의 아들이다. 그는 아비와는 달리 선류(善類)를 좋아하고 바르게 행동하여 아비의 허물을 씻으려 하였다. 『주역』「고괘(蠱卦)」 상전(象傳)에 나오는 '간부지고(幹父之蠱)'는 "아버지의 잘못을 바로잡는다"는 것이니 바로 임희재의 경우를 두고 한 말이라 하겠다. 임희재는 귀양살이 하는 한재를 위로하는 서한을 보내 세간의 여론과 동문들의 동향을 전하면서 부디 자중자애(自重自愛)할 것을 당부하였다. 그 두터운 동지애가 실로 남다르다.

저는 벗도 없어 빈집에 홀로 누워 세상의 허다한 일만 보고 있소이다. 들으니, 그대가 장돈(章惇: 이극돈)의 아들 장전(章銓: 이세전)을 잘못 건드려 성내게 했다는데 과연 그러합니까? 지금 수군대는 말들이 매우 극성스럽습니다. 선인(善人)들이 모두 떠나가 버렸으니, 누가 그대를 구원할 수 있겠습니까? 부디 시(詩)를 짓지 말고 또 사람을 방문하지 마시오. 지금 세상에 성명(性命)을 보전하기가 어렵습니다.

근일에 정석견(鄭錫堅)이 동지성균(同知成均)에서 파직되었고, 강혼(姜渾)은 사직장을 올려 하동(河東)의 원이 되었고, 강백진(姜伯珍)은 사직장을 올려 의령(宜寧)의 원이 되었고, 권오복도 장차 사직을 올려 수령이나 도

---

96 『연산군일기』, 4년(1498) 7월 14일, 7월 19일조 참조.

사(都事)가 될 모양이며, 김굉필도 이미 사직장을 내고 시골로 떠났습니다. 그밖에도 많지만 다 들 수가 없습니다. 뿐만 아니라 이철견(李鐵堅)·윤탄(尹坦)이 의금부 지사(義禁府知事)가 되었는데, (그들이 적합하지 않음을) 논간(論諫)해도 주상께서 듣지 않으시니 어찌 하겠소.

요사이 종루(鐘樓)에는 이극돈의 탐욕스러움과 재물 긁어모은 사실을 적은 방(榜)이 나붙었습니다. 저 역시 이로부터 몇 이랑의 전토를 충주·여주의 지경이나 혹 금양(衿陽)⁹⁷의 강가에 마련하여, 수십 년 남은 생애를 보내고 다시 인간 세상에 뜻을 두지 않을까 합니다. 그대도 다시 도성에 올라올 생각일랑 하지 말고 공주(公州)의 한 백성이 되어 정세(丁稅: 인두세)로써 국가를 돕는 것이 옳을 것입니다.⁹⁸

한재가 귀양을 온 곳은 지금의 공주시 소학동(巢鶴洞)⁹⁹으로 알려진다. 그는 공주에서 적거(謫居) 생활을 할 때「요가연부(姚家燕賦)」를 지어 선왕(先王: 성종)의 옛 은혜를 그리워하면서 애국우민(愛國憂民)하는 정성을 다짐하였다. 이 부는 중국 부양성(富陽城) 요씨(姚氏) 집안에서

---

97 경기도 금양현(衿陽縣). 지금의 경기도 시흥과 과천 일대이다.
98 『연산군일기』, 4년(1498) 7월 14일(戊申)조 "搜李穆家, 得任熙載與穆書曰: 僕無友生, 獨臥空齋, 看他世上許多事也. 聞君誤觸章惇之子銓怒, 然乎? 今物論甚劇, 而善人皆去, 誰能救君乎? 愼勿作詩, 且勿訪人. 生今之世, 得保難矣. 近日鄭錫堅以同知成均罷, 姜渾呈辭作河東, 康伯珍呈辭作宜寧, 權五福將呈辭, 作守令與都事, 金宏弼已呈辭去鄕, 餘皆難悉. 李鐵堅尹坦作義禁府知事, 論諫不聽, 奈何? 近日鐘樓, 榜李克敦貪聚事. 僕亦從此卜數頃田於忠驪之境, 或衿陽水上, 以送數十年餘生, 母復有意於人間世也. 君亦母有復來懷, 作公之一民, 補國家以丁稅可也."
99 조선시대 공주 동부면에 속하였다. 주민들 사이에서 '시학섬'으로 불리어 왔다. '시학'은 '소학'이 변한 것이다. 이곳은 북으로는 금강, 남으로는 혈양천(血痕川), 동으로는 왕촌천(旺村川)이 있어 지형이 마치 섬과 같았으므로 주민들이 소학섬이라 한 것이다. 학이 둥지를 틀 것이라는 의미를 담은 이 지명은 학처럼 고결한 한재가 귀양올 것을 예시(豫示)라도 한 듯하다.

주인과 함께 불에 타 죽은 제비의 전설을 소재로 한 것이다. 옛 주인을 잊지 않고 찾아와 충성을 다한 제비의 미덕을 읊으면서 자신도 제비처럼 '함충이신(含忠履信)'의 길을 가겠노라고 다짐하였다. 전반적으로 굴원(屈原)의 『초사』 가운데 걸작으로 꼽히는 「이소(離騷)」의 분위기를 느끼게 한다. '주인이 잘못 되었다'(主人爲非)고 하여 현실을 강하게 비판하고, 쓸 만한 인재를 알아주지 않음을 유감(越鳥之憾)으로 생각하면서도, 이것을 우국사상(憂國思想)으로 승화시켰다.

『초사』는 굴원이 귀양 가서 지은 것이다. 그 가운데 한 구절인 '혼일석이구서(魂一夕而九逝)'를 인용하여 "나의 영혼 하루 밤에도 아홉 번이나 (임 계신 곳) 다녀오건만 옛 임이 그리움을 어찌 말로 다하랴"고 하여 마지막을 장식한 것은 이 부가 공주 유배 시절, 특히 제비 돌아오는 사일(社日) 무렵에 지어졌음을 짐작하게 한다.[100]

한재는 귀양살이를 하면서 울분을 시작(詩作)으로 풀었다. 그는 불린자(不磷子)에게 보낸 시에서 "강남에 해 떨어지니 내 옷이 차갑구나"(江南日落我衣寒), "무슨 일로 초택(楚澤)에 와서 난을 읊조려야 할까", "요순천하 훈훈(薰薰)한 때를 못만났으니 그저 보통 백성으로 간주될 수밖에"라고 읊었다. 성종이 승하한 뒤 자신의 신세가 영락(零落)한 것을 슬퍼하면서 스스로 처지를 굴원에 비유한 것이다.

---

[100] 「요가연부」에서 '洋洋得意, 五六餘春, 豈意又來, 主人爲非'라 한 대목도 주의할 필요가 있다. 이는 한재가 1489년 소과에 급제한 뒤 성균관에 들어가 5, 6년 동안 득의양양한 시절을 보내다가 1495년 공주로 귀양 왔음을 암시하는 내용이다.

장원급제하고 사가독서賜暇讀書의 은전을 받다

이후 한재는 약 4개월 만에 풀려났다. 5월 22일, 경연에서 성희안(成希顔)·김륜(金碖)·홍형(洪泂) 등의 건의를 받고 한재 등 외방에 부처(付處)된 사람들을 풀어준 것이다. 그러나 정거(停擧)를 당한 유생은 과거 응시를 허락하고 부처된 유생은 그대로 정거하라고 함으로써,[101] 한재는 몸은 석방되었지만 과거에는 여전히 응시할 수 없었다. 그 뒤 정거가 풀렸고 10월에는 증광문과(增廣文科)[102]에 응시, 갑과 제일인(第一人)으로 급제하였다.[103] 증광시는 나라에 경사가 있을 때, 또는 특별한 일이 있을 때 임시로 시행하는 과거이다. 그해는 묘년(卯年)이므로 식년시가 예정되어 있었으나, 연산군의 즉위를 기념하기 위해 증광시를 먼저 치르고, 식년시를 이듬해 봄으로 연기했던 것 같다.[104] 당시 동방(同榜) 33명

---

101 『연산군일기』, 1년(1495) 5월 22일(甲辰)조.
102 『한재연보』에는 '별시(別試)'로 되어 있으나 분명한 잘못이다. 『국조문과방목』에 '증광시'로 되어 있고, 『증보문헌비고』 권189, 〈과제(科題) 六〉에서도 "燕山元年增廣[登極慶, 試策, 取李穆等三十三人. 生員李長坤進士曺繼衡等"이라 하여, 증광시였음을 밝혔다. 또 한재의 「인재득실책」에서도 "臣謹俯伏稱賀以對"라 하여 임금의 성덕과 즉위를 하례하고 드린다고 하였다. 증광시임을 시사하는 대목이다.
103 당시 증광문과는 책문으로 시험하였다 한다(『증보문헌비고』, 권189 참조). 장원급제할 때 제출했던 답안지가 『한재집』에 실려 전한다. 「천도책(天道策)」과 「인재득실책(人才得失策)」이 그것이다.
104 『연산군일기』, 1년(1495) 8월 28일(戊寅)조 "禮曹啓: 今年式年科擧, 明春退定, 別試則今年畢試. 其初試一依式年例, 會試試策問篇何如?"

중에는 동문이 있었다. 갑과에 강중진(康仲珍), 을과에 홍언충(洪彦忠)·권오기(權五紀: 五福의 형), 병과에 정희량(鄭希良)이 그들이다.105 이들은 무오·갑자의 양대 사화 때 화를 입었다.

한재는 과거에 급제하기 이전에 이미 노성인들에게 기피(忌避) 인물로 낙인이 찍혔다. 그럼에도 그가 과거에 응시할 수 있었고 또 장원으로 선발될 수 있었던 것은 그의 문재(文才)가 워낙 뛰어나 도저히 버려둘 수 없다는 공감대가 형성되었기 때문일 것으로 짐작된다.

한재는 과거에 급제하자마자 장원 급제자에 대한 예우로 정육품직인 성균관 전적(典籍) 겸 종학(宗學) 사회(司誨)에 제수되었다.106 일약 참상관(參上官)이 된 것이다. 의금부에 구속되었다가 외방에 부처되고, 풀려난 뒤 과거에서 장원급제하는 등 참으로 파란과 굴곡이 많은 한 해였다. 국면의 전환치고 이처럼 극적인 것도 드물 것 같다. 귀양에서 풀린 뒤 5개월 정도 밖에 안 되는 짧은 기간에 과거에 장원급제할 수 있었던 것은 한재가 '준비된 학자'로 그의 학문이 남달랐음을 증명하는 것이라 하겠다.

한재는 문과에 급제한 뒤, 성균관과 종학에서 몇 개월 근무하다가 이듬해(1496) 무관직을 제수받아 영안도(함경도)에 나간 것 같다.107 공

---

105 『한재문집』 권3, 부록, 「과방록(科榜錄)」(281~284쪽) 참조.
106 성균관 전적(典籍)에 제수되었음은 『연산군일기』, 4년 7월 12일(병오)조에 "전적(典籍)으로 있으면서 털끝만큼도 보탬이 되지 못했습니다"고 한 데서 볼 수 있다.
107 병마평사로 나간 시기는 대개 1496년 6~7월 무렵으로 추정된다. 한재는 1496년 여름에 함흥 칠보정(七寶亭)에서 동문이자 함경도 도사(都事: 종5품)로 있던 망헌(忘軒) 이주(李胄)를 만나 연꽃을 감상하면서 연구(聯句)를 주고받았다. 이주가 읊은 구절 가운데 "그대는 북으로 오고 나는 남으로 가는 것이 한스럽군. 어찌하여 나랏일이 이리도 빡빡할까"(獨恨夫君北而我南兮, 豈王事之靡鹽)라 한 것으로 보아, 당시 한재는 함경도에 평사로 막 부임해온 처지이고, 이주는 함경도 근무를 마치고 남쪽으로 내려가려던 참

식 직함은 진용교위(進勇校尉) 영안남도 병마평사(永安南道兵馬評事: 종6품)이다. 병마절도사의 보좌관으로 약칭 '북평사(北評事)'라고도 하였다. 내직에서 외직으로 바뀐 데다 정육품직에서 종육품직으로 내려간 것이다. 겉으로 보면 좌천이라 할 수 있다.『한재연보』에서는 "당시 혼조(昏朝)에서 정치가 어지러워 뭇소인배들이 날뛰었으므로 사람들이 선생을 위태롭게 여겼다"고 하여, 동문 또는 지인들이 한재에게 외직으로 나갈 것을 권유한 듯한 기술을 하고 있다. 이런 분석은 설득력이 없지 않다. 그러나 필자는 다른 또 하나의 특별한 사정을 들고자 한다. 병마절도사의 참모인 평사는 문관으로 보임하였다. 군사지휘관이 많은 평안도·함경도 등에 주로 파견되어 무신을 견제하고 무과 출신 수령과 각급 군사지휘관을 규찰하는데 중요한 목적이 있었다. 이렇게 본다면 문무에 두루 밝은 인사가 아니면 감당하기 어려운 직책이다. 한재가 평사로 선발되었다는 것은 일단 문무겸전을 인정받은 것으로 보아도 좋을 것 같다. 이와 관련 있는 한 기록을 보기로 한다.

정언(正言) 조원기(趙元紀)가 서계(書啓)하기를 "평사(評事)는 서기(書記)를 관장하지만 양계(兩界)는 무(武)를 사용하는 곳입니다. 선왕조에는 대개 문사 중에서 활 잘 쏘는 사람을 선택하여 보냈는데 근자에는 가려서 제수하지 않습니다. 직무를 수행하기가 매우 불편합니다. 지금 새로 제수한 영안남도 평사 송계(宋誡)도 합당하지 않으니, 문사 중에서 활 잘 쏘는 자

이었음을 짐작할 수 있다.

를 선택하여 보내기 바랍니다"고 하였다.[108]

북평사 생활은 한재가 정치 경험을 쌓는데 적지 않은 도움이 되었을 것으로 짐작된다. 그러나 기간은 몇 개월에 불과하였던 것 같다. 그해 12월에 사가독서(賜暇讀書)의 은전을 받았기 때문이다. 이로 미루어 한재는 12월에 다시 내직으로 들어가 홍문관에 보직을 받았을 것으로 추정된다.[109]

역대 평사 가운데 나중에 저명한 학자·정치가·문인으로 성장한 사람이 적지 않았다.[110] 중국 문학사에서 유명한 문인들 중에도 평사 벼슬을 지낸 사람이 꽤 많다. 한재의 스승 김종직도 젊은 시절 경상도 병마평사를 역임한 바 있다. '평사' 벼슬은 직급은 낮지만 대지(大志)를 가진 사람들이 정치 경험을 풍부하게 쌓는데 사실상 필수 코스였다.

이런 이유에서인지 한재 후손들은 평사란 벼슬을 보잘 것 없는 것으로 여기지 않았다. 평사 벼슬이 한재가 역임한 최종 직책이 아님에도 한재의 문집을 '이평사집'이라 하였고, 후인들도 한재 집안을 '평사집[評事宅]'이라 하였다. 후일 평안도 병마평사로 나갔던 시인 백광홍(白光弘: 1522~1556) 역시 '백평사'로 불린 바 있다.

---

[108] 『연산군일기』, 3년(1497) 1월 19일(辛酉)조.
[109] 『한재집』 권1에 「설제등함흥낙민정(雪霽登咸興樂民亭)」이란 시가 있다. 이 시는 눈이 갠 뒤 함흥의 낙민정에 올라 경물(景物)을 읊은 것인데, 그가 병마평사로 있을 때 지은 것으로 추정된다. '설제(雪霽)'라는 말로 미루어 시기는 11월이나 12월로 보인다. 한재는 그해 12월 사가독서의 대상자로 뽑혀 한양으로 가게 된다. 이런 전후 사정을 살펴보면, 한재는 사가독서 대상자로 선발됨과 동시에 홍문관에 보직을 받았을 가능성이 높다. 홍문관 관원이 아니면 사가독서 대상자가 될 수 없기 때문이다.
[110] 송순(宋純)·백광홍·최경창(崔慶昌)·정문부(鄭文孚)·김창협(金昌協) 등 그 수를 헤아리기 어렵다.

연산군 2년(1496, 丙辰) 12월, 한재는 사가독서 대상자로 선발되었다.[111] 사가독서 대상자는 모두 14인[112]으로, 점필재 김종직의 문인 내지 그의 영향을 받은 젊은 문사들이 다수였다. 사가독서 제도는 일찍이 세종이 집현전 소속의 젊은 문신들에게 휴가를 주어 집에서 독서에 몰두할 수 있도록 한 데서 비롯되었다. 이후 성종 대에는 사가독서 대상자들이 마음놓고 독서에 전념할 수 있도록 상설기구로 설치하자는 서거정(徐居正)의 주청에 따라, 성종 23년(1492) 지금의 마포 한강변에 있던 사찰을 확장하여 남호독서당(南湖讀書堂)을 열었다. 이를 줄여서 '호당(湖堂)' 또는 '독서당'이라고도 한다. 호당은 국가의 중요한 인재를 길러내기 위해 세운 전문 연구 기관이다. 여기에 선발되는 것은 개인은 말할 것도 없고 가문의 영광이었다. 당시 선발된 인사들은 홍문관에 재직하는 사람들로 충원되었다. 『성종실록』에서 "홍문관 관원의 사가독서는 근래에 흉년 때문에 정지하였는데, 나이 젊은 문신이 강습(講習)을 게을리 합니다"[113]고 한 것이라든지, "사가독서는 반드시 홍문관 인원으로만 할 것이 아니라 또다시 문학(文學)이 있는 자를 정선(精選)하여 하도록 하는 것이 옳습니다. 홍문관이라고 해서 어찌 재주 있는 사람만

---

111 『한재연보』에서는 한재가 사가독서를 한 해를 연산군 3년(1497)으로 기록하고 있으나 이는 잘못이다.
112 『연산군일기』 2년(1496) 12월 15일(戊子)조 참조. 당시 김전(金詮)·신용개(申用漑)·이주(李胄)·김일손·강혼(姜渾)·이목·이과(李顆)·김감(金勘)·남곤(南袞)·성중엄(成重淹)·최숙생(崔淑生)·정희량(鄭希良)·홍언충(洪彦忠)·박은(朴誾) 등 14인이 선발되었다. 당시 김전(1458~1523)은 39세로 최고령이었으며 읍취헌 박은(1479~1504)은 18세로 최연소였다. 당시 선발에 참여한 관원은 어세겸(魚世謙)·성현(成俔)·홍귀달(洪貴達)이었다. 홍귀달, 『허백정집(虛白亭集)』속집, 「허백선생연보」 "八年, 燕山主元年, 乙卯, 先生五十八歲. 復啓請選年少有才名者, 分番賜暇讀書, 主從之. 先生以成重淹李穆鄭希良等充選."
113 『성종실록』, 14년(1483) 10월 16일(乙亥)조 참조.

을 다 얻을 수 있겠습니까?"¹¹⁴고 한 것은 이를 뒷받침한다. 『청선고(淸選考)』 권6, 「옥당」조에 한재의 이름이 실려 있는¹¹⁵ 것은, 한재가 홍문관 관원으로 사가독서에 선발되었음을 증명한다.

또 전하는 바에 따르면, 김일손이 오래 한원(翰苑)¹¹⁶에 재직하였는데, 그 후임자를 추천하지 않고 한재가 과거에 급제하기만을 기다렸다고 한다.¹¹⁷ 한재의 문재(文才)를 높이 평가한 김일손이 어떤 경로로든지 한재를 홍문관에 추천하였을 가능성이 높다. 그럼에도 『실록』이라든지 『연보』 등에 옥당에 재직하였다는 사실이 전혀 언급되지 않고 있음은 유감이다. 한재가 옥당에서의 경험을 「다부」에서 서술한 것은 그냥 지나쳐보기 어렵다.

한재는 『성종실록』 편찬에도 참여하였다. 『연산군실록』, 3년(1497) 12월 21일자 기사를 보면, 실록청 총재관 신승선(愼承善) 등 여러 신하에게 실록 편찬에 참여한 일수의 구근(久近)에 따라 차등 있게 상을 내렸다는 내용이 있다. 모두 71명의 포상자 명단 가운데 한재의 이름이 들어 있다. 또 『연산군일기』 여러 곳에서 한재가 실록 편찬에 참여한 것을 밝혔다. 지금까지 한재의 생애 연구에서 이 문제가 거론되지 않은 것은 가장 손쉽게 이용할 수 있는 『한재연보』에 이 내용이 빠져 있었기 때문이다.

----

114 『성종실록』, 23년(1492) 4월 16일(丙辰)조 참조.
115 『청선고』(장서각 영인본) 중권 한국학자료원, 2004, 138쪽.
116 홍문관·예문관 등을 고아(古雅)하게 부르는 말.
117 이경석, 『백헌집』 권46, 「강원도관찰사이공묘갈명(江原道觀察使李公墓碣銘)」 "世傳金濯纓馹孫在翰苑累年, 不薦其代, 蓋待公擢第."

『성종실록』은 영춘추관사 신승선 등의 주재 아래 연산군 1년(1495) 4월 춘추관에 실록청을 설치, 육방(六房)으로 나누어 편찬하기 시작했고, 연산군 5년(1499) 2월에 완성하였다. 도중에 무오사화를 겪는 등 우여곡절이 있었으나, 297권 150책이라는 방대한 분량에다 충실한 기사와 체계적인 편집을 갖추었다. 사료적 가치가 높은 것으로도 평가된다. 실록 편찬에 참여한 관원들은 대개 영관사·감관사(監館事)·지관사(知館事)·동지관사 등 춘추관 관원에다 한시직인 편수관·기주관(記注官)·기사관(記事官) 등의 직급순으로 수십 명이 종사하였다.[118] 당시 편수관과 기주관 등은 비교적 경륜 있는 인사들이 참여했고, 기사관은 연소한 인사들이 많았다. 한재와 동방(同榜)인 김천령도 기사관으로 참여하였다. 『실록』의 기사에 따르면 한재는 기사관으로 참여하였고,[119] 육방 가운데 '일방(一房)'의 낭청(郎廳) 자리가 비자 보궐(補闕)로 추천되었다고 한다.[120] 그러나 한재는 『성종실록』이 완성되기 이전에 희생을 당하였고, 그것도 대역(大逆)으로 치죄(治罪)되었으므로 『성종실록』 부록에 실린 편수관 명단에 빠져 있다.[121]

---

[118] 『성종실록』 권말에 실린 편찬자 명단을 보면, 춘추관 관원에다 표연말(表沿沫) 외 26명의 편수관, 유순정(柳順汀) 외 9명의 기주관, 김천령 외 36명의 기사관이 종사하였던 것으로 되어 있다.
[119] 『연산군일기』, 4년(1498) 7월 24일(戊午)조 "云者, 臣兼春秋, 以記事爲職."
[120] 『연산군일기』, 4년(1498) 7월 24일(戊午)조 "李穆白: 臣贈駙孫書云: 兄之史草, 適在同房成重淹之手. 云者, 臣則一房, 重淹則四房郎廳, 而同處一房, 駙孫史草分在重淹之房, 故云耳." ; 동 25일(己未)조 "一房郎廳有闕, 其堂上欲薦李穆爲郎廳."
[121] 당시 편수관 가운데 1498년 무오사화에 연루되어 유배 등을 당한 사람이 적지 않은데, 이들의 이름은 등재되어 있다. 최보·성중엄·정희량 등이 바로 그들이다.

무오사화의 희생양이 되다

연산군 3년(1497)은 한재의 28년 생애 가운데 겉으로 보기에 순탄한 해에 속한다. 이해 6월 22일, 외동아들 세장(世璋)이 태어났다. 혼인 후 8년 만의 일이다. 그 기쁨이란 말과 글로 표현할 수 없었을 것이다. 그런데 기쁨 속에서 죽음의 그림자가 조금씩 다가오고 있었다.

기성 훈구세력과 김종직 계열 학인들 사이에 대립과 반감이 극에 달하였다. 그런 분위기는 『성종실록』을 편찬하는 과정에서도 그대로 드러났다. 그해 12월, 실록 편찬에 참여한 모든 관원들에게 중간 결산의 의미로 각기 포상을 하였지만, 알력과 갈등은 첨예하여졌다.

사초(史草) 사건이 표면화한 것은 연산군 4년(1498) 7월 무렵으로 추정된다. 그 해 7월 11일자 『실록』 기사를 보면, 연산군이 "김일손의 사초를 모두 대내(大內)로 들여오라"고 명하였다. 이런 명령이 나오기까지는 실록청 당상 이극돈이 관련되어 있음은 기존의 연구에서 고찰되었으므로 여기서 부언하지 않는다. 이극돈은 사초에 자신의 불미스런 일이 실려 있음을 알고 이를 덮으려 하였으나 실패하였다. 이에 절치부심하다가 사림파에게 타격이 될 만한 사초 내용을 윤필상·노사신 등 훈구대신에게 알림으로써 사감을 풀고자 하였다.

위에서 말한 김일손의 사초는 여러 가지이지만 그 가운데 가장 파장이 컸던 것은 스승 김종직의 「조의제문」을 실어 세조의 정통성을 간접적으로 논한 것, 그리고 "덕종(德宗)의 후궁인 권귀인(權貴人)과 윤소훈(尹昭訓)이 세조의 부름을 받들지 않았다"고 쓴 것, 이른바 '궁금(宮禁)의 일'을 가리킨다. 전자는 세조의 정통성을 부인하는 것이요, 후자는 아들의 후궁을 가까이하려 한 세조의 추행을 실어 그 인격마저 부정하는 것이었다.

무오사화가 김종직의 「조의제문」을 사초에 실음으로써 도화선이 되었다고 보는 것이 거의 통설처럼 되어 있다. 그러나 그에 못지않게 권귀인·윤소훈에 관계된 사초의 파장도 컸다. 권귀인 등과 관련된 사초는 그 최초 발설자가 동문인 허반(許磐)이었고,[122] 허반의 말을 뒷받침한 사람이 동문 강겸(姜謙)이었다. 또 김일손의 사초를 『실록』에 실으려고 백방으로 노력한 이들이 바로 한재를 비롯한 동문들이었다. 이렇게 얽히고 또 엮이다 보니 김종직 문인들의 희생이 클 수밖에 없었다.

돌이켜 보면, 김일손은 성종 25년(1494) 12월, 이조정랑으로 춘추관의 편수관을 겸하였고, 성종의 국상 직후 일어났던 이극돈의 추행(醜行)을 사초에 직서(直書)하였다.[123] 그러나 그는 『성종실록』 편찬에는 참여하지 못했던 것 같다. 연산군 1년(1495) 3월 사직하고 낙향하였으며, 이듬해 1월 사간원 헌납에 임명되었으나 2월에 사직하고 낙향하였다. 그

---

122 『연산군일기』, 4년(1498) 7월 21일(乙卯)조 참조.
123 이 때 동문 허반으로부터 들은 권귀인·윤소훈 등의 일도 사초에 실었던 것 같다.

러다가 3월에 모친상을 당하였고, 연산군 4년(1498) 7월, 삼년 거상(居喪)이 끝나자마자 잡혀와 국문을 당하였던 것이다.

김일손을 비롯한 동문들의 사초를 실록에 실으려는 김종직 문인들의 행동은 정론직필(正論直筆)에 대한 확신에서 나왔다. 김일손과 함께 능지처참의 형을 당한 권경유(權景裕: ?~1498)는 김종직의 「조의제문」과 관련한 사초에서 "김종직이 일찍이 「조의제문」을 지었는데, 충의심(忠義心)이 떨치고 일어나 보는 사람이 눈물을 흘렸다. 그 문장은 여사(餘事)다"[124]고 하였다. 또 다른날 공초(供草)에서는 "「조의제문」을 보았는데, 항우(項羽)가 영포(英布)를 시켜 비밀리에 의제(義帝)를 쳐 죽이게 하였으니 천하의 악이 이보다 더할 수 없다"라 한 뒤, 다시 생각해보고는 '이보다 더할 수 없다'는 구절 아래 "비록 만세 뒤라도 통분하게 여기지 않는 자가 없을 것"이라는 말을 더 넣어 달라고 청했다. 추관(推官)이 듣지 않으니 붓을 던지고 서명(署名)을 거부했다고 한다.[125]

『성종실록』 편찬 당시 동문들 뒤에서 구심적 역할을 한 사람은 한재였다. 그는 김일손이 없는 실록청에서 동문들을 때론 다독이고 때론 분발을 촉구하며 이끌어가는 위치에 있었다. 그가 거상 중인 김일손과 교감하면서 동문들에게 직필을 당부했던 내용은 『연산군일기』 여러 곳에서 볼 수 있다. 먼저 그가 김일손에게 보냈다는 서한의 내용을 보기로 한다.

---

[124] 『연산군일기』, 4년(1498) 7월 17일(辛亥)조 참조.
[125] 『연산군일기』, 4년(1498) 7월 22일(丙辰)조 참조.

목(穆)이 실록청에 출사(出仕)한 것이 이제 수십 일이 되었습니다. 형의 사초(史草)가 마침 동방(同房)의 성중엄(成重淹)의 손에 있습니다. 당상(堂上)이 날짜를 따라 사건을 기록[逐日記事]하지 않았음을 구실로 책에 쓰려고 하지 않는다 하기에, 내가 조석으로 중엄을 책하였습니다. 중엄도 군자인(君子人)이기 때문에 도리어 계운(季雲)의 사초가 한 자라도 기록되지 않을까 걱정하였습니다. 그 방의 당상(堂上)은 윤효손(尹孝孫)입니다. …… 이상(二相) 이극돈이 윤에게 (사실을) 숨기도록 하였으니, 섶을 안고 불을 끄려고 하는 어리석음과 비슷합니다. 저는 성덕(聖德)을 오래 입어 참상관(參上官)의 자리를 차지하였습니다만, 전적(典籍)으로 있으면서 털끝만큼도 보탬이 될 수 없었습니다.

요사이 외람되게도 조정으로부터 겸춘추(兼春秋)로 발탁되었는데, 매양 『성종실록』을 편찬하는 여가를 틈타 밤에 돌아와 등불을 달고, 당세의 일을 기록하여 형의 사업(事業)의 만분의 일이라도 하고 싶었습니다. 다른 날 죽은 뒤에라도 보탬이 된다고 여긴다면 가부만이라도 알려주시기를 바랍니다. 잘못된 계획을 하다가 도리어 무거운 재앙을 받지는 않을까요?

아아! 형과 이별한 뒤 평생 심사를 물을 곳이 없습니다. 헛된 계획을 세우고 보니 가슴 속이 더욱 비루해지는 것 같습니다. 형이 비록 상중(喪中)에 계시지만, 한 장의 척서(尺書)를 내려 이 위태한 병통을 구제해 주시어 사람 구실하게 하도록 해주시기를 원합니다. 이것만을 바랄 뿐입니다. 보신 뒤에 불태워 버리는 것이 좋겠습니다. 진실로 망언인 줄은 알지만 형의 회포를 풀어 드리려는 마음에서 기피하지 않았습니다.[126]

여기서 '날짜를 따라 기록' 운운한 것은 「조의제문」이라든지 권귀인·윤소훈 등과 관련된 사초가 사건의 성격상 전문(傳聞)에 따른 것이므로, 특정 날짜에 기록할 수 없었음을 말한다. 또 "형의 사업을 만분의 일이라도 하고 싶다"고 한 것은, 한재가 겸춘추로서 기사관을 겸직하고 있는데, 김일손의 기사가 세밀하고 자상하므로 그 만분의 일이라도 기주(記注)하고 싶다는 말이다. "도리어 무거운 재앙을 받지는 않을까요?"라 한 것은 예부터 사관(史官)들이 직필 때문에 화를 입은 사람들이 많았기 때문이다.[127]

이 서한에서 한재는 김일손의 평생 사업이 사필(史筆)에 있음과 한재 자신도 당세의 일을 직필하여 후세에 남기고 싶은 생각이 있음을 시사하였다.[128] 위에서 '잘못된 계획', '헛된 계획' 운운한 것은 바로 이를 의미한다. 또 한재는 실록을 편찬하는 과정에서 김일손과의 교감을 통해서 활동하였음을 강하게 내비쳤다. 김일손이 상중에 있음에도 그의 교시를 바라는 서한을 보낸 것은 『실록』편찬과 관련하여 상호 긴밀하게 의견을 주고받았음을 짐작하게 한다.

한편, 7월 24일자 성중엄의 공초를 보면 "내가 이목에게 '김일손의 사초에는 상(上)에 관련되어 기록해서는 안 될 일이 많이 들어 있다'고 하였더니, 이목은 '그대가 기록하지 않는다면 나는 그대가 기록하지 않은 사실까지 써 놓아야 되겠다'고 하였다"는 기록이 있다.[129] 이에 대해

---

126 『연산군일기』, 4년(1498) 7월 12일(丙午)조 참조.
127 『연산군일기』, 4년(1498) 7월 24일(戊午)조 참조.
128 한재의 사론(史論)은 「여융부」에서 그 면모를 엿볼 수 있다.

한재는 '빈 말'[虛語]이라고 하였다.[130] '빈 말'이라 함은 성중엄의 공초에서 나온 말을 완전히 부정하는 것이 아니다. '실속 없는 말', 즉 농담으로 한 말이었다는 의미이다. 그러나 한재의 평소 언행에 비추어 볼 때 단순히 농담으로 한 말은 아니었을 성 싶다.

『한재연보』에서는, 무오사화는 7월 5일, 김일손이 체포됨으로부터 시작되었고 7월 10일 의금부에서 체포된 인사들을 국문함으로써 본격적인 국면에 접어들었음을 기록하였다.[131] 한재는 12일에 피체(被逮)된 것으로 전한다. 7월 26일, 윤필상 등이 사초 사건 관련자들의 죄목을 논하여 서계(書啓)하였고, 김일손·권오복·권경유는 대역(大逆)의 죄에 해당하니 능지처사(凌遲處死)하고, 이목·허반은 난언절해(亂言切害)의 죄에 해당하니 참형한 뒤 가산(家産)을 적몰(籍沒)토록 하였다. '난언절해'란 '난언범상(亂言犯上), 정리절해(情理切害)'의 줄임말이다. 즉, 증거 없는 말을 가지고 윗사람의 인격과 명예를 침범하고, 사건 관련자들의 정리(情理)를 끊거나 해쳤다는 말이다. 중국 상고대부터 난언절해의 율에 해당하면 참형에 처하는 것이 관례였다.

이때 연산군은 "김일손 등을 벨 적에는 백관이 참관토록 하라! 근일 경상도와 제천(堤川) 등지에서 지진(地震)이 일어난 것도 바로 이 무리들 때문이다. 옛사람은 지진이 임금의 실덕(失德)에서 온다 하였으나, 금번

---

129 『연산군일기』, 4년(1498) 7월 24일(戊午)조.
130 『연산군일기』, 4년(1498) 7월 25일(己未)조 "馹孫供: 若非重淹孝孫所言, 則事未發, 何以通書馹孫也? 且重淹所供: 馹孫史草, 多記屬上不當記之事. 臣答曰: 吾當書汝不錄之事者, 皆虛語也."
131 7월 5일부터 10일까지의 『실록』에는 사초에 관한 기술이 없다.

의 변괴는 이 무리의 소치가 아닌가 생각된다. 이 무리들은 비록 문학적 재능이 있다 할지라도 행동이 이러하니 도리어 학식이 없는 사람만 못하다"고 특별히 전교하였다. 또 승지 등에게 명하여 백관 가운데 참형 장면을 보기를 꺼려서 고개를 돌리거나 낯을 가리거나 참예하지 않는 자가 있으면 그 이름을 적어 제출하라고도 하였다. 공포정치의 서막을 올린 것이다.

7월 27일 정오에 행형(行刑)이 이루어졌다.[132] 중죄인이기 때문에 '부대시(不待時)'[133]의 율을 적용한 것 같다. 이날 김일손 등을 복주(伏誅)했다는 내용을 종묘사직에 고유하고,[134] 27일 첫새벽[昧爽]을 기해 강도·절도 및 강상(綱常)에 관계된 죄인을 제외하고는 기결이든 미결이든 모두 사면한다는 영을 내렸다. 27일자 사면을 내린 것은 이날 경사스러운 일(역적을 복주하는 일)이 예고되어 있기 때문이다.[135] 『탁영집』「연보」(1903)에서는 사형 집행일을 7월 27일이라 하였다. 또 당일 함께 저자에서 형을 당한 사람은 모두 다섯 분으로 김일손·권오복·권경유·이목·허반이다. 이들의 죽음을 '병수사(騈首死)'라 하였다.[136]

---

132 『한재연보』에서는 한재가 형을 당한 날을 "1498년 7월 26일(丁巳) 정오"라 하고, 성구용의 「유적비명(遺蹟碑銘)」에서는 "7월 27일(戊午)"이라 하였는데, 7월 27일 신유일(辛酉日)이 옳다.
133 조선시대에 십악대죄(十惡大罪) 등 중죄를 범한 죄인에게 때를 가리지 않고 사형을 집행하던 일. 봄과 여름에는 처형을 하지 않고 추분까지 기다리는 것이 원칙이었다.
134 고유(告由)는 사전(事前)과 사후(事後)가 있는데, 무오사화 당시에는 김일손 등을 처형한 뒤에 고했던 것 같다. 『중종실록』, 28년(1533) 5월 28일(庚午)조를 보면, 장순손(張順孫)이 말하기를 "신이 검상(檢詳)으로 있을 적에 김일손의 죄를 다스린 뒤 종묘에 고했었습니다"고 한 대목이 나온다.
135 예를 들어 광복절 기념 사면을 단행한다고 할 때, 광복절 기념식은 대개 오전 10시에 있지만, 사면의 효과는 당일 0시부터 발생하도록 하는 것과 같다.
136 『탁영집』권6, 부록, 「기실(記實)」(朽淺黃宗海撰) "戊午仲夏, 外除. 是時, 燕山亂政, 史獄大起. 先生戮於市, 是年七月二十七日也. 同時騈首死者有四人, 權五福·權景裕·李穆·

한편 연산군이 반포한 교서에서는 김종직과 그 문인들의 죄상을 극론하였다.

간신 김종직이 화심(禍心)을 내포하고, 음으로 당류(黨類)를 결탁하여 흉악한 죄를 행하려고 한 지가 오래되었노라. …… 그 하늘에 넘실대는 악은 불사(不赦)의 죄에 해당하므로 대역(大逆)으로 논단하여 부관참시(剖棺斬屍)를 하였다. 그 도당 김일손·권오복·권경유가 붕당을 지어 동성상제(同聲相濟)하였는데, 「조의제문」을 칭찬하되, 충분(忠憤)이 경동한 바라 하고 사초에 써서 불후(不朽)의 문자로 남기려고 하였다. 그 죄가 종직과 더불어 과(科)가 같으므로 아울러 능지처사(凌遲處死)하게 하였노라. 그리고 일손이 이목·허반·강겸 등과 더불어 없었던 선왕의 일을 거짓으로 꾸며대서 서로 고하고 말하여 사서에까지 기술하였는지라, 이목·허반은 참형에 처하고, 강겸은 곤장 1백 대를 때린 뒤 가산(家産)을 적몰(籍沒)하여 극변(極邊)으로 내쳐 종으로 삼았노라.[137]

한재의 죄목은 난언죄이다. 세조가 아들 덕종의 후궁을 가까이 하려 했다는 내용을 사초에 기록한 일 때문에 사형을 당하게 된 것임을 알 수 있다. 그러나 이밖에도 한재가 평소 이소능장(以少凌長)하는 사람으로 지목된 데다 직언으로 남의 원망을 산 것도 크게 작용하였다고 본다.

許磐."(문집총간 17, 269쪽)
[137] 『연산군일기』, 4년(1498) 7월 27일 (辛酉)조 참조.

계곡(谿谷) 장유(張維)가 찬한 「한재묘지명」을 보면 "공은 사형장에 나가서도 신기(神氣)가 평상시와 다름이 없었으며 스스로 절명가(絶命歌)를 지어 부르고 죽음을 맞이하였다"고 한다. 이 내용은 이후 한재와 관련된 거의 모든 문자에서 인용되었다. 그런데, 여기서 말하는 절명가에 대해 필자는 의문점이 많다고 본다. 형장에서 절명가를 읊은 예는 한재뿐만이 아니기 때문에 의심의 대상이 될 수 없다. 다만 절명가의 내용이 문제라는 것이다.

현재 한문으로 번역된 것만 전하는데, 강전섭(1933~) 교수는 이를 두 수의 시조로 보았다. 그의 풀이를 따라 소개하면 다음과 같다.

[黑]鴉之集處分	白鷗兮莫適
彼鴉之怒兮	諒汝色之白歟
淸江濯濯之身[兮]	惟慮染爾之血[兮]
掩卷而推窓[兮]	淸江白鷗浮
偶爾唾涎兮	漬濡乎白鷗背
白鷗兮莫怒	汚彼世人而唾也[138]

가마귀 모인 곳에 백로야 가지 마라.
성낸 가마귀 흰빛을 새오나니
청강(淸江)에 조히 씻은 몸 더러일까 하노라.

---

138 [ ]는 결자(缺字) 또는 연자(衍字)이다. 이것 역시 이 절명가가 불완전함을 보여준다.

책 덮고 창을 여니 청강에 백구 떴다.

우연히 뱉은 침이 백구 등에 떨어졌다.

백구야 성내지 마라 세상이 더러워서 함이라.[139]

이 절명사는 '반언(反諺)'이라는 주기(註記)로 보아, 본디 시조나 가사 형식으로 구전하던 것을 뒷날 한역(漢譯)한 것이라 할 수 있다. 『한재문집』(1981)에서는 이를 가사로 보았고 강전섭 교수는 시조 두 수로 보았다. 그러나 시조나 가사 여부에 관계없이, 생사가 갈리는 형장에서 곧장 절명사를 완성한다는 것은 지극히 어려운 일 가운데 하나라고 본다. 더욱이 시의 내용 자체가 고려 말 정몽주(鄭夢周)의 모친이 아들을 위해 지었다고 전하는 시조 내용과 흡사하다.

가마귀 싸우는 골에 백로야 가지 마라

성낸 가마귀 흰 빛을 새오나니

청강(淸江)에 조히 씻은 몸 더럽힐까 하노라.[140]

까마귀·백로 등의 이미지를 형상화하여 풍자적 수법을 구사한 것이 한 사람의 작품 같다. 그러나 정몽주 모친의 시조 내용을 본떴다는

---

139 『한재문집』 권1, 36a에 실렸고, 이후 1987년 강전섭 교수에 의해 논문으로 발표되기도 했다. 강전섭 교수는 「한재 이목의 절명가에 대하여」(『백록어문』 제3·4합집, 제주대학교 사범대학 국어교육과 국어교육연구회, 1987)라는 논문에서, 절명가는 후손들에 의해 안작부회(贋作附會)한 것으로 판단하였다.
140 박효관·안민영, 『가곡원류(歌曲源流)』 참조. 이희령(李希齡)의 『약파만록(藥坡漫錄)』에서는 이 시조의 작자를 '김정구(金鼎九)'라 하였다.

비판에서 자유로울 수 없음은 둘째치더라도 전반적으로 작품성이 크게 떨어진다. 과연 문장으로 일세에 이름을 날렸던 한재의 작품인지 의심이 들 정도다. 게다가 "책 덮고 창문을 밀쳐 보니 청강에 흰 갈매기 떠 있구나"라고 한 대목은 망나니가 칼춤을 추는 형장에서 읊은 시라고 보기에는 너무도 어울리지 않는다. 서안(書窓) 앞에서 읊은 시라야 이런 표현이 가능할 것이다.

후일 한문으로 번역된 것 역시 품격이 낮다. 문체상으로 한재의 특기인 '부(賦)'를 모방하긴 했지만, 한재의 것과는 천양지차라 할 만하다. 운율은 그만두고라도 조사(措辭) 자체가 제대로 이루어지지 않았다. 이런 점들로 보아, 필자는 구전(口傳)되어 왔을 가능성마저 부정한다. 후학(후손)이 장유가 말한 '절명가'를 근거로 안작(贋作)하였을 가능성이 높다고 생각한다.

절명가 안작설에 대해 강전섭 교수는 다음과 같이 추론하였다. 설득력이 있어 여기에 소개해둔다.

…… 억측을 덧붙인다면 「청강백구가(淸江白鷗歌)」(소위 '절명가'의 가칭) 2수는 이목의 아들인 금강어수(錦江漁叟) 이세장(李世璋: 1497~1562)이 혹연(或然)한 때 금강 가에서 노닐면서 불렀던 만년 작품이 종이쪽지에 적히어서 한재의 유고와 함께 협중(篋中)에 들어 있다가 증손 이구징(1568~1648)의 주변 인물들이 한재의 작품으로 잘못 판단하여 문집의 말미에 한역(漢譯)하여 수록하였던 것이 아닐까 하는 존의(存疑)를 표명하여 둠으로써 후일의 연구과제로 남겨둔다.[141]

한편, 1498년 7월 27일 세상을 떠난 한재의 시신은 7월 29일에야 수습되어 성문 밖에 임시로 매장되었다.[142] 한재가 형을 당할 당시 부인 김씨는 21세였고, 외아들 세장은 태어난 지 13개월째였다. 위로는 시부모가 구존(俱存)하였고 한재의 형제가 있어 이들 모자를 지극 정성으로 돌보아주었다. 김씨 부인은 남편이 비명에 간 것을 애통하게 여기다가 목숨을 잃을 뻔한 지경에 이른 것이 한 두 번이 아니었으나, 이내 정신을 가다듬고 외아들의 교육에 힘써 문과에 급제하도록 하였다.

또 한재의 백형은 한재가 화를 당한 뒤 세상일에 뜻을 잃고 전장(田庄)이 있는 공주로 내려가 어린 조카를 부양하고 가르치는 데 힘써 선조가 남긴 뜻을 잘 계승하도록 하였다.[143] 공주는 한재의 부인 김씨의 친정이 있는 곳이기도 하다. 이렇게 해서 한재의 후손들이 공주에 정착할 수 있는 계기가 조성되었다. 공주 부전동(浮田洞)이 그곳이다. 이곳에서 부인 김씨는 친정 오라버니 김수창의 살뜰한 보살핌을 받았다.[144] 한재의 아들 세장이 외향인 부전동에서 양육되면서 전주이씨의 부전동 입향이 시작되었다. 이후 전주이씨 가문은 입향(入鄕) 후에도 한재의 증손 구호(久濠)가 다시 예안김씨(宣金) 집안과 혼인하여 중첩적인 관계를 맺음으로써 더욱 튼튼하게 뿌리를 내리게 되었다.[145]

---

141 강전섭, 위의 논문, 212쪽 참조.
142 『한재연보』, "七月二十九日, 權厝于城門外."(『한재문집』, 199쪽)
143 이태동(李泰東), 「통정대부 홍문관교리 충주목사 이공행장(通政大夫弘文館校理忠州牧使李公行狀)」 "公憤群小之肆志, 痛弟之遭禍, 不欲自生, 幾之滅性者屢. 而評事公之子提學公, 年甫二歲. 公憮憐恩愛, 無異己出. 仍與之退歸公州庄, 杜門謝絶, 作書遺諸子, 戒勿干祿."(『전주이씨 시중공파 황강공세보』 제1권, 31쪽)
144 이경석(李景奭), 『백헌집(白軒集)』 권46, 「강원도관찰사이공묘갈명(江原道觀察使李公墓碣銘)」 "公生甫晬, 遭酷禍失怙. 隨大夫人鞠于舅氏縣監金泗昌家."

연산군 10년(1504), 무오사화의 여파로 갑자사화가 일어났다. 그 해 9월 10일, "김일손·이목 등 유사자(類死者)[146] 집의 땅을 깎아 모두 평지로 만들라"는 전교가 내렸다.[147] 이어 9월 26일에는 무오사화 때 죽음을 면하고 외지로 추방되었던 사람들 가운데, 강백진과 김굉필은 참형, 성중엄과 강겸은 능지처참에 처하고, 최보(崔溥)와 이원(李黿)은 곤장 1백 대를 때려 각각 거제도와 제주도에 정배하라는 명이 내렸다.[148] 연좌(連坐) 처벌이 실로 혹독하였다. 김일손과 이목은 '붕당'의 화신으로 지목되어 번번이 죄안(罪案)에 오르내렸다. 10월 23일에는 무오년의 이목의 잔당을 조사하게 하였다. 이에 의금부에서 임희재를 아뢰니 "임희재와 이목은 죄가 같은데 벌은 다르니 되겠는가. 잡아다가 국문하라"고 하였다. 24일에는 "이목의 도당이 어찌 임희재뿐이겠는가? 반드시 남은 무리가 있을 것이다. 모두 처형한들 무엇이 해롭겠는가? 삼공(三公) 및 의금부 당상에게 물어보라"고 하였다. 26일에는 의금부에서 무오년 죄인 이목 등의 아비와 형제의 동향을 조사하여 복명(復命)하니 "그들을 출송(出送)하되 임희재의 아비 임사홍과 숭재(崇載)·문재(文載) 등 형제는 출송하지 말라"고 하였다.[149] 출송이란 국가에서 일정한 장소를 지정하여

---

145 한재의 후손들은 주로 공주·전주·김포에 뿌리를 내리고 살아왔다. 집안에 내려온 가규(家規)에 따르면, 감사공 이세장이 오형제를 두었는데, 장남 건(鍵)과 차남 난(鑾)에게는 공주의 부전동에, 셋째 기(錡)에게는 전주이씨의 본향인 전주에, 넷째 갱(鏗)과 다섯째 철(鐵)에게는 김포에 뿌리를 내리도록 유언하였다 한다.
146 같은 죄목으로 죽은 사람.
147 『연산군일기』, 10년(1504) 9월 10일(丁酉)조 "傳曰: 金馹孫李穆等類死者家, 幷削土平之."
148 『연산군일기』, 10년(1504) 9월 26일(癸丑)조 참조.
149 『연산군일기』, 10년(1504) 10월 26일(癸未)조 "義禁府書啓戊午罪人李穆等父及兄弟, 傳曰: 其出送, 任士洪, 崇載文載等勿出送."

내보내는 것으로 일종의 강제 이주를 말한다.

장유가 찬한 「묘지명」에 의하면, 갑자년의 추형(追刑)으로 한재는 부관참시의 형을 당하였다고 한다.[150] 이 사실은 『실록』에는 보이지 않는다. 그러나 한재의 아우 충(种)이 지은 만시(挽詩) 제목이 '만사형중조기화개폄(挽舍兄重遭奇禍改窆)'이라 하여 '거듭 기화를 당하다'고 되어 있는 것이라든지, 나아가 정여창(鄭汝昌)·표연말·남효온(南孝溫)·조위(曺偉) 등 그의 동문 여러 사람도 부관참시를 당하였다고 문집 등에 기록되어 있는 것을 보면 한재가 추형을 당했음이 분명하다.

뒤에 통진현 동쪽 10리쯤에 있는 여금산(餘金山) 자락 경좌원(庚坐原)에 고쳐서 장사 지냈다. 오늘날 한재의 묘소는 김포에, 부인 김씨는 공주에 있다. 전하는 바에 따르면 아들 세장이 모부인 김씨의 상을 당하였을 때 한재를 공주에 모셔 합장하려고 하였으나 거상 중에 병이 나서 뜻을 이루지 못하였다고 한다.

---

[150] 장유의 「한재 묘지명」에서도 "弼商恨公猶不已, 至甲子之禍, 戮及泉壤, 嗚呼慘矣"(『계곡집』, 권10)라 하였다.

신원伸寃 되고 직언直言의 화신으로 추앙받다

1506년 9월 2일, 중종반정이 일어났다. 12년에 걸친 연산군의 악정에 종지부가 찍혔다. '반정(反正)'이란, 잘못된 상태에 있는 것을 바른 상태로 되돌린다는 의미이다. 중종반정으로 무오·갑자사화로 죽은 사람들에 대한 원통함을 씻을 수 있는 계기가 만들어졌다. 9월 24일, 김일손 등 무오사화에 연좌된 사람들을 모두 석방하고 그 가운데 쓸 만한 사람은 등용하도록 하였다.[151]

    그러나 이것은 살아 있는 사람들에 대한 조치에 불과하였다. 반정 초의 어수선한 정세 속에서 그 해를 보내고, 다음 해인 중종 2년(1507) 6월에 가서야 양대 사화에 화를 당한 인사들에게 대한 본격적인 조치가 내려지기 시작하였다. 6월 11일에는 일차적으로 김종직·김일손 등과 관련되어 죄를 입은 자들에게 추증(追贈)하라는 전교가, 6월 18일에는 무오년에 죄를 입은 김종직·김일손·권오복·권경유·이목·허반·강겸 등의 적몰된 가산을 돌려주고, 당시 추관(推官)이었던 윤필상·노사신·한치형·유자광 등에게 상으로 주었던 가사(家舍)·토지·노비·반

---

151 『중종실록』, 1년(1506) 9월 24일(庚子)조.

당(伴倘: 호위 병졸) 등 하사했던 물건들을 거두어들이라는 전교가 내렸다.¹⁵² 죄인의 멍에가 일단 풀리는 순간이었다.

그러나 한재는 이후 오래도록 증직을 받지 못했다. 무오사화 때의 정범인(正犯人)과 연좌인(緣坐人)을 가려 연좌인에게 우선적으로 증직해야 한다는 조정 공론 때문이었다. 정범인은 명분상으로 선왕에게 득죄(得罪)한 사람들이지만, 연좌인은 김종직의 문도이거나 김일손 등과 친분이 있다는 이유만으로 화를 당하였기 때문에 구분해야 한다는 것이다. 선왕에게 득죄한 이상 쉽게 풀어줄 수 없다는 인식이 상당하였고, 이런 분위기는 오래 갔던 것 같다. 한재의 증손 구징이「묘표음기 보유」에서 다음과 같이 말한 것을 참고할 필요가 있다.

> 중종이 반정함에, 당적(黨籍)과 관련하여 화를 당한 제현들의 원통함을 씻어주도록 명하였다. …… 그러나 당국자들은 가장 큰 화를 당한 다섯 분의 경우 사체(事體)가 중대하여 증직(贈職)하기가 용이하지 않다는 의견을 냈다. 당시 근신(近臣)이 힘써 은전(恩典)을 베풀 것을 청하였지만, 주상께서는 단지 유사(有司)에 명하여 직첩(職牒)과 적몰(籍沒)한 물건들을 환급(還給)하라고만 하였다 한다. 하늘의 해가 다시 밝아졌건만 공에게는 영예로운 증직이 더해지지 않았으니 저승에서의 깊은 원한을 어느 때 풀어드릴 수 있으랴?

---

152 『중종실록』, 2년(1507) 6월 18일(庚寅)조 참조.

중종 13년(1518) 1월, 정언(正言) 임권(任權)이 "이목은 윤필상의 간사함을 논하다가 죽었는데 그에게만 추증의 은전(恩典)이 없습니다. 주상의 은혜는 균등해야 될 것입니다"153고 아뢴 것을 시발로 한재에 대한 추증의 청원이 이어졌다. 이듬해 4월에는 한재의 아들 세장이 상소하여 아비의 증직을 청했다. 그가 "강겸(姜謙)은 아비와 같은 죄였는데도 이미 추증되었습니다. 저의 아비도 겸과 같이 추증하소서"라 하자, 중종이 금부(禁府)에 명하여 강겸·이목의 죄안(罪案)을 상고하여 아뢰게 하였다.154 그런데 삼정승은 의론한 뒤 "이세장은 아비가 강겸과 같은 일로 사형당했다고 주장하지만, 갑자년 이후에 죽음을 당한 사람과는 차이가 있습니다. 관작을 추증하는 일은 감히 청하지 못하겠습니다"라고 반대함으로써 무산되고 말았다.155

증직의 일은 명종 7년(1552)에 가서야 이루어졌다. 아들 세장의 공이 컸다. 당시 세장은 강원도관찰사로 재임 중이었으므로,156 아들의 권귀(權貴)로 인해 가선대부(嘉善大夫) 이조참판 겸 홍문관 제학(提學) 동지춘추관성균관사(同知春秋館成均館事)에 추증되었다. 그 뒤 숙종 32년(1706) 3월, 통진의 유생 심상희(沈尙熙) 등이 한재에 대한 포증(褒贈)을 청하였다. 무오년에 화를 당했던 사람들의 전례에 따라 한재에게 증작역명(贈爵易名)의 은전을 베풀어 달라는 내용이었다.157 숙종 43년(1717)

---

153 『중종실록』, 13년(1518) 1월 16일(丙辰)조 참조.
154 『중종실록』, 14년(1519) 4월 9일(壬申)조 참조.
155 『중종실록』, 14년(1519) 4월 11일(甲戌)조 참조.
156 이세장은 명종 7년(1552) 3월 4일 호조참의에 임명되었다가 4월 9일 강원도관찰사로 전임되어 이듬해 윤3월 8일, 다시 호조참의로 발령이 나기까지 11개월 동안 재직하였다.

8월 16일 가증(加贈)이 내려져 자헌대부(資憲大夫) 이조판서 겸 지경연의 금부사(知經筵義禁府事) 홍문관 대제학 예문관 대제학 지춘추관성균관사(知春秋館成均館事) 세자좌빈객(世子左賓客) 오위도총부도총관(五衛都摠府都摠管)에 증직되었다.[158] 1552년의 증직이 종2품직에 맞추어 이루어졌다면 1717년의 경우 정2품직으로 올려서 증직되었다는 점이 다르다. 가증에는 한재의 후손 이기혁(李基赫: 1659~1733)[159]의 주청이 큰 구실을 하였던 것으로 알려진다.

강현(姜鋧)이 지은 「시장(諡狀)」을 보면 "주상전하 즉위 43년 정유 3월에 온양군의 온천으로 거둥하였는데, 호서에 사는 후손이 어가(御駕) 앞에서 울부짖으며 글을 올렸더니 이조에 재가를 내렸다"[160]고 하였다. 이를 『실록』을 통해 확인하면, 숙종 43년(1717) 3월 3일 숙종이 안질(眼疾)을 치료하기 위해 온양 온천으로 행차하였다는 기록이 있고, 그해 8월 28일 민진후(閔鎭厚)가 증시를 건의한 내용 중에 이기혁이 상소한 사실이 소개되어 있다.[161] 후손 이기혁은 충청도 공주 출신이다.

증직이 이루어진 그해 8월, 제조(提調) 민진후가 한재에게 증시(贈諡)

---

[157] 『숙종실록』, 32년(1706) 3월 15일(癸酉)조.
[158] 『한재연보』에서는 제2차 증직이 이루어진 것을 숙종 33년(1707) 3월이라고 적고 있으나 잘못이다.
[159] 난(鸞)의 5세손, 구순(久洵)의 증손이다. 자는 자회(子晦), 호는 농아당(聾啞堂). 평생 벼슬하지 않고 위선사업(爲先事業)에 힘썼다. 『전주이씨 시중공파 황강공세보』제2권, 182쪽 참조.
[160] 강현(姜鋧), 「시장(諡狀)」 "殿下四十二(三)年時丁酉三月, 幸溫陽郡之溫泉, 後孫之湖西者, 叫狀駕前, 啓下吏曹"라 하였고, 『한재연보』에서는 "上幸溫陽之溫泉, 後孫基爀叫狀駕前, 啓下吏曹"라 하여 후손이 이기혁임을 밝혔다.
[161] 『숙종실록』, 43년(1717) 8월 28일(己酉)조에 "이목의 경우는 그의 후손인 이기혁(李基赫)이 상언(上言)하여 증직을 얻는 데 그쳤을 뿐 ……" 운운하는 대목이 보인다.

할 것을 건의하자, 숙종이 증시하도록 명하였다.162 그런데 임금의 재가까지 있었지만 시호는 바로 내려지지 않은 것 같다. 한재 집안에 내려오는 증시교지(贈諡敎旨)에 의하면, 시호가 내려진 것은 경종 2년(1722, 康熙 61년) 7월 30일자로 되어 있다. 이것은 『한재연보』〈경종대왕 임인〉조에서 "강화부에서 연시연(延諡宴)을 행하였다"(延諡于江華府)고 한 것과 맞아떨어진다. 연시연이란 나라에서 시호를 내릴 때 잔치를 베푸는 것을 말한다.163 증시를 하라는 명령이 있은 지 5년 만에 연시연이 있었고, 당시 강화부 차원에서 크게 잔치가 베풀어졌던 것 같다. 조선시대 강화도호부는 한재의 출생지인 통진현을 비롯하여 인천군, 해풍군(海豊郡: 豊德), 김포현, 양천현, 교동현을 관할하였다.

증시(贈諡)가 늦어진 이유는 자세히 알 수 없다. 당시「시장(諡狀)」을 찬술한 사람은 백각(白閣) 강현(姜鋧: 1650~1733)164이었다. 그가 지은「시장」이 『한재문집』에 실려 있다. 「시장」은 봉상시에서 주선하고 홍문관에서 작성하므로, 당시 강현이 홍문관 등 문한(文翰) 기관의 관원이었을 가능성이 높다.165 「시장」 등을 담당하는 관원을 사신(詞臣)이라고도

---

162 『숙종실록』, 43년(1717) 8월 28일(己酉)조. 「한재집 부록 속」과 『한재연보』에서는 "숙종 44년 무술 8월"이라고 하였으나 잘못이다.
163 시호를 받들고 나온 선시관(宣諡官)이 시호 받을 대상자의 본가에 도착하면, 집안에서 시호를 받는 사람의 신주를 가지고 나와 의식을 행한 뒤 맞아들인다. 그 뒤 선시관이나 수종자(隨從者)들에게 예폐(禮幣)와 행하(行下)를 주고 잔치를 베풀었다. 연시를 하지 못한 경우 신주에 시호를 첨서(添書)할 수 없었다.
164 조선 후기의 문신. 자는 자정(子精). 호는 백각(白閣). 본관은 진주이다. 판중추부사 강백년(姜柏年)의 아들이며, 표암(豹菴) 강세황(姜世晃)의 아버지다. 숙종 1년(1675) 진사시에서 장원하고 동 6년(1680) 정시문과에 병과로 급제하였다. 한성부 판윤, 좌참찬, 이조판서 등을 지낸 뒤 기로소(耆老所)에 들어갔다. 시호는 문안(文安). 저술로 『백각집』이 미간행 상태로 후손가에 전한다.
165 『경종실록』, 2년(1722) 4월 17일(辛未)조를 보면, 이미 대제학을 지낸 강현을 예문관 제학으로 삼았다는 기사가 있다. 대제학은 정2품이요 제학은 종2품이다.

하는데, 이들에게는 국왕의 명령을 받아 제술(製述)하는 임무가 주어졌다. 문학시종지신(文學侍從之臣)인 것이다.

한재의 시호는 정간(貞簡)이다. 시법(諡法)에 따르면 "굽히지 않고 숨김이 없음"을 '정'이라 하고, "정직하여 사특함이 없음"을 '간'이라고 한다. 그런데 당시 봉상시에서 잠정적으로 정한 시호는 정간(貞簡)·간숙(簡肅)·정민(貞愍) 세 가지였다. 시법에 의하면 '정간'의 의미는 "불은무굴(不隱無屈), 정직무사(正直無邪)"요, '간숙'은 "정직무사(正直無邪), 집심결단(執心決斷)", '정민'은 "불은무굴(不隱無屈), 재국간난(在國遭艱)"이었다. 봉상시에서 넘겨진 시호는 홍문관에서 논의 끝에 '정간'으로 결정된 것 같다.[166]

한재는 조선 전 시기를 통하여 선비정신, 직언의 화신으로 받들어졌다. 일찍이 영조는 태학생의 기풍이 예전 같지 않음을 한탄하면서 "아! 태학은 바로 당당한 현관(賢關: 현인이 되는 관문)이다. 옛날에는 이목(李穆)의 직절(直截)함을 가상히 여기고 장려하였는데, 지금에 와서는 주저하면서 결정을 짓지 못하는 것이 풍습을 이루었다. 사회의 눈과 귀[耳目] 구실을 하는 자 가운데 누가 이목의 기풍이 있는가?"라 하였다 한다.[167] 임금이 이럴 정도면 일반 유자들의 칭앙이야 더 말할 나위 없을 것이다.

한재의 기절(氣節)은 유자의 귀감이 되었다. 이에 사우(祠宇)를 짓고

---

166 『청선고』 권9, 「시법(諡法)」 (영인본, 676쪽).
167 『영조실록』, 23년(1747) 5월 24일(癸丑)조 "噫! 太學乃堂堂賢關, 昔年嘉奬李穆之直截, 自今媕娿成風. 在耳目者, 誰有李穆之風哉?"

그를 받들려는 노력들이 이어졌다. 그 가운데서도 그를 성균관 안에 있는 사현사(四賢祠)에 모시자는 상소가 이어졌고, 마침내 문묘(文廟)에 종사(從祀)하자는 발의까지 나왔다. 이것은 그의 명성과 위상이 전국적이었음을 알게 한다. 사현사는 중국 진(晉)나라 때의 태학생 동양(董養), 당나라의 태학생 하번(何蕃), 송나라의 태학생 진동(陳東)·구양철(歐陽澈) 등을 병향(幷享)한 사우(祠宇)이다. 이들 사현은 모두 태학생으로 있을 때 국가의 변란에 처하여 정의(正義)를 주장, 국난을 극복하게 한 충의지사(忠義之士)들이었다.

이에 조정에서는 태학생들에게 본을 삼도록 하기 위하여 숙종 때부터 사우 건립을 논의하였고, 영조 1년(1725) 12월에 완공하기에 이르렀다. 한재는 사현사가 완공되자마자 태학생의 모범으로 꼽혀, 함께 향사할 것을 청하는 상소가 계속되었다. 그러나 일부 대신들의 반대에 부딪쳤다. 태학에 진동 등 사현을 배향하려 한 목적은 태학생들이 감발흥기(感發興起)하도록 함에 있는데, 한재는 사현처럼 태학생 신분으로 종신(終身)한 것이 아니라 벼슬길에 나아갔고, 또 그가 화를 당한 것이 태학에 있을 때가 아니므로, 저들 네 사람과 함께 모실 수 없다는 것이다.[168] 이 의견이 대세를 이루어 배향은 관철되지 못하였다. 다만 한재가 현인을 양성하는 관문인 태학의 모범적 인물로 꼽혔다는 점은 그의 위상을 다시 한 번 확인하는 계기가 되었다. 특히 영조가 한재를 사현사에 배

---

[168] 이관명(李觀命), 『병산집(屛山集)』 권7, 「평사이목 배향사현사 당부의(評事李穆配享四賢祠當否議)」 "…… 或以爲四賢俱以太學生終其身, 故立祠於太學之傍, 欲使諸生有所興感. 而李穆釋褐而立於朝, 其所被禍, 不在於太學之時, 則固不可與太學生同享一祠云."(문집총간 177)

향하지 못한 것을 아쉽게 생각한 나머지 동 2년(1726)에 부조지전(不祧之典)¹⁶⁹을 명하였으니(『연보』), 한재의 영명(令名)이 더욱 빛나게 된 것이다.

순조 30년(1830) 겨울, 사학유생(四學儒生) 윤정수(尹正洙) 등이 한재의 문묘 종향을 청하는 상소를 하였다. 이 사실은 『실록』 등에 실려 있지 않다. 또 소두(疏頭)인 윤정수의 인적 사항이 확인되지 않고 있다. 그렇지만 사건이 중요한 만큼 『한재집』을 엮을 때 반드시 믿을 만한 근거에 입각했을 것이다. 또 소문(疏文)까지 얻어서 실은 것을 보면, 단순히 전해들은 사실을 기록한 것과는 분명히 차이가 있다.

이 상소에서 윤정수 등은 한재의 위상과 공적을 논하면서 한재가 오도(吾道)를 부식(扶植)하고 이단을 배척하는 데 공이 큰 것을 문묘 종향의 이유로 들었다. 비록 사건이 워낙 중대하다보니 한두 번 상소로 쉽게 뜻을 이룰 수는 없었지만, 조선유학사에서 한재가 차지하는 비중과 위상이 실로 컸음을 확인할 수 있었다. 조선조 오백년 동안 국가로부터 배양(培養)의 은혜를 입고 길러진 학자가 수만 명이었지만 문묘 종향의 반열에 올랐던 학자는 소수에 불과하였다. 팔도 사림의 공론으로 문묘 종향을 청한 경우는 더욱 드물었다. 학자로서의 최고 영예인 문묘에 모시자는 소청(所請)이 있었던 것만으로도 한재의 학문상의 위상은 증명된 것이라 하겠다.

그러나 한 가지 의문점은 남는다. 사현사 내지 문묘 종향이 거론될

---

169 나라에 큰 공훈을 세운 사람의 신주를 영구히 사당에 모시게 하던 특전. 불천위(不遷位)라고도 한다.

정도로 명망이 높았던 한재가 지방 사림의 활동 거점인 서원에 모셔진 경우는 매우 드물다. 한재 집안의 사우(祠宇) 정도로 인식되는 전주 황강사(黃崗祠)를 제외하면, 유림의 공론으로 한재를 모신 서원과 사우는 전국을 통틀어 공주 충현서원(忠賢書院)이 유일하다고 할 수 있다. 한재의 출생지인 통진현에도 서원은 물론 유지비(遺址碑) 하나가 없다. 또 한재에 비해 지명도가 훨씬 낮은 학자·문인들도 『동국여지승람(東國輿地勝覽)』류 서적의 〈인물〉조에 실린 경우가 허다하지만 한재는 그런 예를 찾아보기 어렵다.

그 이유는 무엇일까? 여러 진단이 나올 수 있을 것이다. 다만 필자의 판단으로는, 한재의 후손 가운데 학문적·정치적으로 비중 있는 인물이 배출되지 못한 것이 가장 큰 이유라고 생각한다. 한재를 현창하는 사업은 유림이 앞장서고 가문에서 이를 뒷받침하는 것이 예나 지금이나 바람직하다. 조선조 내내 한재를 사모하는 학자들이 적지 않았지만, 이들은 순수한 마음뿐이었지 세력화와는 거리가 멀었다. 후손들 역시 '청빈한 선비 집안'의 후예로 살아오다보니, 한재의 현창은 조정의 양식 있는 인사들에게 맡겨질 수밖에 없었다. 이런 점은 오늘의 후손들에게도 많은 시사점을 던진다고 하겠다.

심학心學의 원류를 찾다

한재는 의리정신의 화신이다. 선악을 가리고 시비를 분별하며, 내 몸을 던져 도(道)를 지키려는 '이신순도(以身殉道)'의 정신은 『춘추』에서 연원한 것이다. 십대부터 『춘추좌씨전』 읽기를 좋아했던 한재는 춘추필법(春秋筆法)을 세우려다가 죽은 사람이다. 그의 비판정신, 역사의식, 의리사상은 『춘추』에서 지대한 영향을 받았다고 할 수 있다.

한편, 한재는 문장을 수련하는 과정에서 『문선(文選)』의 영향을 많이 받았다. 우리나라 역대 학자·문인들치고 『문선』의 중요성을 인식하지 않은 사람이 없겠지만 대개 문장 공부를 하기 위해 가까이 한 것이었다. 그러나 한재는 달랐다. 수사(修辭)만을 위해 『문선』을 공부하지 않았다. 그는 성리학이 지도이념이던 시기의 학자였지만 그에 매몰되지는 않았으며, 『문선』에 보이는 문인들의 거대한 정신세계와 초탈불기(超脫不羈)한 초월적 경지에도 매료되었다. 또 거기에 실린 글들이 현실세계의 문제점을 풍자한 것에 깊은 감명을 받고 지식인의 사회적 사명감을 자각하였다. 한재의 부는 우의적(寓意的) 수법을 구사한 것이 많다. 『장자』의 우언(寓言)에서 받은 영향이 적지 않다고 본다.

한재는 '부(賦)'에서 발군(拔群)의 재능을 보였으며 상당히 높은 경지에 올랐던 것 같다. 한재의 동문들이 한재를 '부'로 인정한 것은 그런 맥락에서일 것이다. 수헌 권오복은 한재의 '부'가 중국 위진남북조 시대에 사부(辭賦)로 크게 명성을 날렸던 좌사(左思)를 넘어섰다고 칭찬하였다. 이것은 한재의 부가 기려(綺麗)하거나 부박(浮薄)한 데 흐르지 않고, 조사(措辭)와 사상적 깊이를 아울러 갖추었기 때문일 것이다. 이것은 한재의 자술(自述)로도 짐작할 수 있다.

옛날 양웅(揚雄)과 사마상여(司馬相如)가 부를 잘 지었다. 그러나 그들이 천록각(天祿閣)·석거각(石渠閣) 등에 관한 작품을 지어 사문(斯文: 유학)을 찬양했단 말은 듣지 못했다. 그저 「장양부(長楊賦)」나 「상림부(上林賦)」 같은 황란(荒亂)한 글을 짓는데 힘써 임금을 현혹시킬 뿐이었다. 이백(李白)과 두보(杜甫)는 앞의 두 사람을 따르지는 못하지만, 역시 당나라 때 글 잘하는 사람이다. 그러나 숭문관(崇文館)·비현각(丕顯閣) 등에 관한 글을 지어 당시의 세교(世敎)에 도움이 되도록 했다는 말은 듣지 못하였다. 부질없이 명당(明堂)과 교묘(郊廟)에 관한 글을 과장하였다. 그들의 글은 화려하기만 하고 바르지 못하다. …… 나 이목은 해외(海外)의 고루한 사람이니 어찌 감히 양웅·사마상여와 같은 여러 군자들에 비유하겠는가 마는 '말이 순(順)하고 뜻이 간절함'이라든지 '사특함을 피하고 덕을 사모함' 같은 것이라면 또한 양보하지 않겠다.(「홍문관부 병서」)

반고(班固)의 「양도부(兩都賦)」, 장형(張衡)의 「양경부(兩京賦)」, 좌사의 「삼도부(三都賦)」 등은 기국(氣局)이 툭 트여 넓게 펼쳐졌으며 체세(體勢)가

웅장하고 뛰어나서, 한·위(漢魏) 이래로 지금까지 그런 작품이 드물다. 천하의 걸작이라고 할 만하다. 그러나 저 후세 사람들이 '허망한 속임'이라고 하는 평을 면치 못하였다. 아아! 이 서너 사람은 세상에 다시없는 재주를 가지고도 문장을 꾸미는 버릇에 이끌려서, 황류(黃榴)와 백아(白鴉)의 부질없는 속임이 있었으니, ……(「삼도부 병서」)

중국 전한 때 '부' 잘 짓기로 유명하여 '양·마(揚馬)'로 일컬어졌던 양웅과 사마상여의 작품에 대해, 겉껍데기는 누렇고 속은 빨간 석류, 그리고 겉은 하얗지만 속은 검은 갈가마귀 같다고 평가한 것이다. 한재는 겉만 화려하고 실속 없는 글을 경멸하였다. 여기서 '부'에 대한 한재의 관점뿐만 아니라, 그의 학문적 성격의 일단마저 엿볼 수 있음직하다. 한재의 부를 평가할 때 인용할 만한 글귀로는 앞에 나온 '어순이의절(語順而意切)'에다 '다화이불부(多華而不浮)'를 들 수 있을 것 같다. 과연 화려함을 갖추었으면서도 들뜨지 않은 것이 특징의 하나다.

『한재집』에는 9편의 부가 실려 있다. 「홍문관부」와 「삼도부」는 시험의 답안으로 제출된 것임에도 일품(逸品)이다. 「다부(茶賦)」와 「허실생백부(虛室生白賦)」는 '부' 작품의 진면목을 보여주는 것이다. 「여융부(女戎賦)」는 진(晉)나라 헌공(獻公) 때의 고사를 이끌어 총희(寵姬)에 대해 경계할 것을 읊은 것으로 강한 역사의식을 담았다. 「입춘부(立春賦)」는 '건도불식(乾道不息) 사시행의(四時行矣)'라는 말이 시사 하듯이 천리유행(天理流行)의 실(實)을 상징법·은유법을 동원하여 노래하였다. 「영주사부(永州蛇賦)」는 유종원(柳宗元)의 「포사자설(捕蛇者說)」을 풀어서 지은 것으로서 애민(愛民)·휼민(恤民) 사상을 밑바탕에 깔았다. 문학성이 높은 것으로는 「삼도부」를 들 수 있고, 학문적 조예와 사상적 경지를 엿보는 데는 「허실생백부」가 첫손에 꼽힌다.

이처럼 한재는 문장을 중시하면서도 사화(詞華)만 일삼았던 문장가는 아니었다. 또 반면에 문장의 효용성을 무시했던 학자도 아니었다. 한재는 도학자이면서 문장가였으니 이는 김종직의 학풍을 계승한 것이라 할 수 있다. 그는 도학과 문장의 일치를 추구하였다. 동문 김굉필·정여창이 도학을 전공하여 문장에 힘쓰지 않은 것과 대비된다.

한재의 사상을 살필 수 있는 자료는 시부(詩賦)가 주를 이루기 때문에 연구에 한계가 있다. 다만 부족한 자료만으로도 한재 사상의 중심은 도학이고 체용(體用)을 함께 갖추었음을 엿볼 수 있다. 이론과 실천(활용) 두 측면에서, 이론 면으로는 자료가 많지 않아서 그 깊이와 넓이를 제대로 구명(究明)하기는 어렵지만, 나름대로 상당한 경지를 열었던 것 같다. 심성에 대한 논의는 대체로 당시까지의 성리학 이해의 수준을 그대로 보여준다. '성(性)'에 대한 논의가 거의 없는 것이 하나의 한계라 할 수는 있지만, '심'과 '성'에 대한 체계적인 분화와 이해가 제대로 이루어지지 못했던 당시의 사정을 감안할 필요는 있을 것이다.

한재는 '심학(心學)'의 관점에서 유학사상을 이해하고자 하였다. 그의 철학사상의 초점은 심학에 있다. '심'에 대한 깊은 관심은 그의 학문과 사상의 기초이다. 심의 본체에 대한 높은 관심과 수양방법에서 심학의 면모가 드러난다. 특히 흐트러진 마음을 거두어들이는 '수렴공부(收斂工夫)'를 중시하여 노장(老莊)의 현허지도(玄虛之道)와 확실하게 구별

지으려 한 점은 특색이라 할 만하다. 그의 심학사상은 '인간주체의 확립', '참 자아(自我)의 추구'를 강조하고 있는 데서 현대적 의의를 찾을 수 있다고 본다.

　심학에 대한 한재의 조예는 「허실생백부」에서 한층 잘 드러난다. 이 부 1편은 심학적 경지의 일단을 엿볼 수 있게 한다. 「허실생백부」는 총 872자의 글로서, 1,300여자나 되는 「다부」에 비해 분량은 적지만, 알차기로는 단연 으뜸이다. 한재가 남긴 부 9편 가운데 이 「허실생백부」와 「다부」는 남의 부탁을 받고 쓴 것이 아니고 또 시험 답안지로 제출된 것도 아닌, 뜻이 있어 자발적으로 쓴 글이라는 점에서 중요하다. 「다부」는 「허실생백부」를 밑바탕에 깔고 정독할 때 더욱 깊이가 있을 것이요, 「허실생백부」는 「다부」가 있어야 더욱 구체성·현실성이 있을 것이다. 이런 의미에서 이 두 편의 부는 '자매편'이라 할 수 있다. 한재 사상을 연구할 때 반드시 함께 참고해야 된다고 본다.

　한재는 『장자』에 이른바 '허실생백(虛室生白)'의 설에 대해 '심의 본체'를 잘 드러낸 것으로 평가하면서 다음과 같이 말하였다.

『장자』「인간세」편의 '허실생백'의 설은 괴이하지 않다. 그 요점을 추리자면 맹자가 '호연지기(浩然之氣)'를 말하고 주자가 '허령불매(虛靈不昧)'를 말한 것과 같다. 어떤 사람이 나를 힐책하기에 이미 이러한 취지로 대답하였다. 또 풀이하기를 "대개 방을 텅 비게 하면 능히 밝아지는데, 밝아지는 것은 허(虛)가 하는 것이다. '심의 바탕'이 본래 밝음을 형용한 것으로는 이보다 절실한 것이 없다고 본다"고 하였다.(「허실생백부」 병서)

'심의 바탕은 본래 밝다'(心體本明)고 한 일구를 통해 한재의 심학이 지닌 성격의 일단을 엿볼 수 있음직하다. 『장자』에서 말하는 '허실생백'이란 무슨 뜻인가. 원전을 인용해 보기로 한다.

저 텅 빈 공간[関]을 보라! 아무 것도 없는 빈 방에는 저절로 밝음이 생기지 않는가?[170]

이는 공자가 그의 수제자 안회(顔回)와 문답을 하는 장(章)에서 나온 말이다. 공자의 말인 양 되어 있지만, 기실 장자의 사상을 담은 것임은 더 말할 나위 없다. 다만, 위의 문답에서 공자를 이상적인 성인으로 내세우고 있는 것은 『장자』 가운데 「외편」・「잡편」에서 공자를 형편없는 인물로 깎아내린 것과는 비교가 된다. 한재가 이 설을 인용한 데에는 이 점도 고려되었을 것이다.[171]

사마표(司馬彪)는 '실(室)'을 마음을 비유한 것으로 보고, "마음을 텅 비우면 순백(純白)이 홀로 생겨난다"(心能空虛, 則純白獨生也)고 하였다. 『장자』에 보면 위 대목에 앞서 다음과 같은 말이 있다.

기(氣)라는 것은 허(虛)하여 온갖 사물을 기다리는 것이다. 오직 도(道)는 마음을 비우는 데서 응집된다. 마음을 비우는 것을 심재(心齋)라고 한다.[172]

---
170 『장자』, 「인간세(人間世)」 "瞻彼関者! 虛室生白."
171 조선시대 유자들 중에는 이 '허실생백'의 설을 좋아하여 '허백(虛白)' 두 글자로 자신의 아호를 삼은 이들이 있었다. 조선 성종 때의 문신 성현(成俔: 1439~1504)・홍귀달(洪貴達: 1438~1504)・정난종(鄭蘭宗: 1433~1489) 등이 그들이다.

여기서 '심재'란 말이 나온다. 마음을 재계하는 것은 유가뿐만 아니라 도가에서도 중시한다. 특히 도가에서는 '좌치(坐馳)'라 하여 겉으로는 고요하게 있으면서도 내심으로는 분주하게 달리는 것을 매우 경계한다. 위에서 말한 '유도집허(唯道集虛)' 네 글자는 실로 심학가(心學家)들에게 중요한 명제라 할 것이다. '심재'는 다름 아니라, 모든 인위와 아집과 사욕을 버리고 마음을 텅 빈 순백(純白)의 상태로 만드는 것이다. 이는 유가나 도가가 다를 바 없다고 본다. 한재는 마음을 '내 속의 빈 골짜기'[吾中之空洞]라고도 하였다. '허백의 상태'에 대해 한재의 말을 더 들어보자.

비록 허(虛)하다고 하지만 실은 꽉 찬[盈] 것이다. 허한 것은 꽉 찰 수 있지만 꽉 찬 것은 텅 빌 수 없다. 나는 이 말을 고정(考亭 : 朱子)에게서 들었노라.(「허실생백부」 병서)

결국, 이 '허실생백'은 유가에서 말하는 '마음 다스리는 공부'(治心工夫)와 노장의 심재(心齋)에서 합치점을 찾고자 한 것이라 하겠다. 한재가 허실생백을 유가의 '허령불매'와 '호연지기'에 견준 것은 아마도 심의 본질인 '허령불매'와 심의 수양 방법으로서의 '양기(養氣)'를 염두에 둔 것이 아닌가 한다. 허령불매가 심의 체라면 호연지기는 용의 문제에 해당한다고 할 수 있다.

....
172 『장자』, 「인간세(人間世)」 "氣也者, 虛而待物者也. 唯道集虛, 虛者, 心齋也."

한재는 「다부」에서도 "공자는 부귀를 뜬구름처럼 보면서 뜻을 높이 세웠고, 맹자는 호연지기를 통해 정신을 수양했다"[173]고 하여 항지(抗志)와 양기(養氣)를 강조하였다. 한재가 번번이 호연지기를 강조하고 있음을 주목해야 한다. 『맹자』에서는 호연지기에 대해 "그 기(氣)됨이 지극히 크고 지극히 굳세니, 직(直)으로써 잘 기르고 해침이 없으면 천지간에 꽉 차게 된다", "그 기됨이 의(義)와 도(道)에 배합된다", "이는 의(義)를 많이 축적하여 생겨나는 것이니, 의가 하루아침에 갑자기 엄습하여 취해지는 것이 아니다"[174]라고 하였다. 따라서 이 호연지기를 잘 기르면 도의에 배합되어서 천하의 일에 두려운 바가 없으며 큰 책임을 맡아도 마음이 동요되지 않는 것이다.[175] 그렇다면 호연지기야말로 의리 실천의 원천이라고 할 만하다.

다시 명덕 논의로 돌아가자. 『대학』 첫머리를 보면 "『대학』의 도는 밝은 덕을 밝히는 데 있으며, 백성을 새롭게 하는 데 있으며, 지선(至善)에서 일탈하지 않는 데 있다"[176]고 하였다. 여기서 '명덕'은 하늘에서 받은 밝은 덕성, 즉 마음의 본체를 달리 형용한 것이다. 주자는 명덕에 대해 다음과 같이 풀이하였다.

명덕은 사람이 하늘에서 얻은 것으로, 텅 비어 형체가 없지만 그 작용은

---

[173] 「다부」 "魯叟抗志於浮雲, 鄒老養氣於浩然."
[174] 『맹자』, 「공손추(公孫丑) 상」 "其爲氣也, 至大至剛, 以直養而無害, 則塞于天地之間. …… 其爲氣也, 配義與道, 無是, 餒也. 是集義所生者, 非義襲而取之也."
[175] 『맹자』, 「공손추 상」, 〈호연장 주주(朱註)〉 "養氣, 則有以配夫道義, 而於天下之事無所懼. 此其所以當大任而不動心也."
[176] 『대학장구(大學章句)』, 수장(首章) "大學之道, 在明明德, 在親(新)民, 在止於至善."

영명(靈明)하여 어둡지 않기 때문에, 세상의 뭇 이치를 갖추어 있고, 모든 일에 응하는 것이다.¹⁷⁷

　이는 명덕이 체와 용, 즉 본체와 작용을 갖춘 신령한 것으로 마치 거울이 물건을 비추듯 만사에 응하지 않음이 없음을 밝힌 것이다. 유가에서 마음에 대한 설명으로는 이것을 넘어설 만한 것이 없다. 유가사상은 '명명덕'을 최상의 문제로 본다. '명명덕'은 곧 성리학의 대명제다. 한재가 '명명덕' 문제를 중시하였음은 성리학에 조예가 있음을 증명하는 것이다.
　한재는 장형이 「사현부(思玄賦)」(『문선』, 권15)에서 말한 '갈력수의(竭力守誼) 빈궁불개(貧窮不改)' 여덟 글자를 생활 철학으로 삼아 실천했던 것 같다. 힘을 다해 사회 정의를 지키고, 아무리 빈궁할지라도 이 신조를 고치지 않는 것은 결코 말처럼 쉽지 않다. 한재가 비록 짧은 생애지만 직도(直道)로 일관된 삶을 살 수 있었던 데에는 '마음 다스림'[治心]의 공부가 큰 자양분이 되었다.
　그는 '치심'의 공효에 대해 대체로 크게 두 가지 차원에서 보았던 것 같다. 먼저 가깝게는 양웅(揚雄)이 '현(玄: 道)'을 지키면서 「축빈부(逐貧賦)」를 짓고, 한유(韓愈)가 궁한 생활을 하면서 「송궁문(送窮文)」을 지어, 도리어 가난함과 궁색함을 굳게 지켰던 것¹⁷⁸은 마음공부에서 비롯되

---

177 『대학장구』, 주자주(朱子注) "明德者, 人之所得乎天, 而虛靈不昧, 以具衆理應萬事者也."
178 「허실생백부」 "雄守玄而逐貧兮, 愈處窮而思送. 旣不能以無物兮, 謂吾中之空洞."

었다고 보았다. 좀 더 고차원적으로는 『주역』 중부괘(中孚卦)에 이른바 "믿음이 돼지나 물고기에까지 미친다"(信及豚魚)고 한 경지와 같이, 마음이 신령한데 통하게 하여 사물을 감화시키고, 또 정신이 기운을 움직이게 하여 묘경(妙境)에 드는 것[179] 역시 정신 수양으로 가능하다고 보았다.

한재의 글을 보면 노자와 장자의 현허지도(玄虛之道)를 좋아하고, 「소요유(逍遙遊)」・「제물론(齊物論)」 등에 보이는 거대한 정신세계에 매료된 듯한 측면이 적지 않다. 그는 「허실생백부」와 「다부」 등을 통해 마음의 허령함과 현묘한 경지를 자주 연결시켜 말하였다. 한재가 장형의 「사현부」와 반고(班固)의 「유통부(幽通賦)」를 즐겨 읽고 거기에 보이는 정신세계에 매료되었음은 『한재집』이 증명한다. '유통'이란 그윽한 '현'의 세계에 통하는 것이고, 이것은 허령불매한 마음을 통해 가능하다. '통'은 '현'의 세계에 들어가기 위한 방법이고, '현'은 궁극의 이상적 경지이다.

한재는 「다부」에서 "창자가 하루에도 아홉 번이나 뒤틀려 답답한 가슴[膈臆]이 불타오를 때 네가 아니면 ……"운운하였다. 십대부터 현실의 모순과 폐단에 마음 아파하고 때론 분격하였던 한재는 늘 이상과 현실의 괴리 속에서 상심(傷心)해야 했다. 질식할 정도로 막혀 있는 세상에서 자신의 뜻을 펴기란 실로 난망(難望)하였다. 그는 이런 현실의 장벽을 「사현부」와 「유통부」에 보이는 거대한 정신세계를 통해 극복하고자 했다. 한재가 그리는 '현'의 세계와 '통'의 경지는 모순투성이인

---

179 「허실생백부」 "精通靈而感物兮, 神動氣而入妙."

현실로부터의 탈출구였던 셈이다. 한재가 도가에서 말하는 '현허'의 세계를 인정한 것이라든지, 그의 철학사상이 고도의 정신적 색채를 띤 것은 이런 이유에서이다.

그러나 한재는 궁극적으로 유가의 수렴공부(收斂工夫)로 돌아올 것을 강조하였다. 한 예로 당명황(唐明皇)이 월궁(月宮)에 가서 놀았던 것을 핍진하게 그리면서도 끝내는 '현실'을 중시하는 유가의 세계에 복귀한 것으로 결론을 맺었다. 여기에는 한재의 의중이 강하게 담겼다.「허실생백부」몇 대목을 더 보자.

내 타고남이 우매(愚昧)한 것을 번민하나니, 허령한 마음에서 현묘함을 찾노라. 그쳐야 될 곳[止]도 알지 못하고 어찌 정(定)한 방향이 있으랴.

장형의 「사현부」를 읊조리고 『남화경(南華經)』의 '허실생백'장을 외운다. 정신의 말[神馬]을 풀어 놓아 멀리까지 내달리게 하나니, 내 어찌 일묘(一畝)만한 좁은 땅에 갇혀 지내랴. 구만장천의 하늘문[天門]을 바라보니 성두(星斗)보다 높게 솟아 있구나. 마음의 문[中門]을 꿰뚫어 미묘한 것을 깨달으니, 조금이라도 사곡(邪曲)이 있으면 남들이 알리라. 그러나 구경[觀覽]하는 것을 상쾌하지 않게 여기나니, 내 장차 이를 버리고 멀리 하리라.

높고 높도다, 우주(宇宙)의 큼이여. 능히 광박심후(廣博深厚)하면서 고대광명(高大光明)하도다. 구름과 무지개는 실낱만큼도 가림이 없고 바람과 달은 쌍으로 맑도다. 이에 나를 높이 솟구쳐 그 가운데 서게 하니, 위아래를 어지러이 헤매며 구하고 찾는다. 어찌하여 소리와 냄새도 접할 수 없을까. 단지 솔개가 하늘을 날고 물고기가 못에서 뛰놀 뿐일세. 이것을 묘관(妙觀)이라 하기에는 족하지만 즐거움은 자신을 돌이켜 살피는 것보다 큰 것은 없다네. 마음[天君]이 나를 이끌어 본래의 상태로 돌아가게[復其初] 하니 내 장차 이로부터 경륜(經綸)에 나아가리라.

허령에서 현묘함을 찾는다거나, 신마(神馬: 心馬)를 몰아 멀리 내닫고 싶다는 고백을 통해, 노장적 기상과 정신세계의 일단을 엿볼 수 있음직하다. 그러나 '머무를 바를 안 뒤라야 정신을 집중시킬 수 있다'(知止而后能定)는 『대학』의 말을 인용한 데서 볼 수 있듯이 그는 근본적으로 유가적 사고에서 벗어나지 않았다. 그가 제시한 수양 방법 역시 한결같이 유가적인 것이다. 「다부」에서도 강조되었던 '천군'(心)의 존재를 부각시킨 것이라든지, '반구저신(反求諸身)' '복기초(復其初)'와 같은 수양론적 용어가 등장하는 것, '일물일루(一物一累)'를 경계하는 것 등이 주목된다. 신독사상(愼獨思想)의 묘맥이 엿보이는 것도 지나쳐 볼 수 없다.

「허실생백부」는 '계심잠(戒心箴)'이라 일컬어도 좋을 정도로 '심'의 수양에 절실한 내용이다. 특히

인간 세계에 머리 돌림에 어떤 일[底事]이 참다운 것인가. 공자는 뜬 구름[浮雲]을 일컬었고, 맹자는 호연지기를 말씀하시었네. 탁월한 저 선각들이 이 '내 마음의 하늘[吾中之天]'을 밝혔으니, 경(敬)으로써 그것을 지키고 성(誠)으로써 그것을 주로 삼을지어다.

라고 한 대목에서 성리학적 심성 수양의 묘맥(苗脈)을 엿볼 수 있다. 여기서 '경'은 마음을 한 군데 집중시키는 것이고, '성'은 그런 상태를 지속시키는 성실성을 의미한다.

한재는 『장자』에서의 '허실생백'이 명덕(明德)과 다르지 않음을 시사하면서, 명덕과 명덕을 밝히는 일에 대해서도 다음과 같이 말하였다.

신명(神明)이 내 몸을 주재(主宰)함을 깨달아 광거(廣居: 仁)의 밝고 밝은 곳에 잠기도다. 현빈(玄牝: 道)의 문을 통해 드나들면서 '무위자연(無爲自然)'에 합치되는 것을 성곽처럼 굳게 여기네. "이것이 나의 빈 방[虛室]이라"고 말함이여. 심중(心中)이 적연(積然)하지만 누(累)가 없도다. 진실로 방촌(方寸)에 털 한 올만큼의 사의(私意)가 없으니 천지에 고명(高明)을 극(極)하였도다. 명덕(明德)이 다시 밝아지기가 무섭게 문득 빛을 발하여 거두어들이기 어렵도. 밝고 밝은 것이 쉬 어두워지는 것을 두려워하나니, 예(禮)의 불을 횃불 삼아 어두운 곳을 환하게 밝혀주며, 한 사물이라도 와서 접하는 것을 경계하나니, 지혜의 물[智水]을 뿌려 깨끗이 쓸고 닦는다네. 그래서 하늘을 즐기고 명(命)이 있음을 알아 이욕(利慾)의 대자리[蘧篨]를 막는다네.

이를 미루어 보면, 한재는 '낙천지명(樂天知命)', '명선복성(明善復性)'을 추구했던 도학자요 심학자였음에 틀림없다고 할 것이다.

한편, 한재는 역대 선현들의 출처진퇴(出處進退)를 되새기면서, 그들이 비록 서로 다른 세상에 태어나 처세하는 방법은 달랐을지언정, 모두 양심(良心)의 명명(明命)에 따라 행동하였음을 다음과 같이 말하였다.

> 이윤(伊尹)이 졸직(拙直)을 지킴이여, 현기(玄機: 道)의 무위(無爲)를 실천하였도다. 백이(伯夷)가 서산(西山: 首陽山)에서 주림이여, 빛이 해와 더불어 광을 다투었도다. …… 밝은 것(명덕)을 이미 밝혀 백성에게 미치게 함은 요순(堯舜)과 우탕(禹湯) 같은 임금이시라. 홀로 기산(箕山)을 멀리서 바라봄이여, (소보와 허유는) 바람 앞에 흔들거리는 표주박[風瓢]을 버리고 귀를 씻었다네. 어찌 그 근본이 둘이 있으랴. 극에 이르면 모두 하나의 이치인 것을.

이윤의 출처진퇴를 도가의 무위(無爲)에 견주었지만, 이는 사실상 공자가 말한 '무가 무불가(無可無不可)'[180]의 경지와 다름이 없다. '무가 무불가'는, 세간의 모든 집착과 욕심을 깨끗이 떨쳐 버리고 흐르는 물처럼 도를 좇아 자연스럽게 행동하는 경지다. 처해 있는 현실에 따라 진리가 살아서 발현되는 경지라 할 수 있다. 『중용』에서 말하는 '불면이중(不勉而中)' '불사이득(不思而得)'[181]의 경지라든지, 도가에서 말하는 '자연이연(自然而然)'이 이와 다르지 않다.

또 개인의 '명명덕'의 단계에서 더 나아가 이를 '신민(新民)'의 단계로 이끌어 올렸던 사실을 요순과 우탕의 역사적 사례에서 찾고 있음도 주

---

[180] 『논어』, 「미자(微子)」 "逸民, 伯夷·叔齊·虞仲·夷逸·朱張·柳下惠·少連. 子曰, 不降其志, 不辱其身, 伯夷叔齊與. 謂柳下惠少連, 降志辱身矣, 言中倫, 行中慮, 其斯而已矣. 謂虞仲夷逸, 隱居放言, 身中清, 廢中權. 我則異於是, 無可無不可."
[181] 『중용』, 제20장 "誠者, 不勉而中, 不思而得, 從容中道, 聖人也."

목된다. 그의 심학의 지향처가 단순한 심성 수양에 있지 않고 경세에까지 연결되고 있음을 엿보게 한다.

끝으로, 한재가 중시했던 '명명덕'과 관련하여『대학』의 한 대목을 들기로 하겠다.

> 옛날에 명덕을 천하에 밝히고자 하는 사람은 먼저 그 나라를 잘 다스렸고, 그 나라를 잘 다스리고자 하는 사람은 먼저 그 집안을 다스렸다.
> 古之欲明明德於天下者, 先治其國, 欲治其國者, 先齊其家.(『대학』제1장)

여기서 '명덕을 천하에 밝힌다'는 것은 세계의 모든 인류로 하여금 하늘이 부여한 본성을 회복하게 하여 본성대로 살도록 하는 것을 말한다. 위의 내용은『대학』에서의 팔조목(八條目)[182]을 역으로 설명해 들어가는 것이다. 따라서, 논리 구조나 설명 방식으로 미루어 본다면, 가장 윗자리를 '욕평천하자(欲平天下者)'라고 해야 될 것이다. 그런데도 '욕명명덕어천하자(欲明明德於天下者)'라고 한 것은 예사로 보아 넘길 것이 아니다. 여기서 '명명덕어천하자'는 다름 아닌 전 인류 개개인의 마음을 훤히 열어 주는 자리이다. 바꾸어 말하면 인간의 본성, 즉 내면적 자기 동일성을 통해 정신적 세계화가 이루어질 수 있는 자리라 할 것이다.[183]

하늘이 부여한 명덕을 남김없이 밝힌 상태에서는 '참된 나'를 만날

---

[182] 격물(格物)・치지(致知)・성의(誠意)・정심(正心)・수신(修身)・제가(齊家)・치국(治國)・평천하(平天下).
[183] 최영성,『최치원의 철학사상』, 아세아문화사, 2001, 305쪽.

수 있다. 명명덕의 경지는 진자아(眞自我)를 만날 수 있을 뿐만 아니라, 남과도 통할 수 있는 자리이다. 따라서 명명덕과 신민(新民)이 별개의 것이 아니오, 명명덕과 평천하가 서로 다르지 않다. 이를 볼 때, 『대학』에서 '욕평천하'의 자리에 '욕명명덕어천하'를 둔 까닭이 무엇인지 짐작할 수 있겠다.

한재는 진리의 보편성을 인간의 '일심'에서 찾고자 했다. 진리가 인간주체에서 떠나 있지 않다고 하는 것(道不遠人)이 한재 심학의 기본 관점이었다. 인간주체에 대한 자각은 한국사상이 문제 삼았던 초점이기도 하다.[184] 인간주체의 확립은 물질만능주의에 빠져 인간이 본래성을 상실하고 물질의 노예가 되어 허다한 한계와 폐단을 드러내고 있는 현대 사회에서 시급히 요청되는 중요한 과제라 하겠다. 한재 심학사상의 현대적 의의는 여기에서 찾아야 할 것이다.

---

[184] 류승국, 「2천년대 인류 미래와 한민족 철학의 방향」, 『한국사상의 연원과 역사적 전망』, 성균관대출판부, 2009 참조.

「다부」를 지어 다부茶父로 받들어지다

한재는 1980년대 중반부터 차문화의 선구자로 조명을 받기 시작하였다. 도학자인 한재에게 차는 여사(餘事)일 수 있지만, 그에게서 '차'의 위상은 상당하다. 한재의 「다부」는 초의선사(艸衣禪師: 1786~1866)의 「동다송(東茶頌)」과 함께 한국을 대표하는 '차 노래글'로 병칭된다. 우리나라에서 한재 이전까지 차와 관련된 글로 「다부」와 같이 짜임새 있고 분량 있는 것은 한 편도 없었다. 중국에서 진(晉)나라 때 두육(杜毓)의 「천부(荈賦)」가 나온 이래 당나라 때 고황(顧況)의 「다부」, 송나라 때 휘종(徽宗)의 「대관다론(大觀茶論)」과 오숙(吳淑)의 「다부」 등이 지속적으로 나온 것과 비교가 된다. 3백년 뒤에 초의선사가 나오기까지 한재의 「다부」가 사실상 유일무이하였다.

「다부」는 1천 3백 12자에 달하는 대서사시(大敍事詩)로 '오심지차(吾心之茶)', '다심일여(茶心一如)'의 사상을 담았다. 글의 짜임새나 수준면에서도 두육의 「천부」, 고황의 「다부」, 오숙의 「다부」를 훨씬 능가한다. 육우(陸羽)의 『다경(茶經)』과 노동(盧仝)의 '칠완다가(七碗茶歌)'를 비롯한 중국의 여러 문헌을 빠짐없이 섭렵, 참고하면서도 표현상으로는 환골탈태(換骨奪胎)에 가까운 기법을 구사하였다. 과연 '부'의 대가다운 솜씨다.

그러나 「다부」를 저술함에 자신의 체험이 주가 되었을 터이지만, 『문선』류에 실린 유명한 '부' 작품에서 중요한 구절을 따온 사례가 적지 않다. 대표적인 것으로, 중국 북송 때의 시인 진여의(陳與義: 1090~1138)의 「옥연부(玉延賦)」다. 이 글은 한재의 「다부」에 기본 골격을 제공한 작품의 하나로 보인다. '옥연'은 마[薯蕷]의 다른 이름이다. '마'는 예부터 신선이 먹는 약초로 알려져 왔다. 이 「옥연부」는 마에 대한 예찬의 글이다.

> 吾聞陽公之田, 不墾不耕, 爰播盈斗, 可獲連城. 資陰陽之淑氣, 孕天地之至精, 蜿蜒赤埴之腴, 煌扈白虹之英. 驚山木之潤發, 冒朝采之餘榮, 逮百嘉之澤盡, 候此玉之豐成. 王公大人, 方以不貪為寶, 辭秦玉, 而陋楚珩, 雖三獻, 其奚售? 乃舉贄于老生, <u>老生囊中之法未試, 腹內之雷久鳴. 搴石鼎而自濯, 揣豕腹之彭亨.</u> <u>春江浩其波濤, 遠壑颯以松聲. 俄白雲之漲谷, 亂雙眼于晦明.</u> 擅人間之三絶, 色味勝而香清, 捧杯盂而笑領. 映牖戶之新晴, 斥去嬾殘[185]之芋, 盡棄接輿之菁. 收奇勳於景[186]刻, 匕未落而體輕. <u>凌厲八仙, 掃除三彭, 見蓬萊之夷路, 接閶闔于初程.</u> 彼徇華之大夫, 含三生之宿酲, 汙之以蜂蜜, 辱之以羊羹. 合嘗逸少之炙, 同傳孝儀之鯖. 歎超然之至味, 乃陸沈于聾盲, 豈皆能于我遇, 亦或卿而或烹, 起援筆以三叫, 驅蛇蚓

---

[185] 嬾殘(난잔): 중국 당나라 천보(天寶) 연간의 고승. 나잔(懶殘)이라고도 한다. '나잔외우(懶殘煨芋)'의 고사가 있다. 『난잔전(嬾殘傳)』1권이 있다.
[186] '頃'으로 된 판본도 있다.

以縱橫, 吾何與大夫之迷疾? 蓋以慰此玉之不平也.(『簡齋集』, 권1)

밑줄 친 부분을 중점적으로 보면 진여의는 '마'를, 한재는 '차'를 예찬하였지만, 전체 구도에서 「옥연부」가 「다부」의 기본 틀에 어느 정도 본이 되었는지 짐작하기에 어렵지 않다.

「다부」는 저술 시점을 확실히 알 수 없다. 필자는 지난날 한 논고에서 연행(燕行) 이후에 지었을 것이라고 추정한 바 있다. 그런데 「다부」를 읽어보면 한재의 길지 않은 삶의 발자취가 은근하게 드러나 있다. "옥당에서 서늘한 기운 일어날 때" 운운한 것은 홍문관 관원으로 있을 때의 경험을 말한 것이요, "양옥(梁獄)에서 억울함 호소하는 글 올리니" 운운한 것은 태학생 시절 하옥되어 무죄계(無罪啓)를 올렸던 경험을 시사한 것이며, "광약(狂藥: 술)이 장부(臟腑)를 찢고 창자를 문드러지게 하여 천하 사람들이 덕을 잃고 생명을 재촉하게 한다"고 한 것은 십대 후반에 술에 절어 지내다가 건강을 극도로 해친 경험을 담은 듯하다. 이렇게 보면, 적어도 사가독서 이후에 지어진 것으로 추정할 수 있다.

한재는 사행(使行) 길에 명나라에서 유명한 다서(茶書)와 차를 접했을 것으로 짐작된다. 병서(幷序)에서 '험기산(驗其産)'이라 한 것을 보면, 명나라에 갔을 당시 차의 명산지 일부를 답사했고, 차의 명산품을 직접 수색(搜索)했을 가능성이 있다. 또 귀국한 뒤 조선의 차산지를 돌아보았을 가능성도 없지 않다. 특히 스승 김종직이 차밭을 일구었던 지리산 일대가 답사 코스였을지도 모를 일이다.

그렇다면, 한재는 언제부터, 또 무슨 연유로 차를 좋아하고 즐기게 되었을까.「다부」의 병서를 보면 짐작되는 바 있게 한다.

대개 사람이 어느 물건을 완상하거나 음미하기도 하는데, 종신토록 즐겨 싫어함이 없는 것은 그 성품 때문인가 한다. 이백(李白)과 달, 유령(劉伶)과 술 같은 것은 그 좋아하는 바는 비록 다르지만 즐김은 매한가지이다. 내가 차에 대해서 아주 모르지는 않았는데, 육씨(陸氏: 陸羽)의 『다경』을 읽은 뒤부터 차츰 차의 성품을 터득하여 마음속으로 몹시 진중하게 여겼다. 옛적 중산대부(中散大夫: 嵇康)는 거문고를 좋아하여「금부(琴賦)」를 지었으며, 팽택령(彭澤令: 陶潛)은 국화를 사랑하여 노래하였다. 그 미미한 것들도 드러냈거늘 하물며 차의 공이 가장 높은데도 아직 칭송하는 이가 없음에랴. 현인(賢人)을 내버려두는 것과 같으니 또한 잘못된 일이 아니겠는가.

위에서 말한 '현인'이란 다름 아닌 자신과 같은 존재의 암시이기도 하다. 한재는 공주에서 귀양살이할 때 "요순천하 훈훈(薰薰)한 때를 못 만났으니 그저 보통 백성으로 간주될 수밖에"라고 읊어, 자신의 존재가 묻힐까봐 염려한 바 있다. 이런 생각은 그의 시편에 자주 보인다.

한재가 평소 즐겨 읽었던 『문선』을 보면, 권17~18에 주로 개인의 기호와 관련된 '부' 작품이 7편 실려 있다. 주로 악기와 춤에 관련된 것들이다. 이 가운데 혜강의「금부」는 한재의「다부」의 저술에 큰 영향을 끼친 것으로 보인다. 혜강과 한재는 젊은 나이에 불의의 죽음을 당한 것이라든지 '부'에 뛰어났던 점 등 공통점이 있다. 저술 동기뿐만 아니라 작품 구성 면에서도 「금부」와 「다부」는 비슷한 측면이 많은 것 같다. 혜강은 「금부」 병서에서 다음과 같이 말하였다.

사물에는 성쇠가 있지만 음악에는 그런 변화가 없다. 아무리 맛있는 것도 물리지만 음악은 지겨워지는 법이 없다. 정신과 혈기를 안정시키고[導養神氣] 마음속의 뜻을 펼쳐내며[宣和情志], 홀로 곤궁한 생활을 하면서도 근심하지 않는 데에는 음악만한 것이 없다.

「금부」가 어떤 의도로 지어졌는지를 짐작하게 한다. 「금부」에서는 거문고의 재료가 되는 의(椅) 나무와 오동나무의 생육 환경을 말하였는데, 이것은 「다부」에서 차의 생육 환경과 다산(茶山)의 정경을 서술한 것의 본이 되었다. 결론격인 난(亂)에서는 "음악을 아는 사람이 많지 않으니 누가 진귀함을 알아볼 수 있겠는가. 금(琴)의 면목을 다 알 수 있는 사람은 다만 지인(至人) 뿐이라"고 마무리 지었다. 「다부」에서 말하는 '오심지차'는 바로 지인의 무현금(無絃琴) 가락과 다르지 않다.

한재가 차를 좋아하게 된 것은 무엇보다 '차의 성품'과 관련이 있다. 개결(介潔)한 한재의 성품은 직근성(直根性)인 차나무의 성품과 흡사하다. 육우는 「다경」에서 "차의 효능을 보면 성질이 매우 차갑다. 음료로 마심에 정행(精行)과 검덕(儉德)을 지닌 사람이 가장 알맞다"[187]고 하였다. 한재의 차생활은 이와 무관하지 않을 것이다. 또 그의 아호(雅號)

---

187 『다경(茶經)』 〈일지원(一之源)〉 "茶之爲用, 味至寒. 爲飮, 最宜精行儉德之人."

'한재(寒齋)' 역시 차의 성품과 관련시켜 볼 수 있을 듯하다.

「다부」는 크게 머리말과 몸말·맺음말로 짜여져 논문의 구성과 비슷하다. 서론·본론·결론의 형식은 『문선』에 실린 '부' 작품에서 많이 볼 수 있다. 머리말인 병서(幷序)에서는 「다부」를 짓게 된 동기와 배경을 함축적으로 서술하였다. 이어 '기사왈(其辭曰)'로 시작되는 몸말에서는 ①차의 종류와 명차(名茶) 이름, ②차의 명산지, ③차의 생육환경, ④다산(茶山)의 정경(情景), ⑤차 달이기, ⑥일곱 주발의 차노래, ⑦차의 다섯 가지 공(五功), ⑧차의 여섯 가지 덕(六德)을 읊었다. 이는 차에 대한 종합적 고찰에 해당된다. 말미의 '희이가왈(喜而歌曰)'로 시작되는 106자의 차노래는 기실 「다부」의 맺음말로서 '눈동자'에 해당된다. 이처럼 「다부」는 머리말과 맺음말을 합쳐 모두 열 단락으로 나누어져 있다.

한재는 「다부」의 저술 동기와 배경에 대해 "내가 차에 대해 아주 모르지 않았는데, 육우의 『다경』을 읽은 뒤부터 차츰 차의 성품을 터득하여 마음속으로 몹시 진중하게 여겼다"고 술회하였다. 또 차의 공이 가장 높은데도 이를 칭송하는 이가 없음은 현인(賢人)을 버려두는 것과 같다고 하여, 유가(儒家)의 상덕(尙德)·존현사상(尊賢思想)과 '야무유일(野無遺逸)'의 이상을 넌지시 일깨웠다. 한재가 말한 '초득기성(稍得其性), 심심진지(心甚珍之)' 여덟 글자는 「다부」의 사상적 핵심을 담은 것이다. 「다부」가 단순히 차를 예찬한 글이 아니고, 한재의 개결(介潔)하고 정행검덕(精行儉德)한 삶과 투철한 인생관, 그리고 학문세계를 반영한, 그야말로 철학적 성격이 짙은 글임을 시사하는 것이다.

「다부」에서는 차의 성질과 공덕에 대해 칭송하였다. 차의 성질은 유가의 선비 기질과 통하는바 적지 않다.『다경』에서 옮겨심기가 무척 어려운 것이 차나무라고 한 것은, 선비의 지조와 절개를 상징하는 것으로 이해할 수 있다.「다부」에서 무엇보다도 차의 성질에 주목한 것은 한재의 실천적 의리사상과 직결된다고 할 것이다.

한재는 차의 종류와 명차(名茶) 이름을 말하면서, 찻잎을 기준으로 명(茗)·천(荈)·한(蔊)·파(波) 네 가지 분류들을 제시했다. 그리고, 선장(仙掌)·뇌명(雷鳴)으로부터 녹영(綠英)·생황(生黃)에 이르기까지 중국의 유명한 차 35가지의 이름을 소개하였다. 또 '혹산혹편(或散或片)'이라 하여 만드는 방법에 따라 잎차[散茶]와 덩이차[片茶]로 구분되며, '혹양혹음(或陽或陰)'이라 하여 차가 생육하는 장소에 따라 양지와 음지가 있음을 밝혔다. 중국의 명차와 명산지만 소개한 것은 자못 유감이다. 그러나 당시까지만 하더라도 '차'가 조선에서 보편화되지 못하였기 때문에, 초라한 모습을 소개하기는 어려웠을 것이다.

먼저, 우리의 눈길을 끄는 것은 차의 종류로 명(茗)·천(荈) 이외에도 '한'과 '파'를 들었다는 점이다. '한과 '파'는 지금까지의 어떤 문헌에도 보이지 않는 독특한 것이다. 일찍이 육우는『다경』〈일지원(一之源)〉에서, 찻잎을 가리키는 글자의 구성을 보면 초두(艹)변, 나무목(木)변을 쓰거나 초두변과 나무목변을 아울러 쓰는 경우가 있다고 하였다. 차의 종류를 말하면서 초두변이 붙은 '한과 '파'를 등장시킨 이유는 여기에 있는 것 같다. 그렇다면 초두변을 뺀 '한(寒)'과 '파(波)'자에 명명하게 된 의미가 담겨 있을 것이다. 과연 무슨 의미를 담고 있는 것일까? 고증은 어렵지만, 역시 한재의 고결한 삶에 비추어 보아야 될 것 같다. 모진 한파

(寒波) 속에서도 능설(凌雪)의 기개로 자라는 차, 또는 '백물(百物)에 앞서서 이른 봄을 독차지'하는 차를 가리키는 것이 아닐까?

이 '한'과 '파'에 대한 해석은 무엇보다도 명증(明證)이 없는 것이 문제다. 다만, 한재가 굳이 차의 종류를 크게 네 가지로 나누었다는 점, 그리고 이미 있는 글자에다 자기 나름의 의미를 붙이고 이를 고유한 이름으로 명명했다는 점은 분명하다. '한'과 '파'는 대용차가 아니고, 또 명차의 이름도 아니다. 차를 크게 네 가지로 본 것 가운데 각각 하나인 것이다. 다만 '한'과 '파'가 각각 꽈리[酸漿]와 시금치[菠菜]를 뜻하는 글자임을 감안, 한재가 새롭게 명명한 '한'과 '파'가 꽈리나 시금치의 성격·모양 등과 어떻게 통하는지 살펴볼 필요는 있다. 『동의보감(東醫寶鑑)』에 의하면 "꽈리의 성격은 평(平)하고 한(寒)하다"고 하였다. 시금치 역시 내한성(耐寒性)이 강한 식물로 알려져 있다. 이것은 육우가 『다경』에서 차의 성격을 "매우 차다"고 것과 서로 통한다고 하겠다.

한재가 소개한 35개의 명차(名茶) 이름은 당시 우리나라 식자들이 애용하였을 중국판 '다총서(茶叢書)'와 백과전서류(百科全書類) 서적에 대부분 실려 있다. 특히 원나라 때 마단림(馬端臨)이 편찬한 『문헌통고(文獻通考)』라든지 『송사(宋史)』의 「식화지(食貨志)」 같은 것을 주요 자료로 삼았으리라 생각된다.

필자는 지난날 한 논고에서, 한재가 이들 명차를 소개하는 가운데 일부 실수한 것에 대해 최초로 지적한 바 있다. 소적(召的)·산제(山提)·난예(嬾蘂)·청구(淸口)·쌍계(雙溪)라고 한 것이 그것이다. 이들은 각각 석적(石的)·산정(山挺)·눈예(嫩蘂)·청구(靑口)·쌍승(雙勝)으로 바로잡아야 한다. 이는 한재의 후손들이 문집을 펴내면서 교정상의 오류를 범한 것일 수도 있지만, 「다부」에서 '독행영초(獨行靈草)'라는 명차를 '독행'과 '영초' 두 가지로 나누어 잘못 소개한 것을 보면, 모두가 교정상의 실수는 아닌 듯하다.

 차의 생육환경을 논하는 대목에서는, 차가 매우 험준한 산지에서 구름과 안개 속에 싸여 생장한다는 점을 부각시켰다. 여기서 차의 생육환경을 자신의 험난한 인생역정과 고고(孤高)한 절개로 연결시키려 한 한재의 내면 의도를 엿볼 수 있다. 차가 자라는 산지의 험준함을 묘사한 부분은 장형(張衡)의 「남도부(南都賦)」에서 옮겨 싣다시피 하였다. 남의 글을 인용한 흔적이 두드러지지 않는 다른 대목과 비교할 때 이채롭기까지 하다.

 장형의 부가 「다부」에 끼친 영향은 크다. 한재는 장형의 「사현부」를 통해 사상적 고향을 찾았던 것 같다. 「사현부」와 「다부」는 글의 기조(基調)에서 궤를 같이 한다. 장형은 「사현부」에서 난세에 태어난 자신의 불우한 처지를 한탄하면서, 심적으로나마 이를 위로하려는 생각에서 현허(玄虛)의 세계에 몰입, 유력(遊歷)하다가 마침내 다시 성현의 가르침으로 돌아와 안심입명(安心立命)하는 자세를 취하였다. 이것은 「다부」에서 노장(老莊)의 현허지도(玄虛之道)를 말하고 신선의 세계에 노닐면서도, 마침내 유가(儒家)의 가르침으로 돌아와 심학(心學)을 강조하고, '오심지차(吾心之茶)' '다심일여(茶心一如)'의 철학을 펼친 것과 같은 논조이다.

 「다부」가 「사현부」로부터 큰 영향을 받았음은 두 글의 기조만 보더라도 분명하다. 참고로 「사현부」 말미 '계왈(戒曰)' 이하의 글을 인용한다. 「다부」의 '희이가왈(喜而歌曰)' 이하의 맺음말과 대비해 보면 좋을 듯하다.

천지는 유구(悠久)한데 세월은 멈추지 않는다.
나는 황하(黃河)가 맑아지기를 기다리며 근심에 잠겨 있었다.
그래서 멀리 우주여행을 떠나 마음을 즐겨보려고
제멋대로 위아래를 오르내리면서 천지 사방을 들여다보았다.
하늘로 날아올라 쏘다니면서 세속을 떠나
신(神)처럼 가볍게 춤추면서 하고 싶은 대로 떠돌아 다녔다.
그러나 하늘에 오르는 길은 없었고, 선인이 되었던 사람은 적었다.
『시경』「백주(柏舟)」편에서도 하늘로 날아갈 수 없음을 한탄하였고
적송자(赤松子)나 왕자교(王子喬)도 너무 높은 곳에 있어 손닿지 않는다.
정신을 하나로 모아 원유(遠遊)하게 하면 마음이 겉돌고 만다.
뜻을 제자리로 끌어당겨 되돌아와서 깊은 가르침에 따르도록 하자.
(『문선』, 권15)

한재는 다섯 번째 단락에서 차를 달이는 광경을 읊었다. 우리의 눈길을 끄는 것은 끓고 있는 찻물에 대한 묘사이다.

하얀 김이 부리에 넘쳐나는데
하운(夏雲)이 시냇가 산봉우리에 피어오르는 듯하고

흰 파도에 비늘이 생기니

춘강(春江)에서 물결이 세차게 이는 것 같구나.

끓는 소리 수수(颼颼)하니

상풍(霜風)이 대나무와 잣나무 숲에 휘파람을 치는 듯

향기가 둥둥 뜨니

전함(戰艦)이 적벽강(赤壁江)을 나는 듯하다.

여기서 '흰 파도의 비늘'이란 찻물이 끓는 모양을 물고기 비늘에 비유한 것이요, '전함이 적벽강을' 운운한 것은 찻물이 끓어 향기가 빨리 퍼지는 모습을 형용한 말이다. 중국 명나라 때 사람 장원(張源)은 『다록(茶錄)』에서 탕을 식별하는 방법으로 삼대변(三大辨)과 이를 다시 열다섯 가지로 세분한 십오소변(十五小辨)을 들었다. 이에 의하면, 첫째가 형변(形辨)이요, 둘째가 성변(聲辨)이며, 셋째가 기변(氣辨)이다. 위에서 하얀 김이 부리에서 넘쳐나 구름이 피어나는 듯하다고 묘사함은 '기변'이요, 대나무와 잣나무 숲에 상풍이 휘파람을 치는 것 같다 함은 '성변'이며, 흰 물결이 일고 향기가 둥둥 뜬다 함은 '형변'이라 할 수 있다. 1595년 무렵에 나온 저 유명한 다서의 이론과 정확히 부합한다는 데서 한재의 안목을 짐작하게 한다.

한재는 이어서 차의 효능을 삼품(三品)으로 논하였다. 몸을 가볍게 하는 것이 상품이요, 오랜 병을 낫게 해주는 것이 중품이며, 시름을 달래줄 수 있는 것이 그 다음 품이라고 하였다. 역대 다서를 종합하여 자기 나름대로 내린 결론이다. 특히 '경신(輕身)'을 으뜸으로 꼽은 것은 도홍경(陶弘景: 452~536)의 『잡록(雜錄)』에서 "차는 사람의 몸을 가볍게 하고 속골(俗骨)을 선골(仙骨)로 바꾼 뜻한 느낌을 준다"(苦茶輕身換骨)고 한 것과 같은 맥락이다. 차가 신선사상과 불가분의 관계에 있고, 특히 정신적 효능이 지대함을 다시금 확인할 수 있다.

그러나 말미에서

이에 표주박 하나를 손에 들고 두 다리를 걷어부친 채 백석(白石) 삶는 것을 비루하게 여기고 금단(金丹) 익히는 것에 견주어 보네.

라고 한 것은, 한재의 차생활이 양생(養生)만을 추구하는 데 있지 않음을 보여준다. '백석을 삶는 것'이란 본래 중국 상고시대의 신선 백석생(白石生)이 맑은 물에다가 흰 돌을 삶아 이를 양식으로 삼았다는 『신선전(神仙傳)』의 기록에서 유래한다. 그 뒤 명나라 때 전예형(田藝蘅)이 지은 『자천소품(煮泉小品)』에도 '청천백석탕(淸泉白石湯)' 이야기가 나온다.

한재가 백석 삶는 것을 사실상 미신으로 치부하여 비루하게 여긴 것은 유자(儒者)로서의 본령을 잘 보여준 것이다. 그가 차 달이는 것을 도교에서의 금단 제련하는 것에 비유한 것은 금단의 가치를 중시해서가 아니다. 잘 알려진 바와 같이 '구전금단(九轉金丹)'이란 단(丹)을 순환 반복하여 오랜 시간 소련(燒煉)하는 것을 말한다. 이것은 갈홍(葛洪)의 『포박자(抱朴子)』 「금단」편에서 "단이란 것은 태울수록 더 오래 가며, 변화시킬수록 더 묘(妙)해지는 것이다"고 한 데 근거한다. 한재가 차 달이는 것을 금단 익히는 것에 비유한 것은 차를 도교에서의 금단만큼이나 중시했음을 말하는 것이다. 차 달이는 것을 하나의 정신 수양으로 인식했던 확고한 태도를 엿볼 수 있다.

「다부」의 일곱 번째 단락은 옥천자(玉川子) 노동(盧仝: 775~835)의 「칠완다가(七碗茶歌)」와 노래 형식이 비슷하다. '제2의 칠완다가'라고 할 만하다. 낮은 단계로부터 가장 높은 단계에 이르기까지 잔을 더해감에 따라 점점 성숙, 고조되는 차생활의 높고 깊은 경지를 읊었다. 이는 구도(求道)의 역정을 은유적으로 표현한 것이라 해도 좋다.

옥천자의 「다가」는 한재의 「다부」에 비해 사실적이다. 첫째 주발은 목과 입술을 적셔주고, 둘째 주발은 외로운 고민을 씻어주고, 셋째 주발은 마른 창자를 적셔 무딘 붓끝이 풀리게 하고, 넷째 주발은 가벼운 땀이 솟아 평생의 불평스러운 일이 모두 땀구멍을 향해 흩어지게 하고, 다섯째 주발은 기골(肌骨)을 맑게 하고, 여섯째 주발은 선령(仙靈: 신선)과 통하게 하고, 일곱째 잔은 마실 것도 없이 우화등선(羽化登仙)의 경지에 이른다는 내용이다.

이에 비해 한재의 「다부」는 호방(豪放)한 필치에다 드높은 정신세계가 한결 돋보인다.

첫째 주발에 마른 창자가 깨끗이 씻겨지고
둘째 주발에 상쾌한 정신이 신선이 되려 하고
셋째 주발에 병골(病骨)에서 깨어나고 두통이 말끔히 나은 듯하며
넷째 주발에 웅장하고 호방한 기개가 피어나고 근심과 울분이 사라진다.
다섯째 주발에 색마(色魔)가 놀라서 달아나고 게걸스런 시동(尸童)도 눈멀

고 귀먹으며

여섯째 주발에 해와 달이 방촌(方寸: 心)에 들어오고 만물이 대자리만하게 보인다.

어쩐 일인가, 일곱째 잔은 아직 반도 마시지 않았는데 울연히 맑은 바람이 흉금(胸襟)에서 일어나네. 하늘문[天門] 바라보니 무척 가까운데 울창한 봉래산(蓬萊山)을 사이에 두었구나.

유교사상과 신선사상이 번갈아 구사되었다. 특히 노장의 청허지도(淸虛之道) 및 신선사상이 밑바탕에 깊숙이 깔려 있다. 이것은 「다부」에서 뿐만 아니라 차에 관한 대부분의 글에서 나타나는 공통적인 특색이기도 하다. 유가사상 만으로는 이러한 의경(意境)에 나아갈 수 없다고 본다. 여섯째와 일곱째 주발을 읊은 대목은 신선의 경지 바로 그것이다.

한재는 일곱 주발의 차를 마시는 사이에 한껏 고조되어 내달리는 정신세계를 간주곡(間奏曲) 삼아 다음과 같이 읊기도 하였다.

(A) 이내 마음, 공자가 부귀를 뜬구름 같이 보았던 것처럼 뜻을 높이 세우고 맹자가 호연(浩然)하게 기(氣)를 길렀던 것과 같구나.

(B) 내 기운, 태산에 올라 천하를 작게 여겼던 것과 같으니 아마도 이러한 경지는 하늘과 땅으로도 형용할 수 없으리라.

(C) 이내 몸, 구름 치마에 깃털 저고리 입고 흰 난새를 월궁(月宮)으로 채

찍질하여 가는 것 같도다.

(D) 내 영혼은 소보(巢父)와 허유(許由)를 전구(前驅) 삼고 백이와 숙제를 종복(從僕) 삼아 현허(玄虛)에서 상제(上帝)에게 읍(揖)하는 것과 같네.

위에 나오는 '심(心)'·'기(氣)'·'신(身)'·'신(神)'은 수양의 계제(階梯)를 말한 것은 아니다. 다만 이를 통해 그의 차생활이 궁극적으로 '구도(求道)'를 지향하고 있음을 짐작하겠다.

한재는 이어서 차의 '오공육덕'을 읊었다. 「다부」 병서에서 '차의 공이 가장 높다'고 강조했던 것에 비추어 보면 당연한 순서이다. 한재는 차의 오공육덕을 한껏 드높임으로써 차생활과 관련한 자신의 실천 의지를 드러내려 했다. 차의 공과 덕을 기린 이 대목은 사실상 「다부」를 짓게 된 동기의 하나이기도 하다.

차의 공과 덕에 대해서는 역대로 차인(茶人)들이 수다하게 논하였다. 한재의 오공육덕은 이들을 종합하면서도 그 나름의 관점과 경험을 통해 얻은 것이라 하겠다. 먼저 '오공'을 들어보자. 첫째 밤이 이슥하도록 독서에 열중할 때 목마름을 풀어주고, 둘째 답답한 가슴속의 울분을 풀어주고, 셋째 빈례시(賓禮時) 빈주(賓主) 사이에 예를 지키고 정을 돈독하게 하며, 넷째 뱃속의 기생충을 구제하고, 다섯째는 숙취(宿醉)에서 깨어나게 하는 것이라 하였다.

'육덕'은 첫째 사람의 수명을 닮게 하니 제요(帝堯)와 대순(大舜)의 덕이 있는 것이요, 둘째 사람의 질병을 낫게 하니 유부(兪附)와 편작(扁鵲)

의 덕이 있는 것이요, 셋째 사람의 기를 맑게 하니 백이(伯夷)와 양진(楊震)의 덕이 있는 것이요, 넷째 사람의 마음을 편안하게 하니 이로(二老)와 사호(四皓)의 덕이 있는 것이요, 다섯째 사람을 신선이 되게 하니 황제(黃帝)와 노자(老子)의 덕이 있는 것이요, 여섯째 사람을 예의 바르게 하니 주공(周公)과 공자의 덕이 있다는 것이다. 이 육덕을 요약하면 인수지덕(仁壽之德), 제중지덕(濟衆之德), 청담지덕(清澹之德), 일락지덕(逸樂之德), 선령지덕(仙靈之德), 예양지덕(禮讓之德)이라 할 수 있다.

 차의 공과 덕이 이러하기 때문에, 노동이 시로써 읊었고, 육우가 마침내 『다경』을 찬술하였으며, 당나라 때 시인 매성유(梅聖兪)는 차를 통해 인생이 무엇인지를 깨달았고, 조업(曹鄴) 역시 차를 통해 무아지경(無我之境)에 몰입하였다고 한재는 말했다. 여기에 덧붙여 역대 문인·예인(藝人)들 가운데 차를 특별히 좋아했던 사람으로 백낙천(白樂天)과 소동파(蘇東坡)의 차생활을 '정심기(靜心機)' '각수신(却睡神)'으로 함축하여 읊으면서 마무리 지었다.

 이와 같이 차의 공과 덕이 뚜렷하고 보면, 다음으로는 차의 중요성을 강하게 외칠 법도 하다. 그러기에 한재는 다음과 같이 말한다.

오해(五害)를 쓸어 없애고 팔진(八眞)으로 힘차게 나아가니 이것은 조물자(造物者)가 대개 은총 내림이 있어 나와 옛사람이 함께 즐기는 것이라네. 어찌 의적(儀狄)의 광약(狂藥: 술)이 오장육부를 찢고 창자를 문드러지게 하여 천하의 사람들이 덕을 잃고 생명을 재촉하도록 하는 것과 같은 날에 말할 수 있겠는가.

후대 사람이 옛 사람과 차를 통해 정신적으로 교감(交感)할 수 있는 것을 조물주가 내린 은총이라고까지 말한 한재는 차와 술을 같은 반열에 놓고 말하는 것을 정면으로 비판하였다. 당나라 때 왕부(王敷)가 「주다론(酒茶論)」을 지어 차와 술의 화해를 논하고, 송나라 때 오숙이 「다부」와 함께 「주부(酒賦)」를 지어 주덕(酒德)까지도 칭송한 것을 겨냥한 말일 것이다. 한재가 생각하는 '술'은 한갓 '덕손명촉(德損命促)'하는 것일 뿐이었다.

「다부」에서 사상적으로 가장 중요한 대목은 말미의 '희이가왈(喜而歌曰)'로 시작되는 부분이다. 그는 첫머리에서 "양생(養生)에 뜻을 둘진대 너(茶)를 버리고 무엇을 구하랴. 나는 너를 지니고 다니면서 마시고 너는 나를 좇아 놀아, 화조월석(花朝月夕)에 즐겨서 싫어함이 없도다"고 하였다. 언뜻 보면 한재가 '양생'을 강조하는 것처럼 이해할 수도 있다. 그러나 정작 중요한 것은 그 다음 대목이다.

곁에 천군(天君: 心)이 있어 두려워하면서 다음과 같이 경계하였다. "삶은 죽음의 근본이요 죽음은 삶의 뿌리라네. 단표(單豹)가 안[氣]만 다스리다가 밖[身]이 시들었다고 혜강이 「양생론」을 저술하여 어려운 경지를 실천하였다지만, 어찌 빈 배를 지자(智者)의 물에 띄우고 좋은 곡식을 인자(仁者)의 산에 심는 것만 하겠는가. 정신이 기운[氣]을 움직여 묘경(妙境)에 들어가면, 즐거움은 꾀하지 않아도 저절로 이르게 된다. 이 역시 내 마음의 차이니 어찌 꼭 저것(茶)에서만 구하리요"라고.

한재는 도선가(道仙家)들이 말하는 '양생론'을 우회적으로 비판하고, 유교사상에 입각한 치심(治心)을 강조하였다. '인자의 산'에서 자라고 '지자의 물'로 끓이는 것이 '차'라는 은유적 표현에서 차생활과 유교적 구도정신이 하나로 귀결됨을 본다. '천군'이란 심(心)의 별칭이다. 천군을 내세워 '심'의 중요성을 은근히 부각시킨 것이 돋보인다. 어디 그 뿐인가. 한재는 실제의 차로부터 내 마음속의 차로 승화시켰다. 이것은 경험과 초월이 묘합(妙合)한 경지로서, 한국적 사고 양상을 잘 드러내는 대목이기도 하다.

한재는 「다부」에서 '내 마음의 차'와 '다심일여(茶心一如)'의 사상을 전개하였다. 차를 마시며 완미하는 것보다 '정신수양'과 '정신적 즐거움'이 한 단계 위에 있음을 강조하였다. 이것은 그의 본령이 심학에 있고, 또 학문적 경지가 어떠한지를 보여준다. 특히 '신동기이입묘(神動氣而入妙)'라 한 것은 그야말로 정신 수양의 높은 경지를 나타낸 것이라 해도 좋을 듯하다.

「다부」에서는 궁극적으로 다도가 심성수양, 더 나아가 구도(求道)에 깊이 연결된다는 점을 강조하였다. 한 마디로 차생활을 통해서 도의 경지에 이를 수 있다는 점을 부각시켰다. 한재가 생각하는 차는 '맛'이나 '멋', 그리고 '즐거움'만 추구하는 대상이 아니었다. '높은 정신적 경지'를 추구하는 수양방법의 하나로서 더 의미가 있는 것이다. 또 '내 마음의 차'라 하여, 내 마음과 외물(外物)을 구분하려 한 데서, '인간주체'를 강조하는 한재의 내면 의도를 엿볼 수 있다.

찾아보기

ㄱ

감구유부(感舊遊賦)　462
강현(姜鋧)　37, 349, 366, 498
겸춘추(兼春秋)　218, 484
계성군(桂城君)　314
계심잠(戒心箴)　515
고황(顧況)　520
구양철(歐陽澈)　353, 501
권오복(權五福)　322, 344, 363, 431
금곡원(金谷園)　116
금승법(禁僧法)　44, 403, 451
금척(金尺)　144
기자(箕子)　27, 139, 141, 200
김미손(金尾孫)　441
김사창(金泗昌)　170, 443
김상헌(金尙憲)　51, 332, 365, 405, 417
김수손(金首孫)　335, 403
김수증(金壽增)　325
김시양(金時讓)　395, 447
김일손(金馹孫)　28, 31, 47, 49, 56, 334, 344, 349, 363, 390, 436, 439, 441, 442, 462, 463, 470, 478, 479, 481, 482, 483, 485, 486, 487, 488, 493, 495, 496
김종직(金宗直)　8, 309, 333, 351, 361, 363, 367, 402, 423, 424, 425, 426, 428, 429, 431, 434, 436, 477, 478, 481, 482, 483, 488, 495, 496, 507, 522
김천령(金千齡)　27, 28, 48, 194, 398, 402, 437, 438, 480

ㄴ

나공원(羅公遠)　278, 281, 282, 283, 284, 285
낙민정(樂民亭)　156
남도부(南都賦)　528
낭중지법(囊中之法)　115
내 마음의 차　7, 8, 26, 120, 408, 410, 412, 536, 537
노사신(盧思愼)　339, 395, 450, 455, 459, 469, 470, 481, 495

ㄷ

다경(茶經)　105, 520, 523, 524, 525, 526, 527, 535
다록(茶錄)　530
다부(茶賦)　7, 25, 46, 105, 408, 465, 479, 506, 508, 511, 513, 515, 520, 522, 523, 524, 525, 528, 532, 533, 534, 536, 537
다심일여(茶心一如)　520, 528, 537
당명황(唐明皇)　30, 278, 514
도리자황후(桃李子皇后)　246, 249
도홍경(陶弘景)　530
독행(獨行)　107, 528
동다송(東茶頌)　520
동생(董生)　114, 162, 465
동중서(董仲舒)　162, 197, 264
두육(杜毓)　520

ㄹ

류분(柳坌)　402, 423, 424, 425, 427, 436

ㅁ

매계집(梅溪集)　49, 323
매성유(梅聖兪)　117, 535
문근(文瑾)　185
문선(文選)　8, 512, 521, 523, 525, 529
문헌통고(文獻通考)　107, 527
민진후(閔鎭厚)　364, 366, 405, 447, 498

ㅂ

박학굉사(博學宏詞)　264
배윤순(裵潤珣)　42, 48, 314, 448
백육회(百六會)　245
백이(伯夷)　66, 97, 113, 116, 124, 517, 534, 535
범중엄(范仲淹)　32, 66, 178, 312, 324, 339, 355, 366, 391, 434, 435, 436
벽송정(碧松亭)　333, 342, 351, 362, 400, 446
병자조출(丙子趙出)　246, 249
부담암(釜潭巖)　42, 188
부양성(富陽城)　132, 472
부전동(浮田洞)　442, 492
불골표(佛骨表)　50, 365
빙허공자(憑虛公子)　143

ㅅ

사가독서(賜暇讀書)　162, 184, 404, 474, 477, 478, 522
사마상여(司馬相如)　24, 61, 62, 160, 505, 506

사현부(思玄賦)　8, 25, 93, 512, 513, 514, 528
사현사(四賢祠)　368, 501, 502
사호(四皓)　117, 535
서경담수(西京談叟)　26, 140
서기(徐起)　365
성구용(成九鏞)　40, 41, 45, 58
성재집(誠齋集)　120
성중엄(成重淹)　207, 217, 478, 484, 485, 493
성희안(成希顔)　404, 474
소동파(蘇東坡)　70, 118, 180, 535
소보(巢父)　66, 97, 113, 123, 517, 534
소학동(巢鶴洞)　472
손명복(孫明復)　324
송궁문(送窮文)　100, 512
송도변생(松都辯生)　26, 140, 142, 145
송병화(宋炳華)　34, 52
수륙재(水陸齋)　44, 403, 438, 467, 469
시광(詩狂)　27, 197
신동기이입묘(神動氣而入妙)　25, 119, 537
심상희(沈尙熙)　405, 497
심학장구집주대전(心學章句集註大全)　48, 311, 428, 429, 430, 431, 433

ㅇ

안지(安止)　428, 429, 431, 432
안침(安琛)　182
양구산(楊龜山)　390
양도부(兩都賦)　139, 142, 505
양생론(養生論)　119, 125, 536, 537
양웅(揚雄)　24, 61, 62, 99, 505, 506, 512
양진(楊震)　116, 535
어우야담(於于野談)　48, 438
엄자릉(嚴子陵)　66, 180, 235
여희(驪姬)　24, 80, 81, 83
영초(靈草)　106
영화안(詠畫雁)　35, 47

오공육덕(五功六德)　7, 534
오숙(吳淑)　520, 536
오심지차(吾心之茶)　7, 520, 524, 528
오해(五害)　118, 535
옥당(玉堂)　71, 114, 151, 159, 465, 479, 522
옥연부(玉延賦)　521, 522
왕안석(王安石)　222, 253, 456, 457
용손십이대(龍孫十二代)　246
우승유(牛僧孺)　290, 294
우환의식(憂患意識)　27, 434
유몽인(柳夢寅)　48, 398, 438
유백마강(遊白馬江)　35, 48
유종원(柳宗元)　26, 128, 506
유통부(幽通賦)　8, 25, 513
육노망(陸魯望)　290
윤정수(尹正洙)　37, 360, 406, 502
윤필상(尹弼商)　33, 44, 51, 333, 334, 339, 343, 344, 351, 352, 363, 365, 395, 396, 400, 403, 447, 448, 451, 452, 453, 454, 455, 456, 457, 458, 459, 468, 469, 481, 486, 495, 497
의적(儀狄)　118, 535
이경동(李瓊仝)　424, 425, 426
이구징(李久澄)　23, 31, 32, 45, 405, 435, 491
이극돈(李克敦)　217, 395, 396, 467, 469, 470, 471, 472, 481, 482, 484
이기혁(李基赫)　498
이로(二老)　117, 535
이문흥(李文興)　28, 35, 185, 186
이병선(李炳璇)　22, 39, 40, 41, 47
이심원(李深源)　42, 320, 436, 451
이운비(李云飛)　173
이존오(李存吾)　200
이존원(李存原)　33, 39
이주(李冑)　29, 436
이평사집(李評事集)　22, 23, 31, 32, 33, 35, 37, 38, 39, 42, 45, 47, 49, 405, 477
임희재(任熙載)　27, 470, 471, 493

ㅈ

자천소품(煮泉小品)　531
장돈(章惇)　470, 471
장유(張維)　33, 37, 342, 366, 405, 417, 435, 489, 491, 494
장형(張衡)　8, 25, 139, 142, 143, 505, 512, 513, 514, 528
적복부(赤伏賦)　249
절명가(絶命歌)　37, 43, 48, 319, 344, 364, 489, 491
정명도(程明道)　312, 365, 435
정자산(鄭子産)　225
조계지업(操鷄之業)　144
조광림(趙廣臨)　28, 150, 207
조순(趙舜)　339, 395, 459
조신(曺伸)　26, 136, 462, 465
조업(曹鄴)　117, 535
좌사(左思)　139, 322, 505
주부(酒賦)　536
증광시(增廣試)　45, 465, 474
진도남(陳圖南)　249, 253
진동(陳東)　353, 501

ㅊ

차천로(車天輅)　353, 362, 446
채수(蔡壽)　439, 451
천군(天君)　119, 515, 536, 537
청선고(淸選考)　479
최보(崔溥)　428, 431, 493
최응현(崔應賢)　420
최자(崔滋)　27, 139
축빈부(逐貧賦)　512
춘추좌씨전(春秋左氏傳)　24, 32, 339, 355, 434, 435, 504
충현서원(忠賢書院)　340, 345, 366, 400, 405, 460, 503
칠보정(七寶亭)　29, 213

칠완다가(七碗茶歌) 520, 532

ㅍ

팔진(八眞) 118, 535
포사자설(捕蛇者說) 26, 506

ㅎ

한도주인(漢都主人) 26, 140, 142, 143, 145
한유(韓愈) 100, 269, 365, 383, 512
한재문집(寒齋文集) 22, 36, 39, 40, 42, 43,
    46, 47, 48, 407, 408, 490, 499
한재이목선생기념사업회 10
해동명신록(海東名臣錄) 353, 363, 400
향거이선제(鄕擧里選制) 260
허반(許磐) 431, 482, 486, 487, 488, 495
허실생백(虛室生白) 9, 25, 92, 93, 508, 509,
    510, 514, 516
허종(許琮) 334, 352, 455, 459
현량방정과(賢良方正科) 260, 264, 266
현석우마(玄石牛馬) 249
형혹성(熒惑星) 230, 234
혜학루(惠學樓) 425
호안국(胡安國) 435
호연지기(浩然之氣) 9, 92, 101, 508, 510,
    511, 515
홍귀달(洪貴達) 210, 461
홍문관(弘文館) 24, 60, 65, 71, 74, 151,
    332, 354, 404, 405, 477, 478, 479, 497,
    499, 500, 522
홍언국(洪彦國) 28, 210
홍치(洪治) 428, 429, 430, 431, 432, 433,
    435
황희(黃喜) 271